"十二五"职业教育国家规划教材
职业教育·道路运输类专业教材

经全国职业教育
教材审定委员会审定

U0649273

Gonglu Gongcheng Jiance Jishu

公路工程检测技术

（第6版）

张美珍　周德军　主　编
常成利　主　审

人民交通出版社股份有限公司
北　京

内 容 提 要

本书为"十二五"职业教育国家规划教材。全书共 16 章,主要介绍试验检测数据处理、公路工程质量检验与评定、常用混合料试验检测、路基路面几何尺寸及路面厚度检测、路基路面压实度检测与评定、路面平整度检测、路面抗滑性能检测、路基路面强度指标检测、路面外观与沥青路面渗水系数检测、桥涵地基承载力检测、钻(挖)孔灌注桩检测、桥涵混凝土与预应力混凝土结构检测、桥梁支座与伸缩装置检测、桥梁荷载试验、隧道工程施工质量检测、交通安全设施工程检测。本书每章设有课后任务与评定并附参考答案,书末附教学参考意见,仅供任课教师参考。

本书既可作为道路桥梁工程技术、公路养护与管理、建设工程监理等专业教材,也可作为公路工程测量、检测等相关专业技术人员参考用书。

本教材配套多媒体课件,教师可通过加入职教路桥教学研讨群(QQ561416324)获取。

图书在版编目(CIP)数据

公路工程检测技术/张美珍,周德军主编. —6 版
. —北京:人民交通出版社股份有限公司,2019. 10
   ISBN 978-7-114-16071-4

Ⅰ. ①公… Ⅱ. ①张… ②周… Ⅲ. ①道路工程—检
测—高等职业教育—教材 Ⅳ. ①U41

中国版本图书馆 CIP 数据核字(2019)第 267931 号

"十二五"职业教育国家规划教材
职业教育·道路运输类专业教材

书　　　名:	**公路工程检测技术**(第6版)
著 作 者:	张美珍　　周德军
责任编辑:	刘 倩
责任校对:	孙国靖　扈 婕
责任印制:	刘高彤
出版发行:	人民交通出版社股份有限公司
地　　　址:	(100011)北京市朝阳区安定门外外馆斜街 3 号
网　　　址:	http://www.ccpcl.com.cn
销售电话:	(010)59757973
总 经 销:	人民交通出版社股份有限公司发行部
经　　　销:	各地新华书店
印　　　刷:	北京科印技术咨询服务有限公司数码印刷分部
开　　　本:	787×1092　1/16
印　　　张:	27.75
字　　　数:	642 千
版　　　次:	2002 年 4 月　第 1 版
	2005 年 5 月　第 2 版
	2009 年 8 月　第 3 版
	2013 年 8 月　第 4 版
	2015 年 8 月　第 5 版
	2019 年 10 月　第 6 版
印　　　次:	2024 年 8 月　第 6 版　第 9 次印刷　总第 42 次印刷
书　　　号:	ISBN 978-7-114-16071-4
定　　　价:	65.00 元

(有印刷、装订质量问题的图书由本公司负责调换)

前·言
Preface

课程特点

"公路工程检测技术"是高等职业院校道路与桥梁工程技术、道路养护与管理、道路工程检测技术等专业的核心课程。学习本课程须在"土质与土力学""道路建筑材料""基础工程""路基路面工程""桥梁工程"等课程基础上进行。同时,本课程又是一门理论与实践并重的课程,需安排足够的实习实训环节。

教材传承与改版

2001年7月,为适应高等职业教育发展需要,交通部科教司路桥工程学科委员会高职教材联络组在昆明召开会议,按照《交通高等职业技术教育路桥专业课程设置框架》的要求,启动了路桥专业高职系列教材的编写工作。《公路工程检测技术》作为系列教材之一,于2002年4月由人民交通出版社出版发行。随着我国公路建设有关新标准、新规范、新规程的陆续更新,本教材也在不断升级改版,2005年、2009年、2013年、2015年分别出版了第2版、第3版、第4版和第5版。本教材第1版至第5版由贵州交通职业技术学院金桃和山西交通职业技术学院张美珍主编。在持续的更新改版中,主编不断将新规范、新技术融入教材内容,使得本教材受到使用院校广大师生的好评,也得到生产一线检测人员的肯定。本教材第3版被评为普通高等教育"十一五"国家级规划教材。本教材第5版被评为"十二五"职业教育国家规划教材。

为适应目前职业教育教学的新需求,《公路工程检测技术》(第6

版)以《公路工程检测技术》(第 5 版)为基础,对教材第二章、第五章、第六章、第八章、第十一章、第十二章、第十三章、第十四章、第十五章进行了修订,同时第十二章增加结构混凝土内部缺陷检测技术,增加了第十六章交通安全设施检测技术。本教材按结构化模块编制,针对不同专业对本课程的不同要求,教师可自由组合内容。

本版教材由山西工程科技职业大学张美珍、贵州交通职业技术学院周德军担任主编,其中,张美珍负责桥涵工程检测部分的修订指导及统稿,周德军负责路基路面检测部分的修订指导及统稿。全书由国家道路及桥梁质量监督检测中心常成利担任主审。编写分工如下:第一章、第二章由周德军和史云飞(山西工程科技职业大学)修编;第三章由唐春来(贵州交通职业技术学院)和周德军修编,第四章由刘雪峰(贵州宏信创达工程检测咨询有限公司)和周德军修编,第五章由石铸明(贵州黔通工程技术有限公司)和周德军修编;第六章、第七章由李何(贵州交通职业技术学院)修编;第八章、第九章由应江虹(贵州交通职业技术学院)修编;第十章由张美珍修编;第十一章由史云飞修编;第十二章第 1、2 节由赵丽荣(山西工程科技职业大学)修编;第十二章第 3、4、5 节与第十四章由张俊红(山西工程科技职业大学)修编;第十三章由张美珍、李正(山西工程科技职业大学)修编;第十五章由丁烈梅(山西工程科技职业大学)修编;第十六章由温红平(山西工程科技职业大学)与贾兆莲(山西省公路局晋中分局)编写;此外,刘雪峰、石铸明参与了第一章至第五章的修改把关工作,山西路桥集团试验检测中心有限公司姚永春参与了第十一章、第十五章的修改把关工作。附于书后的教学参考意见由张美珍、张俊红修改,1 + X 证书考核项目对应文中知识点由周德军编写。全书配套电子版实训表格由周德军提供。

修订后的教材特点

1. 紧贴行业发展前沿,符合职业教育人才培养目标

本版编者以交通运输部最新颁布的《公路工程质量检验评定标准 第一册 土建工程》(JTG F80/1—2017)、《公路路基路面现场

测试规程》（JTG 3450—2019）为依据，以"理论基础扎实、注重实践能力"为原则，融入生产一线的新技术、新工艺，并根据道路与桥梁工程类专业人才培养目标和职业能力的要求，对教材内容进行增加及修订。

2. 课证融通，更好对接职业技能要求及 1 + X 技能等级标准

本教材内容与职业技能要求紧密结合，参照"公路工程助理试验检测工程师"从业资格证书中相关考核要求及《公路水运工程试验检测等级管理要求》（JT/T 1181—2018）中路基路面，基坑、地基与基桩，混凝土结构、桥梁结构，交通安全设施安装施工工程等公路工程专业试验检测项目参数规定的方法要求进行修订。同时，将"路桥工程检测 1 + X 证书考核项目"融入教材内容，更便于学生学习掌握相关知识点。

3. 校企双元开发、重视实训学习

本教材在修订过程中，征求了行业企业技术人员的意见和建议，并邀请企业专家对教材内容进行把关，突出了理论与实践相统一，强调实践性，更好地体现了"校企双元"开发的特点。本版教材配套了丰富的微课和操作视频、实际案例和课后任务与评定，实现了课程内容、岗位工作内容、能力结构以及评价标准的有机衔接和贯通。

可与本教材配合使用的教学资源

教学课件

本版教材主编制作了配套的多媒体课件，以供相关任课老师教学参考，需求者可通过加入职教路桥教学研讨群（QQ：561416324）向编辑获取。

视频、微课

本版教材配套了大量视频、微课资源，读者可通过扫描"本书配套资源索引"页下方二维码进行观看。

实训表格（电子版）

在本课程学习过程中，学生需要填写大量检测报告，以及利用数理统计知识进行试验检测数据的处理。为践行易教利学的一体化教学模式,主编提供大量电子版实训表格,见"本书配套电子版实训表格索引",供教师教学和学生实训学习使用。需求者可通过加入职教路桥教学研讨群(QQ:561416324)向编辑获取。

致谢

本教材在编写过程中,得到了人民交通出版社股份有限公司和兄弟院校的帮助,附于书末的主要参考文献的作者们对本书完成给予了巨大支持。此外,各兄弟院校的同行们对书稿提出了宝贵意见,在此一并致以诚挚的谢意!

由于编者们水平有限,编写时间也较紧迫,书中的不妥和谬误之处,敬请读者批评指正,以便及时修订完善。

编　者

2019 年 10 月

本书配套资源索引

　　资源使用方法:可以采用移动端(手机、平板电脑等)微信进入观看视频(动画),也可以采用 PC 端(电脑)微信进入观看视频(动画)。

　　1.移动端。打开微信→扫一扫右侧的二维码→关注"交通教育"微信公众号-注册登录后需要再次扫描右侧二维码进行激活;点击"我的"→在"我的阅读"点击本书→根据"资源名称"查找相关资源-点击观看。

　　2.PC 端。打开微信→扫一扫右侧的二维码→关注"交通教育"微信公众号→注册登录后需要再次扫描右侧二维码进行激活;在浏览器输入 www.yuetong.cn→第三方微信登录→点击"个人中心"→在"我的书架"点击本书-根据"资源名称"查找相关资源→点击观看。

本书配套电子版实训表格索引

章节			检测项目	记录表格	报告表格
第三章	第一节	无机结合料稳定土的检测	二、石灰剂量的检测（EDTA滴定法）	3.1.2 水泥（石灰）剂量试验检测记录表	3.1 无机结合试验检测报告
			三、无侧限抗压强度检测	3.1.3 无侧限抗压强度试验检测记录表	
	第二节	水泥混凝土及水泥砂浆强度检测	二、水泥混凝土抗压、抗折强度检测	3.2.2.1 水泥混凝土抗压强度试验检测记录表	3.2.2 水泥混凝强度试验报告（单页）
				3.2.2.2 水泥混凝土抗弯拉强度试验检测记录表	
			三、水泥砂浆抗压强度检测	3.2.3 水泥砂浆抗压强度试验检测记录表	3.2.3 水泥砂浆强度试验报告（单页）
	第三节	结构混凝土及水泥路面强度检测	二、回弹法测定混凝土抗压强度	3.3.2.1 混凝土强度试验检测记录表（回弹法）	3.3.2 水泥混凝土强度试验检测报告（回弹法）（多页）
				3.3.2.2 混凝土碳化深度试验检测记录表	3.3.2 混凝土碳化深度试验检测报告（单页）
			三、超声－回弹综合法测定水泥混凝土抗折强度	3.3.3.1 混凝土强度试验检测记录表（超声回弹综合法）	3.3.3 水泥混凝土强度试验检测报告（超声回弹综合法）（多页）
			四、钻芯法测定混凝土强度	3.3.4.1 水泥混凝土抗压强度试验检测记录表（钻芯法）	3.3.4.1 水泥混凝土强度、厚度试验检测报告（钻心法）（单页）
				3.3.4.2 水泥混凝土劈裂抗拉强度试验检测记录表（圆柱体）	3.3.4.2 水泥混凝强度试验报告（单页）
	第四节	沥青混合料热稳定性检测	二、沥青混合料车辙试验	3.4.1 沥青混合料车辙试验检测记录表	3.4.1 沥青混合料试验检测报告
	第五节	沥青混合料水稳定性检测	一、沥青与矿料的黏附性检测	3.5.1 沥青与粗集料黏附性试验检测记录表	3.5.1 粗集料报告（多页）
			二、浸水马歇尔试验方法	3.5.2.1 马歇尔稳定度试验检测记录表（表干法）	3.4.1 沥青混合料试验检测报告
				3.5.2.2 沥青混合料（浸水）马歇尔稳定度试验检测记录表	
第四章	第二节	路基路面几何尺寸检测	三、纵断面高程测定	4.2.1 高程、横坡试验检测记录表	5 路基路面检测报告（多页包含路面多个指标）
			四、路基路面横坡测定		
			五、路基路面宽度测定	4.2.2 路基路面宽度试验检测记录表	
			六、路面中线偏位测试	4.2.3 路基路面中线偏位试验检测记录表	
			七、路基边坡坡度检测	4.2.4 边坡坡度试验检测记录表	
			八、相邻板高差检测	4.2.5 水泥混凝土路面相邻板高差试验检测记录表	
			九、纵、横缝顺直度检测	4.2.6 纵、横缝顺直度试验检测记录表	
	第三节	路面厚度检测与评定	二、挖坑法与钻孔取样法检测路面厚度	4.3.1.1 路基路面厚度试验检测记录表（挖坑及钻芯法）	5 路基路面检测报告（多页包含路面多个指标）
第五章	第二节	灌砂法测定压实度	灌砂法测定压实度	5.2.1 路基路面压实度试验检测记录表（灌砂法）	5 路基路面检测报告（多页包含路面多个指标）
	第三节	环刀法测定压实度	环刀法测定压实度	5.3.1 路基路面压实度试验检测记录表（环刀法）	
	第四节	钻芯法测定沥青路面面层压实度	钻芯法测定沥青路面面层压实度	5.4.1 路基路面压实度试验检测记录表（钻芯法）	
第六章	第二节	3m直尺测定平整度	3m直尺测定平整度	6.2 路基路面平整度试验检测记录表（三米直尺法）	
	第三节	连续式平整度仪测定平整度	连续式平整度仪测定平整度	6.3 路基路面平整度检测记录表（连续式平整度仪）	
	第五节	车载式激光平整度仪测定平整度	车载式激光平整度仪测定平整度	6.5 路面平整度试验检测记录表（激光平整度仪）	

章　节			检测项目	记录表格	报告表格
第七章	第二节	路面构造深度检测	一、手工铺砂法测定路面构造深度	7.2.1 路基路面构造深度试验检测记录表(手工铺砂法)	5 路基路面检测报告(多页包含路面多个指标)
			二、电动铺砂仪测定路面构造深度	7.2.2 路基路面构造深度试验检测记录表(电动铺砂仪法)	
	第三节	路面摩擦系数检测	一、摆式仪测定路面摩擦系数	7.3.1 路基路面摩擦系数试验检测记录表(摆式仪法)	
			三、数字式摆式仪测试路面摩擦系数方法	7.3.1 路基路面摩擦系数试验检测记录表(摆式仪法)	
第八章	第一节	路基路面回弹弯沉检测	二、贝克曼梁测定路基路面回弹弯沉	8.1.2 路基路面回弹弯沉试验检测记录表(贝克曼梁法)	
			三、自动弯沉仪测定路基路面回弹弯沉	8.1.3 路基路面回弹弯沉试验检测记录表(自动弯沉仪法)	
	第二节	路基路面回弹模量检测	二、承载板测定土基回弹模量	8.2.2 土基回弹模量试验检测记录表(承载板法)	
	第三节	承载比(CBR)试验	一、室内 CBR 试验	8.3.1.1 土的承载比(CBR)试验检测记录表(一)	
				8.3.1.2 土的承载比(CBR)试验检测记录表(二)	
第九章	第二节	路面错台与沥青路面车辙检测	二、沥青路面车辙检测	9.2.2 沥青路面车辙原始记录表	5 路基路面检测报告(多页包含路面多个指标)
	第三节	沥青路面渗水系数检测	沥青路面渗水系数检测	9.3 路基路面渗水系数试验检测记录表	5 路基路面检测报告(多页包含路面多个指标)
第十章	第四节	原位测试确定地基承载力	原位测试确定地基承载力	10.4.1 地基承载力试验检测记录表(动力触探法)	10.4 地基承载力试验检测报告(多页)
第十一章	第二节	混凝土钻孔灌注桩完整性检测	四、超声波法	11.2.4 基桩试验检测记录表	11.2.4 基桩检测报告
第十二章	第二节	结构混凝土中钢筋的检测	一、钢筋位置、保护层厚度及钢筋直径的检测	12.2.1.1 钢筋位置试验检测记录表	12.2.1.1 钢筋位置检测报告(单页)
				12.2.1.2 钢筋保护层厚度试验检测记录表	12.2.1.2 钢筋保护层厚度报告(单页)
			二、钢筋锈蚀性状的检测	12.2.2 钢筋锈蚀电位检测记录	12.2.2 钢筋锈蚀电位检测报告(单页)
	第三节	结构混凝土裂缝的检测	一、混凝土裂缝宽度的检测	12.3.1 结构混凝土表观及内部缺陷试验检测记录表(裂缝长度及宽度)	12.3 结构混凝土裂缝报告(宽度、长度、深度)(单页)
			二、混凝土裂缝深度的检测	12.3.2 结构混凝土表观及内部缺陷试验检测记录表(裂缝深度)	
	第四节	结构混凝土内部不密实区及空洞的检测	一、超声法测定结构混凝土内部不密实区及空洞	12.4.1 结构混凝土内部缺陷试验检测记录表(不密实及空洞)	12.4.1 结构混凝土内部缺陷试验报告(不密实及空洞)(单页)
第十六章	第二节	交通安全设施施工质量检测	一、交通标志	16.2.1.1 交通安全设施标志试验检测记录表	16.2.1.1 交通安全设施标志试验检测报告
			二、交通标线	16.2.2.1 交通安全设施标线试验检测记录表	16.2.2.1 交通安全设施标线试验检测报告
			三、波形梁钢护栏	16.2.3.1 波形梁钢护栏性能试验检测记录表	16.2.3.1 波形梁钢护栏性能试验检测报
				16.2.3.2 波形梁钢护栏安装质量试验检测记录表	16.2.3.2 波形梁钢护栏安装质量试验检测报告
			六、突起路标	16.2.6.1 突起路标性能试验检测记录表	16.2.6.1 突起路标性能测试试验检测报告

续上表

章	节		检测项目	记录表格	报告表格
第十六章	第二节	交通安全设施施工质量检测	六、突起路标	16.2.6.2 突起路标安装质量试验检测记录表	16.2.6.2 突起路标安装质量试验检测报告
			七、轮廓标	16.2.7.1 轮廓标性能试验检测记录表	16.2.7.1 轮廓标性能测试试验检测报告
				16.2.7.2 轮廓标安装质量试验检测记录表	16.2.7.2 轮廓标安装质量试验检测报告
			八、防眩设施	16.2.8.1 防眩设施性能试验检测记录表	16.2.8.1 防眩设施性能测试试验检测报告
			九、隔离栅和防落物网	16.2.9.1 隔离栅和防落网试验检测记录表	16.2.9.1 隔离和防落网设施性能测试试验检测报告

使用说明:需求者可通过加入职教路桥教学研讨群(QQ:561416324)向编辑获取。

目 · 录
Contents

第一章
CHAPTER ONE

试验检测数据处理

教学要求

从了解质量数据统计的基础知识出发，掌握工程实践中质量检验数据的修约规则；能够计算工程质量检验中数据的统计特征量，对大批量的检验数据能进行可疑数据的取舍；掌握工程质量检验数据的统计和计算。

工程质量的评价以试验检测数据为依据，试验检测采集得到的原始数据类多量大，有时杂乱无章，甚至还有错误。因此，必须对原始数据进行分析处理才能得到可靠的试验检测结果，才能对工程质量进行严谨、科学的判断。本章以数理统计与概率论为基础，介绍试验检测数据的处理方法。

第一节　质量数据统计的基础知识

在学习质量数据的整理之前，必须掌握跟质量数据统计相关的基础知识。从基础着手，循序渐进地掌握知识，符合工程技术人员的普遍认知过程。本节通过对数理统计的总体与样本、抽样检验的意义、抽样检验的条件等的阐述，对质量数据统计相关的基础知识进行介绍。

一、数据统计的总体与样本

检验是质量管理工作的重要内容之一，常称质量检验，其主要功能是对产品的合格性进行控制。在工程质量检验中，除重要项目外，大多数采用抽样检验，这就涉及总体与样本的概念。

总体又称母体，是统计分析中所要研究对象的全体，而组成总体的每个单元称为个体。从总体中抽取一部分个体就是样本（又称子样），而组成样本的每一个个体，则为样品。

例如，从每一桶沥青中抽取两个试样，一批沥青有 100 桶，抽检了 200 个试样做试验，则这 100 桶沥青称为总体，200 个试样称为样本，而 200 个试样中的某一个，就是该样本中的一个样品。其关系如图 1-1 所示。

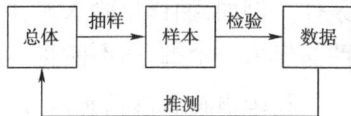

图 1-1　总体与样本的关系

检验的基本意义在于:用某种方法检验产品,将结果与质量判定标准比较,判断出各个产品是"优良品"还是"不良品",或者与产品"批"的判定标准比较,判断出批是"合格批"还是"不合格批"。从此意义上说,检验分为对"各个产品"的检验和对"批"的检验两种情况。这两种检验过程可分别用图1-2、图1-3表示。

各个产品 → 试验 → 与质量判定标准比较 → 判定为优良品或不良品

图1-2　对"各个产品"的检验过程

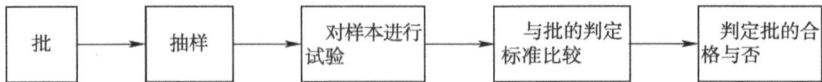

批 → 抽样 → 对样本进行试验 → 与批的判定标准比较 → 判定批的合格与否

图1-3　对"批"的检验过程

二、抽样检验的意义

在产品检验中,全数检验的应用场合很少,大多数情况下是采取抽样检验。这是因为:

(1)由于无损检验仪具器械的种类少,性能难以稳定,在不采用无损检验时,就得采用破坏性检验,而破坏性检验是不可能对全部产品都做检验的。

(2)当检验对象为连续性物体或粉块混合物时(如沥青、水泥等),在一般情况下不可能对全体物品的质量特性进行检测试验。

(3)由于产品"批"的质量往往有所波动,尤其是在产品量大、金额高、检验项目多的场合,采用全数检验实际上做不到,用无损检验也有可能因产品不良品率高而导致重大经济损失,因此,抽样检验则十分必要。

(4)抽样检验由于检验的样本较小,因而可以收集质量信息,提高检验的全面程度,进而促进产品质量的改善。

三、抽样检验的条件

抽样检验是从某批产品中抽取较少的样本进行检验,根据试验结果来判定全批产品是合格还是不合格。因此,为使抽样检验对判定质量好坏提供准确的信息,必须注意抽样检验应具备的条件。

1. 要明确批的划分

明确批的划分即要注意使同批产品在原材料、工艺条件、生产时间等方面具备基本相同的条件。例如,抽样检验水泥、沥青等的质量特性时,应将相同厂家、相同品种或相同强度等级的产品作为一个批,而不能将不同生产厂家和不同牌号的水泥或沥青划在一个批内。

2. 必须抽取能代表批的样本

由于抽样检验是以样本检验结果来推断批的好坏,故样本的代表性尤为重要。为使所抽

取的样本能成为批的可靠代表,常采用如下方法:

(1)单纯随机取样。单纯随机取样是一种完全随机化的取样,它适用于对总体缺乏基本了解的场合。"随机"取样不同于"随便"取样。随机取样是利用随机表或随机数骰子等工具进行的取样,它可以保证总体每个单位出现的概率相同。

(2)分层取样。当批量或工序被分为若干层时,可从所有分层中按一定比例取样。例如,有两台拌和机同时拌制原材料相同的同强度等级的混凝土,为了检验生产混凝土的质量特性,采用抽样方法时,应注意对两台拌和机分别取样,这样便于了解不同"层"的产品质量特性,研究各层造成不良品率的原因(图1-4);或将甲、乙样品混合进行试验,了解混合产品的质量特性。

(3)两级取样。当物品堆积在一起构成批量时,由许多货箱堆积在一起,按单纯随机取样相当麻烦。此时,可先从若干箱中进行第一级随机取样,挑出部分箱物品,然后再从已挑选出的箱中对物品进行随机取样,如图1-5所示。

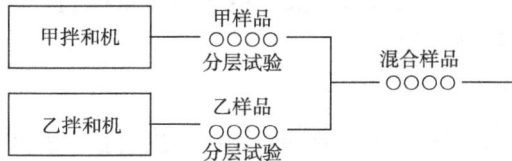

图1-4　分层取样示例　　　　　　　　图1-5　两级取样示意图

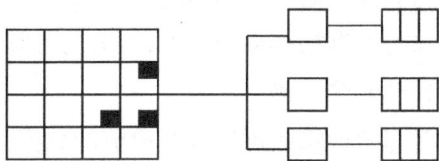

(4)系统取样。当对总体实行单纯随机抽样有困难时,如连续作业时抽样、产品为连续体时的抽样(如测定公路路基的弯沉值)等,可采用一定间隔进行抽取的抽样方法,称为系统抽样或等距抽样。

例如,现要求测定1 000m路基的弯沉值,由于路基是连续体,可采取每20m或50m测定一点(或两点)的办法,做抽样测定。这时可用掷骰子或其他随机方法确定起点位置,如从 K0 + 010 开始,然后分别测定 K0 + 030、K0 + 050 等或 K0 + 060、K0 + 110 等位置的弯沉值。

系统抽样还适合流水生产线上的取样,但应注意的是,当产品质量特性发生变化时,易产生较大偏差。

3.要明确检验标准

所谓检验标准,是指对于一批产品中不良品的质量判定标准。例如,路基压实度小于93%的为不合格,基层材料现场抽样的7d龄期抗压强度小于2.0MPa时为强度不合格等。

4.要有统一的检测试验方法

产品质量判定标准应与统一的检测试验方法所测定结果相比照,如果试验方法不统一,试验结果偏差很大,容易造成各种误判,抽样检验也就失去了其应有的意义。公路工程各种产品在大多数情况下为现场加工制作,质量检测也大多在现场进行。因此,确保现场检测方法的统一、加强检测仪器性能的稳定、提高操作人员的技术熟练程度等是十分重要的。

第二节　数据的修约

一、数据修约的相关知识

工程质量控制、评价是以数据为依据,质量控制中常说的"一切用数据说话",就是要用数据来反映工序质量状况及判断质量效果。

质量数据主要来源于工程建设过程中的各种检验,即材料检验、工序检验、竣工验收检验等,也包括使用过程中的必要检验。只有通过对质量数据的收集、处理、分析,才能达到对生产施工过程的了解、掌握及控制。没有质量数据,就不可能有现代化的、科学的质量控制。

质量数据根据自身特性,可分为计量值数据和计数值数据。

1.计量值数据

计量值数据是可以连续取值的数据,其表现形式是连续型的,如长度、厚度、直径、强度、化学成分等质量特征,一般都可以用检测工具或仪器等测量(或试验)。类似这些质量特征的测量数据,一般都带有小数,如长度为 1.15m、1.18m 等。因此,在工程质量检验中得出的原始检验数据,大部分是计量值数据。

2.计数值数据

有些反映质量状况的数据是不能用测量器具来度量的。为了反映或描述属于此类型内容的质量状况,而又必须要用数据来表示时,便采用计数的办法,即用 1、2、3…连续地数出个数或次数,凡属于这种性质的数据即计数值数据。计数值数据的特点是不连续,并只能出现 0、1、2 等非负的整数,不可能有小数,如不合格品数、不合格的构件数、缺陷的点数等。一般来说,以判断的方法得出的数据和以感觉性检验方法得出的数据大多属于计数值数据。

计数值数据有两种表示方法:一种方法是直接用计数出来的次数、点数来表示,称为 P_n 数据;另一种方法是把它们(P_n 数据)与总检查次(点)数相比,用百分数表示,称为 P 数据。P 数据在工程检验中经常使用,如某分项工程的质量合格率为 90%,即表示经检查为合格的点(次)数与总检查点(次)数的比值为 90%。但也应注意,不是所有用百分数表示的数据都是计数值数据,当分子、分母为计量值数据时,计算出来的百分数也应是计量值数据。一般可以这样说,在用百分数表示数据时,当分子、分母为计量值数据时,分数值为计量值数据;当分子、分母为计数值数据时,分数值为计数值数据。

二、质量数据的修约规则

《数值修约规则与极限数值的表示和判定》(GB/T 8170—2008)中规定,科学技术与生产活动中,试验测定和计算得出的各种数值需要修约时,除另有规定外,应按本标准给出的规则进行。

(一)术语

1. 修约间隔

修约间隔是确定修约保留位数的一种方式。修约间隔的数值一经确定,修约值应为该数值的整数倍。

例如:指定修约间隔为 0.1,修约值即应在 0.1 的整数倍中选取,相当于将数值修约到一位小数。

例如:指定修约间隔为 100,修约值即应在 100 的整数倍中选取,相当于将数值修约到"百"数位。

2. 有效位数

对没有小数位且以若干个零结尾的数值,从非零数字最左一位向右数而得到的位数减去无效零(仅为定位用的零)的个数,即为有效位数;对其他十进位数,从非零数字最左一位向右数而得到的位数为有效位数。

例如:35 000,若有两个无效零,则为三位有效位数,应写为 350×10^2;若有三个无效零,则为两位有效位数,应写为 35×10^3。

例如:3.2,0.32,0.032,0.003 2 均为两位有效位数;0.032 0 为三位有效位数。

例如:12.490 为五位有效位数;10.00 为四位有效位数。

3. 0.5 单位修约(半个单位修约)、0.2 单位修约

0.5 单位修约是指修约间隔为指定数位的 0.5 单位,即修约到指定数位的 0.5 单位。

例如:将 60.28 修约到个数位的 0.5 单位,得 60.5。

0.2 单位修约指修约间隔为指定数位的 0.2 单位,即修约到指定数位的 0.2 单位。

例如:将 832 修约到"百"数位的 0.2 单位,得 840。

(二)确定修约位数的表达方式

(1)指定修约间隔为 10^{-n}(n 为正整数),或指明将数值修约到 n 位小数。

(2)指定修约间隔为 1,或指明将数值修约到个数位。

(3)指定修约间隔为 10^n,或指明将数值修约到 10^n 数位(n 为正整数),或指明将数值修约到"十""百""千"……数位。

(三)进舍规则

(1)拟舍弃数字的最左一位数字小于 5 时,则舍去,即保留的各位数字不变。

例如:将 12.149 8 修约到一位小数,得 12.1。

例如:将 12.149 8 修约成两位有效位数,得 12。

(2)拟舍弃数字的最左一位数字大于 5 或者是 5,而其后跟有并非全部为 0 的数字时,则进一,即保留的末位数字加 1。

例如:将 1 268 修约到"百"数位,得 13×10^2(特定时可写为 1 300)。

例如:将 1 268 修约成三位有效位数,得 127 × 10(特定时可写为 1 270)。

例如:将 10.502 修约到个数位,得 11。

注:示例中,"特定时"的含义系指修约间隔或有效位数明确时(下同)。

(3)拟舍弃数字的最左一位数字为 5,而右面无数字或皆为 0 时,若所保留的末位数字为奇数(1、3、5、7、9)则进一,为偶数(2、4、6、8、0)则舍弃。

例如:修约间隔为 0.1(或 10^{-1})。

拟修约数值	修约值
1.050	1.0
0.350	0.4

例如:修约间隔为 1 000(或 10^3)。

拟修约数值	修约值
2 500	2×10^3(特定时可写为 2 000)
3 500	4×10^3(特定时可写为 4 000)

例如:将下列数字修约成两位有效位数。

拟修约数值	修约值
0.032 5	0.032
32 500	32×10^3(特定时可写为 32 000)

(4)负数修约时,先将它的绝对值按上述进舍规则进行修约,然后在修约值前面加上负号。

例如:将下列数字修约到"+"数位。

拟修约数值	修约值
−355	-36×10(特定时可写为 −360)
−325	-32×10(特定时可写为 −320)

例如:将下列数字修约成两位有效位数。

拟修约数值	修约值
−365	-36×10(特定时可写为 −360)
−0.036 5	−0.036

(四)不许连续修约规则

(1)拟修约数字应在确定修约位数后一次修约获得结果,而不得多次连续修约。

例如:修约 15.454 6,修约间隔为 1。

正确的做法:15.454 6→15

不正确的做法:15.454 6→15.455→15.46→15.5→16

(2)在具体实施中,有时测试与计算部门先将获得数值按指定的修约位数多一位或几位报出,而后由其他部门判定。为避免产生连续修约的错误,应按下述步骤进行:

①报出数值最右的非零数字为 5 时,应在数值后面加"(+)"或"(−)"或不加符号,以分别表明已进行过舍、进或未舍未进。

例如:16.50(+)表示实际值大于 16.50,经修约舍弃成为 16.50;16.50(−)表示实际值小于 16.50,经修约进一成为 16.50。

②如果判定报出值需要进行修约,当拟舍弃数字的最左一位数字为 5 而后面无数字或皆为 0 时,数值后面有(+)号者进一,数值后面有(-)号者舍去,其他仍按上述进舍规则进行修约。

例如:将下列数字修约到个数位后进行判定(报出值多留一位到一位小数)。

实测值	报出值	修约值
15.454 6	15.5(-)	15
16.520 3	16.5(+)	17
17.500 0	17.5	18
-15.454 6	-15.5(-)	-15

在统计中将常用的数值修约规则归纳为以下几句口诀:

四舍六入五考虑,

五后非零则进一,

五后为零视奇偶,

奇升偶舍要注意,

修约一次要到位。

(五)0.5 单位修约与 0.2 单位修约

在必要时,可采用 0.5 单位修约和 0.2 单位修约。

0.5 单位修约:将拟修约数值乘以 2,按指定数位依"(三)进舍规则"修约,所得数值再除以 2。

例如:将下列数字修约到个数位的 0.5 单位(或修约间隔为 0.5)。

拟修约数值 (A)	乘 2 (2A)	2A 修约值 (修约间隔为 1)	A 修约值 (修约间隔为 0.5)
60.25	120.50	120	60.0
60.38	120.76	121	60.5
-60.75	-121.50	-122	-61.0

0.2 单位修约:将拟修约数值乘以 5,按指定数位依"(三)进舍规则"修约,所得数值再除以 5。

例如:将下列数字修约到"百"数位的 0.2 单位(或修约间隔为 20)。

拟修约数值 (A)	乘 5 (5A)	5A 修约值 (修约间隔为 100)	A 修约值 (修约间隔为 20)
830	4 150	4 200	840
842	4 210	4 200	840
-930	-4 650	-4 600	-920

上述数值修约规则(有时称为"奇升偶舍法")与以往用的"四舍五入"的方法区别在于,用"四舍五入"法对数值进行修约,从很多修约后的数值中得到的均值偏大,用上述修约规则,进舍的状况和进舍误差均具有平衡性,若干数值经过这种修约后,修约值之和变大的可能性与变小的可能性是一样的。

第三节 数据的统计特征量计算

工程质量数据的统计特征量分为两类:一类表示统计数据的规律性,主要有算术平均值、中位数和加权平均值等;另一类表示统计数据的差异性,即工程质量的波动性,主要有极差、标准偏差和变异系数等。

一、算术平均值

算术平均值是表示一组数据集中位置最有用的统计特征量,经常用样本的算术平均值来代表总体的平均水平。样本的算术平均值则用 $\bar{x}$ 表示。如果 n 个样本数据为 x_1、x_2、$\cdots$、x_n,那么,样本的算术平均值为

$$\bar{x} = \frac{1}{n}(x_1 + x_2 + \cdots + x_n) = \frac{1}{n}\sum_{i=1}^{n} x_i \tag{1-1}$$

例 1-1 对某路段沥青混凝土面层进行抗滑性能检测,摩擦系数的检测值(共 10 个测点)分别为 58、56、60、53、48、54、50、61、57、55(摆值)。求摩擦系数的算术平均值。

解:由式(1-1)可知,摩擦系数的算术平均值:

$$\overline{F}_B = \frac{1}{10}(58 + 56 + 60 + 53 + 48 + 54 + 50 + 61 + 57 + 55) = 55.2(摆值)$$

二、中位数

在一组数据 x_1、x_2、$\cdots$、x_n 中,按其大小次序排序,以排在正中间的一个数表示总体的平均水平,称为中位数(或称为中值),用 $\tilde{x}$ 表示。当 n 为奇数时,正中间的数只有一个;当 n 为偶数时,正中间的数有两个,取这两个数的平均值作为中位数,即

$$\tilde{x} = \begin{cases} x_{\frac{n+1}{2}} & (n\ 为奇数) \\ \frac{1}{2}\left(x_{\frac{n}{2}} + x_{\frac{n}{2}+1}\right) & (n\ 为偶数) \end{cases} \tag{1-2}$$

例 1-2 检测值同例 1-1,求中位数。

解:检测值按大小次序排列为 61、60、58、57、56、55、54、53、50、48(摆值),则中位数为

$$\widetilde{F}_B = \frac{F_{B(5)} + F_{B(6)}}{2} = \frac{56 + 55}{2} = 55.5(摆值)$$

三、极差

在一组数据中最大值与最小值之差,称为极差,记作 R:

$$R = x_{max} - x_{min} \tag{1-3}$$

例 1-3 例 1-1 中的检测数据的极差为多少?

解:
$$R = F_{Bmax} - F_{Bmin} = 61 - 48 = 13(\text{摆值})$$

极差没有充分利用数据的信息,但计算十分简单,仅适用于样本容量较小($n < 10$)的情况。

四、标准偏差

标准偏差有时也称标准离差、标准差或均方差,它是衡量样本数据波动性(离散程度)的指标。在质量检验中,总体的标准偏差(σ)一般不易求得。样本的标准偏差 S 按式(1-4)计算:

$$S = \sqrt{\frac{(x_1 - \bar{x})^2 + (x_2 - \bar{x})^2 + \cdots + (x_n - \bar{x})^2}{n-1}} = \sqrt{\frac{\sum\limits_{i=1}^{n}(x_i - \bar{x})^2}{n-1}} \tag{1-4}$$

例 1-4 仍用例 1-1 的数据,求样本标准偏差 S。

解:由式(1-4)可知,样本标准偏差为

$$S = \sqrt{\frac{(x_1 - \bar{x})^2 + (x_2 - \bar{x})^2 + \cdots + (x_n - \bar{x})^2}{n-1}}$$

$$= \sqrt{\frac{(58 - 55.2)^2 + (56 - 55.2)^2 + \cdots + (55 - 55.2)^2}{10-1}} = 4.13(\text{摆值})$$

五、变异系数

标准偏差是反映样本数据的绝对波动状况,当测量较大的量值时,绝对误差一般较大;当测量较小的量值时,绝对误差一般较小。因此,用相对波动的大小,即变异系数更能反映样本数据的波动性。

变异系数用 $C_V(\%)$ 表示,是标准偏差 S 与算术平均值 $\bar{x}$ 的比值,即

$$C_V = \frac{S}{\bar{x}} \times 100\% \tag{1-5}$$

例 1-5 若甲路段沥青混凝土面层的摩擦系数算术平均值为 55.2(摆值),标准偏差为 4.13(摆值);乙路段的摩擦系数算术平均值为 60.8(摆值),标准偏差为 4.27(摆值)。求两路段的变异系数。

解:甲路段
$$C_{V甲} = \frac{4.13}{55.2} \times 100\% = 7.48\%$$

乙路段
$$C_{V乙} = \frac{4.27}{60.8} \times 100\% = 7.02\%$$

从标准偏差看,$S_甲 < S_乙$,但从变异系数分析,$C_{V甲} > C_{V乙}$,说明甲路段的摩擦系数相对波动比乙路段大,面层抗滑稳定性较差。

第四节　可疑数据的取舍

工程质量常会发生波动情况,由于质量的波动,自然会引起质量检测数据的参差不齐,有时还会发现一些明显过大或过小的数据,这些数据为可疑数据。因此,在进行数据分析之前,应用

数理统计法判别其真伪,并决定取舍。常用的方法有拉依达法、肖维纳特法、格拉布斯法等。

一、拉依达法

当试验次数较多时,可简单地用 3 倍标准偏差($3S$)作为确定可疑数据取舍的标准。当某一测量数据(x_i)与其测量结果的算术平均值($\bar{x}$)之差大于 3 倍标准偏差时,用公式表示为

$$|x_i - \bar{x}| > 3S \qquad (1\text{-}6)$$

则该测量数据应舍弃。

由于该方法是以 3 倍标准偏差为判别标准,所以又称 3 倍标准偏差法,简称"$3S$"法。

取 $3S$ 的理由:根据随机变量的正态分布规律,在多次试验中,测量值落在"$\bar{x} - 3S$"与"$\bar{x} + 3S$"之间的概率为 99.73%,出现在此范围之外的概率为 0.27%。也就是说,在近 400 次试验中才能遇到一次,这种事件为小概率事件,出现的可能性很小,几乎不可能发生。因而在实际试验中,一旦出现,就认为该测量数据是不可靠的,应将其舍弃。

另外,当测量值与平均值之差大于 2 倍标准偏差($|x_i - \bar{x}| > 2S$)时,则该测量值应保留,但需存疑。在生产(施工)、试验过程中,如发现有可疑的变异时,则该测量值应予舍弃。

例 1-6 试验室进行同配比的混凝土强度试验($n = 10$),其试验结果分别为 25.8、25.4、31.0、25.5、27.0、24.8、25.0、26.0、24.5、23.0,单位为 MPa,试用"$3S$"法判别其取舍。

解:分析上述 10 个测量数据,当 $x_{\min} = 23.0$ 和 $x_{\max} = 31.0$ 时最可疑,故应首先判别 $x_{\min}$ 和 $x_{\max}$。经计算:

$$\bar{x} = 25.8, S = 2.1$$
$$|x_{\max} - \bar{x}| = |31.0 - 25.8| = 5.2 < 3S = 6.3$$
$$|x_{\min} - \bar{x}| = |23.0 - 25.8| = 2.8 < 3S = 6.3$$

故上述测量数据均不能舍弃。

拉依达法简单方便,不需要查表,要求较宽,当试验检测次数较多或要求不高时可以应用,但当试检测次数较少时(如 $n < 10$),在一组测量值中即使混有异常值,也无法舍弃。

二、肖维纳特法

进行 n 次试验,其测量值服从正态分布,以概率 $1/(2n)$ 设定一判别范围($-K_n S, K_n S$),当偏差(测量值 x_i 与其算术平均值 $\bar{x}$ 之差)超出该范围时,就意味着该测量值 x_i 是可疑的,应予以舍弃。因此,肖维纳特法可疑数据舍弃的标准为

$$\frac{|x_i - \bar{x}|}{S} \geq K_n \qquad (1\text{-}7)$$

式中:K_n——肖维纳特系数,与试验次数 n 有关,见表 1-1。

肖维纳特系数 K_n 　　　　　　　　　　　　　　　　表 1-1

n	K_n	n	K_n	n	K_n	n	K_n	n	K_n	n	K_n
3	1.38	8	1.86	13	2.07	18	2.20	23	2.30	50	2.58
4	1.53	9	1.92	14	2.12	19	2.22	24	2.31	75	2.71
5	1.65	10	1.96	15	2.13	20	2.24	25	2.33	100	2.81
6	1.73	11	2.00	16	2.15	21	2.26	30	2.39	200	3.02
7	1.80	12	2.03	17	2.17	22	2.28	40	2.49	500	3.20

例1-7 试验结果同例1-6,试用肖维纳特法进行判别。

解:查表1-1,当 $n = 10$ 时,$K_n = 1.96$。对于测量值31.0,则有:

$$\frac{|x_i - \bar{x}|}{S} = \frac{|31.0 - 25.8|}{2.1} = 2.48 > K_n = 1.96$$

说明测量数据31.0是异常的,应予以舍弃。这一结论与拉依达法的结果是不一致的。

肖维纳特法改善了拉依达法,但从理论上分析,当 $n \rightarrow \infty$,$K_n \rightarrow \infty$ 时,所有异常值都无法舍弃。此外,肖维纳特系数与置信水平之间无明确联系,已逐渐被格拉布斯法取代。

三、格拉布斯法

格拉布斯法假定测量结果服从正态分布,根据顺序统计量来确定可疑数据的取舍。做 n 次重复试验,测得结果为 x_1、$x_2 \cdots x_i \cdots x_n$,且 x_i 服从正态分布。

为了检验 x_i（$i = 1、2、\cdots、n$）中是否有可疑值,可将 x_i 按其值由小到大的顺序重新排列,得:

$$x_{(1)} \leq x_{(2)} \leq \cdots \leq x_n$$

根据顺序统计原则,给出标准化顺序统计量 g:

当最小值 $x_{(1)}$ 可疑时,则

当最大值 $x_{(n)}$ 可疑时,则

$$\left. \begin{array}{l} g_{(1)} = \dfrac{\bar{x} - x_{(1)}}{S} \\[3mm] g_{(n)} = \dfrac{x_{(n)} - \bar{x}}{S} \end{array} \right\} \tag{1-8}$$

式中:$\bar{x}$——测量值的算术平均值;

S——测量值的标准偏差。

根据格拉布斯统计量的分布,在指定的显著性水平 β（一般 $\beta = 0.05$）下,求得判别可疑值的临界值 $g_0(\beta, n)$。格拉布斯法的判别标准:当 $g \geq g_0(\beta, n)$ 时,则可疑值 $x_{(i)}$ 是异常的,应予舍去。其中,$g_0(\beta, n)$ 值列于表1-2中。

格拉布斯系数 $g_0(\beta, n)$　　　　　　　　　　　　　　表1-2

n	β		n	β		n	β	
	0.01	0.05		0.01	0.05		0.01	0.05
3	1.15	1.15	12	2.55	2.29	21	2.91	2.58
4	1.49	1.46	13	2.61	2.33	22	2.94	2.60
5	1.75	1.67	14	2.66	2.37	23	2.96	2.62
6	1.94	1.82	15	2.70	2.41	24	2.99	2.64
7	2.10	1.94	16	2.74	2.44	25	3.01	2.66
8	2.22	2.03	17	2.78	2.47	30	3.10	2.74
9	2.32	2.11	18	2.82	2.50	35	3.18	2.81
10	2.41	2.18	19	2.85	2.53	40	3.24	2.87
11	2.48	2.24	20	2.88	2.56	50	3.34	2.96
						100	3.59	3.17

利用格拉布斯法每次只能舍弃一个可疑值,若有两个以上的可疑数据,应该一个一个地舍

弃,舍弃第一个数据后,检测次数由 n 变为 $n-1$,以此为基础再判别第二个可疑数据是否应舍去。每次均值和均方差要重新计算,再决定取舍。

例1-8 试用格拉布斯法判别例1-6中测量数据的真伪。

解:(1)测量数据按从小到大的顺序排列如下

23.0 24.5 24.8 25.0 25.4 25.5 25.8 26.0 27.0 31.0

(2)计算数据特征量

$$\bar{x} = 25.8 \qquad S = 2.1$$

(3)计算统计量

$$g_{(1)} = \frac{\bar{x} - x_{(1)}}{S} = \frac{25.8 - 23.0}{2.1} = 1.33$$

$$g_{(10)} = \frac{x_{(10)} - \bar{x}}{S} = \frac{31.0 - 25.8}{2.1} = 2.48$$

由于 $g_{(10)} > g_{(1)}$,首先判别 $x_{(10)} = 31.0$

(4)选定显著性水平 $\beta = 0.05$,并根据 $\beta = 0.05$ 和 $n = 10$,由表1-2查得

$$g_0(0.05, 10) = 2.18$$

(5)判别

由于 $g_{(10)} = 2.48 > g_0(0.05, 10) = 2.18$,所以 $x_{(10)} = 31.0$ 为异常值,应予以舍弃。这一结论与肖维纳特法结论是一致的。

仿照上述方法继续对余下的9个数据分别进行判别,经计算没有异常值。

课后任务与评定

参考答案

任务一:简述总体、样本的定义。

任务二:请修约以下数据。

15.352 8(保留两位小数);

125.555(保留整数);

15.352 8(保留一位小数);

19.999 8(保留两位小数);

10.050 000 1(保留一位小数);

16.687 5(保留三位小数);

10.35(保留一位小数)。

任务三:某路段沥青混凝土面层抗滑性能检测,摩擦系数的检测值(共10个测点)分别为55、56、59、60、54、53、52、54、49、53。求摩擦系数的平均值、中位数、极差、标准偏差、变异系数。

任务四:某路段二灰碎石基层无侧限抗压强度试验结果(单位:MPa)分别为0.792、0.306、0.968、0.804、0.447、0.894、0.702、0.424、0.498、1.075、0.815,请分别用拉依达法、肖维纳特法和格拉布斯法对上述数据进行取舍判别。

第二章
CHAPTER TWO
公路工程质量检验与评定

教学要求

能理解公路工程试验检测的目的及意义;能运用公路工程质量检验评定方法对公路工程质量进行评分。

工程试验检测既是道路和桥梁施工技术管理中的一个重要组成部分,也是施工质量控制和竣工验收评定中不可缺少的一个主要环节。通过试验检测能充分地利用当地原材料,迅速地推广和应用新材料、新技术和新工艺,用定量的方法科学地评定各种材料和构件的质量,合理地控制并科学地评定工程质量。因此,工程质量检测对提高工程质量、加快工程进度、降低工程造价、推动道路和桥梁施工技术进步等方面,将起到极为重要的作用。公路工程检测技术是一门正在发展的新兴科学,它融试验检测基本理论和测试操作技能及相关基础知识为一体,是工程设计参数选取、施工质量控制、施工验收评定、养护管理决策的重要依据。

随着公路技术等级的提高,工程质量检测、施工质量控制和验收工作引起了各级公路管理部门和施工单位的高度重视。作为工程试验检测人员或质量控制管理人员,在整个施工期间应吃透并领会设计文件,熟悉现行施工技术规范和试验检测规程,严格做好道路和桥梁用材料质量、施工控制参数、现场施工过程质量和分部分项工程验收四个关键环节的把关工作。

第一节 公路工程质量检验与等级评定依据

为加强公路工程质量管理,规范公路工程施工质量的检验评定,统一工程质量检验标准和评定标准,保证工程质量,交通运输部制定《公路工程质量检验评定标准》。该标准适用于各等级公路新建与改建工程施工质量的检验评定。它是公路工程施工质量的最低限值标准,公路工程施工质量检验评定应以此为准。当其质量标准与公路工程设计、施工技术标准不一致时,宜以颁布年份最新者为准。

对特殊地区或采用新材料、新工艺的工程,当检验评定标准中缺乏适宜的技术要求时,可参照相关技术标准或根据实际情况制定相应的质量标准,并报主管部门批准。

施工准备阶段由施工单位将合同段划分为单位工程、分部工程和分项工程,并报监理单位或建设单位审核。

公路工程质量检验评定应按分项工程、分部工程、单位工程逐级进行,并应符合下列规定:

(1)在合同段中,具有独立施工条件和结构功能的工程为单位工程。

(2)在单位工程中,按路段长度、结构部位及施工特点等划分的工程为分部工程。

(3)在分部工程中,根据施工工序、工艺或材料等划分的工程为分项工程。

路基、路面和桥涵的单位工程中分部和分项的划分内容详见表2-1～表2-3。

路基、路面单位工程中分部及分项工程的划分   表2-1

单 位 工 程	分 部 工 程	分 项 工 程
路基工程 (每10km或每标段)	路基土石方工程 (1～3km路段)	土方路基,填石路基,软土地基处治,土工合成材料处治层等
	排水工程 (1～3km路段)	管节预制,混凝土排水管施工,检查(雨水)井砌筑,土沟,浆砌水沟,盲沟,跌水,急流槽,水簸箕,排水泵站沉井、沉淀池等
	小桥及符合小桥标准的通道,人行天桥,渡槽 (每座)	钢筋加工及安装,砌体,混凝土扩大基础,钻孔灌注桩,混凝土墩、台、墩、台身安装,台背填土,就地浇筑梁、板,预制安装梁、板,就地浇筑拱圈,混凝土桥面板桥面防水层,支座垫石和挡块,支座安装,伸缩装置安装,栏杆安装,混凝土护栏,桥头搭板,砌体坡面护坡,混凝土构件表面防护,桥梁总体等
	通道、涵洞 (1～3km路段)	钢筋加工及安装,涵台,管节预制,管座及涵管安装,波形钢管涵安装,盖板预制,盖板安装,箱涵浇筑,拱涵浇(砌)筑,倒虹吸竖井,集水井砌筑,一字墙和八字墙,涵洞填土,顶进施工的涵洞,砌体坡面防护,涵洞总体等
	防护支挡工程 (1～3km路段)	砌体挡土墙,墙背填土,边坡锚固防护,土钉支护,砌体坡面防护,石笼防护,导流工程等
	大型挡土墙、组合挡土墙 (每处)	钢筋加工及安装,砌体挡土墙,悬臂式挡土墙,扶壁式挡土墙,锚杆、锚定板和加筋土挡土墙,墙背填土等
路面工程 (每10km或每标段)	路面工程 (1～3km路段)	垫层、底基层,基层,面层,路缘石,路肩等

桥涵、隧道单位工程中分部及分项工程的划分 表2-2

单位工程	分部工程	分项工程
桥梁工程 （每座 或每合同段）	基础及下部构造 （1~3墩台）	钢筋加工及安装，预应力筋加工和张拉，预应力管道压浆，混凝土扩大基础，钻孔灌注桩，挖孔桩，沉入桩，灌注桩桩底压浆，地下连续墙，沉井，沉井、钢围堰的混凝土封底，承台等大体积混凝土结构，砌体，混凝土墩、台，墩台身安装，支座垫石和挡块，拱桥组合桥台，台背填土等
	上部构造预制和安装 （1~3跨）	钢筋加工及安装，预应力筋加工和张拉，预应力管道压浆，预制安装梁、板，悬臂施工梁，顶推施工梁，转体施工梁，拱圈节段预制，拱的安装，转体施工拱，中下承式拱吊杆和柔性系杆，刚性系杆，钢梁制作，钢梁安装，钢梁防护等
	上部构造现场浇筑 （1~3跨）	钢筋加工及安装，预应力筋加工和张拉，预应力管道压浆，就地浇筑梁、板，悬臂施工梁，就地浇筑拱圈，劲性骨架混凝土拱，钢管混凝土拱，中下承式拱吊杆和柔性系杆，刚性系杆等
	桥面系、附属工程 及桥梁总体	钢筋加工及安装，混凝土桥面板桥面防水层，钢桥面板上防水黏结层，混凝土桥面板桥面铺装，钢桥面板上沥青混凝土铺装，支座安装，伸缩装置安装，人行道铺设，栏杆安装，混凝土护栏，钢桥上钢护栏安装，桥头搭板，混凝土小型构件预制，砌体坡面护坡，混凝土构件表面防护，桥梁总体等
	防护工程	砌体坡面护坡，护岸，导流工程等
	引道工程	见路基工程、路面工程的分项工程
隧道工程 （每座 或每合同段）	总体及装饰装修 （每座或每合同段）	隧道总体、装饰装修工程
	洞口工程（每个洞口）	洞口边仰坡防护、洞门和翼墙的浇（砌）筑、截水沟、洞口排水沟、明洞浇筑、明洞防水层、明洞回填
	洞身开挖（100延米）	洞身开挖
	洞身衬砌（100延米）	喷射混凝土、锚杆、钢筋网、钢架、仰拱、仰拱回填、衬砌钢筋、混凝土衬砌、超前锚杆、超前小导管、管棚
	防排水（100延米）	防水层、止水带、排水
	路面（1~3km路段）	基层、面层
	辅助通道（100延米）	洞身开挖、喷射混凝土、锚杆、钢筋网、钢架、仰拱、仰拱回填、衬砌钢筋、混凝土衬砌、超前锚杆、超前小导管、管棚、防水层、止水带、排水

绿化、声屏障、交通安全设施、机电工程分部及分项工程的划分　　表 2-3

单位工程	分部工程	分项工程
绿化工程（每合同段）	分隔带绿地、边坡绿地、护坡道绿地、碎落台绿地、平台绿地（每 2km 路段） 互通式立体交叉区与环岛绿地、管理养护设施区绿地、服务设施区绿地、取、弃土场绿地（每处）	绿地整理,树木栽植,草坪、草本地被及花卉种植,喷播绿化
声屏障工程（每合同段）	声屏障工程(每处)	砌块体声屏障,金属结构声屏障,复合结构声屏障
交通安全设施（每 20km 或每标段）	标志、标线、突起路标、轮廓标（5～10km 路段）	标志,标线,突起路标,轮廓标
	护栏（5～10km 路段）	波形梁护栏,缆索护栏,混凝土护栏,中央分隔带开口护栏
	防眩设施、隔离栅、防落物网（5～10km 路段）	防眩板,防眩网,隔离栅,防落物网等
	里程碑和百米桩(5km 路段)	里程碑,百米桩
	避险车道（每处）	避险车道
交通机电工程	其分部、分项工程划分见《公路工程质量检验评定标准 第二册 机电工程》	
附属设施	管理中心、服务器、房屋建筑、收费站、养护工区等设施	按其专业工程质量检验评定标准评定

第二节　工程质量检验

施工单位应在各分项工程完成后,按《公路工程质量检验评定标准 第一册 土建工程》(JTG F80/1—2017)所列要求、实测项目和外观鉴定进行自检,按"分项工程质量检验评定表"及相关施工技术规范提交真实、完整的自检资料,对工程质量进行自我评定。工程监理单位应按规定要求对工程质量进行独立抽检,对施工单位检评资料进行签认,对工程质量进行评定。建设单位根据对工程质量的检查及平时掌握的情况,对工程监理单位所做的工程质量评定进行审定。

公路工程质量检验以分项工程为单元,采用合格率法进行评定。分项工程完成后,应根据《公路工程质量检验评定标准》进行检验,对工程质量进行评定。隐蔽工程在隐蔽前应检查合格。分部工程、单位工程完工后,应汇总评定所属分项工程、分部工程质量资料,检查外观质量,对工程质量进行评定。

分项工程应按基本要求、实测项目、外观质量和质量保证资料等检验项目分别检查。

　　分项工程质量应在所使用的原材料、半成品、成品及施工控制要点等符合基本要求的规定,无外观质量限制缺陷且质量保证资料真实齐全时,方可进行检验评定。

　　(1)基本要求检查应符合下列规定:

　　①分项工程应对所列基本要求逐项检查,经检查不符合规定时,不得进行工程质量的检验评定。

　　②分项工程所用的各种原材料的品种、规格、质量及混合料配合比和半成品、成品应符合有关技术标准规定并满足设计要求。

　　施工单位外购的原材料、半成品和成品进场后应进行抽查复验,检验结果应由监理单位或建设单位进行审核。

　　(2)实测项目检验应符合下列规定:

　　①对检测项目按规定的检查方法和频率进行随机抽样检验并计算合格率。

　　②本标准规定的检查方法为标准方法,采用其他高效检测方法应经比对确认。

　　③本标准中以路段长度规定的检查频率为双车道路段的最低检查频率,对多车道应按车道数与双车道之比相应增加检查数量。

　　④按下式计算检查项目合格率:

$$检查项目合格率(\%) = \frac{合格的点数(组)}{该检查项目的全部点(组)} \times 100$$

　　(3)检查项目合格判定应符合下列内容:

　　①分项工程中对结构安全、耐久性和主要使用功能起决定性作用的检查项目,为关键项目,以"△"加以标识。关键项目的合格率应不低于95%(机电工程为100%),否则该检查项目为不合格。

　　②分项工程中除关键项目以外的检查项目为一般项目。一般项目的合格率应不低于80%,否则该检查项目为不合格。

　　③有规定极值的检查项目,任一单个检测值不应突破规定极值,否则该检查项目为不合格。

　　(4)外观质量应进行全面检查,并满足规定要求,对于明显的外观缺陷,施工单位应采取措施进行整修或返工处理后再进行评,否则该检验项目为不合格。

　　(5)工程应有真实、准确、齐全、完整的施工原始记录、试验检测数据、质量检验结果等质量保证资料。质量保证资料应包括下列内容:

　　①所用原材料、半成品和成品质量检验结果。

　　②材料配合比、拌和加工控制检验和试验数据。

　　③地基处理、隐蔽工程施工记录和桥梁、隧道施工监控资料。

　　④质量控制指标的试验记录和质量检验汇总图标。

　　⑤施工过程中遇到非正常情况记录及其对工程质量影响分析评价资料。

　　⑥施工过程中如发生质量事故,经处理补救后达到设计要求的认可证明文件等。

　　(6)检验项目评为不合格的,应进行整修或返工处理直至合格。

第三节　工程质量评定

工程质量等级应分为合格与不合格。

分项工程、分部工程、单位工程质量评定应有符合《公路工程质量检验评定标准　第一册　土建工程》(JTG F80/1—2017)(以下简称《评定标准》)规定的资料。

(1)分项工程质量评定合格应符合下列规定:

①检验记录应完整。

②实测项目应合格。

③外观质量应满足要求。

(2)分部工程质量评定合格应符合下列要求:

①评定资料应完整。

②所含分项工程及实测项目应合格。

③外观质量应满足要求。

(3)单位工程质量评定合格应符合下列规定:

①评定资料应完整。

②所含分部工程应合格。

③外观质量应满足要求。

评定为不合格的分项工程、分部工程,经返工、加固、补强或调测,满足设计要求后,可重新进行检验评定。

所含单位工程合格,该合同段评定为合格;所含合同段合格,该建设项目评定为合格。

例 2-1　一个单位工程是路基工程,其分部工程为路基土石方工程,而土方路基属于其中一个分项工程。质量评定从以下三步开展质量检验与评定。

1. 土方路基检查时的基本要求

只有在所检测的分项工程满足以下基本要求的前提下,才能开展试验检测与质量评定。

(1)在路基用地和取土坑范围内,应认真清除地表植被、杂物、积水、淤泥和表土,处理坑塘,并按规范和设计要求对基底压实。

(2)路基填料应符合《公路路基施工技术规范》(JTG/T 3610—2019)等规定,经认真调查、试验后合理选用。

(3)填方路基须分层填筑压实,每层表面应平整,路拱必须合适,排水应良好。

(4)施工临时排水系统应与设计排水系统结合,避免冲刷边坡,勿使路基附近积水。

(5)在设定取土区内合理取土,不得滥开滥挖。完工后,应按要求对取土坑和弃土场进行修整,保持合理的几何外形。

2. 土方路基实测项目

土方路基实测项目应符合表 2-4 的规定。

土 方 路 基 实 测 项 目

表 2-4

项次	检查项目			规定值或允许偏差 高速公路 一级公路	规定值或允许偏差 其他公路 二级公路	规定值或允许偏差 其他公路 三、四级公路	检查方法和频率
1△	压实度(%)	上路床 轻、中及重交通荷载等级	0~0.3m	≥96	≥95	≥94	按《评定标准》附录B检查 密度法:每200m每压实层测2处
		下路床 特重、极重交通荷载等级	0.3~0.8m	≥96	≥95	≥94	
		上路堤 轻、中及重交通荷载等级	0.3~1.2m	≥96	≥95	—	
		上路堤 特重、极重交通荷载等级	0.8~1.5m	≥94	≥94	≥93	
		下路堤 轻、中及重交通荷载等级	1.2~1.9m	≥94	≥94	—	
		下路堤 特重、极重交通荷载等级	>1.5m >1.9m	≥93	≥92	≥90	
2△	弯沉(0.01mm)			≤设计验收弯沉值			按《评定标准》附录J检查
3	纵断高程(mm)			+10,-15	+10,-20		水准仪:中线位置每200m测2点
4	中线偏位(mm)			50	100		全站仪:每200m测2点,弯道加HY、YH两点
5	宽度(mm)			满足设计要求			尺量:每200m测4点
6	平整度(mm)			≤15	≤20		3m直尺:每200m测2处×5尺
7	横坡(%)			±0.3	±0.5		水准仪:每200m测2个断面
8	边坡			满足设计要求			尺量:每200m测4点

3. 土方路基外观质量规定

(1)路基边线与边坡不应出现单项累计长度超过50m的弯折。

(2)路基边坡、护坡道、碎落台不得有滑坡、塌方或深度超过100m的冲沟。

课后任务与评定

参考答案

任务一:分别简述单位工程、分部工程、分项工程的概念及评定顺序。

任务二:简述分项工程中实测项目检验应符合的规定要求。

任务三:分项工程中质量保证资料应包括哪些方面?

任务四:表2-5为某四级公路的石灰粉煤灰稳定粒料基层的分项工程质量评定表,请完善表中空格内容并作最后评定。

分项工程名称：石灰粉煤灰稳定粒料基层　　　　工程部位：　　　　　　所属建设项目（合同段）：_____

所属分部工程名称：路面工程　　　所属单位工程名称：_____　施工单位：_____　分项工程编号：_____

表2-5

石灰粉煤灰稳定粒料基层实测项目

项次	检查项目		规定值或允许偏差	1	2	3	4	5	6	7	8	9	10	平均值、代表值	合格率（%）	合格判定
基本要求			见《评定标准》													
实测项目 1△	压实度%	代表值	97	98	98	97	96	95	97	97	98	96	98	98		
		极值	93													
2	平整度		12	8	9	9	13	8	—	—	—	—	—			
3	纵断高程（mm）		+5,−15	+2	+3	−1	−2	+5	+6	+3	−5	−10	−10			
4	宽度（mm）		符合设计要求	—	—	—	—	—	—	—	—	—	—	—		
5△	厚度（mm）	代表值	−10	−5	−10	−12	−10	−13	−10	−12	−8	−10	−7		100	
		合格值	−20													
6	横坡（%）		±0.5	0.2	0.1	0.3	0.4	0.5	—	—	—	—	—			
7△	强度（MPa）		符合设计要求	1.0	0.9	0.7	1.1	0.9	0.8	0.9	1.0	0.8	0.9			

外观质量	满足规定要求
工程质量等级评定	质量保证资料　　试验记录完整

检验负责人：　　　检测：　　　记录：　　　复核：

年　　月　　日

第三章
CHAPTER THREE
常用混合料试验检测

教学要求

　　能进行无机结合料稳定类材料的组成设计;能进行无侧限抗压强度试验试件的制备、养护和强度试验;能描述石灰土中石灰剂量的测定方法;能进行水泥混凝土抗压和抗折强度试验及数据处理;能进行水泥砂浆抗压强度试验及数据处理;能进行结构混凝土强度检测及数据处理;能描述沥青混合料热稳定性检测及沥青混合料水稳定性检测要点;能运用回弹法、超声回弹综合法和钻芯法测定混凝土强度及数据处理。

　　在公路工程中,常用的混合料主要有无机结合料稳定材料、沥青混合料、水泥混凝土混合料等。对这些混合料的均匀性、配合比及强度等技术指标的抽检目的是为了评价混合料质量,并决定是否采取相应的技术措施。本章重点讲述用直读式测钙仪等测定无机结合料稳定土(半刚性材料)中石灰的剂量、无机结合料稳定土的强度、水泥混凝土强度及沥青混合料稳定性的检测技术等。(注:在"道路建筑材料"课程中已讲过的内容,本书不再赘述。)

第一节　无机结合料稳定土的检测

一、无机结合料稳定土的基础知识

　　无机结合料稳定土是指在松散的土(各种粗、中、细粒土)中掺入足量的稳定剂及外掺材料,经拌和、压实及养护后得到的复合材料。无机结合料稳定类材料的组成设计的一般原则:必须满足设计强度的要求;抗裂性要达到最优,且便于施工;结合料剂量合理,尽量采用综合稳定;集料应有一定的级配。

　　无机结合料稳定类材料的组成设计步骤:先对原材料(各种土和稳定剂)的性质进行检测,如对于粗粒土和中粒土应做筛分或压碎值试验,对于稳定剂,主要测定石灰的有效氧化钙和氧化镁含量以及水泥的胶砂强度和凝结时间;然后,拟定混合料配合比。按规范建议的剂量(表3-1)制备同一种土样的混合料试件若干份(至少做3组不同石灰或水泥剂量,即最小、中间和最大剂量),通过击实试验确定混合料的最佳含水率和最大干密度。按最佳含水率和最大干密度与工地预计达到的压实度制备试件,进行无侧限抗压强度试验,然后根据规范中规定的强度标准,选定合适的石灰或水泥的剂量。

初拟水泥稳定材料配合比试验推荐水泥试验剂量表(单位:%) 表3-1

被稳定材料	条　件		推荐试验剂量(%)				
级配碎石或砾石	基层	$R_d \geq 5.0\text{MPa}$	5	6	7	8	9
		$R_d < 5.0\text{MPa}$	3	4	5	6	7
土、砂、石屑等		塑性指数<12	5	7	9	11	13
		塑性指数≥12	8	10	12	14	16
级配碎石或砾石	底基层	—	3	4	5	6	7
土、砂、石屑等		塑性指数<12	4	5	6	7	8
		塑性指数≥12	6	8	10	12	14
碾压贫混凝土	基层	—	7	8.5	10	11.5	13

石灰粉煤灰稳定材料和石灰煤渣稳定材料比例可采用(表3-2)中的推荐值。

水泥粉煤灰稳定材料和水泥煤渣稳定材料比例可采用(表3-3)中的推荐值。

石灰粉煤灰稳定材料和石灰煤渣稳定材料推荐比例(单位:%) 表3-2

材料类型	材料名称	使用层位	结合料件比例	结合料与被稳定材料间比例
石灰粉煤灰	硅铝粉煤灰的石灰粉煤灰类[a]	基层或底基层	石灰:粉煤灰 = 1:2 ~ 1:9	—
	石灰粉煤灰土	基层或底基层	石灰:粉煤灰 = 1:2 ~ 1:4[b]	石灰粉煤灰:细粒材料 = 30:70[c] ~ 10:90
	石灰粉煤灰稳定级配碎石或砾石	基层	石灰:粉煤灰 = 1:2 ~ 1:4	石灰粉煤灰:被稳定材料 = 20:80 ~ 15:85[d]
石灰煤渣	石灰煤渣稳定材料	基层或底基层	石灰:煤渣 = 20:80 ~ 15:85	—
	石灰煤渣土	基层或底基层	石灰:煤渣 = 1:1 ~ 1:4	石灰煤渣:细粒材料 = 1:1 ~ 1:4[e]
	石灰煤渣稳定材料	基层或底基层	石灰:煤渣:被稳定材料 = (7~9):(26~33):(67~58)	

注:[a] CaO 含量为 2% ~6% 的硅铝粉煤灰。

　　[b] 粉土为 1:2 为宜。

　　[c] 采用此比例时,石灰与粉煤灰的之比宜为 1:2 ~1:3。

　　[d] 石灰粉煤灰与粒料之比为 15:85 ~ 20:80 时,在混合料中,粒料形成骨架,石灰粉煤灰起填充和胶结作用。这种混合料称骨架密实式石灰粉煤灰粒料。

　　[e] 混合料中石灰应不少于 10%,可通过试验选取强度较高的配合比。

水泥粉煤灰稳定材料和水泥煤渣稳定材料推荐比例(单位:%)   表 3-3

材料类型	材料名称	使用层位	结合料件比例	结合料与被稳定材料间比例
水泥粉煤灰	硅铝粉煤灰的水泥粉煤灰类[a]	基层或底基层	水泥:粉煤灰 = 1:3 ~ 1:9	—
	水泥粉煤灰土	基层或底基层	水泥:粉煤灰 = 1:3 ~ 1:5	水泥粉煤灰:细粒材料 = 30:70[b] ~ 10:90
	水泥粉煤灰稳定级配碎石或砾石	基层	水泥:粉煤灰 = 1:3 ~ 1:5	水泥粉煤灰:被稳定材料 = 20:80 ~ 15:85[c]
水泥煤渣	水泥煤渣稳定材料	基层或底基层	水泥:煤渣 = 5:95 ~ 15:85	—
	水泥煤渣土	基层或底基层	水泥:煤渣 = 1:2 ~ 1:5	水泥煤渣:细粒材料 = 1:2 ~ 1:5[d]
	水泥煤渣稳定材料	基层或底基层	水泥:煤渣:被稳定材料 = (3~5):(26~33):(71~62)	

注:[a]CaO 含量为 2% ~6% 的硅铝粉煤灰。

[b]采用此比例时,水泥与粉煤灰的之比宜为 1:2 ~ 1:3。

[c]水泥粉煤灰与粒料之比为 15:85 ~ 20:80 时,在混合料中,粒料形成骨架,石灰粉煤灰起填充和胶结作用。

[d]混合料中水泥应不少于 4%,可通过试验选取强度较高的配合比。

水泥、石灰综合稳定时,水泥用量占结合料总量不小于 30% 时,应按水泥稳定材料的技术要求进行组成设计,水泥和石灰的比例宜取 60:40、50:50 或 40:60。水泥用量占结合料总量小于 30% 时,应按石灰稳定材料设计。

应特别注意的是,做材料组成设计确定混合料的水泥用量时,试件不应按击实试验所得的最大干密度制作,而应按与规定的现场压实度相应的干密度制作。例如,水泥砂砾的最大干密度为 $2.36g/cm^3$,现场要求的压实度为 97%,则试件的干密度应为 $2.36 \times 0.97 \approx 2.29g/cm^3$。

二、石灰剂量的检测(EDTA 滴定法)

EDTA 滴定法适用于在工地快速测定水泥和石灰稳定土中水泥和石灰的剂量,并可以检查拌和的均匀性。一般来说,工地水泥和石灰稳定土含水率的少量变化,并不影响测定结果。

(一)检测器具

(1)酸式滴定管:50mL,1 支。

(2)滴定台:1 个。

(3)滴定管夹:1 个。

(4)大肚移液管:10mL,10 支。

(5)锥形瓶(三角瓶):200mL,20 支。

(6)烧杯:200mL 或 100mL,1 个;300mL,10 个。

(7)容量瓶:100mL,1 个。

(8)搪瓷杯:容量大于 1 200mL,10 个。

(9)不锈钢棒(或粗玻璃棒):10 支。

(10)量筒:100mL 和 5mL,各 1 个。

(11)棕色广口瓶:60mL,1 个。

(12)托盘天平:称量 500g 及称量 100g,感量 0.1g,各 1 台。

(13)秒表:1 只。

(14)比表面皿:ϕ9cm,10 个。

(15)研钵:ϕ12 ~ ϕ13cm,各 1 个。

(16)土样筛:筛孔 2.0mm 或 2.5mm,1 个。

(17)洗耳球:1 个。

(18)精密试纸:pH 值 12 ~ 14。

(19)聚乙烯桶:20L,1 个(装蒸馏水);10L,2 个(装氯化氨及 EDTA 二钠标准液);5L,1 个(装氢氧化钠)。

(20)其他:毛刷、去污粉、吸水管、塑料勺、特种铅笔、厘米纸、塑料洗瓶。

(二)检测方法

1. 制备溶液

(1)0.1mol/m^3 乙二胺四乙酸二钠(EDTA 二钠)标准液。准确称取 EDTA 二钠(分析纯)37.226g,用微热的无二氧化碳 CO_2 蒸馏水溶解,当全部溶解并冷却至室温后,定容量至 1 000mL。

(2)10% 氯化铵(NH_4Cl)溶液。将 500g 氯化铵(分析纯或化学纯)放在 10L 的聚乙烯筒内,加蒸馏水 4 500mL,充分振荡,使氯化铵完全溶解;或分批在 1 000mL 的烧杯中配制,然后倒入塑料桶内摇匀。

(3)1.8% 氢氧化钠(内含三乙醇胺)溶液。用 100g 架盘天平称取 18g 氢氧化钠(NaOH)分析纯,放入洁净干燥的 1 000mL 烧杯中,加 1 000mL 蒸馏水使其完全溶解,当溶液冷却至室温后,加入 2mL 三乙醇胺(分析纯),搅拌均匀后装入塑料桶中储存。

(4)钙红指示剂。将 0.2g 钙试剂羧酸钠($C_{21}H_{13}O_7N_2SNa$,分子量 460.39)与 20g 预先在 105℃烘箱中烘 1h 的硫酸钾混合,一起放入研钵,研成极细粉末,储存于棕色广口瓶中以防受潮。

2. 准备标准曲线

(1)取样。将取回的工地用石灰和集料风干,分别过 2.0mm 或 2.5mm 筛,测其含水率(水泥含水率可忽略不计)。

(2)混合料组成的计算:

$$干料质量 = \frac{混合料质量}{1 + 含水率}$$

$$干混合料质量 = \frac{300g}{1 + 最佳含水率}$$

$$干土质量 = \frac{干混合料质量}{1 + 水泥或石灰剂量}$$

$$水泥(或石灰)质量 = 干混合料质量 - 干土质量$$
$$湿土质量 = 干土质量(1 + 含水率)$$
$$需加水的质量 = 300g - 湿土质量 - 水泥(或石灰)质量$$

(3)准备5种试样,每种2个样品(以水泥稳定土试样为例)。

第一种试样:准备2份水泥剂量为0的水泥稳定土,每份质量为300g,分别放在2个搪瓷杯内。水泥混凝土的含水率应等于工地预期达到的最佳含水率。混合料中所加的水应与工地所用的水相同。

第二种试样:准备2份水泥剂量为2%的水泥稳定土试样,每份质量约为300g,分别放在2个搪瓷杯内。水泥稳定土的含水率应等于工地预期达到的最佳含水率;混合料中所加的水应与工地所用的水相同。

第三种、第四种、第五种试样:水泥剂量分别为4%、6%、8%的水泥稳定土试样各准备2份,每份质量约为300g,分别放在6个搪瓷杯内,其他要求同第一种。

以上若为中、粗粒土,每份的质量取1 000g左右。

准备标准曲线的水泥剂量为0%、2%、4%、6%、8%,在实际工作中,应使工地实际所用水泥或石灰的剂量位于标准曲线所用剂量的中间值。

(4)取一个盛有试样的搪瓷杯,在杯内加600mL、10%氯化钠溶液,用搅拌棒充分搅拌3min(每分钟搅拌110~120次)。如果水泥(或石灰)稳定土中的土是细粒土,也可用1 000mL具塞三角瓶代替搪瓷杯。手握三角瓶(瓶口向上)用力振荡3min(每分钟搅拌110~120次),代替搅拌棒搅拌,静置沉淀10min,如10min后溶液浑浊,则应增加静置沉淀时间。记录静置至出现澄清悬浮液所需时间,以后所有该种水泥(或石灰)稳定土的试验,均应以同一时间为准。然后将上部澄清液倒入300mL烧杯内,搅匀,加盖表面皿待测。

(5)用移液管吸取上层(液面下1~2cm)悬浮液10mL放入200mL的三角瓶内,用量筒量取50mL、1.8%氢氧化钠(内含三乙醇胺)溶液倒入三角瓶中,此时用精密试纸检验测的溶液pH为12.5~13.0;然后用滴管加入一滴钙红指示剂,摇匀,溶液呈玫瑰红色。用EDTA二钠标准液滴定至纯蓝色为终点,记录EDTA二钠的消耗量(以mL计,准确至0.1mL)。

(6)对其他几个搪瓷杯中的试样用同样的方法进行试验,并记录其各自的EDTA二钠的消耗量。

(7)绘制标准曲线。以同一水泥(或石灰)剂量混合料消耗EDTA二钠毫升数的平均值为纵坐标,以水泥(或石灰)剂量(%)为横坐标,绘制两者的关系曲线,如图3-1所示。

3.检测步骤

(1)选取水泥(或石灰)稳定土代表性试样,称300g放在搪瓷杯中,用搅拌棒将结块搅散,加600mL、10%氯化铵溶液,然后按照上述准备标准曲线第(4)和第(5)步进行试验。

(2)利用所绘制的标准曲线,根据所消耗的EDTA二钠毫升数,确定稳定土中水泥(或石灰)剂量。

水泥(石灰)剂量试验记录(EDTA滴定法)见表3-4。

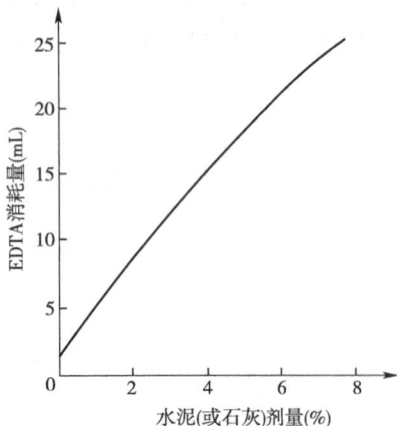

图3-1　标准曲线

水泥（或石灰）**剂量试验记录**（EDTA 滴定法）　　　　　　表 3-4

桩号	称样瓶号	空瓶质量（g）	空瓶与试样质量（g）	试样质量（g）	滴定试样所消耗的 EDTA（mL）	查标准曲线得石灰剂量（%）	平均值（%）
				300	35.0	10.0	10.3
				300	36.1	10.5	

4. 注意事项

（1）每个样品搅拌的时间、速度和方式应力求相同。

（2）绘制标准曲线时，当工地实际使用水泥（或石灰）剂量较大时，素集料和低剂量水泥（或石灰）的试样可不做，直接用较高水泥（或石灰）的剂量做试验，但应准备两种水泥（或石灰）剂量大于工地实际使用剂量的试样和两种水泥（或石灰）剂量小于工地实际使用剂量的试样。

三、无侧限抗压强度检测

无机结合料稳定土材料，也称半刚性材料，它包括水泥稳定土、石灰稳定土、水泥石灰综合稳定土、石灰粉煤灰稳定土、水泥粉煤灰稳定土和水泥石灰粉煤灰稳定土等。其结构层的强度是以规定温度下保湿养护 6d、浸水 1d 后的 7d 无侧限抗压强度为准。

（1）水泥稳定材料的 7d 无侧限抗压强度标准 R_d 应符合表 3-5 的规定。

水泥稳定材料的 7d 无侧限抗压强度标准 R_d（单位：MPa）　　　　表 3-5

结　构　层	公 路 等 级	极重、特重交通	重　交　通	中、轻交通
基层	高速公路和一级公路	5.0～7.0	4.0～6.0	3.0～5.0
	二级及二级以下公路	4.0～6.0	3.0～5.0	2.5～4.5
底基层	高速公路和一级公路	3.0～5.0	2.5～4.5	2.0～4.0
	二级及二级以下公路	2.5～4.5	2.0～4.0	1.0～3.0

注：1. 公路等级高或交通荷载等级高或结构安全性要求高时，推荐取上限强度标准。

　　2. 表中强度标准指的是 7d 无侧限抗压强度的代表值。本节以下各表同。

（2）碾压贫混凝土应符合下列要求：

①7d 无侧限抗压强度应不低于 7MPa，且宜不高于 10MPa。

②水泥剂量宜不大于 13%。

③需要提高材料强度时，应优化混合料的级配，并验证混合料的收缩性能、弯拉强度和模量等指标。

（3）石灰粉煤灰稳定材料的 7d 无侧限抗压强度标准 R_d 应符合表 3-6 的规定，其他工业废渣稳定材料宜参照此标准。

石灰粉煤灰稳定材料的 7d 无侧限抗压强度标准 R_d（单位：MPa）　　表 3-6

结 构 层	公路等级	极重、特重交通	重 交 通	中、轻交通
基层	高速公路和一级公路	≥1.1	≥1.0	≥0.9
	二级及二级以下公路	≥0.9	≥0.8	≥0.7
底基层	高速公路和一级公路	≥0.8	≥0.7	≥0.6
	二级及二级以下公路	≥0.7	≥0.6	≥0.5

注：石灰粉煤灰稳定材料强度不满足表 3-6 的要求时，可外加混合料质量 1% ~2% 的水泥。

（4）水泥粉煤灰稳定材料的 7d 无侧限抗压强度标准 R_d 应符合表 3-7 的规定。

水泥粉煤灰稳定材料的 7d 无侧限抗压强度标准 R_d（单位：MPa）　　表 3-7

结 构 层	公路等级	极重、特重交通	重 交 通	中、轻交通
基层	高速公路和一级公路	4.0 ~5.0	3.5 ~4.5	3.0 ~4.0
	二级及二级以下公路	3.5 ~4.5	3.0 ~4.0	2.5 ~3.5
底基层	高速公路和一级公路	2.5 ~3.5	2.0 ~3.0	1.5 ~2.5
	二级及二级以下公路	2.0 ~3.0	1.5 ~2.5	1.0 ~2.0

（5）石灰稳定材料的 7d 无侧限抗压强度标准 R_d 应符合表 3-8 的规定。

石灰粉煤灰稳定材料的 7d 无侧限抗压强度标准 R_d（单位：MPa）　　表 3-8

结 构 层	高速公路和一级公路	二级及二级以下公路
基层	—	≥0.8[a]
底基层	≥0.8	0.5 ~0.7[b]

注：石灰土强度达不到表 3-8 规定的抗压强度标准时，可添加部分水泥，或改用另一种土。塑性指数过小的土，不宜用石灰稳定，宜改用水泥稳定。

[a] 在低塑性材料（塑性指数小于 7）地区，石灰稳定砾石土和碎石土的 7d 无侧限抗压强度应大于 0.5MPa（100g 平衡锥测液限）。

[b] 低限用于塑性指数小于 7 的黏性土，且低限值宜仅用于二级以下公路。高限用于塑性指数大于 7 的黏性土。

（6）水泥稳定材料强度要求较高时，宜采取控制原材料技术指标和优化级配设计等措施，不宜单纯通过增加水泥剂量来提高材料强度。

（7）石灰稳定砾石土或碎石土材料可仅对其中公称最大粒径小于 4.5mm 的石灰土进行 7d 无侧限抗压强度验证，且无侧限抗压强度应不小于 0.8MPa。

（一）检测器具

（1）圆孔筛：孔径 40mm、25mm（或 20mm）及 5mm 的筛各 1 个。

（2）试模：

稳定细粒材料（公称最大粒径小于 16mm 的材料），试模的直径×高 =100mm×100mm；

稳定中粒材料（公称最大粒径不小于 16mm 且小于 26.5mm 的材料），试模的直径×高 =150mm×150mm；

稳定粗粒材料（公称最大粒径不小于 26.5mm 的材料）：试模的直径×高 =150mm×150mm。

（3）脱模器。

（4）反力框架：规格为 400kN 以上。

（5）液压千斤顶。

（6）夯锤和导管：击锤的底面直径 50mm，总质量 4.5kg，击锤在导管内的总行程为 450mm。

（7）密封湿气箱或湿气池：放在保持恒温的小房间内。

（8）水槽：深度应大于试件高度 50mm。

（9）路面材料强度试验仪（图 3-2），或其他合适的压力机。

（10）天平：量程不小于 4kg，感量 0.01g。

（11）台秤：量称不小于 10kg，感量 5g。

图 3-2　路面材料强度试验仪

（12）其他：量筒、拌和工具、漏斗、大小铝盒、烘箱等。

（二）试件制备与养护

1. 试料准备

将具有代表性的风干试料（必要时，也可以在 50°C 烘箱内烘干）用木槌和木碾捣碎，但应避免破碎粒料的原粒径。将土过筛并进行分类，如试料为粗粒土，则除去大于 40mm 的颗粒备用；如试料为中粒土，则除去大于 25mm 或 20mm 的颗粒备用；如试料为细粒土，则除去大于 10mm 的颗粒备用。

在预定做试验的前一天，取有代表性的试料测定其风干含水率。对于粒径小于 10mm 的细粒土，试样应不少于 100g；对于粒径小于 25mm 的中粒土，试样不少于 1 000g；对于粒径小于 40mm 的粗粒土，试样的质量应不少于 2 000g。

2. 混合料最佳含水率和最大干密度的确定

用击实试验法确定无机结合料混合料的最佳含水率和最大干密度。

3. 配制混合料

（1）对于无机结合料稳定细粒土，试件数量每 2 000m² 至少应该制 6 个试件；对于无机结合料稳定中粒土和粗粒土，至少分别应该制 9 个和 13 个试件。

（2）称取一定数量的风干土并计算干土的质量，其数量随试件大小而变。对于 100mm × 100mm 的试件，1 个试件需干土 1 700 ~ 1 900g；对于 150mm × 150mm 的试件，1 个试件需干土 5 700 ~ 6 000g。

对于细粒土，可以一次称取 6 个试件的土；对于中粒土，可以一次称取 3 个试件的土；对于粗粒土，一次只称取 1 个试件的土。

（3）将称好的土放在长方盘（约 400mm × 600mm × 70mm）内，向土中加水，对于细粒土（特别是黏性土）使其含水率较最佳含水率小 3% ，对于中粒土和粗粒土则可按下式计算混合料的加水量：

$$Q_w = \left(\frac{Q_n}{1+0.01w_n} + \frac{Q_c}{1+0.01w_c} \right) \times 0.01w - \frac{Q_n}{1+0.01w_n} \times 0.01w_n - \frac{Q_c}{1+0.01w_c} \times 0.01w_c$$

$$(3-1)$$

式中：Q_w——混合料中应加的水量，g；

　　　Q_n——混合料中素土(或集料)的质量，g；

　　　w_n——土风干含水率，%；

　　　Q_c——混合料中水泥或石灰的质量，g；

　　　w_c——土原始含水率，%(水泥的 w_c 通常很小，也可以忽略不计)；

　　　w——要求达到的混合料的含水率，%。

将土和水拌和均匀后放在密闭容器内浸润备用。如为石灰稳定土和水泥、石灰综合稳定土，可将石灰土一起拌匀后进行浸润。

浸润时间：黏性土为 12~24h；粉性土、砂砾土、红土砂砾、级配砂砾等，可以缩短到 4h 左右；含土很少的未筛分碎石、砂砾及砂，可以缩短到 2h。

(4)在浸润过的试料中，加入预定数量的水泥或石灰[水泥或石灰剂量按干土(干集料)质量的百分率计]，并拌和均匀。拌和均匀的加有水泥的混合料，应在 1h 内按下述方法制成试件，超过 1h 的混合料应该作废。其他结合料稳定土的混合料虽不受此限，但也应尽快制成试件。

4.按预定的干密度制件

用反力框架和液压千斤顶制件。制备一个预定干密度的试件，需要的稳定土混合料数量 m_1(g)可按下式计算：

$$m_1 = \rho_d V(1+0.01w) \qquad (3-2)$$

式中：ρ_d——稳定土试件的干密度，g/cm³；

　　　V——试模的体积，cm³；

　　　w——稳定土混合料的含水率，%。

将试模的下压柱放入试模的下部，但外露 2cm 左右。将称量规定数量的稳定土混合料 m_1(g)分 2~3 次灌入试模中(利用漏斗)，每次灌入后用夯棒轻轻均匀插实。

将整个试模(连同上下压柱)放到反力框架内的千斤顶上(千斤顶下应放一扁球座)或压力机上，以 1mm/min 的加载速率加压，直到上下柱都压入试模为止。维持压力 2min，解除压力后，拿去上压柱，并放到脱模器上将试件顶出(利用千斤顶和下压柱)。称试件的质量 m_2，然后用游标卡尺量试件的高度 h，准确到 0.1mm。

用击锤制件步骤同前，只是用击锤(可以利用做击实试件的锤，但压柱顶面需要垫一块牛皮或胶皮，以保护锤面和压柱顶面不受损伤)将上下压柱打入试模内。

5.养护

试件从试模内脱出并称量后，应立即放到恒温恒湿箱内进行养护。但大、中试件应用塑料薄膜包覆，有条件时，也可采用蜡封保湿养护。养护时间视需要而定，作为工地控制，通常都只取 7d。标准养护温度为(20±2)℃，相对湿度在 95% 以上。

养护期的最后一天，应该将试件浸泡在水中，水的深度应使水面在试件顶上约 2.5cm。在浸泡之前，应再次称试件的质量 m_3。在养护期间，试件质量的损失应该符合下列规定：稳定细粒材料应不超过标准质量 5g，稳定中粒材料应不超过标准质量 25g，稳定粗粒材料应不超过标准质量 50g。损失超过此规定的试件,应该作废。

(三) 检测步骤

(1)将已浸水一昼夜的试件从水中取出,用软的旧布吸去试件表面的可见自由水,并称试件的质量 m_4。

(2)用游标卡尺量试件的高度 h_1,准确到 0.1mm。

(3)先将倒顺控制开关控制到停止位,接通电源,电源指示灯显示常亮,即可操作。

(4)将试件放到路面材料强度试验仪的升降台上(台上先放一扁球座),进行抗压试验。试验过程中,应使试件形变等速增加,并保持速率约为 1mm/min(丝杠升降速度为 50mm/min,适用于沥青混凝土的马歇尔试验;丝杠升降速度为 1mm/min,适用于承载比试验等)。

(5)记录试件破坏时的最大压力 $P(\mathrm{N})$。

(6)从试件内部取有代表性的样品(经过打破),测定其含水率 w_1。

(四) 计算

1. 试件的无侧限抗压强度 R_c 用下列相应的公式计算

$$R_c = \frac{P}{A} \tag{3-3}$$

式中:P——试件破坏时的最大压力,N;

　　A——试件的截面积,其值为 $A = \frac{\pi}{4}D^2$;

　　D——试件的直径,mm。

2. 精密度或允许误差

若干次平行试验的偏差系数 $C_v(\%)$ 应符合下列规定:

细粒材料:	不大于6%	制6个试件
中粒材料:	不大于10%	制9个试件
粗粒材料:	不大于15%	制13个试件

(五) 检测报告内容

检测报告应包括以下内容:

(1)材料的颗粒组成。

(2)水泥的种类和强度等级或石灰等级。

(3)确定最佳含水率时的结合料用率以及最佳含水率(%)和最大干密度(g/cm³)。

(4)水泥(或石灰)剂量(%),或石灰(或水泥)、粉煤灰和集料的比例。

(5)试件干密度(准确到 0.01g/cm³)或压实度。

(6)吸水量以及测抗压强度时的含水率(%)。

(7)抗压强度保留 1 位小数。

(8)若干个试验结果的最小值、最大值、平均值 $\overline{R}_c$、标准差 S、偏差系数 C_V 和95%概率的值 $R_{c0.95} = (\overline{R}_c - 1.645S)$。

(六)强度评定

如为现场检测,需按下述方法对无侧限抗压强度进行评定:

(1)评定路段试样的平均强度 $\overline{R}_c$,应满足下列要求:

$$\overline{R}_c \geq \frac{R_d}{1 - Z_a C_V} \tag{3-4}$$

式中:R_d——设计抗压强度,MPa;

Z_a——标准正态分布表中随保证率而变的系数,高速公路、一级公路:保证率为95%、$Z_a = 1.645$;其他公路:保证率为90%、$Z_a = 1.282$;

C_V——试验结果的偏差系数(以小数计)。

(2)评定路段内无机结合料稳定材料强度评为不合格时,相应分项工程为不合格。

(七)注意事项

(1)土的性质应符合设计要求,土块要经粉碎。

(2)石灰质量应符合设计要求,块灰须充分消解才能使用,未消解生石灰块必须剔除。

(3)水泥质量应符合设计要求。

(4)水泥、石灰、粉煤灰和土的用量按设计要求准确控制。

(5)在试验前应将所用的测试仪表(传感器、测力环)和需用的附件(压头)及试件各安其位加以固定或使位置平稳,对照两侧立柱上刻画的调平顶盘、顶平面的最低和最高极限位置线,满足要求即可,否则应采取加垫或其他措施加以调整。

(6)使用变速操作板把选择快速或慢速时,应在开车状态变速,不要在停止状态下强行扳动,以免造成零件损坏。当变速操作板把在手动位置时,可使用手摇把;停止使用时,必须将手摇把拔掉,不得放在机上。

(八)记录格式

记录格式可参照表3-9。

无侧限抗压强度试验　　　　　　表3-9

工程名称:　××国道　　路段桩号:K100~K101　　结构层次:基层　　混合料名称:水泥、石灰稳定土

结合料剂量(%):9%(水泥:石灰=3:6)　试件尺寸:φ100mm×100mm　最大干密度(g/cm³):2.23

试件压实度(%):　97　加荷速率(mm/min):　1　试验者:____　计算者:____　校核者:____试验日期:____

试 件 号		1	2	3	4	5	6
养护前试件质量(m_2)	g	1 835.8	1 837.1	1 821.0	1 823.8	1 821.2	1 826.8
浸水前试件质量(m_3)	g	1 834.0	1 835.6	1 819.5	1 820.2	1 819.2	1 824.9
浸水后试件质量(m_4)	g	1 846.0	1 845.3	1 829.3	1 834.4	1 829.3	1 836.3
养护期间质量损失($m_2 - m_3$)	g	1.8	1.5	1.5	3.6	2.0	1.9
吸水量($m_4 - m_3$)	g	12.0	9.7	9.8	14.2	10.1	11.4
养护前试件高度(h)	cm	10.0	10.0	10.0	10.0	10.0	10.0
浸水后试件高度(h_1)	cm	10.0	10.0	10.0	10.0	10.0	10.0
试件的最大压力(P)	kN	27.8	22.4	26.2	27.0	26.5	25.9
无侧限抗压强度(R_c)	MPa	3.5	2.8	3.3	3.4	3.4	3.3

第二节 水泥混凝土及水泥砂浆强度检测

混凝土是公路工程中主要的建筑材料之一,混凝土的质量将直接影响到工程实体的质量。水泥混凝土面层的设计强度以抗折强度为设计标准,桥梁结构使用的混凝土及砂浆的设计强度均以抗压强度为设计标准。在浇筑混凝土或砂浆时,就需要评定其抗折强度或抗压强度。

一、混凝土试件的制作及养护方法

(1)混凝土抗折强度可用小梁法(标准试件尺寸为 150mm × 150mm × 550mm)或劈裂法(标准试件尺寸为 150mm × 150mm × 150mm),标准条件下养护龄期为 28d。每 3 件为 1 组,制取组数应符合下列规定:

①高速公路和一级公路每工作班制作 2 ~ 4 组;日进度 ≥1 000m 取 4 组;日进度 ≥500m 取 3 组;日进度 <500m 取 2 组。

②其他公路每工作班制作 1 ~ 3 组;日进度 ≥1 000m 取 3 组;日进度 ≥500m 取 2 组;日进度 <500m 取 1 组。

(2)评定水泥混凝土抗压强度时,以边长为 150mm 的立方体、标准养护龄期 28d 的试件为准。每 3 件为 1 组,制取组数应符合下列规定:

①不同强度等级及不同配合比的混凝土,应在浇筑地点或拌和地点分别随机取样。

②浇筑一般体积的结构物(如基础、墩台等)时,每一单元结构物应制取 2 组。

③连续浇筑大体积结构物时,每 80 ~ 200m³ 或每一工作班应制取 2 组。

④桥梁上部结构,主要构件长在 16m 以下应制取 1 组,16 ~ 30m 制取 2 组,31 ~ 50m 制取 3 组,50m 以上者不少于 5 组。小型构件每批或每工作班应至少制取 2 组。

⑤每根钻孔桩至少应制取 2 组,桩长 20m 以上者不少于 3 组,桩径大、浇筑时间很长时不少于 4 组。如换工作班,每工作班应制取 2 组。

⑥小桥涵、挡土墙、声屏障等构造物每座、每处或每工作班制取不少于 2 组。当原材料与配合比相同,并由同一拌和站拌制时,可几座或几处合并制取 2 组。

⑦根据施工需要,另制取几组与结构物同条件的试件,作为拆模、吊装、张拉预应力、承受荷载等施工阶段的强度依据。

1.试件的制作器具

(1)试模:抗压标准试件尺寸为 150mm × 150mm × 150mm,抗折标准试件尺寸为 150mm × 150mm × 550mm。

(2)振动台:如图 3-3 所示。

(3)其他:料斗、拌板、平头铲、台称、直尺、振捣棒等。

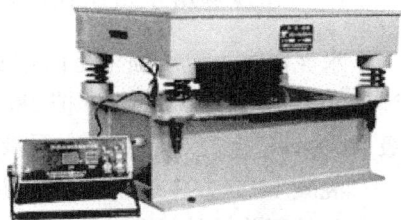

图 3-3 混凝土振动台

2.人工成型与养护

(1)将试模装配好,检查试模尺寸,避免使用变形试模。

(2)试模内壁涂抹一层矿物油脂,试模接缝处用硬黄油涂抹,避免漏浆。

(3)当坍落度小于70mm时,用标准振动台成型。将拌合物一次装满试模并稍有富余,开动振动台,至混凝土表面出现乳状水泥浆为止。振动过程中,随时添加混凝土使试模常满,并记录振动时间(一般不超过90s)。

当坍落度大于70mm时,用人工成型,拌合物分成大致相等的两层装入试模,每层插捣次数为25次(150mm×150mm×150mm立方体试件),小梁试件100次。插捣时,从边缘到中心按螺旋旋转,均匀地进行。插捣底层时,捣棒到达模底;插捣上层时,捣棒插入该层底面下2~3cm处。人工成型插捣次数的规定见表3-10。

人工成型插捣次数   表3-10

试件尺寸(mm)	每层插捣次数	试件尺寸(mm)	每层插捣次数
100×100×100 抗压强度	12	200×200×200 抗压强度	50
100×100×400 抗折强度	50	150×150×300 轴心抗压强度	75
150×150×150 抗压强度	25	150×150×550 抗折强度	100

振动或捣实后,用金属直尺沿试模边缘刮去多余混凝土,用镘刀将表面初次抹平,2~4h后,再用镘刀将试件仔细抹平,表面与试模边缘的高低差不得超过0.5mm。

(4)试件成型后,用湿布覆盖表面,在室温(20±5)℃、相对湿度大于50%的情况下,静放1~2d,然后拆模并作第一次外观检查、编号,对有缺陷的试件应除去或加工补平。

(5)拆去试模后,随即将试块放在标准养护室或水槽[温度(20±2)℃、相对湿度大于95%]进行养护,至试压龄期为止。在养护室内,试块应放在铁架或木架上,彼此间距至少为3~5cm。

(6)至试验龄期时,将试块从养护室取出后,先检查其规格、形状及相对两表面是否互相平行,表面倾斜偏差不应超过0.5mm,且无蜂窝和缺角现象,否则应在试验前3d用浓水泥浆填补平整。

(7)试验前应擦干试块,并精确量其各边长度(准确到1mm)。

二、水泥混凝土抗压、抗折强度检测

(一)水泥混凝土抗压强度检测

水泥混凝土抗压强度是以边长为150mm的标准立方体试件在温度为(20±2)℃及相对湿度95%以上的条件下,养护28d后,用标准方法测得的极限抗压强度,以确定混凝土强度等级,作为评定混凝土品质的主要指标。

混凝土"立方体抗压强度标准值",按照我国现行规范的定义是:按照标准方法制作和在标准条件下养护的,用标准试验方法测定的具有95%保证率的抗压强度值,以MPa计。

混凝土"强度等级"是根据"立方体抗压强度标准值"来确定的,用符号"C"和"立方体抗压强度标准值"两项内容表示。例如,C60表示混凝土立方体抗压强度标准值为60MPa。普通混凝土按立方体抗压强度标准值划分为 C15、C20、C25、C30、C35、C40、C45、C50、C55、C60、C65、C70、C75 和 C80 共 14 个强度等级。

1. 检测器具

(1)试验机:2 000kN 压力机(图 3-4、图 3-5),或万能试验机 1 台(图 3-6)。

图 3-4 压力机实物图

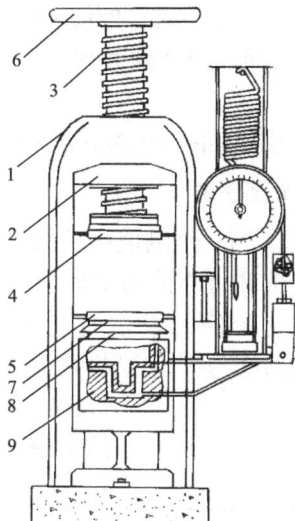

图 3-5 压力机

1-机架;2-螺母;3-螺杆;4-上承压板;5-下承压板;6-转动手轮;7-球座;8-遮屏板;9-油缸

(2)球座:钢质坚硬,表面平整度要求在 100mm 距离内高低差值不超过 0.05mm,球面及球窝粗糙度,$R_a = 0.32\mu m$,研磨、转动灵活。

2. 检测步骤

(1)养护到规定龄期的试件,以振捣面的侧面为上下受压面,将试件放置在压力机球座上,几何对称,以 0.3 ~ 0.5MPa/s(强度等级 < C30 时)、0.5 ~ 0.8MPa/s(强度等级在 C30 与 C60 之间时)或以 0.8 ~ 1.0MPa/s(强度等级 ≥ C60 时)的速度均匀加荷。当试件接近破坏而开始迅速变形时,应停止调整试验机油阀,直至破坏,记录极限破坏荷载。

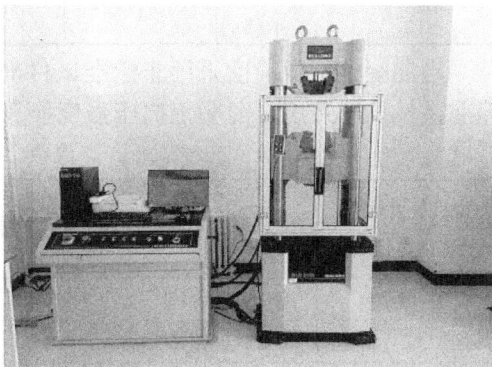

图 3-6 万能材料试验机实物图

(2)混凝土抗压强度按下式计算:

$$R = \frac{P}{A} \tag{3-5}$$

式中:R——混凝土抗压强度,MPa;

P——极限破坏荷载,N;

A——受压面积,mm^2。

3. 注意事项

(1)使用压力机前必须检查储油箱的油是否加满,油管接头有无松动,以防漏油漏气。

(2)做抗压强度试验前,先检查压力机球座是否保持灵敏。

(3)试验前应合理地对所做试验的最大荷载进行预估,选用相应的测量范围;检查压力机度盘的吨数是否与摆锤一致;加荷应均匀,不要发生冲击和振动,否则会影响试验结果。

(4)开送油阀时,回油阀必须关死,使油不漏回;开回油阀时,送油阀不要拧得过紧,以免损伤针尖梢。

(5)压力机一般每年校正一次,校正后不得随便更换摆杆上部压板的位置和角度,以免影响精度。

4. 检测记录及强度评定

(1)数据的处理。当3个测值中最大值或最小值与中值的差超过中值的15%时,则取中值为测定值;当最大值和最小值与中值的差值均未超过中值的15%时,则取平均值为测定值;当最大值和最小值与中值的差值均超过15%,则该组试验结果无效。计算结果精确到0.1MPa,并应在报告中注明。记录格式见表3-11。

混凝土抗压强度检测记录 表3-11

工程名称:＿＿＿＿＿＿＿　　　　结构名称:＿＿＿＿＿＿＿　　　　设计强度:＿＿＿＿＿＿＿

检验者:＿＿＿＿＿＿＿　　　　　计算者:＿＿＿＿＿＿＿　　　　　校核者:＿＿＿＿＿＿＿

制件日期	试验日期	龄期(d)	编号	试件尺寸(mm)			受压面积(mm²)	极限荷载(kN)	抗压强度(MPa)		备注
				a	b	c			单值	平均	
			1				22 500	780	34.7		
		28	2	150	150	150	22 500	770	34.2	34.7	
			3				22 500	790	35.1		

当混凝土抗压强度采用非标准试件时,其抗压强度应换算成标准试件时的抗压强度(非标准试件抗压强度×混凝土抗压强度换算系数)。换算系数见表3-12。

混凝土抗压强度换算系数 表3-12

集料最大粒径(mm)	试件尺寸(mm)	尺寸换算系数	集料最大粒径(mm)	试件尺寸(mm)	尺寸换算系数
30	100×100×100	0.95	60	200×200×200	1.05
40	150×150×150	1.00			

(2)水泥混凝土抗压强度评定。当试件组数 $n \geqslant 10$ 时,应用数理统计方法评定。

$$m_{fcu} \geqslant f_{cu,k} + \lambda_1 \times S_n \tag{3-6}$$

$$f_{cu,min} \geqslant \lambda_2 \times f_{cu,k} \tag{3-7}$$

上述式中:m_{fcu}——同批 n 组试件强度的平均值,MPa,精确到0.1MPa;

$f_{cu,k}$——混凝土设计强度等级,MPa;

S_n——同批 n 组试件强度的标准差,MPa,由式(3-8)计算,精确到0.01MPa;当 $S_n < 2.5$MPa 时,取 $S_n = 2.5$MPa;

$f_{cu,min}$——n 组试件中强度最低一组的值,MPa,精确到0.1MPa;

λ_1、λ_2——合格评定系数,见表3-13。

$$S_n = \sqrt{\frac{\sum_{i=1}^{n}(f_{cu,i})^2 - n(m_{fcu})^2}{n-1}} \qquad (3-8)$$

式中：n——同批混凝土试件组数；

$f_{cu,i}$——第 i 组混凝土试件的强度代表值，MPa。

合格率判定系数 λ_1、λ_2 值   表3-13

n	10 ~ 14	15 ~ 19	≥20
λ_1	1.15	1.05	0.95
λ_2	0.9	0.85	

（3）当同批试件组数 $n < 10$ 时，可用非数理统计方法评定。

$$m_{fcu} \geq \lambda_3 \times f_{cu,k} \qquad (3-9)$$
$$f_{cu,min} \geq \lambda_4 \times f_{cu,k} \qquad (3-10)$$

式中：λ_3、λ_4——混凝土强度的非统计合格评定系数，见表3-14。

混凝土强度的非统计合格评定系数   表3-14

混凝土强度等级	< C60	≥ C60
λ_3	1.15	1.10
λ_4	0.95	

（4）检测项目中，水泥混凝土抗压强度评为不合格时，相应分项工程为不合格。

例3-1 试验室对同配比的混凝土进行抗压强度试验，其试验结果分别为34.2、32.9、34.6、27.2、36.3、35.6、34.1、35.5、34.9、34.8（单位：MPa），已知设计强度为C30，问该混凝土质量是否合格？

解： $m_{fcu} = \dfrac{34.2 + 32.9 + 34.6 + 27.2 + 36.3 + 35.6 + 34.1 + 35.5 + 34.9 + 34.8}{10}$

$= 34.0(MPa)$

$S_{fcu} = \sqrt{\dfrac{(34.2^2 + 32.9^2 + \cdots + 34.9^2 + 34.8^2) - 10 \times 34.0^2}{10-1}}$

$= 2.57(MPa)$

由 $n = 10$，查表3-13知：$\lambda_1 = 1.15$，$\lambda_2 = 0.9$。

$f_{cu,k} + \lambda_1 \times S_{fcu} = 30 + 1.15 \times 2.57 = 33.0(MPa) \leq 34.0MPa$

$f_{cu,min} = 27.2MPa > \lambda_2 \times f_{cu,k} = 0.9 \times 30 = 27.0(MPa)$

该批混凝土质量合格。

（二）水泥混凝土抗弯拉（折）强度检测（资源3-1）

水泥混凝土抗弯拉（折）强度是以 150mm × 150mm × 550mm 的梁形试件在标准养护条件下达到规定龄期后，净跨450mm，在双支点荷载作用下受到弯拉破坏，按规定的计算方法得到的强度值。根据该强度值提供水泥混凝土路面设计参数，检查水泥混凝土路面施工品质。

1. 检测器具

抗折试验机或万能材料试验机（50 ~ 300kN）（图3-6）及抗折试验装置三等分点处双支点

加载和三支点自由支承式混凝土抗折强度装置,如图 3-7 所示。

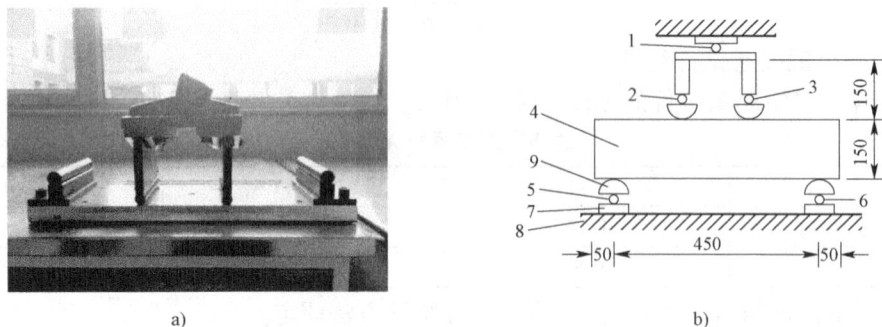

图 3-7　混凝土抗折强度试验装置(尺寸单位:mm)
a)水泥混凝土抗折夹具;b)抗折试验装置
1、2-一个钢球;3、5-两个钢球;4-试件;6-固定支座;7-活动支座;8-机台;9-活动船形垫块共 4 块

2. 检测步骤

(1)检查按标准条件养护至规定龄期的试件有无蜂窝,若试件中部 1/3 长度内有蜂窝,则该试件应作废,否则应在记录中注明。

(2)在试件中部量出宽度和高度,精确到 1mm。

(3)调整两个可移动支座,使其与试验机下压头中心距离为 225mm,并旋紧两支座,将试件安放在支座上,试件成型时的侧面朝上,缓缓加初荷载约 1kN,而后以 0.02 ~ 0.05MPa/s(强度等级 < C30 时)、0.05 ~ 0.08MPa/s(强度等级在 C30 与 C60 之间时)或以 0.08 ~ 0.10MPa/s(强度等级≥C60 时)的速率均匀加载。当试件接近破坏而开始迅速变形时,应停止调整试验机油门,直至试件破坏,记下最大荷载和下边缘断裂的位置。

3. 检测结果计算

(1)当断裂面发生在两个加载点之间时(断面位置在试件断块短边一侧的底面中轴线上量得),抗折强度 f_{cu} 按下式计算:

$$f_{cu} = \frac{PL}{Bh^2} \tag{3-11}$$

式中:f_{cu}——混凝土抗折强度,MPa,精确至 0.01MPa;

P——极限荷载,N;

L——支座间距离(450mm);

B——试件宽度,mm;

h——试件高度,mm。

(2)以 3 个试件测值的算术平均值为测值。3 个试件中最大值或最小值中如有一个与中间值之差超过中间值的 15%,则把最大值与最小值舍去,以中间值作为试件的抗弯拉强度;如最大值和最小值与中间值之差均超过中间值 15%,则该组试验结果无效。

(3)试验选取 3 个试件,如有一个断裂面位于加载点外侧,则混凝土抗折强度按另外 2 个试件的试验结果计算。如这 2 个测值的差值不大于这 2 个测值中较小值的 15%,则以 2 个测值的平均值为测试结果,否则试验结果无效。

(4)当采用 100mm×100mm×400mm 非标准试件时,所得到的抗折强度值应乘以尺寸换算系数 0.85。

4. 注意事项

(1)试件从养护水槽中取出后,应尽快擦干试件表面水分进行试验,以免试件内部的湿度发生显著变化。

(2)试验前应准确地在试件表面画出支点及加载位置,距端部分别为 50mm、200mm、350mm、500mm。

(3)试验应按规定加载速度连续而均匀加载,直至试件破坏。

(4)按试验规程要求评定试件的抗折强度。

5. 检测记录及强度评定

(1)数据处理。抗折强度值的计算及异常数据取舍同抗压强度试验,其计算结果精确到 0.01MPa。记录格式见表 3-15。

混凝土抗折强度检测记录 表 3-15

工程名称:＿＿＿＿ 结构名称:＿＿＿＿ 设计强度:＿＿＿＿

检验者:＿＿＿＿ 计算者:＿＿＿＿ 校核者:＿＿＿＿

制件日期	试验日期	龄期(d)	编号	试件尺寸(mm)		支座间距离(mm)	荷载极限(N)	抗折强度(MPa)		备注
				b	h			单值	平均	
		28	1	150.2	150.3	450	35 740	4.74		
		28	2	150.0	150.1	450	35 145	4.68	4.71	
		28	3	150.3	150.1	450	35 440	4.71		

(2)水泥混凝土抗弯拉(折)强度评定。

当试件组数 $n>10$ 时,应用数理统计方法评定。

$$f_{cs} \geq f_r + K\sigma \tag{3-12}$$

$$\sigma = C_V \times \bar{f}_e \tag{3-13}$$

式中:f_{cs}——合格判定平均弯拉强度值,MPa;

f_r——设计弯拉强度标准值,MPa;

K——合格判定系数,见表 3-16;

σ——弯拉强度统计均方差,MPa;

C_V——实测弯拉强度统计变异系数;

$\bar{f}_e$——实测弯拉强度统计平均值,MPa。

合格判定系数 K 值 表 3-16

n	11~14	15~19	≥20
K	0.75	0.70	0.65

当 $11<n<19$ 时,允许有一组最小弯拉强度小于 $0.85f_r$,但不得小于 $0.80f_r$。

当 $n \geq 20$ 时,高速公路和一级公路均不得小于 $0.85f_r$;其他公路允许有一组最小弯拉强度

小于 $0.85f_r$,但不得小于 $0.80f_r$。

当试件组数 $n \leqslant 10$ 时,试件平均强度不得小于 $1.15f_r$,任一组强度均不得小于 $0.85f_r$。

实测弯拉强度统计变异系数 C_V 值应符合设计要求。

当标准小梁合格判定平均弯拉强度 f_{cs}、最小弯拉强度 f_{min} 和统计变异系数 C_V 值中有一个不符合上述要求时,应在不合格路段每公里每车道钻取 3 个以上 $\phi150mm$ 的芯样,实测劈裂强度,通过各自工程的经验统计公式换算弯拉强度,其合格判定平均弯拉强度 f_{cs} 和最小弯拉强度 f_{min} 必须合格,否则,应返工重铺。

实测项目中,水泥混凝土抗折强度评为不合格时,相应分项工程为不合格。

三、水泥砂浆抗压强度检测

水泥砂浆强度以强度等级表示,它是以边长为 70.7mm 的立方体标准试件,在标准养护条件下,养护 28d 的极限抗压强度值来确定的。在桥涵工程中,砂浆按结构物类型要求的最低强度,见《道路建筑材料》相关教材。试件以 3 件为一组,所取组数应符合下列规定:

(1)不同强度等级及不同配合比的水泥砂浆应按随机取样方法分别制取试件。

(2)重要及主体砌筑物,每工作班制取 2 组。

(3)一般及次要砌筑物,每工作班制取 1 组。

(4)试件组数应不少于 3 组。

(5)拱圈砂浆应同时与砌体同条件养护试件,以检查各施工阶段强度。

1. 检测器具

(1)砂浆试模:70.7mm ×70.7mm ×70.7mm。

(2)钢制捣棒:直径为 10mm,长度为 350mm,端部磨圆。

(3)压力试验机:精度应为 1% ,试件破坏荷载应不小于压力试验机量程的 20% ,且不应大于全量程的 80% 。

2. 制件及养护

(1)应采用立方体试件,每组试件应为 3 个。

(2)应采用黄油等密封材料涂抹试模的外接缝,试模内应涂刷薄层机油或隔离剂,应将拌制好的砂浆一次性装满砂浆试模,成型方法应根据稠度而确定。当稠度大于 50mm 时,宜采用人工插捣成型;当稠度不大于 50mm 时,宜采用振动台振实成型。

人工插捣:应采用捣棒均匀地由边缘向中心按螺旋方式插捣 25 次,插捣过程中砂浆沉落低于试模口时,应随时添加砂浆,可用油灰刀插捣数次,并用手将试模一边抬高 5 ~10mm 各振动 5 次,砂浆应高出试模顶面 6 ~8mm。

振动台振动:将砂浆一次装满试模,放置到振动台上,振动时试模不得跳动,振动 5 ~10s 或持续到表面泛浆为止,不得过振。

(3)应待表面水分稍干后,再将高出试模部分的砂浆沿试模顶面刮去并抹平。

(4)试件制作后应在温度为 (20 ± 5)℃的环境下静置 24h ± 2h,对试件进行编号、拆模。当气温较低时,或者凝结时间大于 24h 的砂浆,可适当延长时间,但不应超过 2d。试件拆模后,应立即放入温度为 (20 ± 2)℃、相对湿度为 90% 以上的标准养护室中养护。养护期间,试件彼此间隔不得小于10mm。混合砂浆、湿拌砂浆试件上面应覆盖,防止有水滴在试件上。

（5）从搅拌加水开始计时,标准养护龄期应为28d,也可根据相关标准要求,增加7d或14d。

3. 检测步骤

（1）试件从养护地点取出后应及时进行试验,试验前应将试件表面擦拭干净,测量尺寸,并检查其外观,计算试件承压面积。当实测尺寸与公称尺寸之差不超过1mm时,可按照公称尺寸进行计算。

（2）将试件安放在试验机的下压板或下垫板上,试件的承压面应与成型时的顶面垂直,试件中心应与试验机下压板或下垫板中心对准。开动试验机,当上压板与下压板或下垫板接近时,调整球座,使接触面均衡受压。承压试验应连续而均匀地加荷,速率为0.25 ~ 1.5kN/s;砂浆强度不大于2.5MPa时,宜取下限。当试件接近破坏而开始迅速变形时,停止调整试验机油门,直至试件破坏,然后记录破坏荷载。

4. 结果计算

砂浆的抗压强度$f_{m,cu}$按下式计算:

$$f_{m,cu} = K \cdot \frac{N_u}{A} \tag{3-14}$$

式中: $f_{m,cu}$——砂浆立方体抗压强度,MPa,精确至0.01MPa;

N_u——极限破坏荷载,N;

A——试件受压面积,mm²;

K——换算系数,取1.35。

5. 检测记录与强度评定

（1）检测记录格式（表3-17）。

（2）数据处理。

①以3个试件测值算术平均值的1.35倍作为该组砂浆立方体试件抗压强度平均值,精确至0.1MPa。

砂浆抗压强度检测记录

表3-17

工程名称:＿＿＿＿　　　　结构名称:＿＿＿＿　　　　设计强度:＿5MPa＿

检 验 者:＿＿＿＿　　　　计 算 者:＿＿＿＿　　　　校 核 者:＿＿＿＿

试样编号					试样来源			
试样名称					试样用途			
试验编号	拌制日期	试验日期	龄期（d）	最大荷载（kN）	试件尺寸（mm）	受压面积（mm²）	抗压强度（MPa） 单值	抗压强度（MPa） 平均值
①	②	③	④	⑤	⑥	⑦	⑧	⑨
				31.4	70.7	4 998	8.5	
			28	29.8	70.7	4 998	8.0	8.7
				35.4	70.7	4 998	9.6	

②3个测值中,最大值或最小值中如有一个与中间值的差值超过中间值的15%,则把最大值及最小值一并舍去,取中间值作为该组试件的抗压强度值;如有2个测值与中间值的差值超过中间值的15%,则该组试件的试验结果无效。

（3）水泥砂浆强度评定。

①同强度等级试件的平均强度不低于设计强度等级的 1.1 倍。

②任意一组的强度不低于设计强度等级的 85%。

实测项目中，水泥砂浆强度评为不合格时，相应分项工程为不合格。

第三节　结构混凝土及水泥路面强度检测

一、强度检测基础知识

针对结构工程及水泥路面的质量检测，主要就是检测混凝土的强度。混凝土强度等级通常以立方体试件的抗压强度来反映，当对某一方面的检验内容产生怀疑时，如构件的强度离散大、强度不足、振捣不密实或存在缺陷时，还需采用其他测定强度的方法。

测定混凝土强度的方法按其对混凝土结构的影响程度分为部分破损法和非破损（无损）法。其中，部分破损法以不影响结构或构件的承载能力为前提，在结构或构件上直接进行局部破坏性试验，或直接钻取芯样进行破坏性试验。其主要方法有钻芯法、拔出法、射击法等。此类方法较直观可靠，测试结果易为人们接受，但对混凝土结构造成局部破坏，不宜大范围检测且费用较高，因而受到种种限制。非破损（无损）法以混凝土强度与某些物理量之间的相关性为基础，检测时在不影响结构或构件混凝土任何性能的前提下测试这些物理量，然后根据相关关系推算被测混凝土的强度推定值。其主要方法有回弹法、超声法、超声-回弹综合法、射线法、成熟度法等。此类方法所用仪器简单、操作方便、费用低廉，同时便于大范围检测，在有严格测强曲线的条件下，其测试精度较高。

钻芯法、回弹法、超声法、超声-回弹综合法和拔出法是结构混凝土质量检测的常用方法，在我国应用较普遍，各种测试方法的测定内容、适用范围及优缺点见表3-18。本节只介绍回弹法、超声-回弹综合法和钻芯法。

常用检测方法的比较　　　　表 3-18

种类	测定内容	适用范围	特点	缺点
钻芯法	从混凝土中钻取一定尺寸的芯样	混凝土抗压强度，抗劈强度、内部缺陷	对混凝土有一定损伤，检测后需进行修补	设备笨重，成本较高，对混凝土有损伤，需修补
回弹法	测定混凝土表面硬度	混凝土抗压强、均质性	测试简单、快速，被测物的形状尺寸一般不受限制	测定部位仅限于混凝土表面，同一处不能再次使用
超声法	超声波传播速度、波幅和频率	混凝土抗压强度及内部缺陷	被测构件形状与尺寸不限，同一处可反复测试	探头频率较高时，声波衰减大，测定精度较差
超声-回弹综合法	混凝土表面硬度值和超声波传播速度	混凝土抗压强度	测试比较简单，精度比单一法高	比单一法费事
拔出法	预埋或后装于混凝土中锚固件，测定拔出力	混凝土抗压强度	测强精度较高	对混凝土有一定损伤，检测后需进行修补

二、回弹法测定混凝土抗压强度(资源3-2、资源3-3)

回弹法是指用一弹簧驱动的重锤通过弹击杆弹击混凝土表面,并测出重锤被反弹回来的距离,以回弹值作为与强度相关的指标来推定混凝土强度的一种方法。所检测的水泥混凝土厚度不得小于100mm,温度不应低于10℃。检测结果可作为试块强度的参考,不宜作为仲裁试验或工程验收的最终依据。

水泥混凝土的回弹值是用回弹仪(图3-8)在混凝土表面测得,并经碳化深度修正后的回弹值,无量纲。

图3-8 2C3-A型数字回弹仪

(一) 技术规定和一般要求

(1)只有当下列情况之一时,方可用回弹法评定混凝土强度:

①缺乏同条件试块或标准试块数量不足。

②试块的质量缺乏代表性。

③试块的试压结果不符合现行标准、规范、规程所规定的要求,并对该结果持有怀疑。

(2)混凝土有下列情况之一时,方可按回弹法评定其强度:

①测试前表层遭受短期湿润的混凝土,应经风干后再测试。

②遭受冻结的混凝土,应待解冻后再测试。

③蒸汽养护的混凝土,应在构件出池经自然养护14d后再测试。

④体积小、刚度差或测试部位厚度小于100mm的构件,当测试中不能确保其无颤动时,均应设置支撑加以可靠固定后再测试。

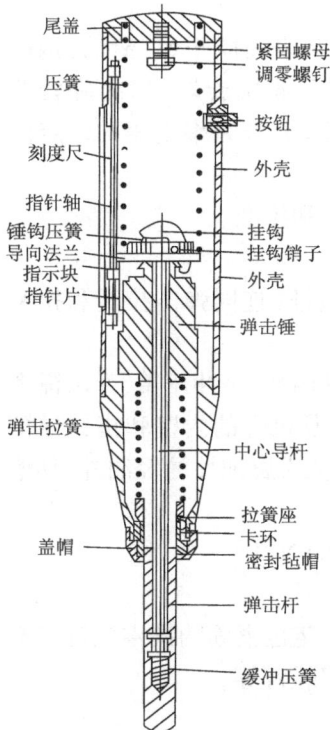

图3-9 回弹仪结构图

尾盖
压簧
刻度尺
指针轴
锤钩压簧
导向法兰
指示块
指针片
弹击拉簧
盖帽

紧固螺母
调零螺钉
按钮
外壳
挂钩
挂钩销子
外壳
弹击锤
中心导杆
拉簧座
卡环
密封毡帽
弹击杆
缓冲压簧

(二)主要检测器具

(1)混凝土回弹仪:一般是指针直读式的混凝土回弹仪,构造和主要零件如图3-9所示,也可指采用数字显示仪或自动记录式的回弹仪。常见回弹仪有:重型(HT3000型),用于检测大体积混凝土构件;中型(HT225型),用于检测一般建筑物;轻型(HT100型),用于检测薄壁构件;特轻型(HT28型),用于检测砂浆强度。其中以中型应用最广泛。具体技术要求如下:

①水平弹击时,在弹击锤脱钩的瞬间,回弹仪的标称能量应为2.207J。

②弹击锤与弹击杆碰撞瞬间,弹击拉簧处于自由状态,此时弹击锤起点应位于刻度尺的零点处。

③在洛氏硬度为(60±2)HRC的钢砧上,回弹仪的率定值应为80±2。

④数字式回弹仪应带有指针直读示值系统,数字显示的回弹值与指针直接示值相差不应超过1。

(2)酚酞酒精溶液:浓度为1%~2%。

(3)游标卡尺:分度值0.02mm。

(4)碳化深度测定仪:分度值0.25mm。

(5)钢砧:洛氏硬度(60±2)HRC。

(6)其他:手提式砂轮、凿子、锤、吸耳球等。

(三)回弹仪的检定与保养

(1)回弹仪有下列情况之一时,应进行常规保养:

①弹击超过2 000次。

②对检测值有怀疑时。

③在钢砧上的率定值不合格。

(2)回弹仪有下列情况之一时,由法定计量检定机构进行检定,检定周期为半年:

①新回弹仪启用前。

②弹击拉簧座、弹击杆、缓冲压簧、中心导杆、导向法兰、弹击锤、指针轴、指针片、指针块、挂钩及调零螺钉等主要零件之一经更换后。

③弹击拉簧前端不在拉簧座原孔或调零螺钉松动。

④数字式回弹仪数字显示的回弹值与指针直读示值相差大于1。

⑤经常规保养后,在钢砧上的率定值不合格。

⑥遭受严重撞击或其他损害。

(3)回弹仪有下列情况之一时,应在钢砧上进行率定试验:

①回弹仪使用前,应在钢砧上进行率定,在每天测试完毕后率定一次。

②测试过程中对回弹值有怀疑时。

回弹仪率定试验,宜在室温5~35℃的条件下进行。率定时钢砧表面应干燥、清洁,钢砧应稳固地平放在刚度大的地面上。回弹仪向下弹击时,弹击杆应分4次旋转,每次旋转约90°,弹击3~5次,取其中最后连续3次且读数稳定的回弹值进行平均,作为率定值的稳定回弹值,弹击杆每旋转1次的率定平均值应符合80±2的要求。

回弹仪率定试验所用的钢砧应每2年送授权计量检定机构检定和校准。

(4)常规养护应符合下列要求:

①使弹击锤脱钩后,取出机芯,然后卸下弹击杆、缓冲压簧、弹击锤(连同弹击拉簧和拉簧座)、刻度尺、指针轴和指针。

②用清洗剂清洗机芯的中心导杆、弹击拉簧、拉簧座弹击杆及其内孔、缓冲压簧、弹击锤及其内孔和冲击面、指针块及其内孔、指针片、指针轴、刻度尺、卡环以及机壳的内壁和指针导槽等。经过清洗后的零部件,除中心导杆薄薄地抹上一层钟表油或其他无腐蚀性的轻油外,其他零部件均不得抹油。

③清理机壳内壁,卸下刻度尺,检查指针,其摩擦力应为0.5~0.8N。

④对数字式回弹仪,还应按产品要求的维护程序进行维护。

⑤应保持弹击拉簧前端钩入拉簧座的孔位。不得旋转尾盖上已定位紧固的调零螺钉。不得自制或更换机芯部位的零件和指针轴、指针片、指针块挂钩及调零螺钉等。

⑥保养后的回弹仪应进行率定。

(四) 测试技术

1. 资料准备

需进行非破损法测试的结构或构件,在检测前,应具备下列有关资料:

(1) 工程名称、设计单位、施工单位。

(2) 构件名称、数量及混凝土类型、强度等级。

(3) 水泥安定性,外加剂、掺合料品种,混凝土配合比等。

(4) 施工模板,混凝土浇筑、养护情况及浇筑日期等。

(5) 结构或构件存在的质量问题,混凝土试块抗压强度试验报告等。

2. 被测结构或构件准备

(1) 检测结构或构件时,需要布置测区,因为测区是进行测试的单元。测区布置应符合下列规定:

①按单个构件测试时,应在构件上均匀布置测区,且不少于 10 个。

②当对同批构件抽样检测时,构件抽样数不小于同批构件的 30%,且不少于 10 件。每个构件测区数不少于 10 个。

③当受检构件数量大于 30 个且无须提供单个构件推定强度,或受检构件某一方向长度不大于 4.5m 且另一方向尺寸不大于 0.3m,其测区数量可适当减少,但不应少于 5 个。

(2) 当按批抽样检测时,凡符合下列条件的构件,才可作为同批构件:

①混凝土强度等级相同。

②混凝土原材料、配合比、成型工艺、养护条件及龄期基本相同。

③构件种类相同。

④在施工阶段所处状态相同。

(3) 每个构件的测区,应满足下列要求:

①测区应布置在构件混凝土浇筑方向的侧面。水泥路面测区则应布置在混凝土板表面。

②测区应均匀分布,相邻 2 个测区的间距不宜大于 2m;测区离构件边缘的距离宜大于 0.5m。在水泥路面检测时应避开板边板角。

③测区宜避开钢筋密集区和预埋铁件。

④测区尺寸宜为 20cm × 20cm,每一测区宜测 16 个测点,相邻 2 个测点间距离不宜小于 30mm,测点距外露钢筋、预埋件的距离不宜小于 30mm;测点不应布置在气孔或外露石子上。

⑤测试面应清洁、平整、干燥,不应有接缝、饰面层、粉刷层、浮浆、油垢、蜂窝和麻面等;必要时,可用砂轮片清除杂物和磨平不平整处,并擦净残留粉尘。

⑥结构或构件上的测区应注明编号,并记录测区所处的位置和外观质量情况。

3. 回弹值的测试

当用回弹仪测试时,宜使仪器在水平方向测试混凝土浇筑的侧面,该情况下测试修正值为 0。如果不能满足这一要求,也可以在非水平状态测试混凝土浇筑的顶面或底面,但其回弹值应进行修正。

仪器工作时,随着对回弹仪施压,弹击杆徐徐向机壳内推进,弹击拉簧被拉伸,使联结弹击拉簧的弹击锤获得恒定的冲击能量(图3-10)。当挂钩与调零螺钉互相挤压时,使弹击锤脱钩,弹击的冲击面与弹击杆的后端平面相碰撞。此时,弹击锤释放出来的能量借助弹击杆传递给混凝土构件,混凝土弹性反应的能量再通过弹击杆传递给弹击锤,使弹击锤获得回弹的能量向后弹回,计算弹击锤回弹的距离之比,即得回弹值。它由仪器外壳上的刻度尺示出。

使用时,将弹击杆顶住混凝土的表面,轻压仪器,松开按钮,弹击杆徐徐伸出,使仪器对混凝土表面缓慢均匀施压,待弹击锤脱钩冲击弹杆后即回弹,带动指针向后移动并停留在某一位置上,即回弹值。继续顶住混凝土表面并在读取和记录回弹值后,逐渐对仪器减压,使弹击杆自仪器内伸出。改变测点,重复上述操作,即可测得被测构件或结构的若干回弹值。操作中,注意仪器的轴线应始终垂直于构件混凝土表面,如图3-11所示。

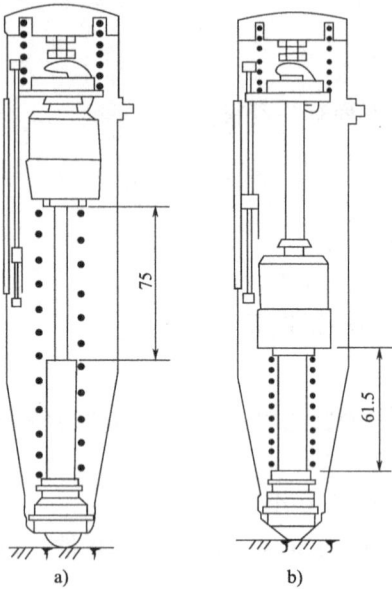

图3-10 弹击锤脱钩前后的状态(尺寸单位:mm)

同一测区的两个测面用回弹仪弹击8点;若一个测区只有一个测面,则需要测16点,每一测点的回弹值读数准确至1个单位,如图3-12所示。回弹测点宜在测区均匀分布,但不得打在气孔或外露石子上。同一测点只允许弹击1次。回弹仪的轴线方向应与测试面相垂直。

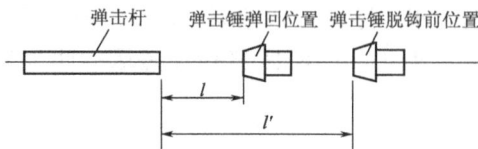

图3-11 回弹仪位置示意图

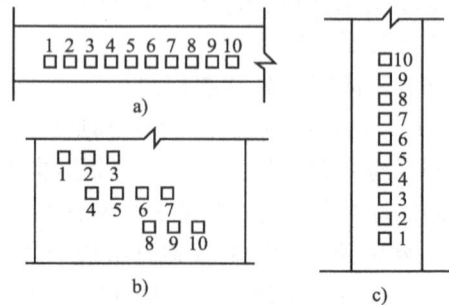

图3-12 梁、墙、柱测区布置示意图
a)梁;b)墙;c)柱

4.混凝土碳化深度的测试

回弹值测量完毕后,应在有代表性的测区上测量碳化深度值,测点数不应少于构件测区数的30%,取其平均值作为该构件每个测区的碳化深度值。当碳化深度值极差大于2mm时,在每一测区分别测量碳化深度值。

回弹后即测量构件的碳化深度,用合适的工具在测区的表面形成直径约为15mm的孔洞(其深度略大于混凝土的碳化深度),清除洞中粉末和碎屑后(注意不能用液体冲洗孔洞),立即用酚酞酒精溶液滴在混凝土孔洞内壁的边缘处,垂直测量未变色部分的深度(未碳化部分变成紫红色),该距离即混凝土的碳化深度值,准确至0.5mm。

应取 3 次测量的平均值作为检测结果,并精确至 0.5mm。

一个测区选择 1~3 处测量混凝土的碳化深度值。当相邻测区的混凝土质量或回弹值与本测区基本相同时,本测区的碳化深度值也可以代表相邻测区的碳化深度值。

5.检测数据的处理

1)测区回弹值的计算

当回弹仪在水平方向测试混凝土浇筑侧面时,应从每一测区的 16 个回弹值中剔除其中 3 个最大值和 3 个最小值,取余下 10 个回弹值的平均值作为该测区平均回弹值,精确至 0.1。其计算公式为

$$\overline{N}_S = \frac{\sum N_i}{10} \qquad (3-15)$$

式中:$\overline{N}_S$——测区平均回弹值,精确至 0.1;

N_i——第 i 个测点的回弹值。

2)测试角度修正

当回弹仪在非水平方向测试混凝土浇筑侧面时(图 3-13),应将测得数据按式(3-16)进行修正,计算非水平方向测定的回弹修正值见表 3-19。

$$\overline{N} = \overline{N}_S + \Delta N \qquad (3-16)$$

式中:$\overline{N}$——经非水平测定修正的测区平均回弹值;

$\overline{N}_S$——回弹仪实测的测区平均回弹值;

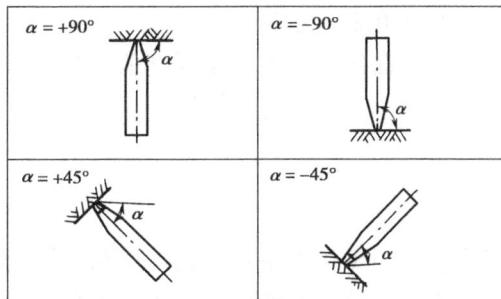

图 3-13　回弹仪测试角度示意图

ΔN——由表 3-19 查出的不同测试角度的回弹修正值,精确至 0.1。

非水平方向测定的回弹修正值　　　　表 3-19

$\overline{N}_S$	与水平方向所成的角度							
	+90°	+60°	+45°	+30°	−30°	−45°	−60°	−90°
20	−6.0	−5.0	−4.0	−3.0	+2.5	+3.0	+3.5	+4.0
30	−5.0	−4.0	−3.5	−2.5	+2.0	+2.5	+3.0	+3.5
40	−4.0	−3.5	−3.0	−2.0	+1.5	+2.0	+2.5	+3.0
50	−3.5	−3.0	−2.5	−1.5	+1.0	+1.5	+2.0	+2.5

注:表中未列入的 $\overline{N}_S$ 可用内插法求得。

3)测试面修正

当回弹仪在水平方向测试混凝土浇筑表面或底面时,应将测得数据参照式(3-15)求出测区平均回弹值 $\overline{N}_S$ 后,按下式进行修正:

$$\overline{N} = \overline{N}_S + \Delta N \qquad (3-17)$$

式中:$\overline{N}_S$——回弹仪测混凝土浇筑表面或底面时的测区平均回弹值;

ΔN——按表 3-20 查出的不同浇筑面的回弹修正值。

不同浇筑面的回弹修正值 表 3-20

$\overline{N}_S$	ΔN		$\overline{N}_S$	ΔN	
	表 面	底 面		表 面	底 面
20	+2.5	−3.0	40	+0.5	−1.0
25	+2.0	−2.5	45	0	−0.5
30	+1.5	−2.0	50	0	0
35	+1.0	−1.5			

如果测试时既非水平方向，又非混凝土浇筑侧面，则应先对回弹值进行角度修正，再进行浇筑面修正。

4）碳化深度的计算

每一测区的平均碳化深度值，按下式计算：

$$\overline{L} = \frac{\sum\limits_{i=1}^{n} L_i}{n} \tag{3-18}$$

式中：$\overline{L}$——测区的平均碳化深度值，计算至 0.5mm；

L_i——第 i 次测量的碳化深度值，mm；

n——测区的碳化深度值测点数。

当平均碳化深度值小于或等于 0.4mm 时，按无碳化深度处理（即平均碳化深度为 0）；当平均碳化深度值大于或等于 6mm 时，取 6mm；对于龄期不超过 3 个月的新浇混凝土，可视为无碳化。

5）测区混凝土强度值的确定

根据每一测区的回弹平均值及碳化深度值，查阅专用曲线（或地区曲线、统一曲线）编制的测区混凝土抗压强度换算表（表 3-21），所查出的强度值即该测区混凝土的强度。当强度低于 50MPa 或高于 10MPa 时，表中未列入的测区强度值，可用内插法求得。

6）混凝土强度推算

当需要将回弹值换算为混凝土强度时，宜采用下列方法：

（1）有试验条件时，宜通过试验建立实际的测强曲线，但测强曲线仅适用于材料质量、成型、养护和龄期等条件基本相同的混凝土。混凝土标准试块为 150mm×150mm×150mm，采用 1.5、1.75、2.0、2.25、2.50 五个灰水比，以便得到不少于 30 对数据。试件与被测对象有相同的养护条件，到达龄期后，将试块用压力机加压至 30～50kN 稳住，用回弹仪在两侧面分别测定 8 个测点，按式（3-15）计算平均回弹值，然后进行抗压强度试验，建立二者关系的推定式，推定式可为直线式或其他适当的形式，但相关系数不得小于 0.95。根据测区平均回弹值，利用测强曲线推定混凝土抗压强度。

测区混凝土抗压强度换算表　　　　　　　　　　　　　　　　　　　　表 3-21

平均回弹值 $\overline{N}$	测区混凝土抗压强度 R_{ni}（MPa）平均碳化深度 $\overline{L}$（mm）												
	0	0.5	1.0	1.5	2.0	2.5	3.0	3.5	4.0	4.5	5.0	5.5	6.0
20	10.3	10.1											
21	11.4	11.2	10.8	10.5	10.0								
22	12.5	12.2	11.9	11.5	11.0	10.6	10.2						
23	13.7	13.4	13.0	12.6	12.1	11.6	11.2	10.8	10.5	10.1			
24	14.9	14.6	14.2	13.7	13.1	12.7	12.2	11.8	11.5	11.0	10.7	10.4	10.1
25	16.2	15.9	15.4	14.9	14.3	13.8	13.3	12.8	12.5	12.0	11.7	11.3	10.9
26	17.5	17.2	16.6	16.1	15.4	14.9	14.4	13.8	13.5	13.0	12.6	12.2	11.6
27	18.9	18.5	18.0	17.4	16.6	16.1	15.5	14.8	14.6	14.0	13.6	13.1	12.4
28	20.3	19.7	19.2	18.4	17.6	17.0	16.5	15.8	15.4	14.8	14.4	13.9	13.2
29	21.8	21.1	20.5	19.6	18.7	18.1	17.5	16.8	16.4	15.8	15.4	14.6	13.9
30	23.3	22.6	21.9	21.0	20.0	19.3	18.6	17.9	17.4	16.8	16.4	15.4	14.7
31	24.9	24.2	23.4	22.4	21.4	20.7	19.9	19.2	18.4	17.9	17.4	16.4	15.5
32	26.5	25.7	24.9	23.9	22.8	22.0	21.2	20.4	19.6	19.1	18.4	17.5	16.4
33	28.2	27.4	26.5	25.4	24.3	23.4	22.6	21.7	20.9	20.3	19.4	18.5	17.4
34	30.0	29.1	28.0	26.8	25.6	24.6	23.7	23.0	22.1	21.3	20.4	19.5	18.3
35	31.8	30.8	29.6	28.0	26.7	25.8	24.8	24.0	23.2	22.3	21.4	20.4	19.2
36	33.6	32.6	31.2	29.6	28.2	27.2	26.2	25.2	24.5	23.5	22.4	21.4	20.2
37	35.5	34.4	33.0	31.2	29.8	28.8	27.7	26.6	25.9	24.8	23.4	22.4	21.3
38	37.5	36.4	34.9	33.0	31.5	30.3	29.2	28.1	27.4	26.2	24.8	23.6	22.5
39	39.5	38.2	36.7	34.7	33.0	31.8	30.6	29.6	28.8	27.4	26.0	24.8	23.7
40	41.6	39.9	38.3	36.2	34.5	33.3	31.7	30.8	30.0	28.4	27.0	25.8	25.0
41	43.7	42.0	40.2	38.0	36.0	34.9	33.2	32.3	31.5	29.7	28.4	27.1	26.2
42	45.9	44.1	42.2	39.9	37.6	36.3	34.9	34.0	33.2	31.2	29.8	28.5	27.5
43	48.1	46.2	44.2	41.8	39.4	38.0	36.6	35.6	34.6	32.7	31.3	29.8	28.9
44	50.4	48.4	46.4	43.8	41.3	39.8	38.3	37.3	36.3	34.3	32.8	31.2	30.2
45	52.7	50.6	48.5	45.8	43.2	41.6	40.1	39.0	37.9	35.8	34.3	32.7	31.6
46	55.0	52.8	50.6	47.9	45.2	43.5	41.9	40.8	39.7	37.5	35.8	34.2	33.1
47	57.5	55.2	52.9	50.0	47.2	45.2	43.7	42.6	41.4	39.1	37.4	35.6	34.5
48	60.0	57.6	55.2	52.2	49.2	47.4	45.6	44.4	43.2	40.8	39.0	37.2	36.0
49		60.0	57.5	54.4	51.3	49.4	47.5	46.2	45.0	42.5	40.6	38.8	37.5
50			59.9	56.7	53.4	51.4	49.5	48.2	46.9	44.3	42.3	40.4	39.1
51				59.0	55.6	53.5	51.5	50.1	48.8	46.1	44.1	42.0	40.7
52					57.8	55.7	53.6	52.1	50.7	47.9	45.8	43.7	42.3
53					60.0	57.8	55.6	54.2	52.7	49.8	47.6	45.4	43.9
54							57.8	56.3	54.7	51.7	49.4	47.1	45.6
55							59.9	58.4	56.8	53.6	51.3	48.9	47.3
56									58.9	55.6	53.2	50.7	49.1
57										57.6	55.1	52.5	50.8
58										59.7	57.0	54.4	52.7
59											59.0	56.3	54.5
60												58.3	56.4

（2）当无足够的试验数据或相关关系的推定式不够满意时，可按式（3-19）推算混凝土抗压强度：

$$R_n = 0.025\overline{N}^2 \tag{3-19}$$

式中：R_n——构件混凝土强度推定值，MPa，精确至 0.1 MPa；

$\overline{N}$——测区混凝土平均回弹值。

（3）在没有条件通过试验建立实际的测强曲线时，每个测区混凝土的抗压强度 R_{ni} 可按平均回弹值 $\overline{N}$ 及平均碳化深度 $\overline{L}$ 由表 3-21 查出。

7）结构（或构件）混凝土抗压强度的推定

（1）结构（或构件）混凝土的平均强度按式（3-20）计算：

$$\overline{R}_n = \frac{\sum R_{ni}}{n}$$ (3-20)

式中：$\overline{R}_n$——结构（或构件）混凝土强度的平均值，MPa，精确至 0.1MPa；

　　　R_{ni}——第 i 个测区结构混凝土的抗压强度，MPa；

　　　n——测区数，对于单个评定的结构或构件，取一个试件的测区数，对于抽样评定的结构或构件，取抽检试样测区数之和。

（2）当测区数 $n \geqslant 10$ 时，按式（3-21）计算标准差：

$$S_n = \sqrt{\frac{\sum\limits_{i=1}^{n}(R_{ni} - \overline{R}_n)^2}{n-1}}$$ (3-21)

式中：S_n——构件混凝土强度标准差，MPa，精确至 0.01MPa；

　　　其余符号意义同前。

（3）结构（或构件）混凝土的变异系数按式（3-22）计算：

$$C_V = \frac{S_n}{\overline{R}_n} \times 100$$ (3-22)

式中：C_V——结构（或构件）混凝土的变异系数，%；

　　　其余符号意义同前。

（4）结构（或构件）混凝土强度的评定。

用回弹法检测的混凝土结构（或构件），多属于重要结构，应用数理统计方法进行评定。结构或构件的混凝土强度推定值 R_n 应按下列公式确定。

①当该结构或构件的测区数 $n < 10$ 时，则

$$R_n = (R_{ni})_{min}$$ (3-23)

式中：$(R_{ni})_{min}$——构件中最小的测区混凝土强度值。

②当该结构或构件的测区强度值中出现小于 10MPa 时，则

$$R_n < 10MPa$$ (3-24)

③当该结构或构件测区数 $n \geqslant 10$ 或按批量检测时，应按下列公式计算：

$$R_n = \overline{R}_n - 1.645S_n$$ (3-25)

（5）对按批量检测的构件，当该批构件混凝土强度标准差出现下列情况之一时，则该批构件应全部按单个构件检测。

①当该批构件混凝土强度平均值小于 25MPa 时，则

$$S_n > 4.5MPa$$

②当该批构件混凝土强度平均值不小于 25MPa 且不大于 60MPa 时，则

$$S_n > 5.5MPa$$

8）检测报告

检测报告应包括：测区混凝土平均回弹值，测强曲线、回弹值与抗压强度的相关关系式和

相关系数,各测区的抗压强度推定结果,推定的混凝土抗压强度平均值、标准差、变异系数。

测区混凝土抗压强度值见表 3-21。

回弹仪检测混凝土抗压强度记录格式见表 3-22。

回弹仪检测混凝土强度记录 表 3-22

工程名称: ××工程　 结构名称:某跨线桥肋板　 设计强度等级: C30　 成型日期:＿＿＿＿＿

检 验 者:＿＿＿＿＿　 计 算 者:＿＿＿＿＿　 校 核 者:＿＿＿＿　 检验日期:＿＿＿＿＿

测点编号	测区位置									
	1	2	3	4	5	6	7	8	9	10
	回弹值									
1	35	32	30	40	35	36	34	30	40	34
2	34	32	29	34	36	30	30	30	36	42
3	38	37	35	35	42	34	35	32	34	32
4	38	30	35	34	34	34	34	32	34	33
5	34	30	35	38	32	34	38	32	30	33
6	35	36	36	35	36	36	36	38	32	33
7	38	34	40	38	35	36	32	32	34	36
8	35	34	34	34	40	42	34	30	34	42
9	34	38	38	34	34	34	38	30	42	30
10	32	36	43	40	32	38	36	30	36	40
11	35	32	38	38	35	38	34	31	38	31
12	35	36	32	44	35	40	36	35	30	42
13	35	39	40	34	35	36	34	34	35	30
14	36	40	42	36	38	34	35	36	30	34
15	38	32	42	32	39	35	36	36	35	32
16	32	38	34	32	40	36	32	34	32	40
$\overline{N}_S$	35.1	34.7	36.5	35.6	36.3	35.5	34.6	32.2	34.2	34.7
ΔN	0	0	0	0	0	0	0	0	0	0
$\overline{N}$	35.1	34.7	36.5	35.6	36.3	35.5	34.6	32.2	34.2	34.7
$\overline{L}$(mm)	0	0	0	0	0	0	0	0	0	0
R_{ni} (MPa)	32	31.2	34.6	32.9	34.2	32.7	31.1	26.9	30.3	31.2
R_n(MPa)		37.1		S(MPa)		2.187		C_V(%)		5.9
备注				测试面为混凝土浇筑侧面,测试方向为水平						

三、超声-回弹综合法测定水泥混凝土抗折强度(资源 3-4)

综合法测定混凝土强度的方法较多,研究与应用较广的是超声-回弹综合法(非检测专业只作一般了解)。超声-回弹综合法是指采用超声仪(图 3-14)和回弹仪在结构混凝土同一测区分别测量声时值及回弹值 N，推算该测区混凝土强度 R_n 的一种方法。与单一测试方法(如回弹法)相比，超声-回弹综合法具有如下优点：①减少了龄期和含水率的影响；②弥补了互相(指单一回弹法或超声法)不足；③提高了测试精度。

采用超声-回弹综合法测定混凝土强度时应符合以下几个原则：

(1)单一法的仪器性能、测试技术和测试误差都应满足规定的要求。

(2)在已查明单一法测强影响因素的基础上，应当采取对测强影响较大且相反的单一法进行综合，以便抵消或减少一些影响因素。

(3)超声-回弹综合法比单一法应具有较小的测试误差和较宽的适用范围。

(4)超声-回弹综合法适用于确定内部无缺陷部位的混凝土强度。

本方法不适用于下列情况的水泥混凝土：

(1)隐蔽或外露局部缺陷区。

(2)裂缝或微裂区(包括路面伸缩缝和工作缝)。

(3)路面角隅和边缘钢筋外，特别是超声波与钢筋方向相同时。

(4)距路面边缘小于 100mm 的部位。

(一)仪器设备

1. 主要仪器设备简介

(1)回弹仪、钢砧、钢尺。

(2)混凝土超声仪主要由电脉冲发生器、一对换能器、一具放大器和测量由发射换能器发出电脉冲的始点起到接收换能器接收到脉冲始点止的时间间隔的电子计时装置等组成。超声波测强主要结构如图 3-15 所示。发射换能器发射的超声波经耦合进入混凝土，在混凝土中传播后，为接收换能器所接收并转换成电信号，电信号被送至超声仪，经放大后显示在示波屏上，同时测量超声波有关参数，如声传播时间(声时)、接收波振幅(波幅)和频率等功能。

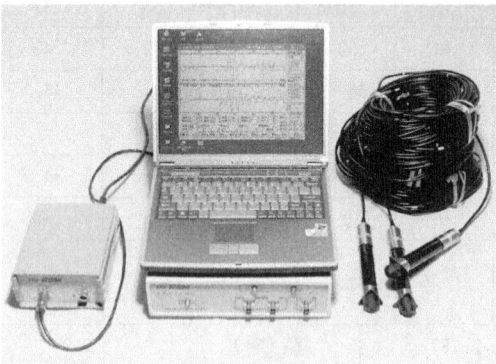

图 3-14　超声波仪

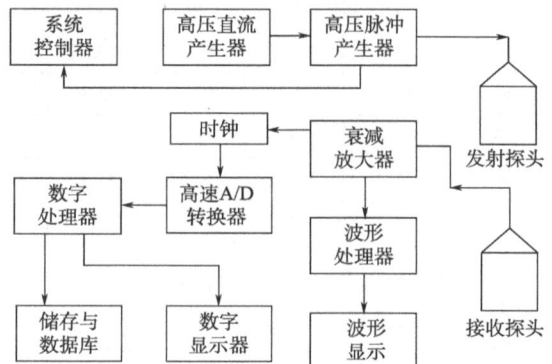

图 3-15　超声波测强主要结构示意图

不论哪一种型号的超声仪，都应满足以下要求：

①具有波形清晰、显示稳定的示波装置。声时可测量范围应为 $0.5 \sim 9\,999\mu s$，测试精度为 $0.1\mu s$。

②数字显示稳定，声时显示调节在 $20 \sim 30\mu s$ 范围内时，2h 内声时显示漂移不得大

于 ±0.2μs。

③仪器接收放大频率响应范围(频率)应有足够的宽度,工作频率宜为 50～100kHz,实测频率与标称频率相差不应超过 ±10%。

④仪器宜具有示波屏显示波形和游标测读功能,以便较准确地测读声时、振幅以及频率等参数。当采用整形自动测读时,检测混凝土测距不宜超过 1m(以软件判别方法自动测读的智能超声仪除外)。

⑤适用于一般现场测试情况下的温度、电源变化条件。

2. 超声仪的使用与保养

(1)使用前务必了解仪器特性,仔细阅读使用说明书后再开机。

(2)注意使用环境。在潮湿、烈日、灰尘环境中使用时,应采取保护措施。

(3)环境温度不能太高或太低,一般在温度为 10～40℃ 范围内使用。

(4)超声仪使用时应避开干扰源,如电焊机、电锯、电台以及其他强磁场。

(5)仪器应放置在通风、干燥、阴凉的环境下保存。若长期不用时,应定期开机驱潮,尤其是在南方梅雨季节。

(6)仪器发射插座有脉冲高压,接换发射换能器应将发射极电压旋至零伏挡或关机后进行。

(7)换能器内压电陶瓷易碎、易脱落,切忌敲打。

(8)普通换能器不防水,不能在水中使用。孔中用换能器虽有防水层,但连接处常因扰动而损坏,使用中应注意。

(二)超声-回弹综合法测定水泥混凝土抗压强度

1. 资料准备和检测数量要求

资料准备和检测数量要求与回弹法要求相同。

2. 测区测点的布置

测区测点的构件布置,应满足下列要求:

(1)在条件允许时,测区宜优先布置在构件混凝土上浇筑方向的侧面。

(2)测区可在构件的两个对应面、相应面或同一面上布置。

(3)测区均匀分布,相邻两测区的间距不宜大于 2m。

(4)测区避开钢筋密集区和预埋件。

(5)测区尺寸为 200mm×200mm;采用平测时,测区尺寸宜为 400mm×400mm。

(6)测试面应清洁、平整、干燥,不应有接缝、饰面层、浮浆和油垢,并避开蜂窝、麻面部位,必要时可用砂轮片清除杂物和磨平不平整处,并擦净残留粉尘。

3. 测试技术

(1)回弹值及碳化深度值的测量与计算(回弹法测定混凝土抗压强度中已介绍)。

(2)声学参数的测试(一般情况下对结构或构件的每一测区,应先进行回弹测试,后进行超声测试)。

①超声测点应布置在回弹测试的同一测区内,每一测区布置 3 个测点。超声测试宜优先采用对测或角测,当被测构件不具备采用对测或角测的条件时,可采用单面平测。

②超声测试时,应保证换能器辐射面通过耦合剂与混凝土测试面耦合良好。

③测试的声时值应精确至 $0.1\mu s$,声速值应精确至 $0.01km/s$ 。超声测距的测量误差应不大于 $\pm1\%$ 。

④当在混凝土浇筑方向的侧面对测时,测区混凝土声速代表值应按下式计算:

$$v = \frac{1}{3}\sum_{i=1}^{3}\frac{l_i}{t_i - t_0} \tag{3-26}$$

式中:v——测区混凝土声速代表值,km/s;

l_i——第 i 个测点的超声测距,mm;

t_i——第 i 个测点的声时读数,μs;

t_0——声时初读数,μs。

⑤当在混凝土浇筑的顶面与底面测试时,测区声速值应按下式修正:

$$v_a = \beta v \tag{3-27}$$

式中:v_a——修正后的测区声速值,km/s;

β——超声测试面修正系数。在混凝土浇筑顶面及底面测试时,$\beta = 1.034$;在混凝土侧面测试时,$\beta = 1$。

4. 混凝土强度的推定

(1)结构或构件中第 i 个测区的混凝土抗压强度换算值 $f^c_{cu,i}$,应按修正后的测区回弹值 R_{ai} 及修正后的测区声速值 v_{ai},优先采用专用或地区测强曲线推定。当无该类测强曲线时,经验证后也可按全国统一测区混凝土抗压强度换算表换算。

①粗集料为卵石时:

$$f^c_{cu,i} = 0.005\ 6v_{ai}^{1.439}R_{ai}^{1.769} \tag{3-28}$$

②粗集料为碎石时:

$$f^c_{cu,i} = 0.001\ 6v_{ai}^{1.656}R_{ai}^{1.410} \tag{3-29}$$

式中:$f^c_{cu,i}$——第 i 个测区混凝土强度换算值,MPa,精确至 0.1MPa;

v_{ai}——第 i 个测区修正后的超声声速值,km/s,精确至 0.01km/s;

R_{ai}——第 i 个测区修正后的回弹值,精确至 0.1。

(2)当结构所用材料及其龄期与制定测强曲线所用材料及其龄期有较大差异时,须用同条件试块或从结构、构件测区钻取混凝土芯样试件进行修正,试件数量应不少于 4 个。此时,得到的测区混凝土强度换算值应乘以修正系数。修正系数可按下列公式计算:

①有同条件立方体试块时:

$$\eta = \frac{1}{n}\sum_{i=1}^{n}\frac{f_{cu,i}}{f^c_{cu,i}} \tag{3-30}$$

②有混凝土芯样试件时:

$$\eta = \frac{1}{n}\sum_{i=1}^{n}\frac{f_{cor,i}}{f^c_{cu,i}} \tag{3-31}$$

式中:η——修正系数,精确至小数点后两位;

$f_{cu,i}$——第 i 个混凝土立方体试块抗压强度实测值(以边长为 150mm 计),MPa,精确至

0.1MPa;

$f_{cu,i}^c$——对应于第i个立方体试块或芯样试件的混凝土强度换算值,MPa,精确至0.1MPa;

$f_{cor,i}$——第i个混凝土芯样试件抗压强度实测值(以$\phi100mm \times 100mm$ 计),MPa,精确至0.1MPa;

n——试件数。

(3)结构或构件的混凝土强度推定值$f_{cu,e}$,可按下列条件确定:

①当按单个构件检测时,单个构件的混凝土强度推定值$f_{cu,e}$取该构件各测区中最小的混凝土强度换算值$f_{cu,min}^c$。

②当按批抽样检测时,该批构件的混凝土强度推定值应按下列公式计算:

$$f_{cu,e} = m_{f_{cu}^c} - 1.645 S_{f_{cu}^c} \tag{3-32}$$

式中的各测区混凝土强度换算值的平均值$m_{f_{cu}^c}$及标准差$S_{f_{cu}^c}$,应按下列公式计算:

$$m_{f_{cu}^c} = \frac{1}{n}\sum_{i=1}^{n} f_{cu,i}^c \tag{3-33}$$

$$S_{f_{cu}^c} = \sqrt{\frac{\sum_{i=1}^{n}(f_{cu,i}^c)^2 - n(m_{f_{cu}^c})^2}{n-1}} \tag{3-34}$$

③当同批测区混凝土强度换算值标准差$S_{f_{cu}^c}$过大时,该批构件的混凝土强度推定值也可按下式计算:

$$f_{cu,e} = m_{f_{cu,min}^c} = \frac{1}{m}\sum_{j=1}^{m} f_{cu,min,j}^c \tag{3-35}$$

式中:$m_{f_{cu,min}^c}$——该批构件中的最小测区混凝土强度换算值的平均值,MPa;

$f_{cu,min,j}^c$——第j个构件的最小测区混凝土强度换算值,MPa;

m——该批中抽取的构件数。

(4)当属同批构件按批抽样检测时,若全部测区强度的标准差出现下列情况时,则该批构件应全部按单个构件检测:

①当一批构件的混凝土抗压强度平均值 $m_{f_{cu}^c} < 25.0MPa$,$S_{f_{cu}^c} > 4.50MPa$。

②当一批构件的混凝土抗压强度平均值 $m_{f_{cu}^c} = 25.0 \sim 50.0MPa$,$S_{f_{cu}^c} > 5.50MPa$。

③当一批构件的混凝土抗压强度平均值 $m_{f_{cu}^c} > 50.0MPa$,$S_{f_{cu}^c} > 6.50MPa$。

(三)超声-回弹综合法测定水泥混凝土抗弯拉强度

1. 资料准备

资料准备与回弹法要求相同。

2. 测区测点的布置

(1)按规定随机选择的水泥混凝土板,将每一块水泥混凝土路面板作为一个试样,均匀布置10个测区,每个测区不宜小于$150mm \times 550mm$,测试面应清洁、干净、平整,不得有蜂窝、麻面,对浮浆和油垢以及粗糙处应清洗或用砂轮片磨平,并擦净残留粉尘。

(2)每个测区的测点宜在测区范围内均匀分布,但不得布置在气孔或外露石子上,相邻两测点的距离不宜小于30mm。

3.测试技术

1)回弹值及碳化深度值的测量与计算

回弹法测定混凝土抗压强度中已介绍。

2)声学参数测量

(1)声时的测量。测量前应视测距大小将仪器的发射电压器调在某一挡,将仪器"增益"调至较大位置保持不动。仪器接通电源前应检查电压,接上电源后,仪器宜预热10min;对仪器进行标定,换能器与标定棒耦合应良好,对于有示波器的,应将首波波幅调节至30~40mm,并将游标调至首波起始位置后测读声时。对于有调零装置的仪器,应调零电位器以扣除初读数。

声时测量时,测点布置在回弹测试的同一测区内。先在测点上涂少许耦合剂(如黄油、凡士林等),再将发射与接收换能器分别耦合在测区同一测点对应位置上,且发射与接收换能器应在同一轴线上(对测),如图3-16a)所示;或发射与接收换能器轴线互相平行,且两换能器间隔为定值(平测),如图3-16b)所示。每个测区内的相对测试面上,应各布置3个测点。每测点测试时均应将接收信号的首波波幅调整好,并将游标调至首波前沿基线弯曲的起始位置,读取声时(精确至$0.1\mu s$),并记录该测点的声时值。对于特殊构件,应准确量取两换能器间的距离以确定测距。具体步骤如下:

①在进行回弹测试的同一测区内布置三条轴线,作为换能器布置区,如图3-17所示。

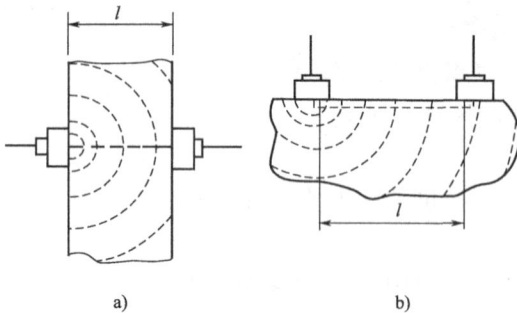

图3-16 声时测量

a)对测示意图;b)平测示意图

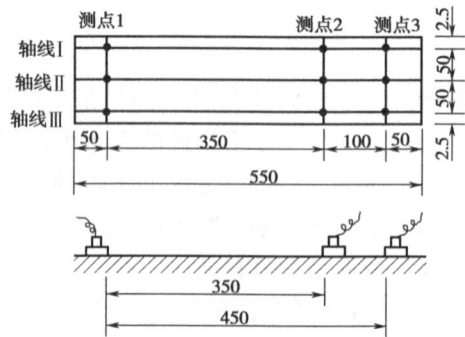

图3-17 换能器布置图(尺寸单位:cm)

②在换能器放置处抹上耦合剂。测量超声声时时,耦合剂应与建立测强曲线时所用的耦合剂相同。

③将换能器分别放置在轴线Ⅰ的1点及2点处,换能器与路面混凝土应充分接触,耦合良好,发射和接收两换能器直径与测轴线重合,边缘与测距相切。超声波振幅应调到规定振幅。测读声时t_{11},准确至$0.1\mu s$。

④1点处的换能器不动,将放置在2点处的换能器移至3点处,再测读声时t_{12},精确至$0.1\mu s$。

⑤按上述方法测量轴线Ⅱ、Ⅲ,分别得声时t_{21}、t_{22}、t_{31}、t_{32}。

(2)波幅测量。波幅测量时,应在保持换能器良好耦合状态下采用下列两种方法之一进行读取。

①刻度法:将衰减固定在某一衰减位置,从仪器示波屏上读取首波幅度(格数)。

②衰减值法:采用衰减器将波幅调至一定高度(如5mm或刻度一格),读取衰减器上的dB值。

(3)频率测量。频率测量时,应先将游标脉冲调至首波前半个周期的波谷(或波峰),读取声时值 t_1(μs),再将游标脉冲调至相邻的波谷(或波峰),读取声时值 t_2(μs),由此即可按下式计算出第 i 点第一周期波的频率:

$$f_i = \frac{1\,000}{t_1 - t_2} \tag{3-36}$$

(4)波形观察。波形观察主要观察接收信号的波形是否畸变或包络线的形状,必要时可描绘或拍照。仪器使用完毕,应及时做好清理工作,换能器应擦拭干净并单独存放。换能器的耦合面应避免磨损。

4.计算

(1)声速值按下列公式计算:

$$v_{i1} = \frac{350}{t_{i1}} \tag{3-37}$$

$$v_{i2} = \frac{450}{t_{i2}} \tag{3-38}$$

$$v_i = \frac{v_{i1} + v_{i2}}{2} \tag{3-39}$$

$$v = \frac{v_1 + v_2 + v_3}{3} \tag{3-40}$$

式中:v_{i1}——第 i 条轴线1点与2点350mm测距声速,km/s,$i = 1,2,3$;

v_{i2}——第 i 条轴线1点与3点450mm测距声速,km/s,$i = 1,2,3$;

v_i——第 i 条轴线平均声速,km/s,$i = 1,2,3$;

v——测区平均声速,km/s,精确至0.01;

t_{i1}——第 i 条轴线350mm测距声时,μs;

t_{i2}——第 i 条轴线450mm测距声时,μs。

当三条测轴线平均声速中有两条测轴线平均声速与测区的平均声速之差都超过测区平均声速的15%时,该测区检测结果无效。

(2)测区回弹值按前面所述方法计算,并按式(3-41)对实测回弹值进行碳化深度修正计算:

$$N' = 0.879\,5\overline{N} - 1.444\,3L + 4.48 \tag{3-41}$$

式中:N'——修正后的测区回弹值,当 $L = 0$ 时,$N' = \overline{N}$;

$\overline{N}$——实测的测区平均回弹值;

L——碳化深度,mm。

5.混凝土抗折强度推算

(1)测强曲线方程的确定。建立专用测强曲线方程。取用与路面混凝土相同的原材料,设计几种不同水灰比的混凝土配合比(一般设计4种配合比,其中包括路面施工时的配合比),对每种配合比制成150mm×150mm×550mm的梁式试件(不少于6个),在标准条件下养护28d后,按上述方法进行超声及回弹检测,并按水泥混凝土试验规程进行抗折强度试验,再用二元非线性方程按下式回归,确定回归系数,得出测强曲线方程,相对标准误差 e 应不大于12%。

$$R_f = av^b e^c N \tag{3-42}$$

式中:R_f——混凝土抗弯拉(折)强度,MPa;

$\quad\quad v$——超声声速,km/s;

$\quad\quad N$——修正后的回弹值;

$\quad a、b、c$——回归系数;

$\quad\quad e$——相对标准误差,%,按式(3-43)计算:

$$e = \sqrt{\frac{\sum (R'_{fi}/R_{fi} - 1)^2}{n-1}} \times 100 \tag{3-43}$$

式中:R'_{fi}——第 i 块试件实测抗弯拉(折)强度,MPa;

$\quad\quad R_{fi}$——第 i 块试件由超声-回弹推算的抗弯拉(折)强度,MPa;

$\quad\quad n$——试件数(按块计)。

(2)混凝土路面抗弯拉(折)强度推定。每一段中,以每一幅为单位作为抗弯拉(折)强度评定对象。

评定抗弯拉(折)强度第一条件值和第二条件值按下式计算:

$$R_{n1} = 1.18(\bar{R}_n - K \cdot S_n) \tag{3-44}$$

$$R_{n2} = 1.18(R_{fi})_{min} \tag{3-45}$$

以第一条件值和第二条件值中的小者作为混凝土抗弯拉(折)强度评定值 R_n。

$$R_n = \min\{R_{n1}, R_{n2}\} \tag{3-46}$$

式中:R_{n1}——抗弯拉(折)强度第一条件值,MPa,精确至0.1MPa;

$\quad\quad R_{n2}$——抗弯拉(折)强度第二条件值,MPa,精确至0.1MPa;

$\quad\quad S_n$——抗弯拉(折)强度标准差,MPa,精确至0.1MPa,按下式计算:

$$S_n = \sqrt{\frac{\sum (R_{fi})^2 - n(\bar{R}_n)^2}{n-1}} \tag{3-47}$$

$\quad\quad K$——合格率判定系数,当 $n=10\sim14$ 时,$K=1.7$;当 $n=15\sim24$ 时,$K=1.65$;当 $n\geqslant25$ 时,$K=1.60$;

$\quad\quad \bar{R}_n$——抗弯拉(折)强度平均值,MPa,精确至0.1MPa,按下式计算:

$$\bar{R}_n = \frac{\sum R_{fi}}{n} \tag{3-48}$$

式中:R_{fi}——所有推算的抗弯拉(折)强度值;

$\quad\quad n$——测区数。

6. 检测结果记录(表3-23)

表3-24为一级公路某段水泥混凝土路面(普通硅酸盐水泥与石灰岩粗集料碎石结

构,设计抗折强度为4.5MPa),用超声-回弹综合法(平测法)进行检测的实测表摘录,仅供参考。

水泥混凝土抗弯拉(折)强度检测记录　　　表3-23

施工单位:_____　施工日期:_____　工程名称:_____　检测单位:_____
检测日期:_____　检验者:_____　记录者:_____　校核者:_____

项目桩号	回弹值 N_i	实测回弹值	碳化深度(mm)	平均碳化深度(mm)	修正后回弹值 N	测距声时	v_{i1}(km/s)	v_{i2}(km/s)	v_i(km/s)	v(km/s)	折算抗弯拉(折)强度 R_f(MPa)

水泥混凝土抗弯拉(折)强度实测表　　　表3-24

序号	回归波速(km/s)	回弹值	破坏强度(MPa)	计算强度(MPa)	误差
1	4.738	41.4	5.85	5.81	0.006
2	4.568	37.2	5.18	4.96	0.044
3	4.448	39.1	5.08	4.95	0.026
4	4.566	27.2	4.44	4.95	−0.103
5	4.555	40.7	6.12	5.36	0.142
6	4.830	42.2	6.15	6.09	0.010
7	4.693	44.4	5.72	6.09	−0.061

四、钻芯法测定混凝土强度

钻芯法是指利用钻机,从结构混凝土中钻取芯样以检测混凝土强度或观察混凝土内部质量的方法。由于它会对结构混凝土造成局部损伤,因此它是一个半破损的现场检测手段。

利用钻芯法检测混凝土抗压强度、劈裂抗拉强度,无须进行某种物理量与强度之间的换算,因此普遍认为它是一种直观、可靠和准确的方法。但由于在检测时总是对结构混凝土造成局部损伤,而且成本较高,大量取芯测试往往受到一定限制。近年来,国内外都主张把钻芯法与其他非破损检测方法综合使用,一方面非破损法可以大量测试而不损伤结构,另一方面钻芯法可提高非破损测强的精度,使二者相辅相成。

用钻芯法检测混凝土的强度、裂缝、接缝、分层、孔洞或离析等缺陷,具有直观、精度高等特点,但也有一定的局限性:

(1)钻芯时会对结构造成局部损伤,因而对钻芯位置的选择及钻芯数量等均受到一定限制,而且它所代表的区域也是有限的。

(2)钻芯机及芯样加工配套机具与非破损测试仪器相比,比较笨重,移动不方便,测试成本较高。

(3)钻芯后的孔洞要修补,尤其当钻断钢筋时,更增加了修补工作的难度。

在正常生产情况下,混凝土结构应按《公路水泥混凝土路面施工技术细则》(JTG/T F30—2014)的要求,制作立方体标准养护试块进行混凝土强度评定和验收。只有在下列情况下才可以利用钻取芯样检测其强度,并作为处理混凝土质量事故的主要技术依据:

(1)对立方体试块的抗压强度产生怀疑。例如试块强度很高,而结构混凝土的外观质量很差;试块强度较低而结构混凝土外观质量较好;因为试块形状、尺寸、养护等不符合要求,从而影响了试验结果的准确性。

(2)混凝土结构因水泥、砂石质量较差或因施工、养护不良发生质量事故。

(3)检测部位的表层与内部的质量有明显差异,或者混凝土结构在使用期限间遭受冻害。

(4)使用多年的老混凝土结构,如需加固或因工艺流程的改变而使荷载发生了变化,需要了解某些部位的混凝土强度。

(5)对施工有特殊要求的结构和构件,如路面厚度测试等。

(一)检测器具

1.钻芯机

常见的钻芯机(图3-18)有轻便型取芯机(钻芯直径 ϕ12~75mm)、轻型钻机(钻芯直径 ϕ12~200mm)、重型钻机(钻芯直径 ϕ200~450mm)和超重型钻机(钻芯直径 ϕ330~700mm)。为了满足钻孔和取芯工作的需要,不论哪种钻芯机,都应具备以下5个基本功能:

(1)向钻芯头传递压力,推动钻头前进或后退。

(2)驱动钻头旋转,并应具有一定范围的转速,以便保证所需要的线速度。

(3)为了冷却钻头及冲洗钻孔过程中产生的磨削碎屑,应不断供给冷却水。

(4)钻机应具有足够的刚性和稳定性。

(5)钻机移动、安装和拆卸方便。

为了满足上述5个条件,钻芯机一般应包括以下几个部分:

(1)机架部分主要由底座、立柱所组成,底座上一般均安装四个调整水平用的螺钉和两个行走轮。

(2)进给部分由滑块导轨、升降座、齿条、齿轮、进给柄等组成。当把升降座上的紧固螺钉松开后,利用进给手柄可使升降座安全匀速地上下移动,以保证钻头在允许行程内的前进后退。

(3)变速器由壳体、变速齿轮、变速手柄和旋转水封等组成。

(4)在钻芯过程中,给水部分必须供应一定流量的冷却水,水经过水嘴后流入水套内,经过水套进入主轴中心孔,然后经过连接头,最后由钻头端部排出。

(5)动力部分主要由电动机、起动机和开关等组成。

钻芯机构造如图3-19所示。

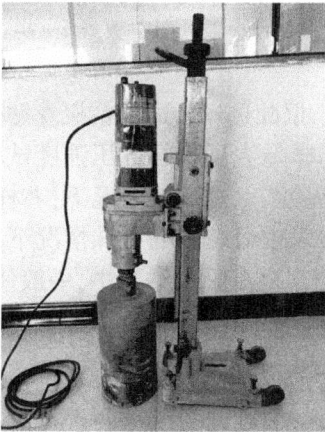

图 3-18　钻芯机

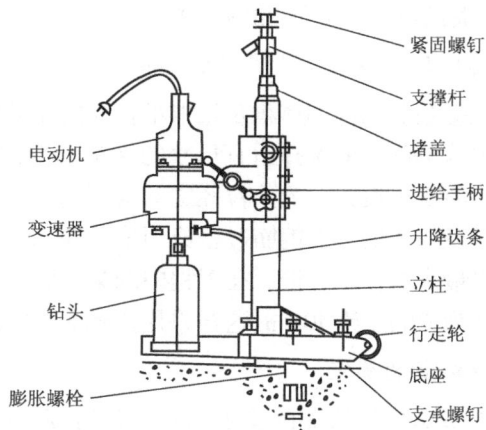

图 3-19　钻芯机构造示意图

2.芯样切割机

当检测混凝土强度时,应将芯样用切割机加工成具有一定尺寸的抗压试件。切割方式可分为两种类型:一种是圆锯片不移动,但工作台可以移动;另一种是锯片平行移动,工作台不动。

3.人造金刚石空心薄壁钻头

空心薄壁钻头主要由钢体和胎环部分组成。钢体一般由无缝钢管车制而成。钻头的胎环是由钢系、青铜系、钨系等冶金粉末和适量的人造金刚石浇铸成型的,在胎环上增加若干排水槽(一般称水口)。

钻头与钻孔机的连接方式,主要由钻头的直径和钻机的构造决定,一般可分为直柄式、螺纹式和胀卡式 3 种,如图 3-20 所示。

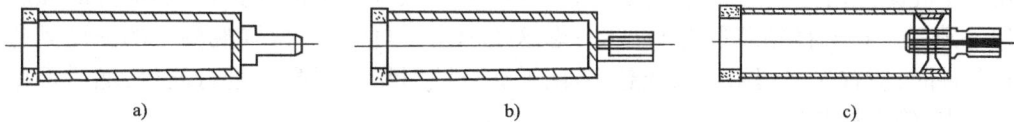

a)　　　　　　　　　　b)　　　　　　　　　　c)

图 3-20　空心薄壁钻构造示意图

a)直柄式;b)螺纹式;c)胀卡式

4.压力试验机

压力试验机能够满足试件破坏吨位要求。

(二)钻芯前的准备

1.调查了解工程质量情况

(1)工程名称或代号,以及设计、施工、建设单位名称。

(2)结构或构件种类、外形尺寸以及数量。

(3)混凝土强度等级、混凝土的成型日期、所用的水泥品种、粗集料粒径、砂石产地以及配合比等。

(4)混凝土试块的抗压强度。

(5)结构或构件的现场质量状况以及施工或使用中存在的质量问题。

(6)有关的结构设计图和施工图。

2. 钻芯机具准备及钻头直径的选择

一般根据被测构件的体积及钻取部位确定钻芯的深度,据此选择合适的钻机及钻头。

应根据检测的目的选择适宜尺寸的钻头。当钻取的芯样是为了进行抗压强度试验时,则芯样的直径与混凝土粗集料最大粒径之间应保持一定的比例关系。在一般情况下,芯样直径为粗集料最大粒径的3倍。在钢筋过密或因取芯位置不允许钻取较大芯样的特殊情况下,钻芯直径可为粗集料最大粒径的2倍。在工程中的梁、柱、板、基础等现浇混凝土结构中,一般使用粗集料的最大粒径为32mm或40mm,这样采用内径为100mm或150mm的钻头已可满足要求。

3. 芯样数量的确定

取芯的数量应视检测的要求而定。进行强度检测时,一般可分为以下两种情况:

(1)对单个构件进行强度检测时,在构件上的取芯个数一般不少于3个;当构件的体积或截面积较小时,取芯过多会影响结构承载能力,这时可取2个。

(2)对构件某一指定局部区域的质量进行检测时,取芯数量应视这一区域的大小而定,如某一区域遭受冻害、火灾、化学腐蚀或质量可疑等情况,这时检测结果仅代表取芯位置的质量,而不能据此对整个构件或结构物强度作出整体评价。至于检查内部缺陷的取芯试验,更应视具体情况而定。

4. 取芯位置的选择

取芯时会对结构混凝土造成局部损伤,因此在选择芯样位置时要特别慎重。其原则是:应尽量选择在结构受力较小的部位;对于一些重要构件或者一些构件的重要区域,尽量不在这些部位取芯,以免对结构安全造成不利影响。

在一个混凝土构件中,由于受施工条件、养护情况及位置不同的影响,各部分的强度并不是均匀一致的。在选择钻芯位置时,应考虑这些因素,以使取芯位置混凝土的强度具有代表性。有条件时,应首先采用超声法或超声-回弹综合法对结构混凝土进行测试,然后根据检测目的与要求,确定钻芯位置。

(三) 检测技术

1. 芯样钻取

混凝土芯样的钻取是钻芯测强过程的首要环节,是技术性很强的工作。芯样质量的好坏、钻头和钻机的使用寿命以及工作效率,都与操作者的熟练程度和经验有关。因此,掌握熟练的操作技术,合理调节各部位装置,将会获得较好的钻取效果。

先将钻机安放稳固(稳固方法有配重法、真空吸附法、顶杆支撑法和膨胀螺栓法等)并调至水平后,安装好钻头,接通水源,启动电动机,然后操作加压手柄,使钻头慢慢接触混凝土表面。当混凝土表面不平时,下钻更应特别小心,待钻头入槽稳定后,方可适当加压进钻。

在进钻过程中,应保持冷却水的畅通,水流量宜为3～5L/mim,出口水温不宜过高。冷却水的作用:一是防止金刚石温度升高烧毁钻头;二是及时排除钻孔中产生的大量混凝土碎屑,以利钻头不断切削新的工作面和减少钻头的磨损。水流量的大小与进钻速度和直径成正比,以达到快速排出料屑,又不致产生飞溅为宜。当钻头钻至芯样要求长度后,退钻至离混凝土表面20~30mm时停电停水,然后将钻头全部退出混凝土表面。如停电停水过早,则容易发生卡钻现象,尤其在深孔作业时更应特别注意。

移开钻机后,用带弧度的钢钎插入圆形槽并用锤敲击,此时由于弯矩的作用,使芯样在底部与结构断离,然后将芯样提出。取出的芯样应及时编号,并检查外观质量情况,做好记录后,妥善保管,以备割成标准尺寸的芯样试件。

为了保证安全操作,取芯机操作人员必须穿戴绝缘鞋及其他防护用品。

2. 芯样加工

1)芯样尺寸要求及测量方法

(1)平均直径加工。在钻芯过程中,由于受到钻机振动钻头偏摆等因素的影响,沿芯样高度的任一直径在各个方向并不是均匀一致的。也就是说,同一芯样其直径有的部位大,有的部位小。为了方便计算芯样的截面积,以平均直径为代表。测量平均直径[图3-21d)]用游标卡尺测量芯样中部,在互相垂直的两个位置上取其两次测量的算术平均值作为平均直径,测量精度为0.5mm。对于直径为ϕ100mm的芯样,当直径测量误差为0.5mm时,芯样的截面积误差只有0.89%,对抗压强度的计算影响不大。当沿芯样高度任一直径与平均直径相差达2mm以上时,由于对抗压强度的影响难以估计,故这样的芯样不能作为抗压试件使用。

(2)芯样高度[图3-21a)]。抗压芯样试件高度用钢卷尺或钢板尺进行测量,精确至1mm;芯样高径比宜为1.00,当芯样试件的实际高径比(h/d)小于要求高径比的0.95或大于要求高径比的1.05倍时,相应的测试数据无效。

(3)端面平整度。芯样端面与立面方体试块的侧面一样,是进行抗压强度试验时的承压面,其平整度对抗压强度影响很大。端面不平时,向上比向下引起的应力集中更为剧烈,如同劈裂抗拉强度破坏一样,强度下降更大。当中间凸出1mm时,其抗压强度约为平整试件的二分之一,因此,国内外标准对芯样端面平整度有严格要求。测量端面平整度[图3-21b)]是用钢板尺紧靠在芯样端面上,一面转动钢板尺一面用塞尺测量与芯样之间的缝隙,在100mm长度范围内不超过0.1mm为合格。

(4)垂直度。芯样两个端面应互相平行且应垂直于轴线。芯样端面与轴线间垂直度偏差过大,抗压时会降低强度,其影响程度还与试验机的球座及试件的尺寸大小有关。大部分规定垂直度偏差不得超过±1°。垂直度测量[图3-21c)]方法:用游标量角器分别测量两个端面与轴线间的夹角,在90°±2°时为合格,测量精度为0.1°。承压线凹凸不应大于0.25mm。

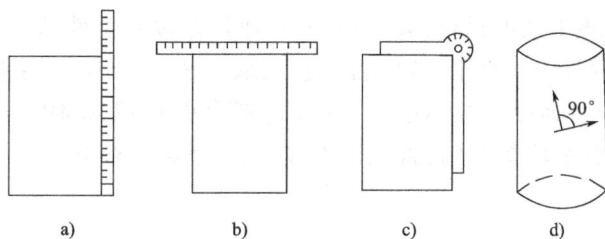

图3-21　芯样尺寸测量示意图

a)测高度;b)测平整度;c)测垂直度;d)测平均直径

2)芯样切割加工与端面的修整

(1)芯样切割加工。采用切割机和人造金刚石圆锯片进行切割加工。正确选择芯样切割部位和正确操作切割机,是保证芯样切割质量的重要环节。芯样加工时,切除部分和保留部分应根据检测的目的确定。在一般情况下,应将影响强度试验的缺边、掉角、孔洞、疏松层、钢筋等部分切除。但是在一些特殊情况下,如为了检测混凝土受冻或疏松层的强度时,在切割加工中要注意保留这一部分混凝土。为了抗压强度试验的方便,在满足试件尺寸要求的前提下,同一批试件应尽可能切割成同样的高度。

(2)芯样端面的修整。芯样在锯切过程中,由于受到振动、夹持不紧或圆锯片偏斜等因素的影响,芯样端面的平整度及垂直度很难完全满足试件尺寸的要求。此时,需采用专用机具进行磨平或补平处理。芯样端面修整基本可分为磨平法和补平法两种方法。磨平法是在磨平机的磨盘上撒上金刚石砂粒(或直接用金刚石磨轮)对芯样两端进行磨平处理,或采用金刚石车刀在车床上对芯样端面进行车光处理,直到平整度与垂直度达到要求时为止。补平法是用补平材料对芯样端面进行修整,根据所用材料可分为硫黄、硫黄胶泥、硫黄砂浆、水泥净浆和水泥砂浆补平等。

芯样直径两端侧面测定钻取后芯样的高度及端面加工或端面加工后的高度,其尺寸差应在0.25mm之内。

(四)抗压强度试验

芯样在进行抗压强度试验时,可分为潮湿和干燥两种状态。在干燥状态下试验的试件,其强度通常比经过浸湿的芯样强度高。为了使芯样试件与被测结构混凝土的湿度在基本一致的条件下进行试验,在钻芯法规程中,规定了芯样试件可在两种湿度状态下进行试验:如结构工作条件比较干燥,芯样试件应以干燥状态进行试验;如结构工作条件比较潮湿,芯样试件应以潮湿状态进行试验。此外,统一了试验标准并规定了试验状态条件:对于干燥状态,即芯样试件在受压前,应在室内自然干燥3d;对于潮湿状态,芯样试件应在(20±5)℃的清水中浸泡40~48h。抗压试验用的试件长度(端面加工后)不应少于直径的0.95,也不应大于直径2.1倍。芯样端面必须平整,必要时,应磨平或用抹顶补平等方法处理。

1.抗压强度试验步骤

(1)取出试件,清除表面污垢,擦去表面水分,仔细检查后,在其中部量出高度和宽度,精确至1mm。在准备过程中,要求保持试件温度无变化。

(2)在压力机下压板上放好试件,几何对中,球座最好放在试件顶面并凸面朝上。

(3)加荷速率,强度等级不大于C30的混凝土,取0.3~0.5MPa/s;强度等级为C30~C60时,则取0.5~0.8MPa/s;强度等级不小于C60时,则取0.8~1.0MPa/s。当试件接近而开始迅速变形时,应停止调整试验机油门,直至试件破坏,记下最大荷载。

2.记录计算

混凝土芯样抗压强度 R_c 按下式计算:

$$R_c = \frac{P}{A} = \frac{4P}{\pi d_m^2}$$

(3-49)

式中：R_c——混凝土芯样抗压强度，MPa，精确至 0.1MPa；

　　　P——极限荷载，N；

　　　A——受压面积，mm^2；

　　　d_m——芯样截面的平均直径，mm。

以 3 个试件测值的算术平均值为测定值。三个测值中的最大值或最小值中有一个与中间值之差超过中间值得 15%，则取中间值为测定值；如最大值和最小值与中间值之差均超过中间值的 15%，则该组试验结果无效。结果计算精确至 0.1MPa。

圆柱体试件与立方体试件抗压强度关系如表 3-25 所示。

圆柱体试件与立方体试件抗压强度关系　　　　　　　　　　表 3-25

混凝土强度等级	28d 抗压强度（MPa）	
	圆柱体 $\phi150mm \times 300mm$	立方体 150mm×150mm×150mm
C2/2.5	2.0	2.5
C4/5	4.0	5.0
C6/7.5	6.0	7.5
C8/10	8.0	10.0
C10/12.5	10.0	12.5
C16/20	10.0	20
C20/25	20.0	25.0
C25/30	25.0	30.0
C30/35	30.0	35.0
C35/40	35.0	40.0
C40/45	40.0	45.0
C45/50	45.0	50.0
C50/55	50.0	55.0

注：遇中间值换算时，可直线插入。

（五）钻孔取芯法测定水泥混凝土路面劈裂抗拉强度

用钻孔取芯法测定混凝土路面劈裂抗拉强度的仪器设备有压力机、钻孔取芯机、切割机和磨平机。劈裂夹具、木质三合板垫层，如图 3-22 所示。

1. 芯样钻取及试件加工

要求及方法同前所述，但芯样长度应与路面厚度相等。

2. 检查

（1）外观检查。每个芯样应详细描述有关裂缝、接缝、分层、麻面或离析等不均匀性，必要时应记录以下事项：

①集料情况：估计集料的最大粒径、形状、种类，粗细集料的比例和级配。

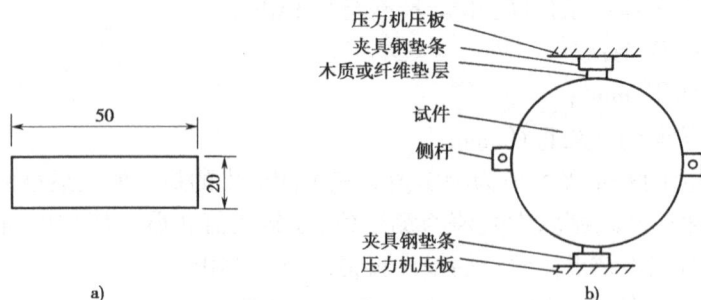

图 3-22　芯样劈裂抗拉试装置示意图(尺寸单位:cm)
a)夹具钢垫条;b)劈裂夹具

②密实性:检查并记录存在的气孔,气孔的位置、尺寸与分布情况,必要时应拍下照片。

(2)测量:同前所述。

3. 劈裂抗拉强度检测步骤

(1)试件制作、试件湿度控制均同前所述。

(2)检测步骤如下:

①试件从养护地点取出后,擦拭干净,测量尺寸,检查外观,在试件中部画出劈裂面位置线。劈裂面与试件成型时的顶面垂直,尺寸测量精度1mm。

②将试件、劈裂夹具、垫条和垫层(图3-22)放在压力机上,借助夹具两侧杆,将试件对中。

③开动压力机,当压力机压板与夹具垫条接近时,调整球座,使压力均匀接触试件。当压力加到5kN时,将夹具的侧杆抽出。

④当混凝土的强度等级小于C30时,加荷速率为0.02~0.05MPa/s;当混凝土的强度等级大于或等于C30且小于C60时,加荷速率为0.05~0.08MPa/s;当混凝土的强度等级大于或等于C60时,加荷速率为0.08~0.10MPa/s。当试件接近破坏而开始迅速变形时,不得调整试验机油门,直至试件破坏,记下破坏极限荷载 F(N)。

4. 检测结果计算

芯样劈裂抗拉强度 R_{ct} 按下式计算:

$$R_{ct} = \frac{2P}{A\pi} = \frac{2P}{\pi d_m \times L_m} \tag{3-50}$$

式中:R_{ct}——芯样劈裂抗拉强度,MPa,精确至0.01MPa;

P——极限荷载,N;

A——芯样劈裂面面积,mm^2;

d_m——芯样截面的平均直径,mm;

L_m——芯样平均长度,mm。

强度测试值异常数据的取舍原则为:以3个试件测值的算术平均值为测试值,计算结果准确至0.01MPa。如3个试件中最大值或最小值中有一个与中间值的差值超过中间值的15%时,则取中间值为测试值;如有两个测值与中间值的差值均超过上述规定时,则该组试验结果无效。

第四节　沥青混合料热稳定性检测

　　沥青混合料是一典型的流变性材料,它的强度和劲度模量随温度升高而降低,所以沥青路面在夏季高温时,在重交通荷载重复作用下,由于交通的渠化,在轮迹带逐渐形成中间下凹、两侧鼓起的变形,称为"车辙"。车辙是现代高等级沥青路面最常见的病害。

　　沥青混合料高温稳定性是指沥青混合料在夏季高温(通常为60℃)条件下,经车辆荷载长期重复作用后,不产生车辙和波浪等病害的性能。

　　我国现行规范规定,用马歇尔稳定度试验进行沥青混合料级配设计,详见《道路建筑材料》相关教材。对于高速公路、一级公路、城市快速路、主干路用沥青混合料,还应通过车辙试验、动稳定度指标检验其抗车辙性能。

一、车辙试验用试件制作

1. 试件

车辙试验用的试件采用轮碾法制成,尺寸为 300mm × 300mm × 50mm 的板块试件。

2. 试件制作器具

(1)轮碾成型机:轮碾成型机具有圆弧形碾压轮,轮宽为300mm,压实线荷载为300N/cm,碾压行程等于试件长度,碾压后试件可达到马歇尔试验标准击实密度的(100 ± 1)%。

当无轮碾成型机时,可用手动碾代替,手动碾轮宽与试件同宽。备有10kg砝码5个,以调整载重(手动碾成型的试件厚度不大于50mm)。

(2)试验室用沥青混合料拌和机:能保证拌和温度并充分拌和均匀,可控制拌和时间,宜采用容量大于30L的大型沥青混合料拌和机,也可采用容量大于10L的小型拌和机。

(3)试模:由高碳钢或工具钢制成,内部平面尺寸为 300mm × 300mm,高为 50mm。根据需要,试模深度及平面尺寸可以调节,以制备不同尺寸的板块状试件。

(4)手动碾压成型车辙试件的试模框架:钢板制,内部尺寸为 300mm × 300mm × 50mm,平面能与试模边缘齐平。

(5)烘箱:大、中型烘箱各一台,装有温度调节器。

(6)台秤、天平或电子秤:称量5kg 以上的,分度值1g;称量5kg以下时,用于称量矿料的分度值不大于0.5g,用于称量沥青的分度值不大于0.1g。

(7)沥青运动黏度测定设备:毛细管黏度计或赛波特黏度计。

(8)小型击实锤:钢制端部断面尺寸为 80mm × 80mm,厚 10mm,带手柄,总质量 0.5kg 左右。

(9)温度计:分度值不大于1℃。

注:用于测量沥青混合料温度的温度计宜采用金属插杆的热电偶沥青温度计,金属插杆不

小于300mm，量程0～300℃，数字显示或度盘指针的分度1℃，宜有留置读数功能。

（10）其他：电炉或煤气炉、沥青熔化锅、拌和铲、标准筛、滤纸、胶布、卡尺、秒表、粉笔、垫木、棉纱等。

3. 制作方法

（1）按马歇尔稳定度试件成型方法，确定沥青混合料的拌和温度和压实温度。

（2）将金属试模及小型击实锤等置于约100℃的烘箱中加热1h备用。

（3）称出制作一块试件所需的各种材料的用量。先按试件体积V乘以马歇尔稳定度击实密度ρ_0，再乘以系数1.03，即得材料总用量（$m = V\rho_0 \times 1.03$），再按配合比计算出各种材料用量，分别将各种材料放入烘箱中预热备用。

（4）将预热的试模从烘箱中取出，装上试模框架。在试模中铺一张普通纸（可用报纸），使底面及侧面均被纸隔离。将拌和好的全部沥青混合料，用小铲稍加拌和后均匀地沿试模由边至中按顺序装入试模，中部要略高于四周。

（5）取下试模框架，用预热的小型击实锤由边至中压实一遍，整平成凸圆弧形。

（6）插入温度计，待混合料冷却至规定的压实温度（为使混合料冷却均匀，试模底下可用垫木支起）时，在表面铺一张普通纸。

（7）当用轮碾机碾压时，宜先将碾压轮预热至100℃左右（如不加热，应铺牛皮纸）；然后，将盛有沥青混合料的试模置于轮碾机的平台上，轻轻放下碾压轮，调整总荷载为9kN（线荷载300N/cm）。

（8）启动轮碾机，先在一个方向碾压2个往返（4次），卸荷；再抬起碾压轮，将试件掉转方向，再加相同荷载碾压至马歇尔标准密实度（100±1）%为止。试件正式压实前，应经试压，决定碾压次数，一般12个往返（24次）左右可达要求。如试件厚度大于100mm时，必须分层碾压。

（9）当用手动碾碾压时，先用空碾碾压，然后逐渐增加砝码荷载，直至将5个砝码全部加上，进行压实至马歇尔标准密实度（100±1）%为止。碾压方法及次数应由试压决定，并压至无轮迹为止。

（10）压实成型后，揭去表面的纸，用粉笔在试件表面标明碾压方向。

（11）盛有压料试件的试模，置于室温下冷却，至少12h后方可脱模。

二、沥青混合料车辙试验

沥青混合料车辙试验是用一块碾压成型的板块试件（通常尺寸为300mm×300mm×50mm），在规定温度条件（通常为60℃）下，以一个轮压为0.7MPa的实心橡胶轮胎在其上行走，测量试件变形稳定期时，每增加1mm变形需要行走的次数，称为"动稳定度"（以次/mm表示）。高速公路和一级公路动稳定度大于或等于800次/mm；一级公路、城市干道动稳定度大于或等于600次/mm。

动稳定度既是评价沥青混凝土路面高温稳定性的一个指标，也是沥青混合料配合比设计时的一个辅助性检验指标。

1. 试验仪具

（1）车辙试验机（图3-23）。

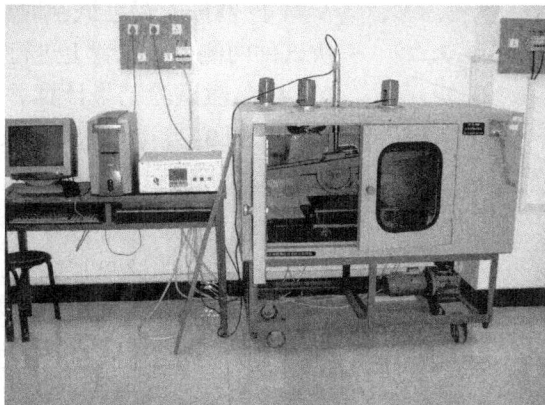

图 3-23　车辙试验机

①试件台:可牢固地安装两种宽度(300mm 和 150mm)的规定尺寸试件的试模。

②试验轮:橡胶制的实心轮胎,外径 φ200mm,轮宽 50mm,橡胶层厚 15mm。橡胶硬度(国标标准硬度)20℃时为 84 ±4;60℃时为 78 ±2。试验轮行走距离为(230 ±10)mm,往返碾压速度为(42 ±1)次/min(21 次往返/min)。允许采用曲柄连杆驱动试验台运动(试验台不动)的任一种方法。

③加载装置:使试验轮与试件的接触压强在 60°C 时为(0.7 ±0.05)MPa,施加的总荷载为 780kN 左右,根据需要可以调整。

④试模:钢板制成,由底板及侧板组成,试模内侧尺寸长为 300mm,宽为 300mm,厚为 50mm。

⑤变形测量装置:自动检测车辙变形并记录曲线的装置,通常用 LVDT、电测百分表或非接触位移计。

⑥温度检测装置:自动控制检测并记录试件表面及恒温室内温度的温度传感器、温度计(精度 0.5℃)。

(2)恒温室:车辙试验机安放在恒温室内,装有加热器、气流循环装置及自动温度控制设备,能保持恒温室温度(60 ±1)℃[试件内部温度(60 ±0.5)℃,根据需要亦可为其他需要的温度];用于保温试件并进行检验,温度应能自动连续记录。

(3)台秤:称量 15kg,分度值不大于 5g。

2.试验方法

(1)测定试验轮压强[应符合(0.7 ±0.05)MPa],将试件装于原试模中。

(2)将试件连同试模一起,置于试验温度为(60 ±1)℃的恒温室中,保温不少于 5h,也不得多于 12h。在试件的试验轮不行走的部位上,粘贴一个热电偶温度计,控制试件温度稳定在(60 ±0.5)℃。

(3)将试件连同试模置于车辙试验机的试件台上,试验轮在中央部位,其行走方向须与试件碾压方向一致。开动车辙变形自动记录仪,然后启动试验机,使试验轮往返行走,时间约 1h,或最大变形达到 25mm 为止。试验时,记录仪自动记录变形曲线(图 3-24)及试件温度。

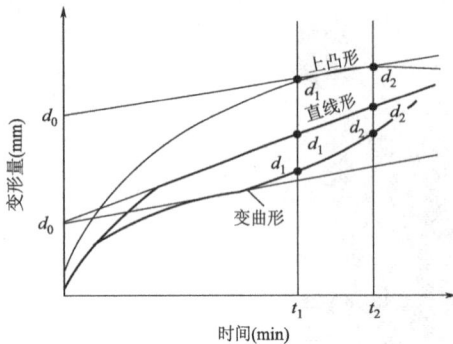

图 3-24 车辙试验变形曲线

对于 300mm 宽且试验时变形较小的试件,也可在一块试件两侧 1/3 位置上进行两次试验取平均值。

(4)车辙试验结果计算。

①从图 3-24 上读取 45min(t_1)及 60min(t_2)时的车辙变形 d_1 及 d_2,精确至 0.01mm。如变形过大,在未到 60min 变形已达 25mm 时,则以达到 25mm(d_2)时的时间记为 t_2,将其前 15min 记为 t_1,此时的变形量为 d_1。

②沥青混合料试件的动稳定度按下式计算:

$$DS = \frac{(t_1 - t_2) \times 42}{d_1 - d_2} \times C_1 \times C_2 \qquad (3-51)$$

式中:DS——沥青混合料的动稳定度,次/mm;

d_1——时间 t_1(一般为 45min)的变形量,mm;

d_2——时间 t_2(一般为 60min)的变形量,mm;

42——试验轮每分钟行走次数,次/min;

C_1——试验机类型修正系数,曲柄连杆驱动试件的变速行走方式为 1.0;

C_2——试件系数,试验室制备的宽 300mm 的试件为 1.0。

(5)数据处理。

①同一沥青混合料或同一段的路面,至少取 3 个试件。当 3 个试件动稳定度变异系数不大于 20% 时,取其平均值作为试验结果;当其变异系数大于 20% 时,应分析原因,并追加试验。如计算动稳定度值大于 6 000 次/mm 时,记作 >6 000 次/mm。

②试验报告应注明试验温度、试验轮接地压强、试件密度、空隙率以及试件制作方法等。重复性试验动稳定度变异系数的允许差不大于 20%。

第五节 沥青混合料水稳定性检测

由水引起的沥青路面损坏统称为水损坏。评价沥青路面水稳性通常采用的方法分为两大类:第一类是沥青与矿料的黏附性试验,这类试验方法主要适用于判断沥青与粗集料(不包含矿粉)的黏附性,属于这类的试验方法有水煮法和静态浸水法。第二类是沥青混合料的水稳性试验,这类试验方法适用于级配矿料与适量沥青拌和成混合料、制成试样后,测定沥青混合料在水的作用下力学性质发生变化的程度。第二类方法与沥青在路面中的使用状态较为接近,属于这类的测试方法有浸水马歇尔试验、真空饱水马歇尔试验以及冻融劈裂试验。

一、沥青与矿料的黏附性检测(资源 3-5 ~ 资源 3-9)

1. 目的和适用范围

(1)沥青与矿料黏附性试验是根据沥青黏附在粗集料表面的薄膜,在一定温度下受水的作用产生剥离的程度,以判断沥青与集料表面的黏附性能。

(2)本方法适用于测定沥青与矿料的黏附性及评定集料的抗水剥离能力。根据沥青混合料的最大集料粒径,对于大于 13.2mm 及小于(或等于)13.2mm 的集料分别选用水煮法或水浸法进行试验。对于同一种料源,当既有大于 13.2mm 又有小于 13.2mm 粒径的集料时,粒径大于13.2mm 的以水煮法试验为标准,对细粒式沥青混合料以水浸法试验为标准。

2.仪具与材料

(1)天平:称量 500g,感量不大于 0.01g。

(2)恒温水槽:能保持温度(80±1)℃。

(3)拌和用小型容器:5mL。

(4)烧杯:100mL。

(5)试验架。

(6)细线:尼龙线或棉线、铜丝线。

(7)铁丝网。

(8)标准筛:9.5mm、13.2mm、19mm 各 1 个(或用圆孔筛 10mm、15mm、25mm 代替)。

(9)烘箱:装有自动温度调节器。

(10)电炉、燃气炉。

(11)玻璃板:200mm×200mm 左右。

(12)搪瓷盘:300mm×400mm 左右。

(13)其他:拌和铲、石棉网、纱布、手套等。

3.适用于粒径大于 13.2mm 粗集料的试验方法(水煮法)

(1)准备工作。

①将集料用 13.2mm、19mm(或圆孔筛 15mm、25mm)过筛,取粒径 13.2 ~ 19mm(圆孔筛 15 ~ 25mm)形状接近立方体的规则集料 5 个,用洁净水洗净,置于温度为(105±5)℃的烘箱中烘干,然后放在干燥器中备用。

②将大烧杯中盛水,并置于加热炉的石棉网上煮沸。

(2)检测步骤。

①将集料逐个用细线在中部系牢,再置于(105±5)℃烘箱内 1h。准备沥青试样。

②逐个取出加热的矿料颗粒用线提起,浸入预先加热的沥青(石油沥青 130 ~ 150℃、煤沥青 100 ~ 110℃)试样中 45s 后,轻轻拿出,使集料颗粒完全为沥青膜所裹覆。

③将裹覆沥青的集料颗粒悬挂于试验架上,下面垫一张纸,使多余的沥青流掉,并在室温下冷却 15min。

④待集料颗粒冷却后,逐个用线提起,浸入有沸水的大烧杯中央,调整加热炉,使烧杯与水保持微沸状态,但不允许有沸开的泡沫(图 3-25)。

⑤浸煮 3min 后,将集料从水中取出,观察矿料颗粒上沥青膜的剥落程度,并按表 3-26 评定其黏附性等级。

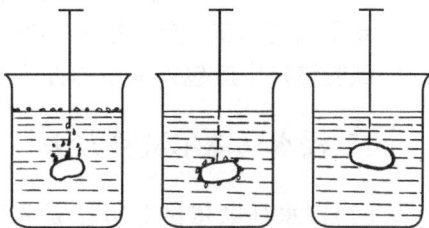

图 3-25 水煮法试验

沥青与集料黏附性的等级评定   表 3-26

试验后石料表面上沥青膜剥落情况	黏附性等级
沥青膜完全保存,剥离面积百分率接近于 0	5
沥青膜少部分被水所移动,厚度不均匀,剥离面积百分率小于 10%	4
沥青膜局部明显地被水所移动,基本保留在料表面上,剥离面积百分率小于 30%	3
沥青膜大部分被水移动,局部保留在石料表面上,剥离面积百分率小于 30%	2
沥青膜完全被水所移动,石料基本裸露,沥青全浮于水面上	1

⑥同一试样应平行试验 5 个集料颗粒,并由两名以上经验丰富的试验人员分别评定后,取平均等级作为试验结果。

4.适用于粒径小于等于 13.2mm 粗集料的试验方法(水浸法)

(1)准备工作。

①将集料用 9.5mm、13.2mm(或圆孔筛 10mm、15mm)过筛,取粒径为 9.5~13.2mm(圆孔筛 10~15mm)形状规则的集料 200g 用洁净水洗净,并置于温度为(105±5)℃的烘箱烘干,然后放在干燥器中备用。

②准备沥青试样,加热至沥青(与矿料的)拌和温度。

③将煮沸过的热水注入恒温水浴中,维持(80±1)℃恒温。

(2)检测步骤。

①按四分法称取集料颗粒(9.5mm、13.2mm)100g 置搪瓷盘中,连同搪瓷盘一起放入已升至沥青拌和温度以上 5℃的烘箱中持续加热 1h。

②按每 100g 矿料加入沥青(5.5±0.2)g 的比例称取沥青,准确至 0.1g,放入小型拌和容器中,一起置入同一烘箱中加热 15min。

③将搪瓷盘中的集料倒入拌和容器的沥青中后,从烘箱中取出拌和容器,立即用金属铲均匀拌和 1~1.5min,使集料完全被沥青膜裹覆。然后,立即取裹有沥青的集料 20 个,用小铲移至玻璃板上摊开,并置室温下冷却 1h。

④将放有集料的玻璃板浸入温度为(80±2)℃的恒温水槽中,保持 30min,并将剥离及浮于水面的沥青用纸片捞出。

⑤从水中小心取出玻璃板,浸入水槽内的冷水中,仔细观察裹覆集料的沥青薄膜的剥落情况。由两名以上经验丰富的试验人员目测,评定剥离面积的百分率,评定后取平均值表示。

为使估计的剥离面积百分率较为正确,宜先制取若干个不同剥离率的样本,用比照法目测评定。不同剥离率的样本,可用加不同比例抗剥离剂的改性沥青与酸性集料拌和后浸水得到,也可由同一种沥青与不同集料品种拌和后浸水得到,样本的剥离面积百分率逐个仔细计算得出。

⑥由剥离面积百分率按表 3-26 评定沥青与集料黏附性的等级。

试验结果中应包含采用的方法及集料粒径。

二、浸水马歇尔试验方法

(1)浸水马歇尔试验方法是将沥青混合料试件在规定温度[黏稠沥青混合料为(60±1)℃]的恒温水槽中保温 48h,然后测定其稳定度。其余方法与标准马歇尔试验方法(见《道路建筑材料》相关教材)相同。

(2)根据试件的浸水马歇尔稳定度和标准马歇尔稳定度,可按下式求得试件浸水残留稳定度:

$$MS_0 = \frac{MS_1}{MS} \times 100 \tag{3-52}$$

式中:MS_0——试件的浸水残留稳定度,%;

　MS_1——试件浸水48h后的稳定度,kN;

　MS——试件按标准试验方法所得的稳定度,kN。

三、真空饱和马歇尔试验方法

(1)真空饱和马歇尔试验方法是:先将试件放入真空干燥器中,关闭进水胶管,开动真空泵,使干燥器的真空度达到97.3kPa(730mmHg)以上并维持15min;然后打开进水胶管,靠负压加入冷水流,使试件全部浸入水中;浸水15min后恢复常压,取出试件再放入规定稳定度[黏稠沥青混合料为(60±1)℃]的恒温水槽中保温48h,进行马歇尔试验,其余与标准马歇尔试验方法相同。

(2)根据试件的真空饱水稳定度和标准稳定度,按下式可求得试件真空饱水残留稳定度:

$$MS'_0 = \frac{MS_2}{MS} \times 100 \tag{3-53}$$

式中:MS'_0——试件的真空饱水残留稳定度,%;

　MS_2——试件真空饱水后浸水48h的稳定度,kN;

　MS——试件按标准试验方法所得的稳定度,kN。

四、冻融劈裂试验方法

冻融劈裂试验方法是将标准件马歇尔试件分为两组:第一组在(25±0.5)℃水温中浸泡不少于2h后,测定劈裂抗拉强度;第二组在常温下(约25℃)浸水20min,0.09MPa真空下浸水15min后恢复常压,试件在水中放置0.5h,取出试件放入塑料袋中,加入约10mL的水,扎紧袋口,在－18℃冰箱中置放(16±1)h后,在(60±0.5)℃水浴中恒定24h。两组试件浸入(25±0.5)℃水槽中浸泡不少于2h后,测定劈裂抗拉强度。

测劈裂抗拉强度时可在马歇尔仪上各安装一根压条,压条宽度为12.7mm,内侧曲率半径为50.8mm,压条两端均应磨平。将两压条对齐进行劈裂试验,然后按下式计算劈裂抗拉强度。

$$R_{T1} = \frac{0.006\,287P_{T1}}{h_1} \tag{3-54}$$

$$R_{T2} = \frac{0.006\,287P_{T2}}{h_2} \tag{3-55}$$

式中:P_{T1}——第一组试件试验荷载的最大值,N;

　P_{T2}——第二组试件试验荷载的最大值,N;

　h_1——第一组试件的高度,mm;

　h_2——第二组试件的高度,mm;

　R_{T1}——未进行冻融循环的第一组试件的劈裂抗拉强度,MPa;

R_{T2}——经受冻融循环的第二组试件的劈裂抗拉强度,MPa。

冻融劈裂抗拉强度比 R_0($\%$),按下式计算:

$$R_0 = \frac{R_2}{R_1} \times 100 \tag{3-56}$$

其值越大,表示抗水害性能越好。

课后任务与评定

参考答案

任务一:简述无机结合料稳定土抗压强度试件及测定方法与水泥混凝土抗压强度试件及测定方法的区别。

任务二:简述普通击实法与无机结合料稳定材料击实法的区别。

任务三:简述水泥混凝土抗压、抗折强度试验数据的处理方法。

任务四:简述做混凝土抗压、抗折强度试验时,试验机的加荷速度的规定及压力机操作安全注意事项。

任务五:简述无机结合料稳定土的无侧限抗压强度试验主要检测器具。

任务六:简述沥青混合料的热稳定性和水稳定性的检测指标。

任务七:简述万能材料试验机和压力机的定期标定原因及使用注意事项。

任务八:简述用回弹法和超声-回弹综合法测定结构混凝土强度的基本原理及强度评定方法。

任务九:完成表3-27。

实 训 内 容 　　　　　　　　　　　　　表3-27

1	模拟实训目标	分10组,每组测定1个测区结构混凝土的回弹值及碳化深度,将10组测定的回弹值及碳化深度值汇总填写在回弹仪检测混凝土强度记录表3-28中,试评定该结构混凝土强度是否合格
2	实训仪具与材料	
3	人员分工	①数据记录2人; ②检测人员3人; ③数据处理人员2人
4	准备工作	
5	评定结论	

回弹仪检测混凝土强度记录　　　　　　　　　　　表 3-28

工程名称：_____　结构名称：_____　设计强度：_____　成型日期：_____

检 验 者：_____　计 算 者：_____　校 核 者：_____　检验日期：_____

测点编号	测 区 位 置									
	1	2	3	4	5	6	7	8	9	10
	回弹值									
1										
2										
3										
4										
5										
6										
7										
8										
9										
10										
11										
12										
13										
14										
15										
16										
$\overline{N}_S$										
ΔN										
$\overline{N}$										
$\overline{L}$（mm）										
R_{ni}（MPa）										

R_n（MPa）		S（MPa）		C_V（%）	

备注	测试面为混凝土浇筑面：　　　　　　测试方向：

任务十:完成表3-29。

实 训 内 容   表3-29

1	模拟实训目标	试验室进行同配比的混凝土强度试验,其试验结果为($n = 10$):23.0、29.5、27.0、28.0、29.8、27.0、29.5、29.2、27.4、26.6MPa,若混凝土的设计强度为25 MPa,该批混凝土强度是否合格?
2	实训仪具与材料	
3	准备工作	
4	评定结论	

第四章
CHAPTER FOUR

路基路面几何尺寸
及路面厚度检测

教学要求

能正确进行路基路面现场测试随机选点;能进行路基路面几何尺寸检测;能运用挖坑法和钻孔取样法测定路面厚度,并能对测试结果进行分析和处理。

路基路面几何尺寸与路面厚度是保证路面使用性能的基本条件,路面厚度的变化将导致路面受力不均匀,局部将可能有应力集中现象,加快路面结构破坏。因此,必须严格控制路基路面几何尺寸与路面厚度。

第一节　路基路面现场测试随机选点方法

对公路路基路面各个层次进行各种测定时,正确规范地选择位置是保证公路路基路面现场测试结果可靠性和代表性的前提,不同的选择方法可能会得到截然相反的测试结论,因此本节列出了公路路基路面现场测试常用的选点方法。

一、均匀法

将道路沿纵向或横向进行等间距划分,并在划分点处做好标记,在划分点上布置测点,如图4-1所示。

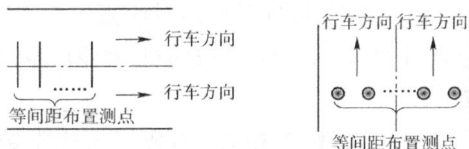

图4-1　均匀法选点示意图

二、随机法

随机取样选点的方法是按数理统计原理在路基路面现场测试时确定测点位置的方法。本方法适用于采用随机法或综合法选点的各类公路路基路面现场测试工作。

随机取样选点法需要用到的工具有钢尺、皮尺、硬纸片(共 28 块,编号 1~28,每块尺寸大小为 2.5cm×2.5cm,装在一个布袋内)。或能够产生随机数的计算软件(如 WPS 表格、Excel 等),骰子(2 个)、毛刷、粉笔等,如图 4-2 所示。

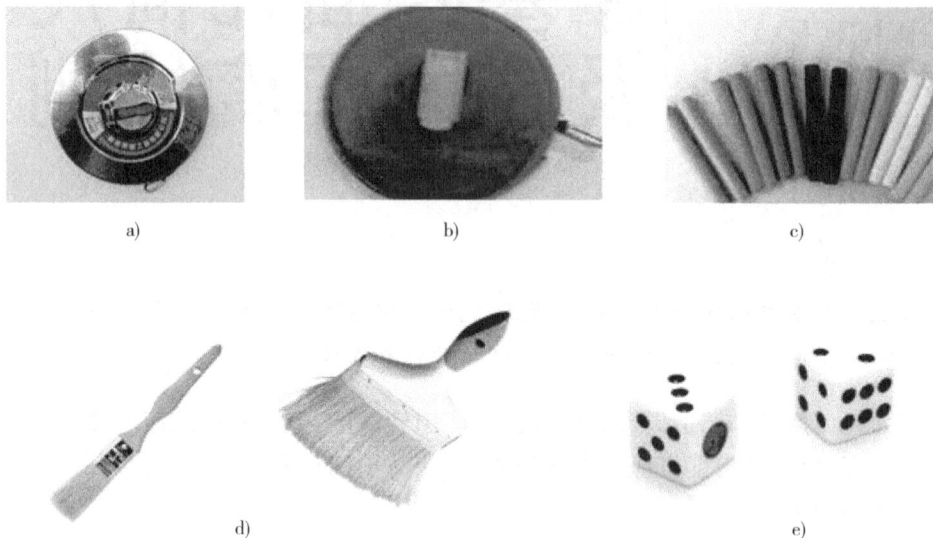

图 4-2　随机取样选点法需要用到的工具
a)钢尺;b)皮尺;c)粉笔;d)毛刷;e)骰子

1.测定断面或测定区间的确定方法

检测路段可以是一个作业段、一天完成的路段或路线全程。在路基、路面工程检查验收时,通常取 1km 为一个检测路段。下面主要介绍测定断面的确定步骤(检测路段的确定与此相同)。

(1)将确定的测试路段划分为若干个区间或断面(一般为20m),将其编号为第 1~n 个区间或第 1~n 个断面,其总的区间或断面数为 $T = \dfrac{1\,000\mathrm{m}}{20\mathrm{m}}$。公路路基路面测试一般采用等长度(间距)划分区间(断面)。当区间(断面)数 $T > 30$ 时,应分次选取,若采用计算机软件进行随机选取,则不受选取数限制。

(2)随机抽取一块硬纸片,硬性纸片上的编号即对应表4-1 中的栏号。根据所抽取硬纸片对应的栏号,依次找出该栏号下 A 列 1~n 对应的 B 列中的值,也可通过计算机软件产生对应 A 值的 B 值,即得到 n 组 A、B 值。

(3)将 n 个 B 值与总区间数或断面数 T 相乘,四舍五入成整数,即得到 n 个断面的编号,即可根据该编号确定实际断面位置。

一般取样的随机数　表 4-1

栏号 1			栏号 2			栏号 3			栏号 4			栏号 5		
A	B	C	A	B	C	A	B	C	A	B	C	A	B	C
15	0.033	0.578	05	0.048	0.879	21	0.013	0.220	18	0.089	0.716	17	0.024	0.863
21	0.101	0.300	17	0.074	0.156	30	0.036	0.853	10	0.102	0.330	24	0.060	0.032
23	0.129	0.916	18	0.102	0.191	10	0.052	0.746	14	0.111	0.925	26	0.074	0.639
30	0.158	0.434	06	0.105	0.257	25	0.061	0.954	28	0.127	0.840	07	0.167	0.512
24	0.177	0.397	28	0.179	0.447	29	0.062	0.507	24	0.132	0.271	28	0.194	0.776
11	0.202	0.271	26	0.187	0.844	18	0.087	0.887	19	0.285	0.089	03	0.219	0.166
16	0.204	0.012	04	0.188	0.482	24	0.105	0.849	01	0.326	0.037	9	0.264	0.284
08	0.208	0.418	02	0.208	0.577	07	0.139	0.159	30	0.334	0.938	11	0.282	0.262
19	0.211	0.798	03	0.214	0.402	01	0.175	0.647	22	0.405	0.295	14	0.379	0.994
29	0.233	0.070	07	0.245	0.080	23	0.196	0.873	05	0.421	0.282	13	0.394	0.405
07	0.260	0.073	15	0.248	0.831	26	0.240	0.981	13	0.451	0.212	06	0.410	0.157
17	0.262	0.308	29	0.261	0.037	14	0.255	0.374	02	0.461	0.023	15	0.438	0.700
25	0.271	0.180	30	0.302	0.883	06	0.310	0.043	06	0.487	0.539	22	0.453	0.635
06	0.302	0.672	21	0.318	0.088	11	0.316	0.653	08	0.497	0.396	21	0.472	0.824
01	0.409	0.406	11	0.376	0.936	13	0.324	0.585	25	0.503	0.893	05	0.488	0.118
13	0.507	0.693	14	0.430	0.814	12	0.351	0.275	15	0.594	0.603	01	0.525	0.222
02	0.575	0.654	27	0.438	0.676	20	0.371	0.535	27	0.620	0.894	12	0.561	0.980
18	0.591	0.318	08	0.467	0.205	08	0.409	0.495	21	0.629	0.841	08	0.652	0.508
20	0.610	0.821	09	0.474	0.138	16	0.445	0.740	17	0.691	0.583	18	0.668	0.271
12	0.631	0.597	10	0.492	0.474	03	0.494	0.929	09	0.708	0.689	30	0.736	0.634
27	0.651	0.281	13	0.498	0.892	27	0.543	0.387	07	0.709	0.012	02	0.763	0.253
04	0.661	0.953	19	0.511	0.520	17	0.625	0.171	11	0.714	0.049	23	0.804	0.140
22	0.692	0.089	23	0.591	0.770	02	0.699	0.073	23	0.720	0.695	25	0.828	0.425
05	0.779	0.346	20	0.604	0.730	19	0.702	0.934	03	0.748	0.413	10	0.843	0.627
09	0.787	0.173	24	0.654	0.330	22	0.816	0.802	20	0.781	0.603	16	0.858	0.849
10	0.818	0.837	12	0.728	0.523	04	0.838	0.166	26	0.830	0.384	04	0.903	0.327
14	0.905	0.631	16	0.753	0.344	15	0.904	0.116	04	0.843	0.002	09	0.912	0.382
26	0.912	0.376	01	0.806	0.134	28	0.969	0.742	12	0.884	0.582	27	0.935	0.162
28	0.920	0.163	22	0.878	0.884	09	0.974	0.046	29	0.926	0.700	20	0.970	0.582
03	0.945	0.140	25	0.930	0.162	05	0.977	0.494	16	0.951	0.601	19	0.975	0.327

注:此表共28个栏号,第6~28栏号中的 A、B、C 值可参照有关规程、规范或标准。

例 4-1 拟从 K18+000~K19+000 的检测路段中选择20个断面测定路面宽度、高程、横坡度等外形尺寸,断面桩号决定方法如下:

(1)按照20m等间距对拟测试路段内的断面进行编号。则1km总长的断面数 $T = \dfrac{1\,000\text{m}}{20\text{m}} =$

50(个),编号为 1、2、3、…、50。

(2)从布袋中取出一块硬纸片,其编号为5,即采用表4-1中的第5栏。

(3)从第5栏A列中挑出小于20所对应的B列数值,将B列数值与T相乘,四舍五入得到20个断面编号,将断面编号×20m即可得到20个断面的桩号。

计算过程列于表4-2。

路面宽度、高程、横坡度检测断面随机选点计算 表4-2

断面序号	5栏A列	B 列	$B \times T$	断面编号	桩 号
1	17	0.024	1.20	1	K18+020
2	07	0.167	8.35	8	K18+160
3	03	0.219	10.95	11	K18+220
4	11	0.282	14.10	14	K18+280
5	14	0.379	18.95	19	K18+380
6	13	0.394	19.70	20	K18+400
7	06	0.410	20.50	21	K18+420
8	15	0.438	21.90	22	K18+440
9	05	0.488	24.40	24	K18+480
10	01	0.525	26.25	26	K18+520
11	12	0.561	28.05	28	K18+560
12	08	0.652	32.60	33	K18+660
13	18	0.668	33.40	33	K18+680
14	02	0.763	38.00	38	K18+760
15	10	0.843	42.15	42	K18+840
16	16	0.858	42.90	43	K18+860
17	04	0.903	45.15	45	K18+900
18	09	0.912	45.60	46	K18+920
19	20	0.970	48.50	49	K18+980
20	19	0.975	48.75	49	K19+000

2.测点位置确定方法

(1)按照有关要求确定测点数量 n。当 $n>30$ 时应分次选取,若采用计算机软件进行随机选取,则不受选取数理限制。

(2)随机抽取一块硬纸片,硬性纸片上的编号即对应表4-1中的栏号。根据所抽取硬纸片对应的栏号,依次找出该栏号下A列1~n对应的B、C列中的值,也可通过计算机软件产生对

应 A 值的 B 值和 C 值,即得到 n 组 A、B、C 值。

(3)以 A 列中对应的 B 列中数值乘以测试路段的总长度,再加上测试路段起点的桩号,即得出取样纵向位置,即断面桩号。

(4)以 A 列中对应的 C 列中的数值,乘以检查路面的宽度,再减去宽度的一半,即得出取样位置路面中心线的距离。若差值为正(+),表示在中心线的右侧;若差值为负(-),则表示在中心线的左侧。

例 4-2 拟从 K18 +000 ~ K19 +000 的检测路段中选择 6 个测点进行钻孔取样检测压实度、结构层厚度等,钻孔位置决定方法如下:

(1)随机抽取一张硬张片,其编号为 3,即采用表 4-1 中的第 3 栏。

(2)从第 3 栏 A 列中从上至下小于或等于 6 的数分别为 01、06、03、02、04、05。

(3)从 B 列中挑出与这 6 个数对应的 6 个数填于表 4-3 中。

(4)取样路段长度为 1 000m,将 B 列中 6 个数分别乘以 1 000m 即为距起点的距离。

(5)距起点的距离加上该段的起点桩号即为取样位置桩号。

(6)从 C 列中挑出与 A 列对应的数分别列于表 4-3 中。

(7)路面宽度为 10m,用 10 分别乘以 C 列数值,得出 6 个数值,即距边缘距离;距边缘距离分别减去路面宽度的一半即可得到测点距中线的距离。计算结果列于表 4-3。

钻孔位置取样选点计算表

表 4-3

测点编号	A 列	B 列	距起点距离 (m)	桩号	C 列	距边缘距离 (m)	距中线距离 (m)
1	01	0.175	175	K18 +175	0.647	6.47	+ 1.47
2	06	0.310	310	K18 +310	0.043	0.43	- 4.57
3	03	0.494	494	K18 +494	0.929	9.29	+ 4.29
4	02	0.699	699	K18 +699	0.073	0.73	- 4.27
5	04	0.838	838	K18 +838	0.166	1.66	- 3.34
6	05	0.977	977	K18 +977	0.494	4.94	- 0.06

三、定向法

选取轮迹带或出现裂缝、错台、板角等具有某个特征或指定的位置作为测点,如图 4-3 所示。

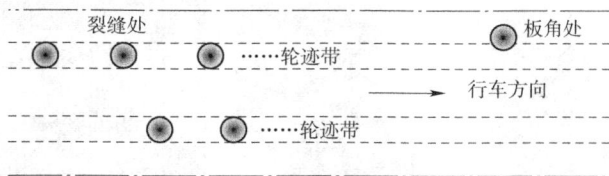

图 4-3 定向法选点示意图

四、连续法

按相应标准的规定,沿道路纵向间距连续、均匀布置测区,如图 4-4 所示。

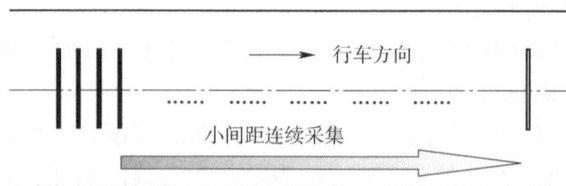

图 4-4 连续法选点示意图

五、综合法

同时按照上述两种以上选点方法的规定,确定测点位置。通常沿道路纵向连续选择测区,测区内随机选择测点,或者沿道路纵向均匀确定测区,测区内定向选取测点等。

第二节 路基路面几何尺寸检测

一、检测项目与要求

在路基路面施工过程中、交工验收期间以及旧路调查中,都需要检测路基路面各部分的几何尺寸,以保证其符合规定的要求。几何尺寸检测所用的仪器与工具有钢尺、塞尺、经纬仪、全站仪、水准仪、水平尺、坡度测量仪、塔尺、粉笔等,如图4-5所示。几种结构层的几何尺寸检测项目的要求见表4-4。其他结构层检测项目的要求参见《公路工程质量检验评定标准 第一册 土建工程》(JTG F80/1—2017)。

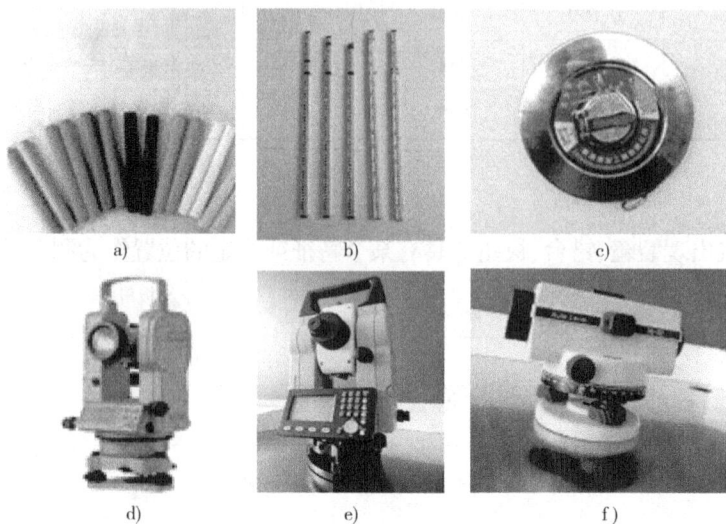

图 4-5 几何尺寸检测所用的仪器与工具
a)粉笔;b)塔尺;c)钢尺;d)经纬仪;e)全站仪;f)水准仪

路基土石方工程几何尺寸检测要求 表 4-4

结构名称	检查项目		规定值或容许偏差		检查频率
			高速、一级公路	其他公路	
土方路基	纵断高程(mm)		+10，-15	+10，-20	水准仪：每 200m 测 2 点
	中线偏位(mm)		50	100	全站仪：每 200m 测 2 点，弯道增加 HY、YH 两点
	宽度(mm)		符合设计要求		尺量：每 200m 测 4 点
	横坡(%)		±0.3	±0.5	水准仪：每 200m 测 2 个断面
石方路基	纵断高程(mm)		+10，-20	+10，-30	水准仪：每 200m 测 2 点
	中线偏位(mm)		≤50	≤100	全站仪：每 200m 测 2 点，弯道增加 HY、YH 两点
	宽度(mm)		符合设计要求		尺量：每 200m 测 4 点
	横坡(%)		±0.3	±0.5	水准仪：每 200m 测 2 个断面
水泥混凝土面层	纵断高程(mm)		±10	±15	水准仪：每 200m 测 2 个断面
	中线偏位(mm)		20		全站仪：每 200m 测 2 点
	宽度(mm)		±20		尺量：每 200m 测 4 点
	横坡(%)		±0.15	±0.25	水准仪：每 200m 测 2 个断面
沥青混凝土面层	纵断高程(mm)		±15	±20	水准仪：每 200m 测 2 个断面
	中线偏位(mm)		20	30	全站仪：每 200m 测 2 点
	宽度(mm)	有侧石	±20	±30	尺量：每 200m 测 4 点
		无侧石	≥设计值		
	横坡(%)		±0.3	±0.5	水准仪：每 200m 测 2 个断面
稳定粒料基层和底基层	纵断高程(mm)	基层	+5，-10	+5，-15	水准仪：每 200m 测 2 个断面
		底基层	+5，-15	+5，-20	
	宽度(mm)		满足设计要求		尺量：每 200m 测 4 点
	横坡(%)	基层	±0.3	±0.5	水准仪：每 200m 测 2 个断面
		底基层	±0.3	±0.5	
级配碎(砾)石基层和底基层	纵断高程(mm)	基层	+5，-10	+5，-15	水准仪：每 200m 测 2 个断面
		底基层	+5，-15	+5，-20	
	宽度(mm)		满足设计要求		尺量：每 200m 测 4 点
	横坡(%)	基层	±0.3	±0.5	水准仪：每 200m 测 2 个断面
		底基层	±0.3	±0.5	

二、准备工作

（1）在路基或路面上准确恢复桩号。

（2）按随机取样的方法，在一个检测路段内选取测定的断面位置及里程桩号，在测定断面做上记号。通常，将路基路面宽度、横坡、高程以及中线偏位选在同一断面位置，且宜选在整数桩号上。

（3）根据公路设计的要求，确定路基路面各部分设计宽度的边界位置，在测定位置上用粉笔做上记号。

（4）根据公路设计的要求，确定设计高程的纵断面位置，在测定位置上用粉笔做上记号。

（5）根据公路设计的要求，在与中线垂直的横断面上，确定成形后路面的实际中线位置。

（6）根据公路设计的路拱形状，确定曲线与直线部分的交界位置及路面与路肩（或硬路肩)的交界位置,作为横坡检验的标准;当有路缘石或中央分隔带时,以两侧路缘石边缘为横坡测定的基准点,用粉笔做上记号。

图4-6　水准仪架设

三、纵断面高程测定

(1)将水准仪架设在路上平顺处调平,如图4-6所示。

(2)依次将塔尺竖立在中线的测定位置上,以路线附近的水准点高程为基准。测量测定点的高程读数,以 m 计,准确至0.001m。

(3)连续测定全部测点,并与水准点闭合。闭合差应达到三等水准测量要求。

(4)由下式计算各测点的实测高程 h_i 与设计高程 h_{0i} 之差:

$$\Delta h = h_i - h_{0i} \tag{4-1}$$

四、路基路面横坡测定

公路横断面是指中线上各点的法向切面,它由横断面设计线和地面线组成。其中,横断面设计线包括行车道、路肩、中央分隔带、边沟、边坡、截水沟、护坡道以及取土坑、弃土坑、环境保护设施等。两侧路肩外缘之间的部分称为路幅。

高速公路、一级公路的路基横断面分为整体式和分离式两类。其中,整体式断面路幅范围内主要包括车道、中间带(中央分隔带及左侧路缘带)以及路肩(硬路肩及土路肩),如图4-7所示;分离式断面路幅范围内主要包括车道和两侧路肩(硬路肩及土路肩)。

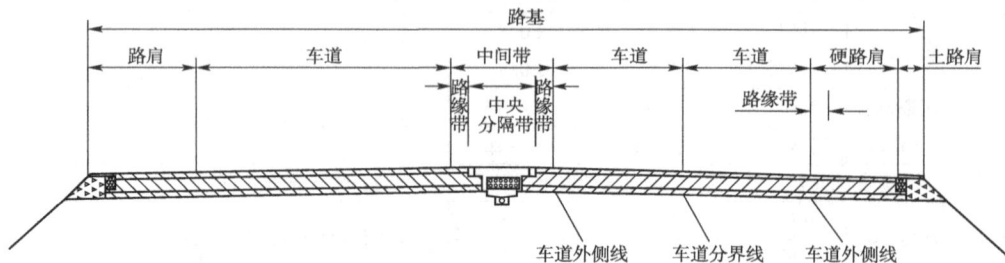

图4-7　高速公路、一级公路整体式路基标准横断面示意图

二、三、四级公路的路基标准横断面如图4-8所示,在路幅范围内包括车道、路肩以及错车道等。

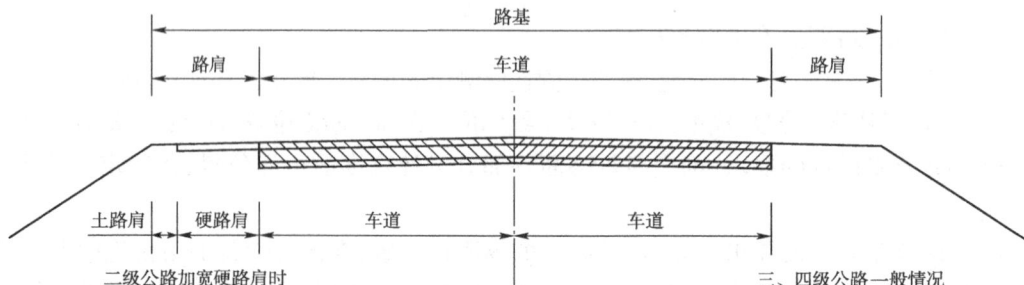

图4-8　二、三、四级公路路基标准横断面示意图

1. 有中央分隔带的公路路面横坡测定方法

有中央分隔带的公路路面横坡是指路面与中央分隔带交界处及路面边缘与路肩交界处两点的高程差与水平距离的比值,以%表示。测定横坡时,其测定方法如下:

(1)将水准仪(全站仪)架设在路基路面平顺处调平。

(2)将塔尺分别竖立在路面与中央分隔带交界处的路缘带边缘 d_1 处,以及路面与路肩交界(或外侧路缘石边缘)的标记 d_2 处, d_1 和 d_2 测点必须在同一横断面上。

(3)测量 d_1 和 d_2 处的高程,记录高程读数 h_{d1} 和 h_{d2},以 m 计,精确至 0.001m。

2. 无中央分隔带的公路路面横坡测定方法

无中央分隔带的公路路面横坡是指路拱两侧直线部分的坡度。测定横坡时,其测定方法如下:

(1)将水准仪(全站仪)架设在路基路面平顺处调平。

(2)将塔尺分别竖在道路中心 d_1(或路基顶面相应位置)及路面与路肩交界位置或外侧路缘石边缘(或路基顶面相应位置) d_2 处, d_1 和 d_2 两测点应在同一横断面上。

(3)测量 d_1 与 d_2 处的高程,记录高程读数 h_{d1} 和 h_{d2},以 m 计,精确至 0.001m。

3. 各断面 d_1 和 d_2 两测点间的水平距离测量

用钢卷尺测量各测点断面 d_1 和 d_2 之间两测点的水平距离 B_i,以 m 计,准确至 0.005m。

4. 各测点断面的横坡 i_i 计算

各测点断面的横坡 i_i 按式(4-2)计算,精确至一位小数;实测横坡 i_i 与设计横坡 i_{0i} 之差 Δi_i 按式(4-3)计算。

$$i_i(\%) = \frac{h_{d1} - h_{d2}}{B_i} \times 100 \tag{4-2}$$

$$\Delta i_i = i_i - i_{0i} \tag{4-3}$$

式中: i_i ——各测点断面的横坡,%;

h_{d1}、h_{d2} ——各测定断面两测点 d_1 和 d_2 的高程读数,m;

B_i ——各测点断面 d_1 和 d_2 间的水平距离,m;

i_{0i} ——各测点断面的设计横坡,%;

Δi_i ——各测点断面的横坡与设计横坡之间的差值,%。

五、路基路面宽度测定

路基宽度是指行车道与路肩宽度之和,以 m 计;路面宽度包括行车道、路缘带、变速车道、爬坡车道、硬路肩和紧急停车带的宽度,以 m 计。其测定方法如下:

用钢尺沿公路中心线垂直方向水平量取路基路面各部分的宽度,以 m 计,准确至 0.001m。

测量时钢卷尺应保持水平,不得将尺紧贴路面量取,也不得使用皮尺。各测点断面的实测宽度 B_i 与设计宽度 B_{0i} 之差 ΔB_i 按式(4-4)计算。总宽度为路基路面各部分宽度之和。

$$\Delta B_i = B_i - B_{0i} \tag{4-4}$$

六、路面中线偏位测试

路面实际中心线偏离设计中心线的距离为路面中线偏位,以 mm 计。中线偏位的测定方法如下:

(1)有中线坐标的道路。首先从设计资料中查出待测点 P 的设计坐标,然后用全站仪或经纬仪(图 4-9、图 4-10)对该设计坐标进行放样,并对放样点 P' 做好标记,量取 PP' 的长度,即中线平面偏位 Δ_{CL},以 mm 表示。对于高速公路及一级公路,精确至 5mm;对于其他等级公路,精确至 1mm。

图 4-9　经纬仪架设　　　　　　　　　　图 4-10　全站仪及接收仪

(2)无中桩坐标的低等级道路。应首先恢复交点或转点,实测偏角和距离,然后采用链距法、切线支距法或偏角法等传统方法敷设道路中线的设计位置,量取设计位置与施工位置之间的距离,即中线平面偏位 Δ_{CL},以 mm 表示,精确至 1mm。

七、路基边坡坡度检测

路基边坡的坡度影响路基的整体稳定性和工程量。路基边坡的形状有直线形边坡、折线边坡和台阶边坡三种。边坡坡度通常以 $1:m$ 表示。路基边坡各部分位置如图 4-11 所示。

(1)全站仪法。将全站仪架设在路基路面平顺处调平,在同一横断面上选择坡顶 a、坡脚 b 两测点,分别测量其相对高程并记录读数 H_a、H_b,同时测量并记录两点间的水平距离 l。测量结果以 m 计,准确至 0.001m。

(2)坡度测量仪法。将坡度测量仪(图 4-12)的测试面垂直于路中线放在待测边坡上,旋转刻度盘,将仪器上的水平气泡调到水平位置,读取并记录刻度盘上的刻度值即为路基边坡坡度,保留两位小数。

(3)全站仪法。采用式(4-5)、式(4-6)计算路基边坡坡度。

$$H_i = H_{ai} - H_{bi} \tag{4-5}$$

$$m_i = \frac{L_i}{H_i} \tag{4-6}$$

式中：H_i——第 i 个断面坡顶、坡脚测点的高差即垂直距离，m；

H_{ai}、H_{bi}——第 i 个断面坡顶、坡脚测点的相对高程读数，m；

m_i——第 i 个断面的坡度值，路面坡度以 $1:m_i$ 表示；

L_i——第 i 个断面坡顶、坡脚测点的水平距离，m。

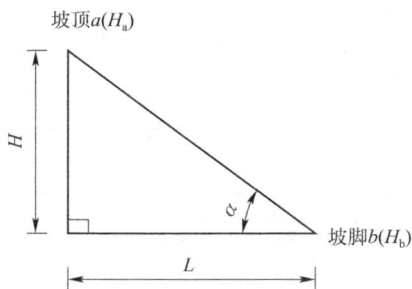

图 4-11　路基边坡各部分位置示意图　　图 4-12　坡度测量仪

八、相邻板高差检测

将水平尺垂直跨越接缝并水平放置于高出的一侧，用塞尺量测接缝处水平尺下基准面与位置较低板块的高差，以高差最大值为该接缝处的相邻板高差 H，以 mm 计，准确至 0.5mm。

九、纵、横缝顺直度检测

（1）在待测试路段的直线段上，将尼龙线对齐 20m 长的纵缝两端并拉直，用钢直尺量测纵缝与尼龙线的最大间距，以 mm 计，准确至 1mm，即为该处纵缝顺直度。

（2）将尼龙线沿板宽对齐面板横缝两端并拉直，用钢直尺量测横缝与尼龙线的最大间距，以 mm 计，准确至 1mm，即为该板的横缝顺直度。

十、检测路段数据整理

将路基路面几何尺寸检测结果汇总于表 4-5，然后计算一个评定路段内各测定断面测定值的平均值、标准差、变异系数，但加宽及超高部分的测定值不参与计算。

路基路面几何尺寸检测记录　　　　表 4-5

工程名称：__××工程__　路段桩号：__K18 + 000 ～ K19 + 000__　结构名称：__沥青混凝土面层__

检 验 者：_____　计算者：_____　校核者：_____　检测日期：_____

序号	测点桩号	纵断高程（m）			横坡（%）			宽度（m）			中线偏位（mm）
		实测值 h_i	设计值 h_{0i}	差值 Δh_i（mm）	实测值 i_i	设计值 i_{0i}	差值 Δi_i	实测值 B_i	设计值 B_{0i}	差值 ΔB_i（mm）	实测值
1	K18 + 020	90.470	90.465	+5	0.6	0.5	+0.1	21.515	21.5	15	10
2	K18 + 160	90.942	90.948	−6	0.7	0.5	+0.2	21.510	21.5	10	15

续上表

序号	测点桩号	纵断高程(m)			横坡(%)			宽度(m)			中线偏位(mm)
		实测值 h_i	设计值 h_{0i}	差值 Δh_i (mm)	实测值 i_i	设计值 i_{0i}	差值 Δi_i	实测值 B_i	设计值 B_{0i}	差值 ΔB_i (mm)	实测值
3	K18+220	95.140	95.144	−4	0.4	0.5	−0.1	21.505	21.5	5	5
4	K18+280	95.693	95.690	+3	0.5	0.5	0	21.510	21.5	10	10
⋮	⋮	⋮	⋮	⋮	⋮	⋮	⋮	⋮	⋮	⋮	⋮
20	K19+000	96.466	90.465	+1	0.7	0.5	+0.2	21.515	21.5	15	10

注:不符合规范的测点应做标记。

十一、检测报告

(1)以评定路段为单位,列出桩号、宽度、高程、横坡以及中线偏位测定的记录表,记录平均值、标准差、变异系数,并注明不符合规范要求的断面。

(2)纵断面高程测试报告中,应报告实测高程与设计高程的差值,低于设计高程为负值,高于设计高程为正值。

(3)路面横坡测试报告中,应报告实测横坡的差值。实测横坡小于设计横坡,差值为负;实测横坡大于设计横坡,差值为正。

第三节 路面厚度检测与评定

在路面工程中,各层次的厚度是和道路整体强度密切相关的。路面设计中不管是刚性路面,还是柔性路面,各个层次的厚度都是强度的主要决定因素,只有在保证厚度的情况下,路面的各个层次及整体的强度才能得到保证。除了能保证强度外,严格控制各结构层的厚度,还能对路面的高程起到一定的控制作用;在路面施工完成后,路面各结构层的厚度是工程竣工验收的基础资料。所以,在《公路工程质量检验评定标准 第一册 土建工程》(JTG F80/1—2017)中,路面厚度都是各个层次实测项目中的关键项目。

路面各结构层厚度的检测一般与压实度检测同时进行,当用灌砂法进行压实度检测时,可量取挖坑灌砂深度为结构厚度;当用钻芯法检测压实度时,可直接量取芯样作为结构厚度;还可以用雷达及超声波法进行无破损检测,直接测出结构厚度。

一、路面厚度代表值与极值的允许偏差

路面各结构层厚度的检测方法与结构层的层位和种类有关,基层和砂石路面的厚度可用

挖坑法测定,沥青面层及水泥混凝土路面板的厚度应用钻孔法测定。对于路面,各层施工完成后及工程交工验收检查使用时,必须进行厚度检测。几种常用的路面结构层厚度的代表值与极值的允许偏差见表4-6。

几种常用的路面结构层厚度的代表值与极值的允许偏差 表4-6

类型与层位		厚度（mm）				检查频率
		代表值		合格值		
		高速公路、一级公路	其他公路	高速公路、一级公路	其他公路	
水泥混凝土面层		-5	-5	-10	-10	每200m测2点
沥青混凝土、沥青碎石面层		总厚度: $-5\%H$ 上面层: $-10\%h$	$-8\%H$	总厚度: $-10\%H$ 上面层: $-20\%h$	$-15\%H$	每200m测1点
沥青贯入式面处		—	$-8\%H$ 或 -5	—	$-15\%H$ 或 -10	每200m测2点
稳定粒料	基层	-8	-10	-10	-20	每200m测2点
	底基层	-10	-12	-25	-30	
级配碎(砾)石	基层	-8	-10	-10	-20	每200m测2点
	底基层	-10	-12	-25	-30	

二、挖坑法与钻孔取样法检测路面厚度

(一)仪具与材料

(1)挖坑用的镐、铲、凿子、锤子、小铲、毛刷,如图4-13所示。

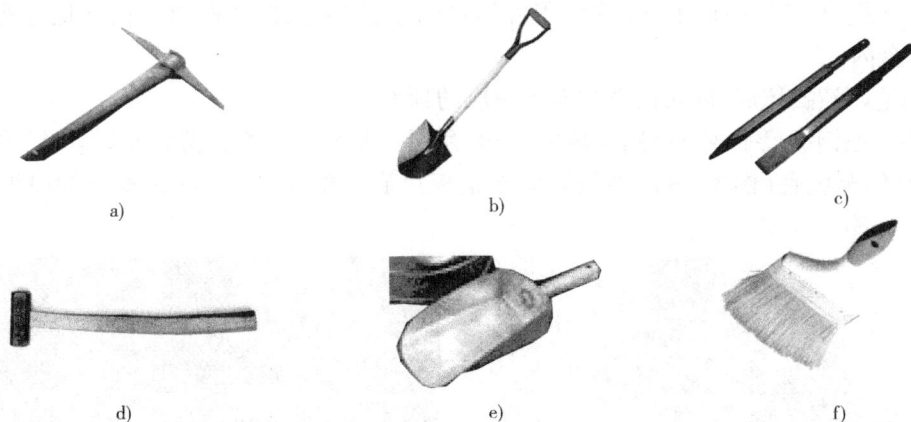

图4-13 挖坑用仪具
a)镐;b)铁铲;c)凿子;d)锤子;e)小铲;f)毛刷

(2)路面取芯钻机:手推式或车载式,配有淋水冷却装置。钻头的标准直径为100mm,如芯样仅供测量厚度,不做其他试验时,沥青面层与水泥混凝土板也可用直径为50mm的钻头;对基层材料有可能损坏试件时,可用直径为150mm的钻头,但钻孔深度均必须达到层厚。

(3)量尺:钢板尺、钢卷尺、游标卡尺,如图4-14所示。

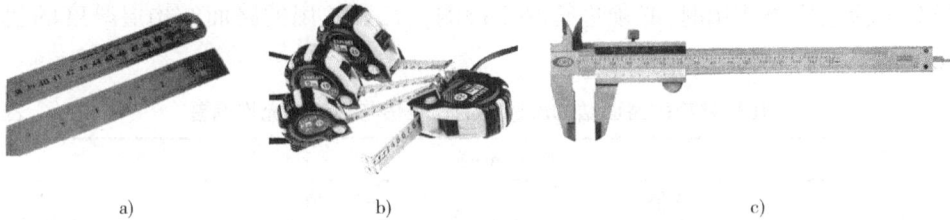

a)　　　　　　　　　　b)　　　　　　　　　　c)

图4-14　量尺实物图

a)钢板尺;b)钢卷尺;c)游标卡尺

(4)其他:直尺、搪瓷盘、棉纱、硬纸片以及干冰(固体CO_2)等。

(二)挖坑法检测路面厚度

1.适用范围

本方法适用于检测路面基层或砂石路面的厚度。

2.准备工作

(1)按第一节中所述选点法决定挖坑检查的位置。如为既有道路,应避开坑洞等显著缺陷或接缝位置。

(2)选一块约40cm×40cm的平坦表面作为试验地点,用毛刷将其清扫干净。

(3)在选取采样地点的路面上,先用粉笔对钻孔位置做出标记。

3.检测步骤

(1)根据材料坚硬程度,选择镐、铲、凿子等适当的工具开挖这一层材料(图4-15),直至层位底面。在便于开挖的前提下,开挖面积应尽量缩小,坑洞大体呈圆形。边开挖边将材料铲出,置于方盘内。

(2)用毛刷清扫坑底,确认已开挖至下一层的顶面。

(3)将一把钢板尺平放且横跨于坑的两边,用另一把钢尺(凿子或卡尺等量具)在坑的中部位置垂直伸至坑底(图4-16),测量坑底至钢板尺底面的距离,即可检查层的厚度,以mm计,精确至1mm。

图4-15　现场挖坑

图4-16　测检查层厚度

(4)用与取样层的相同材料填补试坑。对于有机结合料稳定类结构层,应按相同配比用新拌的材料分层填补,并用小锤夯实整平;对于无机结合粒料结构层,可用挖坑时取出的材料,适当加水拌和后分层填补,并用小锤夯实整平。

(三)钻孔取样法测定路面厚度

1.适用范围

本方法既适用于用路面取芯钻机在现场钻取路面的代表性试样,也适用于对水泥、石灰、粉煤灰等无机结合料稳定基层或水泥混凝土面层、沥青混合料面层取样,以测定其密度或其他物理力学性质。

2.准备工作

(1)按第一节中所述选点法决定钻芯取样的位置。如为既有道路,应避开坑洞等显著缺陷或接缝位置。

(2)将取样位置清扫干净。

(3)在选取采样地点的路面上,先用粉笔对钻孔位置做出标记。

3.检测步骤

(1)按钻取芯样的方法用路面取芯机(图4-17)钻孔。钻芯的直径应符合规定的要求,钻孔深度必须达到层厚。步骤如下:

图4-17 钻芯机实物图

①用钻机在取样地点垂直对准路面放下钻头,牢固安放钻机,使其在运转过程中不得移动。

②开放冷却水,启动马达,徐徐压下钻杆,钻取芯样,但不得使劲下压钻头。待钻透全厚后,上抬钻杆,拔出钻头,停止转动,不使芯样损坏,取出芯样。沥青混合料芯样及水泥混凝土芯样可用清水漂洗干净备用。

③当试验要求不能用水冷却时,应采用干钻孔。此时为保护钻头,可先用干冰约3kg放在取样位置上冷却路面约1h,钻孔时通过低温 CO_2 等冷却气体以代替冷却水。

(2)仔细取出芯样,清除表面灰土,找出与下层的分界。

(3)清扫坑边,用钢板尺或卡尺沿圆周对称的十字方向四处量取表面至上下层界面的高度,取其平均值,即该层的厚度,以mm计,精确至1mm。

在沥青路面施工过程中,当沥青混合料尚未冷却时,可根据需要随机选择测点,用大螺丝刀插入至沥青层底面深度后用尺读数,量取沥青层的厚度(必要时用小锤轻轻敲打,但不得使用铁镐扰动四周的沥青层),以mm计,精确至1mm。

(4)取样时应注意:

①取得的路面试块应保持边角完整,颗粒不得散失。

②采取的路面混合料试样应整层取样,试样不得破碎。

③将钻取的芯样或切割的试块,妥善盛放于盛样器中,必要时用塑料袋封装。

④填写样品标签,一式两份,一份粘贴在试样上,另一份作为记录备查。

⑤钻孔采取芯样的直径不宜小于最大集料粒径的3倍。

(四)坑洞或钻孔填补

挖坑法或钻孔取样法对取样路面造成的坑洞或钻孔,应采用与取样层相同的材料填补压实,可按下列方法填补坑洞或钻孔:

(1)适当清理坑中残留物,钻孔时留下的积水应用棉纱吸干,待干燥后再补坑。

(2)对无机结合料稳定层及水泥混凝土路面板,应按相同配比用新拌的材料分层填补并用小锤夯实。水泥混凝土中宜掺加少量快凝早强的外加剂。

(3)对于无机结合料粒料基层,可用挖坑取出的材料,适当加水拌和后分层填补,并用小锤压实。

(4)对于正在施工的沥青路面,用相同级配的热拌沥青混合料分层填补,并用热的铁锤或热夯夯实整平,旧路钻孔也可用乳化沥青混合料修补。

(5)所有补坑结束时,宜比原面层略高出少许,用重锤或压路机压实整平。

(6)应特别注意的是,挖坑或钻孔均应仔细,并保证填补质量,以免造成路面隐患而导致开裂。

(五)检测结果计算

(1)计算实测厚度与设计厚度之差,按式(4-7)计算:

$$\Delta h_i = h_{ii} - h_{0i} \tag{4-7}$$

式中:h_{ii}——路面的实测厚度,cm;

　　　h_{0i}——路面的设计厚度,cm;

　　　Δh_i——路面实测厚度与设计厚度的差值,mm。

(2)计算一个评定路段检测厚度的平均值、标准差、变异系数,并计算代表厚度。

(3)当为检查路面总厚度时,将各层平均厚度相加即为路面总厚度。

(六)检测报告

路面厚度检测报告应列表填写,并记录与设计厚度之差,不足设计厚度为负,大于设计厚度为正。将路面厚度检测结果汇总于表4-7,计算一个评定路段内测定值的平均值、标准差、变异系数,注明不符合要求的断面。

路面厚度检测记录(钻芯法)　　　　　　　　　　表4-7

工程名称:　×　×　工程　　　　路段桩号:　K18 +000 ~ K19 +000　　　结构名称:　沥青混凝土面层

检　验　者:_____　　　　计算者:_____　　校核者:_____　　检测日期:_____

序号	测点桩号	距中线距离(m)	路面厚度(cm)		
			实测值 h_i	设计值 h_d	差值 Δh_i(mm)
1	K18 +175	右1.47	4.1	4	+1
2	K18 +310	左4.57	3.9	4	−1
3	K18 +494	右4.29	4.2	4	+2
4	K18 +699	左4.27	3.7	4	−3
5	K18 +838	左3.34	4.1	4	+1
6	K18 +977	左0.06	3.8	4	−2
平均值 $\bar{h}$(cm)	4.0	标准差 S(cm)	0.2	变异系数 C_V(%)	5	代表值 h_L(cm)	3.8

三、短脉冲雷达检测路面面层厚度

用钻取芯法检测路面面层厚度时,会对面层有一定的破坏作用。随着科学技术的发展,自20世纪80年代开始,发达国家研究用地质雷达检测路面层厚度技术,并取得了成功。该项检测技术是一种先进的、高效的、不损坏路面的、连续的检测路面面层厚度的方法。

1. 地质雷达路面检测仪的工程应用

地质雷达路面检测仪应用领域逐渐扩大,在考古、建筑、铁路、公路、水利、电力、采矿、航空等领域都有重要的应用,它可解决场地勘查、线路选择、工程质量检测、病害诊断、超前预报以及地质构造研究问题。例如,在隧道工程建设中,地质雷达主要用于隧道施工质量(衬砌厚度、空洞等)检测、隧道地质超前预报,提前探明隧道前方的工程地质情况,以保证施工人员、设备安全,保证施工工期和质量。

在公路工程施工过程中,就已应用地质雷达检测仪对沥青混凝土与水泥混凝土路面厚度的检测情况来看,效果比较理想。例如,用公路型 SIR-10H 地质雷达对高等级公路路面面层测试结果为:沥青混凝土层设计厚度10cm,探测10.7cm,挖测10.1cm,绝对误差为6mm;水泥混凝土层设计厚度23cm,探测21.8cm,钻测22.1cm,绝对误差为3mm。通过此测量数据可以看出,利用雷达检测路面厚度是可取的。

随着雷达技术的发展,检测精度将会提高。在长距离、快速路面厚度的测量中,雷达将有广阔的应用前景。例如,要知道某新铺的沥青路面厚度是否合格,用检测车不到半小时就能一目了然。通过实地检测,地质雷达路面检测设备测出所铺沥青的厚度,如测出该路面黑色沥青层厚度为9cm,其中 SBS 改性沥青厚度为4cm,中粒式沥青厚度为5cm,符合道路设计标准。

雷达检测设备有两种:一种是便携式,宜于在野外检测与局部检测;另一种是车载式,适合于高速、大面积检测。便携式雷达路面检测仪如图 4-18 所示,车载式雷达路面检测车如图 4-19 所示。

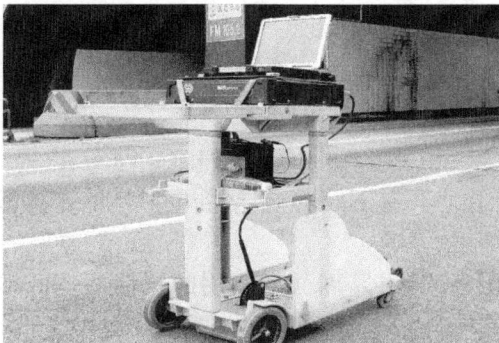

图 4-18　便携式雷达路面检测仪　　　　图 4-19　车载式雷达路面检测车

2. 雷达路面检测仪主要结构与功能

目前,国内通常由越野车、主机、单体屏蔽天线、空气耦合线组成雷达路面检测车。这种检测车是将地质雷达路面检测系统安装在越野车后排座椅上。地质雷达路面检测系统测厚装置主要包括固体腔、天线、时窗记录器、波形显示器与打印输出五部分。

第一部分固体腔是雷达的核心,脉冲高频电磁波就由此产生,它是一种特制的共振腔,产生的频率可达到2GHz以上。共振腔要求振源稳定,选频准确。

第二部分天线又可分为发射天线与接收天线两部分。发射天线是将波源的尖频电磁波向路基路面定向发送的主要器件,要求定向性好、发射稳定、功率损失小,这是一般材料所达不到的。为了使天线不贴地发射,以便车载快速扫描测定,天线特制成空气耦合聚焦型,并制成横向电磁波喇叭形。天线发射器具有很高的分辨率,最高输出电压为5V。根据检测用途,天线可分成50MHz、100MHz、300MHz、500MHz、1GHz等多种。对于接收天线,可组成发、收两用型。

第三部分时窗记录器是发射计时脉冲的主要器件,由于它是时间的集中器,故称时间窗。采样收发时间为雷达测时的主要工作,因此,时间窗对雷达检测显得尤为重要。

第四部分波形显示器,它能真实、直观地将测量体显示在波形图上。

第五部分打印输出,主要是将被测波形体与时间记录打印在纸上,以便使用。雷达测量时,覆盖面积为30cm×40cm。

3. 地质雷达快速检测厚度的基本原理

地质雷达检测公路路面面层厚度属于反射探测法,是用高频无线电波来确定介质内部物质分布规律的一种物理方法。路面测厚技术结构框如图4-20所示,其基本原理是,不同的介质具有不同的介电常数,地质雷达通过发射天线向地下发射一定强度的高频电磁波,电磁波在地下传播的过程中遇到不同介电常数的界面时,一部分能量产生反射波,一部分能量继续向地下传播,如图4-21所示。通过接收天线接收反射回地面的电磁波,地质雷达根据接收到电磁波的波形、振幅、强度和时间的变化特征,推断地下介质的空间位置、结构、形态和埋藏深度。

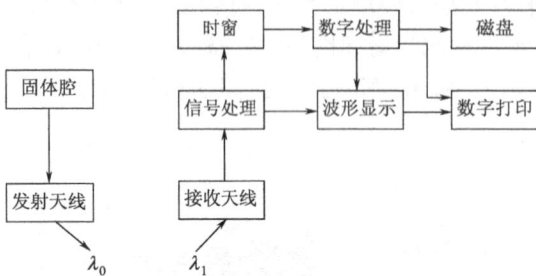

图4-20　路面雷达测厚技术结构框　　　　图4-21　电磁波在路面面层中的传播

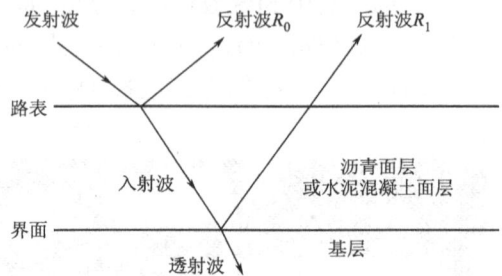

由于地下介质具有不同的介电常数,造成各种介质具有不同的电导性,电导性的差异影响电磁波的传播速度。

相对于雷达所用的高频电磁波(900~2 500MHz)来说,路面面层所用的材料都是低损耗介质,电磁波在面层中的传播速度为:

$$v = \frac{c}{\sqrt{\varepsilon}} \qquad (4\text{-}8)$$

式中:c——电磁波在大气中的传播速度,约30万 km/s;

　　ε——面层的相对有效介电常数,它取决于构成面层的所有物质的介电常数。

根据雷达波在路面面层中的双程走时以及材料的相对介电常数,按下式计算面层的厚度 h:

$$h = \frac{\Delta t \times c}{2\sqrt{\varepsilon}}$$ (4-9)

式中：c——电磁波在面层中的传播速度，km/s；

Δt——雷达波在路面面层中的双程走时，s。

为了准确反算出路面厚度，必须知道路面材料的介电常数，通常采用在路面上钻芯取样方法，以获取路面材料的介电常数。其做法是，先令雷达天线在需要标定芯样点的上方采样，然后钻芯，最后将芯样的真实厚度数据输入到计算程序中，反算出路面材料的介电常数或者雷达波在材料中的传播速度；路面材料的介电常数会随集料类型、沥青产地、密度、湿度等的不同而不同。测试过程中，应根据实际情况增加芯样数量，以保证测试厚度的准确性。

四、路面结构层厚度评定

路段内路面结构层厚度按代表值的允许偏差和单个测定值的允许偏差进行评定。厚度平均值的下置信限 $\overline{X}_L$ 应不小于设计厚度减去均值允许误差。厚度平均值的下置信限应按式(4-10)计算：

$$\overline{X}_L = \overline{X} - S \cdot \frac{t_\alpha}{\sqrt{n}}$$ (4-10)

式中：$\overline{X}$——厚度平均值；

S——厚度标准差；

n——样本数量；

t_α——t 分布中随测点数和保证率（置信度 α）而变的系数（查本书末附表2）。对高速公路和一级公路：基层、底基层为99%，面层为95%；其他公路基层、底基层为95%，面层为90%。

当厚度代表值大于或等于设计厚度减去代表值允许偏差时，则按单个检查的偏差是否超过极限值来评定合格率；当厚度代表值小于设计厚度减去代表值允许偏差时，该评定路段厚度不合格，则相应分项工程评为不合格。

沥青面层一般按沥青铺筑层总厚度进行评定，但高速公路和一级公路多分为2~3层铺筑，应进行上面一层厚度的检查与评定。

对于用路面雷达测试系统等快速、高效无损检测的方法，检测频率高一些，仍可按此评定。

例4-3 某高速公路的某一路段水泥混凝土路面板厚度检测数据见表4-8。采用的保证率为95%，设计厚度 $h_d=25cm$，代表值容许偏差 $\Delta h=5mm$，试对该路段的板厚进行评价。

水泥混凝土路面板厚度检测结果（cm）   表4-8

序号	1	2	3	4	5	6	7	8	9	10	11	12	13	14	15
厚度 h_i	25.1	24.8	25.1	24.6	24.7	25.4	25.2	25.3	24.7	24.9	24.9	24.8	25.3	25.3	25.2
序号	16	17	18	19	20	21	22	23	24	25	26	27	28	29	30
厚度 h_i	25.0	25.1	24.8	25.0	25.1	24.7	4.9	25.0	25.4	25.2	25.1	25.0	25.0	25.5	25.4

解:经计算得

$$\bar{h} = 25.05\text{cm}$$
$$S = 0.24\text{cm}$$

根据 $n = 30$,$\alpha = 95\%$,查附表 2 得

$$\frac{t_\alpha}{\sqrt{n}} = 0.310$$

厚度代表值为算术平均值的下置信界限,即

$$h_{\text{L}} = \bar{h} - S\frac{t_\alpha}{\sqrt{n}}$$

$$= 25.05 - 0.310 \times 0.24 = 24.98\,(\text{cm})$$

已知 $h_{\text{d}} = 25\text{cm}$,$\Delta h = 5\text{mm}$,查表 4-6 得 $\Delta h_{\text{合格}} = -10\text{mm}$。

因为

$$h_{\text{L}} > h_{\text{d}} - \Delta h = 250 - 5 = 245\,(\text{mm}) = 24.5\text{cm}$$

$$h_i > h_{\text{d}} - \Delta h_{\text{合格}} = 25 - 1.0 = 24\,(\text{cm})$$

且

$$h_{i\text{max}} = 25.5\text{cm} > 24\text{cm}$$

$$h_{i\text{min}} = 24.6\text{cm} > h_{\text{d}} - \Delta h_{\text{合格}} = 24\text{cm}$$

又因合格数 $m = 30$,检测点数 $n = 30$,

合格率

$$P = \frac{m}{n} \times 100 = \frac{30}{30} \times 100 = 100\,(\%)$$

所以,该路段板厚合格率为 100%。

课后任务与评定   任务一:完成表 4-9 ~ 表 4-11。

参考答案   **现场测试随机选点任务单**   表 4-9

1	模拟实训目标	拟从 K8 +000 ~ K9 +000 的检测路段中选择 6 个点检测压实度,用钻芯法检测水泥稳定粒料路面基层厚度,试确定测点的位置(随机抽样编号为 4,路面宽 10m),并填写表 4-10 和表 4-11
2	实训仪具与材料	
3	准备工作	
4	评定结论	

路面基层厚度检测断面随机选点计算   表 4-10

断面序号	1 栏 A 列	B 列	B × T	断面编号	桩 号
1					
2					
3					

续上表

断面序号	1栏A列	B 列	B×T	断面编号	桩 号
4					
5					
6					

路面厚度检测记录（钻芯法）　　　表4-11

工程名称：<u>××工程</u>　　路段桩号：_____　　结构名称：<u>水泥稳定粒料基层</u>

检 验 者：_____　　计算者：____　校核者：____　　检测日期：_____

序号	测 点 桩 号	距中线距离	路面厚度（cm）		
			实测值 h_i	设计值 h_d	差值 Δh_i(mm)
1			37.2	37	
2			38.0	37	
3			36.5	37	
4			36.8	37	
5			38.0	37	
6			36.9	37	
平均值 $\bar{h}$		标准差 S	变异系数 C_V(%)		代表值 h_L

任务二：完成表4-12。

路面厚度评定任务单　　　表4-12

1	模拟实训目标	某一级公路稳定粒料基层设计厚度为20cm，该评定路段的检测值为21、22、19、19、20、21、21、22、19、25（单位:cm），评定其厚度是否满足要求，并计算合格率。已知厚度代表值容许偏差为 −8mm，单值容许偏差为 −15mm，$t_{0.99}/\sqrt{9}=0.966$
2	实训仪具与材料	
3	评定过程	
4	评定结论	

任务三：完成表4-13 ~ 表4-15。

路面几何尺寸检测任务单　　　表4-13

1	模拟实训目标	拟确定100m的路面的各项几何尺寸（纵断高程、中线偏位、路面宽度、横坡）。路段桩号为K8 +000 ~ K9 +000。完成表4-14 和表4-15
2	实训仪具与材料	
3	人员分工	①数据记录2人；②检测人员3人；③数据处理人员2人
4	准备工作	
5	评定结论	

路面宽度、高程、横坡检测断面随机选点计算
表 4-14

断面序号	1 栏 A 列	B 列	B×T	断面编号	桩　　号
1					
2					
3					
4					
5					

路基路面几何尺寸检测记录
表 4-15

工程名称:××工程　　　　路段桩号:K8 +000 ~ K9 +000　　　　结构名称:沥青混凝土面层

检验者:＿＿＿＿＿＿　　　计算者:＿＿＿＿ 校核者:＿＿＿＿　　　检测日期:＿＿＿＿＿＿＿＿

序号	测点桩号	纵断高程(m)			横坡(%)			宽度(m)			中线偏位(mm)
		实测值	设计值 h_i	差值 Δh_i (mm)	实测值 i_i	设计值 i_{01}	差值 Δi_i	实测值 B_i	设计值 B_{0i}	差值 ΔB_i (mm)	实测值
1				+5			+0.1			15	
2				−6			+0.2			10	
3				−4			−0.1			5	
4				+3			0			10	
5				+1			+0.2			15	

第五章
CHAPTER FIVE
路基路面压实度检测与评定

📖 **教学要求**

能运用灌砂筒、电动取土器、钻芯机、核子密度仪、无核密度仪测定现场密度;能掌握各方法的测试要点;能进行数据的处理与分析工作。

第一节　基础知识

大量的室内试验和工程实践表明,压实使路基土和路面材料的强度大大增加,压实可以减少路基路面在行车荷载作用下产生的变形,压实可以增加路基和路面材料的不透水性和强度稳定性,保证其使用质量;若压实不足,则路面容易产生车辙、裂缝、沉陷以及整个路面被剪切破坏。

现场压实质量用压实度来表示。土基和路面基层的压实度是指压实层材料压实后的干密度与该材料的标准最大干密度之比,用百分数表示。沥青混凝土面层的压实度是指按规定方法采取的混合料试件毛体积密度与标准密度之比,也用百分数表示。

土基和路面基层的标准密度以重型击实标准为准,沥青混凝土面层压实度以试验室标准密度、最大理论密度或试验路段密度为准。对于特殊干旱、潮湿地区或过湿土以及铺筑中、低级路面的三、四级公路路基,则以路基设计施工规范规定的击实试验方法和压实度标准进行评定。

对于路基和路面基层,准确检测压实度应注意:

(1)准确检测现场湿密度。

(2)准确检测含水率。取样测定含水率时要防止水分散失,取出的土样应混合均匀后再从中取试样,测定含水率。

(3)密切注意土质性状,当土质发生变化时,应及时取样测定最大干密度,确保计算采用的最大干密度准确。

下面主要介绍几种常用的压实度检测方法。在压实度检测过程中,现场密实度主要检测方法及各方法的适用范围见表5-1。此外,我国也采用地质雷达快速检测路面材料的密实度(本章不作介绍)。

现场密实度检测方法及适用范围比较   表5-1

试验方法	适 用 范 围
灌砂法	适用于在现场测定基层(或底基层)、砂石路面以及路基土的各种材料压实层的密度和压实度;也适用于沥青表面处治、沥青灌入式面层的密度和压实度检测,但不适用于填石路堤等有大孔洞或大孔隙材料的压实度检测
环刀法	适用于现场测试细粒土及龄期不超过2d的无机结合料稳定细粒土结构的密度,并计算施工压实度,以评价结构层的压实质量
核子法	适用于现场用核子密度仪以散射法或直接透射法测定路基或路面材料的密度和含水率,并计算施工压实度;适用于施工质量的现场快速评定,不宜用作仲裁试验或评定验收试验
钻芯法	适用于测试从压实的沥青路面上钻取沥青混合料芯样的密度,并计算施工压实度,以评价结构层的压实质量;同时适用于龄期较长的无机结合料稳定类基层和底基层的密度检测

一、路基土最大干密度和最佳含水率的确定

由于土的性质、颗粒的差别,确定最大干密度的方法也有区别,除了一般土的"击实法"外,还有粗粒土和巨粒土最大干密度的确定方法。不同性质的土的最大干密度确定方法及各方法的适用范围见表5-2。各试验方法的仪器设备、试验步骤等详见《公路土工试验规程》(JTG E40)。

土的最大干密度确定方法比较   表5-2

试验方法	适 用 范 围	土的粒组
轻型、重型击实法	①小试筒适用于粒径不大于20mm的土; ②大试筒适用于粒径不大于40mm的土	细粒土 粗粒土
振动台法、表面振动压实仪法	①本试验规定采用振动台法测定无黏性自由排水粗粒土和巨粒土(包括堆石料)的最大干密度; ②本试验方法适用于通过0.075mm标准筛的干颗粒质量百分数不大于15%的无黏性自由排水粗粒土和巨粒土; ③对于最大颗粒大于60mm的巨粒土,因受试筒容许最大粒径的限制,宜按相似级配法的规定处理	粗粒土 巨粒土

二、路面基层混合料最大干密度及最佳含水率的确定

常见的路面基层材料有半刚性基层和粒料类基层,粒料类基层最大干密度的确定可参照粗粒土和巨粒土的振动法。半刚性材料基层材料按照《公路工程无机结合料稳定材料试验规程》(JTG E51—2009)执行,用标准击实法求得。但当粒料含量大于50%时,需采用理论计算法按以下方法求得。

1.石灰土、二灰稳定粒料

根据室内试验测得结合料的最大干密度 ρ_1 和集料的表观相对密度 γ,把已确定的结合料

与集料的质量比换算为体积比 $V_1:V_2$,则混合料的最大干密度 ρ_0 为

$$\rho_0 = V_1\rho_1 + V_2\gamma \tag{5-1}$$

石灰土、二灰稳定粒料的最佳含水率 w_0 是结合料的最佳含水率 w_1 和集料饱水裹覆含水率 w_2 的加权值,可按下式计算:

$$w_0 = w_1 A + w_2 B \tag{5-2}$$

式中:A、B——结合料和集料的质量百分比,以小数计。

饱水裹覆含水率是指把集料浸水饱和后取出,不擦去表面裹覆水时的含水率。除吸水率特大的集料外,此值对于砾石可以取3%,碎石可以取4%。

2. 水泥稳定粒料

此类材料的最大干密度 ρ_0 与集料的最大干密度 ρ_G 和水泥硬化后的水泥质量有关,即

$$\rho_0 = \frac{\rho_G}{1 - \dfrac{(1+K)a}{100}} \tag{5-3}$$

式中:ρ_G——集料在振动台上加载振动而得到的最大干密度,g/cm^3;

a——水泥含量,%;

K——水泥水化时水的增量,视水泥品种不同而异,一般为水泥质量的 $10\% \sim 25\%$,以小数计。

水泥加水拌匀后,在105℃烘箱中烘干,称量试验前水泥质量和烘干后硬化的水泥质量之差,即可求得水泥水化的增量。

因水泥中含有水化产物,故用烘干法不能正确测出水泥稳定粒料的最佳含水率。根据对比试验,水泥稳定粒料的最佳含水率 w_0 按下式计算:

$$w_0 = (0.5 + K)a + w_2\left(1 - \frac{a}{100}\right) \tag{5-4}$$

式中:w_2——集料饱水裹覆含水率,%;

其余符号意义同上。

三、沥青混合料标准密度确定

沥青混合料标准密度,以试验室标准密度、最大理论密度或试验路段密度为准。可采用表5-3中的方法进行密度试验,具体的试验方法见《公路工程沥青及沥青混合料试验规程》(JTG E20—2011)规定。

压实沥青混合料密度试验方法及适用范围比较 表5-3

试验方法	适 用 范 围
水中重法	适用于测定吸水率小于0.5%的密实沥青混合料试件
表干法	适用于密级配沥青混凝土或沥青玛琋脂碎石混合料(SMA)和沥青稳定碎石混合料试件,但不适用于吸水率大于2%的沥青混合料试件
蜡封法	适用于吸水率大于2%的沥青混凝土或沥青碎石混合料试件,以及不能用水中重法或表干法测密度的试件
体积法	仅适用于不能用表干法、蜡封法测定的空隙较大的沥青碎石混合料及大空隙透水性开级配沥青混合料(OGFC)等

灌砂法适用于在现场测定基层(或底基层)、砂石路面及路基上的各种材料压实层的密度和压实度检测,但不适用于填石路堤等有大孔洞或大空隙的结构压实度检测。

一、检测器具与材料

本试验需要下列检测器具与材料:

(1)灌砂筒:有大小两种,根据需要采用,其形式如图 5-1、图 5-2 所示,主要尺寸见表 5-4。储砂筒筒底中心有一圆孔,下部装一倒置的圆锥形漏斗,上端开口,直径与储砂筒的圆孔相同。漏斗焊接在一块铁板上,铁板中心有一圆孔与漏斗上开口相接,在储砂筒筒底与漏斗顶端铁板之间设有开关,开关为一薄铁板,一端与筒底及漏斗铁板铰接在一起,另一端伸出筒身外,开关铁板上也有一个相同直径的圆孔。

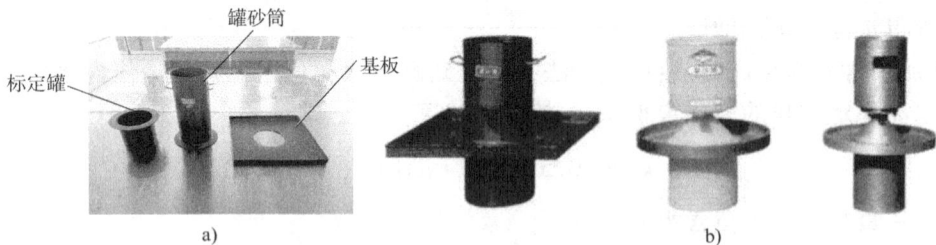

图 5-1　灌砂筒、标定罐和基板实物图

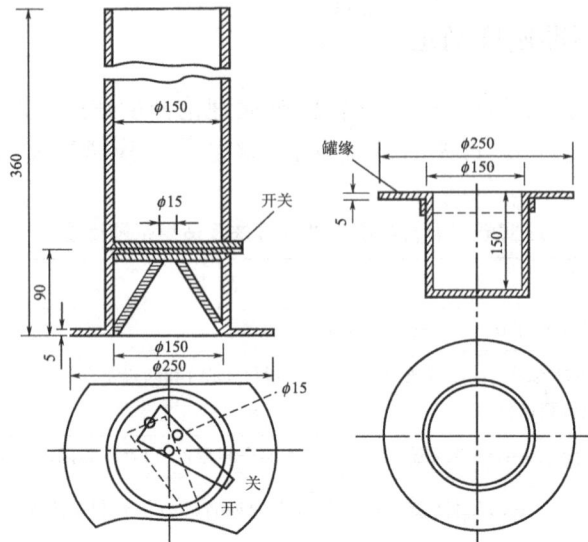

图 5-2　灌砂筒和标定罐结构图(尺寸单位:mm)

灌砂仪的主要尺寸 表 5-4

结 构			小型灌砂筒	中型灌砂筒	大型灌砂筒
灌砂筒	储砂筒	直径(mm)	100	150	200
		容积(cm³)	2 121	4 771	8 482
	流砂孔	直径(mm)	10	15	20
标定罐	金属标定罐	内径(mm)	100	150	200
		外径(mm)	150	200	250
基板	金属方盘基板	边长(mm)	350	400	450
		深(mm)	40	50	60
	中孔	直径(mm)	100	150	200
	板厚	厚(mm)	≥1.0(铁)	≥1.0(铁)	≥1.0(铁)
			≥1.2(铝合金)	≥1.2(铝合金)	≥1.2(铝合金)

灌砂筒的选择:在测试前,应根据填料粒径及测试层厚度选择不同尺寸的灌砂筒,并符合表 5-5 的规定。

灌砂筒类型(单位:mm) 表 5-5

灌砂筒类型	填料最大粒径	适宜的测试层厚度
φ100	<13.2	≤150
φ150	<31.5	≤200
φ200	<63	≤300
φ250 及以上	≤100	≤400

注:路基填料最大粒径超过100mm 的,应采用其他方法测试压实度;当挖坑过程中存在超过规定粒径10%的填料时应另在附近选点重做。试验过程中若发现储砂筒内砂不足以填满试坑时,说明灌砂筒尺寸过小,应选择较大尺寸的灌砂筒重新试验,而不应在试验过程中添加量砂。

(2)金属标定罐:用薄铁板制作的金属罐,上端周围有一罐缘。

(3)基板:用薄铁板制作的金属方盘(图 5-1),盘的中心有一圆孔。

(4)玻璃板:边长 500~600mm 的方形板。

(5)试样盘:小筒挖出的试样可用饭盒存放,大筒挖出的试样可用 300mm × 500mm × 40mm 的搪瓷盘存放。

(6)天平或台秤:称量 10~15kg,感量不大于 1g,用于含水率测定的天平精度,对细粒土、中粒土、粗粒土宜分别为 0.01g、0.1g、1.0g。

(7)含水率测定器具:如铝盒、烘箱等。

(8)量砂:粒径 0.3~0.6mm 清洁干燥的均匀砂,20~40kg,使用前需洗净、烘干,筛分至符合要求并放置 24h 以上,使其与空气的湿度达到平衡。

(9)盛砂的容器:如塑料桶等。

(10)温度计:分度值不大于 1℃。

(11)其他:如凿子、螺丝刀、铁锤、长把勺、长把小簸箕、毛刷等。

二、方法与步骤

(1)按照有关标准和规程对结构层填料进行击实试验,得到最大干密度(ρ_c)及最佳含水率。

(2)按规定选用适宜的灌砂筒。

(3)标定罐砂设备下部圆锥体内的质量:

①在灌砂筒筒口高度上,向灌砂筒内装砂至距筒顶15mm±5mm。称取装入筒内砂的质量m_1,精确至1g;以后每次标定及试验都应该维持装砂高度与质量不变。

②将开关打开,让砂自由流出,并使流出砂的体积与标定罐的容积相当(或等于工地所挖试坑的体积),然后关上开关。

③不晃动储砂筒的砂,轻轻地将罐砂筒移至玻璃板上(图5-3),将开关打开,让砂流出,直到筒内砂不再下流时,将开关关上,并小心地取走灌砂筒。

④收集并称量留在玻璃板上的砂或称量筒内的砂,精确至1g。玻璃板上的砂(图5-4)就是填满筒下部圆锥体的砂m_2。

图5-3 灌砂筒移至玻璃板

图5-4 填满筒下部圆锥体的砂

⑤重复上述测量3次,取其平均值。

(4)按下列步骤标定量砂的堆积密度ρ_s(g/cm³):

①用水确定标定罐的容积V(图5-5),精确至1mL。

②在储砂筒中装入质量为m_1的砂,并将灌砂筒放在标定罐上,将开关打开,让砂流出。在整个流砂过程中,不要碰到灌砂筒,直到储砂筒内的砂不再下流时,将开关关闭,取下灌砂筒,称取筒内剩余砂的质量m_3,精确至1g。

③按下式计算填满标定罐所需砂的质量m_a(g):

$$m_a = m_1 - m_2 - m_3 \tag{5-5}$$

式中:m_a——标定罐中砂的质量,g;

m_1——装入灌砂筒内砂的总质量,g;

m_2——灌砂筒下部圆锥体内砂的质量,g;

m_3——灌砂入标定罐后,筒内剩余砂的质量,g。

④重复上述测量3次,取其平均值。

⑤按下式计算量砂的堆积密度ρ_s:

$$\rho_s = \frac{m_a}{V} \tag{5-6}$$

式中:ρ_s——量砂的堆积密度,g/cm^3;

V——标定罐的体积,cm^3。

（5）试验步骤：

①在测试地点,选一块约 $40cm \times 40cm$ 的平坦表面,并将其清扫干净,其面积不得小于基板面积。

②将基板放在平坦表面上,当表面的粗糙度较大时,则将盛有量砂(m_1)的灌砂筒放在基板中孔上,做好基板位置标识。将灌砂筒的开关打开,让砂流入基板的中孔内,直到储砂筒内的砂不再下流时关闭开关。取下灌砂筒,并称量筒内砂的质量(m_5),精确至1g。

③取走基板,收回留在试验地点未混入杂质的量砂,重新将表面清扫干净。

④将基板放回原处并固定,沿基板中孔凿洞(洞的直径与灌砂筒直径一致)。在凿筒过程中,不应使凿出的材料丢失,并随时将凿松的材料取出装入塑料袋中或大铝盒内密封,防止水分蒸发(图5-6)。试洞的深度应等于测试层厚度,但不得有下层材料混入。称取洞内材料质量 m_w,准确至1g。当需要测试厚度时,应先测量厚度后再称量材料总质量。

图 5-5　标定罐容积的确定

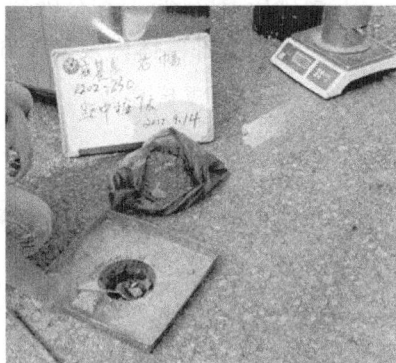

图 5-6　取出凿松材料

⑤从挖出的全部材料中取出有代表性的试样,放在铝盒或洁净的搪瓷盘中,测定其含水率(w,以%计)。单组取样数量如下:用小灌砂筒测定时,对于细粒土,不少于100g;对于各种中粒土,不少于500g。用中灌砂筒测定时,对于细粒土,不少于200g;对于各种中粒土,不少于1 000g;对于粗粒土或水泥、石灰、粉煤灰等无机结合料稳定材料,宜将取出的全部材料烘干,且不少于2 000g,称其质量 m_d,准确至1g。用大型灌砂筒测试时,宜将取出的材料全部烘干,称其质量 m_d。

⑥储砂筒内放满砂到要求质量 m_1,将基板安放在试坑原位上。灌砂筒安放在基板中间,下口对准基板中孔,打开灌砂筒开关,让砂流入试坑内。在此期间,不应碰灌砂筒,直到储砂筒内的砂不再下流时,关闭开关。取走灌砂筒,并称量筒内剩余砂的质量 m_4,准确至1g。

⑦如清扫干净的平坦表面粗糙度不大,可省去②和③的操作。在试洞挖好后,将灌砂筒直接对准试坑,中间不需要放基板。打开灌砂筒的开关,让砂流入试坑内。在此期间,不应碰灌砂筒,直到储砂筒内的砂不再下流时,关闭开关,取走灌砂筒,并称量剩余砂的质量 m_4',准确至1g。

⑧取出储砂筒内的量砂,以备下次试验时再用。

⑨取走基板,将留在试坑内未混入杂质的量砂收回;将坑内剩余量砂清理干净后,回填与被测结构同材质的填料,并用铁锤分 3 ~ 4 层夯实。

⑩收回的量砂烘干、过筛,并放置 24h 以上,使其与空气的湿度达到平衡后可以继续使用。若量砂中混有杂质,则应废弃。

三、检测结果计算

1. 计算填满试坑所用砂的质量(g)

(1)灌砂时,试坑上放有基板:

$$m_b = m_1 - m_4 - (m_5 - m_6) \tag{5-7}$$

(2)灌砂时,试坑上不放基板:

$$m_b = m_1 - m'_4 - m_2 \tag{5-8}$$

式中:m_b——填满试坑所用砂的质量,g;

　　m_1——灌砂前灌砂筒内砂的质量,g;

　　m_2——灌砂筒下部圆锥体内砂的质量,g;

$m_4、m'_4$——灌砂后,灌砂筒内剩余砂的质量,g;

$m_5 - m_6$——灌砂筒下部锥体内及基板和粗糙表面砂的合计质量,g。

2. 计算试坑材料的湿密度 ρ_w(g/cm^3)

$$\rho_w = \frac{m_w}{m_b} \times \rho_s \tag{5-9}$$

式中:m_w——试坑中取出的全部材料的质量,g;

　　ρ_s——量砂堆积密度,g/cm^3。

3. 计算试坑材料的干密度(g/cm^3)

$$\rho_d = \frac{\rho_w}{1 + 0.01w} \tag{5-10}$$

式中:w——试坑材料的含水率,%。

4. 计算干密度 ρ_d(g/cm^3)

当为水泥、石灰、粉煤灰等无机结合料稳定土的场合时,可按下式计算干密度 ρ_d(g/cm^3):

$$\rho_d = \frac{m_d}{m_b} \times \rho_s \tag{5-11}$$

式中:m_d——试坑中取出的稳定土的烘干质量,g。

5. 计算施工压实度

$$K = \frac{\rho_d}{\rho_c} \times 100 \tag{5-12}$$

式中:K——测试地点的施工压实度,%;

　　ρ_d——试样的干密度,g/cm^3;

　　ρ_c——由击实试验得到的试样的最大干密度,g/cm^3。

当试坑材料组成与击实试验的材料有较大差异时,可以试坑材料做标准击实,求取实际的最大干密度。

四、操作注意事项

(1)量砂要规则,每换一批量砂,都需要重新测试圆锥体内砂的质量和松方密度。试坑内回收的量砂未经处理不得重复使用,因此量砂宜事先多准备,切勿到试验时临时找砂。

(2)在进行标定罐容积标定时,罐外的水一定要擦干。

(3)在标定和现场灌砂过程中,应使灌砂筒呈自然状态,不要晃动灌砂筒。

(4)地表面处理要平,只要表面凸出一点,就会使整个表面高出一薄层,其体积便会算到试坑中去。

(5)在挖坑时,试坑周壁应笔直,避免出现上大下小或上小下大的情形,且不得使凿出的试样丢失,以免检测密度偏大或偏小。

五、检测报告

以下为某路段对级配碎石底基层用灌砂法检测压实度的摘录,记录格式见表5-6(仅供参考)。

压实度检测表(灌砂法) 表5-6

工程名称	××工程		最大干密度ρ_d (g/cm^3)		2.30	标定量砂的密度ρ_s (g/cm^3)		1.45
结构层	级配碎石底基层		检测路段	K38+000 ~ K39+000		检测日期		
取 样 桩 号				K38+175	K38+310	K38+494	K38+699
测点位置(距中线距离)(m)				右1.47	左4.57	右4.29	左4.27
灌砂入试洞前筒内砂质量	g	m_1		6 500	6 500	6 500	6 500
灌砂筒下部圆锥体内砂的平均质量	g	m_2		770	770	770	770
灌砂入试洞后筒内剩余砂质量	g	m_4、m'_4		3 146	2 879	2 657	2 745
地面粗糙表面间耗砂的质量	g	m_5-m_6		0	0	0	0
填满试洞所需砂质量	g	$m_b=m_1-m_2-m_4$		2 584	2 851	3 073	2 985
试洞中湿试样质量	g	m_w		4 210	4 665	5 005	4 835
湿密度	g/cm^3	ρ_w		2.36	2.37	2.36	2.35
含水率	%	w		4.0	4.1	4.2	4.3
干密度	g/cm^3	ρ_d		2.27	2.28	2.26	2.25
压实度	%	K		98.7	99.1	98.3	97.8

试验者: 计算者: 校核者:

第三节 环刀法测定压实度

环刀法适用于公路工程现场测定细粒土及无机结合料稳定细粒土的密度,但对于无机结合料稳定细粒土,其龄期不宜超过2d,且适用于在施工过程中进行压实度检验。由于取样深度较浅,故检测值偏大。

一、检测器具与材料

(1)人工取土器(图5-7、图5-8):环刀、环盖、定向筒和击实锤系统(导杆、落锤、手柄)。环刀内径为6~8cm,高为2~5.4cm,壁厚为1.5~2mm。

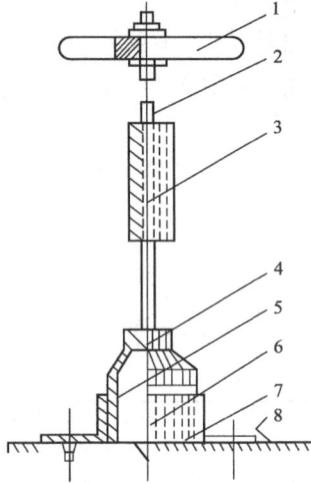

图5-7 取土器

1-手柄;2-导杆;3-落锤;4-环盖;5-环刀;6-定向筒;7-定向筒齿钉;8-试验地面

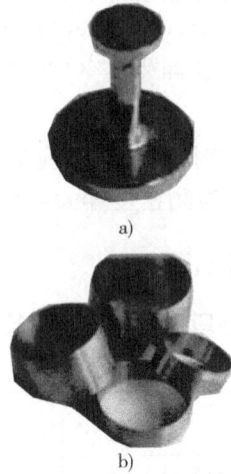

图5-8 人工取土器实物图

(2)电动取土器:电动取土器由底座、行车轮、立柱、齿轮箱、升降机构、取芯头等组成,如图5-9、图5-10所示。

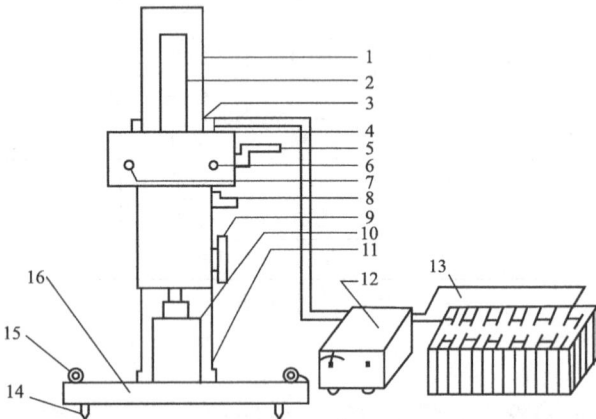

图5-9 电动取土器

1-立柱;2-升降轴;3-电源输入;4-直流电机;5-升降手柄;6、7-电源指示;8-锁紧手柄;9-升降手轮;10-取芯头;11-立柱套;12-调整器;13-蓄电池;14-行车轮;15-定位销;16-底座平台

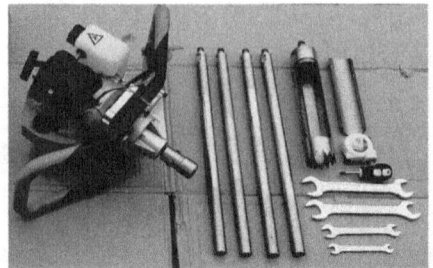

图5-10 电动取土器实物图

①底座由底座平台、定位销、行车轮组成。其中,平台是整个仪器支撑基础;定位销供操作

时仪器定位用;行车轮供换点取芯时仪器近距离移动用。

②立柱由立柱与立柱套组成,装在底座平台上,作为升降机构、取芯机构、动力和传动机的支架。

③升降机构由升降手轮、锁紧手柄组成,供调整取芯机构高低用。松开锁紧手柄,转动升降手轮,取芯头机构即可升降,到所需位置时拧紧手柄定位。

④取芯机构由取芯头、升降轴组成,取芯头为金属圆筒,下口对称焊接两合金钢切削刀头,上端面焊有平盖,其上焊螺母,靠螺旋接于升降轴上。取芯头为可换式,有 3 种规格,即 50mm × 50mm、70mm × 70mm、100mm × 100mm,另配有相应的取芯套筒、扳手、铅盒等。

⑤动力和传动机构主要由直流电机、调速器、齿轮箱组成,另配蓄电池和充电器。当电机工作时,通过齿轮箱的齿轮将动力传给取芯机,升降轴旋转,取芯头进入旋切工作状态。

⑥电动取土器主要技术参数:工作电压 DC 24V(36A·h)。转速 50~70r/mim,无级调速。整机质量约 35kg。

(3)天平:感量不大于 0.01g。

(4)其他:镐、小铁锹、修土刀、毛刷、直尺、钢丝锯、凡士林、木板以及测定含水率设备等。

二、检测步骤

(1)按有关试验方法,对检测试样用同种材料进行击实试验,得到最大干密度及最佳含水率。

(2)在现场选取位置相邻的两处作为平行试验的测点。

(3)用人工取土器测定黏性土及无机结合料稳定细粒土密度的步骤:

①擦净环刀,称取环刀质量 m_2,精确至 0.1g。

②在试验地点,将面积约 30cm × 30cm 的地面清扫干净,并铲去表面浮动及不平整的部分。使环刀垂直打下,达到要求的取土深度,但不得将下层土扰动。

③将定向筒齿钉固定于铲平的地面上,顺次将环刀、环盖放入定向筒内与地面垂直。

④将导杆保持垂直状态,用取土器落锤将环刀打入压实层中。在施工过程控制或质量评定时,环刀中部处于压实层厚的 1/2 深度;用于其他需要的测试时,可按其要求深度取样。

⑤去掉击实锤和定向筒,用镐将环刀及试样挖出。

⑥轻轻取下环盖,用修土刀从边至中削去环刀两端余土,用直尺检测直至修平为止。

⑦擦净环刀外壁,用天平称取环刀及试样合计质量 m_1,精确至 0.01g。

⑧从环刀中取出具有代表性的试样(不少于 100g),测定其含水率 w。

(4)用人工取土器测定砂性土或砂层密度的步骤:

①如为湿润的砂土,试验时不需使用击实锤和定向筒。在铲平的地面上,细心挖出一个直径较环刀外径略大的砂土柱,将环刀刃口向下,平置于砂土柱上,用两手平稳地将环刀垂直压下,环刀中部处于压实层厚的 1/2 深度。

②削掉环刀口上多余砂土,并用直尺刮平。

③在环刀上口盖一块平滑的木板,一只手按住木板,另一只手用小铁锹将试样从环刀底部切断,然后将装满试样的环刀反转过来,削去环刀刃口上部的多余砂土,并用直尺刮平。

④擦净环刀外壁,称量环刀与试样合计质量 m_1,精确至 0.01g。

⑤从环刀中取具有代表性的试样(不少于100g),测定其含水率。

⑥干燥的砂土不能挖成砂土柱时,可直接将环刀压入或打入土中。

(5)用电动取土器测定无机结合料稳定细粒土和硬塑土密度的步骤:

①装上所需规格的取芯头,在施工现场取芯前,选择一块平整的路段,将四只车轮打起,四根定位销钉采用人工加压的方法,压入路基土层中,松开锁紧手柄,旋动升降手轮,使取芯头刚好与土层接触,锁紧手柄。

②将蓄电池与调速器接通,调速器的输出端接入取芯机电源插口。指示灯亮,显示电路已通;启动开关,电动机工作,带动取芯机构转动。根据土层含水率调节转速,操作升降手柄,上提取芯机构,停机,移开机器,由于取芯头圆筒外表有几条螺旋状突起,切下的土屑排在筒外螺纹上旋抛出地表。因此,将取芯套筒装在切削好的土芯立柱上,摇动即可取出样品。

③取出样品,立即按取芯套筒长度用修土刀或钢丝锯修平两端,制成所需规格土芯,如拟进行其他试验项目,须装入铝盒,送试验室外备用。

④用天平称量土芯加套筒质量 m_1,从土芯中心部分取试样测定含水率。

(6)本试验须进行两次平行测定,其平行差值不得大于0.03g/cm³,求其算术平均值。

三、检测结果计算

1.计算试样的湿密度 ρ_w 及干密度 ρ_d

$$\rho_w = \frac{4(m_1 - m_2)}{\pi d^2 h} \qquad (5\text{-}13)$$

$$\rho_d = \frac{\rho_w}{1 + 0.01w} \qquad (5\text{-}14)$$

式中: ρ_w——试样的湿密度,g/cm³;

ρ_d——试样的干密度,g/cm³;

m_1——环刀或取芯套筒与试样合计质量,g;

m_2——环刀或取芯套筒质量,g;

d——环刀或取芯套筒直径(定期校正),cm;

h——环刀或取芯套筒高度(定期校正),cm;

w——试样的含水率,%。

2.计算施工压实度

$$K = \frac{\rho_d}{\rho_c} \times 100 \qquad (5\text{-}15)$$

式中: K——测试地点的施工压实度,%;

ρ_d——试样的干密度,g/cm³;

ρ_c——由击实试验得到的试样最大干密度,g/cm³。

四、检测报告

检测报告内容应包括土的鉴别分类、土的含水率、湿密度、最大干密度、压实度等。记录格式见表5-7。

压实度检测表（环刀法）   表5-7

工程名称:××工程　结构层次:土方路堤(>1.5m)　路段桩号:K18+000~K19+000　最大干密度:1.80g/cm³
检验者:_____　计算者:_____　　　　　校核者:_____　　　　检测日期:_____

测点桩号	K18+175 右1.47		K18+310 左4.57		K18+494 右4.29		...	
环刀号或取芯筒编号	1	2	1	2	1	2	1	2
环刀体积 V (cm³)	100	100	100	100	100	100		
环刀或取芯套筒 m_2(g)	158.22	156.38	164.71	161.80	158.20	162.92		
环刀或取芯套筒与试样合计质量 m_1(g)	273.4	276.2	269.6	270.5	274.2	272.0		
试样质量(g)	121.08	124.20	125.08	123.59	123.42	125.34		
湿密度 ρ_w (g/cm³)	1.97	2.00	1.94	1.95	1.98	1.96		
含水率 w(%)	13.6	14.0	13.5	13.8	13.4	13.8		
ρ_d (g/cm³)	1.73	1.75	1.71	1.71	1.74	1.72		
平均干密度(g/cm³)	1.74		1.71		1.73			
压实度 K(%)	96.7		95.0		96.1			

第四节　钻芯法测定沥青路面面层压实度

钻芯法适用于检验从压实的沥青路面上钻取的芯样试件的密度,以评定沥青混凝土面层的施工压实度。

一、检测器具与材料

(1)路面取芯钻机,如图5-11所示。
(2)天平:感量不大于0.1g。
(3)溢流水槽。
(4)吊篮,如图5-12所示。
(5)石蜡。
(6)其他:卡尺、毛刷、小勺、取样袋(容器)、电风扇等。

图 5-11　路面取芯钻机

图 5-12　静水天平实物图

二、方法与步骤

1. 钻取芯样

按现行《公路路基路面现场测试规程》(JTG 3450—2019)中"路面钻孔(图5-13)及切割取样方法"钻取路面芯样(图5-14),芯样直径不宜小于100mm。当一次钻孔取得的芯样包含有不同层位的沥青混合料时,应根据结构组合情况用切割机将芯样沿各层结合面锯开分层进行测定。

图 5-13　现场钻芯

图 5-14　芯样实物图

钻孔取样应在路面完全冷却后进行,普通沥青路面通常在第二天取样、改性沥青及 SMA 路面宜在第三天以后取样。

2. 测定试件密度

(1)将钻取的试件在水中用毛刷轻轻刷净黏附的粉尘。如试件边角有浮松颗粒,应仔细清除。

(2)将试件晾干或用电风扇吹干不少于24h,直至恒量。

(3)按现行《公路工程沥青及沥青混合料试验规程》(JTG E20)和沥青混合料试件密度试验方法测定试件的视密度或毛体积密度 ρ_s,通常情况下采用表干法测试试件的毛体积相对密度;对吸水率大于2%的试件,宜采用蜡封法测试试件的毛体积相对密度;对吸水率小于0.5%的特别致密的沥青混合料,在施工质量检验时,允许采用水中重法测试表观相对密度。测试标准温度为25℃±0.5℃。

①吸水率小于0.5%的密实沥青混合料试件,采用水中重法测定。

$$V = \frac{m_a - m_w}{\rho_w} \tag{5-16}$$

②吸水率不大于2%的表面粗糙但较密实的沥青混凝土或沥青玛瑞脂碎石混合料(SMA)和沥青稳定碎石混合料试件,采用表干法测定。

$$V = \frac{m_f - m_w}{\rho_w} \tag{5-17}$$

③吸水率大于2%的沥青混凝土或沥青碎石混合料试件,以及不能用水中重法或表干法测密度的试件,用蜡封法测定。

④不能用表干法、蜡封法测定的空隙较大的沥青碎石混合料及大空隙透水性开级配沥青混合料(OGFC)试件,用体积法测定。

圆柱体试件的毛体积:

$$V = \frac{\pi d^2}{4} h \tag{5-18}$$

棱柱体试件的毛体积:

$$V = L \times b \times h \tag{5-19}$$

⑤试件的视密度或毛体积密度:

$$\rho_s = \frac{m_a}{V} \tag{5-20}$$

式中:ρ_s——试件的视密度或毛体积密度,g/cm³;

m_a——试件在空气中的质量,g;

m_f——试件的表干质量指试件从水中取出,用洁净柔软的拧干湿毛巾轻轻擦去试件表面水后称取的质量,g;

m_w——试件的水中质量,指试件于网篮中浸水3~5min后称取的水中质量,g;

ρ_w——25℃时水密度为0.9971g/cm³;

d——表示圆柱体试件的直径,cm;

h——试件的高度,cm;

L——试件的长度,cm;

b——试件的宽度,cm。

3.沥青混合料标准密度确定

根据现行的《公路沥青路面施工技术规范》(JTG F40)的规定,确定计算压实度下的沥青混合料标准密度。

三、检测结果计算

(1)当计算压实度的沥青混合料的标准密度采用马歇尔击实试件成型密度或试验路段钻孔取样密度时,沥青面层的压实度按下式计算:

$$K = \frac{\rho_s}{\rho_0} \times 100 \qquad (5\text{-}21)$$

式中:K——沥青面层的压实度,%;

ρ_s——沥青混合料芯样试件的视密度或毛体积密度,g/cm^3;

ρ_0——沥青混合料标准密度,g/cm^3。

(2)由沥青混合料实测最大密度计算压实度时,应按下式进行空隙率折算,作为标准密度,再按压实度公式计算压实度:

$$\rho_0 = \rho_t \times \frac{100 - VV}{100} \qquad (5\text{-}22)$$

式中:ρ_t——沥青混合料的实测最大密度,g/cm^3;

ρ_0——沥青混合料标准密度,g/cm^3;

VV——试样的空隙率,%。

(3)计算一个评定路段检测的压实度平均值、标准差、变异系数,并计算代表压实度。

四、检测报告

压实度检测报告的记录格式见表5-8。

压实度检测表(钻芯法)　　　　　　表5-8

工程名称:××工程　　水的密度:0.9971g/cm³　　标准密度:2.41g/cm³　　最佳沥青含量:4.8%

试验日期:_____　　检验者:_____　　计算者:_____　　校核者:_____

取样位置		试样编号	试样质量 m_a (g)	试样水中质量 m_w (g)	试样体积 V (cm³)	毛体积密度或视密度 ρ_s (g/cm³)	压实度 K (%)
K18 + 175	右1.47	1	1 194.7	695.7	499.0	2.39	99.2
K18 + 310	左4.57	2	1 220.3	707.6	512.7	2.38	98.8
K18 + 494	右4.29	3	1 183.3	685.1	498.2	2.38	98.8
K18 + 699	左4.27	4	1 210.4	704.4	506.0	2.39	99.2
K18 + 838	左3.34	5	1 235.5	719.6	515.9	2.40	99.6
K18 + 977	左0.06	6	1 209.3	703.1	506.2	2.39	99.2

以上为某路段用水中重法测定压实度实例,仅供参考。

第五节 核子密度仪测定压实度

在施工现场用核子密度仪以散射法或直接透射法可以快速测定路基或路面材料的密度和含水率,并计算施工压实度。核子密湿度仪按规定方法标定后,其检测结果可作为工程质量评定与验收的依据。

核子密度仪可检测土壤、碎石、土石混合物、沥青混合料和非硬化水泥混凝土等材料。当测定沥青混合料面层的压实密度或硬化水泥混凝土等难以打孔材料的密度时,宜使用散射法;当测定土基、基层材料或非硬化水泥混凝土等可以打孔材料的密度及含水率时,应使用直接透射法。当表面用散射法测定时,所测定的沥青面层厚度应根据仪器的性能决定其最大厚度。用于测定土或基层材料的压实度及含水率时,打洞后用直接透射法所测定的层厚不宜大于 30cm。

一、检测器具与材料

(1)核子密度仪(图 5-15):符合国家规定的关于健康保护和安全使用标准,密度的测定范围为 $1.12 \sim 2.73 \mathrm{g/cm^3}$,测定误差不大于 $\pm 0.03 \mathrm{g/cm^3}$。含水率测量范围为 $0 \sim 0.64 \mathrm{g/cm^3}$,测定误差不大于 $\pm 0.015 \mathrm{g/cm^3}$。它主要包括下列部件:

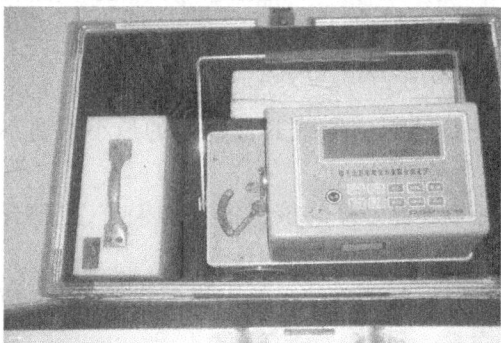
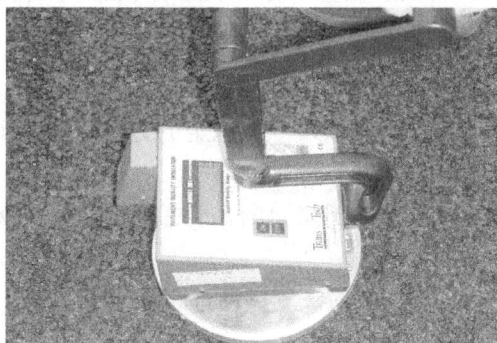

a)   b)

图 5-15 核子密度仪实物照

①射线源:双层密封的同位素放射源,如铯-137、钴-60 或镭-226 等。

②中子源:如镅(241)-铍等。

③探测器:γ 射线探测器,如 G-M 计数管、氦-3、闪烁晶体或热中子探测器等。

④读数显示设备:如液晶显示器、脉冲计数器、数率表或直接读数表。

⑤标准计数块:密度和含氢量都均匀不变的材料块,用于标验仪器运行状况和提供射线计数的参考标准。

⑥安全防护设备:符合国家规定要求的设备。

⑦刮平板:钻杆、接线等。

(2)细砂:0.15~0.3mm。

(3)天平或台秤。

(4)其他:毛刷等。

二、检测原理

由241Am-Be中子源产生的快中子射入被测材料中,与料层内物质发生碰撞、散射、减速、扩散,使快中子最后变成热中子,热中子被探测器探测到。这个作用的大小主要是由物质中的含氢量决定,而氢主要在水中,若被测材料中含水率大,热中子数就多,反之就少。因此,探测热中子数的多少即反映其含水率的大小。

三、方法与步骤

1. 准备工作

(1)核子仪经维修或使用过程中不能满足规定的限值时,应重新校验后使用。校验后仪器在所有标定块上每一测试深度上的标定响应应达到±16kg/m³。

(2)每天使用前或者对测试结果有怀疑时,按下列步骤测试标准值:

①将核子仪置于表面经压实且平整的地点,距其他放射源至少8m以上。

②接通电源,按要求预热。

③将核子仪置于标准块上,按照要求评定标准计数。如标准计数超过规定限值时,进行二次标准计数,若仍超出规定限值时,需视作故障进行返修处理。

2. 检测步骤

(1)按照本章第一节规定的方法确定测试位置,距路面边缘或其他物体的最小距离不得小于30cm。

(2)检查核子仪周围8m之内是否存在其他放射源(含另外的核子仪),如果有,应移开或重新选点。

(3)当用散射法测试沥青路面密度时(图5-16),应先用细砂填平测点表面孔隙(图5-17),再将仪器置于测点上。

(4)当使用直接透射法测试时(图5-18),用导板、钻杆等在测点表面打孔(图5-19),孔深应大于测试深度,且插进探杆后仪器不倾斜。将探杆插入测试孔内,前后或左右移动仪器,使之稳固。

(5)开机并选定测试时间后进行测量,测试人员退出核子仪2m以外。到达测试时间后,测试人员读取并记录示值,迅速关机,将手柄置于安全位置,结束本次测试。

注意:不同型号的核子仪在具体操作步骤上略有不同,可按照设备相应要求进行操作。

(6)测试结束后,核子仪应装入专用的仪器箱内,放置在符合核辐射安全规定的地方。

(7)根据相关性试验结果确定材料的湿密度和含水率,并计算干密度及压实度。对于沥青混合料面层,用所确定的材料湿密度直接计算压实度。

用散射法时,一组测值不应少于 13 点,取平均值作为该段落的压实结果。

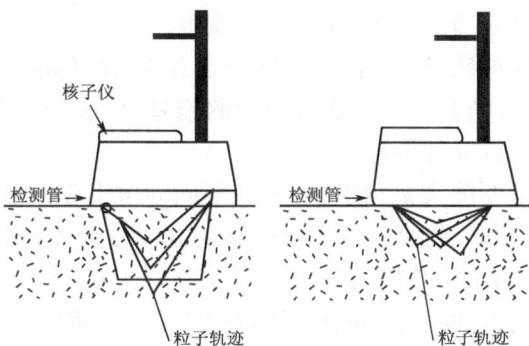

图 5-16　散射法测定

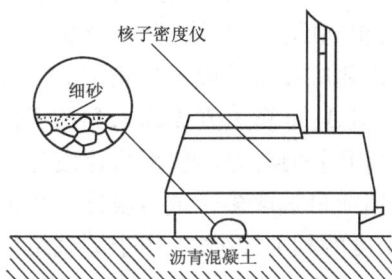

图 5-17　用细砂填平测点表面孔隙的方法

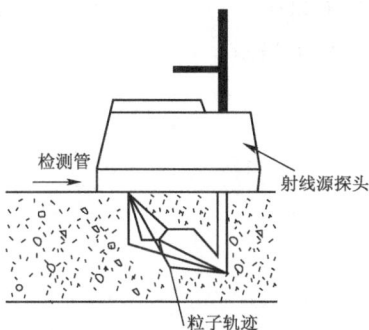

图 5-18　直接透射法测定

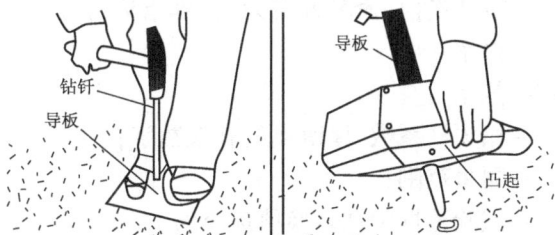

图 5-19　在路表面上打孔的方法

四、检测结果计算

按下式计算施工干密度及压实度:

$$\rho_d = \frac{\rho_w}{1 + 0.01w} \tag{5-23}$$

$$K = \frac{\rho_d}{\rho_0} \times 100 \tag{5-24}$$

式中:K——测试地点的施工压实度,%;

　w——试样的含水率,%;

　ρ_w——试样的实测密度(湿密度),g/cm³;

　ρ_d——试样的干密度,g/cm³;

　ρ_0——由击实试验得到的试样的最大干密度,g/cm³。

五、相关性试验

核子仪在使用前应在试验段上确定与标准方法的相关性。在沥青混合料大规模施工前,应确定核子仪法与钻芯取样法的相关性。在基层或路基大规模施工前,应确定核子仪法与挖坑灌砂法的相关性。步骤如下:

①选定 200m 以上段落作为试验段。

②按照本节"三、方法与步骤"中:步骤(2)~(5)进行测试。

③对于沥青路面,按照"钻芯测试路面压实度方法"的规定测试压实度;对于基层或路基,在测点处避开测孔,按照"挖坑灌砂测试压实度方法"的规定测试压实度。

④对相同的路面厚度、配合比设计、碾压遍数、松铺厚度、机械组合及压实度标准的路面结构层,使用前应在试验段至少测试 15 次,求取两种不同方法在每处的偏差值 Δp_i,计算平均值作为修正值 Δ,将修正值 Δ 输入到核子仪中,计算并保存。

⑤对相同的路面厚度、配合比设计、松铺厚度及机械组合,多种不同的压实度标准的路面结构,使用前可选取多个试验段进行相关性试验,每个试验段至少测试 10 处,求取两种不同方法测试密度的相关性公式,用于测试结果的修正。其相关系数 R 应不小于 0.95。

一般采用最小二乘法对两组试验数据进行线性回归分析,所得相关性关系式可采用下式表示:

$$Y = AX + B, R = x.xxxx, C = X_{\min} \sim X_{\max} \tag{5-25}$$

式中:Y——转换值,命名方式为"技术指标符号$_{试验方法名称}$",无量纲;

$\quad\ X$——被转换值,命名方式为"技术指标符号$_{试验方法名称}$",无量纲;

$\quad\ A$——斜率;

$\quad\ B$——截距;

$\quad\ R$——相关性系数,保留 4 位有效数字;

$\quad\ C$——测量范围;

$\quad X_{\min}$——试验数据中被转换值最小值;

$\quad X_{\max}$——试验数据中被转换值最大值。

最小二乘法各特征参数的计算公式如下:

$$A = \frac{n\sum xy - \sum x \sum y}{n\sum x^2 - (\sum x)^2} \tag{5-26}$$

$$B = \bar{y} - A\,\bar{x} \tag{5-27}$$

$$R = \frac{\overline{xy} - \bar{x}\,\bar{y}}{\sqrt{(\overline{x^2} - \bar{x}^2)(\overline{y^2} - \bar{y}^2)}} \tag{5-28}$$

上述式中:y——转换值试验数据;

$\qquad\quad x$——被转换值试验数据。

相关系数 R 应满足具体技术指标相关性试验的要求。

六、检测报告

测定路面密度及压实度的同时,应记录气温、路面的结构深度、沥青混合料类型、面层结构及测定厚度等数据和资料。记录格式见表 5-9。

压实度检测记录(核子仪法) 表 5-9

工程名称:××工程　　结构名称:二灰稳定粒料基层　　最大干密度:2.16g/cm³　　检验日期:_____

检验温度:_____　　　　试验者:_____　　　　计　算　者:_____　　　　校核者:_____

测点桩号	测点编号	湿密度 ρ_w (g/cm³)	含水率 w (%)	干密度 ρ_d (g/cm³)	压实度 K (%)
K8+250	1	2.24	9.0	2.05	95.0

测点桩号	测点编号	湿密度 ρ_w （g/cm³）	含水率 w （%）	干密度 ρ_d （g/cm³）	压实度 K （%）
K8+300	2	2.23	8.2	2.06	95.6
K8+350	3	2.23	8.5	2.06	95.3
K8+400	4	2.22	7.9	2.05	95.1
K8+450	5	2.24	8.3	2.07	95.9

七、使用安全注意事项

（1）在操作过程中和存放核子密度仪时，要注意放射性防护：当仪器工作时，所有人员均应退至距离仪器2m以外的地方，等工作完成后再读数。

（2）当被测结构层厚度、材料有变化且进行灌砂法与核子密度仪的校正标定时，灌砂法挖的试坑深度要标准。核子密度仪与灌砂法配合使用才能收到较好效果。

（3）仪器不使用时，应装入专用的仪器箱内，放置在符合核辐射安全规定的地方。

（4）仪器应由经有关部门审查合格的专人保管、专人使用，对从事仪器保管用使用的人员，应遵照有关核辐射检测的规定。不符合核防护规定的人员，不宜从事此项工作。

（5）对刚铺筑完成的热沥青混合料路面进行测试时，为避免影响测试结果，仪器不能长时间放置在路面上，测试完后仪器应尽快从路面上移走冷却。

第六节　无核密度仪测定压实度

核子密度仪在实现无损检测的同时会带来由放射元素所产生的环保和健康问题，而采用无核密度仪无放射元素，不产生任何辐射，可真正地实现对路面压实度进行既安全、环保，又快速、高效的无损检测。

无核密度仪利用电磁法原理测量沥青路面的均匀性和相对密度，该仪器采用先进的专利技术，能可靠、快速地测试沥青路面各层沥青混合料的密度，并计算施工压实度。但由于测试结果受影响因素较多，因而应用无核密度仪时，必须严格标定，通过对比试验检验确认其可靠性。其测试结果不宜用于评定验收或仲裁。

一、检测器具与材料

（1）无核密度仪：内含电子模块和可充电电池，如图5-20所示。

①探头：无核，无电容，用于野外测量。

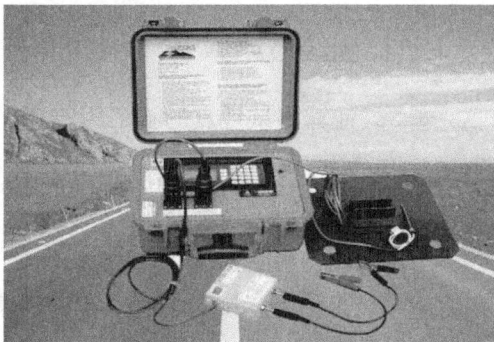

图5-20　无核密度仪实物照

②最大探测深度:≥10cm;最小探测深度≤2.5cm。

③单次测量时间:不大于5s。

④精度:0.003g/cm³。

⑤操作环境温度:0~70℃。

⑥测试材料表面最高温度:150℃。

⑦湿度:98%且不结露。

(2)标准密度块:供无核密度仪自校时使用。

(3)交流充电器或直流充电器。

(4)打印机:用于打印测试数据。

二、方法与步骤

1.准备工作

(1)无核密度仪第一次使用前应对软件进行设置并储存,使操作者无须每次开机后都进行软件的设置。

(2)使用无核密度仪前,应严格用标准块标定,通过相关性试验检验,确认其可靠性。

2.测试步骤

(1)按照本章第一节规定的方法确定测试位置,与距路面边缘或其他物体的最小距离不得小于30cm,且表面干燥。

(2)把无核密度仪平稳地置于测试位置上,保证仪器不晃动。当路表结构凹凸不平时,可用细砂填平测试位置的空隙,使路表面平整,能与仪器紧密接触。

(3)开机后应检查无核密度仪的工作状态,如电池电压、内部温度,设置测试日期、时间、测值编号等。

(4)进入测试界面,设置沥青面层厚度、测量单位、最大公称粒径等参数设置,选择单点测量模式,进入待测状态。

(5)按动测试键,3s后读取数据,并记录。同时,无核密度仪上显示被测试材料表面的湿度值应在0~10之间;当测值超过10时,数据作废,应重新选点测试。

(6)当采用修正值方法时,显示原始数据为ρ_d;当采用相关性公式时,将显示原始数据带入相关性公式,计算实测密度ρ_d,准确至0.01g/cm³。

三、检测结果计算

按下式计算测试地点的施工压实度:

$$K = \frac{\rho_d}{\rho_0} \times 100 \qquad (5-29)$$

式中:K——测试地点的施工压实度,%;

ρ_d——无核密度仪测定的压实沥青混合料的实际密度,g/cm³,一组不少于13个点,取平均值;

ρ_0——沥青混合料的标准密度,g/cm³。

四、与钻芯法压实度测试结果的相关性

1. 路段选择

(1)选择不短于 200m 长度的试验路段。

(2)按照本章第一节规定的方法确定测试位置。

(3)对同样的路面厚度、配合比设计、碾压遍数、松铺厚度、机械组合及压实度标准的路面结构,应确定不少于 15 处。对同样的路面厚度、配合比设计、松铺厚度及机械组合,不同的压实度标准的路面结构,应确定不少于 10 处。

2. 试验步骤

(1)每处测试位置按照图 5-21 所示确定 5 个点位,使用无核密度仪,按照本节"二、方法与步骤"中步骤(2)~(5)对各测点进行测试。选择平均读取模式依次读取并记录显示的密度、湿度和温度等数值,取密度平均值作为该处密度测试结果。

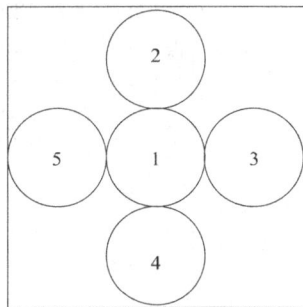

图 5-21 五点法示意图

(2)在每一处测试位置钻取芯样,按照"钻芯测试路面压实度方法"规定的方式进行压实度测试。

3. 数据处理

(1)对同样的路面厚度、配合比设计、碾压遍数、松铺厚度、机械组合及压实度标准的路面结构,计算每处测试位置的密度偏差值 $\Delta \rho_i$,即无核密度仪测值与钻芯法测值的差值,并计算所有位置的平均偏差值作为修正值 Δ。

(2)对同样的路面厚度、配合比设计、松铺厚度及机械组合,不同的压实度标准的路面结构,按照《公路路基路面现场测试规程》(JTG 3450—2019)附录 C 的规定进行数据处理,得到相关性公式,其相关系数 R 应不小于 0.9。

(3)当采用修正值时,一般可将修正值输入无核密度仪,其示值即为修正后测值。当采用相关性公式时,需对无核密度仪示值进行计算处理。

五、检测报告

测定路面密度及压实度的同时,应记录气温、路面的结构深度、沥青混合料类型、面层结构及测定厚度等数据和资料。

第七节 压实度评定

路基、路面压实度以 1～3km 长的路段为检验评定单元,按要求的检测频率(表5-10)及方法进行现场压实度抽样检查,求算每一测点的压实度 K_i。

压实度评定要求　　　　　　　　　　　　　　　　　　　　　　　　表 5-10

工程项目类型				规定值或允许偏差			检查方法和频率
				高速公路、一级公路	其他公路		
					二级公路	三、四级公路	
土方路基①	上路床		0~0.3m	≥96	≥95	≥94	按有关方法检查密度,每200m 每压实层测 2 处
	下路床	轻、中及重交通荷载等级	0.3~0.8m	≥96	≥95	≥94	
		特重、极重交通荷载等级	0.3~1.2m	≥96	≥95	—	
	上路堤	轻、中及重交通荷载等级	0.8~1.5m	≥94	≥94	≥93	
		特重、极重交通荷载等级	1.2~1.9m	≥94	≥94	—	
	下路堤	轻、中及重交通荷载等级	>1.5m	≥93	≥92	≥90	
		特重、极重交通荷载等级	>1.9m				
填隙碎石（矿渣）	基层	代表值		—	≥98		密度法:每200m 测 2 点
		极值		—	≥82		
	底基层	代表值		≥96			
		极值		≥80			
级配碎（砾）石	基层	代表值		≥98	≥98		按有关方法检查密度,每200m 测 2 处
		极值		≥94	≥94		
	底基层	代表值		≥96	≥96		
		极值		≥92	≥92		
稳定土	基层	代表值		—	≥95		按有关方法检查密度,每200m 测 2 处
		极值		—	≥91		
	底基层	代表值		≥95	≥93		
		极值		≥91	≥89		
稳定粒料	基层	代表值		≥98	≥97		按有关方法检查密度,每200m 测 2 处
		极值		≥94	≥93		
	底基层	代表值		≥96	≥95		
		极值		≥92	≥91		
水泥(或石灰、粉煤灰)稳定粒料	基层	代表值		≥98	≥97		按有关方法检查密度,每200m 测 2 处
		极值		≥94	≥93		
	底基层	代表值		≥96	≥95		
		极值		≥92	≥91		
沥青混凝土面层或沥青碎(砾)石面层②				≥试验室标准密度的96%(＊98%) ≥理论最大密度的92%(＊94%) ≥试验段密度的98%(＊99%)			每200m 测 1 点。核子(无核)密度仪每200m 测 1 处,每处 5 点

注:①土方路基压实度以重型击实试验为准,极值为表列值减 5% 。
　　②表内压实度,高速公路、一级公路应选用 2 个标准评定,以合格率低的作为评定结果;其他公路选用 1 个标准进行
　　　评定;带＊者是指 SMA 路面。

压实度评定的要点:

(1)控制平均压实度的置信下限,以保证总体水平。

(2)规定单点极限值不得超出给定值,防止局部隐患。

(3)规定合格界限以区分质量优劣。

检验评定段的压实度代表值 K(算术平均值的置信下限)为

$$K = \overline{K} - S \frac{t_\alpha}{\sqrt{n}} \geq K_0 \qquad (5\text{-}30)$$

式中：$\overline{K}$——检验评定段内各测点压实度的平均值；

　　　t_α——t 分布表中随测点数和保证率（或置信度 α）而变的系数（查附表2）；高速公路、一级公路：基层、底基层为 99%，路基、路面面层为 95%；其他公路：基层、底基层为 95%，路基、路面面层为 90%；

　　　S——检测值的均方差；

　　　n——检测点数；

　　　K_0——压实度标准值。

一、路基、基层和底基层

当 $K \geq K_0$，且单点压实度 K_i 全部大于等于规定值减 2 个百分点时，评定路段的压实度合格率为 100%；当 $K \geq K_0$，且单点压实度全部大于或等于规定极值时，按测定值不低于规定值减 2 个百分点的测点数计算合格率；当 $K < K_0$ 或某一单点压实度 K_i 小于规定极值时，该评定路段压实度为不合格，相应分项工程为不合格。

路堤施工段落短时，分层压实度要全部符合要求，且实际样本数不小于 6 个。

二、沥青面层

当 $K \geq K_0$，且全部测点大于等于规定值减 1 个百分点时，评定路段的压实度合格率为 100%；当 $K \geq K_0$ 时，按测定值低于规定值减 1 个百分点的测点数计算合格率。当 $K < K_0$ 时，评定路段的压实度为不合格，相应分项工程为不合格。

例 5-1 某新建二级公路石灰土路基施工中，对其中的一段压实质量进行检查，压实度检测结果见表 5-11，压实度标准值 $K_0 = 95\%$，规定极值为 91%。请按保证率 95% 计算该路段的压实度代表值及合格率，并进行压实质量评定。

压实度检测结果 　　　　　　　　　　　　　　　　　　　　　表 5-11

序号	1	2	3	4	5	6	7	8	9	10
压实度(%)	96.4	95.4	93.5	97.3	96.3	95.8	95.9	96.7	95.3	95.6
序号	11	12	13	14	15	16	17	18	19	20
压实度(%)	97.6	95.8	96.8	95.7	96.1	96.3	95.1	95.5	97.0	95.3

解：经计算：$\overline{K} = 95.97\%$，$S = 0.91$，$t_\alpha / \sqrt{n}$ 查附表 2 得 0.387。

压实度代表值 K 为算术平均值的置信下限，即

$$K = \overline{K} - S \times \frac{t_\alpha}{\sqrt{n}}$$

$$= 95.97 - 0.91 \times 0.387 = 95.62(\%)$$

由于压实度代表值 $K > K_0 = 95\%$。

单点压实度 $K_{i\max} = 97.6\%$，$K_{i\min} = 93.5\%$。

$K_i > K_0 - 2\% = 95\% - 2\% = 93\%$，全部单点压实度检验都符合要求。

且单点压实度全部大于规定极值，$K_i > K_极 = 91\%$。

合格点数 $m = 20$,检测点数 $n = 20$。

合格率 $P = m/n \times 100 = 20/20 \times 100 = 100(\%)$。

所以该路段的压实质量是合格的。

课后任务与评定

参考答案

任务一:简述土基和路面基层、沥青混凝土面层压实的定义及作用。

任务二:简述常用路基路面压实度的检测方法。

任务三:完成表5-12~表5-14。

路基压实度检测任务单　　　　　　　　　　　　　　　表5-12

1	模拟实训目标	分组用灌砂法,任选一处确定某土基的压实度,并填写表5-12及表5-13。评定路段为 K8 +000 ~ K9 +000
2	实训仪具与材料	
3	人员分工	①数据记录2人; ②检测人员3人; ③数据处理人员2人
4	准备工作	
5	现场压实度的检测要点	

灌砂法标定试验记录　　　　　　　　　　　　　　　表5-13

锥体砂质量的标定			
试验次数	按规定装入筒内砂的质量 m_1 （g）	圆锥体内砂的质量 （g）	灌砂筒下部圆锥体内砂的质量标定值 m_2 （g）
1			
2			
3			

标定罐容积的标定			
试验次数	标定罐与水的合计质量(g)		标定罐质量 （g）	标定罐容积 V （cm³）
	实测值	平均值		
1				
2				
3				

标准砂的堆积密度测定					
试验编号	筒内砂的总质量(g)		锥体砂质量标定值 m_2 （g）	标定罐内砂质量 m_a (g)		标准砂的堆积密度 $\rho_s = \dfrac{m_a}{V}$ (g/cm³)
	灌砂前 m_1	灌砂后 m_3		实测值	平均值	
1						
2						
3						

试验:　　　　　　　　　　　　　　　复核:

压实度检测表（灌砂法） 表5-14

工程名称	××工程	结构层	级配碎石底基层	最大干密度 ρ_d（g/cm³）		2.30	标定量砂的密度 ρ_s（g/cm³）		1.45
取样地点（桩号）									
灌入试洞前筒内砂质量		g	m_1						
灌砂筒下部圆锥体内砂的平均质量		g	m_2						
灌砂入试洞后筒内剩余砂质量		g	m_4、m_4'						
灌砂筒下部圆锥体及基板和地面粗糙表面间砂的合计质量		g	$m_5 - m_6$						
填满试洞所需砂质量		g	$m_b = m_1 - m_2 - m_4$						
试洞中湿土质量		g	m_w						
湿密度		g/cm³	ρ_w						
含水率		%	w						
干密度		g/cm³	ρ_d						
压实度		%	K						

任务四：完成表5-15～表5-17。

路基压实质量评定任务单 表5-15

1	模拟实训目标	拟对某段公路路基压实质量进行检查，压实度检测结果见表5-15，压实度标准 $K_0 = 95\%$，规定极值为91%。请按保证率95%计算该路段压实度代表值及合格率，并进行压实质量评定，填写表5-16。评定路段为 K8 +000 ～ K9 +000
2	评定过程	
3	评定结论	

压实度检测结果 表5-16

序号	1	2	3	4	5	6	7	8	9	10
压实度(%)	96.0	95.4	93.5	97.0	96.3	95.0	95.9	96.7	95.3	95.6
序号	11	12	13	14	15	16	17	18	19	20
压实度(%)	97.6	95.8	96.8	95.7	96.1	96.3	95.1	95.5	97.0	95.3

压 实 度 评 定 表　　　　　　　　　　　　　　　表 5-17

工程名称:_____　　　　　　　　试验日期:_____
承包单位:_____　　　　　　　　评定标准:_____

标准规定值(%)		合格值(%)		极值(%)	
路段桩号	结构层	压实度实测值	代表值(%)	合格点数	合格率(%)
	无机结合料基层				
评定结论:					

试验:　　　　　　　　　　　　　　复核:

任务五:完成表 5-18~表 5-21。

路基压实质量评定任务单　　　　　　　　　　　表 5-18

1	模拟实训目标	拟对某二级公路土方路堤通过室内击实试验,测得该土最大干密度为 1.82g/cm³,最佳含水率为 15.2%,其测定结果见表 5-18,并按 95% 的保证率评定路段的压实质量(要求 $K_0 = 95\%$, $t_{0.95}/\sqrt{7} = 0.734$),并填写表 5-18~表 5-20。评定路段为 K8+000~K9+000
2	评定过程	
3	评定结论	

核子密度仪检测压实度结果表　　　　　　　　　表 5-19

测点编号	湿密度(g/cm³)	含水率(%)	干密度(g/cm³)	压实度(%)
1	1.98	14.8		
2	1.94	14.6		
3	1.97	14.7		
4	2.03	15.6		
5	2.07	16.2		
6	2.05	16.3		
7	1.94	15.8		

路基压实度检测汇总表　　　　　　　　　　表 5-20

工程名称：_____　　　　　　　　　　评定段里程桩号：_____

序号	验收段起止桩号	层次	实测点数	压实厚度（cm）	平均值	标准差	要求压实度（%）	单点压实度实测值（%）						
								1	2	3	4	5	6	7

压实度检测评定汇总表　　　　　　　　　　表 5-21

工程名称：_____　　　　　　　　　　评定段里程桩号：_____

序号	工程部位	里程桩号		代表工程数量	材料/结构层种类	取样高程（m）	标准密度（g/cm³）	压实度设计或标准值（%）	应检点数	检测点数	合格点数	合格率（%）
		起点	止点									

第六章
CHAPTER SIX

路面平整度检测

教学要求

能比较几种路面平整度测试方法的特点;能熟练使用 3m 直尺测试路基路面平整度;能理解连续式平整度仪和车载式颠簸累计仪的测试要点;能对连续式平整度仪测试结果进行处理与分析;能建立测试指标的关系。

第一节　基础知识

路面平整度是评定路面使用质量、施工质量以及现有路面破坏程度的重要指标之一。它直接关系到行车安全性、舒适性以及营运经济性,并影响着路面使用年限。

路面平整度的检测设备分为断面类与反应类两大类。断面类检测设备是测定路面表面凸凹情况的一种仪器,如最常用的 3m 直尺及连续式平整度仪。国际平整度指数便是以此为基准建立的,这是平整度最基本的指标。反应类检测设备是测定由于路面凹凸不平引起车辆颠簸的情况,这是驾驶员和乘客直接感受到的平整度指标,因此,它实际上是舒适性能指标,最常用的是车载式颠簸累积仪,现已有更新的自动测试设备,如纵断面分析仪、路面平整度数据采集系统测定车等。本章仅介绍几种常见的平整度测定方法。

水泥混凝土路面和沥青路面平整度检测设备的比较见表 6-1;有关规范对路基、路面面层、路面基层、路面底基层的平整度的要求见表 6-2。

平整度测试方法比较　　　　　　　　　　　　表 6-1

方　法	特　点	技术指标
3m 直尺法	设备简单,结果直观,间断测试,工作效率低,反映凸凹程度	最大间隙 h(mm)
连续式平整度仪法	设备较复杂,连续测试,工作效率高,反映凸凹程度	标准差 σ(mm)
颠簸累积仪	设备复杂,工作效率高,连续测试,反映舒适性	单向累计值 VBI(cm/km)

路基、面层、基层、底基层的平整度要求 表6-2

结构类型	规定值或允许偏差						检查方法与频率
	3m直尺:最大间隙(mm)				平整度仪:标准偏差 σ(mm) 国际平整度指数 IRI(m/km)		
	高速、一级公路		其他公路		高速、一级公路	其他公路	
	基层	底基层	基层	底基层			
土方路基	≤15		≤20				3m直尺:200m测2处×5尺
填石路基	≤20		≤30				
水泥混凝土面层	3		5		1.32(2.2)	2.0(3.3)	3m直尺:每200m测2处×5尺(水泥混凝土面层为半幅车道);平整度仪:全线每车道连续按每100m计算 σ 或 IRI
沥青混凝土面层	—		≤5		1.2(2.0)	2.5(4.2)	
沥青碎石面层	—		≤5		1.2(2.0)	2.5(4.2)	
沥青贯入式面层	≤8				≤3.5(5.8)		
沥青表面处治面层	≤10				≤4.5(7.5)		
稳定土基层、底基层	—	≤12	≤12	≤15			
稳定粒料基层、底基层	≤8	≤12	≤12	≤15			
级配碎石基层、底基层	≤8	≤12	≤12	≤15			
填隙碎石(矿渣)基层、底基层	—	≤12	≤12	≤15			

注:括号中的数值为国际平整度指数 IRI(m/km)。

第二节 3m 直尺测定平整度

　　3m 直尺测定法有单尺测定最大间隙和等距离(1.5m)连续测定两种,前者常用于施工时质量控制和检查验收,单尺测定时要计算出测定段的合格率。等距离连续测定也同样适用于施工质量检查验收,但要算出标准差,用标准差来表示平整度程度。

　　利用 3m 直尺测定尺底距离路表面的最大间隙以表示路面的平整度,以 mm 计。它既适用于测定压实成型的路面各层表面的平整度,以此评定路面的施工质量及使用质量;也适用于路基表面成型后的施工平整度检测。

一、检测器具与材料

(1)3m 直尺:硬木或铝合金钢制,基准面平直,长 3m,如图 6-1 所示。

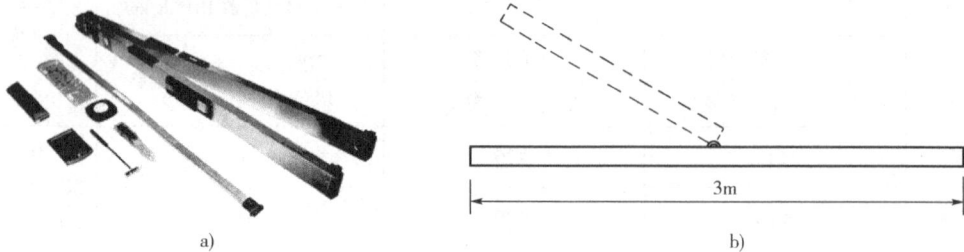

图 6-1　3m 直尺
a)实物图;b)示意图

(2)最大间隙测量器具。

①楔形塞尺:木或金属制的三角形塞尺,有手柄。塞尺的长度与高度之比不小于 10,宽度不大于 15mm,边部有高度标记,刻度精度不小于 0.2mm,如图 6-2 所示。

②深度尺:金属制的深度测量尺,有手柄。深度尺测量杆端头直径不小于 10mm,分度值不大于 0.5mm。

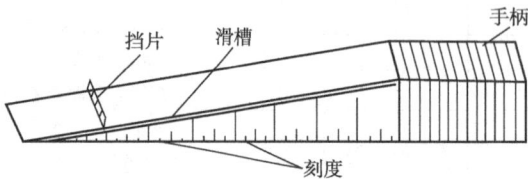

图 6-2　塞尺示意图

(3)其他:皮尺或钢尺、粉笔等。

二、方法与步骤

1.准备工作

(1)选择测试路段。

(2)在测试路段路面上选择测试地点;当为沥青路面施工过程中的质量检测时,测试地点应选在接缝处,以单尺方式测定。其他情况以连续 10 尺方式测试。除特殊需要外,应以行车道一侧车轮轮迹(距车道线 80~100cm)作为连续测定的位置,如图 6-3 所示。对旧路已形成车辙的路面,应取车辙中间位置为测定位置,用粉笔在路面上做好标记。

(3)清扫路面测定位置处的污物。

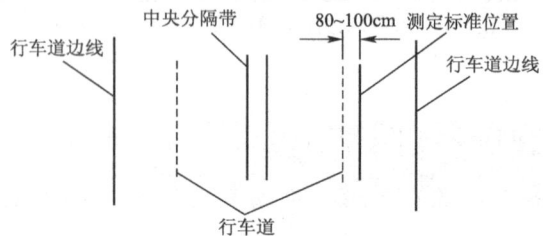

图 6-3　测点位置示意图

2.测试步骤

(1)在施工过程中检测时,根据需要确定的方向,将 3m 直尺摆在测试地点的路面上。

(2)目测 3m 直尺底面与路面之间的间隙情况,确定最大间隙的位置。

(3)将有高度标线的塞尺塞进间隙处,量测其最大间隙的高度(mm);或者用深度尺在最大间隙位置量测直尺上顶面距地面的深度,该深度减去尺高即为测试点的最大间隙的高度,精确到 0.5mm,如图 6-4 所示。

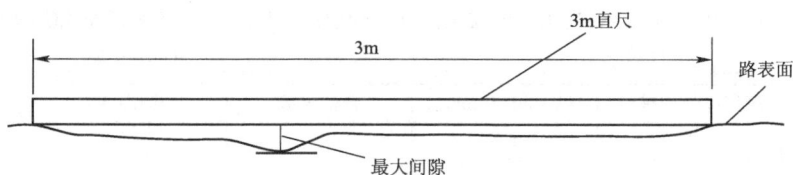

图 6-4 3m 直尺测平整度示意图

(4)施工结束后检测时,每 1 处连续检测 5 尺,按上述(1)～(3)的步骤测记 5 个最大间隙。

三、数据处理与评定

单尺检测路面的平整度计算,以 3m 直尺与路面的最大间隙为测定结果,连续测试 10 尺时,判断每尺最大间隙是否合格,根据要求计算合格百分率,并计算 10 个最大间隙的平均值。

$$合格率(\%) = \frac{合格尺数}{总测尺数} \times 100 \tag{6-1}$$

单尺检测的结果应随时记录测试位置及检测结果。连续测定 10 尺时,应报告平均值、不合格尺数、合格率。记录格式见表 6-3、表 6-4。

平整度检测记录表　　　　表 6-3

工程名称:××高速公路　施工单位:××工程公司　结构层类型:沥青混凝土面层　检测日期:_____

桩 号	读 数(mm)					最大值(mm)
K154+200	1	2	3	2	1	3
K154+300	3	1	1	2	1	3
本段检测点数:10 个,合格点数:10 个,合格率:100%						

平整度检测汇总表(3m 直尺法)　　　　　　　　表 6-4

工程名称：××工程　　结构名称:水泥混凝土路面　规定值：5mm　　路段桩号:K0+400~K0+600
检验者：_____　　计算者：_____　　校核者：_____　检验日期：_____

测定区间桩号	测尺序号或桩号	最大间隙(mm)	合格尺数	合格率(%)	平均值(mm)
K0+400~K0+500	1	4.5	5	100	4.4
	2	5			
	3	3			
	4	4.6			
	5	4.8			
K0+500~K0+600	1	3	4	100	3
	2	2			
	3	4			
	4	3.2			
	5	2.6			

第三节　连续式平整度仪测定平整度

连续式平整度仪通过测试路面纵向相对高程的标准差 σ 以表示路面的平整度,以 mm 计,其主要优点是可沿路面连续测量。它一般采用先进的计算机处理技术,可自动计算、自动打印、自动显示路面平整度的标准差、正负超差等各项技术指标,并绘出路面平整度偏差曲线。

连续式平整度仪适用于测定路表面的平整度,评定路面的施工质量和使用质量,但不适用于在已有较多坑槽、破损严重的路面上进行测定。

一、检测器具

1.连续式平整度仪

连续式平整度仪构造如图 6-5 所示。除特殊情况外,其标准长度为 3m,其质量应符合仪器标准的要求。中间为一个 3m 长的机架,机架可缩短或折叠,前后各有 4 个行走轮,前后两组轮的轴间距离为 3m。地面高差测量传感器安装在机架中间,可以是能起落的测定轮,或激光测距仪。机架上装有蓄电池电源及可拆卸的检测箱,检测箱可采用显示、记录、打印或绘图等方式输出测试结果。测定轮上装有位移传感器,距离传感器等检测器,自动采集位移数据时,测定间距为 10cm,每一计算区间的长度为 100m,输出一次结果。连续式平整度仪可记录测试长度(m),曲线振幅大于某一定值(如 3mm、5mm、8mm、10mm 等)的次数、曲线振幅的单向(凸起或凹下)累积值及以 3m 机架为基准的中点路面偏差曲线图,计算打印。

机架头装有一牵引钩及手拉柄,可用人力或汽车牵引。

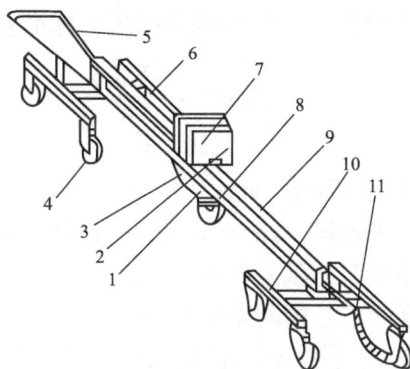

图 6-5 连续式平整度仪示意图

1-测量架;2-离合器;3-拉簧;4-脚轮;5-牵引架;6-前架;7-记录计;8-测定轮;9-纵梁;10-后架;11-软轴

2. 牵引车

小面包车或其他小型牵引汽车。

3. 皮尺或测绳

(略)。

二、测试步骤

1. 准备工作

(1)选择测试路段。

(2)当施工过程中质量控制需要时,测试地点根据需要决定。当路面工程质量检查验收或进行路况评定需要时,通常以行车道一侧车轮轮迹带作为连续测定的标准位置。对旧路已形成车辙的路面,取一侧车辙中间位置为测定位置。轮迹带距车道标线 80 ~ 100cm。

(3)清扫路面测定位置处的碎石、杂物等。

(4)检查仪器测试箱,测试箱各部分应完好、灵敏,测定轮胎压正常,并将各连接线接妥,安装记录设备。

2. 测试步骤

(1)将连续式平整度测定仪置于测试路段路面起点轮迹带上,保证测定轮位置在轮迹带范围内。

(2)在牵引汽车的后部,将平整度仪的挂钩的挂上后,放下测定轮,启动检测器及记录仪,随即启动汽车,沿道路纵向行驶,横向位置保持稳定,并检查平整度检测仪表上测定数字显示、打印、记录的情况。如遇检测设备中某项仪表发生故障,须停止检测。牵引平整度仪的速度应保持匀速,速度宜为 5km/h,最大不得超过 12km/h。

在测试路段较短时,亦可用人力拖拉平整度仪测定路面的平整度,但拖拉时应保持匀速前进。

三、检测数据的处理与评定

(1)连续式平整度测定仪测定后,按每 10cm 间距采集的位移值自动计算每 100m 计算区间的平整度标准差(mm),还可以记录测试长度(m)。

(2)每一计算区间的路面平整度以该区间测定结果的标准差表示。

$$\sigma_i = \sqrt{\dfrac{\sum d_i^2 - \dfrac{(\sum d_i)^2}{N}}{N-1}} \qquad (6\text{-}2)$$

式中:σ_i——各计算区间的平整度计算值,mm;

d_i——以100m为一个计算区间,每隔一定距离(自动采集间距为10cm,人工采集间距为1.5m)采集的路面凹凸偏差位移值,mm;

N——计算区间用于计算标准差的测试数据个数。

(3)计算一个评定路段内各区间平整度标准差的平均值、标准差、变异系数以及合格率。记录格式见表6-5。

平整度检测记录(连续平整度仪法)   表6-5

工程名称:_____ 结构名称:沥青路面面层 规定值:$[\sigma]=1.2$mm 路段桩号:K18 + 100 ~ K19 +200
检验者:_____ 计算者:_____ 校核者:_____ 检验日期:_____

测定区间桩号	序号	标准差(mm)	平均值(mm)	标准差(mm)	变异系数(%)	合格区间数	合格率(%)
K18 +100	01	0.48					
K18 +200	02	0.46					
K18 +300	03	0.51					
K18 +400	04	0.50					
K18 +500	05	0.65					
K18 +600	06	1.67 (桥头伸缩缝)					
K18 +700	07	1.00 (桥头伸缩缝)	0.55	0.083	15	9	100
K18 +800	08	0.71					
K18 +900	09	0.50					
K19 +000	10	0.54					
K19 +100	11	0.57					
K19 +200	12	0.91 (路面污染)					

测试当中对于桥头(包括通道两侧)伸缩缝、路面污染,其数据应予以删除。在测试当中,这些情况就随时记录在测试纸上。

因此,该路段的平整度均方差的平均值应为

$$\bar{\sigma} = (0.48 +0.46 +0.51 +0.50 +0.65 +0.71 +0.50 +0.54 +0.57) \div 9 = 0.55\text{mm}$$

因此

$$\bar{\sigma} = 0.55\text{mm} < [\sigma] = 1.20\text{mm}$$

所以该层平整度评定为合格。

第四节 车载式颠簸累积仪测定平整度

当用车载式颠簸累积仪测量车辆在路面上通行时,其后轴与车厢之间的单向位移累积值VBI,以此表示路面的平整度,以 cm/km 计。本方法适于测定路面表面的平整度,评定路面的施工质量和使用期的舒适性。但不适用于在已有较多坑槽、破损严重的路面上测定。

车载式颠簸累积仪的工作原理是测试车以一定的速度(以 30km/h 为宜,一般不超过40km/h)在路面上行驶,由于路面上凹凸不平,引起汽车的激振,通过机械传感器可测量后轴与车厢之间的单向位移累积值 VBI。VBI 越大,说明路面平整度越差,舒适性也越差。

一、检测器具

1.测试系统组成

测试系统由承载车辆、距离测量装置、颠簸累计值测试装置和主控制系统组成,如图 6-6所示。主控制系统对测试装置的操作实施控制,完成数据采集、传输、存储与计算过程。

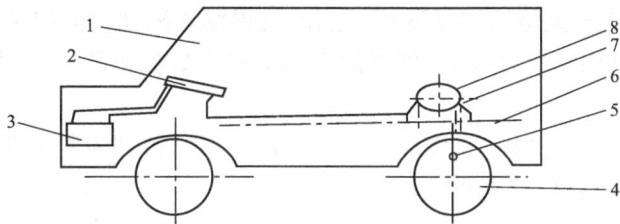

图 6-6 车载试验颠簸累积仪安装示意图
1- 测试车;2-数据处理器;3-蓄电池;4-后桥;5-挂钩;6-底板;7-钢丝绳;8-颠簸累积仪传感器

2.测试系统基本技术要求和参数

(1)测试速度:30～80km/h。

(2)测试幅值:－0.2～0.2m。

(3)垂直位移分辨率:1mm。

(4)距离标定误差:<0.5%。

(5)系统工作环境温度:0～60℃。

(6)系统软件能够依据相关关系式自动对颠簸累计值进行换算,间接输出国际平整度指数 IRI。

二、准备工作

(1)测试车辆具备下列条件之一时,都应进行仪器测值与国际平整度指数 IRI 的相关性标定:

①相关系数不应低于0.99;

②在正常状态下行驶超过2 000km;

③标定的时间间隔超过1年;

④减震器、轮胎等发生更换、维修。

(2)检查测试车轮胎气压,应达到车辆轮胎规定的标准气压;车胎应清洁;车上载重、人数以及分布应与仪器相关性标定试验时一致。

(3)距离测量系统需要现场安装的,根据设备操作手册说明进行安装,确保紧固装置安装牢固。

(4)检查测试系统,各部分应符合测试要求,不应有明显的可视性破损。

(5)打开系统电源,启动控制程序,检查系统各部分的工作状态。

三、检测步骤

(1)测试开始之前应让测试车以测试速度行驶5~10km,按照设备操作手册规定的预热时间对测试系统进行预热。

(2)测试车停在测试起点前300~500m处,启动平整度测试系统程序,按照设备操作手册的规定和测试路段的现场技术要求设置完毕所需的测试状态。

(3)驾驶员在进入测试路段前,应保持车速在规定的测试速度范围内,沿正常行车轨迹驶入测试路段。

(4)进入测试路段后,测试人员启动系统的采集和记录程序,在测试过程中必须及时准确地将测试路段的起终点和其他需要特殊标记点的位置输入测试数据记录中。

(5)当测试车辆驶出测试路段后,仪器操作人员停止数据采集和记录,并恢复仪器各部分至初始状态。

(6)操作人员检查数据文件,文件应完整,内容应正常,否则需要重新测试。

(7)关闭测试系统电源,结束测试。

四、颠簸累计仪测定值与国际平整度指数的相关关系

1.国际平整度指数

用车载式颠簸累积仪测定的 VBI 值需要与其他平整度指标[如国际平整度指数(IRI)等]进行换算时,应将车载式颠簸累计积仪的测试结果进行标定,即与相关的平整度仪测量结果建立相关关系,相关系数均不得小于0.99。

国际平整度指数(IRI)是一项标准化的平整度指标。它同反应类平整度测定系统类似,但是采用的是数学模型模拟1/4车轮(单轮,类似于拖车)以规定速度行驶在路面断面上,分析行驶距离内动态反应悬架系统的累积竖向位移量。标准的测定速度为80km/h,其测定结果的单位为 m/km。

为与其他平整度指标建立相关关系,选择的标定路段应符合下列要求:

(1)按照每段 IRI 值变化幅度不小于1.0 的范围,选择不少于4段不同平整度水平的路段,且有足够加速或减速长度的路段。根据实际测试道路 IRI 的分布情况,增加某些范围内的标定路段。

（2）每段路长度不小于300m。

（3）每一段中的平整度应均匀,包括路段前50m的引道。

（4）标定路段应选纵坡变化较小的平坦、直线地段。

（5）选择交通量小或可以疏导的路段,减少标定时车辆的干扰。

（6）标定宜选择在车道的正常行驶轮迹上进行,明确标出标定路段的轮迹、起终点。

2. 标定步骤

（1）距离标定：

①选择坡度变化较小的平坦直线路段,标出起终点和行驶轨迹。

②标定开始之前,应让测试车以测试速度行驶5~10km,按照设备操作手册规定预热时间对测试系统进行预热。

③将测试车的前轮对准起点线,启动距离校准程序,然后令车辆沿着路段轨迹直线行驶,避免突然加速或减速,接近终点时,看指挥人员手势减速停车,确保测试车的前轮对准终点线,结束距离校准程序。重复此过程,确保距离传感器脉冲当量的准确性,应在允许误差范围内。

（2）用颠簸累计仪按选定的测试速度测试每个标定路段的颠簸累计值,重复测试至少5次,取其平均值作为该路段的反应值。

（3）IRI值的确定：以精密水准仪作为标准仪具,分别测量标定路段两个轮迹的纵断高程,要求采样间隔为250mm,高程测试精度为0.5mm;然后用IRI标准计算程序对每个轮迹的纵断面测量值进行模型计算,得到该轮迹的IRI值。两个轮迹IRI值的平均值即该路段的IRI值。

3. 试验数据处理

用数理统计的方法将各标定路段的IRI值和相应的颠簸累计仪测值进行回归分析,建立相关关系方程式,相关系数R不得小于0.99。

$$IRI = a + bVBI_v \tag{6-3}$$

式中：IRI——国际平整度指数,m/km;

VBI$_v$——测试速度为v(km/h)时,颠簸累积仪测得的颠簸累积值,cm/km;

a、b——回归系数。

五、检测报告

（1）应列表报告每一个评定路段内测定区间的颠簸累积值VBR、国际平整度IRI平均值和现场测试速度。

（2）颠簸累计值VBR与国际平整度指数IRI在选定测试条件下的相关关系式及相关系数。

第五节　车载式激光平整度仪测定平整度

激光路面平整度测定仪是一种与路面无接触的测量仪器,测试速度快,精度高。它适用于在无严重坑槽、车辙等病害及无积水、积雪、泥浆的正常通车条件下连续采集路段平整度数据,评定验收新建、改建路面工程质量。

激光平整度仪采集的数据是路面相对高程值,应以100m为计算区间长度,用IRI的标准计算程序计算IRI值,以m/km计。

一、检测仪具

1. 测试系统

测试系统由承载车辆、距离传感器、纵断面高程传感器和主控制系统组成。其中,主控制系统对测试装置的操作实施控制,完成数据采集、传输、存储与计算过程。

2. 测试系统基本技术要求和参数

(1)测试虚度:30~100km/h。

(2)采样间隔:≤500mm。

(3)传感器测试精度:1.0mm。

(4)距离标定误差:<0.05%。

二、准备工作

(1)设备安装到承载车上后按规定进行相关性试验。

(2)根据设备操作手册的要求对测试系统各传感器进行校准。

(3)检查测试车轮胎气压,应达到车辆轮胎规定的标准气压,车胎应清洁。

(4)距离测量装置需要现场安装的,根据设备操作手册说明进行安装,确保机械紧固装置安装牢固。

(5)测试系统各部分应符合测试要求,不应有明显的可视性破损。

(6)打开系统电源,启动控制程序,检查各部分的工作状态。

三、测试步骤

(1)测试开始之前,应让测试车以测试速度行驶5~10km,按照设备操作手册规定的预热时间对测试系统进行预热。

(2)测试车停在测试起点前50~100m处,启动平整度测试系统程序,按照设备操作手册的规定和测试路段的现场技术要求设置完毕所需的测试状态。

(3)驾驶员按照规定的测试速度驾驶测试车,测试速度宜为50~80km/h,避免急加速和急减速,急弯路段应放慢车速,沿正常行车轨迹驶入测试路段。

(4)进入测试路段后,测试人员启动系统的采集和记录程序,在测试过程中必须及时准确地将测试路段的起终点和其他需要特殊标记的位置输入测试数据记录中。

(5)当测试车辆驶出测试路段后,仪器操作人员停止数据采集和记录,并恢复仪器各部分至初始状态。

（6）检查测试数据文件,文件应完整,内容应正常,否则需要重新测试。

（7）关闭测试系统电源,结束测试。

四、激光平整度仪测值与国际平整度指数 IRI 的相关关系

1.试验条件

（1）按照每段 IRI 值变化幅度不小于 1.0 的范围选择不少于 4 段不同平整度水平的路段,且有足够加速或减速长度。根据实际测试道路 IRI 的分布情况,增加某些范围内的标定路段。

（2）每路段路长度不小于 300m。

（3）每一段中的平整度应均匀,包括路段前 50m 的引道。

（4）选择坡度变化较小的直线路段,路段交通量小,便于疏导。

（5）有多个激光测头的系统需要分别标定。

（6）标定宜选择在车道的正常行驶轮迹上进行,明确画出轮迹带测线和起终点位置。

2.试验步骤

（1）距离标定:

①选择坡度变化较小的平坦直线路段,标出起终点和行驶轨迹。

②标定开始之前应让测试车以测试速度行驶 5～10km,按照设备操作手册规定预热时间对测试系统进行预热。

③将测试车的前轮对准起点线,启动距离校准程序,然后令车辆沿着路段轨迹直线行驶,避免突然加速或减速,接近终点时,看指挥人员手势减速停车,确保测试车的前轮对准终点线,结束距离校准程序。重复此过程,确保距离传感器测试结果的准确性,应在允许误差范围内。

（2）将激光平整度仪所标定的纵断面高程传感器对准测线重复测试 5 次,取其 IRI 计算值的平均值作为该路段的测试值。

（3）IRI 值的确定:以精密水准仪作为标准仪具,分别测量标定路段两个轮迹的纵断高程,要求采样间隔为 250mm,高程测试精度为 0.5mm;然后用 IRI 标准计算程序对每个轮迹的纵断面测量值进行模型计算,得到标定线路的 IRI 值。

3.试验数据处理

用数理统计的方法将各标定路段的 IRI 值和相应的平整度仪测值进行回归分析,建立相关关系方程式,相关系数 R 不得小于 0.99。

五、检测报告

（1）国际平整度指数 IRI 平均值。

（2）激光平整度仪测值与国际平整度指数 IRI 在选定测试条件下的相关关系式及相关系数。

第六节　手推式断面仪测定平整度

　　手推式断面仪是用于连续采集和测量路面信息(包括距离、断面坡度和国际平整度指数IRI)的一种高精度仪器,符合 ASTM E950 一级产品要求,属于世界银行标准一级断面设备。手推式断面仪可用于道路或机场跑道路面施工质量验收,还可为响应式平整度检测仪及其他类平整度检测仪提供标定参照。手推式断面仪体积小,携带方便,操作简单,在科研和工程应用领域具有一定使用需求。

一、适用范围

　　本方法适用于无积水、无积雪、无泥浆的正常通车条件下用手推式断面仪测量路面国际平整度指数(IRI),以表征路面平整度。

二、仪具与材料技术要求

1.手推式断面仪

　　手推式断面仪由传感器、数据采集与处理系统、测定梁、距离测定轮、测脚、车架系统等基本部分组成,如图6-7所示,技术要求如下:

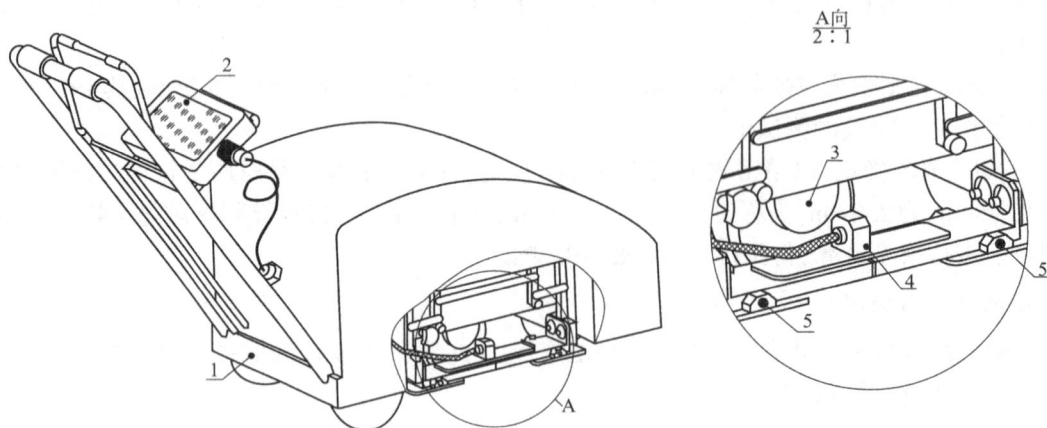

图6-7　手推式断面仪示意图

1-车架系统;2-数据采集与处理系统;3-距离测定轮;4-传感器;5-测脚;A-测定梁放大图

　　(1)最大测试速度:0.80km/h。

　　(2)采样间隔:≤25.4mm。

（3）距离标定误差：≤0.1%。

（4）高度测量精度：±0.1mm。

（5）断面精度：±0.381mm。

（6）最大测量纵向坡度：9.5°。

2. 其他

皮尺或钢卷尺、粉笔、扫帚等。

三、方法与步骤

1. 准备工作

（1）清扫待测路面，检查机械部件有无松动或损坏，检查测脚有无损坏、黏附物等。

（2）将各种数据线连接后，打开电源，按要求进行预热。

（3）检查电池蓄电情况，确保测试期间电量充足。

（4）使用前应按要求完成系统标定，且宜选择温度变化幅度较小的时段进行测试。

2. 测试步骤

（1）在待测路面上沿行车迹线附近标记起始点的位置。

（2）将设备停放在测量路段起点，启动程序设置所需的测试状态，开始采集数据。

（3）测试人员将手推式断面仪按规定速度沿直线向前匀速推行，并保证两测脚落脚点都在测线上，不要在手柄上施加垂直力。中途如临时停止，需将测定梁提起到达最高点后锁定测定轮。到达测试终点时，在测定梁处于提起状态时，锁住测定轮。

（4）保存数据，关闭电源。

四、数据处理

根据路面纵断面相对高程数据，以100m为计算区间长度，用IRI的标准计算程序计算国际平整度指数（IRI）值，以m/km计，保留2位小数。

五、检测报告

本测试应报告以下技术内容：

（1）路段信息（桩号、长度等）。

（2）国际平整度指数（IRI）值。

课后任务与评定

任务一：简述常见的测试路面平整度的方法及其特点。

任务二：简述颠簸累积仪、连续平整度仪检测结果。

任务三：简述3m直尺测定路面平整度的主要步骤。

任务四：完成表6-6、表6-7。

参考答案

路面平整度检测任务单　　　　　　　　　　　　　　　　表 6-6

1	模拟实训目标	拟在某高速公路,用连续式平整度仪对其沥青混凝土路面面层进行测定,测得该路段的平整度标准差分别为0.49、0.47、0.50、0.52、0.64、1.82(桥头伸缩缝)、1.25(桥头伸缩缝)、0.68、0.53、0.55、0.58、0.98(mm),试判断路段桩号为 K10 +000 ~ K11 +000 的路面面层平整度质量(平整度规定值为[σ] = 1.2mm);完成表6-7
2	实训仪具与材料	
3	准备工作	
4	评定结论	

平整度检测记录(连续平整度仪法)　　　　　　　　　　表 6-7

工程名称:＿＿＿＿＿　结构名称:*沥青路面面层*　规定值:＿[σ] = 1.2mm　路段桩号:＿＿＿＿＿＿＿

检 验 者:＿＿＿＿＿　计 算 者:＿＿＿＿＿＿　校核者:＿＿＿＿＿＿＿　检验日期:＿＿＿＿＿＿＿

测定区间桩号	序号	标准差 (mm)	平均值 (mm)	标准差 (mm)	变异系数 (%)	合格区间数	合格率 (%)

任务五:完成表6-8 ~ 表6-10。

路面平整度检测任务单　　　　　　　　　　　　　　　　表 6-8

1	模拟实训目标	拟分组用3m 直尺共确定 1km 的路面平整度,并将检测数据汇总于表 6-9、表 6-10
2	实训仪具与材料	
3	各组人员分工	①数据记录2 人; ②检测人员 3 人; ③数据处理人员 2 人
4	准备工作	
5	评定结论	

平整度检测记录表　　　　　　　　　　　　　　　表 6-9

工程名称：_____　　施工单位：_____　　结构层类型：_____　　检测日期：_____

桩　号	读　数（mm）					最　大　值（mm）

本段检测点数：_____个, 合格点数：_____个, 合格率：_____%

平整度检测汇总表（3m 直尺法）　　　　　　　　　　表 6-10

工程名称：_____　　结构名称：_____　　规定值：_____　　路段桩号：_____

检测者：_____　　计算者：_____　　校核者：_____　　检验日期：_____

测定区间桩号	测尺序号或桩号	最大间隙（mm）	合格尺数	合格率（%）	平均值（mm）

第七章
CHAPTER SEVEN

路面抗滑性能检测

教学要求

　　能描述影响路面抗滑性能的因素、测试方法种类及其原理;能用手动铺砂法、电动铺砂法、摆式仪法检测路面抗滑性能并进行数据处理;能描述摩擦系数测定车测定路面横向力系数的方法及测试数据处理方法。

第一节　基础知识

　　路面抗滑性能是指车辆轮胎受到制动时沿路面滑移所产生的力。通常,抗滑性能被看作是路面的表面特性,并用轮胎与路面间的摩阻系数来表示。表面特性包括路表面微观构造(通常用石料磨光值 PSV 表示)和宏观构造(用构造深度表示)。影响抗滑性能的因素有路面表面特性、路面潮湿程度、温度、行车速度和轮胎特性等。

　　路表面微观构造是指集料表面的粗糙程度,它随车轮的反复磨耗而渐被磨光。通常,采用石料的磨光值(PSV)表征抗磨光的性能。微观构造在低速(30~50km/h 以下)时对路表抗滑性能起决定性作用,而在高速时主要起作用的是宏观构造。宏观构造是由路表外露集料形成的构造,功能是使轮胎的路表水迅速排出,以避免形成水膜。宏观构造由构造深度表征。

　　抗滑性能测试方法有构造深度测试法(手工铺砂法、电动铺砂法、激光构造深度仪法)、摆式仪法和横向力系数测试法等。各种方法的特点和测试指标见表 7-1。

路面抗滑性能测试方法比较

表 7-1

测试方法	测试指标	原　　理	特点及适用范围
制动距离法	摩阻系数 f	以一定速度在潮湿路面上行驶的 4 轮小客车或轻货车,当 4 个车轮被制动时,测试出车辆减速滑移到停止的距离,运用动力学原理,算出摩阻系数	测试速度快,必须中断交通

续上表

测试方法	测试指标	原　理	特点及适用范围
摆式仪法	摩阻摆值 BPN	摆式仪的摆锤底面装一橡胶滑块,当摆锤从一定高度自由下摆时,滑块面同试验表面接触。由于两者间的摩阻而损耗部分能量,使摆锤只能回摆到一定高度。表面摩阻力越大,回摆高度越小(摆值越大)	定点测量,原理简单,不仅可以用于室内,而且可用于野外测试沥青路面及水泥混凝土路面的抗滑值
手工铺砂法电动铺砂法	构造深度 TD(mm)	将已知体积的砂摊铺在所要测试路表面的测点上,量取摊平覆盖的面积。砂的体积与所覆盖平均面积的比值,即为构造深度	定点测量,原理简单,便于携带,结果直观。适用于测定沥青路面及水泥混凝土路面表面构造深度,用以评定路面表面的宏观粗糙度、排水性能及抗滑性能
激光构造深度测试法	构造深度 TD(mm)	中子源发射的许多束光线,照射到路表面的不同深度处,用200多个二极管接收返回的光束,利用二极管被点亮的时间差算出所测路面的构造深度	测试速度快,适用于测定沥青路面干燥表面的构造深度,用以评价路面抗滑及排水能力,但不适用于许多坑槽、显著不平整或裂缝过多的路段
摩阻系数测定车测定路面横向系数	横向力系数 SFC	测试车安装有试验轮胎,它们对车辆行驶方向偏转一定的角度。汽车以一定速度在潮湿路面上行驶,试验轮胎受到侧向摩阻作用。此摩阻力除以试验轮上的载重,即为横向力系数	测试速度快,用于标准的摩阻系数测试车测定沥青或水泥混凝土路面的横向力系数,结果作为竣工验收或使用期评定路面抗滑能力的依据

沥青路面面层抗滑性能应在竣工后第一个夏季对以下指标进行检测:

(1)抗滑性能。摆式仪:双车道每200m测1处;摩擦系数测定车:全线连续测定。摆氏仪适合二级及以下等级公路测量。

(2)路面宏观构造深度。铺砂法:双车道每200m测1处。

(3)一般于第一个夏季测定沥青面层横向力系数或摆值、路面宏观构造深度。

沥青路面抗滑技术要求应符合表7-2的要求。其他公路的沥青表面未作具体要求。

沥青路面抗滑技术要求　　　　　　　　　　表7-2

年平均降雨量 (mm)	交工检测指标值	
	横向力系数 SFC_{60}^{a}	构造深度 TD^{b}(mm)
>1 000	≥54	≥0.55
500~1 000	≥50	≥0.50
250~500	≥45	≥0.45

注:[a]横向力系数 SFC_{60},用横向力系数测试车,在60km/h±1km/h车速下测定。

[b]构造深度 TD,用铺砂法测定。

水泥混凝土路面抗滑性能检查方法为铺砂法,检查频率为双车道每200m测1处,其规定值或允许偏差如下:

高速公路、一级公路:一般路段构造深度 TD 为不小于0.7mm且不大于1.1mm;特殊路段

TD 不小于 0.8mm 且不大于 1.2mm。

其他公路:一般路段 TD 为不小于 0.5 且不大于 1.0mm;特殊路段 TD 为不小于 0.6 且不大于 1.1mm。

路面抗滑性能检测方法较多,本章仅介绍几种常见的检测方法。

第二节　路面构造深度检测

一、手工铺砂法测定路面构造深度

路面的宏观构造深度是指一定面积的路表面凹凸不平的开口孔隙平均深度。它是影响抗滑性能的重要因素之一。本方法适用于测定沥青路面及水泥混凝土路面表面构造深度,用以评定路面的宏观粗糙度,路面表面的排水性能及抗滑性能。构造深度的检测频率为每200m 测 1 处。

图7-1　人工铺砂仪实物图

(一)仪具与材料

(1)人工铺砂仪:由量砂筒、推平板组成,如图 7-1 所示。

①量砂筒:一端是封闭的,内径为 20mm,外径为 26mm,总高为 90mm,容积为 (25 ± 0.15) mL。可通过称量砂筒中水的质量以确定其容积 V,并调整其高度,使其容积符合高度要求,可用刮尺将筒口砂刮平,如图 7-2 所示。

②推平板:推平板应为木制或铝制,直径 50mm,底面粘一层厚 1.5mm 的橡胶片,上面有一圆把手,如图 7-3 所示。

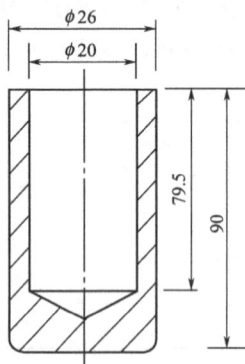

图7-2　量砂筒(尺寸单位:mm)

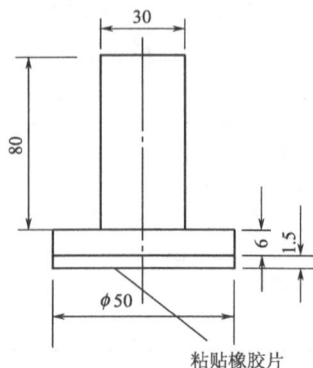

图7-3　推平板(尺寸单位:mm)

③刮平尺:可用 30cm 钢板尺代替。

(2)量砂:足够数量的干燥洁净的匀质砂,粒径 0.15～0.3mm。

(3)量尺:钢板尺、钢卷尺,或采用已按式(7-1)将直径换算成构造深度作为刻度的专用构造深度尺。

(4)其他:装砂容器、小铲、扫帚或毛刷、挡风板等。

(二)方法与步骤

1. 准备工作

(1)量砂准备:将洁净的细砂晾干、过筛,取 0.15~0.3mm 的砂置于适当的容器中备用。量砂只能在路面上使用一次,不宜重复使用。回收砂必须经干燥、过筛处理后方可使用。

(2)确定测点:按公路路基路面现场随机测试选点方法,对测试路段随机取样选点,决定测点所在横断面位置。测点应选在行车道的轮迹带上,距路面边缘不应小于 1m,如图 7-4 所示。

2. 测试步骤

(1)用扫帚或毛刷子将测点附近的路面清扫干净,面积不小于 30cm × 30cm,如图 7-5 所示。

图 7-4　行车道的轮迹带位置

图 7-5　路面清扫面积

(2)用小铲装砂,沿筒向圆筒中注满砂,手提圆筒上方,在硬质路上轻轻叩打 3 次,使砂密实,补足砂面,用钢尺一次性刮平。注意不可直接用量筒装砂,以免影响量砂密度的均匀性。

(3)将砂倒在路面上,用底面粘有橡胶片的推平板由里向外重复做摊铺运动。稍稍用力将砂细心地尽可能地向外摊开,使砂填入凹凸不平的路表面孔隙中。尽可能将砂摊成圆形,并不得在表面上留有浮动的余砂。注意摊铺时不可用力过大或向外推挤,如图 7-6 所示。

(4)用钢板尺测量所构成圆的两个垂直方向的直径,取其平均值,准确至 1mm。

(5)按上述方法,同一处平行测定不少于 3 次,测定结果取平均值,精确到 0.01mm。3 个测点均位于轮迹带上,测点间距 3~5m。该处的测定位置以中间测点的位置表示。

图 7-6　推平板摊铺砂

路面表面构造深度测定点结果按下式计算：

$$TD = \frac{1\,000V}{\dfrac{\pi D^2}{4}} = \frac{31\,831}{D^2} \tag{7-1}$$

式中：TD——路面构造深度，mm；

　　　V——砂的体积，25cm^3；

　　　D——摊平砂的平均直径，mm。

当平均值小于0.2mm时，试验结果以"＜0.2mm"表示。同时，还要计算每个评定路段路面构造深度的平均值、标准差、变异系数等。

一般来说，手工铺砂法误差较大，其原因很多。例如，装砂的方法无标准，轻叩力度无标准，致使量筒中的砂紧密程度不一样，影响砂量；还有用摊平板铺砂时手法因人而异，更主要的是砂摊开到多大程度为止，无明确规定，故各人掌握不一样。为了克服手工铺砂法掌握不统一、测量不准的缺点，可采用电动铺砂法和激光法。

以下为某公路中粒式沥青混凝土路面用铺砂法测定路面构造深度的原始记录，仅供参考（表7-3）。

手工铺砂路面构造深度试验记录　　　　　　　　　　表7-3

承包单位：_____　　　　　　　　　　　　　合同号：_____

监理单位：_____　　　　　　　　　　　　　编　号：_____

工程名称								试验日期		
起止桩号							K0+200 ~ K0+600			
测点桩号	测点位置距中桩(m)左(+)右(-)		试验次数	砂体积(cm^3)	摊平砂直径 D(mm)			构造深度 TD(mm)	构造深度平均值(mm)	
					上下方向	左右方向	平均值			
K0+200	5.5		1	25	200	200	200	0.80	0.80	
			2	25	210	200	205	0.76		
			3	25	200	190	195	0.84		
K0+400	-5.5		1	25	215	205	210	0.72	0.63	
			2	25	225	235	230	0.60		
			3	25	230	240	235	0.57		
K0+600	5.5		1	25	200	200	200	0.80	0.79	
			2	25	200	190	195	0.84		
			3	25	210	210	210	0.72		
测点数	3	规定值(mm)	≥0.55	平均值(mm)	0.74	标准差(mm)	0.10	变异系数(%)	13	合格率(%)　100

二、电动铺砂仪测定路面构造深度

本方法适用于测定沥青路面及水泥混凝土路面表面构造深度，用以评定路面表面的宏观粗糙度、路面表面的排水性能和抗滑性能。

(一) 检测器具及材料

(1) 电动铺砂仪。利用可充电直流电源,将量砂通过砂漏铺设成宽度 5cm、厚度均匀一致的器具,如图 7-7、图 7-8 所示。

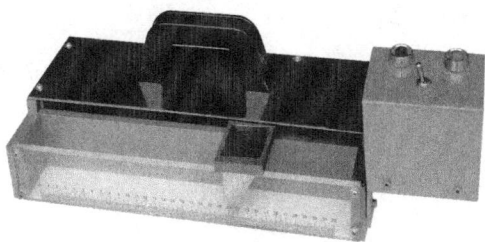

图 7-7 电动铺砂仪实物图

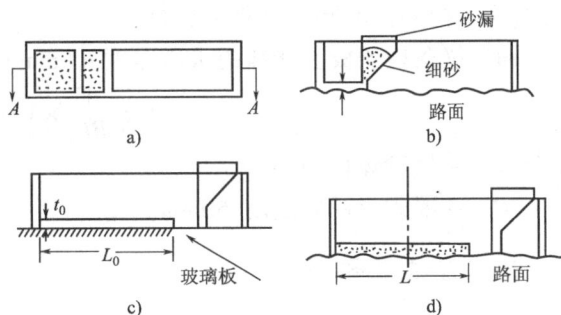

图 7-8 电动铺砂仪示意图
a) 平面图;b) A - A 断面;c) 标定;d) 测定

(2) 量砂:足够数量的干燥洁净的匀质砂,粒径为 0.15~0.3mm。

(3) 标准量筒:容积 50mL。

(4) 玻璃板:面积大于铺砂器,厚度不小于 5mm。

(5) 其他:直尺、扫帚、毛刷等。

(二) 准备工作

1. 量砂准备

取洁净的细砂晾干,过筛。取 0.15~0.3mm 的砂置于适当的容器中备用。量砂只能在路面上使用一次,不宜重复使用。已在路面上使用过的砂,如果回收重复使用时,应重新过筛并晾干。

2. 确定测点

对测试路段按随机取样选点的方法,决定测点所在的横断面的位置。测点应选在行车道的轮迹带上,距路边缘不小于 1m。

3. 电动铺砂器标定

(1) 将铺砂器平放在玻璃板上,将砂漏移至铺砂器端部。

(2) 使灌砂漏斗口和量筒大致齐平,通过漏斗向量筒中缓缓注入准备好的量砂至高出量筒成尖顶状,用直尺沿筒口一次刮平,其容积为 50mL。

(3) 使漏斗口与铺砂器砂漏斗上口大致齐平。将砂通过漏斗均匀倒入砂漏,漏斗前后移动,使砂的表面大致齐平,但不得用任何其他工具刮动砂。

(4) 开动电动机,使砂漏向另一端缓缓运动,量砂沿砂漏底部如图 7-9 所示的宽度 5cm 的带状,待砂全部漏完后停止。

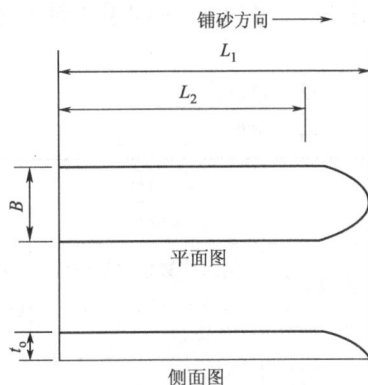

图 7-9 决定 L_0 (或 L) 的方法

(5)按图7-9由 L_1 及 L_2 的平均值决定量砂的摊铺长度 L_0,精确至1mm。

$$L_0 = \frac{L_1 + L_2}{2} \tag{7-2}$$

(6)重复标定3次,取平均值决定 L_0,精确至1mm。标定应在每次测试前进行,用同一种量砂,由承担测试的同一试验员进行。

铺砂仪在玻璃板上摊铺的量砂厚度 t_0(mm)按下式计算:

$$t_0 = \frac{V}{BL_0} \times 1\,000 = \frac{1\,000}{L_0} \tag{7-3}$$

式中:V——量砂体积,50mL;

　　B——铺砂仪铺砂宽度,50mm。

(三)测试步骤

(1)将测试地点用毛刷刷净,面积大于铺砂仪。

(2)将铺砂仪沿道路纵向平稳地放在路面上,将砂漏移至端部。

(3)按电动铺砂器标定步骤(2)~(5)在测试地点摊铺50mL量砂,按图7-9方法量取摊铺长度 L_1 及 L_2,计算 L,精确至1mm。

$$L = \frac{L_1 + L_2}{2}$$

(4)按以上方法,同一处平行测定不少于3次,3个测点均位于轮迹带上,测点间距为3~5m。该处的测定位置以中间测点的位置表示。

路面构造深度按下式计算:

$$TD = \frac{L_0 - L}{L} \times t_0 = \frac{L_0 - L}{L \times L_0} \times 1\,000 \tag{7-4}$$

式中:TD——路面的构造深度,mm;

　　L——路面上50mL量砂摊铺的长度,mm;

　　t_0——铺砂仪在玻璃板上摊铺的量砂厚度,mm;

　　L_0——量砂的标定摊铺长度,mm,按式(7-2)计算。

每一处均取3次路面构造深度的测定结果平均值作为试验结果,精确至0.1mm,见表7-4。其他要求同手工铺砂法。

电动铺砂路面构造深度试验记录　　　　　　　　　　　表7-4

承包单位:_____　　　　　　　　　　　合同号:_____

监理单位:_____　　　　　　　　　　　编　号:_____

工程名称		试验日期					
起止桩号		K5+010~K5+410					
测点桩号	测点位置距中桩(m) 左(+)右(-)	L_0 (mm)	t_0 (mm)	L_1 (mm)	L_2 (mm)	L (mm)	TD (mm)	平均值TD (mm)
K5+010	5.5	263	3.8	234	215	225	0.64	0.66
				237	214	226	0.63	
				232	212	222	0.70	

续上表

工程名称				试验日期				
K5+210	−5.5	265	3.8	239	215	227	0.63	0.69
				230	211	221	0.75	
				233	215	224	0.69	
K5+410	5.5	262	3.8	234	214	224	0.69	0.70
				231	213	222	0.73	
				238	212	225	0.67	
测点数	3	规定值 （mm）	≥0.55	平均值 （mm）	0.68	标准差 （mm）	0.02	变异系数 （%） 3 合格率 （%） 100

应当注意的是,手工铺砂法与电动铺砂法虽原理相同,但测定方法有差异。手工铺砂法将砂都填入凹凸空隙中,而电动铺砂法是与玻璃板铺砂相比较后求得的,所以其结果存在差异。我国公路路面构造深度以铺砂法为标准测试方法,利用激光构造深度仪测出的构造深度与铺砂法测试结果不同,但两者具有良好的相关关系。因此,激光构造深度仪所测出的构造深度不能直接用来评定路面的抗滑性能,必须换算成铺砂法的构造深度后,才能判断路面抗滑性能是否满足要求。

三、车载式激光构造深度仪测定路面构造深度

车载式激光构造深度仪是智能化仪器,在新建、改建路面工程质量验收和无严重破损病害及无积水、积雪、泥浆等正常行车条件下连续采集测定路面构造深度,但不适用于带有沟槽构造的水泥混凝土路面构造深度的测定。

由于计算模式的差别,激光构造深度仪与铺砂法的测定结果存在一定的差异,因此必须在完成两者相关性试验和转换后才能进行结果的评定。

（一）检测器具与材料的技术要求

（1）测试系统由承载车辆、距离传感器、激光传感器和主控制系统组成（图 7-10）。主控制系统对测试装置的操作实施控制,完成数据采集、传输、存储与计算过程。

（2）测试系统基本技术要求和参数：

①最大测试速度：≥50km/h。

②采样间隔：≤5mm。

③传感器测试精度：≤0.1mm。

④距离标定误差：<0.1%。

图 7-10 激光构造深度仪

(二)准备工作

(1)设备安装到承载车上后,先进行相关性标定试验。

(2)根据设备操作手册规定的要求对测试系统各传感器进行校准。

(3)距离测量装置需要现场安装的,根据设备操作手册说明进行安装,确保机械紧固装置安装牢固。

(4)测试系统各部分应符合测试要求,不应有明显的可视性破损。

(5)打开系统电源,启动控制程序,检查各部分的工作状态。

(三)测试步骤

(1)按照设备使用说明规定的预热时间对测试系统预热。

(2)测试车在测试起点前50~100m处,启动测试系统程序,按照设备操作手册的规定和测试路段的现场技术要求设置完毕所需的测试状态。

(3)驾驶员应按照设备操作手册要求的测试速度范围驾驶测试车,避免急加速和急减速,急弯路段应放慢车速,沿正常行车轨迹驶入测试路段。

(4)进入测试路段后,测试人员启动系统的采集和记录程序,在测试过程中必须及时准确地将测试路段的起终点和其他需要特殊标记的位置输入测试数据记录中。

(5)当测试车辆驶出测试路段后,测试人员停止数据采集和记录,并恢复仪器各部分至初始状态。

(6)检查:测试数据文件应完整,内容应正常,否则需要重新测试。

(7)关闭测试系统电源,结束测试。

(四)激光构造深度仪测值与铺砂法构造深度值相关关系对比试验

由于计算模式的差别,激光构造深度仪与铺砂法的测定结果存在一定的差异,因此必须在完成两者相关性试验和转换后才能进行结果的评定。

(1)选择构造深度分别在0~0.3mm、0.3~0.55mm、0.55~0.8mm、0.8~1.2mm范围内的4个各长100m的试验路段。试验前将路面清扫干净,并在起终点做上标记。

(2)在每个试验路段上沿一侧行车轮迹用铺砂法测试至少10点的构造深度值,并计算平均值。

(3)驾驶测试车以30~50km/h速度驶过试验路段,并且保证激光构造深度仪的激光传感器探头沿铺砂法所测构造深度的行车轮迹运行,计算试验路段的构造深度平均值。

(4)建立两种方法的相关关系式,要求相关系数R不小于0.97。

(五)报告

构造深度检测报告包括以下内容:

(1)测试路段构造深度平均值、标准差。

(2)激光构造深度仪测值与铺砂法构造深度值在选定测试条件下的相关关系式及相关系数。

一、摆式仪测定路面摩擦系数

摆式仪法的测试指标是摆值 F_B,以 BPN 为单位。路面的抗滑摆值是指标准的手提式摆式摩阻系数测定仪(摆式仪)测定路面在潮湿条件下对摆的摩擦阻力的一个指标。

摆式仪属于轻便型测量仪器,它具有结构简单、操作方便、数据稳定的优点。但它毕竟是一种比照试验法,其试验条件与路面实际行车条件没有直接关系,故有一定的局限性。本方法适用于测定沥青路面、标线或其他材料试件的抗滑值,用以评定路面或路面材料试件在潮湿状态下的抗滑能力。摆式仪构造如图 7-11 所示。

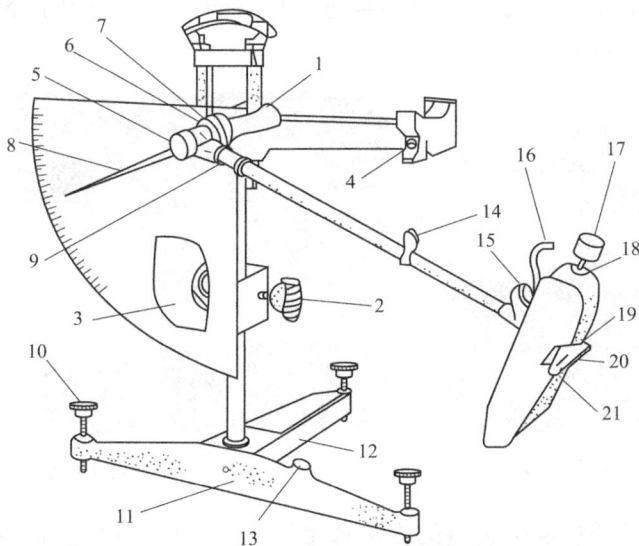

图 7-11　摆式仪的构造示意图

1、2-坚固把手;3-升降把手;4-释放把手;5-转向调节螺盖;6-调节螺母;7-针簧片或毡垫;8-指针;9-连接螺母;10-调平螺钉;11-底座;12-垫块;13-水准泡;14-卡环;15-定位螺钉;16-举升柄;17-平衡锤;18-并紧螺母;19-滑溜块;20-橡胶片;21-止滑螺钉

(一) 检测器具及材料

(1)摆式仪。摆及摆的连接部分总质量为 1 500g ± 30g,摆动中心至摆的重心距离 410mm ± 5mm,测定时摆在路面上的滑动距离为 126mm ± 1mm,摆上橡胶片端部距摆中心距离为 510mm。橡胶片对路面的正向静压力为 22.2N ± 0.5N,如图 7-12 所示。

(2)橡胶片。尺寸为 6.35mm × 25.4mm × 76.2mm,橡胶质量符合表 7-5 规定要求。当橡胶使用后,端部在长度方向磨耗超过 1.6mm 或边缘在宽度方向上磨耗超过 3.2mm,或有油类污染时,即应更换新橡胶片。新橡胶片应先在干燥路面上测试 10 次后再使用。橡胶片的有效期从出厂日期起算为 12 个月。

橡胶物理性能技术要求

表 7-5

性 能 指 标	温度(℃)				
	0	10	20	30	40
回弹值(%)	43~49	58~65	66~73	71~77	74~79
硬度	55±5				

(3)标准量尺:长 126mm。

(4)喷水壶。

(5)硬毛刷。

(6)路面温度计:分度不大于 1℃。

(7)其他:皮尺或钢卷尺、扫帚、粉笔等。

(二)准备工作

(1)检查摆式仪的调零灵敏情况,并定期进行仪器的标定。当用于路面工程检查验收时,必须重新标定,如图 7-13 所示。

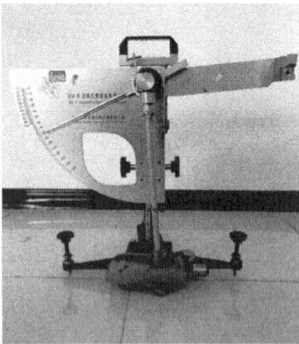

图 7-12　摆式仪实物图　　　　图 7-13　摆式仪调零

(2)对测试路段按随机取样选点的方法选定测点。在横断面上,测点应选在行车道的轮迹带上,距路面边缘不应小于 1m。

(三)测试步骤

1. 清洁路面

用扫帚将测点处的路面打扫干净。

2. 仪器调平

(1)将仪器置于路面测点上,并使摆的摆动方向与行车方向一致。

(2)转动底板上的调平螺栓,使水准泡居中,如图 7-14 所示。

3. 调零

(1)放松两个紧固把手,转动升降把手使摆升高,并能自由摆动,然后旋紧紧固把手。

（2）将摆向右运动，按下安装于悬臂上的释放开关，使摆上的卡环进入开关槽，放开释放开关，摆即处于水平释放位置，并把指针抬至与摆杆平行处。

（3）按下释放开关，使摆向左带动指针摆动，当摆达到最高位置下落时，用左手将摆杆接住，此时指针应指零。若不指零时，可稍旋紧或放松摆的调节螺母，重复本项操作，直至指针指零。调零允许误差为 ±1。

4. 校核滑动长度

（1）让摆处于自由下垂状态，松开固定把手，转动升降把手，使摆下降。与此同时，提起举升柄使摆向左侧移动，然后放下举升柄使橡胶片下缘轻轻触地，紧靠橡胶片摆放滑动长度量尺，使量尺左端对准橡胶片下缘；再提起举升柄使摆向右侧移动，然后放下举升柄使橡胶片下缘轻轻触地，橡胶片下缘应与滑动长度量尺的右端齐平，如图 7-15 所示。

水准泡

图 7-14　摆式仪调平　　　　　　图 7-15　校核滑动长度

（2）若齐平，则说明橡胶片的两次触地的距离（滑动长度）符合 126mm ±1mm 的规定。校核滑动长度时，应以橡胶片长边刚刚接触路面为准，不可借摆的力量向前滑动，以免标定的滑动长度与实际不符。

（3）若不齐平，升高或降低摆或仪器底座的高度。微调时，用旋转仪器底座上的调平螺钉调整仪器底座高度的方法比较方便，但需注意保持水准泡要求居中。

（4）重复上述动作，直至滑动长度符合 126mm ±1mm 的要求。

5. 检测路面摆值

（1）将摆固定在右侧悬臂上，使摆处于水平释放的位置，并把指针拨至右侧与摆杆平行处。

（2）用喷壶浇洒测点，使路面处于湿润状态。

（3）按下释放开关，使摆在路面滑过。当摆杆回落时，用左手接住摆，读数但不记录。然后使摆杆和指针重新置于水平释放位置。

（4）重复（2）和（3）的操作测定 5 次，并读取每次测定的摆值。单点测定的 5 次数值中最大值与最小值的差值不得大于 3。如差数大于 3，应检查产生的原因，并再次重复上述各项操作直至符合规定为止。取 5 次测定的平均值作为每个测点路面的抗滑值（摆值 BPN_t），取整数，以 BPN 表示。

（5）在测点位置上用路表温度计测记潮湿路面的温度，准确至 1℃。

（6）按以上方法，同一处平行测定不少于 3 次，3 个测点均位于轮迹带上，每个测点平行测定5次,3个测点间距为3~5m。该处的测点位置以中间测点的位置表示。每一处均取3次测定结果的平均值作为试验结果,准确至1。

(四)抗滑值的温度修正

当路面温度为$T(℃)$时,测得的摆值为BPN_T,必须按下式换算成标准温度20℃的摆值BPN_{20},即

$$BPN_{20} = BPN_T + \Delta BPN \tag{7-5}$$

式中:BPN_{20}——换算成标准温度20℃的摆值;

BPN_T——路面温度T时测得的摆值;

ΔBPN——温度修正值,按表7-6采用。

温度修正值 表7-6

温度$T(℃)$	0	5	10	15	20	25	30	35	40
温度修正值ΔBPN	-6	-4	-3	-1	0	+2	+3	+5	+7

(五)检测报告

(1)测试日期,测点位置,天气情况,洒水后潮湿路面的温度,并描述路面类型、外观、结构类型等。

(2)列表逐点报告路面抗滑值的测定值BPN_T,经温度修正后的BPN_{20}及3次测定的平均值。

(3)评定路段路面抗滑值的平均值、标准值、变异系数。

以下为某公路中粒式沥青混凝土路面用摆式仪测定抗滑值的原始记录(表7-7),仅供参考。

路面摩擦系数检测记录 表7-7

工程名称:××工程　路面类型:中粒式沥青　路段桩号:K1+020~K1+620　检查日期:＿＿＿

检验者:＿＿＿＿　计算者:＿＿＿＿　校核者:＿＿＿＿　路面温度:25℃

测点位置		试验次数	摆值(BPN)						测点摆值(BPN)	修正后摆值		
桩号	测点距中桩位置(m)左(+)右(-)		1	2	3	4	5	平均值		路表潮湿状态下的温度(℃)	温度修正值	标准温度20℃时的摆值
K1+020	+0.85	1	44	43	46	45	46	45	47	25	2	49
		2	47	48	45	46	48	47				
		3	46	48	49	47	48	48				
K1+340	+0.90	1	45	46	45	47	46	46	46	25	2	48
		2	46	47	48	45	46	46				
		3	48	46	49	47	46	47				
K1+560	+0.90	1	49	46	48	49	47	48	45	25	2	47
		2	45	42	43	44	45	44				
		3	46	43	45	43	44	44				
测点数	3	规定值(BPN)	≥45		平均值(BPN)	48		标准差(BPN)	1	变异系数(%)	2.1	合格率(%) 100

二、单轮式横向力系数测试系统测定路面摩擦系数

当测定轮与行车方向呈 20°偏角且以一定速度行驶时,专用轮胎与潮湿路面之间的测试轮轴向摩擦阻力与垂直荷载的比值,称为路面横向力系数,代号 SFC,无量纲。

本方法适用在新建、改建路面工程质量验收和无严重坑槽、车辙等病害的正常行车条件下连续采集路面的横向力系数。测试结果可作为竣工验收或使用期评定路面抗滑能力的依据。本方法的数据采集、传输、记录和处理分别由专门软件自动完成。

(一)检测设备

1.测试系统构成

测试系统由承载车辆、距离测试装置、横向力测试装置(图 7-16)、供水装置和主控制系统组成,如图 7-17、图 7-18 所示。主控制系统除实施对测试装置和供水装置的操作控制外,同时还控制数据的传输、记录与计算等环节。

图 7-16　横向力测试装置

a)　　　　　　　　　　　　b)　　　　　　　　　　　　c)

图 7-17　横向力系数测定车

2.设备承载车基本技术要求和参数

横向力系数测试系统的承载车辆应为能够固定和安装测试、储供水、控制和记录等系统的载货车底盘,具有在水罐满载状态下最高车速大于 100km/h 的性能。

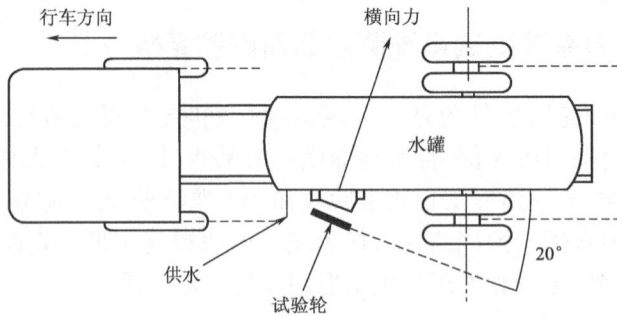

图 7-18　单轮式横向力系数测定系统构造示意图

3. 测试系统技术要求和参数

(1)测试轮胎类型:光面天然橡胶充气轮胎。

(2)测试轮胎规格:3.00-20-4PR。

(3)测试轮胎标准气压:(350±20)kPa。

(4)测试轮偏置角:19.5°~21°。

(5)测试轮静态垂直标准荷载:(2 000±20)N。

(6)拉力传感器非线性误差:<0.05%。

(7)拉力传感器有效量程:0~2 000N。

(8)距离标定误差:<2%。

(二)准备工作

(1)每个测试项目开始前或连续测试超过 1 000km 后,必须按照设备使用手册规定的方法进行测试系统的标定,记录标定数据并存档。

(2)检查测试车轮胎气压,应达到车辆轮胎规定的标准气压。

(3)检查测试轮胎磨损情况,当其直径比新轮胎减少达 6mm(即胎面磨损 3mm)以上或有明显磨损裂口时,必须立即更换新轮胎。更换的新轮胎在正式测试前应试测约 2km。

(4)检测测试轮气压,应达到(350±20)kPa 的要求。

(5)检测测试轮固定螺栓,应拧紧。将测试轮放到正常测试时的位置,应能够沿两侧滑柱上下自由升降。

(6)根据测试里程的需要,向水罐加注清洁测试用水。

(7)检查洒水口出水情况和洒水位置是否正常;洒水位置应在测试轮触地面中点沿行驶方向前方(400±50)mm 处,洒水宽度应为中心线两侧各不小于 75mm。

(8)将控制面板电源打开,检查各项控制功能键、指示灯和技术参数选择状态是否正常。

(三)测试步骤

(1)正式开始测试前,首先应按设备操作手册规定的时间要求对系统进行通电预热。

(2)进入测试路段前应将测试轮胎降至路面上预跑至少 500m。

(3)按照设备操作手册的规定和测试路段的现场技术要求设置完毕所需的测试状态。

(4)驾驶员在进入测试路段前应保持车速在规定的测试速度范围内,沿正常行车轨迹驶入测试路段。

(5)进入测试路段后,测试人员启动系统的采集和记录程序。在测试过程中必须及时准确地将测试路段的起终点和其他需要特殊标记点的位置输入测试数据记录中。

(6)当测试车辆驶出测试路段后,仪器操作人员停止数据采集和记录,提升测量轮并恢复仪器各部分至初始状态。

(7)操作人员检查数据文件应完整、内容应正常,否则需要重新测试。

(8)关闭测试系统电源,结束测试。

(四)SFC 的修正

1. SFC 的速度修正

测试系统的标准测试速度范围为(50 ± 4)km/h,其他速度条件下测试的 SFC 值须通过式(7-6)转换至标准速度下的等效 SFC 值。

$$SFC_{标} = SFC_{测} - 0.22(v_{标} - v_{测}) \qquad (7-6)$$

式中:$SFC_{标}$——标准测试速度下的等效 SFC 值;

$\quad SFC_{测}$——现场实际测试速度条件下的 SFC 测试值;

$\quad v_{标}$——标准测试速度,取值 50km/h;

$\quad v_{测}$——现场实际测试速度。

2. SFC 值的温度修正

测试系统的标准现场测试地面温度范围为(20 ± 5)℃,其他地面温度条件下由于测试轮胎的弹性和路面本身的抗滑性能会发生变化,因而测试的 SFC 值须通过表7-8转换至标准温度下的等效 SFC 值。系统测试要求地面温度控制在 8~60℃ 范围内。

SFC 值温度修正 表 7-8

温度(℃)	10	15	20	25	30	35	40	45	50	55	60
修正	-3	-1	0	+1	+3	+4	+6	+7	+8	+9	+10

(五)不同类型摩擦系数测试设备间相关关系对比试验

1. 基本要求

不同类型摩擦系数测试设备的测值应换算成 SFC 值后使用,所以制动式摩擦系数测试设备和其他类型横向力式测试设备在使用时必须和 SCRIM 系统进行对比试验,建立测试结果与SCRIM 系统测值(SFC 值)的相关关系。

2. 试验条件

(1)按 SFC 值在 0~30、30~50、50~70、70~100 的范围内选择 4 段不同摩擦系数的路段,路段长度可为 100~300mm。

(2)对比试验路段地面应清洁干燥,地面温度应在 10~30℃ 范围内,天气宜为晴天无风。

3. 试验步骤

(1)测试系统和需要进行对比试验的其他类型设备按操作手册规定的程序准备就绪。

(2)两套设备分别以 40km/h、50km/h、60km/h、70km/h、80km/h 的速度在所选择的 4 种试验路段上各测试 3 次,3 次测试的平均值的绝对差值不得大于 5,否则重测。

(3)两种试验设备设置的采样频率差值不应超过一倍,每个试验路段的采样数据量不应少于 10 个。

4. 试验数据处理

(1)分别计算出每种速度下各路段 3 次测试结果的总平均值和标准差,超过 3 倍标准差的值应予以舍弃。

(2)用数理统计的回归分析方法建立试验设备测值与速度的相关关系式,相关系数 R 不得小于 0.95。

(3)建立不同速度下试验设备测值 SFC 的相关关系式,相关系数 R 不得小于 0.95。

(六)路面横向力摩擦系数评定

横向力摩擦系数使用代表值进行工程质量评定,按路面 SFC 的设计或验收标准值评定路面抗滑性合格与否。

SFC 代表值为 SFC 算术平均值的下置信界限值,即

$$\text{SFC}_\gamma = \overline{\text{SFC}} - \frac{t_\alpha}{\sqrt{n}}S \tag{7-7}$$

式中:SFC_γ——SFC 代表值;

$\overline{\text{SFC}}$——SFC 算术平均值;

S——标准差;

n——数据个数;

t_α——t 分布表中随测点数和保证率(或置信度 α)而变的系数,可查附表2;采用 t 分布单边置信率:高速公路、一级公路为 95%,其他公路为 90%。

当 SFC 代表值大于等于设计值或验收标准时,按单个 SFC 值计算合格率;当 SFC 代表值小于设计或标准值时,相应分项工程评为不合格。

例7-1　用横向力摩擦力系数测定车对某高速公路沥青路面抗滑性进行检测验收,按 20m 一点采样间距连续检测,结果如下:测点数 $n=100$,$\overline{\text{SFC}}=63.05$,SFC 标准差为 6.031,问该路面抗滑性是否合格?

解:已知保证率为 95%,$n=100$,查附表二可知,则

$$\frac{t_\alpha}{\sqrt{n}} = 0.166$$

$$\text{SFC}_\gamma = \overline{\text{SFC}} - \frac{t_\alpha}{\sqrt{n}}S = 63.05 - 0.166 \times 6.031 = 62.05$$

由于 $\text{SFC}_\gamma > 54$,故该路面抗滑性满足要求。

三、数字式摆式仪测试路面摩擦系数方法

数字式摆式仪是在不改变原有指针式摆式仪基本结构和工作原理的基础上,利用计算机、

电子、传感器技术,研发的一种集成了自动显示、自动存储、自动温度修正功能的数字化测量系统。数字式摆式仪的测量机构由高精度角度传感器、嵌入式摆值测量系统、温度传感器及算法软件等部分构成。

数字式摆式仪取消了指针和刻度盘,其零位标定和摆值读取均由角度传感器和控制程序自动完成,避免了指针式摆式仪结构零位标定和人工读值方式造成的不稳定性和数据误差,较好地提高了测试结果的稳定性和准确度。

(一)适用范围

本方法适用于数字式摆式仪测试无刻槽水泥路面和沥青路面的摆式摩擦系数值 BPN。

(二)仪具与材料技术要求

1. 数字式摆式仪

形状及结构如图 7-19 所示。数字式摆式仪主机可输入测点编号,自动测量、存储和显示摆值及温度修正后的结果。

2. 橡胶片

各项要求与前文所述摆式仪中橡胶片的规定相同。

3. 滑动长度量尺

长 126mm。

4. 路面温度计

分度不大于 1℃。

5. 其他

扫帚、记录表格、喷水壶、毛刷等。

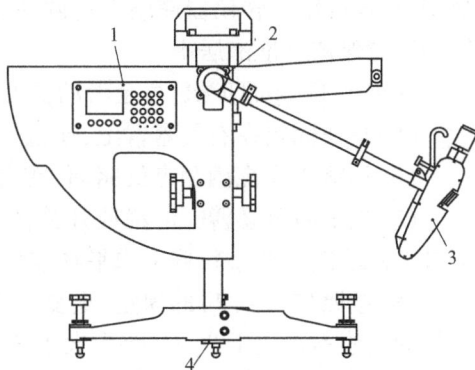

图 7-19　数字式摆式仪结构示意图
1-主机;2-角度传感器;3-摆;4-温度传感器

(三)方法与步骤

1. 准备工作

(1)检查数字式摆式仪的调零灵敏情况,并定期进行滑块压力的标定。

(2)按《公路路基路面现场测试规程》(JTG 3450—2019)T 0902 规定的方法,选择测试位置,每个测试位置布设 3 个测点,测点间距离为 3～5m,以中心测点的位置表示该测试位置。测试位置应选在车道横断面上轮迹处,且距路面边缘不应小于 1m。

2. 测试步骤

(1)清洁路面。
用扫帚或其他工具将测点处路面上的浮尘或附着物打扫干净。

(2)仪器调平。
①将仪器置于路面测点上,并使摆的摆动方向与行车方向一致。
②转动底座上的调平螺栓,使水准泡居中。

(3)零位标定。

①放松紧固旋钮,转动升降旋钮,使摆升高并能自由摆动,然后旋紧紧固旋钮。

②将摆固定在右侧悬臂上,使摆处于水平释放位置。

③打开数字化摆式仪主机电源,设置测试状态为"标定",按下释放开关,使摆向左摆动,当摆达到最高位置后下落时,用手将摆杆接住,此时数字化摆式仪将自动记录空摆时的初始角度,保存此初始角度,完成零位标定。

(4)校核滑动长度。

①让摆处于自然下垂状态,松开固定旋钮,转动升降旋钮使摆下降,并提起举升柄使摆向左侧移动,然后放下举升柄使橡胶片长边下缘轻轻触地,在边侧紧靠橡胶片摆放滑动长度量尺,使量尺左端对准橡胶片触地下缘;再提起举升柄使摆向右侧移动,然后放下举升柄使橡胶片下缘轻轻触地,检查橡胶片下缘是否与滑动长度量尺的右端齐平。若齐平,则说明橡胶片两次触地的距离(滑动长度)符合126mm 的要求。左右两次橡胶片长边边缘应以刚刚接触路面为准,不可借摆的力量向前滑动,以免标定的滑动长度与实际不符。

②橡胶片两次触地与量尺两端若不齐平,通过升高或降低摆或仪器底座的高度进行调整。微调时,也可用旋转仪器底座上的调平螺钉调整仪器底座的高度的方法,这种方法比较方便,但需注意保持水准泡居中。

③重复①、②的步骤,直至滑动长度符合126mm 的要求。

(5)将摆固定在右侧悬臂上,使摆处于水平释放位置,设置测试状态为"就绪"。

(6)用喷水壶浇洒测点处路面,使之处于湿润状态。

(7)按下右侧悬臂上的释放开关,使摆在路面滑过,当摆杆回落时,用手接住读数,但不做记录。然后使摆杆重新置于水平释放位置。

(8)按照(5)~(7)的规定,重复操作 5 次,读记每次测试的摆值。5 个摆值中最大值与最小值的差值不得大于 3。如差数大于 3 时,应检查产生的原因,并再次重复上述各项操作,至符合规定为止。

(9)在测点处用温度计测记潮湿路表温度,准确至1℃。

(10)重复(1)~(9),完成一个测试位置 3 个测点的摆值测试。

(四)数据处理

(1)计算每个测点 5 个摆值的平均值作为该测点的摆值 BPN_T,取整数。

(2)每个测点的摆值按照《公路路基路面现场测试规程》(JTG 3450—2019)T 0964 的规定进行温度修正。

(3)计算每个测试位置 3 个测点摆值的平均值作为该测试位置的摆值,取整数。

(4)按照《公路路基路面现场测试规程》(JTG 3450—2019)附录 B 的方法,计算一个测试路段摆值的平均值、标准差、变异系数。

(五)报告

本方法应报告以下技术内容:

(1)测试路段信息(桩号、测试位置等)。

（2）每个测试位置的摆值（3 个测点的平均值）。

（3）测试路段摆值的平均值、标准差及变异系数。

课后任务与评定

参考答案

任务一：用摆式摩擦仪测定某高速公路 K3 +000 ~ K3 +600 段沥青路面的摩擦摆值（路面温度为 30℃），其测定结果见表 7-9，试计算该处路面的摩擦摆值并判断该路面抗滑性是否合格？

公路沥青路面的摩擦摆值 表 7-9

测点桩号	试验次数	测定平行值（BPN）				
		1	2	3	4	5
K3 +015	1	52	51	53	52	51
	2	54	52	52	53	52
	3	50	49	51	52	50
K3 +320	1	53	54	55	56	54
	2	51	49	52	52	51
	3	51	49	48	49	48
K3 +425	1	52	54	53	55	54
	2	52	52	54	54	53
	3	51	52	51	52	53

任务二：手工铺砂法测定某沥青路面构造深度，完成表 7-10。

手工铺砂法测定某沥青路面构造深度 表 7-10

实验仪器								
试验步骤								
测点位置	摊砂直径（cm）			构造深度 TD（mm）			平均值 TD（mm）	规范要求
	1	2	3	1	2	3		
								≥0.55

第八章
CHAPTER EIGHT

路基路面强度指标检测

教学要求

能描述弯沉值、回弹模量、CBR 值基本概念；能运用贝克曼梁测定路基路面回弹弯沉；能进行 CBR 试验和土基现场 CBR 测试；能运用承载板、贝克曼梁、动力锥贯入仪测定路基路面回弹模量。

第一节　路基路面回弹弯沉检测

一、基础知识

国内外普遍采用回弹弯沉值来表示路基路面的承载能力，回弹弯沉值越大，承载能力越小；反之则越大。回弹弯沉值已在我国广泛使用且有很多试验和研究成果，它不仅用于路面结构的设计中、用于施工控制及施工验收中[竣(交)工验收弯沉值]，同时还用在旧路补强设计中，它是公路工程的一个基本参数。

弯沉值是指在规定的标准轴载作用下，路基或路面表面轮隙中心处产生的总垂直变形(总弯沉)，或垂直回弹变形值(回弹弯沉)，以 0.01mm 为单位。通常所说的回弹弯沉是指后轴载轮隙中心处的最大回弹弯沉值。路基路面在荷载作用下产生的垂直变形，卸载后能恢复的那一部分变形即回弹弯沉。

竣(交)工验收弯沉值是检验路面是否达到设计要求的指标之一。当厚度计算以层底拉应力为控制指标时，应根据拉应力计算所得的结构厚度；当确定结构厚度后，应根据该结构厚度、路基顶面回弹模量重新计算其路表弯沉值，该值即为竣(交)工验收弯沉值。

弯沉值的测试方法较多，目前用得最多的是贝克曼梁法，在我国已有成熟的经验，但由于受测试速度等因素的限制，各国都对快速连续或动态测定进行了研究，现在我国逐渐引进的有法国洛克鲁瓦式自动弯沉仪，丹麦等国家发明并几经改进形成的落锤式弯沉仪，激光式弯沉仪，美国的振动弯沉仪等。现将常用的几种弯沉测试方法进行简单的比较，见表8-1。

几种弯沉测试方式比较 表8-1

方 法	特 点
贝克曼梁法	传统方法,速度慢,静态测试,比较成熟,目前属于标准方法
自动弯沉仪法	利用贝克曼梁原理快速连续测试,属于静态测试范畴,但测定的是总弯沉,因此使用时应用贝克曼梁进行标定换算
落锤式弯沉仪法	利用重锤自由落下的瞬间产生的冲击荷载测定弯沉,属于动态弯沉,并能反算路面的回弹模量,快速,使用时根据需要可与贝克曼梁法建立相关关系进行换算
激光式弯沉仪法	利用激光多普勒效应来测试地面在荷载作用下的垂直下沉速度,计算出最大弯沉及弯沉盆数据,可以正常行车速度在高速公路上进行测试,测试效率高,不影响交通,是目前世界上最先进的弯沉测试方法,使用时应与落锤式弯沉仪法建立相关关系

每一双车道评定路段(不超过1km),采用贝克曼梁或自动弯沉仪测量弯沉值不少于80个点,采用落锤式弯沉仪测量弯沉值不少于40个点,多车道公路必须按车道数与双车道之比,相应增加测点。

二、贝克曼梁测定路基路面回弹弯沉

本方法利用杠杆原理制成杠杆式弯沉仪测定轮隙弯沉,适用于路基及沥青路面的回弹弯沉检测,用以评定其整体承载能力,但不适用于路基冻结后的回弹弯沉检测。沥青路面的弯沉以沥青面层平均温度20℃时为准,当路面平均温度在20℃±2℃以内可不修,在其他温度测试时,对厚度大于5cm的沥青路面,弯沉值应予温度修正。

(一)检测器具与材料

1.标准加载车

单后轴、单侧双轮组的标准加载车(图8-1),其标准轴荷载、轮胎尺寸、轮胎间隙及轮胎气压等主要参数应符合表8-2的要求。

图8-1 标准加载车

测定弯沉用的标准加载车参数要求 表8-2

后轴标准轴载 P(kN)	100 ± 1
一侧双轮荷载(kN)	50 ± 0.5
轮胎充气压力(MPa)	0.70 ± 0.05
单轮传压面当量圆面积(mm²)	$(3.56 \pm 0.20) \times 10^4$
轮隙宽度	应能满足自由插入弯沉仪测头的测试要求

2.路面弯沉仪

由贝克曼梁、百分表及表架组成。贝克曼梁由合金铝制成,上有水准泡,其前臂(接触路面)与后臂(装百分表)长度比2∶1。弯沉仪长度有两种:一种长3.6m,前后臂分别为2.4m和1.2m;另一种加长的弯沉仪长5.4m,前后臂分别为3.6m和1.8m。其构造如图8-2、图8-3所示。当在半刚性基层沥青路面或水泥混凝土路面上测定时,宜采用长度为5.4m的贝克曼梁弯沉仪;对于柔性基层沥青路面或混合式结构沥青路面,可采用长度为3.6m的贝克曼梁弯沉仪。弯沉采用百分表量得,也可用自动记录装置进行测量。

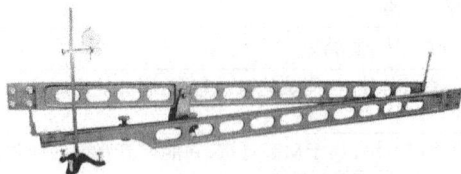

图8-2　路面弯沉仪实物图

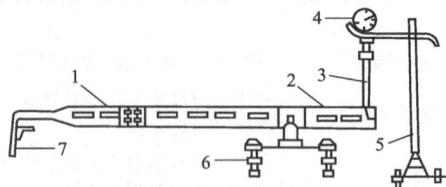

图8-3　路面弯沉仪的构造
1、2-前后杠杆;3-立杆;4-百分表;5-表架;6-支座;7-测头

3. 路表温度计

分度不大于1℃。

4. 其他

钢直尺、皮尺、口哨、白油漆或粉笔、指挥旗等。

(二)检测方法

1. 准备工作

(1)检查并保持测定用加载车的车况及制动性能良好,轮胎符合规定充气压力。

(2)向汽车车槽中装载铁块等集料,并在地磅上称量后轴质量,应符合要求的轴重规定。汽车行驶及测定过程中,轴重不得变化。

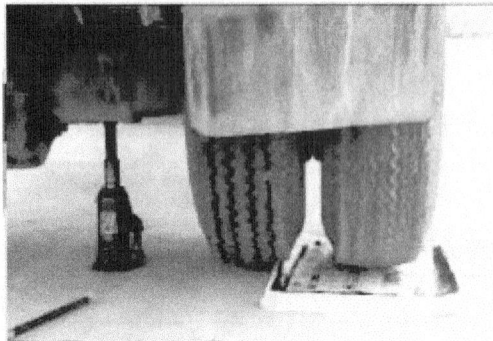

图8-4　测定轮胎接地面积

(3)测定轮胎接地面积:在平整光滑的硬质路面上用千斤顶将汽车后轴顶起,在轮胎下方铺一张新的复写纸和一张方格纸,轻轻落下千斤顶,即在方格纸印上轮胎印痕(图8-4),用求积仪或数方格的方法测算轮胎接地面积,准确至$0.1cm^2$。

(4)检查弯沉仪百分表测量灵敏情况。

(5)当在沥青路面上测定时,用路表温度计测定试验时气温及路表温度(一天中气温不断变化,应随时测定),并通过气象台了解前5d的平均气温(日最高气温与日最低气温的平均值)。

(6)记录沥青路面修建或改建时材料、结构、厚度、施工及养护等情况。

2. 测试步骤

(1)在测试路段布置测点,其距离随测试需要而定。测点应在路面行车车道的轮迹带上,并用白漆或粉笔画上标记,如图8-5所示。

(2)将试验车后轮轮隙对准测点后3~5cm处的位置上。

(3)将弯沉仪插入汽车后轮之间的缝隙处,与汽车方向一致,梁臂不得碰到轮胎,弯沉仪测头置于测点上(轮隙中心前方3~5cm处),并安装百分表于弯沉仪的测定杆上,如图8-6所示。百分表调零,用手指轻轻叩打弯沉仪,检查百分表是否稳定回零。弯沉仪可以是单侧测定,也可以是双侧同时测定。

图 8-5　测点标记

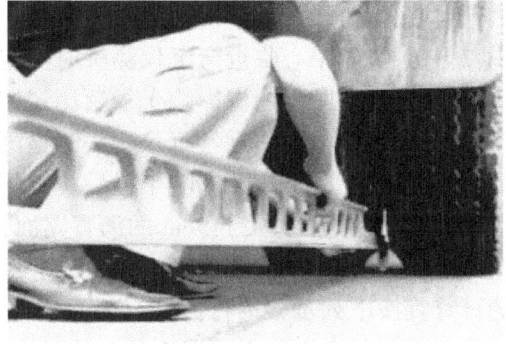

图 8-6　弯沉仪插入汽车后轮之间的缝隙处

（4）测定者吹哨发令，指挥汽车缓缓前进，百分表随路面变形的增加而持续向前转动。当表针转动到最大值时，迅速读取初读数 L_1。汽车仍在继续前进，表针反向回转，待汽车驶出弯沉影响半径（约 3m 以上）后，吹哨或挥动指挥红旗，汽车停止。待表针回转稳定后，再次读取终读数 L_2。汽车前进的速度宜为 5km/h 左右。

3. 弯沉仪的支点变形修正

（1）当采用长度为 3.6m 的弯沉仪对半刚性基层沥青路面、水泥混凝土路面等进行弯沉测定时，有可能引起弯沉仪支座处变形，因此测定时应检验支点有无变形。此时，应用另一台检验用的弯沉仪安装在测定用弯沉仪的后方，其测点架于测定用弯沉仪的支点旁。当汽车开出时，同时测定两台弯沉仪的弯沉读数，如检验用弯沉百分表有读数，应该记录并进行支点变形修正；当在同一结构层上测定时，可在不同位置测定 5 次，求取平均值，以后每次测定时以此作为修正值。支点变形修正的原理如图 8-7 所示。

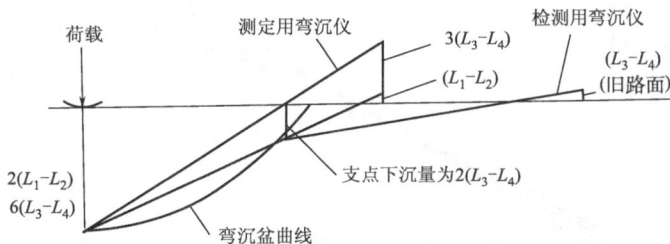

图 8-7　弯沉仪支点变形修正原理

（2）当采用长度为 5.4m 的弯沉仪测定时，可不进行支点变形修正。

（三）结果计算及温度修正

（1）路面测点的回弹弯沉值按下式计算：

$$L_t = (L_1 - L_2) \times 2 \tag{8-1}$$

式中：L_t——在路面温度 t 时的回弹弯沉值，0.01mm；

　　　L_1——车轮胎中心临近弯沉仪测头时百分表的最大读数，0.01mm；

　　　L_2——汽车驶出弯沉影响半径后百分表的终读数，0.01mm。

（2）当需要进行弯沉仪支点变形修正时，路面测点的回弹弯沉值按下式计算（适用于测定弯沉仪支座处有变形但百分表架处路面已无变形的情况）：

$$L_T = (L_1 - L_2) \times 2 + (L_3 - L_4) \times 6 \tag{8-2}$$

式中:L_1——车轮中心临近弯沉仪测头时测定用弯沉仪的最大读数,0.01mm;

L_2——汽车驶出弯沉影响半径后测定用弯沉仪的最终读数,0.01mm;

L_3——车轮中心临近弯沉仪测头时检测用弯沉仪的最大读数,0.01mm;

L_4——汽车驶出弯沉影响半径后检测用弯沉仪的最终读数,0.01mm。

(3)沥青面层厚度大于5cm的沥青路面,对回弹弯沉值应进行温度修正;当沥青层厚度小于或等于50mm时,或路表温度在(20±2)℃范围内,可不进行温度修正。温度修正及回弹弯沉的计算宜按下列步骤进行:

①测定时的沥青层平均温度按下式计算:

$$T = \frac{T_{25} + T_m + T_e}{3} \tag{8-3}$$

式中:T——测定时沥青层平均温度,℃;

T_{25}——根据T_0由图8-8决定的路表下25mm处的温度,℃;

T_m——根据T_0由图8-8决定的沥青中间深度的温度,℃;

T_e——根据T_0由图8-8决定的沥青层底面处的温度,℃。

图8-8中T_0为测定时路表温度与测定前5d平均气温之和(℃),日平均气温为日最高气温与日最低气温的平均值。

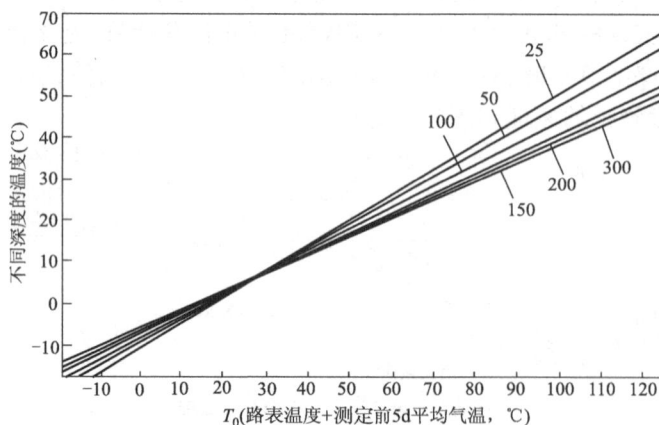

图8-8 沥青层平均温度的决定
注:线上的数字为路表下的不同深度(mm)。

②采用不同基层的沥青路面弯沉值的温度修正系数K、根据沥青层平均温度T及沥青层厚度,分别由图8-9和图8-10求取。

③沥青路面回弹弯沉按下式计算:

$$L_{20} = L_T \times K \tag{8-4}$$

式中:K——温度修正系数;

L_{20}——换算为20℃的沥青路面回弹弯沉值,0.01mm;

L_T——测定时沥青面层内平均温度为T时的回弹弯沉值,0.01mm。

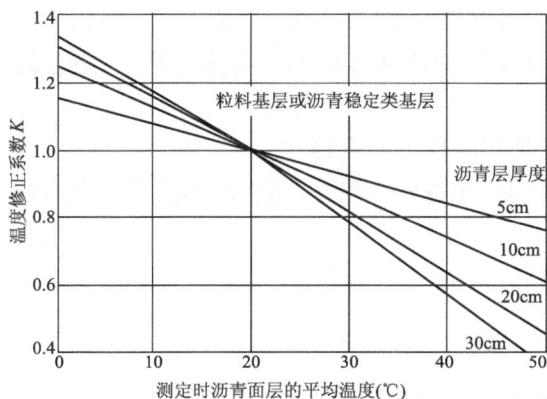

图 8-9　路面弯沉温度修正系数曲线(适用于粒料基层及沥青稳定基层)

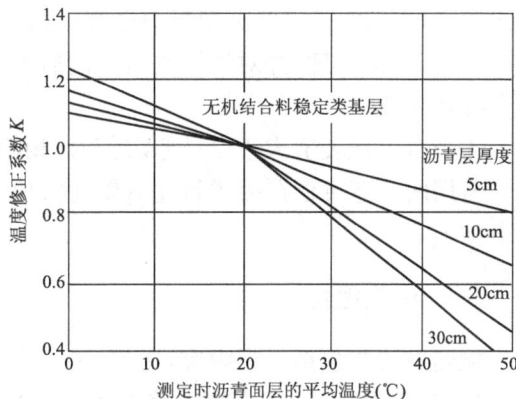

图 8-10　路面弯沉温度修正系数曲线(适用于无机结合料稳定的半刚性基层)

（4）结果评定：

①路基、沥青路面弯沉代表值为弯沉测量值的上波动界限,按下式计算：

$$L_r = (\bar{L} + \beta S) K_1 K_3 \tag{8-5}$$

式中：L_r——弯沉代表值,0.01mm；

　　　$\bar{L}$——实测弯沉的平均值,0.01mm；

　　　S——标准差,0.01mm；

　　　β——目标可靠值,见表 8-3；

　　　K_1——湿度影响系数,根据当地经验确定；

　　　K_3——温度影响系数,路基顶面弯沉测定时取 1,路表弯沉测定时根据下式确定；

$$K_3 = e^{[9 \times 10^{-6}(\ln E_0 - 1)H_a + 4 \times 10^{-3}](20 - T)}$$

　　　T——弯沉测定时沥青结合料类层中点实测温度或预估温度,℃；

　　　H_a——沥青结合料类材料层厚度,mm；

　　　E_0——平衡湿度状态下路基顶面回弹模量,MPa。

目标可靠指标 β 值　　　　　　　　　　　　　　　　　表 8-3

公路等级	高速公路	一级公路	二级公路	三级公路	四级公路
目标可靠度(%)	95	90	85	80	75
目标可靠指标 β	1.65	1.28	1.04	0.84	0.52

注：弯沉值已按试验检测规程进行 20℃的沥青回弹路面弯沉值换算的,不重复考虑温度影响系数。

②粒料类基层和底基层顶面弯沉代表值应按下式计算：

$$L_r = \bar{L} + Z_\alpha S \tag{8-6}$$

式中：L_r——弯沉代表值,0.01mm；

　　　$\bar{L}$——实测弯沉的平均值,0.01mm；

　　　S——标准差,0.01mm；

　　　Z_α——与要求保证率有关的系数,高速公路和一级公路取 $Z_\alpha = 2.0$,二级公路取 $Z_\alpha = 1.645$,二级以下公路取 $Z_\alpha = 1.5$。

③二级及二级以下公路,当路基和粒料类基层、底基层的弯沉代表值不符合要求时,可将

超出"$\bar{L}+(2\sim3)S$"的弯沉特异值舍弃,对舍弃的弯沉值大于"$\bar{L}+(2\sim3)S$"的点,应找出周围界限,进行局部处理,并对弯沉进行复测后重新计算平均值和标准差。高速公路、一级公路不得舍弃特异值。

④当弯沉代表值大于设计弯沉值时,相应分项工程应为不合格。

若用两台弯沉仪同时进行左右轮弯沉值测定时,应按两个独立测点计,不能采用左右两点的平均值。

(四)检测报告

检测报告应包括下列内容:

(1)弯沉测定表、支点变形修正值、测试时的路面温度及温度修正值。

(2)每一个评定路段的各测点弯沉的平均值、标准差及代表弯沉。记录格式见表8-4。

回弹弯沉试验记录 表8-4

承包的单位	××公司			合同号		
监理单位	××监理公司			编号		
路面层次	沥青混凝土上面层	测试时间		9:30	试验车型	BZZ-100
允许弯沉值(0.01mm)	30	天气温度		20℃	后轴重	100kN
仪器型号	5.4m贝克曼梁	检测车道		左幅行车道	后胎胎压	0.7MPa
检测路段	K0+000~K0+140				路况描述	干燥
测点桩号	读数值(0.01mm)				回弹弯沉值(0.01mm)	备注
	左轮		右轮		左轮	右轮	
	初读数	终读数	初读数	终读数			
K0+020	21	14	18	14	14	8	
K0+040	16	11	17	10	10	14	
K0+060	17	12	18	10	10	16	
K0+080	15	11	16	8	8	16	
K0+100	18	11	20	14	14	12	
K0+120	19	13	18	12	12	12	
K0+140	15	10	18	10	10	16	
总测点数 n(点)	14		平均弯沉值 $\bar{L}$(0.01mm)		12.3		
标准差 S(0.01mm)	2.8		弯沉代表值 L_r(0.01mm)		16.9		

例8-1 某新建高速公路竣工后,测得某段路面的弯沉值见表8-5,路面设计弯沉值为40(0.01mm),试判断该路段的弯沉值是否符合要求。(不考虑温度和湿度修正)

弯沉值检测结果(0.01mm) 表8-5

序号	1	2	3	4	5	6	7	8	9	10	11
L_i	30	29	31	28	27	26	33	32	30	30	31
序号	12	13	14	15	16	17	18	19	20	21	22
L_i	29	27	26	32	31	33	31	30	29	28	28

解:经计算:$\bar{L}=29.6$(0.01mm),$S=2.09$(0.01mm)

代表弯沉值为弯沉检测值的上波动界限,即

$$L_r=(\bar{L}+\beta S)K_1K_3=(29.6+1.65\times2.09)\times1.0\times1.0=33.0(0.01mm)$$

因为代表弯沉值 $L_r < L_d = 40(0.01\text{mm})$，所以该路段的弯沉值是满足要求的。

三、自动弯沉仪测定路面弯沉

用自动弯沉仪在标准条件下每隔一定距离连续测试路面的总弯沉，并计算总弯沉值的平均值。以此作为尚无坑洞等严重破坏的道路验收检查及旧路面强度的评价指标，可为路面养护管理系统提供数据，经过与贝克曼梁测定值进行换算后，也可以进行路面结构设计。

（一）检测器具

自动弯沉仪测定车由承载车，测量机架及控制系统，位移、温度和距离传感器，数据采集与处理系统等基本部分组成，如图 8-11 所示。

自动弯沉仪的承载车辆应为单后轴、单侧双轮组的载重车，其标准条件参考贝克曼梁测定路基路面回弹弯沉试验方法中标准加载车的参数，要求见表 8-2。

测试系统基本技术要求和参数：

（1）位移传感器分辨率：≤0.01mm。

（2）位移传感器有效量程：≥3mm。

（3）距离标定误差：≤1%。

图 8-11　自动弯沉仪的测量机构

（二）准备工作

（1）位移传感器标定。每次测试之前必须按照设备使用手册规定的方法进行位移传感器的标定，记录标定数据并存档。

（2）检查承载车轮胎气压。每次测试之前必须检查后轴轮胎气压，应满足 $(0.70 \pm 0.05)\text{MPa}$。

（3）检查承载车轮轮载。一般每年检查一次，后轴载应满足 $(100 \pm 1)\text{kN}$。

（4）检查测量架的易损部件情况，及时更换损坏部件。

（5）打开设备电源进行检查，控制面板功能键、指示灯、显示器等应正常。

（6）开动承载车试测 2~3 个步距，观察测试机构。测试机构应正常，否则需要调整。

（三）测试步骤

（1）测试系统在开始测试前需要通电预热，时间不少于设备操作手册要求，并开启工程警灯和导向标等警告标志。

（2）在测试路段前 20m 处将测量架放落在路面上，并检查各机构的部件情况。

（3）操作人员按照设备使用手册的规定和测试路段的现场技术要求，设置所需的测试状态。

（4）驾驶员缓慢加速承载车到正常测试速度（一般控制在 3.5km/h 以内），沿正常行车轨迹驶入测试路段。

（5）操作人员将测试路段起终点、桥涵等特殊位置的桩号输入到记录数据中。

（6）当测试车辆驶出测试路段后，操作人员停止数据采集和记录，并恢复仪器各部分至初始状态。驾驶员缓慢停止承载车，提起测量架。

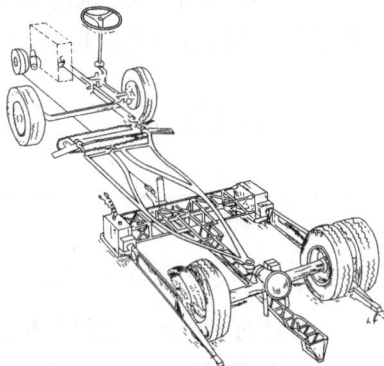

（7）操作人员检查数据文件，文件应完整、内容应正常，否则需要重新测试。

（8）关闭测试系统电源，结束测试。

（四）计算

（1）采用自动弯沉仪采集路面弯沉盆峰值数据。

（2）数据组中左臂、右臂测值按单独弯沉处理。

（3）对原始弯沉测试数据进行温度、坡度、相关性等修正。当路面横坡不超过4%时，不进行超高影响修正；当横坡超过4%时，超高影响的修正见表8-6。

弯沉值横坡修正 表8-6

横 坡 范 围	高位修正系数	低位修正系数
>4%	$\dfrac{1}{1-i}$	$\dfrac{1}{1+i}$

注：i 是路面横坡（%）。

（五）自动弯沉仪与贝克曼梁弯沉测值对比试验步骤

（1）针对不同地区选择某种路面结构的代表性路段，进行两种测定方法的对比试验，以便将自动弯沉仪测定的总弯沉换算成贝克曼梁测定的回弹弯沉值。测定路段长度为300～500m，并应使测定的弯沉值有一定的变化幅度。对比试验路段的路面应清洁干燥，温度在10～35℃范围内，并且宜选择温度变化不大、晴天无风时进行试验，试验路段附近没有重型交通和振动。

（2）对比试验步骤：

①自动弯沉仪按照正常测试车速测试选定路段，工作人员仔细用油漆每隔3个测试步距或约20m标记测点位置。

②自动弯沉仪测试完毕后，等待30min；然后在每1个标记位置，按照贝克曼梁测定路基路面回弹弯沉试验方法，测定各点回弹弯沉值。

③从自动弯沉仪的记录数据中按照路面标记点的相应桩号提出各试验点测值，并与贝克曼梁测值一一对应，用数理统计的回归分析方法，得到贝克曼梁测值和自动弯沉仪测值之间的相关关系方程，相关系数不得小于0.95。

（六）检测报告内容

（1）弯沉的平均值、标准差、代表值、测试时的路面温度及温度修正值。

（2）自动弯沉仪测值与贝克曼梁测值的相关关系式及相关系数。

（七）注意事项

贝克曼梁测值与自动弯沉仪测值都属于静态弯沉。自动弯沉仪测定的是总弯沉，与贝克曼梁测定的回弹弯沉有所不同，可通过对比试验，得到两者之间的关系，换算成回弹弯沉用于路基路面的强度评定。

四、落锤式弯沉仪测定路面弯沉

用落锤式弯沉仪（FWD）在标准质量的重锤落下一定高度发生的冲击荷载的作用下，测定路基或路面表面所产生的瞬时变形，即测定在动态荷载作用下产生的动态弯沉及弯沉盆，评定路基路面承载能力。

(一) 检测器具

落锤式弯沉仪,简称 FWD,由荷载发生装置、弯沉检测装置、运算控制系统与车辆牵引系统等组成。其结构示意如图 8-12 所示。

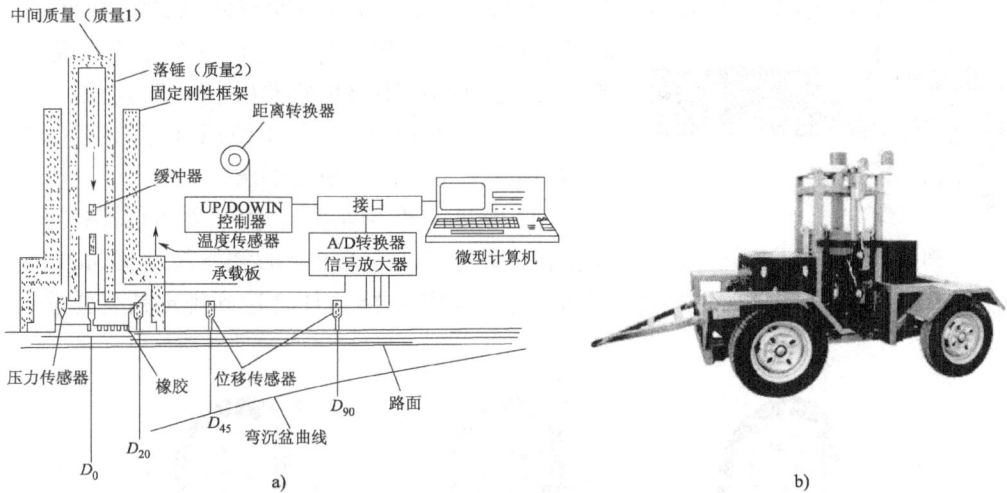

图 8-12 落锤式弯沉仪
a)测量系统示意图;b)实物图

(1)荷载发生装置:重锤的质量及落高根据使用目的与道路等级选择,荷载由传感器测定,如无特殊需要,重锤的质量为$(200 \pm 10)kg$,可采用产生$(50 \pm 2.5)kN$ 的冲击荷载。承载板宜为十字形,对称分开成 4 部分,且底部固定有橡胶片的承载板。承载板的直径一般为 300mm,也可为 450mm。

(2)弯沉检测装置:由一组高精度位移传感器组成,位移分辨力不大于 0.001mm,如图 8-13 所示,传感器可为差动变压器式位移计(LVDT)。自中心开始,承载板沿道路纵向设置,隔开一定距离布设一组传感器。传感器总数不少于 7 个,建议布置在 $0 \sim 250cm$ 范围以内,必须包括 0cm、30cm、60cm、90cm 四点。其他根据需要及设备性能决定。

(3)运算及控制装置:能在冲击荷载作用的瞬间,记录冲击荷载及各个传感器所在位置测点的动态变形。

(4)牵引装置:牵引 FWD 并安装有运算及控制装置的车辆,如图 8-14 所示。

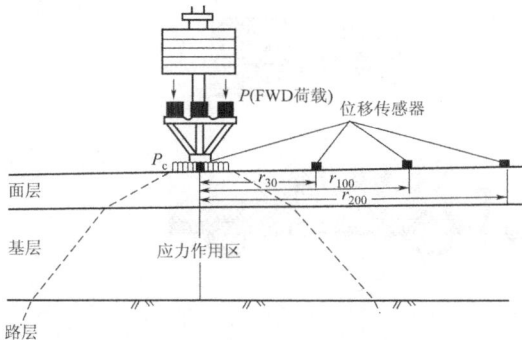

图 8-13 落锤式弯沉仪传感器布置及应力作用范围示例

图 8-14 牵引装置

(二)评定道路承载能力的方法与步骤

1.准备工作

(1)调整重锤的质量及落高,使重锤的质量及产生的冲击荷载符合前述仪器的要求。

(2)在测试路段的路基或路面各层表面布置测点,其位置或距离随测试需要而定。当在

图 8-15 距离传感器

路面表面测定时,测点宜布置在行车车道的轮迹带上。测试时,还可利用距离传感器(图 8-15)定位。

(3)检查 FWD 的车况及使用性能,用手动操作检查,各项标准符合仪器规定要求。

(4)将 FWD 牵引至测定地点,并将仪器打开,进入工作状态。牵引 FWD 行驶的速度不宜超过 50km/h。

(5)对位移传感器按仪器使用说明书进行标定(图 8-16),使之达到规定精度要求。

标定前　　　　　绝对标定以后　　　　　相对标定以后

图 8-16　FWD 标定示意图

2.测定方法

(1)承载板中心位置对准测点,承载板自动落下,放下弯沉装置的各个传感器。

(2)启动落锤装置,落锤瞬间自由落下,冲击力作用于承载板上,又立即自动提升至原来位置固定。同时,各个传感器检测结构层表面变形,记录系统将位移信号输入计算机,并得到路面弯沉峰值和弯沉盆,如图 8-17 所示。每 1 个测点重复测定应不少于 3 次,除去第一个测定值,取以后几次测定值的平均值作为计算依据。

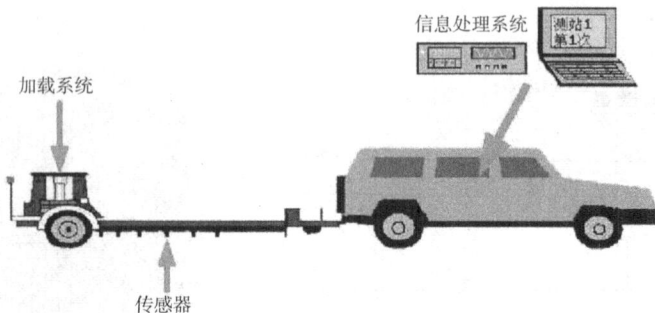

图 8-17　落锤装置工作原理示意图

(3)提起传感器及承载板,牵引车向前移动至下一个测点,重复上述步骤,进行测定。

(三)落锤式弯沉仪与贝克曼梁弯沉仪对比试验步骤

如有需要时,可按以下相关性试验步骤得到落锤式弯沉仪与贝克曼梁弯沉仪两者相关关系。

1.路段选择

选择结构类型完全相同的路段,针对不同地区选择某种路面结构的代表性路段,进行两种测定方法的对比试验,以便将落锤式弯沉仪测定的动弯沉换算成贝克曼梁测定的回弹弯沉值。选择的对比路段长度为 300 ~ 500m,弯沉值应有一定的变化幅度。

2.对比试验步骤

(1)采用与实际使用相同且符合要求的落锤式弯沉仪及贝克曼梁弯沉仪测定车。落锤式弯沉仪的冲击荷载应与贝克曼梁弯沉仪器测定车的后轴双轮荷载相同。

(2)用油漆标记对比路段起点位置。

(3)布置测点位置,用贝克曼梁定点测定回弹弯沉,测定车开走后,用粉笔以测点为圆心,在周围画一个半径为 15cm 的圆,标明测点位置。

(4)将落锤式弯沉仪的承载板对准圆圈,位置偏差不超过 30mm,按前述方法进行测定。两种仪器对同一点弯沉测试的时间间隔不应超过 10min。

(5)逐点对应计算两者的相关关系。

通过对比试验,得出回归方程

$$L_B = a + bL_{FWD} \tag{8-7}$$

式中:L_{FWD}——落锤式弯沉仪;

L_B——贝克曼梁测定的弯沉值。

回归方程式相关系数应不小于 0.95。

由于不同路面结构的材料、路基状况、温度、水文条件、路面使用状况不同,对比关系也有所不同,为了提高数据的准确性,应分各种情况做此项对比试验。

(四)数据处理

(1)舍去承载板中心位移传感器的首次弯沉测试值,计算后几次弯沉测试值的平均值作为该点的弯沉值。

(2)按桩号记录各测点的弯沉及弯沉盆数据,计算一个评定路段的弯沉平均值、标准差及代表值。

(五)检测报告

(1)测试路段信息(桩号、路面结构层材料类型及设计厚度等)。

(2)路表弯沉温度影响系数、弯沉。

(3)测试路段的弯沉平均值、标准差及代表值。

(4)如有需要可报告弯沉盆数据。

<table>
<tr><td>第二节</td><td>路基路面回弹模量检测</td></tr>
</table>

回弹模量是指路基、路面及筑路材料在荷载作用下产生的应力与其相应的回弹应变的比值,土基回弹模量表示土基在弹性变形阶段内,在垂直荷载作用下,抵抗竖向变形的能力,如果垂直荷载为定值,土基回弹模量值越大则产生的垂直位移就越小;如果竖向位移是定值,回弹模量值越大,则土基承受外荷载作用的能力就越大,因此,路面设计中采用回弹模量作为土基抗压强度的指标。路基是路面结构的支撑体,而路面回弹模量是其主要的控制参数,因此对其检测极其重要。《公路沥青路面设计规范》(JTG D50—2017)规定,路基顶面回弹模量值,极重交通不小于70MPa,特重交通不小于60MPa,重交通不小于50MPa,中等、轻交通不小于40MPa。

路基回弹模量设计值宜按下列方法确定:

(1)新建公路初步设计时,宜根据查表法(或现有公路调查法)、室内试验法、换算法等,经综合分析、论证,确定沿线不同路基状况的路基回弹模量设计值。

(2)当路基建成后,应在不利季节、路基最不利状况,实测各路段路基回弹模量代表值,以检验是否符合设计值的要求。现场实测方法宜采用承载板法,也可采用贝克曼梁弯沉仪法、便携式落锤弯沉仪法。若现场实测路基回弹模量代表值小于设计值,应采取翻晒补压、掺灰处理等加强路基或调整路面结构厚度的措施,以保证路基路面的强度和稳定性。

一、贝克曼梁测定路基路面回弹模量

用弯沉仪测试各点的回弹弯沉值,通过计算求得该材料回弹模量值的试验,既适用于土基和厚度不小于1m的粒料整层表面,也适用于在旧路表面测定路基路面的综合回弹模量。

(一)检测器具与材料

(1)加载车:按前述贝克曼梁测试回弹弯沉规定选用。
(2)路面弯沉仪:由贝克曼梁、百分表及表架组成。
(3)路表温度计:分度不大于1℃。

图8-18　实测各测点处路面回弹弯沉值

(4)其他:皮尺、口哨、粉笔、指挥旗等。

(二)方法与步骤

1.准备工作

选择洁净的路面表面作为测点,要在测点处做好标记并编号。

2.测试步骤

实测各测点处路面回弹弯沉值 L_i,如图8-18所示。当在旧沥青路面上测定时,应读取温度,并测定弯沉值的温度修正,得到标准温度 20℃ 时的弯沉值。

(三)计算

(1)分别计算全部测定值的算术平均值 $\overline{L}$、单次测量的标准差 S 和自然误差 r_0:

$$r_0 = 0.675 \times S \tag{8-8}$$

式中:S——回弹弯沉值的标准差,0.01mm;

r_0——回弹弯沉值的自然误差,0.01mm。

(2)计算各测定值与算术平均值的偏差值 $d_i = L_i - \overline{L}$,并计算较大的偏差与自然误差之比 d_i/r_0。当某个测点观测值的 d_i/r_0 值大于表 8-7 中 d/r 极限值时,则应舍弃该测点,然后重复上述的步骤,计算剩余各测点算术平均值及标准差。

相应于不同观测次数的 d/r 极限值   表 8-7

n	5	10	15	20	50
d/r	2.5	2.9	3.2	3.3	3.8

(3)按下式计算代表弯沉值:

$$L_r = \overline{L} + S \tag{8-9}$$

式中:L_r——代表弯沉值,0.01mm;

$\overline{L}$——舍弃不合要求的测点后所余各测点弯沉的算术平均值,0.01mm;

S——舍弃不符合要求的测点后所余各测点弯沉的标准差,0.01mm。

(4)按下式计算土基、整层材料的回弹模量(E_1)或旧路的综合回弹模量:

$$E_1 = \frac{2p\delta}{L_r}(1 - \mu^2)\alpha \times 10^2 \tag{8-10}$$

式中:E_1——计算的土基、整层材料的回弹模量或旧路的综合回弹模量,MPa;

p——测定车轮的平均垂直荷载,MPa;

δ——测定用标准车双圆荷载单轮传压面当量圆的半径,cm;

α——弯沉系数,为 0.712;

μ——测定层材料的泊松比,根据部颁路面设计规范的规定取用,见表 8-8。

道路材料供弯沉计算用泊松比值   表 8-8

材　料	泊松比范围	备　注						常用泊松比
水泥混凝土	0.10～0.20							0.15
沥青混凝土、沥青碎石	0.15～0.45	温度(℃)	0	20	30	40	50	0.35
		泊松比	0.15	0.2	0.3	0.4	0.45	
水泥稳定基层	0.15～0.30	无裂缝龄期长取小值,裂缝多龄期短取大值						0.20
石灰粉煤灰稳定基层	0.15～0.30							0.25
无机结合料基层	0.30～0.40	碎石取低值						0.35
土基	0.30～0.50	非黏性土 0.30,高黏性土可接近 0.50						0.40

(四)检测报告的内容

报告应包括弯沉测定表、计算代表弯沉、采用的泊松比及计算得到的材料回弹模量 E_1 等,对于沥青路面,还应报告测试时的路面温度。

二、承载板测定土基回弹模量

本方法适用于在现场土基表面用承载板对土基逐级加载、卸载的方法,测出每级荷载下相应的土基回弹变形值,经过计算求得土基回弹模量,作为路面设计参数使用。

(一)检测器具与材料

(1)加载设施:载有铁块或集料等重物、后轴重不小于 60kN 载重汽车一辆,作为加载设备,在汽车大梁的后轴之后设有一加劲横梁作反力架用。

(2)现场测试装置,如图 8-19 所示,由千斤顶、测力计(测力环或压力表)及球座组成。

(3)刚性承载板一块,板厚 20mm,直径为 30cm,直径两端设有立柱和可以调整高度的支座,供安放弯沉仪测头。承载板安放在土基表面上。

(4)路面弯沉仪两台,由贝克曼梁、百分表及其支架组成,如图 8-20 所示。

(5)液压千斤顶一台(80~100kN),装有经过标定的压力表或测力环,其量程不小于土基强度,测定精度不小于测力计量程的 1%。

(6)其他:秒表、水平尺、细砂、毛刷、垂球、镐、铁锹、铲等。

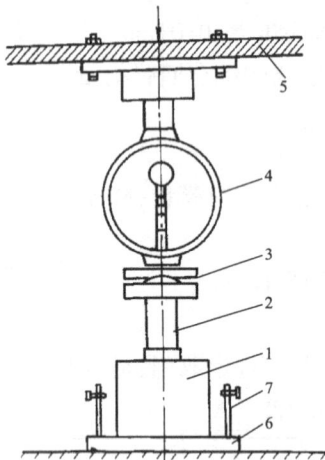

图 8-19 承载板试验现场测试装置
1-加载千斤顶;2-钢圆筒;3-钢板球座;4-测力计;5-加劲横梁;6-承载板;7-立柱及支座

图 8-20 两台路面弯沉仪检测土基回弹模量

(二)方法与步骤

1. 准备工作

(1)根据需要选择有代表性的测点,测点应位于水平的路基上,路基土质均匀,不含杂物。

（2）仔细平整土基表面，铺撒干燥洁净的细砂填平凹处，砂子不可覆盖全部土基表面。

（3）安置承载板，并用水平尺进行校正，使承载板处于水平状态。

（4）将试验车置于测点上，在加劲小梁中部悬挂垂球测试，使之恰好对准承载板中心，然后收起垂球。

（5）在承载板上安装千斤顶，上面衬垫钢圆筒、钢板并将球座置于顶部与加劲横梁接触，如用测力环时，应将测力环置于千斤顶与横梁中间，千斤顶及衬垫物必须保持垂直，以免加压时千斤顶倾倒发生事故，并影响测试数据的准确性。

（6）安放弯沉仪，将两台弯沉仪的测头分别置于承载板立柱的支座上，百分表对零或其他合适的初始位置上，如图 8-21 所示。

2. 测试步骤

（1）用千斤顶开始加载，注视测力环或压力表，至预压 0.05MPa，稳压 1min，使承载板与土基紧密接触，同时检查百分表的工作情况是否正常，然后放松千斤顶油门卸载，稳压 1min 后，将指针对零或记录初始读数，如图 8-22 所示。

图 8-21　安放弯沉仪　　　　　　　图 8-22　加载千斤顶

（2）测定土基的压力-变形曲线，用千斤顶加载，采用逐级加载卸载法，用压力表或测力环控制加载量。当荷载小于 0.1MPa 时，每级增加 0.02MPa，以后每级增加 0.04MPa 左右。为了使加载和计算方便，加载数值可适当调整为整数，每次加载至预定荷载 P 后，稳定 1min，立即读记两台弯沉仪百分表数值，然后轻轻放开千斤顶油门卸载至 0，待卸载稳定 1min 后再次读数。每次卸载后百分表不再对零。当两台弯沉仪百分表读数之差小于平均值的 30% 时，取平均值，若超过 30% 则应重测。当回弹变形值超过 1mm 时，即可停止加载。

（3）各级荷载的回弹变形和总变形，按以下方法计算：

回弹变形 L =（加载后读数平均值 – 卸载后读数平均值）× 弯沉仪杠杆比

总变形 L' =（加载后读数平均值 – 加载初始前读数平均值）× 弯沉仪杠杆比

（4）测定总影响量 α：最后一次加载卸载循环结束后，取走千斤顶，重新读取百分表初读数，然后将汽车开出 10m 以外，读取终数读数，两只百分表的初、终读数差的平均值与贝克曼梁杠杆比的乘积即为总影响量 α。总影响量是汽车后轴荷载对施测点的回弹变形。

（5）在试验点下取样，测定材料含水率，取样数量如下：

①最大粒径不大于 4.75mm,试样数量约 120g。

②最大粒径不大于 19.0mm,试样数量约 250g。

③最大粒径不大于 31.5mm,试样数量约 500g。

(6)在紧靠试验点旁边的适当位置,用灌砂法或环刀法等测定土基的密度。

(三)计算

(1)各级压力的回弹变形值加上该级的影响量后,则为计算回弹变形值。各级压力下的影响量 α_i 按下式计算:

$$\alpha_i = \frac{(T_1 + T_2)\pi D^2 P_i}{4 T_1 Q} \times \alpha \tag{8-11}$$

式中:T_1——测试车前后轴距,m;

　　　T_2——加劲小梁中点距后轴距离,m;

　　　D——承载板直径,m;

　　　Q——测试车后轴重,N;

　　　P_i——各级荷载下的承载板压力,Pa;

　　　α_i——各级荷载下的影响量,0.01mm。

(2)将各级计算回弹变形值点绘于标准计算纸上,排除显著偏离的异常点并绘出顺滑的 P-L 曲线,如曲线起始部分出现反弯,应按图 8-23 所示修正原点 O、O',则是修正的原点。

(3)按下式计算相当于各级荷载下的土基回弹模量 E_i 值:

$$E_i = \frac{\pi D}{4} \times \frac{P_i}{L_i}(1 - \mu_0^2) \tag{8-12}$$

式中:E_i——相应于各级荷载下土基回弹模量,MPa;

　　　μ_0——土的泊松比,根据路面设计规范规定选用,当无规定时,非黏性土可取 0.3,高黏性土取 0.5,一般可取 0.35 或 0.4;

　　　D——承载板直径(30cm);

　　　P_i——承载板单位压力,MPa;

　　　L_i——相对于荷载 P_i 时的计算回弹变形值,cm。

图 8-23　修正原点示意图

(4)取结束试验前的各回弹变形值,按线性回归方法由下式计算土基回弹模量 E_0 值:

$$E_0 = \frac{\pi D}{4} \times \frac{\sum P_i}{\sum L_i}(1 - \mu_0^2) \tag{8-13}$$

$$L_i = L_i' + \alpha_i \tag{8-14}$$

式中:E_0——土基回弹模量,MPa;

　　　μ_0——土的泊松比,根据路面设计规范规定选用;

　　　P_i——对应 L_i 的各级压力值;

　　　L_i——计算回弹变形值,cm;

　　　L_i'——各级荷载下的实测弯沉值,cm。

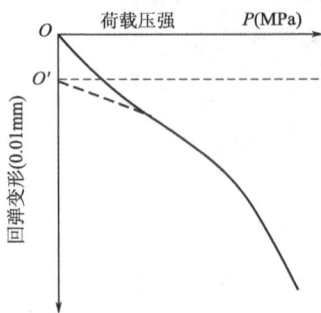

（四）检测报告内容

检测报告应记录下列结果：

（1）试验时所采用的汽车类型。

（2）近期天气情况。

（3）试验时土基的含水率（％）。

（4）土基密度和压实度。

（5）相应于各级荷载下的土基回弹模量 E_i 值。

（6）土基回弹模量 E_0 值（MPa）。

记录格式见表8-9。

承载板测定土基回弹模量试验记录表 表8-9

标段：××标　　　　　　　　　　　　　　　　　　　　　施工单位：_____

测定层位：软土地基　　　　　　承载板直径：30cm　　　　　　桩号：K12+615 左2.0m
设计值：40MPa
测定日期：　　　　　　　　　　　天气：　　　　　　　　　　气温：　　℃

加载级位	荷载（kN）	承载板压力 P（MPa）	百分表读数（0.01mm）		回弹变形（0.01mm）		分级影响量（0.01mm）	计算回弹变形（0.01mm）	备注
			左	右	左	右			
预压	2.784	0.025	361	460	12	16			
	0	0	355	452					
1	2.784	0.025	362	460	10	10	0.6	10.6	
	0	0	357	455					
2	5.568	0.05	374	478	20	20	1.2	21.2	
	0	0	364	468					
3	8.352	0.075	387	495	32	32	1.8	33.8	
	0	0	371	479					
4	11.136	0.1	402	510	50	42	2.4	48.4	
	0	0	377	489					
5	16.704	0.15	416	536	60	64	3.6	65.6	
	0	0	386	504					
6	22.272	0.2	437	560	82	82	4.8	86.8	
	0	0	396	519					
7	27.84	0.25	453	583	96	100	6.0	104.0	
	0	0	405	533					
取走千斤顶			396	527	层面回弹模量 E_0 值（MPa） $E_0 = 48.5$MPa				
汽车开走后			388	515					
总影响量 α		20							

续上表

千斤顶油压表读数	荷载(kN)	承载板压力 P(MPa)	百分表读数(0.01mm)		总变形(0.01mm)		回弹变形(0.01mm)		分级影响量(0.01mm)	计算回弹变形(0.01mm)	备注
			左	右	左	右	左	右			
10	3.53	0.05	14	13	28	26					
0	0	0	3	3			22	20	0.42	21.42	
20	7.07	0.1	31	28	62	56					
0	0	0	14	13			34	30	0.84	32.84	
30	10.60	0.15	65	54	130	108					
0	0	0	40	31			50	46	1.26	49.86	
40	14.14	0.2	90	83	180	166					
0	0	0	56	53			68	60	1.68	65.68	
60	21.21	0.3	148	118	296	236					
0	0	0	98	74			100	88	2.52	96.52	
70	24.74	0.35	165	144	230	288					
0	0	0	108	93			104	102			$L>1mm$ 停止测定
取走千斤顶		0	103	89							
汽车开走后		0	99	86			8	6			
总影响量 $\alpha=7$											
土基回弹模量 $E_0=62.3MPa$											

第三节 承载比(CBR)试验

CBR 又称加利承载比,由美国加利福尼亚州公路局首先提出,是评定土基及路面基层材料强度的一种方法。由于该方法简便,试验数据稳定,因而被许多国家采用。

CBR 值是指试件抵抗局部荷载压入贯入量达到 2.5mm 或 5mm 时的荷载强度与标准碎石压入相同贯入量时的标准压强(7MPa 或 10.5MPa)的比值,用百分比表示。标准压强是用高质量碎石材料大量试验求得。

为了合理选择路基填料,确保路基的强度和稳定性,《公路路基设计规范》(JTG D30—2015)、《公路路基施工技术规范》(JTG/T 3610—2019)和《公路沥青路面设计规范》(JTG D50—2017)中都规定了路基填料的最小强度(CBR 值)要求,见表 8-10。在路基施工之前,必须对所用填料进行 CBR 试验。

路基填料最小强度(CBR)值和最大粒径要求 表8-10

填料应用部位 (路床顶面以下深度) (m)				填料最小强度(CBR)(%)			填料最大粒径 (mm)
				高速公路、一级公路	二级公路	三级公路	
填方路基	上路床		0~0.30	8	6	5	100
	下路床	轻、中及重交通	0.30~0.80	5	4	3	100
		特重、极重交通	0.30~1.20				
	上路堤	轻、中及重交通	0.80~1.50	4	3	3	150
		特重、极重交通	1.20~1.90				
	下路堤	轻、中及重交通	>1.50	3	2	2	150
		特重、极重交通	>1.90				
零填及挖方路基	上路床		0~0.30	8	6	5	100
	下路床	轻、中及重交通	0.30~0.80	5	4	3	100
		特重、极重交通	0.30~1.20				

注:1. 表列强度按《公路土工试验规程》(JTG E40)规定的浸水96h的CBR试验方法测定。

2. 三、四级公路铺筑沥青混凝土和水泥混凝土路面时,应采用二级公路的规定。

3. 表中上、下路堤填料最大粒径150mm的规定,不适用于填石路基和土石路堤。

CBR试验有室内试验和现场试验两种:

(1)CBR室内试验时,试件按路基施工时的含水率及压实度要求在试筒内制备,并在加载前浸泡在水中饱水4d。为了模拟路面结构层的自重压力,需施加半圆荷载板,其重力应根据预定的路面结构重力来确定,但不得小于45N,试件浸水至少淹没顶面2.5cm。

(2)CBR值现场试验方法与室内试验基本相同,但其压入试验直接在土基顶面或路面材料顶面进行。

一、室内CBR试验

对于粒径在25mm以内(最大粒径不得超过40mm且含量不超过5%)的各种土质路面基层、底基层材料,在试验室内用规定的试筒制成标准试件,在路面材料强度仪上进行承载比试验,即可测定材料的CBR值。

(一)检测器具

(1)圆孔筛:孔径40mm、20mm及5mm筛各1个。

(2)试筒:内径152mm、高170mm的金属圆筒;套环,高50mm;筒内垫块,直径151mm、高50mm;夯击底板,同击实仪。试筒的形式和主要尺寸如图8-24所示,实物图如图8-25所示,或用T0131—2007击实试验的大击实筒。

(3)夯锤和导管:夯锤的底面直径50mm,总质量4.5kg。夯锤在导管内的总行程为450mm,夯锤的形式和尺寸与重型击实试验法所用的相同。

(4)贯入杆:端面直径50mm、长约100mm的金属杆。

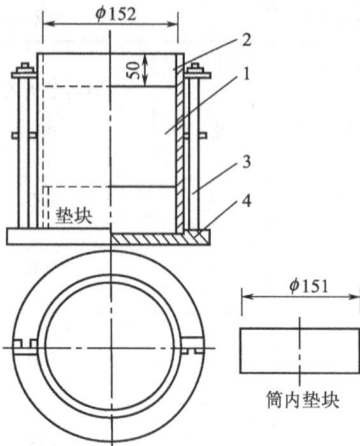

图 8-24 承载比试筒(尺寸单位:mm)
1-试筒;2-套环;3-拉杆;4-夯击底板

图 8-25 承载比试筒实物图

(5)路面材料强度仪或其他荷载装置:重力小于 50kN,能调节贯入速度至每分钟贯入 1mm,可采用测力计式,如图 8-26 所示。

(6)百分表:3 个。

(7)试件顶面上的多孔板(测试件吸水时的膨胀量),如图 8-27 所示。

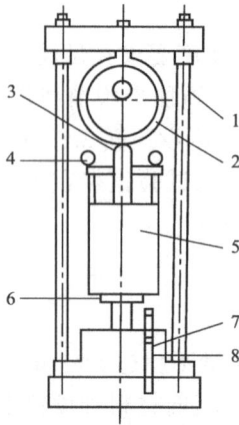

图 8-26 手摇测力计式荷载装置示意图
1-框架;2-量力环;3-贯入杆;4-百分表;
5-试件;6-升降台;7-蜗轮蜗杆箱;8-摇把

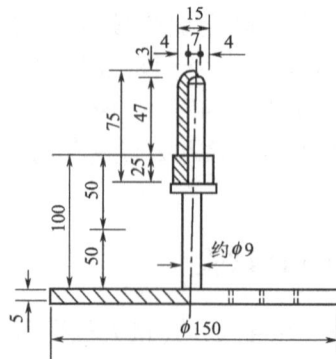

图 8-27 带调节杆的多孔板(尺寸单位:mm)

(8)多孔底板(试件放上后浸泡水中)。

(9)膨胀量测定装置,如图 8-28 所示。

(10)荷载板:直径 150mm,中心孔眼直径 52mm,每块质量 1.25kg,共 4 块,并沿直径分为两个半圆块,如图 8-29 所示。

(11)水槽:浸泡试件用,槽内水面高出试件顶面 25mm。

(12)其他:台秤,感量为试件用量的 0.1%;拌和盘;直尺;滤纸;脱模器等与击实试验相同。

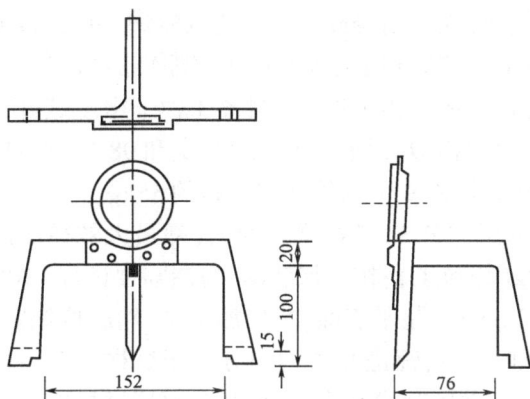

图 8-28 膨胀量测定装置(尺寸单位:mm)

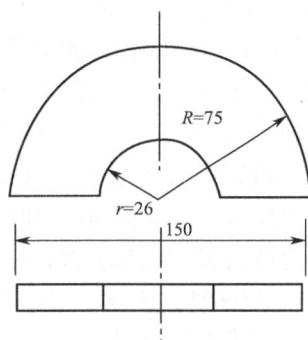

图 8-29 荷载板(尺寸单位:mm)

(二)试样

(1)将具代表性的风干试料(必要时可在 50℃烘箱内烘干),用木碾捣碎,但应尽量注意不使土或粒料的单个颗粒破碎。土团均应捣碎到通过 5mm 的筛孔。

(2)采取代表性的试料 50kg,用 40mm 筛筛除大于 40mm 的颗粒,并记录超尺寸颗粒的百分数。将已过筛的试料按四分法取出约 25kg,再用四分法将取出的试料分成 4 份,每份质量 6kg,供击实试验和制试件之用。

(3)在做击实试验的前一天,取有代表性的试料,测定其风干含水率。测定含水率用的试样数量可参照表 8-11 的规定取样。

测定含水率用试样的数量　　　　　　　　　　　　表 8-11

最大粒径(mm)	试样质量(g)	个　数	最大粒径(mm)	试样质量(g)	个　数
<5	15 ~ 20	2	约20	约250	1
约5	约50	1	约40	约500	1

(三)检测步骤

(1)称试筒本身质量 m_1,将试筒固定在底板上,将垫块放入筒内,并在垫块上放一张纸,安上套环。

(2)将 1 份试料按 3 层装,每层击实 98 次,求试料的最大干密度和最佳含水率。

(3)将其余 3 份试料按最佳含水率制备 3 个试件,将一份试料铺于金属盘内,按事先计算得的该份试料应加的水量均匀地喷洒在试料上。

$$m_w = \frac{m_i}{1 + 0.01w_i} \times 0.01(w - w_i) \qquad (8-15)$$

式中:m_w——所需加水量,g;

　　　m_i——含水率 w_i 时土样的质量,g;

　　　w_i——土样原有含水率,%;

　　　w——要求达到的含水率,%。

用小铲将试料充分拌和到均匀状态,然后装入密闭器或塑料口袋内浸润备用。浸润时间:重黏土不少于24h,轻黏土可缩短到12h,砂土可缩短到1h,天然砂砾可缩短到2h左右。

制备每个试件时,都要取样测定试料的含水率。需要时,可制备3种干密度试件。例如,每种干密度试件制3个,则共制9个试件。每层击数分别为30次、50次和98次,使试件的干密度从低于95%到等于100%的最大干密度。这样9个试件共需试料约55kg。

(4)将试筒放在坚硬的地面上,取备好的试样分3~5次倒入筒内(视最大粒径而定)。按五层法时,每层需试样900(细粒土)~1100g(粗粒土);按三层法时,每层需要试样1700g左右(其量应使击实后的试样高出1/3筒高1~2mm)。整平表面,并稍加压紧,然后按规定的击数进行第一层试样的击实,击实时锤应自由垂直落下,锤迹必须均匀分布于试样面上,每一层击实完后,将试样层面"拉毛"然后再装入套筒。重复上述方法,进行其余每层试样的击实,试筒击实制件完成后,试样不宜高出筒高10mm。

(5)卸下套环,用直刮刀沿试筒顶修平击实的试件,表面不平整处用细料修补,取出垫块,称量筒和试件的质量 m_2。

(6)泡水测膨胀量的步骤如下:

①在试件制成后,取下试件顶面的破残滤纸,放张好滤纸,并在其上安装附有调节杆的多孔板,在多孔板上加4块荷载板(图8-29)。荷载板应交错放置,上下板缝隙不应对齐。

②将试筒与多孔板一起放入槽内(先不放水)并用拉杆将模具拉紧,安装百分表,并读取初读数。

③向水槽内放水,使水自由进到试件的顶部和底部,如图8-30所示。在泡水期间,槽内水面应保持在试件顶面以上约25mm。通常试件要泡4昼夜。

④泡水终了时,读取试件上百分表的终读数,并用下式计算膨胀量(%):

$$膨胀量 = \frac{泡水后试件高度变化}{原试件高(120mm)} \times 100 \tag{8-16}$$

⑤从水槽中取出试件,倒出试件顶面的水,静置15min,让其排水,卸去附加荷载和多孔板、底板和滤纸,并称其质量 m_3,以计算试件的湿度和密度的变化。

(7)贯入试验。

①将泡水试验终了的试件放到路面材料强度试验仪的升降台上,调整偏球座,使贯入杆与试件顶面全面接触,在贯入杆周围放置4块荷载板,如图8-31所示。

图8-30 试件泡水

a)

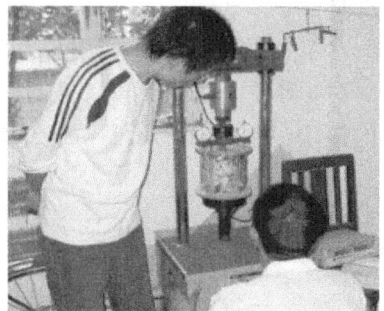
b)

图8-31 贯入杆周围放置4块荷载板

②先在贯入杆上施加 45N 荷载,然后将测力和测变形的百分表指针都调至零点。

③加荷使贯入杆以 1 ~ 1.25mm/min 的速度压入试件,记录测力计内百分表某些整读数(如 20、40、60)时的贯入量,并注意使贯入量为 250×10^{-2}mm 时,能有 5 个以上的读数。因此,测力计内的第一个读数应是贯入量 30×10^{-2}mm 左右。

(四)结果整理

(1)以单位压力 P 为横坐标、贯入量 L 为纵坐标,绘制 P-L 关系曲线,如图 8-32 所示。图 8-32 上曲线 1 是合适的,曲线 2 开始段是凹曲线,需要进行修正。修正时,在变曲率点引一条切线,与纵坐标交于 O' 点,O' 即为修正后的原点。

(2)一般采用贯入量为 2.5mm 时的压力与标准压力之比作为材料的承载比(CBR),即

$$CBR = \frac{P}{7\,000} \times 100 \qquad (8-17)$$

式中:CBR——承载比,%;

P——贯入量为 2.5mm 时的单位压力,kPa。

贯入量为 5mm 时的承载比:

图 8-32 单位压力与贯入量的关系曲线

$$CBR = \frac{P}{10\,500} \times 100 \qquad (8-18)$$

如果贯入量为 5mm 时的承载比大于 2.5mm 时的承载比,则试验需要重做,若结果仍然如此,则采用 5mm 时的承载比。

(3)试件的湿密度用下式计算:

$$\rho_w = \frac{m_2 - m_1}{2\,177} \qquad (8-19)$$

式中:ρ_w——试件的湿密度,g/cm³;

m_2——试筒和试件合质量,g;

m_1——试筒的质量,g;

2 177——试筒的容积,cm³。

(4)试件的干密度用下式计算:

$$\rho_d = \frac{\rho_w}{1 + 0.01w} \qquad (8-20)$$

式中:ρ_d——试件的干密度,g/cm³;

w——试件的含水率,%。

(5)泡水后试件的吸水量按下式计算:

$$w_a = m_3 - m_2 \qquad (8-21)$$

式中:w_a——泡水后试件的吸水量,g;

m_3——泡水后试筒和试件的合质量,g;

m_2——试筒和试件的合质量,g。

(6)精度要求。

当根据 3 个平行试验结果计算得到的承载比变异系数 C_V 大于 12% 时,则去掉一个偏离

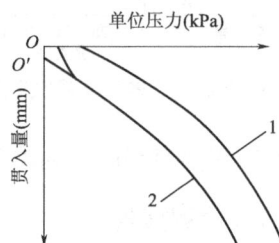

大的值,取其余 2 个结果的平均值。当 C_V 小于 12%,且 3 个平行试验结果计算的干密度偏差小于 0.03g/cm³ 时,则取 3 个结果的平均值。当 3 个试验结果计算的干密度偏差超过 0.03g/cm³ 时,则去掉一个偏离大的值,取其余 2 个结果的平均值。

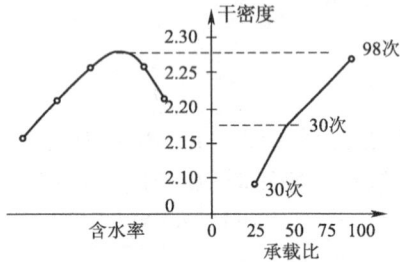

图 8-33　含水率-干密度-承载比关系曲线

(7)绘制承载比和干密度关系曲线。

在必要时(当承载比较小时)应当绘制含水率-干密度-承载比关系曲线图,如图 8-33 所示。含水率-干密度关系图为击实试验所得的图。而干密度-承载比关系图则是以干密度为纵坐标,以承载比为横坐标,分别将 30 次、50 次和 98 次击实的干密度平均值(每组 3 个试件)与所对应的承载比平均值一一点绘到坐标中,连成一折线;然后根据工地所要求的材料的干密度(最大干密度乘以要求的压实度),确定现场材料的实际承载比;最后以此承载比来判断路基填料是否合格。

(五)检测报告

(1)材料的颗粒组成,最佳含水率(%)和最大干密度(g/cm³)。

(2)材料的承载比(%):承载比小于 100% 时,精确到 5%;承载大于 100% 时,精确到 10%。

(3)材料的膨胀量(%)。

试验记录格式见表 8-12、表 8-13。

贯 入 试 验 记 录　　　　　　　　　　　　　　表 8-12

土样编号:_____　　最大干密度:__1.69g/cm³__　　最佳含水率:__18%__

每层击数:__27__　　试件编号:_____　　试件日期:_____

试验者:_____　　计算者:_____　　校核者:_____

量力环校正系数 $C = 2\ 398.25N/0.01mm$,贯入杆面积 $A = 19.635cm^2$

$$P = \frac{CR}{A}$$

当 $L = 2.5mm$ 时,则 $P = 611kPa$,$CBR = \dfrac{P}{7\ 000} \times 100\% = 8.7\%$

当 $L = 5mm$ 时,则 $P = 690kPa$,$CBR = \dfrac{P}{10\ 500} \times 100\% = 6.6\%$

荷载测力计百分表读数 R	单位压力 P(MPa)	贯入量百分表读数(0.01mm)	贯入量 L(mm)
0.9	110	60.5	0.61
1.8	220	106.5	1.07
2.9	354	151	1.51
4.0	489	194	1.94
4.8	586	240.5	2.41
5.1	623	286	2.86
5.4	660	335	3.34
5.6	684	383	3.83
5.6	684	488	4.88

膨胀量试验记录   表8-13

	试验次数	项　目	计算式	1	2	3
膨胀量	筒号	(1)				
	泡水前试件(原试件)高度(mm)	(2)		120	120	120
	泡水后试件高度(mm)	(3)		128.6	136.5	133
	膨胀量(%)	(4)	$\dfrac{(3)-(2)}{(2)}$	7.167	13.75	10.83
	膨胀量平均值(%)			10.58		
密度	筒质量 m_1(g)	(5)		6 660	4 640	5 390
	筒+试件质量 m_2(g)	(6)		10 900	8 937	9 790
	筒体积(cm³)	(7)		2 177	2 177	2 177
	湿密度 ρ_w(g/cm³)	(8)	$\dfrac{(6)-(5)}{(7)}$	1.948	1.974	2.021
	含水率 w(%)	(9)		16.93	18.06	26.01
	干密度(g/cm³)	(10)	$\dfrac{(8)}{1+0.01w}$	1.666	1.672	1.604
	干密度平均值(g/cm³)			1.647		
吸水量	饱水后筒+试件合质量 m_3(g)	(11)		11 530	9 537	10 390
	吸水量 w_a(g)	(12)	(11)-(6)	630	600	600
	吸水量平均值(g)			610		

二、土基现场 CBR 值测试

适用于在现场测试各种填料粒径不超过 31.5mm 的土基材料 CBR 值,也适合于基层、底基层砂性土、天然砂砾、级配碎石等材料现场 CBR 值的试验,用于评价材料的承载能力。

(一)检测器具

(1)荷重装置:装载有铁块或集料等重物的载重汽车,后轴重不小于 60kN,在汽车大梁的后轴之后设有一加劲横梁作为反力架。

(2)现场测试装置:如图 8-34 所示,由千斤顶(机械或液压)、测力计(测力环或压力表)及球座组成。千斤顶可使贯入杆的贯入速度调节为 1mm/min。测力计的容量不小于土基强度,测定精度不小于测力计量程的 1%。

(3)贯入杆:直径 50mm,长约 200mm 的金属圆柱体。

(4)承载板:每块 1.25kg,直径 150mm,中心孔眼直径 52mm,共 4 块,并沿直径分为两个半圆块。

(5)贯入量测定装置:由图 8-34 中所示的平台及百分表组成,百分表量程 20mm,精度

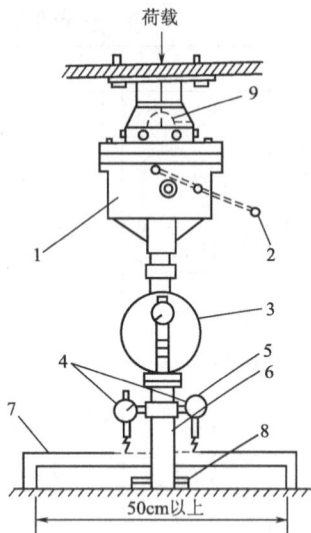

图 8-34　CBR 现场测试装置

1-加载千斤顶;2-手柄;3-测力计;4-贯入量测定装置(百分表);5-百分表夹持具;6-贯入杆;7-平台;8-承载板;9-球座

0.01mm,数量 2 个,对称固定于贯入杆上,端部与平台接触,平台跨度不小于 50cm。此设备也可用两台贝克曼梁弯沉仪代替。

(6)细砂:洁净干燥的细干砂,粒径为 0.3 ~ 0.6mm。

(7)其他:铁铲、盘、直尺、毛刷、天平等。

(二)方法与步骤

1. 准备工作

(1)将试验地点直径约 30cm 范围的表面找平,用毛刷刷净浮土。若表面为粗粒土时,应撒布少许洁净的干砂填平,但不能覆盖全部土基。

(2)装置测试设备,按图 8-34 设置贯入杆及千斤顶,千斤顶顶在汽车后轴上且调节至高度适中,贯入杆应与土基表面紧密接触。

(3)安装贯入量测定装置,将支架平台、百分表(或两台贝克曼梁弯沉仪)按图 8-34 安装好。

2. 测试步骤

(1)在贯入杆位置安放 4 块 1.25kg 的分开成半圆的承载板(共 5kg)。

(2)试验贯入前,先在贯入杆上施加 45N 后,将测力计及贯入量百分表调零,记录初始读数。

(3)启动千斤顶,使贯入杆以 1mm/min 速度压入土基,当相应贯入量为 0.5mm、1.0mm、1.5mm、2.0mm、2.5mm、3.0mm、4.0mm、5.0mm、7.5mm、10.0mm 及 12.5mm 时,分别读取测力计读数。根据情况,也可在贯入量达 7.5mm 时结束测试。

用千斤顶连续加载,两个贯入量百分表及测力计均应在同一时刻读数,当两个百分表读数差值不超过平均值的 30% 时,以其平均值作为贯入量;当两个百分表读数差值超过平均值的 30% 时,应停止试验。

(4)卸除荷载,移去测定装置。

(5)在试验点下取样,测定材料含水率。取样数量如下:①最大粒径不大于 4.75mm,试样数量约 120g;②最大粒径不大于 19.0mm,试样数量约 250g;③最大粒径不大于 31.5mm,试样数量约 500g。

(6)在紧靠试验点旁边的适当位置,用灌砂法或环刀法等测定土基的密度。

(三)计算

(1)将贯入试验得到的各等级荷载数除以贯入断面积(19.625cm^2),得各级压强(MPa),绘制荷载压强-贯入量曲线,如图 8-35 所示。当图中曲线在起点处有明显凹凸的情况时,应在曲线的

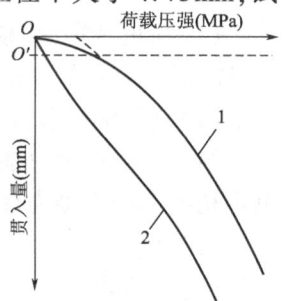

图 8-35　荷载压强-贯入量关系曲线

拐弯处作切线延长进行贯入量修正,以与坐标轴相交的点 O' 为原点,得到修正后的压强-贯入量曲线。

(2)从压强-贯入量曲线上读取贯入量为 2.5mm 及 5.0mm 时的荷载压强 P_1,按公式计算现场 CBR 值(%)。CBR 一般以贯入量为 2.5mm 时的测定值为准,当贯入量为 5.0mm 时的 CBR 大于 2.5mm 时的 CBR 时,应重新试验。如果重新试验其结果仍然如此时,则以贯入量为 5.0mm 时的 CBR 为准。

$$CBR = \frac{P_1}{P_0} \times 100 \tag{8-22}$$

式中:P_1——荷载压强,MPa;

P_0——标准压强;当贯入量为 2.5mm 时为 7MPa,当贯入量为 5.0mm 时为 10.5MPa。

(四)报告

试验报告应包括的内容如下:
(1)土基含水率(%)。
(2)测点的干密度(g/cm²)。
(3)现场 CBR 值及相应的贯入量。
试验记录格式见表8-14。

现场 CBR 值测定记录表　　　　表8-14

路线和编号:_____　　　　路面结构:_____
测 定 层 位:_____
承载板直径(cm):_____　　　　测定日期:___年___月___日

	预定贯入量(mm)	贯入量百分表读数(0.01mm)			测力计读数	压力(MPa)
		1	2	平均		
加载记录	0					
	0.5					
	1.0					
	1.5					
	2.0					
	2.5					
	3.0					
	4.0					
	5.0					
	7.5					
	10.0					
	12.5					

续上表

| 现场
CBR
计算 | 贯入断面面积:_____ cm²
相当于贯入量2.5mm时的荷载压强:标准压强=7MPa CBR₂.₅ =_____(%)
相当于贯入量5.0mm时的荷载压强:标准压强=10.5MPa CBR₅ =_____(%)
试验结果现场CBR =_____(%) | | | | |

含水率 计算		湿土重(g)	干土重(g)	水重(g)	含水率(%)	平均含水率(%)
	1					
	2					

密度 计算		试样湿重(g)	试样干重(g)	体积(cm³)	干密度(g/cm³)	平均干密度(g/cm³)
	1					
	2					

三、动力锥贯入仪测定路基路面回弹模量试验方法

动力锥贯入仪在现场可快速测定无结合料材料路基、路面 CBR 值,用于评估其强度。

(一)检测器具

(1)动力锥贯入仪(DCP):结构与形状[包括手柄、落锤、导向杆、联轴器(锤座)、扶手、夹紧环、探杆、1m 刻度尺、锥头]如图 8-36 所示,实物如图 8-37 所示。

标准落锤质量为 10kg,落锤材料应采用 45 号碳素钢或优于 45 号碳素钢的钢材,表面淬火后硬度 HRC =45 ~ 50,探杆和接头材料应采用耐疲劳强度的钢材。锥头锥尖角度为 60°,最大直径 20mm,允许磨损尺寸为 2mm。锥头尖端最大允许磨损尺寸为 4mm,否则必须更换。

(2)电钻。

(3)其他:扳手、铁铲、记录本等。

(二)检测方法与步骤

1. 准备工作

(1)利用当地材料进行对比试验,建立现场 CBR 值或强度与用 DCP 测定的贯入度 D_d 或贯入阻力 Q_d 之间的关系。测点数宜不少于 15 个,相关系数 R 应不少于 0.95。

(2)放入落锤,将仪器的导向杆与探杆在联轴器处紧固连接,保证不会松动。

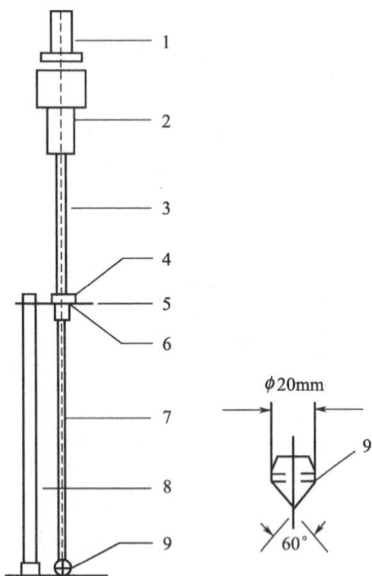

图 8-36 动力锥贯入仪的结构与形状示意图
1-手柄;2-落锤;3-导向杆;4-联轴器;5-扶手;6-夹紧环;7-探杆;8-1m 刻度尺;9-锥头

(3)将 DCP 竖直立于硬地(如混凝土)上,然后记录零读数。

(4)根据需要选择有代表性的测点,测点应位于平整的路基、路面基层、面层上。如果要

探测的层位上面有难以穿透的坚硬结构层时,应钻孔或刨挖至其顶面。

图 8-37　动力锥贯入仪实物图

2.测试步骤

(1)将 DCP 放至测点位置。一人手扶仪器手柄,使探杆保持竖直,而另一人提起落锤至导向杆顶端,然后松开,使之呈自由落体下落。如果试验中探杆稍有倾斜,不可扶正;如果倾斜较大,造成落锤不是自由落体,则该点试验应废弃。

(2)读取贯入深度。每贯入约 10mm 读一次数,记录锤击数和贯入量(mm)对于粒料基层,每 5 次或 10 次锤击读数一次;对于较软弱结构层,每 1~2 次锤击读数一次。

(3)连续锤击、测量,直到需要的结构层深度。当材料层坚硬,贯入量低到连续锤击 10 次而无变化时,可以停止试验或钻孔透过后继续试验。

(4)将落锤移走,从探坑中取出 DCP 仪器。

(三)计算

(1)DCP 的测试结果可用于锤击次数为横坐标、贯入深度为纵坐标的贯入曲线表示。

(2)通常可以计算出贯入度(平均每次的贯入量,mm/锤击次数)D_d,按下式计算 CBR 值:

$$\lg(CBR) = a + b \times \lg D_d \tag{8-23}$$

式中:CBR——结构层材料的现场 CBR 值;

D_d——贯入度,mm;

a、b——回归系数。

(3)可按下式计算出动贯入阻力 Q_d,再按得出的相关关系式(8-25)计算 CBR 值。

$$Q_d = \frac{m}{m + m_0} \times \frac{mgH}{AD_d} \tag{8-24}$$

式中:Q_d——动贯入阻力,kPa;

m_0——贯入器被打入部分(包括锥头、探杆、锤座和导向杆等)的质量,kg;

m——落锤质量,kg;

g——重力加速度,$g = 9.8\text{m/s}^2$;

H——落距,m;

A——探头截面积,cm^2。

$$\lg(CBR) = a + b \times \lg Q_d \tag{8-25}$$

式中:CBR——结构层材料的现场 CBR 值;

Q_{d}——动贯入阻力,kPa;

a、b——回归系数。

(四)检测报告内容

检测报告应记录以下事项:

(1)动力锥贯入仪的型号参数。

(2)各测点的位置桩号、锤击次数计相应的贯入量,并附贯入曲线图。

(3)数据处理方法、现场强度或CBR值、结构层厚度等。

课后任务与评定

参考答案

任务一:某新建二级公路设计弯沉值 $l_{\mathrm{d}}=33$ (0.01mm),其中一评定段(沥青混凝土面层)弯沉测试结果分别为(单位:0.01mm)31、33、29、28、34、35、27、26、26、27、29、31,试计算该路段弯沉代表值,并判断该路段弯沉值是否满足验收要求。(目标可靠指标 β 取1.04,不考虑温度、湿度影响系数)。

任务二:用贝克曼梁法测定某路段面的综合回弹模量,经整合各测点弯沉值分别为 38、45、32、42、36、37、40、44、52、46、42、45、37、41、44 (0.01mm)。其中,测试车后轴重100kN(轮胎气压为0.7MPa,当量圆半径为10.65cm),请计算该路段的综合回弹模量。[注: $E=0.712\times 2pr/L_{\mathrm{r}}$ $(1-u^2)$, $u=0.3$]

任务三:某土基承载板试验结果见表8-15,请绘制 p-l 曲线,并计算该处的 E_0。(注 $\alpha_i=0.79p_i\alpha$, $\mu_0=0.35$)。

试 验 结 果　　　　　　　表8-15

序　号	承载板压力（MPa）	百分表读数(0.01mm)			
		加载后		卸载后	
		左	右	左	右
1	0.02	14	13	3	3
2	0.04	28	29	7	8
3	0.06	38	40	8	9
4	0.08	52	54	10	11
5	0.10	66	72	12	14
总影响量	0	左　　6			
		右　　8			

第九章
CHAPTER NINE

路面外观与沥青路面渗水系数检测

教学要求

能对沥青路面和水泥混凝土路面损坏类型进行分类;能进行路面损坏的定性与定量分析;能进行路面错台与沥青路面车辙检测;能进行沥青路面渗水系数检测。

第一节　路面损坏检测

一、路面损坏的分类

路面损坏主要指路面表面的可见病害。在路面质量管理与验收、建立路面管理系统和决定路面维修方案时,都需要测定路面各类损坏的数量与面积。路面的损坏类型因路面材料的不同而不同,《公路技术状况检验评定标准》(JTG 5120—2018)将路面损坏分类如下。

(一)沥青路面的损坏类型

(1)龟裂:沥青路面最为重要的一种裂缝形式,在路面上表现为相互交错的小网格状裂缝,因其形状类似乌龟背壳而被称为龟裂。龟裂产生的最主要原因是疲劳损坏。

(2)块状裂缝:表现为纵向和横向裂缝的交错而使路面分裂成近似呈直角的多边形大块,简称为块裂。块裂的网格在形状和尺寸上都有别于龟裂。块裂的产生主要是由面层材料的低温收缩和沥青老化所引起。

(3)纵向裂缝:与道路中线大致平行的单条裂缝,有时伴有少量支缝。纵向裂缝主要有疲劳损坏、半填半挖路基的分界处路基不均匀沉降产生的裂缝和基层纵向裂缝引发的反射裂缝。

(4)横向裂缝:与道路中线近似垂直的裂缝,有时伴有少量支缝。横向裂缝主要有气候寒冷地区路面低温收缩形成的间距大致相同的横向裂缝、半刚性基层裂缝或旧路面裂缝的反射裂缝和与构造物连接处填土压实不足、固结沉陷引起在相应位置产生的横向裂缝。

(5)沉陷:路面表面产生的大于10mm的局部凹陷变形,是沥青路面主要结构性破坏形式之一。沉陷产生的主要原因是路基不均匀沉降、路面局部开挖回填压实不足或桥涵台背填土不实、路面基层结构损坏或不稳定产生的路面局部沉陷变形。

(6)车辙:沥青路面表面形成的沿轮迹方向大于10mm的纵向凹陷。车辙主要可分为结构性车辙和流动性车辙。结构性车辙是结构层及土基在行车重复荷载作用下,材料压缩累积变形,同时常伴有网裂、龟裂和坑槽等病害发生。流动性车辙是炎热季节沥青面层产生的轮迹带处下陷、周边隆起的侧向流动变形。

(7)波浪拥包:指由于局部沥青面层材料移动而在路表面形成的有规律的纵向起伏,波峰和波谷间隔很近。波浪拥包产生的主要原因是路面材料组成设计差,如油石比过大、细料过多等使面层材料不足以抵抗车轮水平力的作用,以及面层与基层之间存在不稳定夹层,面层在行车荷载作用下出现推移变形等。

(8)坑槽:指局部集料丧失而在路面表面形成的坑洞,可深及不同的路面结构层次。坑槽通常是因其他病害如龟裂、松散等未及时处理而逐渐发展形成的。

(9)松散:是一种从路面表面向下不断发展的因集料颗粒流失和沥青结合料流失而造成的路面损坏。松散是由于沥青混合料中沥青用量偏少、沥青和集料黏结性差、沥青老化变硬、压实不足等原因导致沥青和集料之间失去黏结而产生的。

(10)泛油:指路面混合料中的沥青向上迁移到道路表面,形成一层有光泽的沥青膜。泛油主要是由于沥青含量过多,沥青高温稳定性差等原因产生的。

(11)修补:指龟裂、坑槽、松散、沉陷、车辙等损坏经处理后在路面表面形成的修补部分。

沥青路面各类损坏根据严重程度分为轻度、中度和重度三种(表9-1)。

沥青路面损坏程度分类　　　　　　　　　　　　　　　　　表9-1

损坏类型	程度	损坏特征
龟裂	轻度	主要裂缝块度在0.2~0.5m之间,平均裂缝宽度小于2mm
	中度	主要裂缝块度小于0.2m,平均裂缝宽度在2~5mm之间
	重度	主要裂缝块度小于0.2m,平均裂缝宽度大于5mm
块状裂缝	轻度	主要裂缝块度大于1.0m,平均裂缝宽度在1~2mm之间
	重度	主要裂缝块度在0.5~1.0m之间,平均裂缝宽度大于2mm
纵向裂缝	轻度	主要裂缝宽度小于或等于3mm
	重度	主要裂缝宽度大于3mm
横向裂缝	轻度	主要裂缝宽度小于或等于3mm
	重度	主要裂缝宽度大于3mm
沉陷	轻度	沉陷深度在10~25mm之间,正常行车无明显颠簸感
	重度	沉陷深度大于25mm,正常行车有明显颠簸感

续上表

损坏类型	程 度	损 坏 特 征
车辙	轻度	车辙深度在 10 ~ 15mm 之间
	重度	车辙深度在 15mm 以上
波浪拥包	轻度	波峰波谷高差在 10 ~ 25mm 之间
	重度	波峰波谷高差大于 25mm
坑槽	轻度	坑槽深度小于 25mm,或面积小于 0.1m²
	重度	坑槽深度大于或等于 25mm,或面积大于或等于 0.1m²
松散	轻度	表面细集料散失、脱皮、麻面等表面损坏
	重度	表面粗集料散失、脱皮、麻面、露骨、剥落等损坏
泛油	—	泛油不分严重程度等级
修补	—	龟裂、坑槽、松散、沉陷、车辙等损坏的修补,修补不分严重程度等级

(二)水泥混凝土路面的损坏类型

(1)破碎板:混凝土板被多条裂缝分为 3 个以上板块。破碎板是较为严重的一种损坏形式,通常是在重载作用下裂缝进一步发展的结果。

(2)裂缝:板块上只有一条裂缝,可以为横向、纵向或不规则的斜裂缝。裂缝通常由于收缩应力、重载反复作用、温度或湿度翘曲应力、丧失地基支撑等因素单独或多种因素综合作用而产生。

(3)板角断裂:指水泥混凝土的板角被与纵横接缝相交且交点距离等于或小于板边长度一半的裂缝从板体断开。板角是水泥路面较薄弱的部位,由于施工的原因,板角相对于其他部位来说强度稍低,但却处于不利的受力位置。因此,在重载反复作用及温度和湿度翘曲应力作用下,再加上地基软弱、唧泥和传荷能力差等因素,就会出现板角断裂损坏。

(4)错台:指水泥混凝土路面板的纵向或横向接缝两边板块出现大于 5mm 的高差。错台一般是因为基层材料被冲蚀而下沉而产生的,或是在施工时胀缝被振歪或缝壁倾斜,两板在伸胀挤压过程中出现错台。

(5)拱起:拱起损坏指横缝两侧的板体发生高度大于 10mm 的抬高。拱起一般是横缝内落入坚硬材料,在炎热夏季板块因伸长受阻而产生很大压应力,导致板块失稳而出现的现象。

(6)边角剥落:指沿接缝方向的板边出现裂缝、破碎或脱落现象,裂缝面一般不是垂直贯穿板厚,而是与板面成一定角度。边角剥落是由于接缝内进入坚硬材料而妨碍了板的膨胀变形,接缝处混凝土强度不足,传荷设施(传力杆)设计或设置不当(未正确定位、锈蚀等),接缝施工质量差,重载反复作用等造成的。

(7)接缝料损坏:指由于接缝的填缝料老化、剥落等原因,填料不密水或接缝内已无填料,接缝被砂、石、土等填塞。

(8)坑洞:指板面出现有效直径大于 30mm、深度大于 10mm 的局部坑洞。坑洞一般是由于混凝土砂石材料含泥量过大,夹带朽木、纸张、泥块等杂物,或车辆、机械的金属硬轮对路面产生撞击而产生的。

(9)唧泥:指水泥板块在车辆驶过后,接缝处有基层泥浆涌出。唧泥主要是由于接缝填封的失效而引起水的下渗、板底面与基层顶面的脱空,基层材料的不耐冲刷和重载的反复作用引起。

(10)露骨:指板块表面出现细集料散失、粗集料暴露或表层疏松剥落等现象。露骨主要是由于混凝土表面灰浆不足、洒水提浆等造成混凝土路面表层强度不足引起的。

(11)修补:指裂缝、板角断裂、边角剥落、坑洞等损坏经处理后在路面表面形成的修补部分。

水泥混凝土路面各类损坏的严重程度分类,如表9-2所示。

水泥混凝土路面损坏程度分类　　　　　　　　　　表9-2

损坏类型	程度	损坏特征
破碎板	轻度	板块被裂缝分为3块板以上,未发生松动和沉陷
	重度	板块被裂缝分为3块板以上,有松动、沉陷和唧泥等现象
裂缝	轻度	板块上只有一条裂缝,主要裂缝宽度小于3mm,一般为未贯通裂缝
	中度	板块上只有一条裂缝,主要裂缝宽度3~10mm之间
	重度	板块上只有一条裂缝,主要裂缝宽度大于10mm
板角断裂	轻度	主要裂缝宽度小于3mm
	中度	主要裂缝宽度在3~10mm之间
	重度	主要裂缝宽度大于10mm
错台	轻度	两侧高差5~10mm
	重度	两侧高差大于10mm
拱起	—	横缝两侧的板体发生高度大于10mm抬高,损坏不分轻重
边角剥落	轻度	板边的碎裂和脱落
	中度	板边的碎裂和脱落,接缝附近水泥混凝土有开裂
	重度	板边的碎裂和脱落,接缝附近水泥混凝土多处开裂,深度超过接缝槽底部
接缝料损坏	轻度	填料老化,不密水,但尚未剥落脱空,未被砂、石、泥土等填塞
	重度	三分之一以上接缝出现空缝或被砂、石、土填塞
坑洞	—	板面出现有效直径大于30mm、深度大于10mm的局部坑洞,损坏不分轻重
唧泥	—	唧泥指水泥板块在车辆驶过后,接缝处有基层泥浆涌出,损坏不分严重程度
露骨	—	露骨指板块表面出现细集料散失、粗集料暴露或表层疏松剥落等现象,损坏不分轻重
修补	—	裂缝、板角断裂、边角剥落、坑洞和层状剥落的修补,损坏不分轻重

二、路面损坏检测

路面损坏检测宜采用自动化的快速检测方法(图像视屏法),当条件不具备时也可以采用人工检测方法。人工检测宜采用具有可现场记录和现场实时无线数据传输功能的便携式装置,包括移动终端等便携设备。

对路面强度不足或疲劳引起的荷载性裂缝,宜在春季或雨季最不利季节之后调查;对由于温度收缩引起的非荷载性裂缝,宜在冬季以后观测。对车辙、波浪拥包等热稳定性变形,宜在夏季观测;对松散类损坏宜在雨季观测,也可在规定的同一时间观测,需要时还可定期观测,以了解损坏情况。为便于裂缝观测,宜选择在雨后(或预先洒水)路表已干燥但尚有水迹的时机观测。

(一)检测器具

1.人工法

(1)量尺:钢卷尺(5m量程、50m量程,分度值为1mm),钢直尺(500mm量程,分度值为1mm)。

(2)其他:粉笔或油漆、安全标志等。

2.图像视频法

车载式路面图像视频损坏检测系统基本参数如下:

(1)距离传感器标定误差:<0.1%。

(2)有效测试宽度:不小于一个车道宽度的70%。

(3)最小裂缝分辨宽度:1mm。

(4)裂缝识别的准确率:≥90%。

(二)检测步骤

1.人工法

(1)两个测试人员组成一个测试组,沿路肩徒步调查。

(2)量测或收集测试路段的路面长度及宽度。

(3)沿路面仔细观察、量测并在损坏记录表格上填写路面损坏的桩号、位置、类型及尺寸等信息。根据周围交通状况可目测或采用量尺量测各类损坏,沥青路面和水泥混凝土路面具体记录方式分别如下:

①沥青路面。

裂缝:包括纵向裂缝、横向裂缝和不规则裂缝等单根裂缝,主要采用钢卷尺或钢直尺量测其长度与宽度。缝宽按照该条裂缝宽度最大值计,宽度准确至1mm。缝长按照沿裂缝走向累计长度计算,调查结果准确至0.01m。

其他类损坏:包括龟裂、块状裂缝、坑槽、沉陷、波浪拥包、松散、泛油、修补等,主要量测其面积。按照矩形量测其横断面切向和垂直方向最外边的长度和宽度,矩形应覆盖该处损坏面积,调查结果准确至0.0001m^2。

②水泥混凝土路面。

裂缝、边角剥落、接缝料损坏、唧泥及裂缝修补等,主要量测其长度。调查结果准确至0.01m。

破碎板、板角断裂、拱起、坑洞、露骨及修补等,主要量测其面积。按照涉及的板块、板角或包络面积计算,调查结果准确至0.0001m^2。

(4)必要时在损坏位置用粉笔或油漆做标记、拍摄照片或录像,并记录相应的桩号和照片编号。

2.图像视频法

主要采用图像视频法自动测试路面裂缝类损坏,采用人工交互的方式处理其他路面损坏。

(1)确定测试路段,要求无积水、无冰雪、无污染。

(2)启动设备,调整摄像系统及光源的相应参数,使拍摄的路况图像清晰。

(3)将测试车辆就位于测试区间起点前一定距离,以保证到达测试区域时能够达到测试要求的稳定车速,启动测试设备并将其调整至工作状态。

(4)设定测试系统参数,输入线路名称、起点桩号、测试车道等信息。

(5)测试时应分车道测试,保持测试车中心线与车道中心线重合,测试系统自动记录被测试车道的路面损坏状况。

(三)注意事项

(1)车辙在高速公路和一级公路中是单独的评价指标,检测方法见本章第二节。

(2)在对沥青路面进行损坏调查或判定时,若在路面的相同区域上存在不同等级的单根裂缝损坏,且难以区分,则按照最严重的损坏等级计算。

(3)若单根裂缝穿过龟裂或块裂的区域,则该区域里的裂缝长度不计入裂缝计算的总长度。

(4)对于沥青路面中的坑槽、松散、龟裂、块裂损坏,若在路面的相同区域上存在不同等级的坑槽(松散、龟裂、块裂)损坏,且难以区分,则按照最严重的损坏等级计算。

(5)若坑槽(块裂)的区域内包含有龟裂损坏,则记录坑槽(块裂)总面积时应减去龟裂的面积。

(6)长度大于5m的整车道修复,不计为路面修补损坏。修补范围内再次发生的损坏,应按新的损坏类型计算。

(四)检测结果整理

裂缝是路面最主要的破坏形式之一,对于裂缝损坏可单独进行统计,并可根据需要计算沥青路面破损率、裂缝率指标。沥青路面的裂缝率是指路面裂缝的总面积与测定区之间路面总面积的比值,用 C_K 表示,单位 $m^2/1\ 000m^2$。按下式计算:

$$C_K = \frac{C_A + BL}{A} \tag{9-1}$$

式中:L——单根裂缝的总长度,m;

C_A——龟裂及块裂的总面积,m^2;

A——测试路段面积,以 $1\ 000m^2$ 计;

B——将单根裂缝长度换算成面积的影响宽度,一般取 0.2m。

水泥混凝土路面损坏检测,可根据需要计算水泥混凝土路面破损率、断板率等指标。水泥混凝土路面的断板率指已折断成两块及两块以上的水泥混凝土路面板的块数与路面板总块数的百分比,称为断板率,按下式计算:

$$B_{\mathrm{d}} = \frac{S_{\mathrm{d}}}{S} \times 100 \tag{9-2}$$

式中：B_{d}——水泥混凝土路面的断板率，%；

S_{d}——已完全折断成两块及以上的水泥混凝土路面板块总数；

S——测试路段的面板总块数。

路面的破损率指发生各种类型破损的换算面积与检测区域总面积的百分比，按下式计算：

$$DR = \frac{\sum_{i=1}^{i_0} \omega_i A_i}{A} \times 100 \tag{9-3}$$

式中：DR——沥青路面的破损率，%；

A_i——第 i 类路面损坏的累计面积，m^2；

A——检测路段路面面积，m^2；

ω_i——第 i 类路面损坏的权重或换算系数；

i——损坏类型，包括损坏程度（轻、中、重）；

i_0——损坏类型总数，沥青路面为 21，水泥混凝土路面为 20。

自动化检测时，A_i 应按下式计算：

$$A_i = 0.01 \times GN_i \tag{9-4}$$

式中：GN_i——含有第 i 类路面损坏的网格数；

0.01——面积换算系数，一个网格的标准尺寸为 0.1m×0.1m。

沥青路面损坏类型、权重及换算系数如表 9-3 所示，水泥混凝土路面损坏类型、权重及换算系数如表 9-4 所示。

沥青路面损坏类型、权重及换算系数　　　　　　　　　　表 9-3

类型 i	损坏名称	损坏程度	计量单位（m^2）	权重 ω_i（人工检测）	换算系数 ω_i（自动化检测）
1	龟裂	轻度	面积	0.6	1.0
2		中度		0.8	
3		重度		1.0	
4	块状裂缝	轻度	面积	0.6	1.0
5		重度		0.8	
6	纵向裂缝	轻度	长度×0.2m	0.6	2.0
7		重度		1.0	
8	横向裂缝	轻度	长度×0.2m	0.6	2.0
9		重度		1.0	
10	沉陷	轻度	面积	0.6	1.0
11		重度		1.0	
12	车辙	轻度	长度×0.4m	0.6	—
13		重度		1.0	

续上表

类型 i	损坏名称	损坏程度	计量单位 (m^2)	权重 ω_i (人工检测)	换算系数 ω_i (自动化检测)
14	波浪拥包	轻度	面积	0.6	1.0
15		重度		1.0	
16	坑槽	轻度	面积	0.8	1.0
17		重度		1.0	
18	松散	轻度	面积	0.6	1.0
19		重度		1.0	
20	泛油	—	面积	0.2	0.2
21	修补	—	面积或长度 ×0.2m	0.1	0.1(0.2)

注:1. 人工检测时,应将条状修补的检测长度(m)乘以影响宽度(0.2m)得到换算面积。

2. 自动化检测时,块状修补的换算系数 ω_i 为0.1,条状修补的换算系数 ω_i 为0.2。

水泥混凝土路面损坏类型、权重及换算系数　　　　表9-4

类型 i	损坏名称	损坏程度	计量单位 (m^2)	权重 ω_i (人工检测)	换算系数 ω_i (自动化检测)
1	破碎板	轻度	面积	0.8	1.0
2		重度		1.0	
3	裂缝	轻度	长度×1.0m	0.6	10
4		中度		0.8	
5		重度		1.0	
6	板角断裂	轻度	面积	0.6	1.0
7		中度		0.8	
8		重度		1.0	
9	错台	轻度	长度×1.0m	0.6	10
10		重度		1.0	
11	拱起	—	面积	1.0	1.0
12	边角剥落	轻度	长度×1.0m	0.6	10
13		中度		0.8	
14		重度		1.0	
15	接缝料损坏	轻度	长度×1.0m	0.4	6
16		重度		0.6	
17	坑洞	—	面积	1.0	1.0
18	唧泥	—	长度×1.0m	0.6	10
19	露骨	—	面积	1.0	0.3
20	修补	—	面积或长度×0.2m	0.1	0.1(0.2)

注:1. 人工检测时,应将条状修补的检测长度(m)乘以影响宽度(0.2m)得到换算面积。

2. 自动化检测时,块状修补的换算系数 ω_i 为0.1,条状修补的换算系数 ω_i 为0.2。

第二节 路面错台与沥青路面车辙检测

一、路面错台检测

路面在构造物端部接头、水泥混凝土路面伸缩缝两侧由于沉降所造成的错台(台阶)病害,影响行车的舒适性。通过错台检测,评价路面行车舒适程度,并作为计算维修工作量的依据。

(一)检测器具

1. 基准尺

3m 直尺或 2m 直尺。

2. 量尺

(1)深度尺:分辨率不大于 0.5mm;
(2)钢直尺:量程不小于 200mm;
(3)钢卷尺:量程不小于 5m;
(4)塞尺:分度值不大于 0.5mm。

3. 水准仪或全站仪

(1)水准仪:精度 DS_3;
(2)全站仪:测角精度 $2''$,测距精度 $\pm[2mm+2\times10^{-6}s(s$ 为测距$)]$。

(二)准备工作

在检测之前,应选择需要测定的断面,记录检测位置及桩号,并描述发生错台的情况。路面错台的测试位置应选在接缝高差最大处,根据需要也可选择其他有代表性的位置。检测前,应对测试位置进行清理,保证无浮砂、污泥等影响测试结果的污染物。

(三)检测方法

1. 基准尺法

将基准尺垂直跨越接缝并平放于高出的一侧,用塞尺或钢直尺量测接缝处基准尺下基准面与位置较低板块的高差,即为该处的错台高度 D,准确至 1mm。

2. 深度尺法

将深度尺垂直置于高出的一侧,将测头顶出至与沉降面接触为止,稳定后并读数,即为该处的错台高度 D,准确至 1mm。测点的选择应避开水泥混凝土板块崩边的位置。

3. 水准仪(全站仪)法

将水准仪(全站仪)架设于路面平顺处调平,沿接缝在选定测点的两侧分别量测相对高程,准确至1mm。塔尺(棱镜)应放置在平整处,避开路面凸起和凹陷的位置。

基准尺法和深度尺法的测试结果直接作为错台高度 D,准确至1mm。水准仪(全站仪)法计算接缝间的相对高程、差值的绝对值作为错台高度 D,准确至1mm。

新建水泥混凝土路面错台的测定:按每条胀缝2点,每200m抽纵、横接缝各2条,每条2点进行;允许偏差,高速公路、一级公路为2mm,其他等级公路为3mm。

新建水泥混凝土路面错台的测定:按每条胀缝2点,每200m抽测纵、横接缝各2条,每条2点进行;允许偏差,高速公路、一级公路为2mm,其他等级公路为3mm。

二、沥青路面车辙检测

车辙是路面在车轮荷载重复作用下,沿行车轨迹上产生的纵向带状凹陷,也常伴有以纵向为主的裂缝。车辙深度以 mm 计,车辙面积以 m² 计。车辙是高速公路、一级公路沥青路面的主要破坏形式之一。对高速公路和一级公路,将路面车辙列为独立的检测评价指标,并用路面车辙深度指数(RDI)表示,不在路面损坏中计算。

(一) 检测器具

(1)路面激光车辙仪。包括多点激光车辙仪、线扫描激光车辙仪和线激光车辙仪等类型,通过激光测距技术或激光成像和数字图像分析技术得到车道横断面相对高程数据,并按规定模式计算车辙深度。主要技术参数要求如下:

①纵向距离测量误差:≤0.1%;

②纵向采样间距:≤200mm;

③有效测试宽度≥3.5m,测点不少于13点,测试精度0.1mm,横向采样间距≤300mm;

④车辙深度测量范围:0~50mm。

(2)横断面尺。如图9-1所示,金属制直尺,刻度间距50mm,长度不小于一个车道宽度。顶面平直,最大弯曲不超过1mm。两端有把手及高度为100~200mm 的支脚,两支脚的高度相同,作为基准尺使用。

(3)基准尺。金属制,长度不小于一个车道宽度,最大弯曲不超过1mm,表面平直。

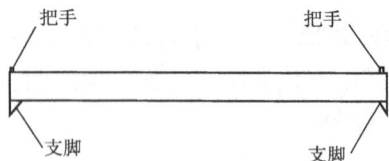

图9-1 路面横断面尺

(4)量尺。

①钢直尺:量程不小于300mm,分度值为1mm;

②钢卷尺:量程不小于3 000mm,分度值为1mm;

③塞尺:分度值不大于0.5mm。

(二) 检测方法

车辙测定的基准测量宽度应符合下列规定:

(1)对于高速公路及一级公路,以发生车辙的一个车道两侧标线宽度中点到中点的距离为基准测量宽度。

（2）对于二级及二级以下公路，有车道区划线时，以发生车辙的一个车道两侧标线宽度中点到中点的距离为基准测量宽度；无车道区划线时，以形成车辙部位的一个设计车道的宽度作为基准测量宽度。

以一个评定路段为单位，用激光车辙仪连续检测时，测定断面间隔宜采用100mm，不应大于200mm。用其他方法非连续测定时，根据需要，可按照现场抽样选点方法随机选取测定断面。

1. 横断面尺测试方法

（1）选择需测试车辙的断面，将横断面尺置于该测试断面上，方向与道路中心线垂直，两端支脚置于测试车道两侧。

（2）沿横断面尺每隔200mm一点，将钢直尺垂直立于路面上，读取横断面尺底面与路面之间的高差，准确至1mm，如断面的最高处或最低处明显不在测试点上，应加密测点。

（3）记录测试断面的桩号、位置及不同断面处的高差。

2. 基准尺测试方法

当不需要测试横断面，仅需要测试最大车辙时，可采用本方法。

（1）选择需测试车辙的断面，将基准尺置于该测试断面上，方向与道路中心线垂直。

（2）若车辙形状为图9-2中a)、b)、c)形式，则需分别量测左、右轮迹带的车辙深度，将基准尺分别置于左、右轮迹带辙槽两端最高位置，目测确定左、右轮迹带最大车辙位置，用量尺量取基准尺底面与路面之间的高差，准确至1mm，记录车辙深度 D_1 和 D_2。

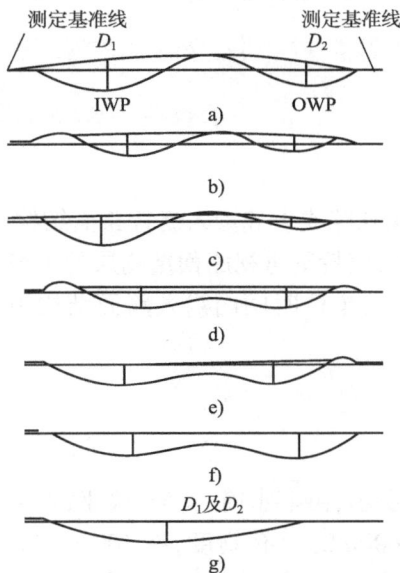

图9-2 不同形状、不同程度的路面车辙
IWP、OWP-分别表示内侧轮迹带及外侧轮迹

（3）若车辙形状为其他形式，则直接将基准尺置于断面辙槽两端最高位置，目测确定断面最大车辙位置，用量尺量取基准尺底面与路面之间的高差，准确至1mm，记录车辙深度 D。

(4)记录测试断面的桩号、位置及断面处车辙深度。

3.激光车辙仪测试方法

(1)确定测试路段,要求测试路段无积水、无冰雪、无污染。

(2)将测试设备所有轮胎气压调整为设备所要求的标准气压,检查车辆和测试设备是否工作正常。

(3)查看天气预报,当风速大于6级时不宜进行测试。

(4)将测试车辆就位于测试区间起点前一定距离,以保证到达测试区域时能够达到测试要求的稳定车速,启动测试设备并将其调整至工作状态。

(5)设定测试系统参数,输入路线名称、路段桩号、测试车道和测试方向等信息。

(6)根据交通量、路面状况等实际情况确定测试速度。

(7)测试时应分车道测试,保持测试车中心线与车道中心线重合,测试系统自动记录被测试车道的路面车辙数据。

(8)测试结束,保存数据。

(三)测定结果整理

按图9-2的方法画出横断面图及顶面基准线。

在图9-2上确定车辙深度 D_1 及 D_2,准确至1mm,以其中最大值作为断面的最大车辙深度。各测定断面最大车辙深度的平均值为评定路段的平均车辙深度。

第三节 沥青路面渗水系数检测

大气降水(雨、雪)通过路面孔隙或裂缝渗入沥青路面结构中,会导致基层软化、沥青面层开裂、松散等病害。在多雨地区,应特别重视路面结构层的水稳定性和面层的透水性问题。路面渗水系数是指在规定的条件下,单位时间内渗入路面结构中水的体积,用 C_w 表示,单位为mL/min。

一、检测器具与材料

(1)路面渗水仪,如图9-3所示,由盛水筒、支架、底座、细管和压重铁圈组成。上部盛水量筒为透明有机玻璃制成,容积600mL,上有刻度,在100mL和500mL处有粗标线,下方通过 ϕ10mm 的细管与底座相连,中间有一开关(阀门)。量筒通过支架连接,底座下方开口内径为150mm,外径为220mm。仪器附压重铁圈2个,每个质量约5kg,内径为160mm。

(2)套环:金属圆环,宽度5mm,内径145mm,主要防止密封材料被挤压进入测试面而导致渗水面积不一致。

(3)密封材料:防水腻子、油灰或橡皮泥。

（4）其他：水桶、大漏斗、秒表、水、粉笔、扫帚等。

二、准备工作

（1）在测试路面的行车道上，按随机取样方法选择测试位置，每一个检测路段应测定 5 个断面，每个断面应测定 3 个点。用扫帚清扫表面，并用刷子将路面表面的杂物刷去。在测点用粉笔画上测试标记。

（2）新建沥青路面的渗水试验宜在沥青路面碾压成形后 12h 内完成。

三、测试步骤

（1）将塑料圈置于路面表面的测点上，用粉笔分别沿塑料圈的内侧和外侧画上圈，在外环和内环之间的部分就是需要用密封材料进行密封的区域。

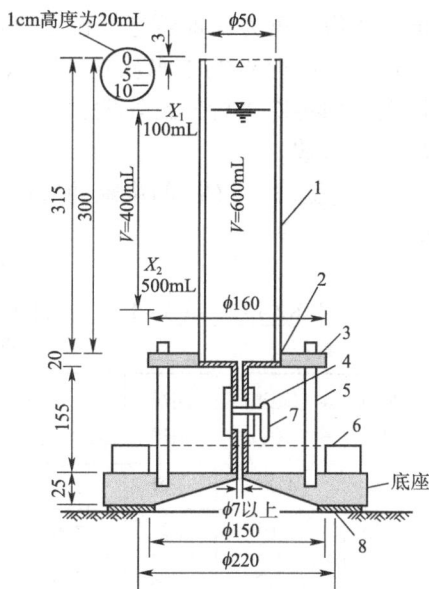

图 9-3　渗水仪结构（尺寸单位：mm）

1-透明有机玻璃筒；2-螺纹连接；3-顶板；4-阀；
5-立柱支架；6-压重铁圈；7-把手；8-密封材料

（2）用密封材料对环状密封区域进行密封处理，注意不要使密封材料进入内圈，如果密封材料不小心进入内圈，必须用刮刀将其刮走。然后再将搓成拇指粗细的条状密封材料摆在环状密封区域的中央，并且摆成一圈。

（3）将套环放在路面表面的测点上，注意使套环的中心尽量和圆环中心重合，然后略微使劲将套环压在条状密封材料表面；采用同样的方法将渗水仪放在套环上，对中，施加压力将渗水仪压在套环上，再将配重加上，以防压力水从底座与路面间流出。渗水系数现场测试如图 9-4 所示。

（4）将开关及排气孔关闭，向量筒中注水超过 100mL 刻度，然后打开开关和排气孔，使量筒中的水下流，排出渗水仪底部内的空气。当量筒中水面下降速度变慢时，用双手轻压渗水仪使渗水仪底部的气泡全部排出。当水自排气孔顺畅排出时，关闭开关和排气孔，并再次向量筒中注水至 100mL 刻度。

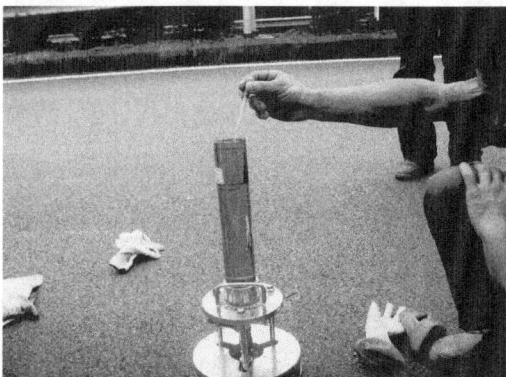

图 9-4　渗水系数现场测试图

（5）将开关打开，待水面下降至 100mL 刻度时，立即开动秒表开始计时，计时 3min 后立即记录水量，结束试验；当计时不到 3min 水面已下降至 500mL 时，立即记录水面下降至 500mL 时的时间，结束试验。当开关打开后 3min 时间内水面无法下降至 500mL 刻度时，则开动秒表计时测试 3min 内渗水量，即可结束试验。

（6）测试过程中，如水从底座与密封材料间渗出，则底座与路面间密封不好，此试验结果视为无效。关闭开关，采用密封材料补充密封，重新按步骤（4）～（5）测试。如果仍然有水渗出，应在同一纵向位置沿宽度方向就近选择位置,重新按照步骤(1)~(5)测试。

(7)测试过程中,如水从外环圈以外路面中渗出,可以人工用密封材料在外环圈之外5cm宽度范围内再次进行密封处理,重新按步骤(4)~(5)测试,只要密封范围内无水渗出,则认为试验结果有效。

(8)重复(1)~(7)的步骤,测试3个测点的渗水系数,取其平均值,作为该断面检测结果(表9-5)。

路面渗水系数试验记录　　　　　　　　　　　　　　表9-5

路段桩号:K2+120~K3+120　　路面类型　沥青混凝土路面　　试验日期:_____

试　验　者:_____　　　计　算　者:_____　　　校　核　者:_____

测试地点桩号	测点距道路中心距(m)	路况描述	量筒读数(mL)			渗水500mL需要的时间(s)	渗水系数(mL/min)		备注
			初始计时	180s	360s		测点值	平均值	
K2+120	4.3	干燥	100	486	—	—	128.7		合格
	1.0	干燥	100	488	—	—	129.3	130	
	−2.5	干燥	100	494	—	—	131.3		
K2+320	4.1	干燥	100	470	—	—	123.3		合格
	1.2	干燥	100	498	—	—	132.7	129	
	−2.7	干燥	100	496	—	—	132.0		
K2+520	4.1	干燥	100	—	—	117	205.1		不合格
	−1.5	干燥	100	—	—	121	198.3	206	
	−4.5	干燥	100	—	—	111	216.2		
K2+720	4.5	干燥	100	140	294	—	51.3		合格
	−1.7	干燥	100	138	306	—	56.0	52	
	−5.2	干燥	100	132	280	—	49.3		
K2+920	4.0	干燥	100	138	276	—	46.0		合格
	1.2	干燥	100	150	316	—	55.3	50	
	−4.5	干燥	100	140	284	—	48.0		
检测频率(处/km)	5	渗水系数规范要求(mL/min)			≤200		合格率(%)		80

沥青路面的渗水系数按式(9-5)计算,准确至0.1mL/min。计算时以水面从100mL下降至500mL所需要的时间为标准。若渗水时间过长,亦可采用3min通过的水量平均计算,精确至1mL/min。

$$C_w = \frac{V_2 - V_1}{t_2 - t_1} \times 60 \qquad (9-5)$$

式中:C_w——路面渗水系数,mL/min;

　　V_1——第一次读数时的水量,mL,通常为100mL;

　　V_2——第二次读数时的水量,mL,通常为500mL;

　　t_1——第一次读数时间,s;

　　t_2——第二次读数时的时间,s。

四、注意事项

(1)薄层密封材料应紧密涂压。

(2)应使密封材料圈的内经与底座内径相同。

课后任务与评定

参考答案

任务一:简述水泥混凝土及沥青混凝土路面破损类型。

任务二:简述路面错台的检测器具与材料。

任务三:简述沥青路面车辙检测的器具。

任务四:按照表9-6任务单要求,分组进行沥青路面渗水系数的实例,填写试验记录,完成评定。记录格式见表9-7。

沥青路面渗水系数检测任务单　　　　　　　　表9-6

1	模拟实训目标	拟分组测定某沥青路面渗水系数,并将1km检测数据汇总于表9-7
2	实训仪具与材料	
3	各组人员分工	①数据记录2人; ②检测人员3人; ③数据处理人员2人
4	准备工作	
5	评定结论	

路面渗水系数试验记录　　　　　　　　表9-7

路段桩号:＿＿＿＿＿　　路面类型:<u>沥青混凝土路面</u>　　试验日期:＿＿＿＿＿＿＿

试 验 者:＿＿＿＿＿　　计 算 者:＿＿＿＿＿＿＿　　校 核 者:＿＿＿＿＿＿＿

测试地点桩号	测点距道路中心距(m)	路况描述	量筒读数(mL)			渗水500mL需要的时间(s)	渗水系数(mL/min)		备注
			初始计时	180s	360s		测点值	平均值	

续上表

测试地点桩号	测点距道路中心距(m)	路况描述	量筒读数(mL)			渗水500mL需要的时间(s)	渗水系数(mL/min)		备注
			初始计时	180s	360s		测点值	平均值	
检测频率(处/km)		5	渗水系数规范要求(mL/min)			≤200	合格率(%)		

第十章
CHAPTER TEN
桥涵地基承载力检测

教学要求

　　能进行地基的检验;能利用《公路桥涵地基与基础设计规范》(JTG 3363—2019)的方法进行地基土的分类,并确定地基承载力基本容许值;能利用动力触探法确定地基基本承载力;能参与进行浅层与深层平板荷载试验;能在实训基地完成课后任务。

第一节　基础知识

一、基础知识

　　天然地基上的浅基础,由于埋入地层深度较浅,施工一般采用敞开挖基坑修筑基础的方法。基坑挖至基底设计高程,或已按设计要求加固、处理完毕后,须经过基底检验,方可进行基础施工。

　　基底检验必须及时,以免使待检验基底暴露时间过久而改变原状土的结构或风化变质。

(一)桥涵地基承载力检验内容

　　桥涵地基承载力检验内容包括:基底平面位置、尺寸大小、高程是否符合设计要求,偏差值是否在现行有关规定允许范围以内;基底地质情况和承载力是否与设计资料相符;基底处理和排水情况是否符合《公路桥涵地基与基础设计规范》(JTG 3363—2019)(以下简称《公桥基规》)的要求;施工记录及有关试验资料;地基经加固、处理后的地基承载力是否达到设计要求。本章仅介绍桥涵地基承载力检测,其他检测方法比较简单,此处不作介绍。

(二)检验方法

　　按桥涵大小、地基土质复杂情况(如溶洞、断层、软弱夹层、易溶岩等)及结构对地基有无

特殊要求,可采用以下方法检查:

(1)桥涵地基检验可采用直观或触探方法,必要时可进行土质试验。

(2)大、中桥和地基土质复杂、结构对地基有特殊要求的地基检验,一般采用触探和钻探(钻深至少4m)取样做土工试验,或按设计要求进行荷载试验。

(3)特大桥按设计要求处理。

(三)检验注意事项

(1)如果地基经检验后,需要加固处理时,则加固处理完毕后,应再进行检验,检验合格后,才能进行基础施工。

(2)为了有较好的可比性,加固前后两次的测试项目应力求对应,最好由同一组织试验人员用同一组仪器进行。

(3)检验后应按规定格式填写相关记录表格,并由参加检验人员签名,作为竣工验收原始资料。

二、地基承载力基础知识(资源10-1)

地基设计采用正常使用极限状态,所选定的地基承载力为地基承载力容许值。地基承载力的验算,以修正后的地基承载力容许值$[f_a]$控制,该值是在地基原位测试或《公桥基规》给出的各类岩土承载力基本容许值$[f_{a0}]$的基础上,经修正而得。地基承载力容许值是在保证建筑物安全可靠,并符合正常使用要求的前提下,地基土在单位面积上所能承受荷载的能力,通常用荷载强度(kPa)表示。

地基承载力容许值的确定要考虑两方面的要求,即基础沉降量不超过容许值和保证地基有足够的稳定性。地基承载力基本容许值$[f_{a0}]$,为荷载试验地基土压力变形关系线性变形段内不超过比例界限点的地基压力值。

地基承载力容许值的确定方法有:荷载试验法、原位测试法、《公桥基规》法、地区经验法等。

地基承载力容许值应按以下原则确定:

(1)地基承载力基本容许值应首先考虑由荷载试验或其他原位测试取得,其值不应大于地基极限承载力的1/2。

对中小桥、涵洞,当受现场条件限制,或荷载试验和原位测试确有困难时,也可按照《公桥基规》有关规定采用。

(2)地基承载力基本容许值还应根据基底埋深、基础宽度及地基土的类别进行修正。

(3)软土地基承载力容许值按《公桥基规》有关规定确定。

(4)其他特殊性岩土地基承载力基本容许值可参照各地区经验或相应的标准确定。

本教材重点介绍按《公桥基规》的规定确定地基承载力容许值。

第二节 按《公桥基规》确定地基承载力

《公桥基规》规定的确定地基承载力的步骤如下。

一、地基岩土分类（资源 10-2）

根据土的天然结构、天然含水率、颗粒级配及塑性指数将公路桥涵地基的岩土分为以下几类。

（1）岩石。岩石的坚硬程度按岩块的饱和单轴抗压强度标准值 f_{rk} 分为坚硬岩、较硬岩、较软岩、软岩、极软岩 5 个级别。岩石坚硬程度分级见表 10-1。当缺乏有关试验数据或不能进行该项试验时，可按表 10-2 定性分级。

岩石坚硬程度分级（MPa）   表 10-1

坚硬程度类别	坚硬岩	较硬岩	较软岩	软岩	极软岩
饱和单轴抗压强度 f_{rk}	$f_{rk} > 60$	$60 \geqslant f_{rk} > 30$	$30 \geqslant f_{rk} > 15$	$15 \geqslant f_{rk} > 5$	$f_{rk} \leqslant 5$

岩石坚硬程度的定性分级   表 10-2

坚硬程度		定性鉴定	岩 石
硬质岩	坚硬岩	锤击声清脆，有回弹，振手，难击碎，基本无吸水反应	未风化至微风化的花岗岩、闪长岩、辉绿岩、玄武岩、安山岩、片麻岩、石英岩、石英砂岩、硅质砾岩、硅质石灰岩等
	较硬岩	锤击声较清脆，有轻微回弹，稍振手，较难击碎，有轻微吸水反应	微风化的坚硬岩；未风化至微风化的大理岩、板岩、石灰岩、白云岩、钙质砂岩等
软质岩	较软岩	锤击声不清脆，无回弹，较易击碎，浸水后指甲可刻出印痕	中风化至强风化的坚硬岩或较硬岩；未风化至微风化的凝灰岩、千枚岩、泥灰岩、砂质泥岩等
	软岩	锤击声哑，无回弹，有凹痕，易击碎，浸水后手可掰开	强风化的坚硬岩或较硬岩；中风化至强风化的较软岩；未风化至微风化的页岩、泥岩、泥质砂岩等
极软岩		锤击声哑，无回弹，有较深凹痕，手可捏碎，浸水后可捏成团	全风化的各种岩石；各种半成岩

（2）碎石土。碎石土按照颗粒形状和粒组含量分为漂石、块石、卵石、碎石、圆砾和角砾，见表 10-3。

碎 石 土 的 分 类   表 10-3

土 的 名 称	颗 粒 形 状	粒 组 含 量
漂石	圆形及亚圆形为主	粒径大于 200mm 的颗粒含量超过总质量的 50%
块石	棱角形为主	

续上表

土的名称	颗粒形状	粒组含量
卵石	圆形及亚圆形为主	粒径大于20mm的颗粒含量超过总质量的50%
碎石	棱角形为主	
圆砾	圆形及亚圆形为主	粒径大于2mm的颗粒含量超过总质量的50%
角砾	棱角形为主	

注:进行碎石土分类时应根据粒组含量从大到小以最先符合者确定。

(3)砂土。砂土为粒径大于2mm的颗粒含量不超过总质量的50%、粒径大于0.075mm的颗粒含量超过总质量的50%的土。砂土按照粒组含量分为砾砂、粗砂、中砂、细砂和粉砂5类,见表10-4。

砂土分类   表10-4

土的名称	粒组含量
砾砂	粒径大于2mm的颗粒含量占总质量的25%~50%
粗砂	粒径大于0.5mm的颗粒含量超过总质量的50%
中砂	粒径大于0.25mm的颗粒含量超过总质量的50%
细砂	粒径大于0.075mm的颗粒含量超过总质量的85%
粉砂	粒径大于0.075mm的颗粒含量超过总质量的50%

(4)粉土。粉土为塑性指数 $I_p \leq 10$ 且粒径大于0.075mm的颗粒含量不超过总质量50%的土。

(5)黏性土。黏性土为塑性指数 $I_p > 10$ 且粒径大于0.075mm的颗粒含量不超过总质量50%的土。其中塑性指数 $I_p > 17$ 的为黏土,$10 < I_p \leq 17$ 的为粉质黏土。

黏性土根据沉积年代分为老黏性土、一般黏性土和新近沉积黏性土。

(6)特殊性岩土。特殊性岩土是具有一些特殊成分、结构和性质的区域性地基土,包括软土、膨胀土、湿陷性土、红黏土、冻土、盐渍土和填土等。

二、查表确定地基承载力基本容许值$[f_{a0}]$(资源10-3)

地基土的承载力容许值用地基承载力基本容许值$[f_{a0}]$表示,可按土的类别和它的物理状态指标,可从规范相应的表中查得。例如,对于一般的黏性土,主要指标是液性指数 I_L 和天然孔隙比 e;对于砂土,主要是密实度和水位情况;对于碎石,主要是按野外现场观察鉴定方法所确定的土的密实度;其他土所需要的指标,见相关规范。实测所需土样一定要在现场取天然状态的有代表性的土样(一般每个基础的地基不少于4个土样)。细粒土的液限 w_L、液性指数 I_L、塑性指数 I_p 系指用76g平衡锥测定的数值。

(一)岩石

一般岩石地基可根据强度等级、节理按表10-5确定承载力基本容许值$[f_{a0}]$。对于复杂的岩层(如溶洞、断层、软弱夹层、易溶岩石、软化岩石等)应按各项因素综合确定。

岩石地基承载力基本容许值 $[f_{a0}]$（kPa） 　　　　　表 10-5

$[f_{a0}]$ 　　坚硬程度　　节理发育程度	节理不发育	节 理 发 育	节理很发育
坚硬岩、较硬岩	>3 000	2 000~3 000	1 500~2 000
较软岩	1 500~3 000	1 000~1 500	800~1 000
软岩	1 000~1 200	800~1 000	500~800
极软岩	400~500	300~400	200~300

　　岩石地基的承载力不仅与坚硬程度有关,还与岩石的节理发育程度有关。因此,作为桥涵地基,必须确定其坚硬程度和节理发育程度,此外还应确定其完整程度、软化程度和特殊性岩石。按照岩石的完整程度分为完整、较完整、较破碎、破碎和极破碎 5 个等级(表 10-6);按岩体节理发育程度分为节理不发育、节理发育、节理很发育 3 类(表 10-7);按软化系数分为软化岩石(软化系数小于或等于 0.75)和不软化岩石(软化系数大于 0.75);按风化程度分类见表 10-8。

岩石完整程度定性分析 　　　　　表 10-6

完整程度	结构面发育程度		主要结构面的结合程度	主要结构面的类型	相应结构类型
	结构面组数	平均间距(m)			
完整	1~2	>1.0	结合好或结合一般	裂隙、层面	整体状或巨厚状结构
较完整	1~2	>1.0	结合差	裂隙、层面	块状或厚层结构
	2~3	1.0~0.4	结合好或结合一般	—	块状结构
较破碎	2~3	0.4~1.0	结合差	裂隙、层面、小断层	裂隙、块状或中厚层结构
	≥3	0.2~0.4	结合好		镶嵌碎裂结构
			结合一般		中、薄层状结构
破碎	≥3	0.2~0.4	结合差	各种类型结构面	裂隙块状结构
		≤0.2	结合一般或结合差		碎裂状结构
极破碎	无序	—	结合很差	—	散体状结构

岩石节理发育程度的分类 　　　　　表 10-7

程度	节理不发育	节理发育	节理很发育
节理间距(mm)	>400	200~400	20~200

岩石风化程度分级 　　　　　表 10-8

风化程度	野外特征	风化程度系数指标	
		波速比 k_v	风化系数 k_f
未风化	岩质新鲜,偶见风化痕迹	0.9~1.0	0.9~1.0
微风化	结构部分破坏,仅节理面有渲染或略有变色,有少量风化裂隙	0.8~0.9	0.8~0.9
中风化	结构部分破坏,沿节理面有次生矿物,风化裂隙发育,岩体被切割成岩块,用镐挖难度大,岩芯钻方可钻进	0.6~0.8	0.4~0.8

风化程度	野外特征	风化程度系数指标	
		波速比 k_v	风化系数 k_f
强风化	结构大部分损坏,矿物成分显著变化,风化裂痕很发育,岩体破碎,用镐可挖,干钻不易钻进	0.4~0.6	<0.4
全风化	结构基本破坏,但尚可辨认,有残余结构强度,可用镐挖,干钻可钻进	0.2~0.4	—
残积土	组织结构全部破坏,已风化成土状,锹镐易挖掘,干钻易钻进,具有可塑性	<0.2	—

注:1. 波速比 k_v 为风化岩石与新鲜岩石压缩波速度之比。

2. 风化系数 k_f 为风化岩石与新鲜岩石单轴抗压强度之比。

3. 岩石风化程度除按表列野外特征和定量指标划分外,也可根据当地经验划分。

4. 花岗岩类岩石,可采用标准贯入试验划分为强风化、全风化、残积土。

5. 泥岩和半成岩,可不进行风化程度划分。

岩石饱和单轴抗压强度试验要点如下:

(1)试料可用钻孔的岩芯或坑、槽探坑中采取的岩块。岩样尺寸一般为 $\phi 50mm \times 100mm$,数量不应少于6个,进行饱和处理。

(2)在压力机上以 $500~800kPa/s$ 的加载速度加载,直到试样破坏为止,记录下最大加载值,做好试验前后的试样描述。

(3)计算试验值的平均值、标准差、变异系数,取岩石饱和单轴抗压强度的标准值为平均值与统计修正系数 ψ 的乘积。

$$\psi = 1 - \left(\frac{1.704}{\sqrt{n}} + \frac{4.678}{n^2} \right) \delta \qquad (10-1)$$

式中:ψ——统计修正系数;

n——试样个数;

δ——变异系数。

(二)碎石

碎石地基承载力基本容许值 $[f_{a0}]$ 可按表10-9选用。

碎石土的分类见表10-3。碎石土的密实度,可根据重型动力触探(见本章第四节"原位测试确定地基承载力")锤击数 $N_{63.5}$ 按表10-10分为松散、稍密、中密、密实等4级。当缺乏有关试验数据,碎石土平均粒径大于50mm或最大粒径大于100mm时,按表10-11鉴别其密实度。

碎石地基承载力基本容许值[f_{a0}]（kPa） 表 10-9

[f_{a0}] 密实度 土名	密实	中密	稍密	松散
卵石	1 000 ~ 1 200	650 ~ 1 000	500 ~ 650	300 ~ 500
碎石	800 ~ 1 000	550 ~ 800	400 ~ 550	200 ~ 400
圆砾	600 ~ 800	400 ~ 600	300 ~ 400	200 ~ 300
角砾	500 ~ 700	400 ~ 500	300 ~ 400	200 ~ 300

注:1. 由硬质岩组成,填充砂土者取其高值;由软质岩组成,填充黏性土者取其低值。
　2. 半胶结的碎石土,可按密实的同类土的[f_{a0}]值提高 10% ~ 30%。
　3. 松散的碎石土在天然河床中很少遇见,需要特别注意鉴定。
　4. 漂石、块石的[f_{a0}]值,可参照卵石、碎石适当提高。

碎石土的密实度 表 10-10

锤击数 $N_{63.5}$	密 实 度	锤击数 $N_{63.5}$	密 实 度
$N_{63.5} \leqslant 5$	松散	$10 < N_{63.5} \leqslant 20$	中密
$5 < N_{63.5} \leqslant 10$	稍密	$N_{63.5} > 20$	密实

碎石土密实度野外鉴别 表 10-11

密 实 度	骨架颗粒含量和排列	可 挖 性	可 钻 性
松散	骨架颗粒质量小于总质量的60%,排列混乱,大部分不接触	锹可以挖掘,井壁易坍塌,从井壁取出大颗粒后,立即塌落	钻进较易,钻杆稍有跳动,孔壁易坍塌
中密	骨架颗粒质量等于总质量的60% ~ 70%,呈交错排列,大部分接触	锹镐可挖掘,井壁有掉块现象,从井壁取出大颗粒处,能保持凹面形状	钻进较困难,钻杆、吊锤跳动不剧烈,孔壁有坍塌现象
密实	骨架颗粒质量大于总质量的70%,呈交错排列,连续接触	锹镐挖掘困难,用撬棍方能松动,井壁较稳定	钻进困难,钻杆、吊锤跳动剧烈,孔壁较稳定

当用重型圆锥动力触探、超重型圆锥动力触探试验确定碎石土的密实度时,锤击数应视杆长 L 按下列规定进行修正。

$$N_{63.5} = \alpha_1 \cdot N_{s,63.5} \qquad (10-2)$$

式中:$N_{63.5}$——修正后的重型圆锥动力触探锤击数;
　　α_1——修正系数,见后文中表 10-23;
　　$N_{s,63.5}$——实测重型圆锥动力触探锤击数。

当采用超重型圆锥动力触探确定碎石土密度或其他指标时,实测锤击数按下式修正:

$$N_{120} = \alpha_2 \cdot N_{s,120} \qquad (10-3)$$

式中:N_{120}——修正后的超重型圆锥动力触探锤击数;
　　α_2——修正系数,见后文中表 10-23;
　　$N_{s,120}$——实测超重型圆锥动力触探锤击数。

(三)砂土

砂土地基承载力基本容许值[f_{a0}]可按表 10-12 选用。

砂土的密实度可根据标准贯入锤击数按表 10-13 分为松散、稍密、中密、密实 4 个等级。

砂土地基承载力基本容许值$[f_{a0}]$(kPa)　　表 10-12

[f_{a0}]　　密实度 土名、水位情况		密 实	中 密	稍 密	松 散
砾砂、粗砂	与湿度无关	550	430	370	200
中砂	与湿度无关	450	370	330	150
细砂	水上	350	270	230	100
	水下	300	210	190	—
粉砂	水上	300	210	190	—
	水下	200	110	90	—

注:1.砂土的密实度按标准贯入锤击数 N 确定。

2.在地下水位以上的称为"水上",地下水位以下的称为"水下"。

砂 土 的 密 实 度　　表 10-13

标准贯入锤击数 N	密 实 度	标准贯入锤击数 N	密 实 度
$N \leq 10$	松散	$15 < N \leq 30$	中密
$10 < N \leq 15$	稍密	$N > 30$	密实

(四)粉土

粉土地基承载力基本容许值$[f_{a0}]$可根据土的天然孔隙比 e 和天然含水率 w(%)按表 10-14 选用。

粉土地基承载力基本容许值$[f_{a0}]$(kPa)　　表 10-14

[f_{a0}]　　w(%) e	10	15	20	25	30	35
0.5	400	380	355	—	—	—
0.6	300	290	280	270	—	—
0.7	250	235	225	215	205	—
0.8	200	190	180	170	165	—
0.9	160	150	145	140	130	125

(五)黏性土

(1)一般黏性土的地基承载力基本容许值$[f_{a0}]$按液性指数 I_L 和天然孔隙比 e 查表 10-15。

一般黏性土地基承载力基本容许值$[f_{a0}]$(kPa)　　表 10-15

[f_{a0}]　　I_L e	0	0.1	0.2	0.3	0.4	0.5	0.6	0.7	0.8	0.9	1.0	1.1	1.2
0.5	450	440	430	420	400	380	350	310	270	240	220	—	—
0.6	420	410	400	380	360	340	310	280	250	220	200	180	—

续上表

[f_{a0}]　　I_L ／ e	0	0.1	0.2	0.3	0.4	0.5	0.6	0.7	0.8	0.9	1.0	1.1	1.2
0.7	400	370	350	330	310	290	270	240	220	190	170	160	150
0.8	380	330	300	280	260	240	230	210	180	160	150	140	130
0.9	320	280	260	240	220	210	190	180	160	140	130	120	100
1.0	250	230	220	210	190	170	160	150	140	120	110	—	—
1.1	—	—	160	150	140	130	120	110	100	90	—	—	—

注：1. 土中含有粒径大于 2mm 的颗粒质量超过总质量 30% 以上者，$[f_{a0}]$ 可适当提高。

　　2. 当 $e<0.5$ 时，取 $e=0.5$；当 $I_L<0$ 时，取 $I_L=0$。此外，超过列表范围的一般黏性土，$[f_{a0}]=57.22E_s^{0.57}$，E_s 为压缩模量。

（2）新近沉积黏性土地基可根据液性指数 I_L 和天然孔隙比 e 确定地基承载力基本容许值 $[f_{a0}]$，见表 10-16。

新近沉积黏性土地基承载力基本容许值 $[f_{a0}]$（kPa）　　　　　　表 10-16

[f_{a0}]　　I_L ／ e	≤0.25	0.75	1.25
≤0.8	140	120	100
0.9	130	110	90
1.0	120	100	80
1.1	110	90	—

（3）老黏性土地基可根据压缩模量 E_s 确定地基承载力基本容许值 $[f_{a0}]$，见表 10-17。

老黏性土地基承载力基本容许值 $[f_{a0}]$　　　　　　表 10-17

E_s（MPa）	10	15	20	25	30	35	40
$[f_{a0}]$（kPa）	380	430	470	510	550	580	620

三、计算修正后的地基承载力容许值 $[f_a]$（资源 10-4）

地基容许承载力不仅与地基土的性质和状态有关，而且与基础尺寸和埋置深度有关（有时还与地面水的深度有关）。因此，当基底宽度 $b>2m$、埋置深度 $h>3m$ 且 $h/b\leqslant4$ 时，应对地基承载力容许值进行修正，修正后的地基承载力容许值 $[f_a]$ 可按公式（10-4）计算；当基础位于水中不透水地层上时，$[f_a]$ 按平均常水位至一般冲刷线的水深每米再增大 10kPa。

$$[f_a]=[f_{a0}]+k_1\gamma_1(b-2)+k_2\gamma_2(h-3) \tag{10-4}$$

式中：$[f_a]$——修正后的地基承载力容许值，kPa；

　　　　b——基础底边的最小边宽，m；当 $b<2m$ 时，取 $b=2m$；当 $b>10m$ 时，取 $b=10m$；

　　　　h——基底埋置深度，m，自天然地面算起，有水流冲刷时，自一般冲刷线算起；当 $h<3m$ 时，取 $h=3m$；当 $h/b>4$ 时，取 $h=4b$；

　　　　k_1、k_2——基础宽度、深度修正系数，根据基底持力层土的类别按表 10-18 确定；

　　　　γ_1——基底持力层土的天然重度，kN/m³，持力层在水以下且为透水土层者，应取浮重度；

γ_2——基底以上土层的加权平均重度,kN/m^3,换算时,若持力层在水面以下,且不透水时,不论基底以上土的透水性质如何,一律取饱和重度;当透水时,水中部分土层则应取浮重度。

地基土承载力宽度、深度修正系数 k_1、k_2　　　　表 10-18

土类 系数	黏性土			粉土	砂土								碎石土			
	老黏性土	一般黏性土		新近沉积黏性土	—	粉砂		细砂		中砂		砾砂、粗砂		碎石、圆砾、角砾		卵石	
		$I_L \geq 0.5$	$I_L < 0.5$		—	中密	密实	中密	密实	中密	密实	中密	密实	中密	密实	中密	密实
k_1	0	0	0	0	0	1.0	1.2	1.5	2.0	2.0	3.0	3.0	4.0	3.0	4.0	3.0	4.0
k_2	2.5	1.5	2.5	1.0	1.5	2.0	2.5	3.0	4.0	4.0	5.5	5.0	6.0	5.0	6.0	6.0	10

注:1. 对于稍密和松散状态的砂、碎石土,k_1、k_2 值可采用表列中密值的 50%。

　　2. 对强风化和全风化的岩石,可参照所风化成的相应土类取值,对其他状态下的岩石不进行修正。

关于宽度和深度的修正问题,应该注意:从地基强度考虑,基础越宽,承载力越大;但从沉降方面考虑,在荷载强度相同的情况下,基础越宽,沉降越大,这在黏性土地基上尤其明显,故在表 10-18 中 k_1 为零,即不进行宽度修正。对其他土的宽度修正,也作了一定的限制,如规定当 $b > 10m$ 时,按 $b = 10m$ 计。对深度的修正,由于公式是按浅基础概念导出的,为了安全,相对埋深限制为 $h/b \leq 4$。

四、软土地基承载力基本容许值 $[f_{a0}]$ 的确定

软土为滨湖、湖沼、谷地、河滩等处天然含水率高、天然孔隙比大、抗剪强度低的细粒土,其鉴别指标见表 10-19。

软土地基鉴别指标　　　　表 10-19

指标名称	天然含水率 w（%）	天然孔隙比 e	直剪内摩擦角 φ（°）	十字板剪切强度 C_u（kPa）	压缩系数 α_{1-2}（MPa^{-1}）
指标值	≥35 或液限	≥1.0	宜小于 5	<35	宜大于 0.5

软土地基承载力基本容许值 $[f_{a0}]$ 应由荷载试验或其他原位测试取得。荷载试验和原位测试确有困难时,对于中小桥、涵洞基底未经处理的软土地基,承载力容许值 $[f_a]$ 可采用下列两种方法确定。

(1)根据原状土的天然含水率按表 10-20 确定软土地基承载力基本容许值 $[f_{a0}]$,然后按式(10-5)计算修正后的地基承载力容许值 $[f_a]$。

软土地基承载力基本容许值 $[f_{a0}]$　　　　表 10-20

天然含水率 w(%)	36	40	45	50	55	65	75
$[f_{a0}]$(kPa)	100	90	80	70	60	50	40

$$[f_a] = [f_{a0}] + \gamma_2 h \qquad (10-5)$$

式中,γ_2、h 的意义同式(10-4)。

(2)根据原状土强度指标确定软土地基承载力容许值 $[f_a]$:

$$[f_a] = \frac{5.14}{m} k_p C_u + \gamma_2 h \qquad (10-6)$$

$$k_p = \left(1 + 0.2\frac{b}{l}\right)\left(1 - \frac{0.4H}{blC_u}\right) \tag{10-7}$$

式中：m——抗力修正系数，可视软土灵敏度及基础长宽比等因素选用 $1.5 \sim 2.5$；

    C_u——地基土不排水抗剪强度标准值，kPa；

    k_p——系数；

    H——由作用（标准值）引起的水平力，kN；

    b——基础宽度，m，有偏心作用时，取 $b - 2e_b$；

    l——垂直于 b 边的基础长度，m，有偏心作用时，取 $l - 2e_1$；

    e_b、e_1——偏心作用在宽度和长度方向的偏心距；

    γ_2、h——意义同式（10-4）。

经排水固结方法处理的软土地基，其承载力基本容许值应通过荷载试验或其他原位测试方法确定；经复合地基方法处理的软土地基，其承载力基本容许值应通过荷载试验确定，然后按式（10-5）计算修正后的软土地基承载力容许值 $[f_a]$。

当软土或软弱地基上按《公桥基规》规定铺筑了一定宽度与厚度的砂砾垫层后，各种垫层的承载力容许值 $[f_{cu}]$ 宜通过现场确定，当无试验资料时，可参考表 10-21 数据。

各种垫层承载力容许值 $[f_{cu}]$ 表 10-21

施工方法	垫 层 材 料	压实系数	承载力容许值（kPa）
碾压、振密或夯实	碎石、卵石	$0.94 \sim 0.97$	$200 \sim 300$
	砂夹石（其中碎石、卵石占总质量的 $30\% \sim 50\%$）		$200 \sim 250$
	土夹石（其中碎石、卵石占总质量的 $30\% \sim 50\%$）		$150 \sim 200$
	中砂、粗砂、砂砾		$150 \sim 200$

注：1. 压实系数为土的控制干密度与最大干密度的比值，土的最大干密度宜采用击实试验确定，碎石最大干密度可取 $2.0 \sim 2.2 t/m^3$。

    2. 当采用轻型击实试验时，压实系数宜取高值；当采用重型击实试验时，压实系数可取低值。

五、地基承载力容许值的提高

地基承载力容许值 $[f_a]$ 应根据地基受荷阶段及受荷情况，乘以下列规定的抗力系数 γ_R。

1. 使用阶段

（1）当地基承受作用短期效应组合或作用效应偶然组合时，可取 $\gamma_R = 1.25$，但对承载力容许值 $[f_a]$ 小于 150kPa 的地基，应取 $\gamma_R = 1.0$。

（2）当地基承受的作用短期效应组合仅包括结构自重、预加力、土重、土侧压力、汽车和人群效应时，应取 $\gamma_R = 1.0$。

（3）当基础建于经多年压实未遭破坏的旧桥基（岩石旧桥基除外）上时，不论地基承受的作用情况如何，抗力系数均可取 $\gamma_R = 1.5$；对 $[f_a]$ 小于 150kPa 的地基可取 $\gamma_R = 1.25$。

（4）当基础建于岩石旧桥基上时，应取 $\gamma_R = 1.0$。

2. 施工阶段

（1）当地基在施工荷载作用下时，可取 $\gamma_R = 1.25$。

（2）当墩台施工期间承受单向推力时,可取 $\gamma_R = 1.5$。

第三节　现场荷载试验确定地基承载力

荷载试验包括浅层平板荷载试验和深层平板荷载试验。浅层平板试验适用于浅层地基,深层平板荷载试验适用于深层地基。可参看资源10-5。

一、现场荷载试验简介

现场荷载试验是指将一块刚性承压板(常用面积是 $0.25 \sim 0.50\text{m}^2$ 的方板或圆板)置于欲测定的地基表面(图10-1),在承压板上分级施加荷载,测定承压板变形稳定的沉降量,绘制荷载强度 P 与沉降量 S 的关系曲线,然后确定地基容许承载力。

分析荷载试验由开始加荷使地基变形到破坏的全过程,并结合 P-S 曲线,如图10-2所示,可以把地基变形分为三个阶段:

（1）压密阶段。该阶段 P-S 曲线接近于直线,沉降的主要原因是地基土被压缩。土中各点剪应力均小于土的抗剪强度,土体处于稳定的弹性平衡状态,见 P-S 曲线 oa 段。

（2）局部剪切阶段。a 点后 P-S 曲线不再呈直线关系(ak 段),地基中已有局部区域(称为塑性变形区)的剪应力达到了土的抗剪强度,首先在基础边缘处出现。随着荷载的持续增加,地基土中塑性区的范围也逐步扩大,直到出现连续的滑动面,这一阶段,基础沉降有较大的增加。

（3）破坏阶段。超过 k 点后,塑性变形区已扩大到形成一个连续的剪裂面,促使地基土向基础四周挤出,地面隆起,基础急剧沉陷,以致完全丧失稳定性。

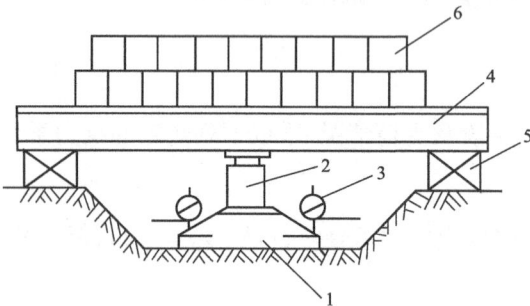

图10-1　现场荷载试验
1-荷载板;2-千斤顶;3-百分表;4-反力梁;5-枕木垛;6-压重

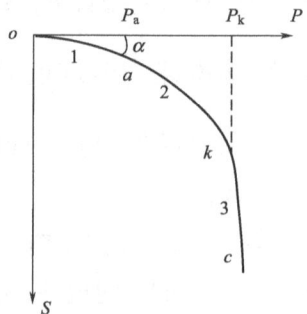

图10-2　P-S 曲线

荷载作用下地基变形的三阶段见图10-3 ~ 图10-5。

由以上分析可知,a 点和 k 点是地基变形的两个特征分界点。与 a 点对应的荷载强度 P_a,称为临塑荷载(比例界限);与 k 点相对应的荷载强度 P_k,称为极限荷载;与塑性区最大深度 Z_{max} 相应的荷载强度,称为临界荷载,如 $Z_{max} = b/4$(b 为基础宽度),临界荷载表示为 $P_{\frac{1}{4}}$。

地基承载力基本容许值的确定见"浅层平板荷载试验要点"与"深层平板荷载试验要点"。

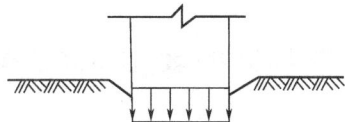

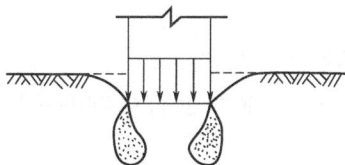

图 10-3 压密阶段　　　　图 10-4 局部剪切阶段　　　　图 10-5 破坏阶段

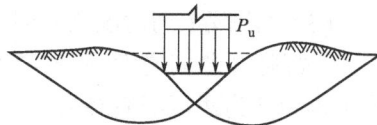

二、浅层平板荷载试验要点

(1)浅层平板荷载试验可用于确定浅部地基、承压板下应力主要影响范围内土层的承载力和变形系数。承压板面积不应小于 $0.25m^2$,软土地基面积不应小于 $0.5m^2$。

(2)试验基坑宽度不应小于承压板宽度 b 或直径的 d 的 3 倍,应保持试验土层的原状结构和天然湿度。宜在拟试压表面用厚度不超过 20mm 的粗砂或中砂层找平。

(3)加荷分级不应少于 8 级,最大加载量不应小于设计要求的 2 倍。

(4)每级加载后,第一个小时内按间隔 10min、10min、10min、15min、15min 测读一次沉降量,以后为每隔 30min 测读一次沉降量。当在连续 2h 内,每小时沉降量小于 0.1mm 时,则认为已趋稳定,可加下一级荷载。

(5)当出现下列情况之一时,即可终止加载:

①承压板周围的土明显地侧向挤出。

②沉降 S 急剧增大,荷载-沉降曲线出现陡降段。

③在某一级荷载下,24h 内沉降速率不能达到稳定。

④沉降量与承压板宽度或直径之比大于或等于 0.06。

当满足上述情况之一时,其对应的前一级荷载定为极限荷载。

(6)承载力基本容许值的确定应符合下列规定:

①当 P-S 曲线上有比例界限时,取该比例界限所对应的荷载值。

②当极限荷载小于对应比例界限的荷载值的 2 倍时,取极限荷载值的一半。

③当不能按上述两款要求确定时,若压板面积为 $0.25 \sim 0.5m^2$,可取 S/b 或 $(S/d) = 0.01 \sim 0.015$ 所对应的荷载,但其值不应大于最大加载量的一半。

(7)同一土层参加统计的试验点不应少于 3 点。当试验实测值的极差不超过其平均值的 30% 时,取此平均值作为该土层的地基承载力基本容许值。

三、深层平板荷载试验要点

(1)深层平板荷载试验可用于确定深部地基及大直径桩桩端在承压板压力主要影响范围内土层的承载力和变形系数。

(2)深层平板载荷试验的承压板采用直径为 0.8m 的刚性板,紧靠承压板周围外侧的土层高度不应小于 0.8m。

(3)加荷等级可按预估极限承载力的 $1/15 \sim 1/10$ 分级施加。

(4)每级加载后,第一个小时内按间隔 10min、10min、10min、15min、15min 测读一次沉降量,以后为每隔 30min 测读一次沉降量。当在连续 2h 内,每小时沉降量小于 0.1mm 时,则认为已趋稳定,可加下一级荷载。

(5)当出现下列情况之一时,即可终止加载。

①沉降 S 急剧增大,荷载-沉降(P-S)曲线上有可判断极限承载力的陡降坡,且沉降量超过 $0.04d$(d 为承压板直径)。

②在某一级荷载下,24h 内沉降速率不能达到稳定。

③本级沉降量大于前一级沉降量的 5 倍。

④当持力层土层坚硬、沉降量很小时,最大加载量不小于设计要求的 2 倍。

(6)承载力基本容许值的确定应符合下列规定:

①当 P-S 曲线上有比例界限时,取该比例界限所对应的荷载值。

②满足终止加载条件之一时,其对应的前一级荷载定为极限荷载;当该值小于对应比例界限的荷载值的 2 倍时,取极限荷载值的一半。

③当不能按上述两款要求确定时,可取 $S/d=0.01 \sim 0.015$ 所对应的荷载,但其值不应大于最大加载量的一半。

(7)同一土层参加统计的试验点不应少于 3 点。当试验实测值的极差不超过其平均值的 30% 时,取此平均值作为该土层的地基承载力基本容许值。

岩基荷载试验要点见《公桥基规》中附录 F。

第四节 原位测试确定地基承载力

原位测试确定地基承载力有静力触探、动力触探、标准贯入试验等方法,但必须有地区经验,即当地的对比资料,同时还应注意,结合室内试验成果综合分析,不宜单独应用。

以下介绍动力触探法确定地基承载力的方法。静力试验与标准贯入试验见《铁路工程地质原位测试规程》(TB 10018—2018)(以下简称《规程》)。可参看资源 10-6。

一、动力触探法的一般规定

动力触探适用于黏性土、砂性土和碎石类土。

动力触探可分轻型、重型和特重型。轻型动力触探可确定一般黏性土地基承载力;重型和特重型动力触探可确定中砂以上的砂类土和碎石类土地基承载力,测定圆砾土、卵石土的变形模量。动力触探还可用于查明地层在垂直和水平方向的均匀程度和确定桩基持力层。

动力触探划分土层并定名时,应与其他勘探测试手段相结合;确定地基承载力或变形模量时,动力触探孔数应根据场地大小、建筑物等级及土层均匀程度综合考虑,但同一场地应不少于 3 孔。

二、动力触探设备

动力触探设备类型和规格应符合表 10-22 的规定。

动力触探设备类型和规格 表 10-22

类型及代号	重锤质量 (kg)	重锤落距 (cm)	探头截面积 (cm²)	探杆外径 (mm)	动力触探击数	
					符号	单位
轻型 DPL	10 ± 0.2	50 ± 2	13	25	N_{10}	击/30cm
重型 DPH	63.5 ± 0.5	76 ± 2	43	42、50	$N_{63.5}$	击/10cm
特重型 DPSH	120 ± 1.0	100 ± 2	43	50	N_{120}	击/10cm

动力触探设备主要参数应符合下列要求：

（1）轻型动力触探探头外形尺寸应符合图 10-6 的规定,材料应采用 45 号碳素钢或采用优于 45 号碳素钢的钢材,表面淬火后硬度 HRC = 45 ~ 50。

（2）重型、特重型动力触探设备,应符合以下要求。

①探头。外形尺寸应符合图 10-7 的规定,材质应符合本条上述要求。

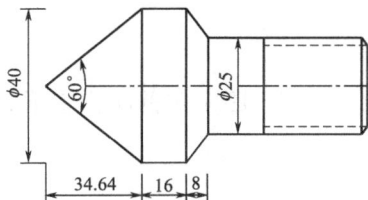

图 10-6 轻型动力触探探头外形尺寸
（尺寸单位:mm）

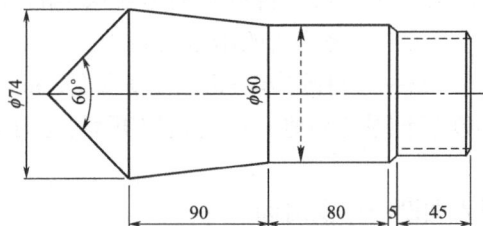

图 10-7 重型、特重型动力触探探头外形尺寸(尺寸单位:mm)

②探杆。每米质量不宜大于 7.5kg;探杆接头外径应与探杆外径相同,探杆和接头材料应采用耐疲劳、高强度的钢材。

③锤座直径应小于锤径的 1/2,并大于 100mm,导杆长度应满足重锤落距的要求,锤座和导杆总质量为 20 ~ 25kg。

④重锤应采用圆柱形,高径比为 1 ~ 2;重锤中心的通孔直径应比导杆外径大 3 ~ 4mm。

三、试验要点

（1）动力触探作业前必须对机具设备进行检查,确定正常后方可启动。部件磨损及变形超过下列规定者,应予更换或修复。

①探头允许磨损量:直径磨损不得大于 2mm,锥尖高度磨损不得大于 5mm。

②每节探杆非直线偏差不得大于 0.6% 。

③所有部件连接处丝扣应完好,连接紧固。

（2）动力触探机具安装必须稳固,在作业过程中支架不得偏移。

（3）动力触探时,应始终保持重锤沿导杆铅直下落,锤击频率应控制在 15 ~ 30 击/min。

（4）轻型动力触探作业时,应先用轻便钻具钻至所需测试土层的顶面,然后对该土层连续贯入。当贯入 30cm 的击数超过 90 击或贯入 15cm 超过 45 击时,可停止作业。如需对下卧层进行测试,可用钻探方法穿透该层后继续触探。

（5）根据地层强度的变化,重型和特重型动力触探可互换使用。当重型动力触探实测击数大于 50 击/10cm 时,宜改用特重型;当重型动力触探实测击数小于 5 击/10cm 时,不得采用特重型重力触探。

(6)在预钻孔内进行重型或特重型动力触探作业,钻孔孔径大于 90mm、孔深大于 3m、实测击数大于 8 击/10cm 时,可用小于或等于 90mm 的孔壁管下放至孔底或用松土回填钻孔,以减小探杆径向晃动。

(7)各种类型动力触探的锤座距孔口高度不宜超过 1.5m,探杆应保持竖直。

(8)轻型动力触探应每贯入 30cm 记录其相应击数。

(9)重型、特重型动力触探应每贯入 10cm 记录其相应击数。地层松软时,可采用测量每阵击(一般为 1~5 击)的贯入度,并按下式换算成相当于同类型动力触探贯入 10cm 时的击数:

$$\frac{N_{63.5}}{N_{120}} = \frac{10n}{\Delta s} \tag{10-8}$$

式中:$N_{63.5}$、N_{120}——重型、特重型动力触探实测击数,击/10cm;

　　　　　n——每阵击的击数,击;

　　　　　Δs——每阵击时相应的贯入度,cm。

(10)现场记录应清晰完整,除按《规程》表 B.4.1 中项目填写外,还应在备注栏中记录下列事项:

①贯入间断原因及时间。

②落距超限量、落锤回弹情况。

③探杆及导杆偏斜及径向振动情况。

④接头紧固情况。

⑤其他异常情况。

四、资料整理与计算

动力触探记录应在现场进行初步整理,并对记录的击数和贯入尺寸进行校核和换算。轻型动力触探应以每层实测击数的算术平均值作为该层的触探击数平均值 $\overline{N}_{10}$。重型动力触探实测击数 $N_{63.5}$,应按下式进行杆长击数修正:

$$N'_{63.5} = \alpha N_{63.5} \tag{10-9}$$

式中:$N'_{63.5}$——重型动力触探修正后击数,击/10cm;

　　　　　α——杆长击数修正系数,可按表 10-23 确定。

杆长击数修正系数 α 值

表 10-23

$N_{63.5}$（击/10cm） 杆长 L(m)	5	10	15	20	25	30	35	40	≥50
≤2	1.0	1.0	1.0	1.0	1.0	1.0	1.0	1.0	—
4	0.96	0.95	0.93	0.92	0.90	0.89	0.87	0.86	0.84
6	0.93	0.90	0.88	0.85	0.83	0.81	0.79	0.78	0.75
8	0.90	0.86	0.83	0.80	0.77	0.75	0.73	0.71	0.67
10	0.88	0.83	0.79	0.75	0.72	0.69	0.67	0.64	0.61

续上表

$N_{63.5}$（击/10cm）／杆长 L（m）	5	10	15	20	25	30	35	40	≥50
12	0.85	0.79	0.75	0.70	0.67	0.64	0.61	0.59	0.55
14	0.82	0.76	0.71	0.66	0.62	0.58	0.56	0.53	0.50
16	0.79	0.73	0.67	0.62	0.57	0.54	0.51	0.48	0.45
18	0.77	0.70	0.63	0.57	0.53	0.49	0.46	0.43	0.40
20	0.75	0.67	0.59	0.53	0.48	0.44	0.41	0.39	0.36

注：本表可线性内插取值。

特重型动力触探的实测击数，应先按下式换算成相当于重型动力触探的实测击数后，再按式（10-9）进行修正。

$$N_{63.5} = 3N_{120} - 0.5 \qquad (10\text{-}10)$$

根据修正后的动力触探击数，应绘制动力触探击数与贯入深度曲线图。

黏性土地基的基本承载力 σ_0，当贯入深度小于 4m 时，可根据场地土层的 $\overline{N}_{10}$ 按表 10-24 确定。

黏性土 σ_0 值（kPa） 表 10-24

$\overline{N}_{10}$（击/30cm）	15	20	25	30
σ_0	100	140	180	220

注：$\overline{N}_{10}$ 为轻型动力触探击数平均值，取同一层动力触探有效击数的算术平均值。

冲积、洪积成因的中砂-砾砂土地基和碎石类土地基的基本承载力 σ_0，当贯入深度小于 20m 时，可根据场地土层的 $\overline{N}_{63.5}$ 按表 10-25 确定。

中砂-砾砂土、碎石类土 σ_0 值（kPa） 表 10-25

$\overline{N}_{63.5}$（击/10cm）	3	4	5	6	7	8	9	10	12	14
中砂-砾砂土	120	150	180	220	260	300	340	380	—	—
碎石类土	140	170	200	240	280	320	360	400	480	540
$\overline{N}_{63.5}$（击/10cm）	16	18	20	22	24	26	28	30	35	40
碎石类土	600	660	720	780	830	870	900	930	970	1 000

注：$\overline{N}_{63.5}$ 为重型动力触探击数平均值，取同一层动力触探有效击数的算术平均值。

基本承载力用于设计时，应按式（10-4）进行基础宽度及埋置深度的修正。

例 10-1 某桥墩基础为扩大基础，已知基础底面宽度 $b = 5$m，长度 $l = 10$m，埋置深度 $h = 4$m，基坑即将开挖到设计高程后目测土质均匀，因此，施工单位在基坑长度方向有代表性的部位预留了三块（平面尺寸为 0.5m 左右，预留高度为 0.2m）准备测试地基承载力的部位。要求试验人员到现场确定地基承载力。

解： 因为条件所限，不能做荷载试验，因此试验人员按《公桥基规》确定地基承载力基本容许值。

1. 先确定土名

目测土的颗粒比较细，不是碎石土，在预留测试承载力处取扰动土样后烘干做筛分试验，试验结果显示也不是砂土。取土样用 76g 平衡锥测试塑性指数 $I_p = 8.6$，因此确定该地基土为粉土。

2. 确定地基承载力基本容许值

确定粉土地基承载力基本容许值需要的物理指标有天然含水率 w 和天然孔隙比 e。将其中一个测试承载力部位预留的土小心挖走,挖到设计高程。注意:不要扰动天然地基。取天然土样做土粒密度、密度与含水率试验,试验结果为土粒密度 $G = 2.61\text{g/cm}^3$,含水率 $w = 13.5\%$,密度 $\rho = 1.98\text{g/cm}^3$。

按 $e = 0.496$,含水率 $w = 13.5\%$ 查表10-14,并内插,得到承载力基本容许值为388kPa。

3. 确定地基承载力容许值

《公桥基规》规定,地基容许承载力的验算应以修正后的地基承载力容许值 $[f_a]$ 控制。

地基土为粉土,因地下水较深,不受地下水的影响,由表10-18查得 $k_1 = 0, k_2 = 1.5$。根据地质图及基底以上土层与地基土相同,因此,$\gamma_2 = 19.8\text{kN/m}^3$。将以上数据带入式(10-4),得

$$[f_a] = [f_{a0}] + k_1\gamma_1(b-2) + k_2\gamma_2(h-3)$$
$$= 388 + 0 + 1.5 \times 19.8 \times (4-3)$$
$$= 388 + 28$$
$$= 416(\text{kPa})$$

另外两块的测试方法相同,此处不再赘述。

课后任务与评定

参考答案

任务一:在实训基地实测地基承载力,要求完成以下任务:

(1)进行地基描述。

(2)进行地基岩土分类。

(3)用《公桥基规》规定方法确定地基承载力基本容许值 $[f_{a0}]$。

(4)计算修正后的地基承载力容许值 $[f_a]$(教师给定基础尺寸)。

(5)填写地基承载力检测记录与报告。

任务二:在同一实训基地,用轻型动力触探法测定地基基本承载力。

(1)对所选设备进行技术参数描述。

(2)进行贯入试验。

(3)确定地基基本承载力。

(4)填写地基基本承载力记录与报告。

任务三:对任务一、任务二两种试验方法进行试验结果分析。

任务四:回答问题。

(1)如何用浅层与深层平板荷载现场荷载试验绘制的 P-S 关系曲线确定地基承载力容许值?

(2)在进行地基土的分类时,如何区分黏性土与粉土?

(3)如何区分一般黏性土与老黏性土?

(4)简述碎石土密实度的确定方法。

(5)简述岩石的分类方法。

(6)简述砂土密实性的确定方法并比较其特点。

第十一章
CHAPTER ELEVEN
钻(挖)孔灌注桩检测

教学要求

能描述成孔质量检测方法；能进行清孔质量检测；能配制泥浆并进行泥浆性能指标检测；能正确使用应力波测试设备、超声波测试设备进行基桩检测，并分析影响因素与检测要点。

钻（挖）孔灌注桩的检验，主要包括三个方面：一是施工前的检验（原材料检验、配合比检验、施工机具检验）；二是施工过程检验；三是基桩完整性检验。原材料与配合比检验可参阅《道路建筑材料》相关教材，本章重点介绍施工过程的一些检测项目与方法及基桩完整性检测。

第一节　施工过程检测

由于钻（挖）孔灌注桩是采用不同的钻孔（或挖孔）方法，在土中形成一定直径的井孔，达到设计高程后，将钢筋骨架吊入井孔中，灌注混凝土（或水下混凝土）成为桩基础的一种施工工艺。目前，虽有比较成熟的施工方法，但是由于地质复杂或其他原因，容易出现质量事故。因此，根据《公路工程质量检验评定标准　第一册　土建工程》（JTG F80/1—2017）对钻（挖）孔灌注桩施工要求如下。

一、钻(挖)孔灌注桩施工要求

（一）基本要求

钻孔灌注桩应符合下列基本要求：

（1）成孔后必须清孔，测量孔径、孔深、孔位和沉淀层厚度，确认满足设计和施工技术规范要求后，方可灌注水下混凝土。

（2）水下混凝土应连续灌注,灌注时钢筋笼不应上浮。

（3）嵌入承台的锚固钢筋长度不得小于设计要求的锚固长度。

挖孔桩应符合下列基本要求:

（1）挖孔达到设计深度后,应及时进行孔底处理,应无松渣、淤泥等扰动软土层,孔底地质状况满足设计要求。

（2）灌注混凝土时钢筋笼不应上浮。水下灌注时应连续灌注,干灌时应进行振捣。

（3）嵌入承台的锚固钢筋长度不得小于设计要求的锚固长度。

（二）实测项目

钻孔灌注桩实测项目有混凝土强度、桩位、孔深、孔径、钻孔倾斜度、沉渣厚度。挖孔桩实测项目有混凝土强度、桩位、孔深、孔径或边长、孔的倾斜度、桩身完整性。

此外,《公路桥涵施工技术规范》(JTG/T 3650—2020)还要求施工过程检验筑岛、护筒、泥浆性能、灌注混凝土质量、钢筋笼与导管等项目。

（三）外观质量

钻孔灌注桩、挖孔桩外观质量应符合以下规定:

（1）凿除桩头预留混凝土后,桩顶应无残余的松散混凝土。

（2）外露混凝土表面不应存在缺陷。

本节将重点介绍成孔质量检验及质量标准,清孔质量要求和检查方法,泥浆性能指标检测,钻、挖孔灌注桩的混凝土质量检测以及钻、挖孔灌注桩质量评定。

二、成孔质量检验及质量标准(资源11-1)

钻、挖孔在终孔和清孔后,应进行孔位、孔深、孔径、孔形和倾斜度等检查。

混凝土灌注桩的成孔施工分为干作业(如人工挖孔)和湿作业(如钻孔、冲孔等)。由于干作业施工的成孔桩成孔后,人可以接近孔壁、孔底,桩孔的孔深、孔径、垂直度、沉渣厚度等可通过钢尺等简单方法测量。因此,本节主要介绍的是湿作业施工的灌注桩的成孔质量检测。

（一）桩位偏差检查

桩位偏差,即实际成桩位置偏离设计位置的差值。桩偏位后将导致桩的可靠性降低、工程造价增加与工期延长等。

施工中,由于受各种因素的影响(如测量放线误差、护筒埋设时的偏差、钻机对位不正、钢筋笼下设时的偏差等),都会造成桩位偏离设计位置。因此,要保证桩位的正确性,首先应在施工中就将每一个环节的偏差控制在最小范围内。

在桩基施工前按设计桩位平面图放出桩的中心位置,施工后对全部桩位进行复测,检查桩中心位置并在复测平面图上标明实际桩位坐标。复测桩位时,桩位测点选在新鲜桩头面的中心点(基坑开挖前测量护筒中心),然后测量该点偏移设计桩位的距离,并按坐标位置,在桩位复测平面图上分别标明。测量仪器主要有精密经纬仪、红外测距仪和全站仪等。

桩位中心位置的偏差要求,应满足桩的设计规定或相关的规范标准。

（二）桩孔径、垂直度检测

桩孔径、垂直度检测是成孔质量检测中的两项重要内容。目前，用于孔径检测的仪器大多可同时测量桩的垂直度。桩孔径、垂直度检测的方法大致分为简易法检测、伞形孔径仪检测和声波法检测。

1.简易法检测

工程技术人员在多年的灌注桩施工、检测中，研究总结出了一些简易的孔径、垂直度的检测方法和手段。它们适用于在没有专用孔径、垂直度仪条件下的成孔质量检测。检测设备为制作简单的器具，如钢筋笼式、圆球式、六边木条铰链式、卡尺式等类型的检孔器。其中，钢筋笼式是简易法检测中使用较广泛的一种检孔器具，其设备制作简单，检测方法方便、可行。

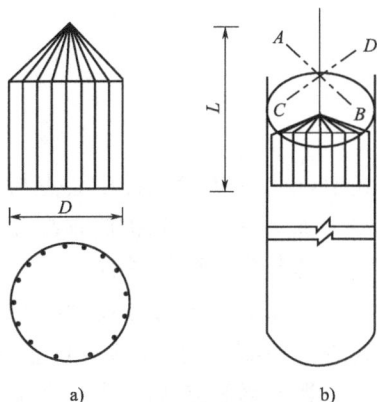

图 11-1　钢筋笼检孔器测量孔径
a)检孔器;b)孔径测量
D-外径;L-长度

（1）检孔器。钢筋笼检孔器形似小型钢筋笼（图 11-1），其尺寸根据检测桩的设计桩径大小设计，外径 D 可参照表 11-1设计（外径不大于钻头直径），长度 L 为 3.0~5.0m（桩径较大时 L 取大值，还可适当加长）。检孔器采用钢筋制作，有一定的刚度，防止在使用过程中发生变形;同时，检孔器必须规则，减少周壁突出，防止在检孔过程中对孔壁造成破坏。

检孔器外径尺寸表（cm） 　　　　　表 11-1

设计桩径	100	120	150	200	250	280	300
检孔器外径 D	98	118	148	197	246	276	296

（2）孔径、垂直度检测。

①孔径检测。在钻孔成孔后，当孔深、清孔泥浆指标合格后，钻机移位，利用钻孔三脚架或吊车、龙门架等设备将检孔器放入孔内，检孔器进入孔内后，在护筒顶放样十字线，通过吊绳进行检孔器对中，如图 11-1 所示。检孔器对中后，上吊点（吊车、三脚架、龙门架下落钢丝绳点）位置必须固定且在整个检孔过程中不能变位，否则须重新对中。检孔器在孔内下落时，靠自重下沉，不得借助其他外力。如果检孔器能在自重作用下顺利下至孔底（检孔器系有测绳），则表明孔径能满足设计桩径要求。如果检孔器在自重作用下不能下至孔底，则表明孔径小于设计桩径，应重新扫孔或重钻至设计孔径。

②垂直度检测。当孔径器在孔顶对中下落后，通过在护筒顶观测吊绳相对于放样中心点的偏移情况，可计算成孔后桩孔的垂直度，如图 11-2 所示。

桩孔垂直度按下式计算：

$$K = \frac{E}{H} \times 100 \tag{11-1}$$

式中:K——桩孔垂直度，%;

　　E——桩孔偏心距，m;

　　H——孔径器下落深度，m。

由图 11-2 及几何关系式得到:

$$\frac{e_0}{E} = \frac{h_0}{h_0 + H} \qquad (11\text{-}2)$$

$$E = \frac{e_0(h_0 + H)}{h_0} \qquad (11\text{-}3)$$

$$K = \frac{e_0(h_0 + H)}{h_0 \cdot H} \times 100 \qquad (11\text{-}4)$$

式中:e_0——护筒放样中心点与吊绳偏差值,m;

    h_0——吊点到护筒顶高度,m;

    其余符号意义同前。

由以上公式可方便地测得桩孔垂直度。为保证检测的精确性,可视情况对 $H/2$、$H/4$ 等处进行检测,计算相应孔深垂直度。

类似钢筋笼式的另一种方法是圆球式检孔器检测,如图 11-3 所示。检孔器为一钢筋弯制的圆球,直径比孔径略小。检测孔径时,若圆球可以顺利放入孔底,表明孔径正常。当检测桩孔有倾斜度时,在孔口沿钻孔直径方向设一标尺,标尺上 0 点与钻孔中心重合,并使滑轮、标尺 0 点和钻孔中心在同一铅垂线上,滑轮到标尺中点距离为 H。穿过滑轮的测绳一端连接圆球,另一端通过转向滑轮用手拉住。将圆球慢慢放入钻孔中,并测读测绳在标尺上的偏距 e,则倾斜角 $\alpha = \arctan(e/H)$。该方法工具简单,操作方便。

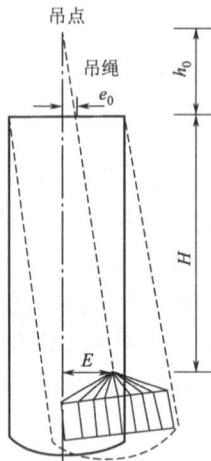

图 11-2　钢筋笼检孔器测量孔斜

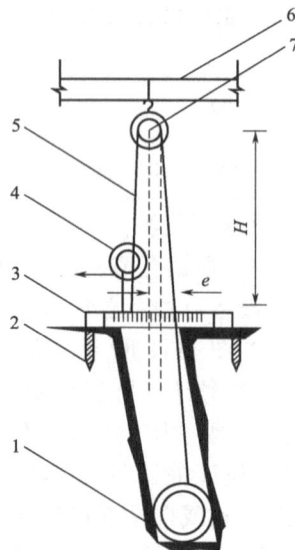

图 11-3　圆球检孔器测量孔径、孔斜
1- 圆球;2- 定位桩;3- 标尺;4- 转向滑轮;5- 钢丝绳;6- 横梁;7- 滑轮

2. 伞形孔径仪检测

伞形孔径仪是指由孔径仪、孔斜仪、沉渣厚度测定仪 3 部分组成的一个测试系统。由于系统中孔径仪的孔中探测头部分形似伞形,且是系统中的主要部分,因此该系统常被称为伞形孔径仪。伞形孔径仪中测量孔径、孔斜、沉渣的孔中仪器部分是独立的,地面仪器为共用的。

(1)孔径测量。伞形孔径仪也称井径仪,如图 11-4 所示,是目前国内采用较多的一种孔径测量仪器。该仪器由孔径测头、自动记录仪、电动绞车等组成。仪器通过放入到桩孔中的一专用测头测得孔径的大小,通过在测头上安装的电路将孔径值转化为电信号,由电缆将电信号送到地面被仪器接收、记录,根据接收、记录的电信号值可计算或直接绘出孔径。

伞形孔径仪的工作原理如下:

①孔径丈量。如图 11-4 所示,伞形孔径仪测头前端有四条测腿,测腿可在弹簧和外力的作用下自动张开、合拢,如同一把自动伞。测头放入孔中后,弹簧力使测腿自然张开并以一定的压力与孔壁接触,孔径变大则测腿张开角也变大,孔径缩小则孔壁压迫测腿收拢,测腿的张开角变小,四条测腿成两组正交分别测量两个方向的孔径值,取平均值作为某测点的孔径。当将测腿从孔底提升至孔口时,随着孔径的变化,测腿犹如一把尺子可量出孔中各高程的孔径。

②电信号转换。在伞形孔径仪测头密封筒内安装有串联滑动电阻(测量电位器),测腿随孔径的变化张开、合拢,电位器上的触点位置也发生相应滑动导致电阻值的改变,当供给滑动电阻以恒定的电流时,孔径的改变则转化为电压值的变化。用数字电压表读出测量系统的电压,就可求出供电电流。测量孔径时,只要测得电压,利用式(11-5)就可计算出实际的孔径值。

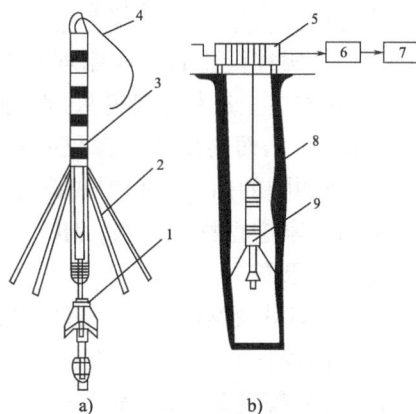

图 11-4 伞形孔径仪
a)测头;b)测量原理
1-锁腿架;2-测腿;3-密封筒;4-电缆;5-电缆绞车;6-放大器;7-记录仪;8-桩孔;9-测头

$$\phi = \phi_0 + k\frac{\Delta V}{I} \tag{11-5}$$

式中:ϕ——被测孔径,m;

ϕ_0——起始孔径,m;

ΔV——电压变化,V;

I——电流,A;

k——率定系数,m/Ω。

采用自动记录仪记录孔径信号。记录仪在绘出孔径大小的同时,通过控制记录仪的走纸系统来实现深度的同步测量。

(2)检测仪器。常用的伞形孔径仪的主要型号有 JJC-1A 型灌注桩孔径检测系统和 JJY-5 型大口径孔径仪。仪器的主要技术指标见表 11-2。

伞形孔径仪型号、技术指标　　　　　　　　　　　　　　　　表 11-2

项　　目	仪 器 型 号	
	JJC-1A	JJY-5
孔径测量范围(mm)	500~1 200	800~1 500 1 300~2 200
孔径测量误差(mm)	±15	不大于±20
电缆长度(m)	100	100
仪器耐压(MPa)	20	300

项　目	仪 器 型 号	
	JJC-1A	JJY-5
最大工作电流(mA)	5	10
工作电源(V)	220	220
总质量(孔径仪、记录仪、绞车、电缆、孔口滑轮)(kg)	77	80

上述两种仪器的工作原理基本相同。为了适应测量的要求,JJY-5 型大口径孔径仪在测头、测腿构造上进行了特殊处理。测头仪器内注满变压器油,其下端装有压力平衡装置且与密封筒贯通,从而使仪器在深桩孔中不致因外压力不平衡而损坏。为了测量 1 500mm 以上桩孔,四条测腿的前端装有扩展腿,扩展腿还可以伸长。仪器的电缆长度也可根据测量桩孔深度要求由厂家进行特殊定制。JJC-1A、JJY-5 型孔径仪的一个特点是在检测的同时,可打印绘出检测的结果图。

(3)测量及操作方法。测量之前,需对仪器进行全面的刻度校正。校正方法可采用与仪器配套的校正架。因校正架携带不方便,在工地现场一般使用仪器所附的"现场刻度器"进行校正。将"现场刻度器"套在孔径仪张开的四条测腿上,用尺量出刻度值,调整记录仪的记录笔到相应的刻度位置。如记录仪"测程"为 10mV/cm,测腿量出的刻度值为 $\phi800$mm,则可把记录幅度调节为 80mm,此时记录的横向比例为 1∶10。由于桩的孔口尺寸是可以丈量的,有时检测人员也将孔口作为校正刻度值。

仪器校正后将测头的四条测腿合拢套上开腿盒锁定,开动绞车将测头放入孔内,当电缆上特殊标志下到钻进深度的起算面时停住,将深度显示值预置为 5.00m,并在对应电缆上的某一深度记号处,在地面上钉下标志杆作为标准点,此后深度显示将直接指示仪器在孔中的测点位置。

测头到达孔底后电缆就会松弛,在孔口快速上提电缆,泥浆的反力将使开腿盒与测腿脱开,测腿随即自动弹开并贴住孔壁,记录笔也随之右移。开动绞车上提电缆开始孔径测量。测量过程中,记录纸随电缆走动,记录笔随孔径大小变化左右移动。当电缆上的每一个深度记号经过标准点时,都要按动仪器的深度记号器,直到测头被提到孔口为止,这样带有深度标志的孔径曲线就会被自动描绘下来。

如果做孔径的点测,可将测头提到每一预定的测点深度,在仪器上读出对应的孔径电压值,按照仪器厂家提供的电流设值 I 和仪器常数 k,根据式(11-5)计算出实际的孔径值。

测量时如孔底泥浆密度过大,会阻碍测腿顺利弹到位,孔底测量值会偏小;如孔底冲刷时间过长,则孔径将偏大。测量时要结合桩孔施工情况对测量结果加以判断。

(4)垂直度测量。

①测量原理与方法。采用伞形孔径仪测试系统中配套的专用测斜仪,在孔内不同深度连续多点测量其顶角和方位角[图 11-5a)],根据所测得的顶角、方位角可计算孔的倾斜度。

测斜仪的顶角测量利用铅垂原理,测量系统由顶角电阻(电阻值已知)、顶角测量杆组成。顶角测量杆上装有一重块可自由摆动,并使重块始终垂直于水平面。当钻孔倾斜时,顶角电阻和测量杆间就有一角度,仪器内部机构使得测量杆和顶角电阻接触,短路了一部分电阻,剩下的电阻值就是被测点的顶角。方位角测量依靠磁定向机构系统完成，系统中有定位电阻、接触片等，接触片始终保持指北状态，方位角变化时，接触片短路了一部分电阻，剩下的电阻值就是被测点的方位角。

桩孔垂直度主要取决于桩孔在垂直方向上的偏移量。在实际工程检测中，一般以测量桩孔的顶角参数值为主，通过顶角值计算得到桩孔的垂直度。桩孔的垂直度计算方法如图11-5b)所示，其计算公式如下：

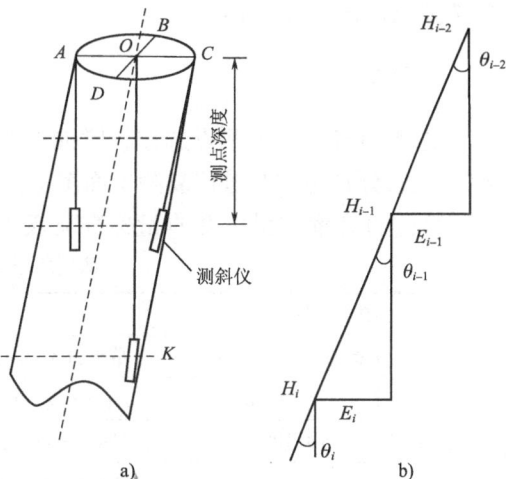

图 11-5　测斜仪测量垂直度
a) 测斜方法；b) 测斜计算

$$E = \sum_{i=1}^{n} E_i = \sum_{i=1}^{n} (H_i - H_{i-1}) \sin\left(\frac{\theta_i - \theta_{i-1}}{2}\right)$$

$$(11-6)$$

$$K = \frac{E}{H} \times 100 \qquad (11-7)$$

式中：E——桩孔总偏移量，m；

K——桩孔垂直度，%；

H——桩孔深度，m；

i——第 i 个测点；

n——测点总数；

H_i——测头在第 i 点的读尺深度，m；

E_i——桩孔在读尺深度 H_{i-1} 至 H_i 的偏移量，m；

θ_i——第 i 测点的顶角值，度(°)。

工程中桩孔的倾斜并非如图 11-5b)所示为一条平直的倾斜线，而常常是弯曲线，要求得到 H_i 的真实值较为复杂，因此式(11-6)采用以相邻测点 i 和 $i-1$ 的顶角值 θ 和 θ_{i-1} 的平均值推算偏移量 E_i，这是一种较为简便、实用的方法。当然，假如将测点间距缩小，则两测点之间可近似为一条直线，计算的偏移量也会更准确，但测量的工作量将增大。

测量中，测斜仪测头可沿孔壁或孔的中心向下逐点测量[图 11-5a)]，测点深度可等间距也可为任意间距。假设测头是沿孔壁(或孔中心)向下测量，若测量至孔底顶角值均为 0°，则表示桩孔的偏移量小于孔的直径(或半径)，反之，则表示桩孔的偏移量大于桩孔的直径(或半径)。若测头沿孔壁向下测量，测斜仪一开始就发生非零的顶角读数，则表示孔已经偏移了某个距离。

测斜仪一般外加扶正器放入孔中测量，如果要求更准确的测量，可在成孔刚结束而钻杆尚未提起时，将专用高精度测斜仪放入钻杆内分点测斜，并将各点数值在坐标纸上描点作图，得到桩孔偏斜情况。

②检测仪器。根据用途、测量精度要求的不同，测斜仪有多种型号。例如，JJM-1 型高精度测斜仪是采用高分辨率传感器并配以计算机进行数据处理的精密测斜系统，使用时将仪器放入钻杆中逐点测量，并要求钻杆与孔壁的斜度保持一致。该仪器顶角测量精度优于一般测

斜仪,但不用作方位测量。

(三)桩位检测

复测桩位时,桩位测点选在新鲜桩头面的中心点,然后测量该点偏移设计桩位的距离,并按坐标位置,分别标注在桩位复测平面图上。测量仪器选用精密经纬仪、红外测距仪或全站仪等。

钻(挖)孔灌注桩成孔质量标准见表11-3。

钻(挖)孔灌注桩成孔质量标准

表11-3

项 目		规定值或允许偏差
钻(挖)孔桩	孔的中心位置(mm)	群桩:100;单排桩:50
	孔径(mm)	不小于设计桩径
	倾斜度(%)	钻孔:<1;挖孔:<0.5
	孔深(m)	摩擦桩:不小于设计规定 支承桩:比设计深度超深不小于0.05
钻孔桩	沉淀厚度(mm)	摩擦桩:符合设计规定。设计未规定时,对于直径≤1.5m的桩,≤200;对桩径>1.5m或桩长>40m或土质较差的桩,≤300。 支承桩:不大于设计规定;设计未规定时,≤50
	清孔后泥浆指标	相对密度:1.03~1.10;黏度:17~20Pa·s;含砂率:<2%;胶体率:>98%

注:清孔后的泥浆指标,是从桩孔的顶、中、底部分分别取样检验的平均值。本项指标的测定,限指大直径桩或有特定要求的钻孔桩。

三、清孔的质量要求和检查方法

(一)清孔的质量要求

(1)摩擦桩:孔底沉淀土的厚度不大于设计规定;清孔后的泥浆性能指标应满足后文中表11-4的规定。

(2)支承桩:灌注混凝土前,孔底沉淀土的厚度不大于设计规定。

(二)孔底沉渣厚度检测原理与方法

在钻孔灌注桩成孔过程中,采用循环泥浆液清洗孔底、护壁,将钻渣携带回到地面。泥浆液携带钻渣的能力与其黏度、胶体率、含砂量等指标有关。桩成孔后总有一部分钻渣未带上地面而沉淀于孔底,成孔后至灌注混凝土的间隙过长以及可能产生的孔壁坍塌等也会造成孔底沉淀。孔底沉渣的厚薄会直接影响桩端承载能力,沉渣太厚将使桩的承载能力大大降低。因此,在灌注桩孔混凝土之前必须对沉渣厚度进行检测,必要时须进行再次清孔,直到沉渣厚度满足要求。目前,测量沉渣厚度的方法大致有测锤法、电阻率法、电容法、声波法等。

1.测锤法

(1)测量方法。测锤法原理如图11-6所示,测量工具为一锥形锤,锤底直径约为15cm,高度约为22cm,质量约为5kg。测锤顶端系上测绳,把测锤慢慢沉入孔内,凭人的手感判断沉渣的顶面位置，此时，读出测绳上的深度值 h，则桩孔的深度 H 与测锤测量深度之差即沉渣厚度值。测锤法因其设备简单、操作容易、成本低，在沉渣厚度检测中一直被广泛采用。

由于测锤法测量需要靠人的手感来判断沉渣的顶面位置，易产生人为误差。另外，沉渣位置深度值是通过测绳量取，而测绳的长短、松紧以及读数等都会产生误差。因此，使用测锤法检测的精确度较低，误差较大。

(2)检测仪器。有一种通过报警装置来判断沉渣顶面的仪器，这种仪器的名称为 X-1 型孔底沉渣厚度测定仪。该测定仪通过测定沉渣表面位置和孔底深度，测得孔底沉渣厚度。探头接触

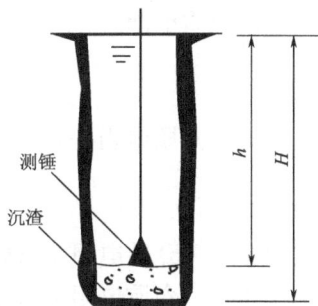

图 11-6　测锤法测量沉渣厚度
h-测绳深度；H-桩孔深度

沉渣时具有报警功能，可以消除人为误差。探头内装有振动装置，可穿透 1m 厚较坚硬的沉渣层到达孔底。仪器操作简便，测试误差小于 1cm，能在施工现场恶劣环境下作业。

使用时，将探头沉入孔中，接近孔底缓缓下落。当探头接触到沉渣时，蜂鸣器响起、红灯发亮以确定沉渣表面位置，再启动振动装置，使探头边振动边沉入沉渣底部，从而测出沉渣厚度。

2.电阻率法

电阻率法测量沉渣厚度的原理是根据不同介质的导电性差异（如水、泥浆和沉渣颗粒具有不同的导电性能），通过测量介质的电阻值变化判断沉渣厚度。

电阻率法测量沉渣厚度有两种方式。

(1)第一种方式是利用介质电阻率不同所产生的电压值的改变，通过测量电压值的变化来判断沉渣厚度（图 11-7）。

由欧姆定律：

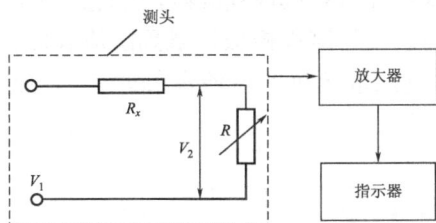

图 11-7　电阻率法测量沉渣厚度

$$V_2 = \frac{V_1 R}{R_x + R} \tag{11-8}$$

式中：V_1——恒定交流电压，V；

　　　V_2——量测电压，V；

　　　R——可调电阻，Ω；

　　　R_x——反映延性电阻值，Ω。

电阻 R_x 随不同介质而变化，不同 R_x 具有不同电压值 V_2，V_2 经放大后由记录仪或表头显示。

测量时将测头放入孔中，在接近孔底位置处将测头慢慢下沉，观察记录仪（或表头）读数的变化。当出现突变时记录深度 h_1，然后继续下沉测头；当再次突变时记录深度 h_2，直到测头不能下沉为止，记录深度 h_3。设施工深度为 H，则各沉淀层厚度为 $h_2 - h_1$、$h_3 - h_2$ 和 $H - h_3$，沉渣厚度的确定需根据测量结果、钻孔地质及施工等情况分析后判断。

(2)第二种方式是直接测量介质的电阻率，根据所测介质的电阻率变化曲线确定沉渣厚度。

由介质电阻:

$$R = \frac{\rho l}{S} \tag{11-9}$$

得到介质电阻率:

$$\rho = \frac{RS}{l} \tag{11-10}$$

式中:ρ——介质电阻率,$\Omega \cdot m$;

R——介质电阻值,Ω;

S——介质横截面面积,m^2;

l——介质长度,m。

测量时将测头放至孔底,通过绞盘将测头匀速慢慢地往上提,记录仪记录下孔底不同深度的介质电阻率值,并在记录纸上绘出电阻率变化曲线。图11-8为沉渣厚度测量的电阻率变化曲线,图中 P 点为曲线的拐点,它是两种介质的分界点,拐点以下部分为沉渣,其厚度可由记录纸上的深度坐标量得。

3. 电容法

电容法测定沉渣厚度是利用水、泥浆和沉渣等介质介电常数的差异,导致测头电容的改变,根据测头电容值的变化量测定沉渣厚度。

电容法测量沉渣厚度如图11-9所示,由测头、放大器、蜂鸣器和电机驱动源等组成。测头装有电容极板和小型电机,电机带动偏心轮可产生水平振动。一旦测头极板接触到沉渣表面,蜂鸣器会发出声响,同时面板上的红灯亮;当依靠测头重力不能继续沉入沉渣深部时,可开启电机使水平激振器产生振动,把测头沉入更深部位。

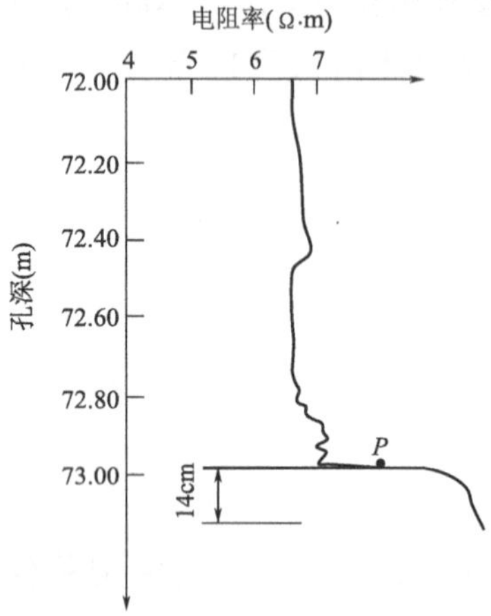

图 11-8　介质电阻率曲线 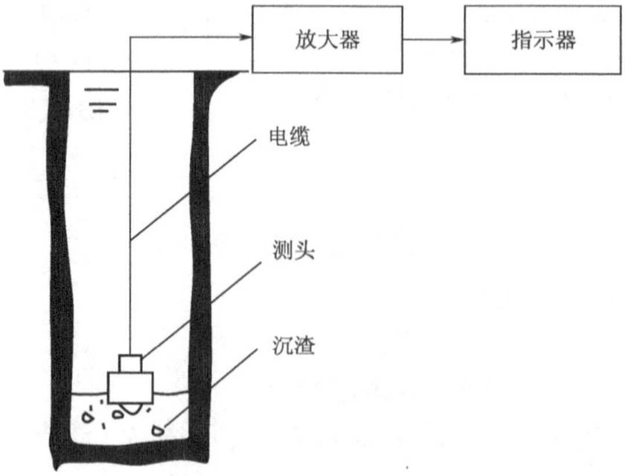　　　　图 11-9　电容法测量沉渣厚度

例如,一泥浆护壁钻孔,孔深13m,测头在泥浆中时其电容值为19μF,测头进入沉渣时,电容降为5μF,开启电机使测头继续下沉,电容显示为 4~6μF 变化,则沉渣厚度为施工孔深和电容突然减小时的孔深之差。

4. 声波法

声波法测定沉渣厚度的仪器是利用声波在传播中遇到不同界面产生反射而制成的测定

仪。测头向桩底发射声波，当声波遇到沉渣表面时，一部分声波反射回来被测头接收，另一部分声波穿过沉渣继续向孔底传播；当遇到孔底持力层原状土后，声波再次被反射回来。测头从发射至接收到第一次反射波的相隔时间为 t_1，测头从发射至接收到第二次反射波的相隔时间为 t_2，那么沉渣厚度为：

$$H = \frac{(t_2 - t_1) \cdot c}{2} \tag{11-11}$$

式中：H——沉渣厚度，m；

c——沉渣声波波速，m/s。

四、泥浆性能指标检测

（一）灌注桩泥浆性能指标（资源 11-2）

钻孔灌注桩施工时不同阶段的泥浆性能指标可参照表 11-4 选用。

钻孔施工不同阶段泥浆性能指标 表 11-4

性能	基浆	鲜浆	钻进	回流	清孔	弃用
	膨润土＋碱	基浆＋PHP	鲜浆与钻屑混合	钻进净化＋鲜浆	回流＋鲜浆	回流沉淀中
相对密度	<1.05	<1.04	<1.2	<1.08	<1.06	>1.3
黏度（Pa·s）	20~22	26~35	25~28	24~26	22~24	>42
含砂率（%）	<0.3	<0.3	<4	0.5~1.0	<0.3	>10
胶体率（%）	>98	100	96	98	100	<90
失水率（mL/30min）	15	<10	<18	<15	<10	>25
泥皮厚（mm/30min）	1.5	≤1	2	1.5	≤1	>5
酸碱度（pH）	9~10	10~12	9~10	9~10	8~9	<7 >14
静切力（Pa）	2~4	4~6	3~5	3~5	3~5	<1
说明	可少量掺用CMC改善性能	要用专门的制浆设备及储存设备，用泵运输	钻进中出口泥浆指标不宜在回流泥浆中调整	通过除砂器后在循环池中沉淀，再加鲜浆回流孔内	清孔后用正循环法在桩底注入5m高鲜浆作隔离层	在循环池中清除固相沉淀

直径大于 2.5m 的大直径钻孔灌注桩对泥浆的要求较高，泥浆的选择应根据钻孔的工程地质情况、孔位、钻机性能、泥浆材料条件等确定。在地质复杂、覆盖层较厚、护筒下沉不到岩层的情况下，宜使用丙烯酰胺（PHP）泥浆，此泥浆的特点是不分散、低固相、高黏度。

（二）泥浆原料性能及外加剂剂量计算

1. 泥浆原料黏土的性能要求

泥浆原料宜尽可能使用膨润土。使用黏土时应符合下列要求：

(1)自然风干后,用手不易掰开、捏碎。

(2)干土破碎时,断面有坚硬的尖锐棱角。

(3)用力切开后,切面光滑,颜色较深。

(4)水浸湿后有黏滑感,加水和成泥膏后,容易搓成1mm的细长泥条,用手指揉捻,感觉砂粒不多,浸水后能大量膨胀。

(5)胶体率不低于95%。

(6)含砂率不大于4%。

(7)制浆能力不低于2.5L/kg。

一般可选用塑性指数大于25、粒径小于0.005mm、黏粒含量大于50%的黏土制浆。略差的黏土,可掺入30%的塑性指数大于25的黏土。若用亚黏土,其塑性指数不宜小于15,粒径大于0.1mm的颗粒不宜超过6%。应注意的是,所选黏土中不应含有石膏、石灰或钙盐类化合物。

当采用较差的黏土或亚黏土调剂泥浆,其性能指标不符合要求时,可在泥浆中掺入碳酸钠(Na_2CO_3,通称碱粉或纯碱)、氢氧化钠(NaOH)或膨润土粉末,以提高泥浆性能指标。掺入量与原泥浆情况有关,最好是由试验确定。一般碳酸钠的掺入量为孔中泥浆的0.1%~0.4%。

2. 泥浆原料膨润土的性能和用量

膨润土有钠质和钙质两种。钠质膨润土较钙质为优,大量用于炼钢、铸造中,钻孔泥浆中用量也很大。膨润土泥浆具有相对密度低、黏度好、含砂量大、失水量少、泥浆薄、稳定性强、固壁能力高、钻具回转阻力小、钻进率高、造浆能力大等优点。

膨润土作为泥浆原料的一般用量为水的8%,即8kg膨润土可掺100L的水;对于黏土地层,可降低到3%~5%;较差的膨润土用量为水的12%左右。

3. 泥浆外加剂及其掺量

(1)泥浆外加剂及其掺量见表11-5。

泥浆外加剂及其掺量

表11-5

序号	外加剂名称	作 用	掺 入 量
1	CMC,全名羟基纤维素	具有使地基土表面形成薄膜而使之强化和降低失水量的作用	普遍在0.1%以下
2	FCI,又称铬铁木质素磺酸钠盐	系分散剂,可改善因混杂有土、粉砂、混凝土及盐分等而变质的稳定液的性能,可使钻渣颗粒聚集而加速沉淀,使稳定液重复使用仍具有高质量性能	0.1%~0.3%
3	硝基腐殖酸钠盐(简称煤碱剂)	系由褐煤中提炼出来的腐殖酸,用硝酸和氢氧化钠处理后的产物。其作用与FCI相似,具有很强的吸附能力,在黏土颗粒表面形成结构性溶剂水化膜,阻止自由水渗透,使失水量降低,而黏度增加。若掺入量少,可使黏度不上升,具有部分稀释作用	掺入量同上,序号2、3可任选一种

序号	外加剂名称	作　用	掺　入　量
4	碳酸钠（Na_2CO_3，又称碱粉或纯碱）	可使酸碱度 pH 值增大，使黏土颗粒分散，使黏粒表面负电荷增加，为黏土吸收外界的正离子颗粒提供条件，可增加水化膜厚度，提供泥浆的胶体率和稳定性，降低失水量	掺入量为孔中泥浆的 0.1% ~ 0.4%
5	PHP，聚丙烯酰胺絮凝剂	在泥浆循环中能清除劣质钻屑，保存造浆的膨润土粒，具有低固相、低相对密度、低失水、低矿化、泥浆触变性能强等特点	掺入量为孔内泥浆的 0.003%
6	重晶石细粉（$BaSO_4$）	可将泥浆的相对密度增加到 2.0 ~ 2.2，提高泥浆护壁作用，为提高掺入重晶粉后泥浆的稳定性，降低其失水性，可同时掺入 0.1% ~ 0.3% 的氢氧化钠和 0.2% ~ 0.3% 的橡胶粉。掺入上述两种外加剂后，泥浆最适用于膨胀的黏质塑性土层和泥质页岩土层	重晶石粉掺量根据原泥浆相对密度和土质情况决定

上列各种外加剂用量，最好先做试配，试验其配合液各项性能指标是否符合要求。

各种外加剂宜先制成小剂量溶剂，按循环周期均匀加入，并及时测定泥浆指标，防止掺入剂过量。每循环周期相对密度差不宜超过 0.01。

（2）泥浆原料性能要求及用量计算法。

在黏质土中钻孔时，事先只要调制不多的泥浆，以后可在钻进过程中利用地层黏土造浆补浆。

在砂土、砂砾或卵石中钻孔，事先需备足黏土，其数量可按下列公式和原则计算。每立方米泥浆所需黏土质量为：

$$q = V \cdot \rho_1 = (\rho_2 - \rho_1) \cdot \frac{\rho_3}{\rho_1 - \rho_3} \qquad (11\text{-}12)$$

式中：V——每立方米泥浆所需黏土体积，m^3；

ρ_1——黏土的密度，t/m^3；

ρ_2——要求的泥浆密度，t/m^3：

$$\rho_2 = V \cdot \rho_1 + (1 - V) \cdot \rho_3 \qquad (11\text{-}13)$$

ρ_3——水的密度，t/m^3，$\rho_3 = 1 t/m^3$。

当造成的泥浆的黏度为 20 ~ 22Pa·s 时，则各种黏土的造浆能力如下：黄土胶泥为 1 ~ 3t/m^3，白土、陶土、高岭土为 3.5 ~ 8t/m^3，次膨润土为 9t/m^3，膨润土为 15t/m^3。基于上述，膨润土的造浆能力将较黄土胶泥高 3 ~ 4 倍，即准备原料数量只需要普通黏土的 1/5 ~ 1/4。

（三）泥浆性能指标检测

1. 相对密度 γ_x

泥浆的相对密度是泥浆与 4℃ 时同体积水的质量之比。相对密度可用泥浆相对密度计测定。将泥浆装满泥浆杯，加盖并洗净从小孔溢出的泥浆，然后置于支架上，移动游码，使杠杆呈水平状态(即气泡处于中央),读出游码左侧所示刻度,即为泥浆的相对密度。

假如工地无以上仪器,可用一个口杯先称其质量,设为 m_1,再装满清水称其质量为 m_2,然后倒去清水,装满泥浆并擦去杯周溢出的泥浆,称其质量为 m_3,则 $\gamma_x = (m_3 - m_1)/(m_2 - m_1)$。

2. 黏度 η

黏度是液体或混合液体运动时各分子或颗粒之间产生的内摩阻力。工地用标准漏斗黏度计测定黏度,黏度计如图 11-10 所示。用两端开口量杯分别量取 200mL 和 500mL 泥浆,通过滤网滤去大砂砾后,将 700mL 泥浆均注入漏斗,然后使泥浆从漏斗流出,流满 500mL 量杯所需时间(s),即为所测泥浆的黏度。

校正方法:漏斗中注入 700mL 清水,流出 500mL,所需时间应是 15s,其偏差如超过 ±1s,测量泥浆时应校正。

3. 含砂率

含砂率是泥浆内所含的砂和黏土颗粒的体积百分比。工地用含砂率计(图 11-11)测定含砂率。量测时,把调制好的泥浆 50mL 倒进含砂率计,然后再倒 450mL 清水,使总体积为 500mL,将仪器口塞紧,摇动 1min,使泥浆与水混合均匀,再将仪器竖直静放 3min,仪器下端沉淀物的体积(由仪器上刻度读出)乘以 2 即含砂率(%)(有一种大型的含砂率计,容积为 1 000mL,从刻度读出的数无须乘以 2 即含砂率)。

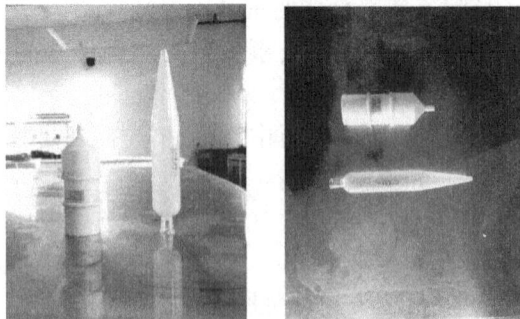

图 11-10 黏度计   图 11-11 含砂率计

4. 胶体率

胶体率是泥浆静止后,其中呈悬浮状态的黏土颗粒与水分离的程度,以百分比表示,它反映泥浆中土粒保持悬浮状态的性能。测定方法是将 100mL 的泥浆放入干净的量杯中,用玻璃板盖上,静置 24h 后,若量杯上部的泥浆澄清为透明的水,量杯底部有沉淀物,以 100 −(水 + 沉淀物)体积即等于胶体率。

5. 失水量和泥皮厚

失水量是泥浆在钻孔内受内外水头压力差的作用在一定时间内渗入地层的水量,以 mL/30min 为单位。工地可用滤纸法测定,用一张 120mm × 120mm 的滤纸,置于水平玻璃板上,中央画一个直径 30mm 的圆圈,将 2mL 的泥浆滴于圆圈中心,30min 后,量算湿润圆圈的平均半径,用其减去泥浆坍平成为泥饼的平均半径(mm)即失水量。在滤纸上量出泥饼厚度

(mm)即泥皮厚,一般不宜厚于3mm,泥皮愈平坦、愈薄,则泥浆质量愈高。

五、钻、挖孔灌注桩的混凝土质量检测

(1)桩身混凝土抗压强度应符合设计规定,每根桩取混凝土抗压强度试件组数为2～4组,检验结果应满足混凝土质量检验要求。

(2)检验方法和数量应符合设计要求。

无破损法检测见本章第二节。

六、钻、挖孔灌注桩质量评定实测项目

钻、挖孔灌注桩质量评定实测项目与评分见表11-6与表11-7。

钻孔灌注桩实测项目 表11-6

项次	检 查 项 目			规定值或允许偏差	检查方法和频率
1△	混凝土强度(MPa)			在合格标准内	见第三章
2	桩位(mm)	群桩		≤100	全站仪:每桩测中心坐标
		排架桩	允许	≤50	
			极值	≤100	
3△	孔深(m)			≥设计值	测绳:每桩测量
4	孔径(mm)			≥设计值	探孔器或超声波成孔检测仪:每桩测量
5	钻孔倾斜度(mm)			≤1%S,且≤500	钻杆垂线法或超声波成孔检测仪:每桩测量
6	沉淀厚度(mm)			满足设计要求	沉淀盒或测渣仪:每桩测量
7△	桩身完整性			满足设计要求;设计未要求时,每桩不低于Ⅱ类	满足设计要求;设计未要求时,采用低应变法或超声波法:每桩检测

挖孔桩实测项目 表11-7

项次	检 查 项 目			规定值或允许偏差	检查方法和频率
1△	混凝土强度(MPa)			在合格标准内	见第三章
2	桩位(mm)	群桩		≤100	全站仪:每桩测中心坐标
		排架桩	允许	≤50	
			极值	≤100	
3△	孔深(m)			≥设计值	测绳:每桩测量
4	孔径或边长(mm)			≥设计值	井测仪:每桩测量
5	钻孔倾斜度(mm)			≤0.5%S,且≤200	铅锤法:每桩测量
6△	桩身完整性			满足设计要求;设计未要求时,每桩不低于Ⅱ类	满足设计要求;设计未要求时,采用低应变法或超声波法:每桩检测

第二节　混凝土钻孔灌注桩完整性检测

随着钻孔灌注桩设计和施工技术的发展,它的使用也越来越广泛,但由于灌注桩的成桩过程是在桩位处的地面下或水下完成,施工工序多,质量控制难度大,极易出现施工质量问题。因此,我国《公路桥涵施工技术规范》(JTG/T 3650—2020)中规定:钻孔灌注桩一般选有代表性的桩用无破损法进行检测,重要工程或重要部位的桩宜逐根进行检测。

《公路工程基桩动测技术规程》(JTG/T F81-01—2004)中所涉及的检测方法包括低应变反射波法、高应变动测法、超声波法(包括透射法和折射法)。检测方法应根据工程的需要和检测目的按表11-8规定的检测内容确定。

检测方法一览表　　　　　　　　　　　　　　　　表11-8

检 测 方 法		检 测 内 容
低应变反射波法		检测桩身缺陷位置及影响程度,判定桩身完整性类别
高应变动测法		分析桩侧和桩端土阻力,推算单桩轴向抗压极限承载力;检测桩身缺陷位置、类型及影响程度,判定桩身完整性类别;试打桩及打桩应力监测
超声波法	透射法	检测灌注桩中声测管之间混凝土缺陷位置及影响程度,判定桩身完整性类别
	折射法	检测灌注桩钻心孔周围混凝土缺陷位置及影响程度

为保证检测结论的可靠性,可根据被检测对象和检测要求的不同,选用多种测试方法进行综合分析判断。

结合桩身完整性检测方法在工程中的应用情况,本节只介绍低应变反射波法和超声波法。

一、完整性检测基本要求

(一)桩的检测数量规定

公路工程基桩应进行100%的完整性检测,各种方法的选定应具有代表性,并满足工程检测的特定要求,重要工程的钻孔灌注应埋设声测管,检测的桩数不少于50%。高应变动测法的抽检率可由工程设计单位或监理单位酌情决定,但不宜少于相近条件下总桩数的5%且不少于5根。

(二)检测仪器与设备

(1)基桩检测所用仪器设备的主要技术性能和工作环境条件,应符合现行《基桩动测仪》(JG/T 518)中的规定,并具有良好的波形现场显示、记录和储存功能。

(2)检测仪器设备必须由法定计量单位定期对其进行标定和年检,合格后方能使用。

(3)所有仪器设备在检测前后必须进行自检,确认仪器工作正常。

（三）检测前的准备

（1）被检工程应进行现场调查，搜索其工程地质资料、基桩设计图纸和施工记录、监理日志等，了解施工工艺及施工过程中出现的异常情况。

（2）检测方法和检测方案的制订应根据调查结果和检测目的合理选用。

（3）检测时间应满足拟用检测方法对混凝土强度（或龄期）和地基土休止期的规定。

（四）检测报告及桩身完整性类别评定

（1）检测报告应用词规范，结论明确。其内容应包括工程概况、岩土工程勘察、检测技术及方法、桩位平面布置图、测试曲线、检测结果汇总表、结论及评价等。

（2）检测报告格式应符合《公路工程基桩动测技术规程》（JTG/T F81-01—2004）附录 A 的规定。

桩身完整性类别应按表11-9划分。

桩身完整性类别划分　　　　　　　　　　　　　　　　表 11-9

桩身完整性类别	特　　征
Ⅰ类桩	桩身完整，可正常使用
Ⅱ类桩	桩身基本完整，有轻度缺陷，不影响正常使用
Ⅲ类桩	桩身有明显缺陷，对桩身结构承载力有影响
Ⅳ类桩	桩身有严重缺陷，对桩身结构承载力有严重影响

二、动力检测法测量系统简介

测量系统往往由许多功能不同的器件组成，典型的系统可用图 11-12 所示的三框图来表示。其中，三个方框代表如下三个功能器件。

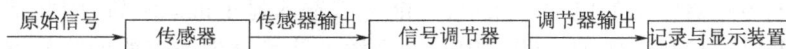

原始信号 → 传感器 → 感器输出 → 信号调节器 → 调节器输出 → 记录与显示装置

图 11-12　基本测量系统方框图

（1）传感器。传感器是一个能量变换器，它接收被测量（常称其为被测物理量），并将其转换成便于测量的其他量。例如，将速度转换成电压，将应变转换成电阻等。

（2）信号调节器。信号调节器又称中间转换器，它将传感器输出信号进行再转换、放大（或衰减）、阻抗匹配等进行处理，使其转换成合乎需要、容易记录和显示的信号。

（3）记录与显示装置。有些记录器或显示装置本身带有一些信号变换器件，对其输入量有变换作用。例如，电磁或电压表把输入电压转换成指针相对刻度表盘的位移。

如果用方框图来分析体温表可叙述如下：温度"变换"成水银球的体膨胀，毛细管"调节"膨胀的水银，刻度使温度测量能折合为长度的测量。

（一）传感器

传感器的组成环节为敏感元件和变换器或控制元件。

敏感元件的作用是将被测非电量预先变换为另一种易于被变换器感受并转换成电量的非

电量。由于敏感元件直接感受到被测量并加以变换,所以敏感元件也常称为传感器。有些敏感元件(如应变片、热电偶等)输出的是电量,即兼有变换元件的作用,这样的敏感元件本质上同传感器毫无差别。

变换器是将感受到的非电量直接变换成电量的器件。有些变换器可直接感受被测量,所以变换器有时也称为传感器。

传感器的灵敏度是选择传感器的主要指标。传感器灵敏度是指在稳态情况下,传感器输出变化对于相应的输入变化的比值,用 k_t 表示。

$$k_t = \frac{输出量的变化量}{输入量的变化量}$$

通常,传感器灵敏度由制造单位给定,是已知的,在实际测量中则可用测量输出量的办法来获得被测的输入量。对于输出与输入之间具有线性关系的线性传感器,输入量 = 输出量/k_t。

传感器有许多种类,常见的分类方法是按传感原理和被测量形式进行分类。以传感原理分类时,对传感器的工作原理比较清楚,按被测量形式分类时,对被测对象较为明确,习惯上将两者结合起来称呼,动力检测常用的传感器有电容式传感器、电感式传感器、电磁感应式传应器、压电式传感器等。

(二)信号调节器

传感器输出的信号,往往难以直接被显示或记录,需要进行再转换、放大(或衰减)、阻抗匹配等处理,才能输入记录与显示装置。对信号在显示或记录前所进行的这种预处理称为信号调节,也称为中间转换,所用的器件则称为信号调节器(中间转换器)。信号调节器的功能主要有放大、信号转换及阻抗匹配(可能具备一种或几种)。

放大器是一种对输入信号值进行放大的装置,如机械式放大机构(如杠杆机构)与电子放大器等。

由于许多电传感器输出的电信号太小,不能直接输入显示记录装置,因此常利用电子放大器来增大传感器输出信号的幅值。测试用的电子放大器可分为交流放大器与直流放大器。其中,交流放大器不能放大稳态(频率为零)信号或频率很低的信号,而直流放大器既能放大较高频率的信号,又能放大稳态信号或频率很低的信号。

信号转换器用于对传感器输出的信号或已经过放大的信号在输入到记录与显示装置前在形式上再作转换。常见的信号转换器有齿轮齿条、传动装置、电荷放大器、调制系统与桥接电路等。

(三)记录与显示装置

记录与显示装置是测量系统中的最后一个环节。记录装置与显示装置的差别在于前者的输出信号可永久记录下来,而后者却不能。

目前,最常用的是光线示波器、模拟磁带记录器及打印机。各种记录器的工作原理请参阅有关书籍。

三、桩基检测方法——低应变反射波法(资源11-3)

本方法适用于检测混凝土桩的桩身完整性,判定桩身缺陷的程度及位置。

（一）基本原理

低应变法源于应力波理论，其基本原理是在桩顶进行竖向激振，弹性波沿着桩身向下传播，在桩身存在明显波阻抗界面（如桩底、断桩或严重离析等部位）或桩身截面积变化（如缩径或扩径）部位，将产生反射波。经接收、放大滤波和数据处理，可识别来自桩身不同部位的反射信号，据此计算桩身波速、判断桩身完整性（图11-13）。

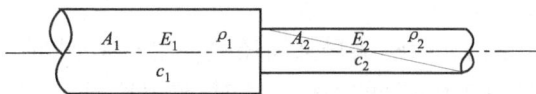

图 11-13　弹性波在两个共轴半无限长直杆中传播的交界
注：图中 A、E、ρ、c 分别为构件截面面积、回弹模量、密度和应力波传播速度。

当纵波在无限长直杆内传播时，它将沿某一方向前进，把能量输送到无限远处；若杆长有限，当波和杆端面相遇时，根据边界条件，能量将在端部边界产生反射或透射。

单桩动测的应力波法中典型的端面边界是固定端边界和自由端边界。在固定端边界，入射波和反射波的位移大小相等、方面相反，叠加的结果互相抵消，纵波在固定端处的位移恒为零。由此可知，固定端使入射波的正向位移改转为负向位移。而对于应力波，情况恰恰相反，入射应力波和反射应力波传播方向相反，在固定端处反射应力与入射应力的大小和方向均相同，总应力为入射应力的2倍。

自由端边界和固定端边界相反。位移波在边界处大小相等、方向相同，总位移为入射位移的2倍；应力波在边界处大小相等、方向相反，即在自由端的反射形成拉压互变。

基桩检测中常会遇到桩几何尺寸为扩径或缩径现象。我们可以假设为两个物理性质不同的半无限直杆在交界处共轴密接。

桩身各种性状以及桩底不同的支承条件均可归纳成以下三种波阻抗变化类型。

1. 波阻抗近似不变

桩底支承介质与桩身阻抗近似，桩身完整、均匀、无缺陷都属于这种类型。应力波为全透射，无反射信号产生。因此，若桩底岩石与桩身混凝土阻抗接近时，将无法得到桩底反射信号。

2. 波阻抗减小

桩底支承介质较桩身材料软以及桩身断裂、缩径、离析、疏松、裂缝、裂纹等缺陷都属于这种类型。

用传感器在桩顶检测出的反射波速度和初始入射波速度符号相同，即反射波速度、应力均与入射波信号极性一致。

当桩底支承介质的阻抗远小于桩身阻抗或桩身完全断裂时，由于透射波为零，桩身完全断裂处发生全反射，应力波仅在断裂位置以上多次反射，无法检测断裂部位以下的桩身质量。

3. 波阻抗增大

桩底支承介质较桩身材料硬，桩身扩径、鼓肚都属于这种类型。

在桩顶检测出的反射波速度、应力均与入射波信号极性相反。当桩底支承介质的阻抗远大于桩阻抗，桩底近似为固定时，桩底处的速度为零，而应力加倍。

图 11-14 给出了三组塑料模型桩的速度波形曲线，分别代表完整桩、局部缩径桩和局部扩径桩，与上述三种波阻抗变化类型相对应。由于材料特性均匀，且无土阻抗，因此，这些曲线非

常容易从理论上加以解释。

图11-14a)为完整桩。在 $t=0$ 时刻,锤击桩头产生压缩波,在曲线0.0m处出现下凹。该波不间断地沿桩长向下传播直到桩底,桩底反射一个上行拉力波,与入射波同相,在5.0m处出现下凹。

图11-14b)为局部缩径桩。在 $t=0$ 时刻为起始压缩波,在曲线0.0m处出现下凹。应力波通过3.0m处的缩径位置时,桩阻抗减小,产生上行拉力反射波,与入射波极性一致,曲线出现下凹,下凹程度取决于阻抗下降幅度。接着,由于应力波通过缩径后回到原截面,阻抗相对增加,曲线又上凸至零线水平,最后在5.0m处测得桩底的响应。

图11-14c)为局部扩径桩。在 $t=0$ 时刻为起始压缩波,在曲线0.0m处出现下凹。应力波通过3.0m处的扩径位置时,桩阻抗增加,产生上行压缩反射波,与入射波极性相反,曲线出现上凸,上凸程度取决于阻抗增加的幅度。接着,由于应力波通过扩径后回到原截面,阻抗相对减小,曲线下凹至零线水平,最后在5.0m处测得桩底的响应。

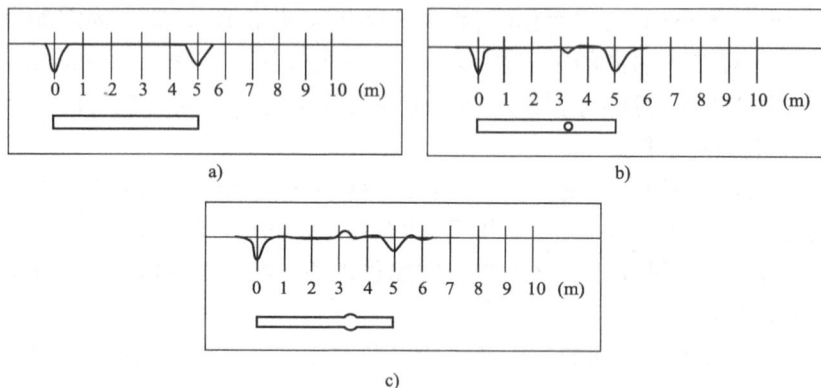

图11-14 塑料模型桩的速度波形曲线
a)完整桩;b)局部缩径桩;c)局部扩径桩

(二)适用范围

本方法是通过分析实测桩顶速度响应信号的特征来检测桩身的完整性,判定桩身缺陷位置及影响程度,判断桩端的嵌固情况。

本方法适用于混凝土灌注桩和预制桩等刚性材料桩的桩身完整性检测。

使用本方法时,被检桩的桩端反射信号应能被有效识别。

(三)检测仪器与设备

检测系统包括信号采集及处理仪、传感器、激振设备和专用附件。反射波法检测系统基本组成见图11-15。

1.信号采集及处理仪

信号采集及处理仪应符合下列规定:

(1)数据采集装置的模—数转换器不得低于12bit。

(2)采样间隔宜为 $10\sim500\mu s$,可调。

(3)单通道采样点不少于 1 024 个。

(4)放大器增益宜大于 60dB,可调,线性度良好,其频响范围应为 5 ~ 5 000Hz。

2. 传感器的性能

传感器的性能应符合下列规定:

(1)传感器宜选用压电式加速度传感器或磁电式速度传感器,频响曲线的有效范围应覆盖整个测试信号的频带范围。

(2)加速度传感器的电压灵敏度应大于 100mV/g,电荷灵敏度应大于 20PC/g,上限频率不应小于 5kHz,安装谐振频率不应小于 6kHz,量程应大于 100g。

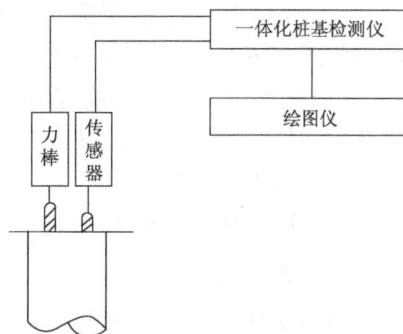

图 11-15　反射波法检测系统

(3)速度传感器的固有谐振频率不应大于 30Hz,灵敏度应大于 200mV/(cm·s^{-1}),上限频率不应小于 1.5kHz,安装谐振频率不应小于 1.5kHz。

3. 力锤或力棒

根据桩型和检测目的,宜选择不同材料和质量的力锤或力棒,以获得所需的激振频率和能量。

(四) 现场检测技术

1. 检测前,准备工作的有关规定

(1)检测前应按规定收集有关技术资料。

(2)根据现场实际情况选择合适的激振设备、传感器及检测仪,检查测试系统各部分之间是否连接良好,确认整个测试系统处于正常工作状态。

(3)桩顶应凿至新鲜混凝土面,并用打磨机将测点和激振点磨平。

(4)应测量并记录桩顶截面尺寸。

(5)混凝土灌注桩的检测宜在成桩 14d 以后进行。

(6)打入或静压式预制桩的检测应在相邻桩打完后进行。

2. 传感器安装要求

(1)传感器的安装可采用石膏、黄油、橡皮泥等耦合剂,黏结应牢固,并与桩顶面垂直。

(2)对混凝土灌注桩,传感器宜安装在距桩中心 1/2 ~ 2/3 半径处,且距离桩的主筋不宜小于 50mm。当桩径不大于 1 000mm 时,不宜少于 2 个测点;当桩径大于 1 000mm 时,不宜少于 4 个测点。

(3)对混凝土预制桩,当边长不大于 600mm 时,不宜少于 2 个测点;当边长大于 600mm 时,不宜少于 3 个测点。

(4)对预应力混凝土管桩不应少于 2 个测点。

3. 激振规定

激振时,应符合下列规定:

(1)混凝土灌注桩、混凝土预制桩的激振点宜在桩顶中心部位;预应力混凝土管桩的激振点和传感器安装点与桩中心连线的夹角不应小于45°。

(2)激振锤和激振参数宜通过现场对比试验选定。短桩或浅部缺陷桩的检测宜采用轻锤短脉冲激振;长桩、大直径桩或深部缺陷桩的检测宜采用重锤宽脉冲激振,也可采用不同的锤垫来调整激振脉冲宽度。

(3)采用力棒激振时,应自由下落;采用力锤敲击时,应使其作用力方向与桩顶面垂直。

4.检测工作要求

检测工作应遵守下列规定:

(1)采样频率和最小的采样长度应根据桩长和波形分析确定。

(2)各测点的重复检测次数不应少于3次,且检测波形具有良好的一致性。

(3)当干扰较大时,可采用信号增大技术进行重复激振,提高信噪比;当信号一致性差时,应分析原因,排除人为和检测仪器等干扰因素,重新检测。

(4)对存在缺陷的桩应改变检测条件重复检测,相互验证。

5.检测数据分析与判定

桩身完整性分析宜以时域曲线为主,辅以频域分析,并结合施工情况、岩土工程勘察资料和波形特征等因素进行综合分析判定。

桩身波速平均值的确定如下:

(1)当桩长已知、桩端反射信号明显时,选取相同条件下不少于5根Ⅰ类桩的桩身波速按下列公式计算其平均值:

$$c_m = \frac{1}{n} \sum_{i=1}^{n} c_i \tag{11-14}$$

$$c_i = \frac{2L \times 1\,000}{\Delta t} = 2L \cdot \Delta f \tag{11-15}$$

式中:c_m——桩身波速平均值,m/s;

c_i——第 i 根桩的桩身波速计算值,m/s;

L——完整桩桩长,m;

Δt——时域信号第一峰与桩端反射波峰间的时间差,ms;

Δf——幅频曲线桩端相邻谐振峰间的频差,Hz,计算时不宜取第一峰与第二峰;

n——基桩数量($n \geqslant 5$)。

(2)当桩身波速平均值无法按上述要求确定时,可根据本地区相同桩型及施工工艺的其他桩基工程的测试结果,并结合桩身混凝土强度等级与实践经验综合确定。

(3)桩身缺陷位置应按下式计算:

$$x = \frac{1}{2\,000} \cdot \Delta t \cdot c = \frac{1}{2} \cdot \frac{c}{\Delta f_x} \tag{11-16}$$

式中:x——测点至桩身缺陷之间的距离,m;

Δt——时域信号第一峰与缺陷反射波峰间的时间差,ms;

Δf_x——幅频曲线所对应缺陷的相邻谐振峰间的频差,Hz;

c——桩身波速,m/s,无法确定时用 c_m 值替代。

（4）混凝土灌注桩采用时域信号分析时，应结合有关施工和岩土工程勘察资料，正确区分由扩径处产生的二次同相反射与因桩身截面渐扩后急速恢复至原桩径处的一次同相反射，以避免对桩身完整性的误判。

（5）对于嵌岩桩，当桩端反射信号为单一反射且与锤击脉冲信号同相时，应结合岩土工程勘察和设计等有关资料以及桩端同相反射波幅的相对高低来推断嵌岩质量，必要时采取其他合适方法进行核验。

（6）对桩身完整性的分析，当出现下列情况之一时，宜结合其他检测方法进行：

①超过有效检测长度范围的超长桩，其测试信号不能明确反映桩身下部和桩身端情况。

②桩身截面渐变或多变，且变化幅度较大的混凝土灌注桩。

③桩长的推算值与实际桩长明显不符，且又缺乏相关资料加以解释或验证。

④实测信号复杂、无规律，无法对其进行准确的桩身完整性分析和评价。

⑤对于预制桩，时域曲线在接头处有明显反射，但又难以判定是断裂错位还是接桩不良。

（7）桩身完整性类别应按下列原则判定：

Ⅰ类桩：桩端反射较明显，无缺陷反射波，振幅谱线分布正常，混凝土波速处于正常范围。

Ⅱ类桩：桩端反射较明显，但有局部缺陷所产生的反射信号，混凝土波速处于正常范围。

Ⅲ类桩：桩端反射不明显，可见缺陷二次反射波信号，或有桩端反射但波速明显偏低。

Ⅳ类桩：无桩端反射信号，可见因缺陷引起的多次强反射信号，或按平均波速计算的桩长明显短于设计桩长。

（8）检测报告格式应符合《公路工程基桩动测技术规程》（JTG/T F81-01—2004）附录A的规定，并应包括下列内容：

①桩身混凝土波速值。

②桩身完整性描述，包括缺陷位置、性质及类别。

③时域曲线图，并注明桩底反射位置。

④桩位编号及平面布置示意图，地质柱状图。

四、超声波法

钻孔灌注桩超声波检测法要在桩内预埋几根声测管作为检测通道，将超声脉冲发射换能器（又称发射探头）和超声脉冲接收换能器（又称接收探头）置于声测管中，管中需充满清水作为耦合剂。由仪器中的脉冲信号发生器发生一系列周期性电脉冲，加在发射换能器的压电体上，转换成超声脉冲。该脉冲穿过待测的桩体混凝土，为接收换能器所接收，再转换成电信号。由仪器中的测量系统测出超声脉冲穿过混凝土所需的时间、接收波幅值（或衰减值）、接收脉冲主频率、接收波波形和频谱等参数，然后由数据处理系统按判断软件对接收信号的各种参数进行综合判断和分析，即可对混凝土各种内部缺陷的性质、大小、位置作出判断，并给出混凝土总体均匀性和强度等级的评价指标。

（一）适用范围

本方法适用于直径不小于800mm的混凝土灌注桩的完整性检测，它包括跨孔透射法和单孔折射法。

(二)检测仪器和设备

(1)检测仪系统包括信号放大器、数据采集及处理存储器、径向振动换能器等。

(2)检测仪应具有一发双收功能。

(3)声波发射应采用高压阶跃脉冲或矩形脉冲,其电压最大值不应小于1 000V,且分挡可调。

(4)接收放大器和数据采集器应符合下列规定:

①接收放大器的频带宽度为5~200kHz,增益不应小于100dB,放大器的噪声有效值不大于2μV,波幅测量范围不小于80dB,测量误差小于1dB。

②计时显示范围应大于2 000μs,精度优于0.5μs,计时误差不应大于2%。

③采集器模数转换精度不应低于8bit,采样频率不应小于10MHz,最大采样长度不应小于32kB。

(5)径向振动换能器应符合下列规定:径向水平面无指向性;谐振频率宜大于25kHz;在1MPa水压下能正常工作;收、发换能器的导线均应有长度标注,其标注允许偏差不应小于10mm;接收换能器宜带有前置放大器,频带宽度宜为5~60kHz;单孔检测采用一发双收一体型换能器,其发射换能器至接收换能器的最近距离不应小于30cm,两接收换能器的间距宜为20cm。

(三)现场检测技术(资源11-4)

1.声测管的埋设规定

声测管的埋设应符合下列规定:

(1)当桩径不大于1 500mm时,应埋设3根管;当桩径大于1 500mm时,应埋设4根管。声波透射管的埋置见图11-16。

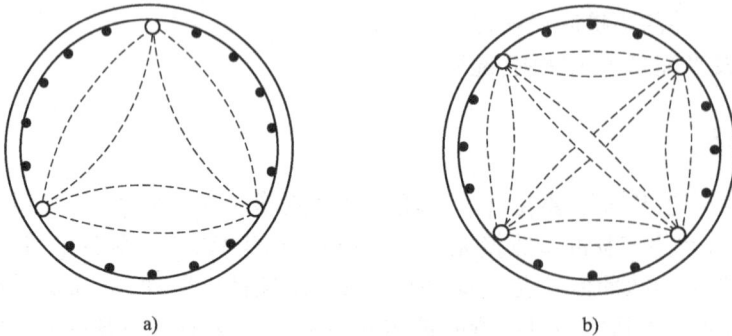

图11-16 声波透射管的埋置
a)三管;b)四管

(2)声测管宜采用金属管,其内径应比换能器外径大15mm,管的连接宜采用螺纹连接,且不漏水。

(3)声测管应牢固焊接或绑扎在钢筋笼的内侧,且互相平行、定位准确,并埋设至桩底;管口宜高出桩顶面300mm以上。

(4)声测管管底应封闭,管口应加盖。

(5)声测管的布置以路线前进方向的顶点为起始点,按顺时针旋转方向进行编号和分组,每两根编为一组。

2. 检测前的准备

(1) 被检桩的混凝土龄期应大于14d。

(2) 声测管内应灌满清水,且保证畅通。

(3) 标定超声检测仪发射至接收的系统延迟时间为 t_0。

(4) 准确量测声测管的内、外径和两相邻声测管外壁间的距离,量测精度为±1mm。

(5) 取芯孔的垂直度误差不应大于0.5%,检测前应进行孔内清洗。

3. 检测方法

根据声测管埋置的不同情况,可以有如下3种检测方法。

(1) 双孔检测。

在桩内预埋两根以上的管道,把发射探头和接收探头分别置于两根管道中(图11-17),检测时超声脉冲穿过两管道之间的混凝土。这种检测方法的实际有效范围为超声脉冲从发射换能器到接收换能器所穿过的范围。

随着两换能器沿桩的纵轴方向同步升降,使超声脉冲扫过桩的整个纵剖面,从而得到各项声参数沿桩的纵剖面的变化数据。为了扩大在桩横截面上的有效检测控制面积,必须使声测管的布置合理。双孔测量时,根据两探头相对高程的变化,可分为平测、斜测、扇形扫测等方式,如图11-17所示,在检测时视实际需要灵活掌握。

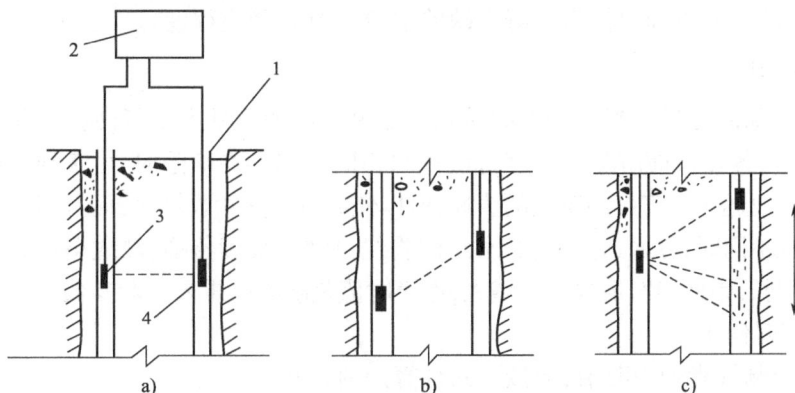

图11-17 双孔检测方法
a) 双孔平测;b) 双孔斜测;c) 扇形扫测
1-声测管;2-超声仪;3、4-发射和接收换能器

(2) 单孔检测。

在某种特殊情况下,只有一个孔道可供检测使用,例如在钻孔取芯后需进一步了解芯样周围混凝土的质量,以扩大取芯检测后的观察范围,这时可利用单孔检测法(图11-18)。换能器放置在一个孔中,中间以隔声材料隔离。这时声波从水中及混凝土中分别绕射到接收换能器,接收信号为从水及混凝土等不同声通路传播而来的信号的叠加,分析这一叠加信号,测出不同声通路的声参数,即可分析孔道周围混凝土的质量。

运用这一检测方法时,必须运用信号分析技术,排除管中的混响干扰。当孔道中有钢质套管时,不能用此法检测。

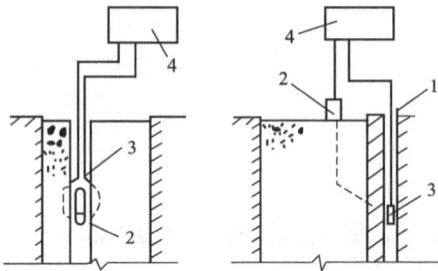

图 11-18　单孔检测与桩外孔检测
1-声测管；2-发射探头；3-接收探头；4-超声波检测仪

（3）桩外孔检测。

当桩的上部结构已施工，或桩内未预埋管道时，可在桩外的土基中钻孔作为检测通道。检测时，在桩顶上放置一较强功率的低频平探头，向下沿桩身发射超声脉冲，接收探头从桩外孔中慢慢放下，超声脉冲沿桩身混凝土向下传播，并穿过桩与测孔之间的土层，进入接收探头，逐点测出声时、波高等系数作为判断依据（图 11-18）。这种方式的可测深度受仪器发射功率的限制，一般只能测到 10m 左右。

上述 3 种方式中，双孔检测是桩基超声脉冲检测的基本形式，其他两种方法在检测和结果分析上都比较困难，只能作为特殊情况下的补救措施。

4. 检测要求

检测方法应符合下列要求：

（1）测点间距不宜大于 250mm。发射与接收换能器应以相同高程同步升降，其累计相对高差不应大于 20mm，并随时校正。

（2）在对同一根桩的检测过程中，声波发射电压应保持不变。

（3）对于声时值和波幅值出现异常的部位，应采用水平加密、等差同步或扇形扫测等方法进行细测，结合波形分析确定桩身混凝土缺陷的位置及其严重程度。

5. 检测参数计算

声时即超声脉冲穿过混凝土所需的时间。如果两声测管基本平行，则当混凝土质量均匀，没有内部缺陷时，各横截面所测得的声时值基本相同。当存在缺陷时，由于缺陷区的泥、水、空气等内含物的声速远小于完好混凝土的声速，所以使穿越时间明显增大，而且当缺陷中的物质与混凝土的声阻抗不同时，界面透过率很小，声波将绕过缺陷继续传播，波线呈折线状。由于绕行声程比直达声程长，因此此声时值也相应增大，而声时值是缺陷的重要判断参数。

（1）计算声时修正值。

由于埋置声测管影响声时值，应按下式计算声时修正值：

$$t' = \frac{D-d}{v_t} + \frac{d-d'}{v_w} \tag{11-17}$$

式中：t'——声时修正值，μs；
D——声测管外径，mm；
d——声测管内径，mm；
d'——换能器外径，mm；
v_t——声测管壁厚度方向声速值，km/s；
v_w——水的声速值，km/s。

（2）计算声时、声速和声速平均值。

声时、声速和声速平均值应按下列公式计算，并绘制声速-深度曲线、波幅-深度曲线。

$$t = t_i - t_0 - t' \tag{11-18}$$

$$v_i = \frac{l}{t} \tag{11-19}$$

$$v_m = \sum_{i=1}^{n} \frac{v_i}{n} \tag{11-20}$$

式中：t——声时值，μs；

t_i——超声波第 i 测点声时值，μs；

t_0——声波检测系统延迟时间，μs；

t'——声时修正值，μs；

v_i——第 i 个测点声速值，km/s；

l——两根检测管外壁间的距离，mm；

v_m——混凝土声速平均值，km/s；

n——测点数。

（3）单孔折射法的声时、声速计算。

单孔折射法的声时、声速应按下列公式计算：

$$\Delta t = t_2 - t_1 \tag{11-21}$$

$$v_i = \frac{h}{\Delta t} \tag{11-22}$$

式中：Δt——两个接收换能器的声时差，μs；

t_1——近道接收换能器声时，μs；

t_2——远道接收换能器声时，μs；

v_i——第 i 测点的声速值，km/s；

h——两个接收换能器间的距离，mm。

6. 检测结果分析和判定

桩身混凝土缺陷应根据下列方法综合判定：

（1）声速判据。

当实测混凝土声速值低于声速临界值时，应将其作为可疑缺陷区。

$$v_i < v_D \tag{11-23}$$

式中：v_i——第 i 个测点声速值，km/s；

v_D——声速临界值，km/s。

声速临界值采用正常混凝土声速平均值与2倍声速标准差之差，即

$$v_D = \bar{v} - 2\sigma_v \tag{11-24}$$

$$\bar{v} = \sum_{i=1}^{n} \frac{v_i}{n} \tag{11-25}$$

$$\sigma_v = \sqrt{\sum_{i=1}^{n} \frac{(v_i - \bar{v})^2}{n-1}} \tag{11-26}$$

式中：$\bar{v}$——正常混凝土声速平均值，km/s；

σ_v——正常混凝土声速标准差；

v_i——第 i 个测点声速值，km/s；

n——测点数。

当检测剖面 n 个测点的声速值普遍偏低且离散性很小时,宜采用声速低限值判据,即实测混凝土声速值低于声速低限值时,可直接判定为异常。

$$v_i < v_L \tag{11-27}$$

式中:v_i——第 i 个测点声速值,km/s;

v_L——声速低限值,km/s。

声速低限值应由预留同条件混凝土试件的抗压强度与声速对比试验结果,结合本地区实际经验确定。

(2)波幅判据。

用波幅平均值减 6dB 作为波幅临界值。当实测波幅低于波幅临界值时,应将其作为可疑缺陷区。

$$A_D = A_m - 6 \tag{11-28}$$

$$A_m = \sum_{i=1}^{n} \frac{A_i}{n} \tag{11-29}$$

式中:A_D——波幅临界值,dB;

A_m——波幅平均值,dB;

A_i——第 i 个测点相对波幅值,dB;

n——测点数。

(3)PSD 判据。

PSD 判据是以声参数—深度曲线相邻两点之间的斜率与声时差值之积作为判据。显然,当 i 点处相邻两点的声时值没有变化或变化很小时,PSD 等于或接近于零;当声时值有明显变化时,由于 PSD 和 $(t_i - t_{i-1})^2$ 成正比,因而 PSD 将大幅度变化。

实践证明,PSD 判据对缺陷十分敏感,而对因声测管不平行,或因混凝土不均匀等非缺陷原因所引起的声时变化基本上反映不出来。这是因为非缺陷因素所引起的声时变化都是渐变过程,虽然总的声时变化量可能很大,但是相邻两测点间的声时差值却很小,因而 PSD 很小。所以,运用 PSD 判据基本上消除了声测管不平行或混凝土不均匀等因素所造成的声时变化对缺陷判断的影响。

采用斜率法作为辅助异常判据,当 PSD 值在某测点附近变化明显时,应将其作为可疑缺陷区。

$$PSD = \frac{(t_i - t_{i-1})^2}{z_i - z_{i-1}} \tag{11-30}$$

式中:t_i——第 i 个测点声时值,μs;

t_{i-1}——第 $i-1$ 个测点声时值,μs;

z_i——第 i 个测点深度,m;

z_{i-1}——第 $i-1$ 个测点深度,m。

对于混凝土声速和波幅值出现异常并判为可疑缺陷区的部位,应采用水平加密、等差同步或扇形扫测等方法进行细测,结合波形分析确定桩身混凝土缺陷的位置及其严重程度。

对支承桩或嵌岩桩,宜同时采用低应变反射波法检测桩段的支撑情况。

（4）桩身完整性类别判定。

Ⅰ类桩：各声测剖面每个测点的声速、波幅均大于临界值，波形正常。

Ⅱ类桩：某一声测剖面个别测点的声速、波幅均小于临界值，但波形基本正常。

Ⅲ类桩：某一声测剖面连续多个测点或某一深度桩截面处的声速、波幅值小于临界值，PSD 值变大，波形畸变。

Ⅳ类桩：某一声测剖面连续多个测点或某一深度桩截面处的声速、波幅值明显小于临界值，PSD 值突变，波形严重畸变。

7. 检测报告

检测报告应符合《公路工程基桩动测技术规程》（JTG/T F81-01—2004）附录 A 的规定，并应包括每根被检桩各剖面的声速-深度、波幅-深度曲线及各自的临界值，声速、波幅的平均值，桩身缺陷位置及程度的分析说明。

例 11-1 某工程钻孔灌注桩设计孔径为 600mm，孔深 43m。检测桩号为 11 号，检测仪器为 JJC-1A 型孔径检测系统、JJX-3 型测斜仪和 JNC-1 型沉渣测定仪。

解：孔径、沉渣厚度检测结果见图 11-19，垂直度检测数据列于表 11-10，检测结果计算汇总列于表 11-11。本次检测采用的孔径检测系统具有数据采集、存储的功能，图 11-19 为现场检测数据经计算机处理后画出的图线。

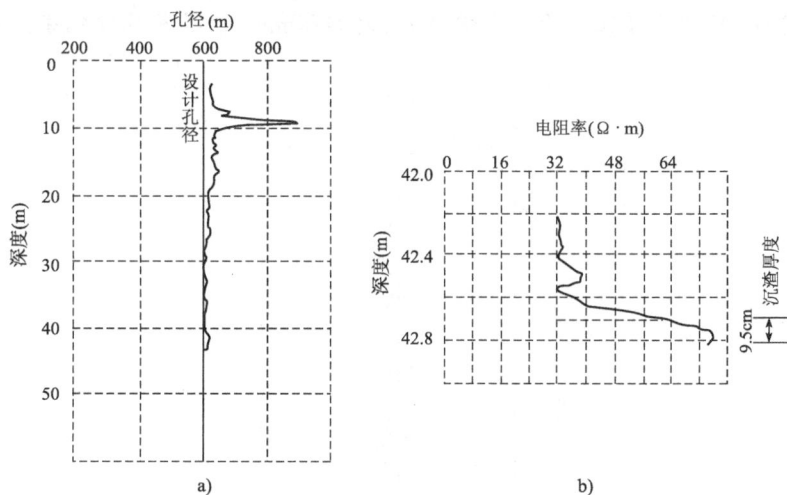

图 11-19 灌注桩孔径、沉渣厚度检测

a) 孔径测量曲线；b) 沉渣厚度测量曲线

11 号桩孔垂直度测量数据表 表 11-10

测点深度（m）	5	10	15	20	25	30	35	40	43.6
顶角度（°）	0	0	0	0.1	0.2	0.3	0.5	0.6	0.6

成孔质量检测结果表 表 11-11

检测桩号	11	检测日期	2002.05.14
孔深（m）	设计值		实测值
	43		43.6

续上表

检测桩号	11	检测日期	2002.05.14	
孔径(mm)	设计值	实测值		
		最大值	最小值	平均值
	600	908	600.2	613.2
沉渣厚度(cm)	9.5			
垂直度	1/98			
桩孔偏心距(cm)	44.3			

例11-2 工程概况:某大厦高17层,桩基采用钻孔灌注桩。设计要求对锚桩M9号桩在灌注混凝土之前进行成孔质量检测,以便核对地质资料、检验设备、施工工艺及技术是否适宜。检测内容包括孔径、孔深、孔垂直度和孔底沉渣厚度等。桩成孔质量设计要求为:桩径为800mm;桩孔深44m,保证有效桩长为38m;孔垂直度≤1/100;孔底沉渣厚度≤100mm。

解:检测仪器:JJC-1A型孔径检测系统、JJX-3型井斜仪和JNC-1型沉渣测定仪。

孔径检测:桩孔呈喇叭形。孔口直径为930mm,孔底部直径为780mm,上大下小。明显扩径两处:12.2m处的最大孔径为990mm;26m处最大孔径为920mm。除43.9m至孔底有局部缩径(ϕ780mm)外,其余孔段孔径均大于设计孔径(ϕ800mm)。孔径检测结果见图11-20。

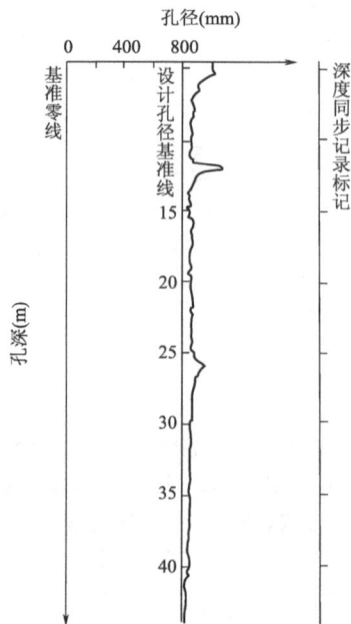

图11-20 M9号桩孔径检测结果图

垂直度检测:桩孔偏斜为38cm,垂直度小于1/100,满足设计要求。

孔底沉渣检测:孔底沉渣厚度为6cm。

孔深度检测:根据沉渣测定仪触及孔底时测得的孔深为44.67m。

任务一:根据教师提供的原材料配置并调试泥浆,直至满足泥浆性能指标要求。

任务二:在实训基地测桩基成孔孔径、垂直度。

任务三:在实训基地用低应变动力法测桩基完整性。

(1)记录低应变动力法检测设备的名称、技术参数。

(2)写出设备操作要点、注意事项。

(3)写出检测结果的判定原理。

(4)根据测试记录,模拟出桩基检测报告。

(5)某灌注桩长 20.0m,桩身混凝土强度设计等级为 C25。图 11-21 为桩的速度波形曲线,14.5ms处为桩底反射,$\Delta T = 14.1$ms。要求计算波速;根据波形判断桩身缺陷位置与缺陷名称。

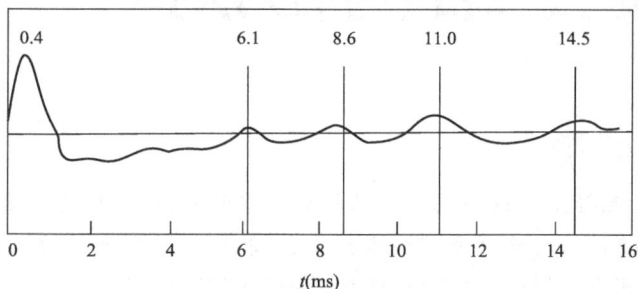

图 11-21　桩的速度波形曲线

任务四:用超声波法测定桩身完整性。

(1)记录低应变动力法检测设备的名称、技术参数。

(2)写出设备操作要点、注意事项。

(3)写出检测结果的判定原理。

(4)分析影响因素。

(5)根据测试记录,模拟出桩基检测报告。

第十二章
CHAPTER TWELVE

桥涵混凝土与预应力混凝土结构检测

教学要求

　　能描述混凝土与钢筋混凝土结构施工中的检测项目、方法和评定标准;能描述结构混凝土中钢筋的检测内容、检测原理及检测要点;能描述混凝土裂缝及内部缺陷的检测原理及检测要点;能描述预应力钢绞线锚具和连接器的检测项目、技术要求及检测要点;能描述张拉设备的校验方法;能进行水泥浆的配合比设计。

第一节　混凝土与钢筋混凝土施工阶段质量检测

　　桥涵混凝土结构或构件在施工阶段的质量检测主要包括混凝土拌制及浇筑的质量检测、混凝土强度检测、钢筋的加工及安装质量检测、结构或构件外观质量检测等内容。

一、检测项目与频率

（一）拌制和浇筑混凝土时的检验

（1）混凝土及组成材料的外观和拌制情况,每一工作班至少检验2次,必要时随时抽样试验。

（2）混凝土的和易性(坍落度)每一工作班至少检验2次。

（3）砂石材料的含水率,每日开工前检验1次,天气或含水率变化较大时随时检测调整。

（4）钢筋、模板、支架等的稳固性和安装位置。

（5）混凝土的运输、浇筑方法和质量。

（6）外加剂的使用效果。

（7）制取混凝土试件。

（二）浇筑混凝土后的检验

（1）养护情况。

（2）混凝土强度、拆模时间。

（3）混凝土外露面及装饰质量。

（4）变形和沉降。

（三）混凝土强度检测频率

（1）对不同强度及不同配合比的混凝土应分别制取试件，试件应在浇筑地点或拌和地点随机制取。

（2）浇筑一般体积的结构物（如基础、墩台）时，每一单元结构物应制取 2 组。

（3）当连续浇筑大体积结构物混凝土时，每 80~200m³ 或每一工作班应制取 2 组。

（4）每片梁长 16m 以下则应制取 1 组，16~30m 制取 2 组，31~50m 制取 3 组，50m 以上者制取不少于 5 组。

（5）就地浇筑混凝土小桥涵，每一座或每一工作班制取不少于 2 组；原材料和配合比相同，并由同一个拌和站拌制时，可几座合并制取 2 组。

如施工需要，可制取与结构物同条件养护的试件作为考核结构混凝土在拆模、出池、吊装、预加应力、承受荷载等阶段强度的依据。

混凝土抗压强度质量评定见本书第三章。

二、结构外形尺寸与位置的检测项目及评定

混凝土、钢筋混凝土部分结构构件的外形尺寸、位置的检测项目与评定见表 12-1 ~ 表 12-6。

混凝土扩大基础实测项目　　　　　　　表 12-1

项　　次	检 查 项 目		规定值或允许偏差	检查方法和频率
1△	混凝土强度（MPa）		在合格标准内	见第三章
2	平面尺寸（mm）		±50	尺量：长度、宽度各测 3 处
3	基础底面高程（mm）	土质	±50	水准仪：测 5 处
		石质	±50，-200	
4	基础底面高程（mm）		±30	水准仪：测 5 处
5	轴线偏位（mm）		≤25	全站仪：纵、横向各测 2 点

承台等大体积混凝土实测项目　　　　　　表 12-2

项　　次	检 查 项 目		规定值或允许偏差	检查方法和频率
1△	混凝土强度（MPa）		在合格标准内	见第三章
2	平面尺寸（mm）	$B<30m$	±30	尺量：测 2 个断面
		$B\geq30m$	$±B/1\,000$	
3	结构高程（mm）		±30	尺量：测 5 处

续上表

项　次	检查项目	规定值或允许偏差	检查方法和频率
4	顶面高程（mm）	±20	水准仪:测5处
5	轴线高程（mm）	≤15	全站仪:纵、横向各测2点
6	平整度（mm）	≤8	2m直尺:每侧面每20m² 测1处且不少于3处,每处测竖直、水平两个方向

注:B为边长或直径,计算规定值或允许偏差时按mm计。

现浇墩、台身实测项目　　　　　　　　　表12-3

项　次	检查项目		规定值或允许偏差	检查方法和频率
1△	混凝土强度（MPa）		在合格标准内	见第三章
2	断面尺寸（mm）		±20	尺量:每施工节段测1个断面,不分段施工的测2个断面
3	全高竖直度（mm）	H≤5m	≤5	全站仪或垂线法:纵、横向各测2点
		5m<H≤60m	≤H/1 000,且≤20	全站仪:纵、横向各测2点
		H>60m	≤H/3 000,且≤30	
4	顶面高程（mm）		±10	水准仪:测3处
5	轴线偏位（mm）	H≤60m	10,且相对前一节段≤8	全站仪:每施工节段测顶面边线与两轴线交点
		H>60m	≤15,且相对前一节段≤8	
6	节段间错台（mm）		≤5	尺量:测每节每侧面
7	平整度（mm）		≤8	2m直尺:每侧面每20m² 测1处,每处测竖直、水平两方向
8	预埋件位置（mm）		满足设计要求,设计未要求时≤5	尺量:每件测

注:H为墩、台身高度,计算规定值或允许偏差时以mm计。

预制墩身实测项目　　　　　　　　　表12-4

项　次	检查项目		规定值或允许偏差	检查方法和频率
1△	混凝土强度（MPa）		在合格标准内	见第三章
2	断面尺寸（mm）	外轮廓	±15	尺量:测2个断面
		壁厚	±10	
3	高度（mm）		±10	尺量:测中心线

续上表

项　次	检查项目	规定值或允许偏差	检查方法和频率
4	平整度(mm)	≤5	2m直尺:每侧面测1处,每处测竖直、水平两个方向
5	支座垫石预留锚孔位置(mm)	≤10	尺量:每个检查
6	墩顶预埋件位置(mm)	≤5	尺量:每件测

注:实际工程中未涉及的项目不检查。

梁、板或梁段预制实测项目 　　　　　　　　　　　　　　表 12-5

项次	检查项目			规定值或允许偏差	检查方法和频率
1△	混凝土强度(MPa)			在合格标准内	按附录D检查
2	梁长度 (mm)	总长度		+5,-10	尺量:每梁顶面中线、底面两侧
		梁段长度		0,-2	
3△	断面尺寸 (mm)	宽度	箱梁	顶宽	±20(±5)①	尺量:每梁测3个断面,板和梁段测2个断面
				底宽	±10(±5,0)①	
			其他梁、板	干接缝 (梁翼缘、板)	±10(±3)②	
				湿接缝 (梁翼缘、板)	±20	
		高度	箱梁		0,5	
			其他梁、板		±5	
		顶板、底板、腹板或梁肋厚			+5,0	
4	平整度(mm)			≤5	2m直尺:沿梁长方向每侧面每10m梁长测1处×2尺
5	横系梁及预埋件位置(mm)			≤5	尺量:每件
6	横坡(%)			±0.15	水准仪:每梁测3个断面,板和梁段测2个断面
7	斜拉索锚面③	锚点坐标(mm)		±5	全站仪、钢尺:检查每锚垫板,测水平及相互垂直的锚孔中心线与锚垫板边线交点坐标推算
		锚面角度(″)		0.5	角度仪:检查每锚垫板与水平面、立面的夹角,各测3处

注:①项次3箱梁宽度括号中的数字适用于节段拼装梁段的预制。
　　②项次3对应干接缝的其他梁、板宽度括号中的数字适用于组合梁桥板面的预制。
　　③项次7仅适用于斜拉桥预制梁段。

钢筋加工及安装实测项目   表 12-6

项次	检测项目		规定值或允许偏差	检测方法和频率
1△	受力钢筋间距(mm)	两排以上排距	±5	尺量:当长度≤20m 时,每构件检查 2 个断面;当长度>20m 时,每构件检测 3 个断面
		同排 梁、板、拱肋及拱上建筑	±10(±5)	
		同排 基础、锚碇、墩台身、墩柱	±20	
2	箍筋、构造钢筋、螺旋筋间距(mm)		±10	尺量:每构件测 10 个间距
3	钢筋骨架尺寸(mm)	长	±10	尺量:按骨架总数的 30% 抽测
		宽、高或直径	±5	
4	弯起钢筋位置(mm)		±20	尺量:每骨架抽查 30%
5△	保护层厚度(mm)	梁、板、拱肋及拱上建筑	±5	尺量:每构件各立模板面每 3m² 检查 1 处,且每侧面不少于 5 处
		基础、锚碇、墩台身、墩柱	±10	

三、焊接钢筋的质量检测

钢筋的连接方式有焊接与绑扎接头,轴心受拉和小偏心受拉构件中的钢筋接头不宜绑扎,普通混凝土中直径大于 25mm 的钢筋宜采用焊接。

钢筋的焊接方式有闪光对焊、电弧焊、电渣压力焊和气压焊。钢筋焊接前,必须根据施工条件进行试焊,合格后方可正式施焊。钢筋接头采用搭接电弧焊时,两钢筋搭接端部应预先折向一侧,使两结合钢筋轴线一致。接头双面焊缝的长度不应小于 10d,单面焊缝的长度不应小于 5d(d 为钢筋直径)。焊接质量应符合下列要求。

(一)钢筋闪光对焊接头

1. 批量规定

在同一台班内,由同一焊工按同一焊接参数完成的 300 个同牌号、同直径钢筋焊接接头作为一批。当同一台班内焊接的接头数量较少时,可在一周内累计计算,累计仍不足 300 个接头时,应按一批计算。

2. 外观检查、抽检频率与判定

每批抽检 10% 的接头,并不得少于 10 个。

焊接等长的预应力钢筋(包括螺钉端杆与钢筋)时,可按生产条件制作模拟试件。螺钉端杆接头可只做拉伸试验。

外观检查要求如下:

(1)接头处不得有横向裂缝。

(2)与电极接触处的钢筋表面不得有明显烧伤。

(3)接头处的弯折不得大于 3°。

(4)接头处的钢筋轴线偏移不得大于 0.1 倍的钢筋直径,同时不得大于 2mm。

当有一个接头不符合要求时,应对全部接头进行检查,剔出不合格品。将不合格接头切除重焊后,可再次提交验收。

3. 力学性能试验与判定

力学性能试验包括拉伸与弯曲试验。应从每批成品中切取 6 个试件,3 个进行拉伸试验,3 个进行弯曲试验。

拉伸试验结果应符合下列要求:

(1)3 个热轧钢筋接头试件的抗拉强度均不得小于该牌号钢筋规定的抗拉强度;RRB400 钢筋接头试件的抗拉强度均不得小于 570MPa。

(2)至少应有 2 个试件断于焊缝之外,并应呈延性断裂。

(3)当达到上述两项要求时,应评定该批接头为抗拉强度合格。

(4)当试验结果为有 2 个试件抗拉强度小于钢筋规定的抗拉强度,或有 3 个试件均在焊缝或热影响区发生脆性断裂时,则一次判定该批接头为不合格品。

(5)当试验结果有 1 个试件的抗拉强度小于规定值,或有 2 个试件在焊缝或热影响区发生脆性断裂,其抗拉强度均小于钢筋规定抗拉强度的 1.10 倍时,应进行复验。复验时,应再切取 6 个试件。当复验结果仍有 1 个试件的抗拉强度小于规定值,或有 3 个试件断于焊缝或热影响区呈脆性断裂,其抗拉强度均小于钢筋规定抗拉强度的 1.10 倍时,应判定该批接头为不合格品。

(6)当接头试件虽断于焊缝或热影响区,呈脆性断裂,但其抗拉强度大于或等于钢筋规定抗拉强度的 1.10 倍时,可按延性断裂(断于焊缝或热影响区之外)同等对待。

(7)预应力钢筋与螺钉端杆闪光对焊接头拉伸试验结果,3 个试件应全部断于焊缝之外,呈延性断裂。

当试验结果为有 1 个试件在焊缝或热影响区发生脆性断裂,应从成品中再切取 3 个试件进行复验,如复验结果仍有 1 个试件在焊缝或热影响区发生脆性断裂,应确认该批接头为不合格品。

(8)当模拟试件的试验结果不符合要求时,应从成品中再切取试件进行复验,其数量和要求应与初始试验时相同。

弯曲试验结果应符合下列要求:

(1)焊缝要处于弯曲中心点,弯曲角度为 90°,弯心直径为 $2d$(Ⅰ级钢筋)、$4d$(HRB335)、$5d$(HRB400,RRB400)、$7d$(HRB500)。其中,d 为钢筋直径。

(2)弯曲试验结果,当弯至 90°,有 2 个或 3 个试件外侧(含焊缝和热影响区)未发生破裂时,应评定该批接头弯曲试验合格;当有 3 个试件均发生破裂(试件外侧横向裂纹宽度达到 0.5mm时,应认定已经破裂)时,则一次判定该批接头为不合格品;当有 2 个试件发生破裂时,应进行复验,复验时,应再切取 6 个试件;当复验结果为有 3 个试件发生破裂时,应判定该批接头为不合格品。

(二)钢筋电弧焊接头

1. 批量规定

应以 300 个同牌号钢筋、同形式接头作为 1 批,不足 300 个时仍应作为 1 批。

2. 外观检查

应在接头清渣后逐个进行目测或量测,检查结果应符合下列要求:

(1)焊缝表面应平整,不得有凹陷、焊瘤。

(2)焊接接头区域不得有肉眼可见的裂纹。

(3)咬边深度、气孔、夹渣等缺陷允许值及接头尺寸的允许偏差,应符合表12-7的规定。

钢筋电弧焊接头尺寸偏差及缺陷允许值

表 12-7

名　　称		单位	接 头 形 式		
			帮条焊	搭接焊	坡口焊及熔槽帮条焊
棒体沿接头中心线的纵向偏移		mm	$0.3d$	—	—
接头处弯折角		°	3	3	3
接头处钢筋轴线的偏移		mm	$0.1d$	$0.1d$	$0.1d$
焊缝厚度		mm	$+0.05d$ -0	$+0.05d$ -0	—
焊缝宽度		mm	$+0.1d$ -0	$+0.1d$ -0	—
焊缝长度		mm	$-0.3d$	$-0.3d$	—
横向咬边深度		mm	0.5	0.5	-0.5
在长 $2d$ 的焊缝表面上	数量	个	2	2	—
	面积	mm^2	6	6	—
在全部焊缝上	数量	个	—	—	2
	面积	mm^2	—	—	6

注:d 为钢筋直径(mm)。

(4)坡口焊、熔槽帮条焊和窄间隙接头的焊缝余高不得大于3mm。

3.强度检验与判定

从每批成品中切取3个接头做拉伸试验,试验结果应符合下列要求:

(1)3个热轧钢筋接头试件的抗拉强度均不得小于该牌号钢筋规定的抗拉强度;RRB400钢筋接头试件的抗拉强度均不得小于570MPa。

(2)至少应有2个试件断于焊缝之外,并应呈延性断裂。

(3)当达到上述两项要求时,应评定该批接头为抗拉强度合格。

(4)当试验结果有2个试件抗拉强度小于钢筋规定的抗拉强度,或有3个试件均在焊缝或热影响区发生脆性断裂时,则一次判定该批接头为不合格品。

(5)当试验结果为有1个试件的抗拉强度小于规定值,或有2个试件在焊缝或热影响区发生脆性断裂,其抗拉强度均小于钢筋规定抗拉强度的1.10倍时,应进行复验。复验时,应再切取6个试件。当复验结果仍有1个试件的抗拉强度小于规定值,或有3个试件断于焊缝或热影响区呈脆性断裂,其抗拉强度均小于钢筋规定抗拉强度的1.10倍时,应判定该批接头为不合格品。

(6)当接头试件虽断于焊缝或热影响区,呈脆性断裂,但其抗拉强度大于或等于钢筋规定抗拉强度的1.10倍时,可按延性断裂(断于焊缝或热影响区之外)同等对待。

第二节　结构混凝土中钢筋的检测

混凝土中钢筋的状况是评定混凝土质量的一个重要依据。结构混凝土中钢筋的检测,包括钢筋间距、混凝土保护层厚度、钢筋直径及钢筋锈蚀性状的检测等内容。

一、钢筋位置、保护层厚度及钢筋直径的检测

根据《混凝土中钢筋检测技术标准》(JGJ/T 152—2019)规定,结构混凝土中钢筋位置、保护层厚度的检测方法有电磁感应法和雷达法,本节只介绍电磁感应法。

(一)检测原理

根据电磁场理论,传感器线圈是磁偶极子,当信号源供给交变电流时,它向外界辐射出电磁场;钢筋是一个电偶极子,它接收外界电场,从而产生沿钢筋分布的感应电流。钢筋的感应电流重新向外界辐射出电磁场(二次磁场),使原激励线圈产生感生电势,从而使传感器线圈的输出电压产生变化。钢筋位置测定仪正是根据这一变化来确定钢筋所在的位置及其保护层厚度,而且在钢筋的正上方时,线圈的输出电压受钢筋所产生的二次磁场的影响最大。因此,在测试中,探头移动的过程中,可以自动锁定这个受影响最大的点(信号值最大的点),根据保护层厚度和信号之间的对应关系得出厚度值。

(二)准备工作

1.检查钢筋检测仪是否在校准有效期限内

使用钢筋探测仪检测前,应先检查是否在校准有效期限内,如果不在有效期限内,应采用校准试件进行校准。校准相关要求如下:

(1)校准项目。对钢筋间距、混凝土保护层厚度和钢筋公称直径3个项目进行校准。

(2)校准项目指标要求。

①保护层厚度校准要求:当混凝土保护层厚度为10~50mm时,混凝土保护层厚度检测的允许误差为±1mm,钢筋间距检测的允许误差为±3mm。

②钢筋公称直径校准要求:钢筋检测仪对钢筋公称直径的检测允许误差为+1mm。

(3)校准有效期限要求。

钢筋检测仪校准有效期可为一年。当发生下列情况之一时,应对钢筋检测仪进行校准:

①新仪器启用前。

②检测数据异常,无法进行调整。

③经过维修或更换主要零配件。

2. 收集技术资料

收集技术资料并将有关内容填写至试验检测原始记录表中。检测前应收集的相关技术资料主要有：

(1)工程名称及建设、设计、施工、监理单位名称。

(2)结构或构件名称以及相应的钢筋设计图纸资料。

(3)检测部位的钢筋品种、牌号、设计规格、设计保护层厚度。

(4)混凝土是否采用带有铁磁性的原材料配制。

(5)待检的结构构件中是否有预留管道、金属预埋件等。

(6)施工记录等相关资料。

(7)检测原因。

3. 检测面的选取及处理

(1)应根据钢筋设计资料,确定检测区域内钢筋可能分布的状况,选择适当的检测面。

(2)检测面应清洁、平整,并应避开金属预埋件。

(3)对于具有饰面层的结构及构件,应先清除饰面层,然后在混凝土面上进行检测。

(三) 检测步骤(资源 12-1)

1. 钢筋位置、钢筋间距及保护层厚度的检测

(1)对钢筋检测仪进行预热和调零,调零时探头应远离金属物体。

(2)使探头在检测面上移动,直到钢筋检测仪保护层厚度示值最小,此时探头中心线与钢筋轴线应重合,在相应位置做好标记。检测时应避开接头和绑丝。按此步骤将检测范围内的设计间距相同的连续相邻钢筋逐一标出,并逐个量测钢筋的间距。

(3)钢筋位置确定后,按下列方法进行混凝土保护层厚度的检测:

①由于大多数钢筋探测仪要求钢筋公称直径已知方能准确检测混凝土保护层厚度,所以应先设定钢筋检测仪量程范围及钢筋公称直径,然后将探头沿被测钢筋轴线选择相邻钢筋影响较小的位置移动,并应避开钢筋接头和绑丝,读取第 1 次检测的混凝土保护层厚度检测值。在被测钢筋的同一位置应重复检测 1 次,读取第 2 次检测的混凝土保护层厚度检测值。

②当同一处读取的 2 个混凝土保护层厚度检测值相差大于 1mm 时,该组检测数据无效。应查明原因,并在该处重新进行检测。仍不满足要求时,应更换钢筋检测仪或采用钻孔、剔凿的方法验证。

③当实际混凝土保护层厚度小于钢筋检测仪最小示值时,应采用在探头下附加垫块的方法进行检测。垫块对钢筋检测仪检测结果不应产生干扰,且表面应光滑平整,其各方向厚度值偏差不应大于 0.1mm,所加垫块厚度在计算时应予以扣除。

2. 钢筋直径的检测

(1)对钢筋检测仪进行预热和调零,调零时探头应远离金属物体。

(2)应根据设计图纸等资料,确定被测结构及构件中钢筋的排列方向,并采用钢筋检测仪对被测结构及构件中钢筋及其相邻钢筋进行准确定位并做标记。

(3)被测钢筋与相邻钢筋的间距应大于100mm,且其周边的其他钢筋不应影响检测结果,并应避开钢筋接头及绑丝。

(4)在定位的标记上,根据钢筋检测仪的使用说明书进行操作,并记录钢筋检测仪显示的钢筋公称直径。对每根钢筋重复检测 2 次,第 2 次检测时探头应旋转 180°。每次读数必须一致。

(5)对需依据钢筋混凝土保护层厚度值来检测钢筋公称直径的仪器,应事先钻孔,确定钢筋的混凝土保护层厚度。

(6)钢筋的公称直径检测应采用钢筋检测仪检测并结合钻孔、剔凿的方法进行,钢筋钻孔、剔凿的数量不应少于该规格已测钢筋的 30% 且不应少于 3 处(当实际检测数量不到 3 处时应全部选取)。实测应采用游标卡尺,量测精度为 0.1mm。根据游标卡尺的测量结果,可通过相关的钢筋产品标准查出对应的钢筋公称直径。

(7)当钢筋检测仪测得的钢筋公称直径与钢筋实际公称直径之差大于 1mm 时,应以实测结果为准。

(四)数据处理

(1)钢筋的混凝土保护层厚度平均检测值应按式(12-1)计算。

$$c_{m,i}^t = \frac{c_1^t + c_2^t + 2\,c_c - 2\,c_0}{2} \qquad (12\text{-}1)$$

式中:$c_{m,i}^t$——第 i 测点混凝土保护层厚度检测平均值,精确至 1mm;

c_1^t、c_2^t——第 1、2 次检测的混凝土保护层厚度检测值,精确至 1mm;

c_c——混凝土保护层厚度修正值,为同一规格钢筋的混凝土保护层厚度实测验证值减去检测值,精确至 0.1mm;

c_0——探头垫块厚度,精确至 0.1mm;不加垫块时,$c_0 = 0$。

(2)检测钢筋间距时,可根据实际需要采用绘图方式得出结果。当同一构件检测钢筋不少于 7 根钢筋(6 个间隔)时,也可给出被测钢筋的最大间距、最小间距,并按式(12-2)计算钢筋平均间距:

$$s_{m,i} = \frac{1}{n}\sum_{i=1}^n s_i \qquad (12\text{-}2)$$

式中:$s_{m,i}$——钢筋平均间距,精确至 1mm;

s_i——第 i 个钢筋间距,精确至 1mm。

(五)注意事项

检测钢筋间距、混凝土保护层厚度时,当遇到下列情况之一时,应选取不少于 30% 的已测钢筋,且不应少于 6 处(当实际检测数量不到 6 处时应全部选取),采用钻孔、剔凿等方法验证。应注意的是,钻孔、剔凿时,不得损坏钢筋。

(1)认为相邻钢筋对检测结果有影响。

(2)钢筋公称直径未知或有异议。

(3)钢筋实际根数、位置与设计有较大偏差。

(4)钢筋以及混凝土材质与校准试件有显著差异。

(5)采用具有磁铁性原材料配置的混凝土。

二、钢筋锈蚀性状的检测

钢筋混凝土中钢筋发生锈蚀主要是电化学反应的结果。混凝土浇筑后,水泥的水化反应产生强碱环境,钢筋会在该环境中发生氧化反应(又称钝化反应),从而在钢筋的外表面产生一层致密的氧化层,即常说的钝化膜。完整的钝化膜能够将钢筋和外部环境隔离开来,阻止钢筋的锈蚀。当混凝土受外力破坏或化学侵蚀造成钝化膜局部消失时,失去保护的钢筋在具有氧气和水的环境中就会逐渐发生锈蚀。

《混凝土中钢筋检测技术标准》(JGJ/T 152—2019)规定的钢筋锈蚀性状的检测方法为半电池电位法。

(一)检测原理

位于离子环境中的钢筋可以视为一个电极,锈蚀反应发生后,钢筋电极的电势发生变化,电位大小直接反映钢筋锈蚀情况。众所周知,电池是由一个阴极和一个阳极构成,钢筋电极只具有电池的一半特征,所以被称为半电池。在混凝土表面放置一个电势恒定的参考电极(硫酸铜电极或氯化银电极)和钢筋电极构成一个电池体,即可通过测定钢筋电极和参考电极之间的相对电势差,进而得到钢筋电极的电位分布情况。总结电位分布和钢筋锈蚀间的统计规律,就可以通过电位测量结果判定钢筋锈蚀情况。

(二)准备工作

1.布置测区

(1)在混凝土结构及构件上可布置若干测区,测区面积不宜大于 5m × 5m,并应按确定的位置编号,每个测区应采用矩阵式(行、列)布置测点,依据被测结构及构件的尺寸,宜用100mm × 100mm ~ 500mm × 500mm 划分网格,网格的节点为电位测点。

(2)当测区混凝土有绝缘涂层介质隔离时,应清除绝缘涂层介质。测点处混凝土表面应平整、清洁,必要时应采用砂轮或钢丝刷打磨,并且应将粉尘等杂物清除。

2.连接导线与钢筋

导线与钢筋的连接按下列步骤进行:

(1)采用钢筋检测仪检测钢筋的分布情况,并在适当位置剔凿出 2 处钢筋。用万用表测量这两根钢筋是否连通,验证测区内钢筋是否与连接点钢筋形成通路。

(2)选择其中一根钢筋,导线的一端接于电压仪的负输入端,另一端接于此钢筋上。

(3)对连接处的钢筋表面进行除锈或清除污物,以保证导线与钢筋有效连接。

(4)测区内的钢筋(钢筋网)必须与连接点的钢筋形成电通路。

3.连接导线与半电池

导线与半电池的连接按下列步骤进行:

(1)连接前检查各种接口,保证接触良好。

(2)导线的一端连接到半电池接线插头上,另一端连接到电压仪的正输入端。

4.预先充分浸湿测区混凝土

测区混凝土应预先充分浸湿。浸湿方法:在饮用水中加入适量(约2%)家用液态洗涤剂配制成导电溶液,在测区混凝土表面喷洒,半电池的连接垫与混凝土表面测点应有良好的耦合。

5.检查半电池检测系统的稳定性

(1)在同一测点,用相同半电池重复2次测得该点的电位差值应小于10mV;

(2)在同一测点,用两只不同的半电池重复2次测得该点的电位差值应小于20mV。

(三)检测步骤

(1)测量并记录环境温度。

(2)按测区编号,将半电池依次放在各电位测点上,检测并记录各测点的电位值。

(3)检测时,应及时清除半电池电连接垫表面的吸附物,半电池多孔塞与混凝土表面形成电通路。

(4)在水平方向和垂直方向上检测时,应保证半电池刚性管中的饱和硫酸铜溶液同时与多孔塞和铜棒保持完全接触。

(5)检测时应避免外界各种因素产生的电流影响。

(四)数据处理及结果评判

1.电位值的温度修正

当检测环境温度在(22±5)℃之外时,按式(12-3)、式(12-4)对测点的电位值进行温度修正:

当 $T \geqslant 27$℃时,

$$V = 0.9 \times (T - 27.0) + V_R \tag{12-3}$$

当 $T \leqslant 17$℃时,

$$V = 0.9 \times (T - 17.0) + V_R \tag{12-4}$$

式中:V——温度修正后电位值,精确至1mV;

V_R——温度修正前电位值,精确至1mV;

T——检测环境温度,精确至1℃;

0.9——系数,mV/℃。

2.半电池电位法检测结果评判

(1)采用电位等值线图表示被测结构及构件中钢筋的锈蚀性状。按合适比例在结构及构件图上标出各测点的半电池电位值,可通过数值相等的各点或内插等值的各点绘出电位等值线。电位等值线的最大间隔宜为100mV。

(2)采用半电池电位值评价钢筋锈蚀性状。采用半电池电位值评价钢筋锈蚀性状时,可根据表12-8进行判断。

半电池电位评价钢筋锈蚀性状的判断 表 12-8

电位水平(mV)	钢筋锈蚀性状	电位水平(mV)	钢筋锈蚀性状
> -200	不发生锈蚀的概率大于90%	< -350	发生锈蚀的概率大于90%
-200 ~ -350	锈蚀性状不确定		

(五)注意事项

(1)带涂层的钢筋以及混凝土已饱水和接近饱水构件中钢筋的锈蚀性状不能用本方法检测。

(2)钢筋的实际锈蚀状况要进行剔凿实测验证。

(3)钢筋锈蚀检测仪使用后,应及时清洗刚性管、铜棒和多孔塞,并密闭盖好多孔塞。多孔塞为软木塞,一旦干燥收缩,将会产生很大变形,影响其使用有效期。

(4)铜棒可采用稀释的盐酸溶液轻轻擦洗,并用蒸馏水清洗干净,不得用钢毛刷擦洗铜棒及刚性管。

(5)硫酸铜溶液应根据使用时间予以更换,更换后宜采用甘汞电极进行校准。在室温(22±1)℃时,铜—硫酸铜电极与甘汞电极之间的电位差应为(68±10)mV。

(6)避免在强磁场环境下使用钢筋锈蚀检测仪,如大型电磁铁、变压器附近。

第三节 结构混凝土裂缝的检测

结构混凝土裂缝的检测包括裂缝宽度和裂缝深度的检测。

一、混凝土裂缝宽度的检测

混凝土裂缝宽度可采用刻度放大镜、裂缝计、裂缝宽度测试仪等进行测量。当采用裂缝宽度测试仪测量裂缝宽度时,主机通过与摄像头连接,实时显示裂缝图像,依据显示屏上的刻度,可自动或手动得到裂缝宽度数据。

二、混凝土裂缝深度的检测(资源12-2)

混凝土裂缝深度的检测方法有超声波法、冲击弹性波法等方法,本节只讲述超声波法。《超声法检测混凝土缺陷技术规程》(CECS 21:2000)中测定裂缝深度的方法,根据检测条件有单面平测法、双面斜侧法、孔中对测法等方法。

(一)检测原理

1.单面平测法

单面平测法适用于裂缝部位只有一个可测表面,裂缝深度在500mm以下,测裂缝深度应用的是声波的衍射(绕射)现象原理。在单面平测法中,换能器分别置于裂缝表面两侧,发射换能器发出的声波以及经裂缝断面反射后的声波均不能到达接收换能器,接收换能器接收的只是绕过裂缝下缘产生的衍射波,声波因绕过裂缝末端使声时加长。

2. 双面斜测法

双面斜测法适用于裂缝部位有两个相互平行的测试表面,可采用双面穿透斜测法检测。将发射与接收换能器置于两测试表面对应点,测量各测线的声时、波幅、主频等,比较跨缝和不跨缝的声参量有没有大的变化,若存在大的变化,则可判断裂缝深度及在所处位置是否贯通。

3. 钻孔对测法

钻孔对测法适用于大体积混凝土预计深度在 500mm 以上的裂缝检测,被检测混凝土应允许在裂缝两侧钻测试孔。用径向换能器、水耦合测试,根据声参量的变化判断裂缝深度。

(二)准备工作

1. 检查混凝土超声仪

检查混凝土超声仪是否在检定有效期限内。

2. 收集技术资料

收集技术资料并将有关内容填写至试验检测原始记录表中。检测前应收集的相关技术资料,主要包括以下内容:

(1)工程名称。

(2)检测目的与要求。

(3)混凝土原材料品种与规格。

(4)混凝土浇筑和养护情况。

(5)构件尺寸和配筋施工图或钢筋隐蔽图。

(6)构件外观质量及存在问题。

3. 确定测试部位及方法

依据检测要求和测试操作条件,确定缺陷测试部位及测试方法。

4. 超声波传播距离的测量

(1)当采用厚度振动式换能器对测时,宜用钢卷尺测量 T、R 换能器辐射面之间的距离。

(2)当采用厚度振动式换能器平测时,宜用钢卷尺测量 T、R 换能器内边缘之间的距离。

(3)当采用径向振动式换能器在钻孔或预埋管中检测时,宜用钢卷尺测量放置 T、R 换能器的钻孔或预埋管内边缘之间的距离。

注意: 测距的测量误差应不大于 ±1%。

(三)检测步骤及裂缝深度判定

1. 单面平测法测试步骤及裂缝深度判定

(1)布置测点。

①按跨缝和不跨缝布置测点。

②测点应避开钢筋的影响。

(2)测量不跨缝的声时:

①将 T 和 R 换能器置于裂缝附近同一侧,以两个换能器内边缘间距等于 100mm、150mm、200mm、250mm……分别读取声时值(t_i)。

②绘制"时-距"坐标图(图 12-1)或用回归分析的方法求出声时与测距之间的回归直线方程[式(12-5)],按式(12-6)计算每测点超声波实际传播距离 l_i。

$$l_i = a + bt_i \tag{12-5}$$

$$l_i = l' + |a| \tag{12-6}$$

式中:l_i——第 i 点的超声波实际传播距离,mm;

l'——第 i 点的 T、R 换能器内边缘间距,mm;

a——"时-距"图中 l' 轴的截距或回归直线方程的常数项,mm;

b——回归系数。

③不跨缝平测的混凝土声速值按式(12-7)计算:

$$v = \frac{l'_n - l'_1}{t_n - t_1} \tag{12-7}$$

式中:v——不跨缝平测的混凝土声速值,km/s;

l'_n、l'_1——第 n 点和第 1 点的测距,mm;

t_n、t_1——第 n 点和第 1 点读取的声时值,μs。

(3)测量跨缝的声时。如图 12-2 所示,将 T、R 换能器分别置于以裂缝对称的两侧,l' 取 100mm、150mm、200mm……分别读取声时值 t_1^0,同时观察首波相位的变化。

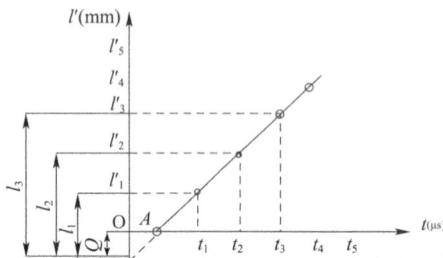

图 12-1　平测时"时-距"图

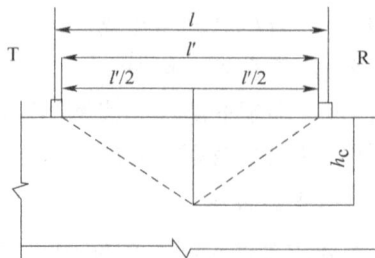

图 12-2　绕过裂缝示意图

(4)按式(12-8)计算各点的裂缝深度值。

$$h_{ci} = \frac{l_i}{2} \sqrt{\left(\frac{t_i^0 v}{l_i}\right)^2 - 1} \tag{12-8}$$

式中:l_i——不跨缝平测时第 i 点的超声波实际传播距离,mm;

h_{ci}——第 i 点计算的裂缝深度值,mm;

t_i^0——第 i 点跨缝平测的声时值,μs。

(5)确定裂缝深度:

①首波反向法。跨缝测量中,当在某测距发现首波反相时,可用该测距及两个相邻测距的声时测量值按式(12-8)计算 h_{ci} 值,取此 3 点的平均值作为该裂缝的深度值 h_c。

②剔除法。跨缝测量中如难于发现首波反相,则以不同测距按式(12-8)计算 h_{ci} 值,按

式(12-9)计算其平均值 m_{hc}。将各测距 l_i' 与 m_{hc} 相比较,凡测距 l_i' 小于 m_{hc} 且大于 $3m_{hc}$ 的,应剔除该组数据,然后取余下 h_{ci} 的平均值,作为该裂缝的深度值 h_c。

$$m_{hc} = \frac{1}{n}\sum_{i=1}^{n} h_{ci} \tag{12-9}$$

式中：m_{hc} ——计算各测点裂缝深度的平均值,mm;

  n ——测点数。

2. 双面斜测法测试步骤及裂缝深度判定

(1)布置测点。如图 12-3 所示,布置测点。

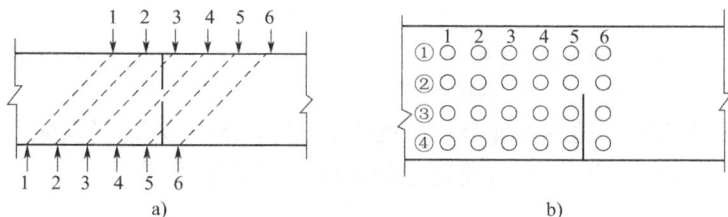

图 12-3　斜测裂缝测点布置示意图
a)平面图;b)立面图
注:1~6、①~④代表测点位置。

(2)测量声参量。将 T、R 换能器分别置于两测试表面对应测点的位置读取相应声时值 t_i、波幅值 A_i 及主频率 f_i。

(3)判定裂缝深度。当换能器的连线通过裂缝,根据波幅、声时和主频的突变,可以判定裂缝深度以及是否在所处断面内贯通。

3. 钻孔对测法测试步骤及裂缝深度判定

(1)裂缝两旁钻测试孔。在检测裂缝两侧钻孔时,所钻测试孔应满足下列要求：

①孔径应比所用换能器直径大 5~10mm。

②孔深应不小于比裂缝预计深度深 700mm,经测试孔深若浅于裂缝深度,则应加深钻孔。

③对应的两个测试孔(A、B),必须始终位于裂缝两侧,其轴线应保持平行。

④两个对应测试孔的间距宜为 2 000mm,同一检测对象各对测孔间距应保持相同。

⑤孔中粉末碎屑应清理干净。

⑥如图 12-4 所示,宜在裂缝一侧多钻一个孔距相同但较浅的孔 C,通过 B、C 两孔测试无裂缝混凝土的声学参数。

(2)裂缝深度检测。

①裂缝深度检测应选用频率为 20~60kHz 的径向振动式换能器。

②向测试孔中注满清水。

③将 T、R 换能器分别置于裂缝两侧的对应孔中,以相同高程等间距(100~400mm)由上往下同步移动,逐点读取声时、波幅和换能器所处的深度,如图 12-4b)所示。

(3)裂缝深度值判定。

①绘制 h-A 坐标图。以换能器所处深度(h)与对应的波幅值(A)绘制坐标图,如图 12-5 所示。

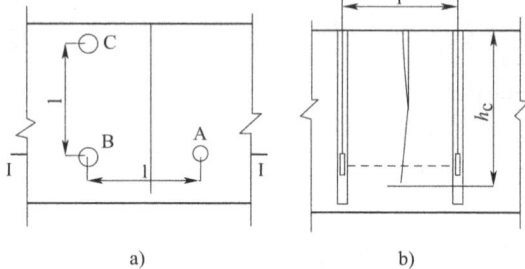

图 12-4　钻孔测裂缝深度示意图

a)平面图(C 为比较孔);b) I - I 剖面图

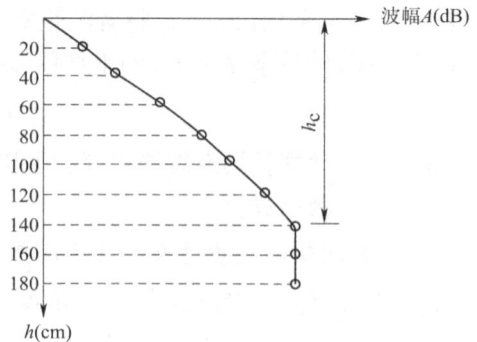

图 12-5　h-A 坐标图

②裂缝深度值的确定。随着换能器位置的下移,波幅逐渐增大,当换能器下移至某一位置后,波幅达到最大并基本稳定,该位置所对应的深度即裂缝深度值 h_c。

(四)注意事项

(1)被测裂缝中不得有积水或泥浆等。

(2)测试部位混凝土表面应清洁、平整,必要时可用砂轮磨平或用高强度的快凝砂浆抹平。砂浆必须与混凝土黏结良好。

(3)换能器应通过耦合剂与混凝土测试表面保持紧密结合,耦合层不得夹杂泥砂或空气。

(4)检测时应避免超声传播路径与附近钢筋轴线平行,如果无法避免,应使两个换能器连线与该钢筋的最短距离不小于超声测距的 1/6。

(5)当检测中出现可疑数据时应及时查找原因,必要时进行复测校核或加密测点补测。

(6)双面斜测时,除要求测试系统和测试参数不变外,还要求各测线等长、测线倾斜角度相同。

第四节　结构混凝土内部不密实区及空洞的检测

混凝土内部不密实区及空洞的检测方法有超声波法、冲击弹性波法等方法。

一、超声法测定结构混凝土内部不密实区及空洞

(一)技术原理

超声波在混凝土中遇到缺陷时产生绕射,传播时间增长;超声波在混凝土缺陷界面产生散射和反射,使到达接收换能器的声波能量显著减少;超声波中各频率成分在缺陷界面衰减不同,使得接收信号的频率明显降低;超声波通过缺陷时,部分声波会产生路径和相位变化,不同

路径和相位的声波叠加后,造成接收信号波形畸变。可通过分析接收到信号的声参量的变化来判断缺陷情况。

(二)准备工作

依据检测要求和测试操作条件,确定缺陷测试部位及测试方法。

1.被测部位满足的条件

(1)被测部位应具有一对(或两对)相互平行的测试面。

(2)测试范围除应大于有怀疑的区域外,还应与同条件的正常混凝土进行对比,且对比测点数不应少于20。

(3)当构件具有两对相互平行的测试面时,可采用对测法。

(4)当构件只有一对相互平行的测试面时,可采用对测和斜测相结合的方法。

(5)当测距较大时,可采用钻孔或预埋管测法。

(6)测试部位混凝土表面应清洁、平整,必要时可用砂轮磨平或用高强度的快凝砂浆抹平。砂浆必须与混凝土黏结良好。

2.布置测点

(1)对测法测点布置。对测法测点布置,如图12-6所示,在测试部位两对相互平行的测试面上,分别画出等间距的网格(网格间距:工业与民用建筑为100~300mm,其他大型结构物可适当放宽),并编号确定对应的测点位置。

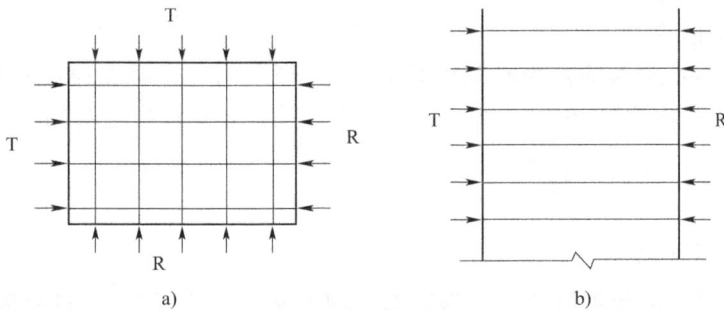

图12-6 对测法示意图

a)平面图;b)立面图

(2)斜测法测点布置。当构件只有一对相互平行的测试面时,可采用对测和斜测相结合的方法。斜测法测点布置如图12-7所示,在测位两个相互平行的测试面上分别画出网格线,可在对测的基础上进行交叉斜测。

(3)钻孔或预埋声测管测点布置。如图12-8所示,在测位预埋声测管或钻出竖向测试孔,预埋管内径或钻孔直径宜比换能器直径大5~10mm,预埋管或钻孔间距宜为2~3mm,其深度可根据测试需要确定。检测时可用两个径向振动式换能器分别置于两测孔中进行测试,或用一个径向振动式与一个厚度振动式换能器分别置于测孔中和平行于测孔的侧面进行测试。

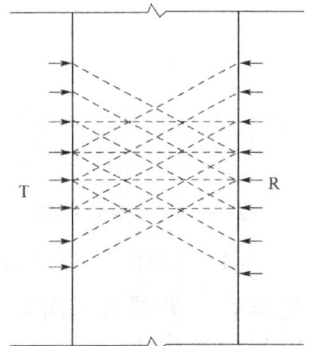

图12-7 斜测法立面图

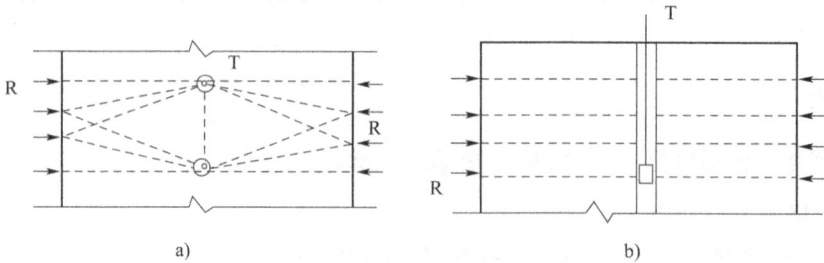

图 12-8　钻孔法示意图
a)平面图;b)立面图

(三)测量声参量

1.量测超声波传播距离(测距)

(1)当采用厚度振动式换能器对测时,宜用钢卷尺测量 T、R 换能器辐射面之间的距离。

(2)当采用径向振动式换能器在钻孔或预埋管中检测时,宜用钢卷尺测量放置 T、R 换能器的钻孔或预埋管内边缘之间的距离。

(3)测距的测量误差应不大于±1%。

2.测量声时、波幅、主频等声参量

(1)量测声时、波幅、主频等声参量的同时应注意观察接收信号的波形或包络线的形状,必要时进行描绘或拍照。

(2)测量声时应注意换能器声时初读数的标定,当采用一个厚度振动式换能器和一个径向振动式换能器进行检测时,声时初读数可取该两个换能器初读数之和的一半。

(四)数据处理及缺陷判断

1.计算平均值及标准差

按式(12-10)计算测位混凝土声学参数的平均值 m_x ,按式(12-11)计算标准差 S_x 。

$$m_x = \frac{1}{n}\sum_{i=1}^{n} X_i \tag{12-10}$$

$$S_x = \sqrt{\frac{1}{n-1}\sum_{i=n-1}^{n}(x_i)^2 - n(m_x)^2} \tag{12-11}$$

式中: X_i ——第 i 点的声学参数值;

n ——参与统计的测点数。

2.异常数据的判断

(1)将测位各测点的波幅、声速或主频值按由大到小的顺序分别排列,即 $X_1 \geq X_2 \geq \cdots \geq X_n \geq X_{n+1}$,将排在后面明显小的数据视为可疑,再将这些可疑数据中最大的一个(假定 X_n)连同其前面的数据按式(12-10)及式(12-11)计算出平均值 m_x 及标准差 S_x ,并按式(12-12)计算异常情况的判断值 X_0 ,即

$$X_0 = m_x - \lambda_1 s_x \tag{12-12}$$

式中：λ_1 ——常数，按表 12-9 取值。

统计数的个数 n 与对应的 λ_1、λ_2、λ_3 值　　　　表 12-9

n	20	22	24	26	28	30	32	34	36	38
λ_1	1.65	1.69	1.73	1.77	1.80	1.83	1.86	1.89	1.92	1.94
λ_2	1.25	1.27	1.29	1.31	1.33	1.34	1.36	1.37	1.38	1.39
λ_3	1.05	1.07	1.09	1.11	1.12	1.14	1.16	1.17	1.18	1.19
n	40	42	44	46	48	50	52	54	56	58
λ_1	1.96	1.98	2.00	2.02	2.04	2.05	2.07	2.09	2.10	2.12
λ_2	1.41	1.42	1.43	1.44	1.45	1.46	1.47	1.48	1.49	1.49
λ_3	1.20	1.22	1.23	1.25	1.26	1.27	1.28	1.29	1.30	1.31
n	60	62	64	66	68	70	72	74	76	78
λ_1	2.13	2.14	2.15	2.17	2.18	2.19	2.20	2.21	2.22	2.23
λ_2	1.50	1.51	1.52	1.53	1.53	1.54	1.55	1.56	1.56	1.57
λ_3	1.31	1.32	1.33	1.34	1.35	1.36	1.36	1.37	1.38	1.39
n	80	82	84	86	88	90	92	94	96	98
λ_1	2.24	2.25	2.26	2.27	2.28	2.29	2.30	2.30	2.31	2.31
λ_2	1.58	1.58	1.59	1.60	1.61	1.61	1.62	1.62	1.63	1.63
λ_3	1.39	1.40	1.41	1.42	1.42	1.43	1.44	1.45	1.45	1.45
n	100	105	110	115	120	125	130	140	150	160
λ_1	2.32	2.35	2.36	2.38	2.40	2.41	2.43	2.45	2.48	2.50
λ_2	1.64	1.65	1.66	1.67	1.68	1.69	1.71	1.73	1.75	1.77
λ_3	1.46	1.47	1.48	1.49	1.51	1.53	1.54	1.56	1.58	1.59

（2）将判断值 X_0 与可疑数据的最大值 X_n 相比较，当 X_n 不大于 X_0 时，则 X_n 及排列于其后的各数据均为异常值，去掉 X_n，再用 $X_1 \sim X_{n-1}$ 进行计算和判别，直至判别不出异常值为止；当 X_n 大于 X_0 时，应再将 X_{n+1} 放进去重新进行计算和判别。

（3）当测位中判出异常测点时，可根据异常测点的分布情况，按式（12-13）进一步判别其相邻测点是否异常。

$$X_0 = m_x - \lambda_2 s_x$$
$$X_0 = m_x - \lambda_3 s_x \tag{12-13}$$

式中：λ_2、λ_3 ——常数，按表 12-9 取值。当测点布置为网格状时取 λ_2，当单排布置测点时（如在声测孔中检测）取 λ_3。

（4）若保证不了耦合条件的一致性，则波幅值不能作为统计法的判据。

3. 判定混凝土内部不密实区及空洞的位置及范围

（1）当测位中某些测点的声学参数被判为异常值时，可结合异常测点的分布及波形状况确定混凝土内部存在不密实区和空洞的位置及范围。

（2）当判定缺陷是空洞时，可按以下步骤估算空洞的当量尺寸。

①空洞的当量尺寸估算原理如图12-9所示。

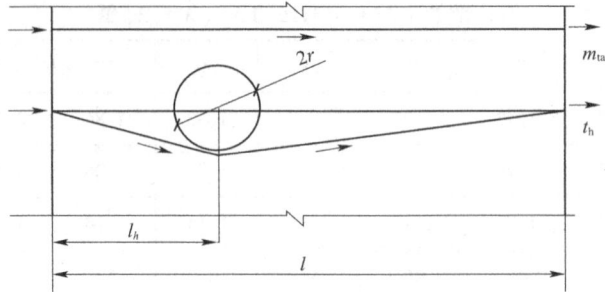

图12-9　空洞尺寸估算原理图

设检测距离为l，空洞中心（在另一对测试面上声时最长的测点位置）距一个测试面的垂直距离为l_h，声波在空洞附近无缺陷混凝土中传播的时间平均值为m_{ta}，绕空洞传播的时间（空洞处的最大声时）为t_h，空洞半径为r，设：$X = \dfrac{t_h - m_{ta}}{m_{ta}} \times 100$，$Y = \dfrac{l_h}{l}$，$Z = \dfrac{r}{l}$。根据$X$、$Y$值，可由表12-10查得空洞半径$r$与测距的比值$Z$，再计算空洞的大致半径$r$。

X、Y、Z对应值　　　　　　　　　　　　　　表12-10

$\diagdown$ Z X $\diagup$ Y	0.05	0.08	0.10	0.12	0.14	0.16	0.18	0.20	0.22	0.24	0.26	0.28	0.30
0.1(0.90)	1.42	3.77	6.26										
0.15(0.85)	1.00	2.56	4.06	5.97	8.39								
0.20(0.80)	0.78	2.02	3.18	4.62	6.36	8.44	10.9	13.9					
0.25(0.75)	0.67	1.72	2.69	3.90	5.34	7.03	8.98	11.2	13.8	16.8			
0.30(0.70)	0.60	1.53	2.40	3.46	4.73	6.21	7.91	9.38	12.0	14.4	17.1	20.1	23.6
0.35(0.65)	0.55	1.41	2.21	3.19	4.35	5.70	7.25	9.00	10.9	13.1	15.5	18.1	21.0
0.40(0.60)	0.52	1.34	2.09	3.02	4.12	5.39	6.84	8.48	10.3	12.3	14.5	16.9	19.6
0.45(0.55)	0.50	1.30	2.03	2.92	3.99	5.22	6.62	8.20	9.95	11.9	14.0	16.3	18.8
0.50	0.50	1.28	2.00	2.89	3.94	5.16	6.55	8.11	9.84	11.8	13.3	16.1	18.6

②当被测部位只有一对可供测试的表面时，只能按空洞位于测距中心考虑，空洞尺寸可按式（12-14）计算。

$$r = \frac{l}{2} \sqrt{\left(\frac{t_h}{m_{ta}}\right)^2 - 1} \qquad (12-14)$$

式中：r——空洞半径，mm；

　　　l——T、R换能器之间的距离，mm；

　　　t_h——缺陷处最大声时值，μs；

　　　m_{ta}——无缺陷区的平均声时值，μs。

（五）注意事项

（1）换能器应通过耦合剂与混凝土测试表面保持紧密结合，耦合层不得夹杂泥砂或空气。

（2）检测时，应尽可能避免超声传播路径与附近钢筋轴线平行；如无法避免，应使两个换能器连线与该钢筋的最短距离不小于超声测距的 1/6。

（3）检测中出现可疑数据时应及时查找原因，必要时进行复测校核或加密测点补测。

二、冲击回波法测定结构混凝土厚度及内部不密实区、空洞

冲击回波法是指通过冲击方式产生瞬态冲击弹性波并接收冲击弹性波信号，通过分析冲击弹性波及其回波的波速、波形和主频频率等参数的变化，判断混凝土结构厚度或缺陷的测定方法。《冲击回波法检测混凝土缺陷技术规程》（JGJ/T 411—2017）规定了利用冲击弹性波来测定结构混凝土厚度及内部缺陷的方法。

（一）冲击回波法检测混凝土厚度

1. 检测原理

在混凝土表面利用一个短时的机械冲击激发低频冲击弹性波，冲击弹性波传播到结构内部，被底部表面反射回来。冲击弹性波在构件表面、底部表面边界之间来回反射产生瞬态共振，其共振频率能在振幅谱（通过傅里叶快速变换，从波形中得出的频率与对应振幅的关系图）中辨别出，用于确定构件厚度。

2. 准备工作

（1）检查冲击回波仪是否在校准有效期限内。通常，冲击回波仪校准周期为 1 年。

（2）收集技术资料，并将有关内容填写至试验检测原始记录表中。检测前应收集的相关技术资料，主要包括以下内容：

①工程名称及设计、施工、监理、建设和委托单位名称等。

②被检测结构构件的名称、设计图纸、设计变更、施工记录和施工验收等。

③混凝土原材料品种与规格、配合比、浇筑和养护情况以及设计强度等级。

④检测目的与要求。

⑤构件、结构所处环境条件、使用期间的加固情况。

⑥委托方检测目的和具体要求。

⑦结构构件外观质量及存在问题。

（3）选择测区。

①受检构件测区外缘距构件的变截面或侧表面的最小距离，应大于沿冲击方向的构件厚度。

②测区表面应清洁、平整，不应有蜂窝、孔洞等外观质量缺陷；当表面不平时，应打磨平整。

③测区应有进行对比的同条件正常混凝土部位。

④测区应标明编号及位置。

（4）布置测点。

①每个测区的测点，按相关规范要求的检测频率进行布点。

②标明测点的位置和编号。

（5）标定波速。

①当构件所测区域厚度不能量测时，可采用两个接收传感器进行表观波速测试，如图12-10所示。

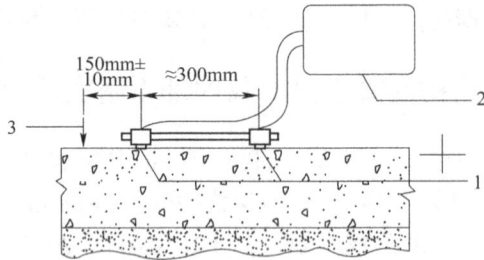

图12-10　冲击回波法测试结构混凝土表观波速示意图
1-接收传感器；2-数据采集分析系统；3-冲击源

将冲击回波仪的两个接收传感器置于结构构件表面，在两个传感器连线的外侧激发冲击弹性波；

当从两个传感器获取的波形都有效时，可存储波形，进行分析；当纵波无法分辨时，应在同一点重复进行测试，或在传感器和混凝土接触良好的另一位置重新进行测试；

从两个传感器分别接收到的两个时域波形应在同一时间坐标中显示；

分别读取并记录第一个和第二个传感器接收信号在电压基准线数值开始变化点的时间数值 t_1 和 t_2；计算纵波到达的时间差 $\Delta t = t_2 - t_1$。

混凝土构件纵波传播的表观波速值按式（12-15）计算：

$$v_p = \frac{10^6 L}{\Delta t} k \tag{12-15}$$

式中：v_p ——混凝土表观波速，m/s；

　　　L ——两个接收传感器间的直线距离，m；

　　　Δt ——两个接收传感器所接收到信号的时间差，μs；

　　　k ——截面形状系数，可通过现场试验确定。

通过改变采样时间间隔对同一测点重复进行两次测试，当该测点上两次测得的传播时间相同时，可进行其他测点的测试。当两次测试的信号时间差不同时，应进行第三次测试，取与前两次值相同的值作为传播时间的测试值；当3个数据都不同时，应检查原因，排除故障后再继续进行测试。

混凝土表观波速测试不少于3个测点，测试结果与平均值的差不超过平均值的5%，取多次测试的表观波速平均值作为待测构件的混凝土表观波速值。

②能直接测量构件厚度值及采用钻孔取芯直接测量被测构件（区域）厚度值的情况下，可采用一个接收传感器。

在平整混凝土表面进行检测，观察数据采集系统中时域图和振幅谱图的波形变动情况，当出现与厚度值 H 对应的一个有效波形的振幅谱只有单主峰时，读取频域曲线图中主频值 f。

混凝土表观波速按式(12-16)计算：

$$v_p = 2Hf \qquad (12\text{-}16)$$

式中：v_p——混凝土表观波速，m/s；

H——混凝土结构构件直接量测的实际厚度，m；

f——振幅谱中构件厚度对应的频率值，Hz。

混凝土表观波速测试应不少于3个测点，测试结果与平均值的差不超过平均值的5%，取多次测试的表观波速平均值作为待测构件的混凝土表观波速值。

3. 数据采集

(1)传感器和混凝土测试表面应处于良好的耦合状态。

(2)冲击点位置与传感器的间距应小于设计厚度的0.4倍。

(3)当检测面有沟槽或表面裂纹时，传感器和冲击器位于沟槽或表面裂纹的同侧。

(4)进行数据采集时，每测点应取3个有效波形，并分析各有效的主频(f)。主频(f)与平均值的差值不应超过$2\Delta f$，测点的振幅谱图中构件厚度对应的主频(f)应为3个有效主频的算数平均值。

4. 数据处理

结构构件厚度按式(12-17)计算：

$$T = \frac{v_p}{2f} \qquad (12\text{-}17)$$

式中：T——结构构件的厚度计算值，m；

v_p——混凝土表观波速，m/s；

f——振幅谱图中构件厚度对应的频率，Hz。

(二)冲击回波法检测混凝土板内部不密实区及空洞

1. 检测原理

在混凝土表面利用一个短时的机械冲击激发低频冲击弹性波，冲击弹性波传播到结构内部，被缺陷表面反射回来。冲击弹性波在构件表面与内部缺陷表面边界之间来回反射产生瞬态共振，其共振频率能在振幅谱(通过快速傅里叶变换，从波形中得出的频率与对应振幅的关系图)中辨别出，用于确定内部缺陷的深度。检测原理如图12-11所示。

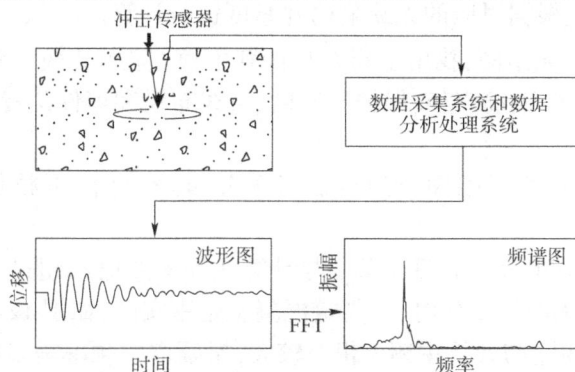

图12-11 冲击回波法检测混凝土内部缺陷原理示意图

2. 准备工作

(1)检查冲击回波仪是否在校准有效期限内。通常,冲击回波仪校准周期为1年。

(2)收集技术资料,并将有关内容填写至试验检测原始记录表中。检测前应收集的相关技术资料,主要包括以下内容:

①工程名称及设计、施工、监理、建设和委托单位名称等。

②被检测结构构件的名称、设计图纸、设计变更、施工记录、施工验收等。

③混凝土原材料品种与规格、配合比、浇筑和养护情况、设计强度等级等。

④检测目的与要求。

⑤构件、结构所处环境条件及使用期间的加固情况。

⑥委托方检测目的和具体要求。

⑦结构构件外观质量及存在问题。

(3)选择测区。

①受检构件测区外缘距构件的变截面或侧表面的最小距离,应大于沿冲击方向的构件厚度。

②测区表面应清洁、平整,不应有蜂窝、孔洞等外观质量缺陷;当表面不平时,应打磨平整。

③测区范围应大于预估缺陷的区域,并应有进行对比的同条件正常混凝土部位。

④测区应标明编号及位置。

(4)布置测点。

①每个测区的测点,按等间距的网格状布置,不少于20个测点。

②标明测点的位置和编号。

(5)标定波速。

利用"冲击回波法检测混凝土厚度"中的方法标定表观波速。

3. 数据采集

(1)传感器和混凝土测试表面应处于良好的耦合状态。

(2)冲击点位置与传感器的间距应小于设计厚度的0.4倍。

(3)当检测面有沟槽或表面裂纹时,传感器和冲击器位于沟槽或表面裂纹的同侧。

4. 内部缺陷的判定

(1)频域曲线主频 f_c 根据对应的无缺陷构件厚度进行计算。

(2)根据实测的波形频谱图,找出主频 f,与计算主频 f_c 进行比较。对于主频 f 之外的频率应结合检测结构构件形状、钢筋直径、保护层厚度、管线布设和埋件位置等情况进行综合分析,确定内部缺陷位置。

(3)当冲击回波仪具备三维图、厚度-距离图分析功能时,可根据下列情况进行缺陷分析:

①当振幅谱图中只有单峰形态且主频 f 与计算主频 f_c 差值不超过 $2\Delta f$,厚度-距离图显示构件厚度值随测试距离无明显变化时,可判定混凝土是密实的,如图12-12所示。

②当振幅谱图中主频 f 与计算主频 f_c 相差较大,振幅谱中频率呈多峰形态,且向低频漂移时,可判断混凝土内部有缺陷,如图12-13、图12-14所示。

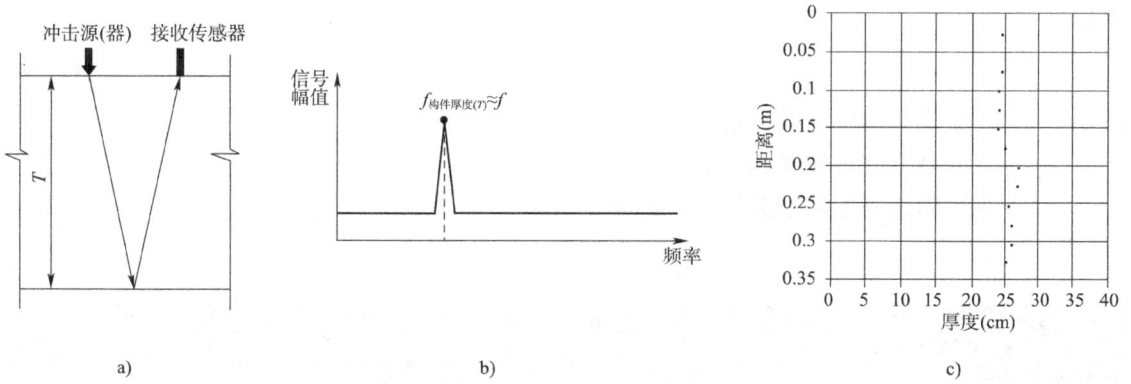

图 12-12　振幅谱图中只有单峰形态示意图
a)构件示意图;b)振幅谱示意图;c)厚度-距离示意图

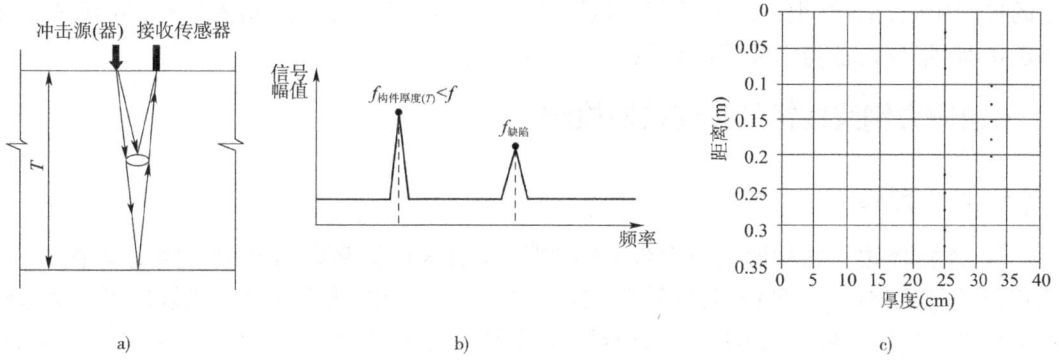

图 12-13　振幅谱图中呈多峰形态示意图(一)
a)构件示意图;b)振幅谱示意图;c)厚度-距离示意图

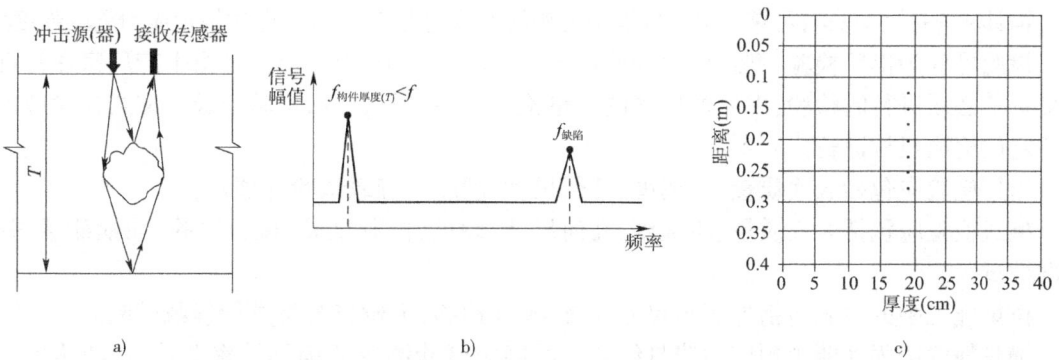

图 12-14　振幅谱图中呈多峰形态示意图(二)
a)构件示意图;b)振幅谱示意图;c)厚度-距离示意图

③实测波形信号复杂、振幅衰减缓慢,无法准确分析与评价时,宜结合其他检测方法进行综合测试。对于判别困难的区域可采取钻芯核实。

④内部缺陷位置估算值可按式(12-18)计算。其中,主频 f 值取振幅谱缺陷波峰对应的频

率值。

$$T = \frac{v_p}{2f}$$ (12-18)

式中：T——缺陷位置厚度估算值，m；

　　　v_p——混凝土表观波速，m/s；

　　　f——振幅谱图中缺陷波峰对应的频率，Hz。

第五节　预应力混凝土结构构件检测

预应力混凝土结构构件检测项目中，原材料与配合比的检测、施工中的一些检测与钢筋混凝土的检测相同，钢丝、钢绞线的性能与检测请参阅《道路建筑材料》相关教材，本节只介绍锚具和连接器、张拉设备与水泥浆的检测。

一、预应力钢绞线锚具和连接器检测

(一)产品分类

锚具、连接器按其结构形式分为张拉端锚具(又分为群锚和扁锚两种)；固定端锚具[又分为轧花(H型)和挤压(P型)锚具两种]。各类锚具、连接器按适用的钢绞线规格可分为YM12和YM15两个系列。其中，YM12系列锚具、连接器适用于锚固、连接 $\phi12.0 \sim \phi12.9$mm 的钢绞线；YM15系列锚具、连接器适用于锚固、连接 $\phi15.0 \sim \phi15.7$mm 的钢绞线。

(二)检验项目与技术要求

锚具和连接器应具有可靠的锚固性能和足够的承载能力，以保证充分发挥预应力筋的强度。

检验可分为出厂检验、型式检验和使用单位检验。其中，出厂检验是指生产厂家在每批产品交货前必须进行的检验，由生产厂家的质量检验部门进行，并做检验记录。型式检验应由国家指定的检测机构进行。

出厂检验应包括表面质量、粗糙度、几何尺寸、硬度与静载试验等项目。

型式检验应包括表面质量、粗糙度、几何尺寸、硬度，静载试验，疲劳试验，周期荷载试验，辅助性试验。

桥梁施工中的检验包括外观与尺寸检查、硬度检验；大桥有时需进行静载试验。

锚具静载锚固性能由预应力锚具组装件的静载试验测定的锚具效率系数 η_a 和达到实测极限拉力时的总应变 ε_{apu} 来确定。交通行业标准《公路桥梁预应力钢绞线用锚具、夹具和连接器》(JT/T 329—2010)规定锚具的静载锚固性能应符合下列要求：

钢绞线锚具组装件达到实测极限拉力时，全部零件均不应出现肉眼可见的裂缝或破坏。

锚具的静载锚固性能应满足下列要求：

(1)锚具效率系数 $\eta_a \geq 0.95$。

（2）达到实测极限拉力时的总应变 $\varepsilon_{apu} \geqslant 2\%$ 。

（3）锚具宜满足分级张拉、补张拉以及放松钢绞线的要求；锚具及其附件上应设置灌浆孔，灌浆孔应具有保证浆液畅通的截面面积。

（4）循环荷载作用下疲劳性能试验，试件经受 200 万次循环荷载后，钢绞线因锚具影响发生疲劳破坏的面积不应大于试件总截面面积的 5%。

（5）用于抗震结构中的锚具还应进行周期荷载试验，试件经 50 次周期荷载作用后，钢绞线不应发生破断、滑移和夹片松脱现象。

（6）锚具内缩量应不大于 6mm。

（7）锚具的锚口摩阻损失率不宜大于 6%。

（8）连接器应具有与锚具相同的性能要求。

（三）试验方法

1. 一般规定

（1）试验用的钢绞线锚具组装件应由全部零件和钢绞线组装而成，组装时不得在锚固零件上添加影响锚固性能的物质，如金刚砂、石墨等（设计规定的除外）。同一束中的各根钢绞线应等长且平行，生产厂的型式检验和新产品试验所用的试件，应选用同一品种、同一规格中最高强度级别的钢绞线。不同系列的锚具应各选取两种代表性尺寸的样品型式试验。

（2）试验用的测力系统，其不确定度不得大于 2%；测量总应变用的量具，其标距的不确定度不得大于标距的 0.2%；指示应变的仪器的不确定度不得大于标距的 0.1%。试验台座承载力应大于主装件中各预应力筋计算极限拉力之和的 1.5 倍，千斤顶额定张拉力和测力传感器额定压力应大于主装件中各预应力筋极限拉力之和。对试验设备及仪器每年至少标定一次。

（3）对锚具组装件进行试验之前，必须对单根钢绞线进行力学性能试验，其试件应同组装件试验从同一盘钢丝或钢绞线中抽取。每次随机抽取 6 个试件。

2. 静载试验

将锚具、钢绞线、传感器、千斤顶分别安装于试验机或试验台座上，使各钢绞线均匀受力，紧固锚具螺钉或敲紧夹片。图 12-15 给出了钢绞线锚具组装件静载试验组装图如图 12-15 所示。

当用张拉设备拉至钢绞线抗拉强度标准值的 10% 时，测量图 12-15 中所示 L_0 及千斤顶的活塞初始行程 L_1 尺寸并做记录，测量图 12-16 中 a、b 尺寸并记录。

用试验设备按钢绞线抗拉强度标准值的 20%、40%、60%、80% 分 4 级等速加载，加载速度每分钟宜为 100MPa，达到 80% 后，持荷 1h 后，用低于 100MPa/min 的加载速率缓慢加载至试样破坏。

试验过程中观察和测量项目应包括：

（1）钢绞线锚具或连接器组装件的内缩量。

（2）锚具或连接器各零件之间的相对位移。

（3）在达到钢绞线抗拉强度标准值的 80% 后，在持荷 1h 时间内的锚具或连接器的变形。

（4）试件的实测极限应力 F_{apu}。

（5）达到实测极限应力时的总应变 ε_{apu}。

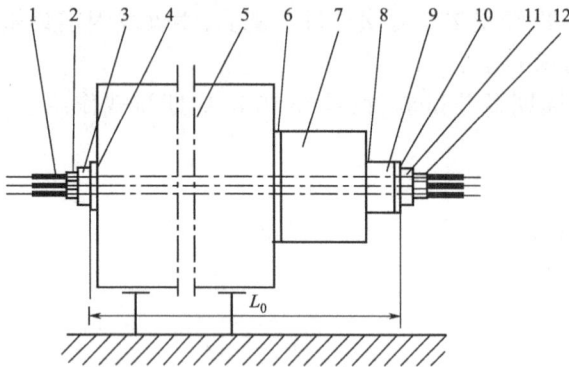

图 12-15　钢绞线锚具静载试验组装图

1-钢绞线；2、12-夹片；3、11-锚圈；4、6、8、10-垫板；5-试验台座；7-千斤顶；9-传感器

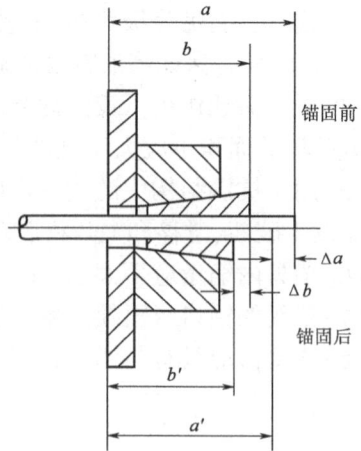

图 12-16　内缩量计算图

根据试验结果记录计算锚具和连接器的锚固效率系数 η_a，编写试验报告。

锚固效率系数、总应变按下式计算：

$$\eta_a = \frac{F_{apu}}{F_{pm}} \tag{12-19}$$

$$F_{pm} = n f_{ptm} A_{pk} \tag{12-20}$$

$$\varepsilon_{apu} = \frac{\Delta L_1 + \Delta L_2 - \Delta a}{L_0} \times 100\% \tag{12-21}$$

式中：F_{apu}——钢绞线锚具组装件的实测极限拉力；

$\quad\quad F_{pm}$——钢绞线锚具组装件中各根钢绞线计算极限拉力之和；

$\quad\quad f_{ptm}$——钢绞线中抽取的试件极限抗拉强度的平均值；

$\quad\quad A_{pk}$——钢绞线锚具组装件中钢绞线单根试样的特征（公称）截面面积；

$\quad\quad n$——钢绞线锚具组装件中钢绞线的根数；

$\quad\Delta L_1$——从初应力（钢绞线抗拉强度标准值的10%）到极限应力时的活塞伸长量；

$\quad\Delta L_2$——从0张拉至初应力（钢绞线抗拉强度标准值的10%）时的钢绞线伸长量理论计算值（夹持计算长度内）；

$\quad\quad\Delta a$——钢绞线相对试验锚具（连接器）的实测位移量；

$\quad\quad L_0$——钢绞线的夹持计算长度，即两端锚具（连接器）的端头起夹点之间的距离。

根据静载试验记录可以计算锚具效率系数和总应变。

3. 内缩量试验

内缩量试验使用的设备、仪器及试件安装与静载试验相同，内缩量可用测量锚固处钢绞线相对位移计算出。试件组装后测量每根钢绞线的 a_i 值，用试验设备张拉试件至钢绞线抗拉强度标准值的80%后锚固，再次测量每根钢绞线的 a_i 值，计算出每根钢绞线的内缩量 Δa_i 和锚具组装件的内缩量 Δa。

内缩量试验试件应不少于3个，试验结果取其平均值，并用表格形式记录。

（四）试件抽样及检验判定

进场检验时,同种材料、同一生产工艺条件下、同批进场的产品可视为同一验收批。锚具的每个验收批不宜超过 2 000 套;夹具、连接器的每个验收批不宜超过 500 套;获得第三方独立认证的产品其验收批可扩大 1 倍。当检验合格的产品在现场的存放期超过 1 年再用时,应进行外观检查。

1. 外观检查

外观检查是指从每批产品中抽取 2% 且不少于 10 套样品,检查其外形尺寸、表面裂纹及锈蚀情况。外形尺寸应符合产品质量保证书所示的尺寸范围,且表面不得有裂纹及锈蚀。当有下列情况之一时,对本批产品应逐套检查,合格者方可进入后续检查。

(1)当有 1 个试件不符合产品质量保证书所示的外形尺寸要求时,则应另取双倍数量的试件重新检查,若仍有 1 个不合格,则应另取双倍数量的零件重新检验,若仍有 1 个零件不合格,则应对本批产品逐个检验,合格者方可使用。

(2)当有 1 个试件表面有裂纹或夹片、锚孔锥面有锈蚀时,对配套使用的锚垫板和螺旋筋可按上述方法进行外观检查,但允许表面有轻度锈蚀。

2. 硬度检验

硬度检验是指应从每批产品中抽取 3% 且不少于 5 套样品(对多孔夹片式锚具的夹片,每套抽取 6 片),对其中有硬度要求的零件进行硬度试验,每个零件测试 3 点,其硬度应符合产品质量保证书的规定。当有 1 个零件不合格时,则应另取双倍数量的零件重做检验,如仍有 1 个零件不合格,则应对本批零件逐个检验,合格者方可使用。

3. 静载锚固性能试验

静载锚固性能试验是指应在外观检查和硬度检验均合格的同批产品中抽取样品,与相应规格和强度等级的预应力筋组成 3 个预应力筋-锚具组装件,进行静载锚固试验。当有 1 个试件不符合要求时,则应另取双倍数量的样品重新做试验,如仍有 1 个试件不符合要求,则该批锚具为不合格。

例 12-1 某特大连续梁桥,所采用的工作锚板(规格型号:15-8)、工作夹片(规格型号:15-J)均由某预应力工艺设备厂提供,现通过静载试验检测它们是否符合相关要求,并检测其金属硬度。

(1)检测依据:《预应力筋用锚具、夹具和连接器》(GB/T 14370—2015)、《金属材料　洛氏硬度试验　第 1 部分:试验方法(A、B、C、D、E、F、G、H、K、N、T 标尺)》(GB/T 230.1—2009)。

(2)主要检测设备:静载锚固效率系数试验仪(编号:51004)、洛氏硬度计(编号:51363)。

(3)从一批原件中抽取 6 套组成 3 个组装件进行静载试验,预应力筋实测极限拉力、钢绞线根数、钢绞线筋平均长度、组装件实测极限拉力、预应力筋总伸长量的试验检测数值及相关试验结果见表 12-11。

(4)预应力筋计算极限拉力(以 1-1 号组装件为例):

预应力筋计算极限拉力 = 预应力筋实测极限拉力 × 钢绞线根数

$$= 279 \times 8 = 2\ 232 (kN)$$

检 测 结 果   表 12-11

试 验 项 目	GB/T 14370—2015 技术要求	检 测 值		
组装件编号	—	1-1 号	1-2 号	1-3 号
预应力筋实测极限拉力(kN)	—	279	279	280
钢绞线根数(根)	—	8	8	8
钢绞线平均长度(mm)	—	3 335	3 335	3 335
预应力筋计算极限拉力(kN)	—	2 232	2 232	2 240
组装件实测极限拉力(kN)	—	2 140	2 144	2 146
静载锚固效率系数 η_a	≥0.95	0.96	0.96	0.96
预应力筋总伸长量(mm)	—	115	118	119
组装件总应变 ε_{apu}(%)	≥2.0	3.4	3.5	3.6
结论	该样品静载锚固效率系数、组装件总应变符合《预应力筋用锚具、夹具和连接器》(GB/T 14370—2015)中锚具相应技术指标要求			

(5)静载锚固效率系数 η_a(以 1-1 号组装件为例):

静载锚固效率系数 η_a = 组装件实测极限拉力 ÷ 预应力筋计算极限拉力

= 2 140 ÷ 2 232 = 0.96

(6)组装件总应变 ε_{apu}(以 1-1 号组装件为例):

$$组装件总应变 \ \varepsilon_{apu} = \frac{115}{3\ 335} \times 100\% = 3.4\%$$

(7)试验结果表明,该样品静载锚固效率系数、组装件总应变符合《预应力筋用锚具、夹具和连接器》(GB/T 14370—2015)中锚具相应技术指标要求。

(8)从一批原件中抽取 6 套进行硬度试验,试验结果见表 12-12。

硬 度 检 测 结 果   表 12-12

压 头		120°金刚石
总试验力(N)		1 471
标注硬度的符号		HRC
质量保证书要求值(HRC)		26 ~ 32
洛氏硬度	样品编号	检测值(HRC)
	5-1 号	31.5
	5-2 号	29.0
	5-3 号	30.0
	5-4 号	28.5
	5-5 号	31.0
	5-6 号	30.0
结论	该样品的硬度符合产品质量保证书要求值	

二、张拉设备校验

桥梁工程中,张拉设备常采用液压拉伸机,液压拉伸机由油压千斤顶和配套的高压油泵、压力表及外接油管等组成。液压拉伸机的千斤顶按其构造可分为台座式(普通油压千斤顶)、空心式、锥锚式和拉杆式。预应力张拉机具应与锚具配套使用,并在进场前进行检查和校验。

油压千斤顶的作用力一般用油压表测定和控制。油压表上的指示读数为油缸内的单位油压,在理论上将其乘以活塞面积即千斤顶的作用力。但由于油缸与活塞之间有一定的摩阻力,此项摩阻力会抵消一部分作用力,因此实际作用力要比理论值小。为正确控制张拉,一般均用校验标定的方法测定油压千斤顶的实际作用力与油压读数的关系。校验仪器可采用压力试验机、标准测力计或传感器等,一般采用长柱压力试验机。

(一) 长柱压力试验机校验

压力试验机的精度不得低于 ±2%。在校验时,应采取被动校验法,即在校验时用千斤顶顶试验机,这样活塞运行方向、摩阻力的方向与实际工作时相同,校验比较准确。

在进行被动校验时,压力试验机本身也有摩阻力,且与正常使用时相反,故试验机表盘读数反映的也不是千斤顶的实际作用力。因此,当用被动法校验千斤顶时,必须事先用具有足够吨位的标准测力计对试验机进行被动标定,以确定试验机的度盘读数值。标定后再校验千斤顶时可从试验机度盘上直接读出千斤顶的实际作用力以及相应的油压表的准确读数。

用压力试验机校验的步骤如下:

(1) 千斤顶就位。

①当校验穿心式千斤顶时,如图12-17a)所示,将千斤顶放在试验机台面上,千斤顶活塞面或撑套与试验机压板紧密接触,并使千斤顶与试验机的受力中心线重合。

②当校验拉杆式千斤顶时,如图 12-17b)所示,先把千斤顶的活塞杆推出,取下封尾板,在缸体内放入一根厚壁无缝钢管,然后将千斤顶两脚向下立于试验机的中心线部位。放好后,调整试验机,使钢管的上端与试验机上压板接紧,下端与缸体内活塞面接紧,并对准缸体中心线。

(2) 校验千斤顶。开动油泵,千斤顶进油,使活塞杆上升,顶试验机上压板。在千斤顶顶试验机的平缓增加荷载的过程中(此时不得用试验机压千斤顶),自零位到最大吨位,将试验机被动标定的结果逐点标定到千斤顶的油压表上。标定点应均匀地分布在整个测量范围内,且不少于 5 点。当采用最小二乘法回归分析千斤顶的标定经验公式时,需 10 ~ 20 点。各标定点应重复标定 3 次,取平均值,并且只测读进程,不得读回程。

(3) 根据千斤顶校验结果绘制千斤顶校验曲线,供预应力钢材张拉时使用,亦可采用最小二乘法求出千斤顶校验的经验公式,供预应力筋张拉时使用。

(二) 标准测力计校验

用水银压力计、测力环、弹簧拉力计标准测力计校验千斤顶是一种简单可靠的方法,校验穿心式千斤顶时的装置(校验拉杆式千斤顶的附加装置与压力试验机校验相同)如图 12-18 所示。校验时,开动油泵,千斤顶进油,活塞杆推出,顶测力计。当测力计达到一定吨位 T_1 时,立即读出千斤顶油压表相应读数 P_1,采用同样方法可得 T_2、P_2 和 T_3、P_3,此时 T_1、T_2、T_3…即为相应于油压表读数 P_1、P_2、P_3…的实际作用力。将测得的各值绘成曲线,实际使用时,即可由此曲线找出要求的 T 值和相应的 P 值。

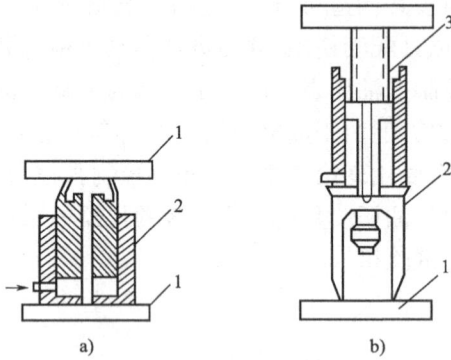

图 12-17　用压力试验机校验千斤顶
a)校验穿心式千斤顶;b)校验拉杆式千斤顶
1-试验机上下压板;2-拉伸机;3-无缝钢管

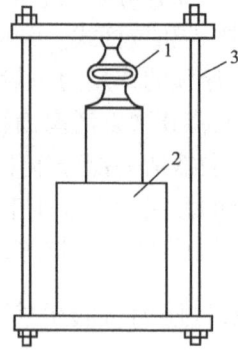

图 12-18　标准测力计校验千斤顶装置
1-标准测力计;2-千斤顶;3-框架

也可以用电测传感器校验,传感器是在金属弹性元件表面贴上电阻应变片所组成的一个测力装置。当金属元件受外力作用变形后,电阻片也相应变形而改变其电阻值。改变的电阻值通过电阻应变仪测定出来,即可从预先标定的数据中查出外力的大小。将此数据再标定到千斤顶油压表上,即可用以进行作用力的控制。

例 12-2　某特大连续梁桥,预应力筋的张拉设备采用的是穿心式液压千斤顶(规格型号:YDC1200),由某预应力工艺设备厂提供,现通过长柱压力试验机进行校验。

(1)将千斤顶放在试验机台面上,千斤顶活塞面或撑套与千斤顶紧密接触,使千斤顶与试验机的受力中心线重合。

(2)校验千斤顶。校验数值记录见表 12-13。

校 验 数 值 记 录　　　　　　表 12-13

千斤顶型号	YDC1200	室温	20℃	日期	2008.6.8
千斤顶读数(MPa)		标定值(kN)			
		一次	二次	三次	平均值
0		0.0	0.0	0.0	0.0
5		122.7	119.9	118.8	120.5
10		217.3	214.5	216.3	216.0
15		316.8	315.4	310.5	314.2
20		408.5	412.7	410.7	410.6
25		510.9	505.2	506.7	507.6
30		605.5	608.3	608.3	607.4
35		705.6	700.1	703.2	703.0
40		799.5	799.2	799.4	799.4

千斤顶型号	YDC1200	室温	20℃	日期	2008.6.8
千斤顶读数(MPa)	标定值(kN)				
	一次	二次	三次	平均值	
45	895.0	902.3	900.1	899.1	
50	994.3	996.2	996.7	995.7	
55	1 093.3	1 095.2	1 094.2	1 094.2	

回归方程为:$Y(MPa) = A + BX(kN)$

$$A = 0.771\ 6$$
$$B = 0.050\ 8$$
$$r = 0.999\ 87$$

三、水泥浆的检测

有黏结预应力筋的后张法预应力混凝土构件,在预应力筋张拉完毕后,均须向孔道内压满水泥浆,以保证预应力筋不锈蚀,并与构件混凝土连成整体。压浆工作宜在张拉完毕后尽早进行,且应在48h内完成,否则应采取避免预应力筋锈蚀的措施。

后张法预应力孔道宜采用专用压浆料或专用压浆剂配制的浆液进行压浆,所用原材料应符合下列规定:

(1)水泥应采用性能稳定,强度等级不低于42.5的低碱硅酸盐或低碱普通硅酸盐水泥,水泥的性能要求除应符合《通用硅酸盐水泥》(GB 175—2007)的规定外,还要符合比表面积≤350(硅酸盐水泥),80μm方孔筛筛余≤10.0%(普通硅酸盐水泥),游离氧化钙含量≤1.5%,碱含量≤0.60%,熟料中的C_3A含量≤8%(海水环境下≤10%),氯离子含量≤0.03%的规定。

(2)外加剂应与水泥有良好的相容性,且不得含有氯盐、亚硝酸盐或其他对预应力筋有腐蚀作用的成分。减水剂应采用高效减水剂,且应满足国家标准《混凝土外加剂》(GB 8076—2008)中的高效减水剂一等品的要求,其减水率应不小于20%。

(3)矿物掺合料的品种宜为Ⅰ级粉煤灰、磨细矿渣粉或硅灰,并应符合《公路桥涵施工技术规范》(JTG/T F50—2011)中高性能混凝土对矿物混合料的要求。

(4)水中不应含有对预应力筋或水泥有害的成分,每升水中的氯化物离子或任何一种其他有机物含量不得超过350mg,宜采用符合国家卫生标准的清洁饮用水。

(5)膨胀剂宜采用钙矾石系或复合型膨胀剂,不得采用以铝粉为膨胀源的膨胀剂或总碱量在0.75%以上的高碱膨胀剂。

(6)压浆材料中的氯离子含量不应超过胶凝材料总量的0.06%,比表面积应大于350m²/kg,三氧化硫含量不应超过胶凝材料总量的6.0%。

(一)检测项目与方法

1.水泥浆的强度

压浆时每一工作班应制取3组尺寸为40mm×40mm×160mm的试件,标准养护28d,进行

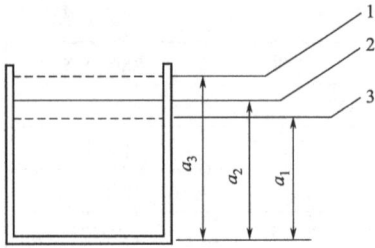

图 12-19 水泥浆泌水率和膨胀率试验
1-膨胀后的水泥浆面;2-水面;3-最初填灌
的水泥浆面

抗压强度和抗折强度试验,作为质量评定的依据。

2. 泌水率和膨胀率试验

水泥浆泌水率和膨胀率试验容器如图 12-19 所示,容器用有机玻璃制成,带有密封盖,高 120mm,放置于水平面上。向容器内填灌深度约 100mm 的水泥浆,测填灌面高度并记录下来,然后盖严。置放 3h 和 24h 后测其离析水水面和水泥浆膨胀面,然后按下列公式计算泌水率和膨胀率:

$$泌水率(\%) = \frac{a_2 - a_3}{a_1} \times 100 \qquad (12-22)$$

$$膨胀率(\%) = \frac{a_3 - a_1}{a_1} \times 100 \qquad (12-23)$$

3. 稠度试验

水泥浆稠度测定容器如图 12-20 所示。测定时,先将漏斗调整至水平,关上底口活门,将搅拌均匀的水泥浆倒入漏斗内,直至表面触及点测规下端。打开活门,让水泥浆自由流出,水泥浆全部流完所用的时间(s),称为水泥浆稠度。

4. 钢丝间泌水率试验

钢丝间泌水率试验容器如图 12-21 所示,用有机玻璃制成,带有密封盖,内径为 100mm,高 160mm。在容器中间置入一根 7 丝钢绞线。钢绞线在容器顶露出的高度为 10~30mm。测定时,试验容器静置于水平面上,将搅拌均匀的浆液注入容器中,注入浆液体积约 800mL,并记录浆液准确体积;然后将密封盖盖严,并在中心位置插入钢绞线至容器底部;静置 3h 后用吸管吸出浆液表面的离析水量,移入 10mL 的量筒内,测量泌水量 V_1。

$$泌水率(\%) = \frac{V_1}{V_0} \times 100 \qquad (12-24)$$

式中: V_1 ——浆液上部泌水的体积;

$\quad\ V_0$ ——测试前浆液的体积。

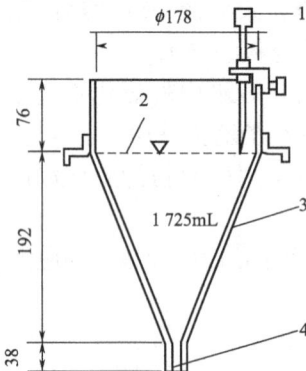

图 12-20 水泥浆稠度试验漏斗(尺寸单位:mm)
1-点测规;2-水泥浆表面;3-不锈钢制 3mm 厚;
4-流出口(内径 13mm)

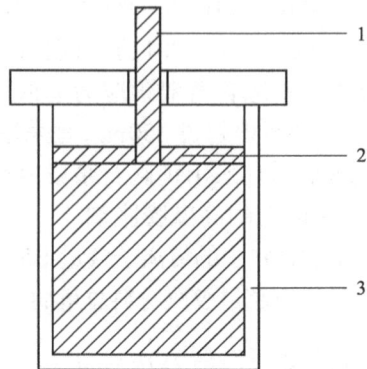

图 12-21 钢丝间泌水率试验示意图
1-7 ϕ5mm 钢绞线;2-静置一段时间
后的泌水;3-压浆料

5. 压力泌水率试验

试验仪器：

（1）一个包含 2 块压力表的 CO_2 气瓶，外侧压力表最大读数不大于 1.0MPa，最小分度值为 0.02MPa，级别为 1.5 级。

（2）压力泌水容器为内径 50mm、容积 400mL 的圆柱形不锈钢压力容器，需要进行压力试验，在 0.8MPa 压力下不会破裂，其尺寸如图 12-22 所示。

（3）10mL 的量筒，分度值为 0.2mL。

试验方法：测定时，将搅拌均匀的浆液在自加水开始的 7min 内倒入容积为 400mL 的压力容器过滤漏斗中，倒入的浆液体积为 200mL。安装并旋紧上端盖，静置 10min，上端连接压缩空气，开启压缩空气阀，迅速加压至试验压力。保持试验压力 5min 后，关闭压缩空气阀卸压，使漏斗下部泌水管中的泌水全部流出，记录泌水体积，精确至 0.2mL。压力泌水率按下式计算：

$$泌水率(\%) = \frac{V_1}{V_0} \times 100 \tag{12-25}$$

式中：V_1——泌水体积；

V_0——测试前浆液的体积。

6. 充盈度试验

充盈度试验仪器如图 12-23 所示，内径为 40mm 的透明有机玻璃管，两端的直管夹角为 120°，每部分长度为 0.5m，两部分通过黏结剂密封粘结，将有机玻璃管固定在固定架上。测定时，按规定的方法拌制好浆液后，静置 1min，通过流动锥将浆液灌入固定在固定架上的充盈管中。充完浆液后，用塑料薄膜封闭圆管的两端。在 20℃±3℃ 的条件下放置 7d，观察管内部是否有直径大于 3mm 的气囊或水蒸气，在管道的两端是否有泡沫层。

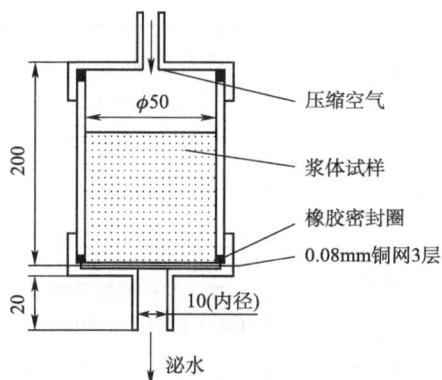

图 12-22　压力泌水容器示意图(尺寸单位：mm)　　　　图 12-23　充盈度管

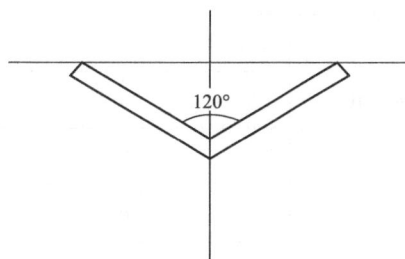

如果存在厚度超过 1mm 的泡沫层或直径大于 3mm 的气囊或体积大于 1mL 的水，则判定充盈度指标为不合格。

（二）水泥浆技术指标

采用压浆材料配制的浆液，其性能应符合表 12-14 的规定。

水泥浆技术指标　　　　　　　　　　　　　表 12-14

项　　目		性能指标	检验试验方法标准
水胶比		0.26 ~ 0.28	《水泥标准稠度用水量、凝结时间、安定性检验方法》(GB/T 1346—2011)
凝结时间(h)	初凝	≥5	
	终凝	≤24	
流动度(25℃)(s)	初始流动度	10 ~ 17	《公路桥涵施工技术规范》(JTG/T F50—2011)附录 C3
	30min 流动度	10 ~ 20	
	60min 流动度	10 ~ 25	
泌水率 (%)	24h 自由泌水率	0	《公路桥涵施工技术规范》(JTG/T F50—2011)附录 C4
	3h 钢丝间泌水率	0	《公路桥涵施工技术规范》(JTG/T F50—2011)附录 C5
压力泌水率 (%)	0.22MPa (孔道垂直高度≤1.8m 时)	≤2.0	《公路桥涵施工技术规范》(JTG/T F50—2011)附录 C6
	0.36MPa (孔道垂直高度 >1.8m 时)		
自由膨胀率 (%)	3h	0 ~ 2	《公路桥涵施工技术规范》(JTG/T F50—2011)附录 C4
	24h	0 ~ 3	
充盈度		合格	《公路桥涵施工技术规范》(JTG/T F50—2011)附录 C7
抗压强度(MPa)	3d	≥20	《水泥胶砂强度检验方法(ISO 法)》(GB/T 17671—1999)
	7d	≥40	
	28d	≥50	
抗折强度(MPa)	3d	≥5	
	7d	≥6	
	28d	≥10	
对钢筋的锈蚀作用		无锈蚀	《混凝土外加剂》(GB 8076—2008)

注:1. 有抗冻性要求时,宜在压浆材料中掺用适量引气剂,且含气量宜为 1% ~3%。

2. 有抗渗性要求时,抗氯离子渗透的 28d 电量指标宜小于或等于 1 500C。

任务一:现场取样,分别进行一组电弧焊与闪光对焊焊件的外观质量与力学性能检验,判定是否符合要求。

任务二:教师提供钢筋混凝土模型,学生分组利用电磁感应法进行钢筋位置、钢筋的混凝土保护层厚度、钢筋位置的检测;利用半电池电位法进行钢筋锈蚀性状的检测,并出具报告。

任务三:教师提供混凝土裂缝及内部缺陷模型,学生分组利用超声法进行裂缝深度的检测,利用超声法及冲击回波法进行内部缺陷的检测,并出具报告。

任务四:教师提供预制梁后张法孔道压浆拌制浆液的原材料,学生分组通过对浆液试拌与性能检测完成水泥浆的配合比设计。

第十三章
CHAPTER THIRTEEN
桥梁支座与伸缩装置检测

教学要求

能确定板式橡胶支座的检测项目;能叙述板式橡胶支座力学性能检测程序与计算方法;能描述伸缩装置的检测项目。

第一节　桥梁支座检测

桥梁支座设置在梁板式体系中的主梁与墩台之间,其主要功能是将上部结构的各种荷载传递给墩台,并起减震作用,能适应上部结构的荷载、温度变化、混凝土收缩等因素所产生的变形(水平位移及转角),使上部结构的实际受力情况符合设计计算图式。

板式支座包括普通板式橡胶支座与四氟滑板式橡胶支座。普通板式橡胶支座是由两层以上加劲钢板,且钢板全部包在橡胶弹性材料内形成的支座,形状有矩形与圆形。四氟滑板式橡胶支座是在普通板式橡胶支座顶面黏结一块一定厚度的聚四氟乙烯板材形成的支座,形状有矩形与圆形。

盆式支座包括固定盆式支座、双向活动盆式支座与单项活动盆式支座。盆式支座是可以支持垂直和水平方向的荷载,允许竖向一定程度旋转的盆状支撑体。旋转部分由放置在钢质圆形盆腔中的橡胶承压板、内部密封环和中间钢衬板 3 部分组成。固定盆式支座是有竖向承载和竖向转动性能的盆式支座。双向活动盆式支座是具有竖向承载和竖向转动性能并可双向水平滑移的盆式支座。单项活动盆式支座是具有竖向承载和竖向转动性能并可单一方向水平滑移的盆式支座。此外,还有减震型固定支座与减震型单项活动支座。

桥梁工程常用的支座有板式橡胶支座、盆式橡胶支座与球形支座。

桥梁橡胶支座构造简单,成本低,目前已实现了产品的标准化、系列化。本节主要介绍桥梁板式橡胶支座的检验方法。可参看资源 13-1。

一、板式橡胶支座构造特性

板式橡胶支座(图 13-1)通常由若干层橡胶片与以薄钢板为刚性的加劲物组合而成,各层橡胶与上下钢板经加压硫化牢固地黏结成为一体。支座在竖向荷载作用下,具有足够的刚度,主要是由于嵌入橡胶片之间的钢板限制橡胶的侧向膨胀。在水平力作用下,支座的水平位移量取决于橡胶片的净厚度。在运营期间为防止嵌入钢板的锈蚀,支座的上下面及四边都有橡胶保护层。

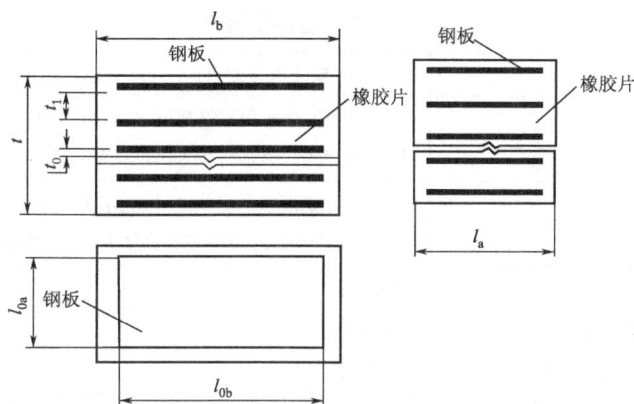

图 13-1 矩形普通板式橡胶支座

二、板式橡胶支座的技术要求

交通部(现交通运输部)行业标准《公路桥梁板式橡胶支座》(JT/T 4—2019)规定了桥梁板式橡胶支座的系列规格。支座力学性能指标见表 13-1。其他质量要求应符合表 13-2 ~ 表 13-5 的规定。

支座的力学性能指标 表 13-1

项　目		指　标
极限抗压强度 R_u(MPa)		≥70
实测抗压弹性模量 E_1(MPa)		$E \pm E \times 20\%$
实测抗剪弹性模量 G_1(MPa)		$G \pm G \times 15\%$
实测老化后抗剪弹性模量 G_2(MPa)		$G + G \times 15\%$
实测转角剪切值 $\tan\theta$	混凝土桥	≥1/300
	钢桥	≥1/500
实测四氟板与不锈钢板表面摩擦系数 μ_f(加硅脂时)		≤0.03

支座解剖检验 表 13-2

项　目	质量要求
锯开后胶层厚度	胶层厚度应均匀,当 t_1 为 5mm 或 8mm 时,其偏差为 ±0.4mm;当 t_1 为 11mm 时,其偏差不得大于 ±0.7mm;当 t_1 为 15mm 时,其偏差不得大于 ±1.0mm

续上表

项　目	质　量　要　求
钢板与橡胶黏结	钢板与橡胶黏结应牢固,且无离层现象,其平面尺寸偏差为±1mm,上、下保护层偏差分别为+0.5mm、0
剥离胶层按(HG/T 2198 规定制成试样)	剥离胶层后,测定橡胶性能与规定的标准值相比,拉伸强度下降不大于15%,扯断伸长率下降不大于20%

注:支座解剖检验,应抽取一块橡胶层数大于三层的支座,将其沿垂直方向锯开,进行规定项目检验。

每块支座成品外观检验 表 13-3

项　目	成品质量标准(不允许有以下两项以上缺陷同时存在)
气泡、杂质	气泡、杂质总面积不得超过支座平面面积0.1%,且每一处气泡、杂质面积不能大于20mm²,最大深度不超过2mm
凹凸不平	当支座平面面积小于0.15m²时,不多于2处;当支座平面面积大于0.15m²时,不得多于4处,且每处凹凸高度不超过0.5mm,面积不超过6mm²
四侧面裂纹、钢板外露	不允许
掉块、崩裂、机械损伤	不允许
钢板与橡胶黏结处开裂或剥落	不允许
支座表面平整度	①橡胶支座:表面不平整度不大于平面最大长度的0.4%;②四氟滑板式支座:表面不平整度不大于四氟滑板平面最大长度的0.2%
四氟滑板表面划痕、碰伤、敲击	不允许
四氟板与橡胶支座粘贴错位	不得超过橡胶支座短边或直径尺寸的0.5%

支座成品平面尺寸偏差范围 表 13-4

矩　形　支　座		圆　形　支　座	
长边范围(l_b)(mm)	偏差(mm)	直径范围(mm)	偏差(mm)
$l_b \leqslant 300$	+2,0	$d \leqslant 300$	+2,0
$300 < l_b \leqslant 500$	+4,0	$300 < d \leqslant 500$	+4,0
$l_b > 500$	+5,0	$d > 500$	+5,0

支座成品厚度偏差范围 表 13-5

矩　形　支　座		圆　形　支　座	
厚度范围(mm)	偏差(mm)	厚度范围(mm)	偏差(mm)
$t \leqslant 49$	+1,0	$t \leqslant 49$	+1,0
$300 < t \leqslant 100$	+2,0	$300 < t \leqslant 100$	+2,0
$100 < t \leqslant 150$	+3,0	$100 < t \leqslant 150$	+3,0
$t > 150$	+4,0	$t > 150$	+4,0

支座抗压弹性模量 E 和支座形状系数 S 应按下列公式计算:

$$E = 5.4G \cdot S^2 \tag{13-1}$$

式中:E——支座抗压弹性模量,MPa;

$\quad\quad G$——支座抗剪弹性模量,标准容许值为 1.0MPa;

$\quad\quad S$——支座形状系数。

形状系数是支座受压面积与其自由膨胀侧面积之比值。橡胶支座在一定的压力作用下,形状系数影响其竖向变形。如果在同批支座中,个别支座受压后变形量与同类支座相比差异较大,说明在支座加工时,胶片与钢板的黏结处存在缺陷。

对于矩形支座:

$$S = \frac{l_{0a} \cdot l_{0b}}{2(l_{0a} + l_{0b})t_1} \quad\quad (13-2)$$

对于圆形支座:

$$S = \frac{d_0}{4t_1} \qu\quad\quad (13-3)$$

式中:l_{0a}——矩形支座加劲钢板短边尺寸,mm;

$\quad\quad l_{0b}$——矩形支座加劲钢板长边尺寸,mm;

$\quad\quad t_1$——支座中间单层橡胶片厚度,mm;

$\quad\quad d_0$——圆形支座加劲钢板直径,mm。

三、板式橡胶支座检验方法

板式橡胶支座检验分为进厂原材料检验、出厂检验和型式检验。

进厂原材料检验是指板式橡胶支座加工用原材料及外加工件进厂时,应进行的验收检验。

支座出厂检验为每批产品交货前应进行的检验。出厂检验应由工厂质检部门进行,确认合格后方可出厂,出厂时应附有产品质量合格证明文件,并附有支座的规格、胶种、单层橡胶和钢板厚度、钢板的平面尺寸、钢板层数、橡胶总厚度,以便于使用单位验收和抽检。

有下列情况之一时,应进行型式检验:

(1)新产品或老产品转厂生产的试制定型鉴定。

(2)正常生产后,胶料配方、工艺、材料有较大改变,可能影响产品性能时。

(3)产品停产一年以上,恢复生产时。

(4)重要桥梁工程或用量较大的桥梁工程用户提出要求时。

(5)国家质量监督机构要求或颁发产品生产许可证时。

进厂原材料检验项目为:橡胶;钢板;聚四氟乙烯板;不锈钢板;硅脂油;黏结剂。对应的检验内容为:物理机械性能;机械性能与外观;物理机械性能、储油槽尺寸和厚度;机械性能、厚度、光洁度;物理性能;与钢板、橡胶、四氟板黏结剥离强度。

支座出厂检验项目为:外形尺寸;外观质量;内在质量与力学性能。对应的检验内容为:平面尺寸、厚度;外观缺陷;内部缺陷、偏差;抗压、抗剪弹性模量,极限抗压强度,抗剪黏结性与抗剪老化交叉检验。每项检验都应符合规定的要求。

支座型式检验应符合表 13-6 要求。

支座型式检验项目与要求　　　　　　　　　　　　　　　　表 13-6

序号	型式检验分类	力学性能检验项目								原材料检验项目	出厂检验项目
		抗压弹性模量	抗剪弹性模量	抗剪黏结性	抗剪老化	四氟板与不锈钢板摩擦系数	容许转角	极限抗压强度	检验支座规格		
1	新产品试制定型鉴定	△	△	△	△	△	△	△	5种,3种规定规格	全检	全检
2	胶料配方、工艺改变	△	△	△	△	—	—	—	3种	全检	全检
3	停产一年恢复生产	△	△	△	—	—	—	—	3种规定规格	全检	全检
4	重量和用量较大工程及用户提出要求	△	△	板式橡胶支座做此项试验	—	—	—	四氟滑板支座做此项试验	3种,用量100块以下时抽一种	用户要求时	用户要求时
5	国家质检部门要求或颁发产品许可证	△	△	△	△	△	△		对规定规格型号 I	3种规定规格	全检	全检
	每种规格支座抽检数量(各项检验通用)	3块	3对	3对	3对	3对	3对	3块		—	—
	要求	见表 13-1								见注1	见注2

注:1.《公路桥梁板式橡胶支座》(JT/T 4—2004)表10。

　　2.《公路桥梁板式橡胶支座》(JT/T 4—2004)表11。

　　3.表中△表示应做项目,空白表示可不做项目,规定规格支座及试验方法见《公路桥梁板式橡胶支座》(JT/T 4—2019)附录 A。

每次检验抽取试样的规格和数量应符合表 13-6 的规定,各种试验试样通用。

(一)抗压弹性模量检验

试验方法为通过中心受压试验,得出橡胶支座的应力-应变曲线,并据此求出支座的抗压弹性模量,实测出使用应力下支座的最大压缩量,并观察支座在受压情况下的工作状态。

(1)将试样置于试验机的承载板上,上下承载板与支座接触面不得有油渍;对准中心,试件短边尺寸或直径精度应小于1%。缓缓加载至压应力为1.0MPa且稳压后,核对承载板四角对称安置的 4 只位移传感器,确认无误后,开始预压,如图 13-2 所示。

（2）预压。将压应力以 0.03 ~ 0.04MPa/s 速率连续地增至平均压应力 $\sigma = 10$MPa,持荷 2min,然后以连续均匀的速度将压应力卸至 1.0MPa,持荷 5min,记录初始值,绘制应力-应变图,预压 3 次。

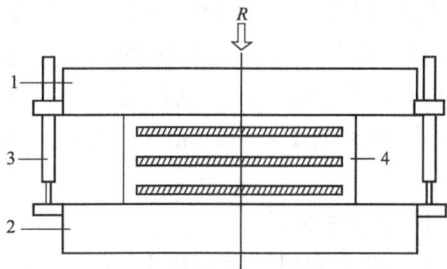

图 13-2　压缩试验设备图
1-上承载板;2-下承载板;3-位移传感器;4-支座试样

（3）正式加载。每一加载循环自 1.0MPa 开始,将压应力以 0.03 ~ 0.04MPa/s 速率均匀加载至 4MPa,持荷 2min 后,采集支座变形值,然后以同样速率每 2MPa 为一级逐级加载,每级持荷 2min 后,采集支座变形数据,直至加载到平均压应力 10MPa 为止,绘制的应力-应变图应呈线性关系。然后以连续均匀的速度卸载至压应力为 1.0MPa。10min 后进行下一加载循环。加载过程应连续进行 3 次。

（4）以承载板四角所测得的变化值的平均值,作为各级荷载下试样的累计竖向压缩变形 Δ_e,按试样橡胶层的总厚度 t_e 求出在各级试验荷载作用下试样的累计压缩应变,$\varepsilon_i = \dfrac{\Delta_{ei}}{t_e}$。

试样实测抗压弹性模量应按下式计算:

$$E_1 = \frac{\sigma_{10} - \sigma_4}{\varepsilon_{10} - \varepsilon_4} \tag{13-4}$$

式中:E_1——试样实测的抗压弹性模量计算值,精确至 1MPa;

σ_4、ε_4——分别为 4MPa 级试验荷载下的压应力和累积压缩应变值;

σ_{10}、ε_{10}——分别为 10MPa 级试验荷载下的压应力和累积压缩应变值。

每一块试样的抗压弹性模量 E_1,为 3 次加载过程所得的 3 个实测结果的算术平均值。但单项结果和算术平均值之间的偏差不应大于算术平均值的 3%,否则应对该试样重新复核试验一次。如果仍超过 3%,应由试验机生产厂专业人员对试验机进行检修和检定,合格后再重新进行试验。

（二）抗剪弹性模量检验

由于梁体受温度、收缩徐变以及车辆制动力等环境条件影响产生的水平位移将使支座产生剪切变形,而橡胶支座水平位移量的大小主要取决于橡胶片的净厚度,也就是说支座的剪切位移是由胶层的变形产生的。我国交通运输部行业标准规定了橡胶支座的剪切模量检验方法,橡胶支座剪切试验示意图见图 13-3。

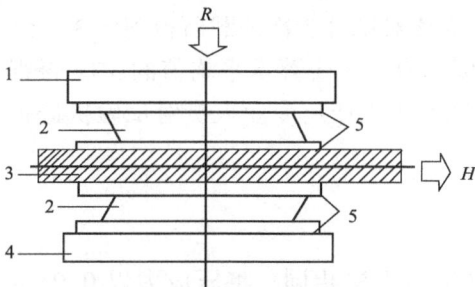

图 13-3　橡胶支座剪切试验示意图
1-上承力板;2-支座;3-上、下两块支座中间钢拉板;
4-下承力板;5-防滑摩擦板

橡胶支座抗剪弹性模量试验是以正压力为容许压应力,并在抗剪过程中保持不变的情况下,采用 2 块支座用中间钢拉板推或拉组成双剪装置,橡胶支座的顶面或底面必须与实桥设计（钢筋混凝土梁、钢梁)图纸一致,而且中间钢拉板的对称轴应和加压设备中轴处在同一垂直面上。剪切变形量一般采用2个大标距的位移传感器或百分表量测,正压力和剪切力一般采用力传感器进行量测控制。正式试验前应进行预载,以控制偏差和消除初应力。正式加载时,施加水平力至剪应力 $\tau = 1.0$ MPa 后持荷 5min,然后卸载至剪应力 $\tau = 0.1$ MPa 后记录位移计初始值。

试验程序如下:

(1)在试验机的承载板上,应使支座顺其短边方向受剪,将试样及中间钢拉板按双剪组合配置好,使试样和中间钢拉板的对称轴和试验机承载板中心轴处在同一垂直面上。试件短边尺寸精度应小于1%,为防止出现打滑现象,应在上下承载板和中间钢拉板上粘贴高摩擦板,以确保试验的准确性。

(2)将压应力以 0.03~0.04MPa/s 的速率连续地增至平均压应力 σ,绘制应力-时间图,并在整个抗剪试验过程中保持不变。

(3)调整试验机的剪切试验机构,使水平油缸、负荷传感器的轴线和中间钢拉板的对称轴重合。

(4)预加水平力。以 0.002~0.003MPa/s 的速率连续施加水平剪应力至剪应力 $\tau = 1.0$MPa,持荷 5min,然后以连续均匀的速度卸载至剪应力为 0.1MPa,持荷 5min。记录初始值,绘制应力-应变图。预载3次。

(5)正式加载。每一加载循环自 $\tau = 0.1$MPa 开始,每级剪应力增加 0.1MPa,持荷 1min,采集支座变形数据,至 $\tau = 1.0$MPa 为止,绘制的应力-应变图应呈线性关系。然后以连续均匀的速度卸载至剪应力为 0.1MPa。10min 后进行下一个循环试验。加载过程应连续进行3次。

(6)将各级水平荷载下位移传感器所测得的试样累计水平剪切变形 Δ_s,按试样橡胶层的总厚度 t_e 求出在各级试验荷载作用下试样的累积剪切应变,$\gamma = \dfrac{\Delta_s}{t_e}$。

试样的实测抗剪弹性模量应按下式计算:

$$G_1 = \frac{\tau_{1.0} - \tau_{0.3}}{\gamma_{1.0} - \gamma_{0.3}} \tag{13-5}$$

式中:G_1——试样的实测抗剪弹性模量计算值,MPa,精至 0.01MPa;

$\tau_{1.0}$、$\tau_{0.3}$——1.0MPa 级与 0.3MPa 级试验荷载下的剪应力,MPa;

$\gamma_{1.0}$、$\gamma_{0.3}$——1.0MPa 级与 0.3MPa 级试验荷载下的累计剪切应变值。

每对检验支座所组成试样的综合抗剪弹性模量 G_1,为该对试件3次加载所得到的3个结果的算术平均值。但各单项结果与算术平均值之间的偏差应不大于算术平均值的3%,否则应对该试样重新复核试验一次。如果仍超过3%,应请试验机生产厂专业人员对试验机进行检修和检定,合格后再重新进行试验。

(三)抗剪黏结性能试验

整体支座抗剪黏结性能试验方法与抗剪弹性模量试验方法相同。将压应力以 0.03~0.04MPa/s 速率连续地增至平均压应力 σ,绘制应力-时间图,并在整个试验过程中保持不变。然后以 0.002~0.003MPa/s 的速率连续施加水平力,当剪应力达到 2MPa,持荷 5min 后,水平力以连续均匀的速度连续卸载,在加、卸载过程中绘制应力-应变图。试验中随时观察试件受力状态和变化情况,以及水平力卸载后试样是否完好无损。

(四)抗剪老化试验

将试样置于老化箱内,在 70℃ ±2℃ 温度下经 72h 后取出,将试样在标准温度 23℃ ±5℃下,停放 48h,再在标准试验室温度下进行剪切试验,试验与标准抗剪弹性模量试验方法步骤相同。老化后抗剪弹性模量 G_2 的计算方法与标准抗剪弹性模量计算方法相同。

(五)摩擦系数试验

摩擦系数应按下列步骤进行试验:

(1)将四氟滑板支座与不锈钢板试样按规定摆放,对准试验机承载板中心位置,试件短边尺寸精度应小于 1%。试验时应将四氟滑板试样的储油槽内注满 5201-2 硅脂油,如图 13-4 所示。

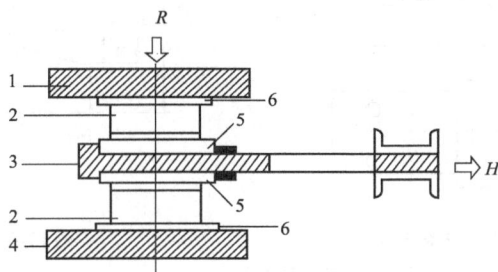

图 13-4 摩擦系数试验设备图

1-试验机上承载板;2-四氟滑板支座试样;3-中间钢拉板;4-试验机下承载板;5-不锈钢板试样;6-防滑摩擦板

(2)将压应力以 0.03 ~ 0.04MPa/s 的速率连续地增至平均压应力 σ,绘制应力-时间图,并在整个摩擦系数试验过程中保持不变。预压时间为 1h。

(3)以 0.002 ~ 0.003MPa/s 的速率连续地施加水平力,直至不锈钢板与四氟滑板试样接触面间发生滑动为止,记录此时的水平剪应力作为初始值。试验过程应连续进行 3 次。

摩擦系数应按下列公式计算:

$$\mu_f = \frac{\tau}{\sigma} = \frac{H}{2R} \tag{13-6}$$

$$\tau = \frac{H}{2A_0} \tag{13-7}$$

$$\sigma = \frac{R}{A_0} \tag{13-8}$$

式中:μ_f——四氟滑板与不锈钢板表面的摩擦系数,精确至 0.01;

τ ——接触面发生滑动时的平均剪应力,MPa;

σ——支座的平均压应力,MPa;

H——支座承受的最大水平力,kN;

R——支座最大承压力,kN;

A_0——支座有效承压面积,mm^2。

每对试样的摩擦系数为三次试验结果的算术平均值。

(六)转角试验

对试样施加压应力至平均压应力 σ,则试样产生垂直压缩变形;用千斤顶对中间工字梁施加一个向上的力 P,工字梁产生转动,上下试样边缘产生压缩及回弹两个相反变形。由转动产生的支座边缘的变形必须小于由垂直荷载和强制转动共同影响下产生的压缩变形(图13-5 和图13-6)。

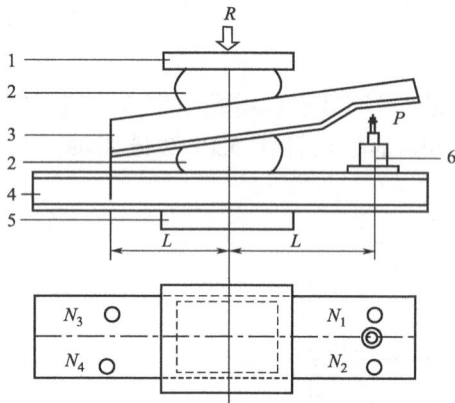

图13-5 转角试验设备图

1-试验机上承载板;2-试样;3-中间工字梁(假想梁体);
4-承载梁(板);5-试验机下承载板;6-千斤顶

图13-6 转角计算图

转角试验应按下列步骤进行:

(1)将试样按图13-4规定摆放,对准中心位置,精度应小于1%的短边尺寸。在距试样中心 L 处,安装使梁产生转动用的千斤顶和测力计,并在承载梁(或板)四角对称安置4只高精度位移传感器(精度为0.001mm)。

(2)预压。将压应力以 $0.03 \sim 0.04MPa/s$ 的速率连续地增至平均压应力 σ,绘制应力-时间图,维持5min,然后以连续均匀的速度卸载至压应力为1.0MPa,如此反复3遍。检查传感器是否灵敏准确。

(3)加载。将压应力按照抗压弹性模量试验要求增至 σ,采集支座变形数据,绘制应力-应变图,并在整个试验过程中维持 σ 不变。用千斤顶对中间工字梁施加一个向上的力 P,使其达到预期转角的正切值(偏差不大于5%),停5min后,记录千斤顶力 P 及传感器的数值。

实测转角的正切值应按下式计算:

$$\tan\theta = \frac{\Delta_1^2 + \Delta_3^4}{2L} \tag{13-9}$$

式中:$\tan\theta$ ——试样实测转角的正切值;

Δ_1^2——传感器 N_1、N_2 处的变形平均值,mm;

Δ_3^4——传感器 N_3、N_4 处的变形平均值,mm;

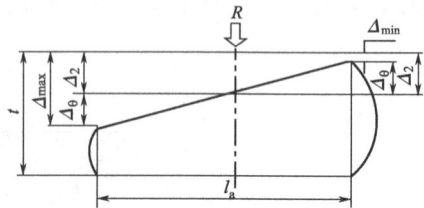

L——转动力臂。

各种转角下,由于垂直承压力和转动共同影响产生的压缩变形值应按下式计算:

$$\Delta_2 = \Delta_c - \Delta_1 \tag{13-10}$$

$$\Delta_1 = \frac{\Delta_1^2 - \Delta_3^4}{2} \tag{13-11}$$

式中:Δ_c——支座最大承压力 R 时试样累积压缩变形值,mm;

　　Δ_1——转动试验时,试样中心平均回弹变形值,mm;

　　Δ_2——垂直承压力和转动共同影响下试样中心处产生的压缩变形值,mm;

其余符号意义同前。

各种转角下,试样边缘换算变形值应按下式计算:

$$\Delta_\theta = \frac{\tan\theta \cdot l_a}{2} \tag{13-12}$$

式中:Δ_θ——实测转角产生的变形值,mm;

　　l_a——矩形支座试样的短边尺寸,mm;圆形支座采用直径 d,mm。

各种转角下,支座边缘最大、最小变形值应按下列公式计算:

$$\Delta_{max} = \Delta_2 + \Delta_\theta \tag{13-13}$$

$$\Delta_{min} = \Delta_2 - \Delta_\theta \tag{13-14}$$

(七) 极限抗压强度试验

极限抗压强度试验应按下列步骤进行:

(1)将试样放置在试验机的承载板上,上下承载板与支座接触面不得有油污,对准中心位置,试件短边尺寸精度应小于 1%。

(2)以 0.1MPa/s 的速率连续地加载至试样极限抗压强度 R_u 不小于 70MPa 为止,绘制应力-时间图,并随时观察试样受力状态和变化情况,以及试样是否完好无损。

(八) 判定规则

(1)进厂原材料应全部项目检验合格后方可使用,不合格材料不允许用于支座生产。

(2)支座出厂检验时,若检测项目有一项不合格,则应从该批产品中随机再取双倍支座,对不合格项目进行复检;若仍有一项不合格,则判定该批产品不合格。

(3)进行支座力学性能试验时,随机抽取 3 块(或 3 对)支座,若有 2 块(或 2 对)不能满足要求,则认为该批产品不合格。若有 1 块(或 1 对)支座不能满足要求时,则应从该批产品中随机再抽取双倍支座,对不合格项目进行复检。若仍有一项不合格,则判定该批产品不合格。

(4)型式检验时,全部项目满足要求为合格。若使用单位抽检支座成品力学性能有 2 项各有 1 块(1 对)支座不合格,颁发产品许可证时,抽检支座有 3 项各有 1 块(1 对)支座不合格,则可按照上条的规定进行复检。若仍有一项不合格,则判定该批产品为不合格。

第二节　桥梁橡胶伸缩装置检验

一、桥梁橡胶伸缩装置的分类

桥梁橡胶伸缩装置的主要作用是满足桥梁上部结构变形的需要,并保证车辆通过桥面时平稳。桥梁橡胶伸缩装置按照伸缩体结构不同可划分为 4 类。

(一)模数式伸缩装置

伸缩体由中梁钢和 80mm 的单元橡胶密封带组合而成的伸缩装置,适用于伸缩量为160～2 000mm 的公路桥梁工程。

(二)梳齿板式伸缩装置

伸缩体由钢制梳齿板组合而成的伸缩装置,一般适用于伸缩量不大于 300mm 的公路桥梁工程。

(三)橡胶式伸缩装置

橡胶式伸缩装置可分为板式橡胶伸缩装置和组合式橡胶伸缩装置两种。橡胶式伸缩装置不宜用于高速公路和一级公路的桥梁工程。

板式橡胶伸缩装置的伸缩体由橡胶、钢板或角钢硫化为一体,适用于伸缩缝小于 60mm 的公路桥梁工程。

组合式伸缩装置的伸缩体由橡胶板和钢托板组合而成,适用于伸缩量不大于 120mm 的公路桥梁工程。

(四)异型钢单缝式伸缩装置

异型钢单缝式伸缩装置的伸缩体完全由橡胶密封带组成。由单缝钢和橡胶密封带组成的单缝式伸缩装置适用于伸缩量不大于 60mm 的公路桥梁工程。由边钢梁橡胶密封带组成的单缝式伸缩装置适用于伸缩量不大于 80mm 的公路桥梁工程。

二、桥梁橡胶伸缩装置技术要求

伸缩装置的试验有:整体性能试验,钢材试验,橡胶试验,以及不锈钢板、聚四氟乙烯板、硅脂等其他材料试验。

桥梁橡胶伸缩装置的检测项目有:橡胶与钢材的质量,成品尺寸偏差,外观质量,整体性能要求,内在质量及组装要求等。

（一）伸缩装置整体性能要求

伸缩装置整体性能应符合表 13-7 要求。

伸缩装置整体性能要求　　　　表 13-7

序号	项目		模数式		梳齿板式		橡胶式 板式	橡胶式 组合式	异型钢单缝式
1	拉伸、压缩时最大水平摩阻力（kN/m）		≤4		≤5		<18	≤8	<4
2	拉伸、压缩时变位均匀性（mm）	每单元最大偏差值	−2～2						
		总变位最大偏差值	e≤480	−5～5	e≤80	±1.5			
			480<e≤800	−10～10	e>80	±2.0			
			e>800	−15～15					
3	拉伸、压缩时最大垂直变形（mm）		1～2		0.3～0.5		−3～3	−2～2	
4	相对错位后拉伸、压缩试验（满足1、2项要求前提下）	纵向错位（mm）	支撑横梁倾斜角度不小于2.5°						
		竖向错位（mm）	相当于顺桥向产生5%坡度						
		横向错位（mm）	两支撑横梁3.6m范围内两端相差80mm						
5	最大荷载时中梁应力、横梁应力、应变测定、水平力(模拟制动力)		满足设计要求						
6	防水性能试验		注满水24h无渗漏						注满水24h无渗漏

（二）成品尺寸偏差及外观质量检验

异性钢材的尺寸应满足表 13-8 的要求。

异性钢材尺寸要求（mm）　　　　表 13-8

钢材类别 \ 断面部位	中梁钢	边梁钢	单缝钢
H	≥120	≥80	≥50
B	≥16	≥15	≥11
t_1	≥10	≥10	≥10

续上表

钢材类别 断面部位	中 梁 钢	边 梁 钢	单 缝 钢
t_2	≥15	≥12	≥10
B_1	≥80	≥40	≥40
B_2	≥80	≥70	≥50
质量(kg/m)	≥36	≥19	≥12
图例			

橡胶伸缩体的尺寸偏差应满足下列要求：

(1)不论伸缩量大小,每延米长度偏差为 −1.0～2.0mm。

(2)宽度、厚度偏差应满足表13-9要求。

橡胶伸缩体宽度、厚度偏差(mm)　　　　　　　表13-9

宽度范围	偏　差	厚度范围	偏　差	螺孔中距 l_1 偏差
$a ≤ 80$	−2 +1.0	$t ≤ 80$	−1.0 +1.8	
$80 < a ≤ 240$	−1.5 +2.0	$t > 80$	−1.5 +2.3	<1.5
$a > 240$	−2.0 +2.0			

注:宽度范围正偏差用于伸缩体顶面,负偏差用于伸缩体底面。

(3)在自然状态下,伸缩装置中使用的单元密封橡胶带尺寸(不包括锚固部分)的公差应满足表13-10要求。

单元密封橡胶带尺寸偏差范围(mm)　　　　　　　表13-10

图　示	宽度范围	偏　差	厚度范围	偏　差
	$a = 80$	+3 0	$b ≥ 7$	0, +1.0
			$b_1 ≥ 4$	0, +0.3
	$a < 80$	+2 0	$b ≥ 6$	0, +0.5
			$b_1 ≥ 3$	0, +0.2

伸缩装置的尺寸偏差,应采用标定的钢直尺、游标卡尺、平整度仪、水准仪等量测。橡胶伸缩装置平面尺寸除量测四边长度外,还应量测对角线尺寸,厚度应在四边量测 8 点取平均值。模数式和梳齿板式伸缩装置应每 2m 进行断面量测后,取平均值。

(4)外观质量检验。

产品外观质量,用目测方法和相应精度的量具逐步进行检验,不合格产品可进行一次修补。橡胶伸缩装置、密封橡胶带的外观质量应满足表 13-11 的要求。

橡胶伸缩体外观质量标准 表 13-11

缺 陷 名 称	质 量 标 准	缺 陷 名 称	质 量 标 准
骨架钢板外露	不允许	气泡、杂质	不超过成品表面面积的 0.5%,且每处不大于 25mm²,深度不超过 2mm
钢板与黏结处开裂或剥离	不允许		
喷霜、发脆、裂纹	不允许	螺栓定位孔歪斜及开裂	不允许
明疤缺胶	面积不超过 30mm×5mm,深度不超过 2mm 缺陷,每米不超过 4 处	连接榫槽开裂、闭合不准	不允许

伸缩装置的异型钢、型钢、钢板等外观应光洁、平整,表面不得有大于 0.3mm 的凹坑、麻点、裂纹、结疤、气泡和夹杂,不得有机械损伤,上下表面应平行,端面应平整,长度大于 0.5mm 的毛刺应清除。

(三)内在质量检验

板式伸缩装置内在质量的解剖检验,应每 100 块任意选取一块,沿中线横向锯开,进行规定项目检验,检验结果应符合表 13-12 要求。

板式伸缩装置解剖检验表 表 13-12

名 称	解剖检验项目
锯开后钢板、角钢位置	钢板、角钢位置要求准确无误,其平面位置偏差为 ±3mm,高度位置偏差应在 -1~2mm 之间
钢板与橡胶黏结	钢板与橡胶黏结牢固且无离层现象

(四)模数式伸缩缝重要零部件及其他要求

1. 重要钢件要求

中梁高度、横梁(含不锈钢板)高度、支承箱内净高为重要钢件的重要尺寸,应符合表 13-8 及设计图的尺寸和公差值。

2. 弹性元件要求

承压支承高度、压紧支承高度、压缩控制弹簧长度应符合 GB/T 3672.1 中的 M2 级公差；其他尺寸应符合 GB/T 3672.1 中的 M3 级公差。

承压支承应逐件进行压力检验，在 100kN 压力下，压缩量应小于 1mm；压紧支承应逐件进行压力检验，在压缩量为 5mm 时，压力应为 5 ~ 7kN；压缩控制弹簧应逐件进行压力检验，确保符合以下规定：

(1) 检验荷载 2kN，加载后弹簧高度为 117 ~ 102mm。

(2) 检验荷载 4kN，加载后弹簧高度为 85 ~ 71mm。

(3) 检验荷载 6kN，加载后弹簧高度为 70 ~ 60mm。

3. 橡胶密封带要求

尺寸偏差应符合表 13-10 要求，橡胶密封带安装在异型钢型腔中，样品宽度为 200mm。进行拉力检验时，要求在拉伸 2 倍伸缩量下，持荷 15min，橡胶密封带与型腔不得脱离。橡胶密封带应整条安装，长度大于伸缩装置长度(包括翘头长度)100mm，安装中不得以任何方法拉长、黏结橡胶密封带。

4. 焊缝要求

焊接组件的焊缝设计应保证拉力试验中断开部位为连接件而不是焊缝。应采用气体保护焊或高能螺栓焊，高度应符合设件图的尺寸，角焊缝应为凹形或直线。焊缝不得有裂纹、夹杂、未熔合、咬肉。重要焊缝，如梁格式伸缩装置中的棱形块与中梁、横梁的焊缝应按《焊缝无损检测超声检测技术、检测等级和评定》(GB/T 11345—2013)进行探伤。

5. 表面处理要求

伸缩装置表面处理应遵照《公路桥梁钢结构防腐涂装技术条件》(JT/T 722—2008)的规定，依据使用伸缩装置所在地的腐蚀环境类别[《公路桥梁钢结构防腐涂装技术条件》(JT/T 722—2008)附录 A]、保护年限(建议为普通型)选用涂层体系。涂料性能要求和试验方法遵照《公路桥梁钢结构防腐涂装技术条件》(JT/T 722—2008)附录 B 的规定。涂层厚度的检测采用干膜测厚仪。涂层附着力的检测采用拉开法，遵照 GB/T 5210 的规定。

(五) 组装要求

(1) 组合式橡胶伸缩装置、梳齿板式伸缩装置应在工厂进行试组装，模数式伸缩装置应在工厂进行组装。

(2) 组装前应对异型钢逐根进行检查，基本断面尺寸满足《公路桥梁伸缩装置》(JT/T 327—2016)的要求，并确保无质量隐患后方可使用。

(3) 模数式伸缩装置总装要求如下：

①长度小于或等于 12m，中梁和边梁不得有接头。

②伸缩装置应采用《钢结构用高强度大六角头螺栓》(GB/T 1228—2006)和《钢结构用高强度大六角螺母》(GB/T 1229—2006)规定的钢结构用高强度大六角头螺栓、螺母。按规定的扭矩拧紧。

③伸缩装置各零部件、外购件、外协件、标准件经过表面处理、清洁和检验合格后，方可进

行装配。伸缩装置总装时,应按照通用图的工艺进行。

④伸缩装置应按照用户提供的伸缩量(施工安装温度下)进行总装(安装间隙)。若用户未提供施工安装的伸缩量,生产厂可按最大伸缩量的1/2定位出厂(制造间隙)。

⑤总装后的伸缩装置,中(边)梁和边梁顶面高差不得大于2mm。中、边梁制造间隙的偏差应在±2mm内。

(4)其他伸缩装置的组装要求满足《公路桥梁伸缩装置》(JT/T 327—2016)的要求。

三、伸缩装置检验原则

(1)伸缩装置检验可分为进厂检验、出厂检验和型式试验。进厂检验和出厂检验应由企业质检部门进行,并应有完整的检验报告。型式试验应由国家认可的检测机构进行。此外,还有质量监督机构定期检测,高等级公路桥梁大修或大中桥往往在施工阶级仍需进行逐个检查外观及几何尺寸,必要时还应进行成品力学性能检验。

(2)成品力学性能试验,原则上要求试验设备能对整体组装后的伸缩装置成品进行力学性能试验,如试验设备所限,可对模数式伸缩装置取不小于4m长并具有4个单元变位、支撑横梁间距等于1.8m的组装试样进行力学性能试验;梳齿板式伸缩装置应取单元加工长度不小于2m组装试样进行试验;橡胶伸缩装置取1m长的试样进行试验;异型钢单缝伸缩装置应取组装试样进行试验。

(3)成品力学性能试验应在专用的试验平台上完成,两边用定位螺栓或其他的有效方法将伸缩装置试样与锚固板连接,然后使用试验装置模拟实际受力状态进行试验。试验项目见表13-7。

四、判定规则

(1)成品力学性能试验应满足表13-7的规定。

(2)几何尺寸及外观应满足表13-8～表13-11的规定。

(3)内在质量应满足表13-12规定。

(4)黏结剂、聚四氟乙烯板材、硅脂油应满足《公路桥梁板式橡胶支座》(JT/T 4—2019)的有关规定。

(5)使用钢板,型钢、异型钢材、螺栓等钢件和不锈钢板应满足有关材料的技术要求。

(6)检验不合格时,应再取双倍试样对不合格项目进行复试,复试后仍有项目不合格,则该批产品为不合格,不合格产品不得使用。模数式伸缩装置整体性能五项试验中若第一项或第二项不合格,则判定为不合格;若第三、四、五项有不合格项,允许进行修补后复验,复验仍有不合格项,则判定为不合格。

例13-1 某送检板式支座规格型号为GYZ375×77,形状系数为11.41,橡胶层总厚度为56mm,检验该板式支座的力学性能。

解: 分别对该支座做抗压弹性模量和抗剪弹性模量试验,记录见表13-13、表13-14。

(1)对支座做抗压弹性模量试验。

测定次数为3次,计算每级压应力下的支座变形平均值Δ_c,计算压应变ε_i,将计算结果填入表中。

表 13-13

板式橡胶支座抗压弹性模量试验记录表

试验编号	规格尺寸	形状系数 S	橡胶层总厚度 (mm)	测定次数	百分表编号	压应力 (MPa)										求出 E值 (MPa)	算术平均值 (MPa)	E值与平均值偏差 (%)	标准答许值 (MPa)	与标准答许值偏差 (%)
						1.0	2.0	3.0	4.0	5.0	6.0	7.0	8.0	9.0	10.0					
GYZ 375	375 ×77	11.41	56	1	N1	0			0.352		0.548		0.770		0.926	576.9	580.6	−0.6%	703	−17.4
					N2	0			0.400		0.621		0.865		1.020					
					N3	0			0.341		0.368		0.442		0.820					
					N4	0			0.415		0.647		0.878		1.063					
					平均值 Δ_c				0.377		0.546		0.739		0.957					
					压应变 ε_i				0.006 7		0.009 8		0.013 2		0.017 1					
				2	N1	0			0.353		0.550		0.770		0.926	582.5		0.3%		
					N2	0			0.389		0.615		0.856		1.022					
					N3	0			0.329		0.506		0.680		0.793					
					N4	0			0.418		0.660		0.903		1.053					
					平均值 Δ_c				0.372		0.583		0.802		0.949					
					压应变 ε_i				0.006 6		0.010 4		0.014 3		0.016 9					
				3	N1	0			0.352		0.551		0.770		0.930	582.5		0.3%		
					N2	0			0.400		0.627		0.860		1.020					
					N3	0			0.326		0.511		0.675		0.791					
					N4	0			0.415		0.655		0.897		1.064					
					平均值 Δ_c				0.373		0.586		0.801		0.951					
					压应变 ε_i				0.006 7		0.010 5		0.014 3		0.017 0					
评定规则	若试样的抗压弹性模量与按《公路桥梁板式橡胶支座》(JT/T 4—2019)规定方法计算的 E 值(703MPa)偏差在±20%范围以内,则认为是满足要求的																			
结论																				

试验人：

试验温度：18℃

板式橡胶支座抗剪弹性模量试验记录表

表 13-14

试验编号	规格尺寸	形状系数 S	橡胶层总厚度 (mm)	测定次数	百分表编号	剪应力 (MPa)										求出 E 值 (MPa)	算术平均值 (MPa)	E 值与平均值偏差 (%)	标准容许值 (MPa)	与标准容许值偏差 (%)
						0.1	0.2	0.3	0.4	0.5	0.6	0.7	0.8	0.9	1.0					
GYZ375×77	11.41		56	1	N1	0		11.190	17.829	24.399	30.841	36.742	41.870	46.100	49.760	0.986		0.1%		
					N2	0		11.210	17.726	24.220	30.705	36.508	41.580	46.220	49.900					
					平均值 Δ_c			11.20	17.778	24.310	30.773	36.625	41.725	46.160	49.830					
					压应变 ε_i			0.200	0.317	0.434	0.550	0.654	0.745	0.824	0.890					
				2	N1	0		11.320	17.960	24.500	30.961	36.852	42.000	46.200	50.156	0.987	0.985	0.2%	1.0	−1.5
					N2	0		11.210	17.756	24.230	30.725	36.468	41.600	46.200	49.700					
					平均值 Δ_c			11.265	17.858	24.365	30.843	36.660	41.800	46.200	49.928					
					压应变 ε_i			0.201	0.319	0.435	0.551	0.655	0.746	0.825	0.892					
				3	N1	0		11.200	17.860	24.369	30.885	36.744	41.913	46.080	50.130	0.983		−0.2%		
					N2	0		11.215	17.725	24.199	30.698	36.419	41.553	46.149	49.300					
					平均值 Δ_c			11.208	17.793	24.284	30.787	36.582	41.733	46.115	49.715					
					压应变 ε_i			0.200	0.318	0.434	0.550	0.653	0.745	0.823	0.888					
评定规则	若试样的抗剪弹性模量 G 与《公路桥梁板式橡胶支座》(JT/T 4—2019) 表 2 中规定 (1.0MPa) 的偏差在 ±15% 范围以内，则认为是满足要求的																			
结论																				

试验人：

试验温度：23℃

计算抗压回弹模量的标准容许值 E：

$$E = 5.4G \cdot S^2 = 5.4 \times 1.0 \times 11.41^2 = 703 (\text{MPa})$$

计算实测抗压回弹模量 E_1（以第一次试验为例）：

$$E_1 = \frac{\sigma_{10} - \sigma_4}{\varepsilon_{10} - \varepsilon_4} = \frac{10.0 - 4.0}{0.017\,1 - 0.006\,7} = 576.9 (\text{MPa})$$

用同样方法计算出另两个试验结果和平均值、与平均值的偏差、与标准容许值的偏差。具体计算结果见表13-13。

与标准容许值的偏差为 $(580.6 - 703)/703 \times 100\% = -17.4\%$，在20%范围之内，因此该项内容合格。

当压应力达到70MPa时，支座完好，因此极限抗压强度合格。

（2）对支座做抗剪弹性模量试验。

计算每级剪应力的变位平均值，用每级剪应力水平变位的平均值除以橡胶层总厚度，计算出对应的剪应变。计算抗剪弹性模量（以第一次试验为例）：

$$G_1 = \frac{\tau_{1.0} - \tau_{0.3}}{\gamma_{1.0} - \gamma_{0.3}} = \frac{1.0 - 0.3}{0.890 - 0.200} = 1.014 (\text{MPa})$$

用同样方法计算出另两次试验的实测抗剪弹性模量。计算平均抗剪弹性模量为0.985MPa，分别计算出实测抗剪弹性模量与平均抗剪弹性模量的偏差，列于表13-14。标准容许值为1.0MPa，平均值与标准容许值的偏差计算出为 -1.5%，小于15%，因此抗剪弹性模量合格。

当剪应力达到2.0MPa时支座完好，因此抗剪黏结性合格。

课后任务与评定

参考答案

任务一：简述桥梁工程常用支座的类型。

任务二：简述板式支座力学性能的检验项目。

任务三：简述桥梁橡胶伸缩装置的主要作用及分类。

任务四：教师提供板式橡胶支座，学生进行板式橡胶支座的解剖检验、成品外观检验、平面尺寸检验、厚度检验，判断其是否符合要求。参照例题的计算及试验记录表13-13与表13-14中原始记录，完成表中各项计算（验证表中的计算结果）。

任务五：教师提供模数式伸缩装置一个检测单元试样，学生分组完成如表13-15所示检验，并进行合格判定。

（　　）型伸缩装置检测结果表　　　　　　　　表13-15

样品编号：		环境温度：	
序号	检测项目	图纸尺寸	检测结果
1	组焊后伸缩量预留尺寸(mm)		
2	锚固钢筋几何尺寸(mm)		
3	锚固钢筋间距(mm)		
4	锚固钢板几何尺寸(mm)		
5	平面度(mm/m)		
6	锚固件距工作面高度(mm)		
7	防腐层平均厚度(μm)		
8	表面缺陷		
备注：			

第十四章
CHAPTER FOURTEEN

桥梁荷载试验

教学要求

能描述静态与动态荷载试验的基本原理;能参与桥梁荷载试验;能进行结构现状调查,并能从事粘贴应变片以及观测位移、倾角、裂缝、应变等的观测工作。

桥梁荷载试验按照试验性质不同分为验收荷载试验和鉴定荷载试验。验收荷载试验是指通过荷载试验来检验桥梁结构承载能力是否符合设计要求。一般在新建桥梁和加宽、加固改造后的桥梁交(竣)工验收时采用,用于确定能否交付正常使用。鉴定荷载试验是指通过荷载试验确定桥梁结构容许承载能力的界限,一般用于现役桥梁承载能力评定、桥梁加固改造新技术应用、对设计或施工质量有疑问时等情况。

桥梁荷载试验按加载方式不同分为静载试验和动载试验。静载试验是通过在桥梁结构上施加与设计荷载或使用荷载基本相当的静态外加荷载,利用检测仪器测试桥梁结构在控制截面和控制部位在各级试验荷载作用下的挠度、变形、应力以及混凝土桥可能出现的裂缝、荷载横向分布规律等力学效应,并与桥梁结构按相应荷载作用下计算值及有关规范规定值作比较,评定桥梁结构承载能力。

动载试验包括动力特性试验和动力响应试验。动力特性试验是通过环境激励、桥面有障碍跑车、紧急制动等方式激振,测定桥梁结构自由振动响应信号,识别桥梁结构动力特性参数,如结构的自振频率、振型和阻尼比。对于中、小跨径桥梁,主要测定桥跨结构前几阶固有振动频率和阻尼比。动力响应试验是指在试验桥面上通过载重试验汽车以不同速度匀速行驶激振,测定桥梁控制部位及控制截面的动挠度、动应变等受迫振动响应,进而识别桥梁结构相应控制部位的汽车冲击系数。

桥梁荷载试验分为三个阶段:桥梁结构的考察、试验方案设计及试验准备阶段;加载试验与观测阶段;试验结果的分析与总结阶段。

桥梁结构在荷载作用下所产生的变形可以分为两大类:一类变形能反映结构的整体工作状态,如梁的挠度、转角、支座位移等,称为整体变形;另一类变形能反映结构的局部工作状态,如纤维变形、裂缝、钢筋的滑动等,称为局部变形。

测定挠度可以了解结构的刚度并分析结构的弹性和非弹性性质,挠度的不正常发展还能说明结构中的局部现象;测定转角可以用来分析超静定结构;控制断面的最大应变和应变沿断面的分布规律是我们推断结构极限强度的重要指标。可参看资源 14-1。

第一节　桥梁结构的考察、试验设计与准备

一、荷载试验的准备工作

正式进行荷载试验之前应做好以下准备工作。

(一)试验孔(或墩)的选择

对多孔桥梁中跨径相同的桥孔(或墩)可选 1~3 孔具有代表性的桥孔(或墩)进行加载试验。选择时应综合考虑以下因素:
(1)该孔(或墩)计算受力最不利。
(2)该孔(或墩)施工质量较差,缺陷较多或病害较严重。
(3)该孔(或墩)便于搭设脚手架,便于实测。

(二)搭设脚手架和测试支架

脚手架和测试支架应分开搭设,互不影响,并应具有足够的强度、刚度和稳定性。

(三)静载试验加载位置的放样和卸载位置的安排

静载试验前应在桥面上对加载位置进行放样,并预先安排卸载的安放位置,以便于加载试验的顺利进行。

(四)试验人员组织及分工

桥梁的荷载试验是一项技术性较强的工作,最好组织专门的桥梁试验队伍来承担。试验人员应能熟练掌握所分管的仪器设备,读数快速而精确。试验队伍应设总指挥 1 人,其他人员的配备视具体情况而定。

(五)其他准备工作

加载试验的安全设施、供电照明设施、通信联络设施、桥面交通管制等工作应根据荷载试验的需要进行准备。

二、试验对象的考察

在确定试验方案之前,必须对试验结构进行实地考察和了解情况,做到心中有数。

（一）技术文件和资料的收集

收集桥梁结构的设计资料,如设计标准、设计主要荷载类型、结构特点、计算书及设计原始资料;收集施工资料,如材料性能试验报告、隐蔽工程验收资料、施工观测记录、阶段施工质量检查验收记录、事故记录及竣工图纸等;收集桥梁结构的使用资料,如养护情况、运营情况及结构损伤与破损阶段报告。

（二）桥梁结构现状调查

用直观或量测的方法确定结构各部分的几何形状及相互位置偏差,确定墩台的空间位置和距离,记录有无沉降、隆起、倾斜和转动等;观察圬工体的外表质量;考察现有的损伤、裂缝、蜂窝、麻面、钢筋外露、混凝土保护层厚度不够的地方,以及漏水的地方等;用非破损检验的方法确定结构或构件混凝土实际强度是否与设计文件相符。

以上工作中,重点应考察混凝土的强度、墩台和上部结构的裂缝;混凝土保护层厚度不够的地方;钢筋外露和锈蚀的区段;易发生应力集中的部位;圬工桥梁注意测量拱圈尺寸、拱轴线位置以及拱圈上有无横向裂缝。

考察支座的位置、尺寸、有无损伤,活动支座是否灵活,排水是否符合要求,伸缩缝工作情况是否良好。

实测结构材料的实际强度及弹性模量等重要的物理力学性能指标时,可以通过原配合比制试件实测或从结构非重要部位挖取试件实测,也可以用非破损法实测。

三、加载方案设计

（一）试验荷载的确定

为保证荷载试验的效果,必须首先确定试验荷载。当静载试验为验收性荷载试验时,以设计荷载为准,在加载效率范围内选定相应的试验荷载;当静载试验为鉴定性荷载试验,应根据桥梁的实际情况及目标荷载标准,适当提高或减小试验荷载,可以取控制荷载。以汽车和人群（标准设计荷载）、挂车或履带车（标准设计荷载）及需通行的特殊重型车辆分别对结构截面产生的内力（或变形）的最不利值对应的荷载作为控制荷载,而动载试验以汽车荷载作为控制荷载。

当受客观条件所限,采用的试验荷载与控制荷载有差别时,为保证试验效果,在选择试验荷载的大小和加载的位置时,采用静载试验效率 η_q 和动载试验荷载效率 η_d 进行控制。

静载试验效率为:

$$\eta_q = \frac{S_s}{S(1+\mu)} \tag{14-1}$$

式中: S_s ——静载试验荷载作用下控制截面内力计算值;

S ——控制荷载作用下控制截面最不利内力计算值;

μ ——按规范采用的冲击系数,平板挂车、履带车、重型车辆的 $\mu = 0$ 。

对验收性荷载试验,η_q 值可采用 0.85 ~ 1.05,对鉴定性荷载试验,η_q 值可采用 0.95 ~ 1.05。

荷载试验宜选择温度稳定的季节和天气进行。当温度变化对桥梁结构内力影响较大时,应选择温度内力较不利的季节进行荷载试验,否则适当增大 η_q 值来弥补温度影响对结构控制截面产生的不利内力。

当控制荷载为挂车或履带车而采用汽车荷载加荷时,考虑到汽车荷载的横向应力增大系数较小,为了使截面的最大应力与控制荷载作用下截面最大应力相等,可适当增大静载试验效率 η_q。

动载试验效率 η_d 为:

$$\eta_d = \frac{S_d}{S} \tag{14-2}$$

式中:S_d——动载试验荷载作用下控制截面最大计算内力值;

  S——标准汽车荷载作用下控制截面最大计算内力值(不计入汽车荷载冲击系数)。

η_d 应尽量取高值,但不超过 1。动载试验的效率不仅取决于试验车型及车重,而且取决于实际跑车时的车间距。因此,应采用实际测定跑车时的车间距作为修正动荷载试验效率 η_q 的计算依据。

(二)加载形式与控制

试验荷载载位有两种形式:一种是沿桥轴方向加载,另一种是垂直于桥轴方向加载。设计加载时除注意试验荷载纵向加载位置外,同时还要注意荷载横向加载图式。横向加载图式有对称和偏心加载两种方式。

为了加载安全、了解结构应变和变位随荷载增加的变化关系,桥梁静荷载试验的各荷载工况的加载应分级进行,分级控制的原则如下:

(1)当加载分级较为方便时,可按最大控制截面内力荷载工况均分为 4 ~ 5 级。

(2)使用载重车加载,车辆称重有困难时也可分成 3 级加载。

(3)如果桥梁的调查和验算工作不充分,或桥况较差,应尽量增多加载分级,使车辆荷载逐辆缓缓驶入预定加载位置,以确保试验安全。

(4)在安排加载分级时,应注意加载过程中其他截面内力亦应逐渐增加,且最大内力不应超过控制荷载作用下的最不利内力。

最好每级加载后卸载,也可逐级加载,达到最大荷载后逐级卸载。车辆荷载加载分级的方法可采用先上轻车后上重车,逐渐增加加载车数量;加载车分次装载重物;加载车位于内力影响线的不同部位。

加载试验时间以 22:00 至次日 6:00 为宜,如采用车辆等加卸载迅速的试验方法,也可安排在白天试验,但进行加载试验时每一加卸载周期所花费的时间不宜超过 20min。

静载试验的加载方式一般为装载重物的可行式车辆(也称为加载车)和重物直接加载。车辆加载建议采用三轴载重车辆,装载的重物应置放稳妥,避免车辆行驶时因摇晃而改变重物的位置。

动载试验的激励方式可根据情况选择环境激振法、跑车余振法、跳车激振法、起振机激振法以及其他人工激振方式中的一种或多种方式。

四、测点设置

主要测点的布设应能控制结构的最大应力(应变)和最大挠度(或位移),测点的布设不宜过多,但要保证观测质量。几种常用桥梁体系的主要测点布设如下:

简支梁桥——跨中挠度、支点沉降、跨中截面应变、混凝土梁体裂缝观测。

连续梁桥——主跨支点截面应力(应变)、主跨最大正弯矩截面应力(应变)及挠度、边跨最大正弯矩截面应力(应变)及挠度、支点沉降、混凝土梁体裂缝观测。

悬臂梁桥——墩顶支点截面应力(应变)、锚固孔最大正弯矩截面应力(应变)及挠度、悬臂端部挠度、墩顶沉降、混凝土梁体裂缝观测。

无铰拱桥——拱顶截面应力(应变)和挠度、$L/4$ 处截面应力(应变)和挠度、墩台顶水平变形、拱脚截面应力(应变)、混凝土梁体裂缝观测。

挠度观测测点一般布置在桥中轴线位置。截面抗弯应变测点应设置在截面横桥向应力可能分布较大的部位,沿截面上下缘布设,横桥向测点设置一般不少于 3 处,以控制最大应力的分布。

根据桥梁调查和检查工作的深度,综合考虑结构特点和桥梁状况等,可按需要加设测点。

在与大多数测点较接近的部位设置 1~2 处气温观测点,此外可根据需要在桥梁主要测点部位设置一些构件表面温度观测点。

第二节 静载试验仪器设备

桥梁静载试验需测结构的反力、应变、位移、倾角、裂缝等物理量。常用的仪器有百分表、千分表、位移计、应变仪、应变计(应变片)、精密水准仪、倾角仪、刻度放大镜等,这些测试仪器按其工作原理可分为机械测试仪器、电测仪器与光测仪器等。机械测试仪器具有安装与使用方便、迅速、读数可靠等优点,但需要搭设观测脚手架,而且所需试验人员多,观测读数费时,不便于自动记录;电测仪表安装测试比较麻烦,影响测试精度的因素也较多,但测试较方便,便于数据自动采集记录,操作安全。荷载试验应根据测试内容和量测值的大小选择仪器。试验前应对测试值进行理论分析估计,选择仪器的精度和量测范围,同时满足有关规程对仪器精度和量测范围的要求。本节介绍几种常用的仪器设备。可参看资源 14-2。

一、机械式位移计

机械式位移计包括百分表、千分表、张线式位移量测系统等,其构造和工作原理基本相同,主要区别在于精度和量程不同。

百分表和千分表是一种多功能仪表,与其他附属装置配套后可用于量测位移、应变、力、倾角等。

百分表的工作原理,就是利用齿轮转动机构所检测位置的位移值放大,并将检测的直线往复运动转换成指针的回旋转动,以指示其位移数值。百分表的分辨率为0.01mm,通常量程为5mm或10mm。百分表构造见图14-1。

千分表是一种测微位移计,其结构和百分表基本相同,只是多了一对齿轮使灵敏度提高了10倍,其分辨率为0.001mm,量程为1mm或3mm。

(一)张线式位移量测系统

张线式位移量测系统由百分表、挠度计与张线钢丝等组成(图14-2)。张线钢丝直径为0.3~0.5mm,一端接在桥梁结构的测点上,另一端悬吊重物,位移计(百分表)通过夹具和钢丝相连,结构受载产生位移引起钢丝移动,钢丝可带动位移计移动,随指针转动位移计可测出位移变化量。

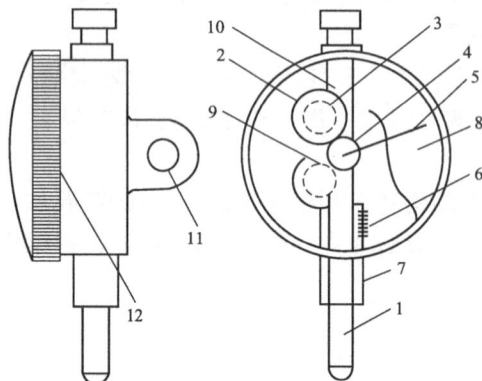

图14-1　百分表构造图

1-测杆;2-小齿轮;3、9-扇形齿轮;4-中央齿轮;5-长针;
6-弹簧;7-轴颈;8-躯体;10-平齿;11-孔环;12-表盘

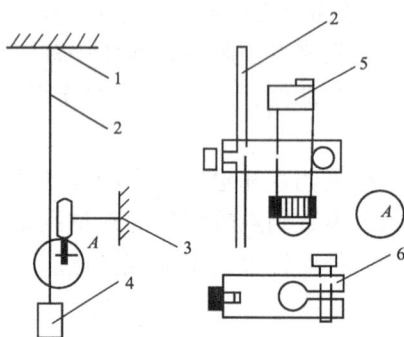

图14-2　张线式位移量测系统

1-结构上测点;2-张线钢丝;3-不动点;
4-重物;5-位移计测杆;6-夹具

(二)位移计应变量测

应变就是结构上某区段纤维长度相对变化$\left(\varepsilon = \dfrac{\Delta L}{L}\right)$。应变仪就是用来测定这个长度变化的仪器。

采用特制的夹具将位移计安装在结构表面测定应变,具有精度高、量程大的特点。当应变值变化范围很大或需用大标距测定应变时,采用这种装置是非常合适的。

图14-3为位移计应变量测装置。固定位移计和顶杆的夹具,可用钢、铜或铝合金等制成,按照选定的标距以粘贴或预埋的方式固定在结构需量测应变的部位上。

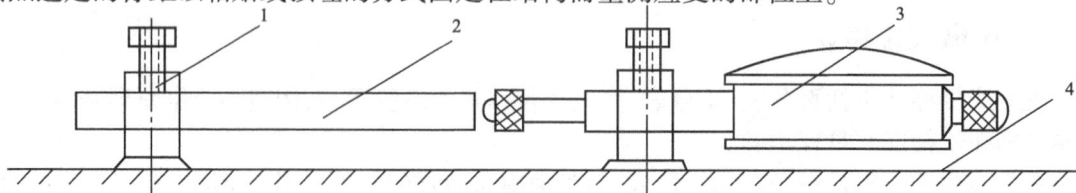

图14-3　位移计应变量测装置

1-金属夹头;2-顶杆;3-位移计;4-试件

　　粘贴是最常用的一种固定方式。在混凝土结构上粘贴夹具时,应先将混凝土表面用砂轮打磨,除去泥灰再用细砂布磨光,用丙酮等擦净,随后用胶黏剂将夹具按选定的标距粘贴上,待胶黏剂固化后,即可安装位移计量测。

　　位移计应变量测装置主要用于量测结构构件的轴向应变。常用的量测标距对混凝土为10~20cm,对砖石砌体则更大。

　　对受荷载后会发生曲率变化的构件,不宜用位移计应变量测装置测定其表面的应变。因为位移计测杆与构件表面之间有一段距离,当构件发生曲率变化时,所测得的应变有时是虚应变(又称视应变),同时顶杆与位移计测杆接触点发生移动影响量测。因此,仅当构件截面变形满足平截面假定,且曲率变化很小时,才能从所测得的虚应变值推算出实际应变。

二、手持式应变仪

　　当需要在现场较长期连续地观测结构的应变时,一般的应变仪不适用,此时手持应变仪则比较适用。手持式应变仪外形见图14-4,构造见图14-5。

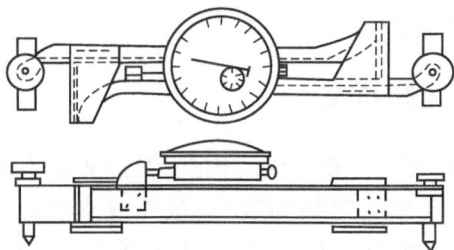

图 14-4　手持式应变仪外形	图 14-5　手持式应变仪构造

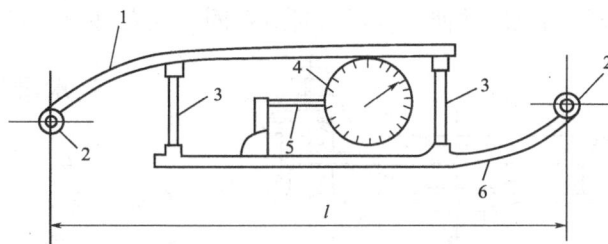

1-刚性的金属杆;2-插轴(尖形);3-薄钢片;4-千分表;5-千分表的测杆;6-刚性的金属杆

　　此仪器的主要部分是千分表,它固定在一根金属杆上,其测杆则自由地顶在另一金属杆的突出部分上,两金属杆之间用两片富有弹性的薄钢片相连,因而能平行地相对移动,每根金属杆的一端带有一个尖形插轴,两插轴间的距离 L 即仪器的标距,两次读数差即为结构在区段 L 内的变形 ΔL,ΔL 除以标距 L 即得杆件的应变值。

　　因仪器的各部分合理地选用不同膨胀系数的金属制造,故仪器读数受仪器本身的温度影响能得到最大限度地消除。

　　仪器不是固定在测点上,而是读数时才安上去。因此,为了保证仪器工作稳定可靠,标距两端的小孔必须钻得和仪器的插轴钢尖相吻合。因测量时仪器钢尖和测孔间的接触稳定与否,会直接影响量测的准确性,如果测孔打得不标准,将使钢尖和测孔的接触不稳定,增大读数误差,甚至无法读取稳定的读数。

　　使用此种仪器,尚有温度影响问题,即在长期量测过程中,初读数和加载量不可能在同一温度条件下读取,因此在量测读数中不仅包含了受载应变 ε,而且包含了温度应变 ε_t。为了从读数中扣除温度部分的影响,需要在量测过程中进行"温度补偿"。一般较常用的温度补偿办法是采用与结构同一材料的"补偿块"和杆件放在一起,同时取得读数,从"补偿块"上取得的读数为单纯的温度应变,将此应变作为结构的温度应变 ε。但是,补偿块与结构两者体积差别极为悬殊,两者对气温变化的敏感程度差别很大,由于补偿块体积小,能在短时间内跟上气温的变化,而结构表现为极大的"滞后",因此在气温变化较大时(例如白天日照情况下)实际上无法起到补偿作用。

　　为了达到补偿目的,根据量测的实践,建议采取"横向温度补偿法"。在横向布置测应变的测点的同时,在垂直方向也布置测点,见图14-6。

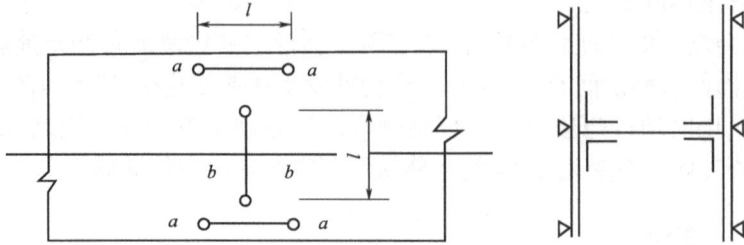

图14-6　测点布置

　　量测时应注意:手持式应变仪操作简单,但量测的精度会随操作人员和每次操作方式的改变而改变。所以,量测时不宜更换使用者;应使仪器与试件表面垂直;每次对仪器施加的压力要尽量相等,并使仪器插入时应在同一孔穴,以减小量测误差。

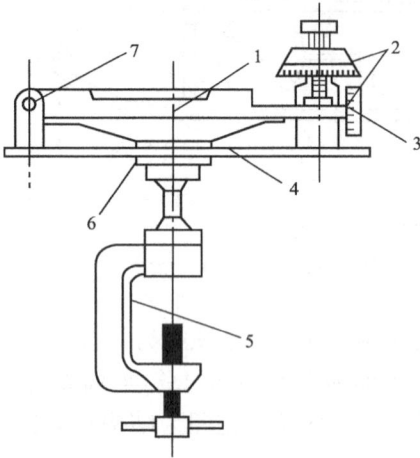

图14-7　水准管式倾角仪

1-水准管;2-刻度盘;3-微调螺丝;4-弹簧片;
5-夹具;6-基座;7-活动铰

三、水准管式倾角仪

　　图14-7为水准管式倾角仪的构造,其原理是利用高灵敏度的水准管来测定结构节点、截面或支座处转角。水准管安置在弹簧片上,一端铰接于基座,弹簧片使另一端上升,但被测微计的微调螺钉顶住,将仪器用夹具装在测点后,用微调螺钉使水准管的气泡调平居中,结构变形后气泡漂移,再转动微调螺钉使气泡重新居中,度盘上前后两次读数差即代表该测点的转角。这种仪器最小读数有的可达 $1'' \sim 2''$,量程为 $3°$。

　　这种仪器的优点是尺寸小,精度高,使用简便;缺点是受外界温度影响很大,且不宜受阳光暴晒,以免水准管爆裂。

四、电阻应变仪

　　用电阻式应变仪测试桥梁结构应变时需用应变仪和电阻应变片(应变计)配合使用。

(一)电阻应变片

1.电阻应变片的特性

　　电阻应变片又称电阻应变计,简称应变片或电阻片。它是非电量电测中最重要的变换器。大量的试验表明电阻丝电阻值的增量与其长度的增量之间存在正比例的关系,即:

$$\frac{\Delta R}{R} = \frac{K\Delta L}{L} = K \cdot \varepsilon \tag{14-3}$$

式中：R——电阻丝的初始电阻值，Ω；

   ΔR——电阻丝的电阻增量，Ω；

   L——电阻丝的初始长度，mm；

   ΔL——电阻丝长度的增量，mm；

   K——比例系数，称为电阻丝的灵敏系数；

   ε——应变值。

电阻丝的灵敏系数 K 对大多数电阻丝来说是个常数，也就是说上式所表达的电阻丝电阻变化率与应变变化率呈线性关系，这便是通过电阻应变片将非电量转换成电量的理论基础。当电阻应变片用胶黏剂粘贴在构件上时，应变片则与构件的变形完全同步，这时电阻丝的应变值就代表了构件的应变值，于是将构件的应变量测转换成电量的量测。

应变片电测法与其他测试方法比较，有如下优点：

(1)灵敏度高。由于利用电阻片将非电量转换为电量，再经电子仪器进行放大、显示和记录，所以能获得很高的放大倍数，从而达到很高的灵敏度。电阻应变仪可以精确地分辨出 1×10^{-6} 的应变，这个应变的量级对于钢材来说相当于 0.2MPa 的应力。

(2)电阻片尺寸小且粘贴牢固。对一些工程结构(如船体、桥梁、飞机、桁架等)进行全面的应力分析时，往往要测量数十点甚至数百点的应力，电阻片很容易大量粘贴使用。对于结构十分紧凑以至其他测量仪表(如杠杆引伸仪)根本无法安装的情况，电测法则能发挥很大的作用。尺寸小的另一个重要意义在于可以用来测量局部应力。目前，电阻片的标距甚至可以小于1mm，这对于应力集中区的测量比较合适。

(3)电阻片质量小。它使得电测不仅可以作静态应力的测量，而且可以在动态应力分析方面发挥独特作用，对一系列重要的动力学参数(如加速度、振幅、频率、冲击力及爆炸压力等)能够比较精确地进行试验研究，同时应变片的基长可以制作得很短，并且有很高的频率响应能力。因此，在应变梯度较大的构件上测量时仍能获得一定的准确度，在高频动应变测量中具有很好的动态响应。

(4)可以在高温(800~100℃)、低温(-100 ~ -70℃)、高压(上万个大气压)、高速旋转(几千转/min ~ 几万转/min)、核辐射等特殊条件下成功地使用。

此外，应变片输出的是电信号，易于实现测量数字化和自动化。

应变片电测法在用于对结构物表面应变测量时的主要缺点是粘贴工作量大、重复使用困难等。

2.电阻应变片的构造

绕线式应变片主要由敏感元件、基底覆盖层和引出线等几部分组成，见图14-8。

(1)敏感丝栅是应变片的主要元件，一般由康酮、镍铬合金制成。

(2)基底和覆盖层既起定位和保护应变片几何形状的作用，也起到与被测试试件之间电绝缘作用。纸基常

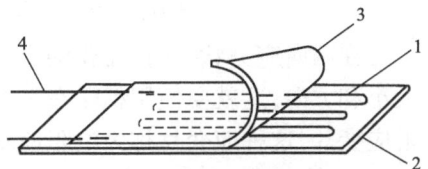

图 14-8 电阻应变片的构造
1- 敏感丝栅；2-基底；3-覆盖层；4-引出线

用厚 0.015 ~ 0.02mm 的机械强度高、绝缘性能好的纸张制作。胶基则使用性能稳定、绝缘度高、耐腐蚀的聚合胶制成。其他有特殊要求的应变片,可采用不同的材料做成基底。

(3)引出线是用以连接导线的过渡部分,一般用直径为 0.15 ~ 0.30mm 的金属丝。

(4)黏结剂把丝栅基底和覆盖层牢固地结成一个整体。

3. 电阻应变片的分类

应变片的种类很多,至今各种规格的应变片已有两万多种,见图 14-9。根据不同的方法,有不同分类。

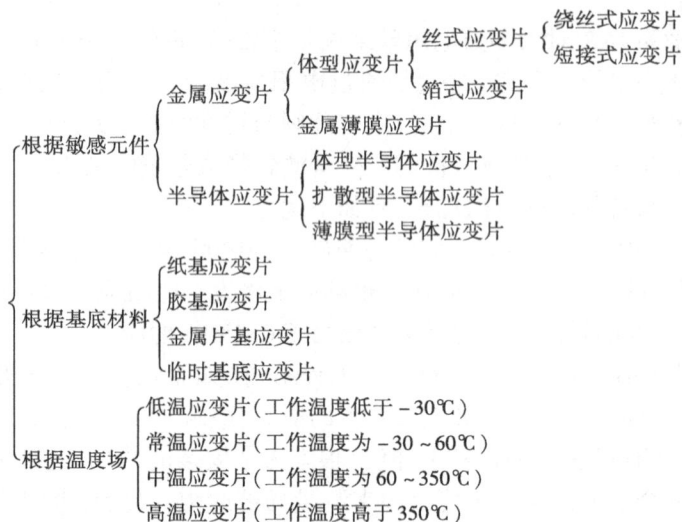

图 14-9　电阻应变片的分类

(1)绕丝式应变片。用电阻丝盘绕起来的电阻片称为金属绕丝式电阻应变片,又称为圆角线栅式(图 14-10)。它的制造设备和技术都较简单,但横向灵敏度较箔式应变片高(横向灵敏度会给测量带来一定的误差)。丝式应变片常用的金属材料是康酮、镍铬合金和铂铱金等。

(2)箔式应变片。箔式应变片是由照相、光刻技术腐蚀成丝。它在性能上的优点是粘贴牢固,散热条件好,逸散功率大,可以允许较大电流,耐蠕变和漂移的能力强,易做成任意形状,但它工艺较复杂。箔片的材料主要为康酮、镍铬合金等,其形式见图 14-11。

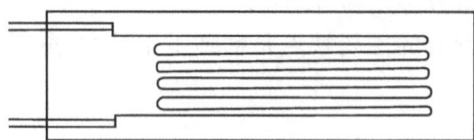

图 14-10　金属丝式应变片　　　　　　图 14-11　金属箔式应变片

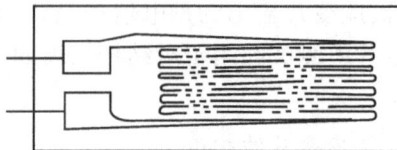

在两向应力状态时,需要测出一点的两个或三个方向的应变,才可求出此测点的主应力的大小和方向,这就要使用粘贴在一个公共基底上、按一定方向布置的 2 ~ 4 个敏感栅组成的电阻应变片,这种应变片称为电阻应变花,见图 14-12。

对于箔式应变片组成的应变花,因其横向效应系数极小,故不考虑修正问题。对于由半圆头绕丝式应变片组成的应变花,如果对测试结构要求不很严格的话,也不必考虑修正。

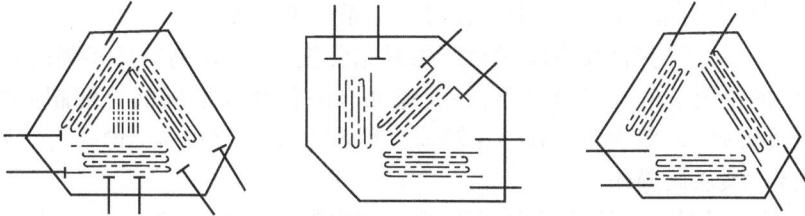

图 14-12　电阻应变花

（3）半导体应变片。其外形见图 14-13。它的优点是灵敏度高、频率响应好、可以做成小型和超小型应变片。半导体应变片的出现为应变电测技术的发展开创了新的途径。它的缺点是温度系数大、稳定性不及金属应变片等。

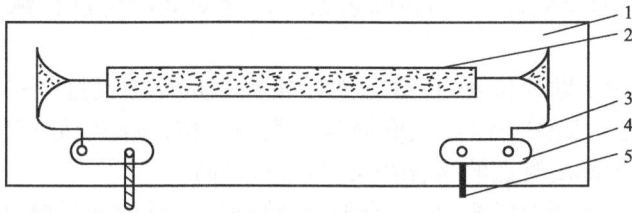

图 14-13　半导体应变片
1-胶膜衬底;2-P-SI 片;3-内引线;4-接板;5-外引线

此外,按敏感栅的长度分,有大标距应变片和小标距应变片;按敏感栅形状分,有单轴应变片和应变花。还有各种特殊用途的应变片,如防磁应变片、防水应变片、埋入式应变片、层式应变片、可拆式应变片、疲劳寿命片、测压片、无基底式应变片、大应变片、裂缝探测片、温度自补偿应变片等。

4.电阻应变片的选用

选用应变片时,应根据应变片的初始参数及试件的受力状态、应变梯度、应变性质、工作条件、测试精度要求等综合考虑。

对于一般的结构试验,采用 120Ω 纸基金属丝应变片即可满足试验要求。其标距可结合试件的材料来选定,如钢材常用 5～20mm,混凝土则用 40～120mm,石材用 20～40mm。

对于有特殊要求的结构试验,可选择特种应变片,如低温应变片、高温应变片、疲劳寿命片、裂纹探测片、应力片以及高压、核辐射、强磁场等条件下使用的应变片。

5.电阻应变片的粘贴技术

（1）黏结剂。粘贴应变片用的黏结剂称为应变胶。应变胶应能可靠地将试件应变传递到应变片的敏感栅上。

对应变胶的性能要求是:黏结强度高（剪切强度一般不低于 3～4MPa）、电绝缘性能好、蠕变小、化学稳定性好等。在特殊条件下,还要考虑一些其他要求,例如耐高温、耐老化、耐介质（油、水、酸和碱等）、耐疲劳等。目前,常用的应变胶可分为有机胶和无机胶两类。常温下用有机胶,无机胶则用于高温应变片的粘贴。

常规桥梁试验粘贴应变片的应变胶一般为快干胶和热固性树脂胶等。

501 快干胶和 502 快干胶是借助于空气中微量水分的催化作用而迅速聚合固化产生黏结强度的。该类胶黏结强度虽能满足桥梁应变测试要求,但随生产厂家产品质量和存放时间长短,黏结强度差别很大,只能在低温、干燥和避光的条件下保存。

环氧树脂胶是靠分子聚合反应而固化产生黏结强度的,有较高的剪切强度和防水性能,电绝缘性能好。它的主要成分是环氧树脂,并酌量加入固化剂和增韧剂等配制而成。环氧树脂胶可以自制,其配方是:环氧树脂,100%;邻苯二甲酸二丁酯,5%～20%;乙二胺,6%～7%。注意:乙二胺有毒,须通风操作。

(2)应变片的粘贴技术。应变片的粘贴是应变电测技术中一个很关键的环节,粘贴质量的好坏直接影响测量的结果。有时可能因某些主要测点的应变片失效,导致测量工作失败。因此,必须掌握粘贴技术,保证测量结果的准确性和可靠性。粘贴时应掌握下列技术环节:

①选片。用放大镜对应变片进行检查,保证选用的应变片无缺陷和破损。同批试验选用灵敏系数和阻值相同的应变片,采用兆欧表或万用表对其阻值进行测量,保证误差不大于0.5Ω。

②定位。先初步画出贴片位置,用砂布或砂轮机将贴片位置打磨平整,钢材表面粗糙度R_a为12.5～3.2;混凝土表面应无浮浆、麻面与气泡,必要时涂底胶处理,待固化后再次打磨。在打磨平整的部位准确画出测点的纵、横中心及贴片方向。

③贴片。用镊子夹脱脂棉球蘸酒精(或丙酮)将贴片位置清洗干净,用手握住应变片引出线,在其背面均匀涂抹一层胶水,然后放在测点上,调整应变片的位置,使其准确定位。在应变片上覆盖小片玻璃纸,用手指轻轻滚压,挤出多余胶水和气泡。注意:不要使应变片位置移动。用手指轻按1～2min,待胶水初步固化后,即可松手。粘贴质量较好的应变片,胶层均匀,位置准确。

④干燥固化。对于干燥才能固化,气温较高,相对湿度较低的短期试验,可用自然干燥,时间一般为1～2d。人工干燥:待自然干燥12h后,用红外线灯烘烤,温度不应高于50℃,还要避免骤热,烘干到绝缘电阻符合要求时为止。

根据环境要求,应变片有时要进行防潮和防机械损伤处理。

(二)电阻应变仪

专门对电阻应变片阻值相对变化$\Delta R/R$的信号进行鉴别和量测的仪器,称为电阻应变仪。电阻应变仪按使用内容的不同分为静态应变仪、动态应变仪和静动态应变仪,用于静态应变量测的称为静态电阻应变仪。

1.国产 YJS-14 型静态数字应变仪

常用的国产 YJS-14 型静态数字应变仪是一种静态应变自动测量装置,主要由下面五个部分组成。

(1)转换器:在控制器控制下将各测点依次接入桥路,以便进行测量。

(2)电阻应变仪:由桥压线性放大器和数字电压表组成。测点经自动切换装置接入,信号经过载保护单元鉴别后进入放大器,经线性放大,解调和滤波成为直流信号送入积分型 A/D 转换器转换成8-4-2-1码数字量。

(3)运算器:由储存和运算单元组成。

(4)控制器:包括采样控制和数字钟两部分。它以不同的速率发出测量指令,通过应变仪和运算器,对各类测点进行定时、定点、定区间的测量和修正。

（5）输出装置：分为打印输出和信息输出两种。

国产 YJS-14 型静态数字应变仪的工作过程就是把应变测量组成惠斯登桥路。电桥的初始不平衡采用初始值存储的办法，即把每一个测点的初始不平衡值通过放大和 A/D 转换器转换成数字信号，记入对应序号内存中。在测量时，测量信号也转换成数字信息送入运算器，运算器从内存中取出对应测点的转换或测量区段的选择，均由控制器控制。YJS-14 型数字应变测量装置最多可连 4 台转换器，每台 100 点共 400 点，其原理框图见图 14-14。

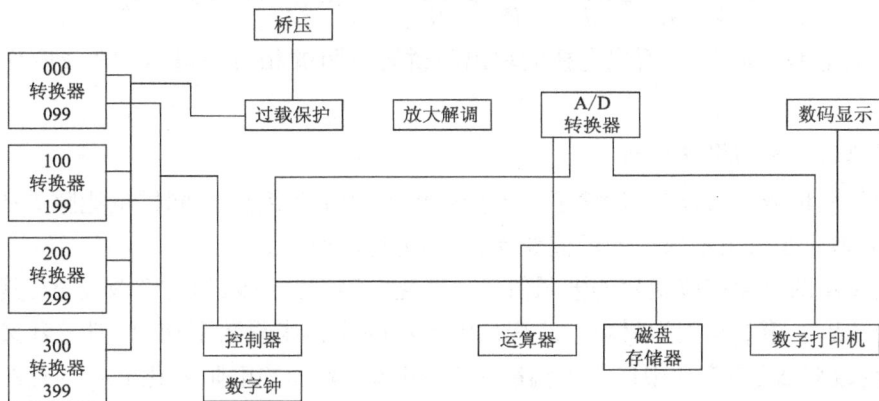

图 14-14　YJS-14 型静态数字应变仪原理框图

2. 静态电阻应变仪的工作原理

电阻应变仪中主要是通过惠斯登电桥原理来量测应变所引起的电阻变化的微小信号。该电桥以电阻 R_1、R_2、R_3、R_4 作为四个桥臂，见图 14-15。桥路中 R_1 与 R_2、R_3 与 R_4 分别串联，两组并联于 A、C 两端，在 AC 端接有电源，另一对 BD 角上接有测量仪表。

由惠斯登电桥原理可知，当电桥平衡时，满足条件：$R_1R_3 = R_2R_4$。

当电桥工作时，若 R_1 有一增量 ΔR_1，则破坏了电桥平衡，此时：

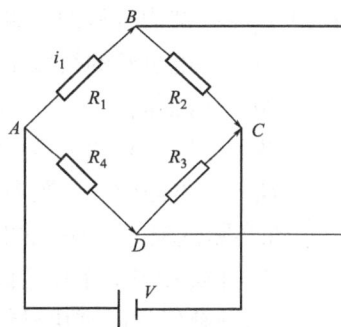

图 14-15　惠斯登电桥

$$V_{AB} = \frac{R_1 + \Delta R_1}{R_1 + \Delta R_1 + R_2} \cdot V \qquad (14\text{-}4)$$

为简化分析，设 $R_1 = R_2 = R_3 = R_4 = R$，则：

$$V_{AB} = \frac{R + \Delta R_1}{2R + \Delta R_1} \cdot V \qquad (14\text{-}5)$$

于是

$$V_O = V_{AB} - V_{AD} = V\left(\frac{R + \Delta R_1}{2R + \Delta R_1} - \frac{1}{2}\right) = \frac{\Delta R_1}{4R + 2\Delta R_1} \cdot V \qquad (14\text{-}6)$$

如果 $\Delta R \ll R$，则有：

$$V_O = \frac{V}{4} \cdot \frac{\Delta R_1}{R} = \frac{V}{4}K\varepsilon_1 \qquad (14\text{-}7)$$

用同样的分析方法也可说明两个桥臂电阻 R_1、R_2 变化(半桥)的情况,此时输出电压表达式为:

$$V_0 = \frac{V}{4}\left(\frac{\Delta R_1}{R} - \frac{\Delta R_2}{R}\right) = \frac{V}{4}(\varepsilon_1 - \varepsilon_2) \tag{14-8}$$

如果四个桥臂电阻都有变化(全桥式桥路),则输出电压可用下式表示:

$$V_0 = \frac{V}{4}\left(\frac{\Delta R_1}{R} - \frac{\Delta R_2}{R} + \frac{\Delta R_3}{R} - \frac{\Delta R_4}{R}\right) = \frac{V}{4}K(\varepsilon_1 - \varepsilon_2 + \varepsilon_3 - \varepsilon_4) \tag{14-9}$$

根据以上基本关系式,可看出电桥的输出与桥臂电阻的相对增量 $\Delta R/R$ 或应变 ε 呈正比关系。

3. 电阻应变测量的温度补偿

用应变片测量应变时,应变片除了能感受结构受力后的变形外,同样也能感受环境温度变化,并引起电阻应变仪指示部分的示值变动,这称为温度效应。

温度变化从两方面使应变片的电阻值发生变化。第一是电阻丝温度改变 Δt,其电阻将会随之而改变 ΔR_β。第二是因为材料与应变片电阻丝的线膨胀系数不相等,但二者又黏合在一起,这样温度改变 Δt,应变片中产生了温度应变,引起一附加的电阻变化 ΔR_α。总的温度效应 R_t 为两者之和。

$$R_t = \Delta R_\alpha + \Delta R_\beta = (\alpha_j - \alpha)\Delta t + \frac{\beta_1 \Delta t}{K} \tag{14-10}$$

式中:α_j——结构材料的线胀系数;

α——电阻丝的线胀系数;

Δt——温差;

K——电阻丝的灵敏系数;

β_1——电阻丝的电阻温度系数。

在实际试验中,为保证补偿效果,对应变片的设置应考虑如下因素:

(1)补偿片与工作片应该是同批产品,具有相同电阻值、灵敏系数和几何尺寸。

(2)贴补偿片的试块材料应与试验结构的材料一致。如果是混凝土材料,应该是同样的配合比,按相同的制作方法并在相同条件下养护的。

(3)补偿片的贴片干燥、防潮处理等工艺必须与工作片相同。

(4)连接补偿片的导线应与连接工作片的导线是同一规格同一长度,并且相互平列靠近布置图或捆扎成束。

(5)补偿片与工作片的位置应量接近,使二者处于同样温度场条件下,以防不均匀热源的影响。

(6)补偿片的数量,由试验材料特性、测点位置、试验条件等因素决定。一般情况下,钢结构可用一个补偿片同时补偿 10 个工作片,对混凝土可用一个补偿片补偿 5~10 个工作片。如果要求严格或者是某个测点所处条件特殊时,应单独补偿,以尽量减少由于工作片与补偿片工作时间不同而产生的温差影响。

除桥路补偿外,还有应变片温度自补偿的办法,即使用一种特殊的应变片,当温度变化时,其电阻增量等于零或者相互抵消而不产生视应变。目前,该方法主要用于机械类试验中。

(三) 电阻应变测量的桥路连接

在桥路中,连接在同一桥臂上的应变片的电阻的变化是电阻应变片阻值之和,而连接在相邻桥臂上的应变片的电阻变化则是应变片阻值之差。利用这一特点,结合温度补偿片设置办法,电阻应变片在测量电桥中可以有不同的接法,以便达到实现温度补偿、测量出所需的应变成分、扩大读数以减少读数误差这三个目的。

在试验中,应变片与电桥的连接有半桥与全桥两种接线法。

第三节 静载试验方法及评价

一、准备工作

试验准备工作包括:设备及仪表夹具的加工;试验现场的清理;设置仪器、仪表的支护装置以及其他必要的支架和安全设备;准备加载物质或设备;仪表校正、安装和调试;对试验人员进行技术培训;印发各种记录表格。在试验准备阶段,必须将试验所用的仪器设备及时配齐,试验前必须按规定进行校正或标定,并且应该有一定数量的备用仪器,以确保试验工作的顺利进行。

测试技术的准备也十分重要。正式加载试验前,试验人员必须明确分工和职责,具有能熟练地进行仪器、仪表的测读,掌握仪器、仪表的工作原理、基本性能以及排除一般性故障的能力。对于规模较大、测试时间较长、使用仪器较多、测点布置难度较大的试验,可以考虑拟定专门的测试技术操作规程。

在施工现场,根据试验方案的要求,应及时调集必需的物质和器材,解决用电、水源、燃料等问题。

使用电测仪器,调试工作量大。电阻片粘贴后,应做好防潮、防水处理,其绝缘阻值应满足试验规定的要求。试验用导线应经过测试,导线与试验结构或构件上电阻应变片的连接处,应锡焊并做好绝缘处理。

当所有准备工作就绪后,在正式试验之前,应对所有仪器、仪表进行一次观测演习,以便熟悉试验程序、仪器和仪表的测读、记录方法等。

在试验前及测试过程观测并记录气温情况。

二、加载实施与控制

(一) 加载程序

加载应严格按计划程序进行。采用重物加载时按荷载分级逐级施加,每级荷载堆放位置准确、整齐、稳定。荷载施加完毕后,逐级卸载。采用车辆加载时,先由零载加至第一级荷载,卸载至零载,再由零载加至第二级荷载,卸至零载……直至所有荷载施加完毕(有时为了确保试验结果准确无误,每一级荷载重复施加 1～2 次),每一级荷载施加次序为纵向先施加重车,后施加两侧标准车,横向先施加桥中心的车辆,后施加外侧的车辆。

(二) 加载稳定时间控制

为控制加卸载稳定时间,应选择一个控制观测点(如简支梁为跨中挠度或应变测点),在每级加载(或卸载)后立即测读一次,计算其与加载前(或卸载前)测读值之差值 S_g,然后每隔 2min 测读一次,计算 2min 前后读数的差值 ΔS,并计算相对读数差值 m:

$$m = \frac{\Delta S}{S_g} \tag{14-11}$$

当 m 值小于 1% 或小于量测仪的最小分辨值时则认为结构基本稳定,可进行各观测点读数。主要控制截面最大内力荷载工况对应的荷载在桥上稳定时间不少于 5min,对尚未投入营运的新桥应适当延长加载稳定时间。

有些桥测点观测值稳定时间较长,如结构的实测变位(或应变)值远小于计算值,可将加载稳定时间定为 20～30min。

(三) 测试方法与加载过程的观察

1. 位移的测量

一般的梁、板、拱、桁架结构的位移测定,主要是指挠度及其变形曲线的测定。

挠度的测试断面,一般在 1/2 跨、1/4 跨、1/8 跨、3/4 跨、7/8 跨等位置布设测点,以便能测出挠度变形的特征曲线。对梁或板宽大于或等于 100cm 的构件,应考虑在横截面两侧都布设测点,测值取两侧仪表读数的平均值。为了求得最大挠度值以及其变形特征曲线,测试中要设法消除支座沉降的影响。

常用的位移测量的仪器、仪表有各种类型的挠度计、百分表、位移传感器等。

在桥梁结构设计中的荷载横向分布系数,往往是以测定桥梁横断面各梁(或梁肋)挠度的方法推算出来的。具体做法是在特征断面(跨中或 1/4 跨断面)、所有各梁或梁肋布点测挠度,然后经过简单的数据处理,即可得到该断面的荷载横向分布特征值。

2. 应变的测量

试验结构的断面内力(弯矩、轴向力、剪力、扭矩)和断面应力分布,一般都是通过应变测定来反映的,所以,应变值的正确测定是非常重要的。

应变的测量分以下两种情况。

(1)桥梁结构主应力方向已知。

对承受轴向力的结构,如桁架中的杆件,测点应在平行于结构轴线的两个侧面,每处不少于 2 点。

对承受弯矩和轴向力共同作用的结构,如拱式结构的拱圈等,应在弯矩最大的位置处,平行轴线的两侧布点,每处不少于 4 点。

对承受弯矩作用的结构,如梁式结构,应在弯矩最大的位置处,沿截面上、下边缘布点或沿侧面梁高方向布点,每处不少于 2 点。

(2)桥梁结构主应力方向未知。

如在受弯构件中正应力和剪应力共同作用的区域、截面形状不规则或者有突变的位置,这些部位的主应力、剪应力的大小和方向都是未知的,当测定这些部位的平面应力状态时,一般按一定的 x-y 坐标系均匀布点,每点按 3 个方向布设成一个应变花形式,再按此测出的应变确定主应力的大小和方向。

应变测试常用的仪器、仪表有千分表、杠杆引伸仪、手持应变仪、电阻应变仪等。

3. 裂缝的观测

对于钢筋混凝土梁,加载后受拉区及时发现第一条裂缝是十分重要的。测定裂缝的仪器、仪表有刻度放大镜、塞尺、应变计、电阻应变仪等。

刻度放大镜可用来测定混凝土裂缝的宽度。最小刻度值为 0.01 ~ 0.1mm,量程为 3 ~ 8mm。使用时将放大镜的物镜对准需测定的裂缝,经过目测即可读出裂缝的宽度。

塞尺的用途是测定混凝土裂缝的深度,它由一些不同厚度的薄钢片组成。按裂缝宽度选择合适的塞尺厚度并插入裂缝中。根据塞尺插入的深度即可得到裂缝的深度。

用应变测量仪测量裂缝的出现或开裂荷载时,应在结构内力最大的受拉区,沿受力主筋方向连续布置电阻应变片或应变计,连续布置的长度不小于 2 ~ 3 个计算的裂缝间距或不小于 30 倍的主筋直径。在裂缝没有出现时,仪表的读数是有规律的,若在某级荷载作用下开裂,则跨越裂缝的仪表读数骤增,而相邻的其他仪表读数很小或出现负值。

在每级荷载下出现的裂缝或原有裂缝的开展,都要在结构上标明,用软铅笔在离裂缝 1 ~ 3mm 处平行地描出裂缝的走向、长度和宽度,并注明荷载吨位。试验结束时,根据结构上的裂缝,绘出裂缝开展图。

加载过程应对结构控制点位移(或应变)、结构整体行为或薄弱部位破损实行监控,并随时向指挥人员汇报。要随时将控制点实测数值与计算结果比较,如实测值超过计算值较多,应暂停加载,查明原因后再决定是否继续加载。加载过程中应指定人员随时观察结构各部位(尤其是薄弱部位)是否有新裂缝产生,结构是否产生不正常的响声,组合构件的结合面是否有开裂错位,横隔板结构是否拉裂,支座附近混凝土是否开裂,结构是否产生异响或晃动,加载时墩台是否发生摇晃现象等,如有这些情况及时报告试验指挥人员,以便采取相应的措施。

加载过程要注意观测原有裂缝较长、较宽的部位。测量裂缝的长度、宽度,并在混凝土表面沿裂缝走向进行描绘。观测加载过程裂缝长度及宽度的变化情况,在混凝土表面进行描绘,并采用专门表格记录。将最后的检查情况填入裂缝观测记录表。

(四)终止加载控制条件

发生下列情况应终止加载:

(1)控制测点应力值已达到或超过用弹性理论按规范安全条件反算的控制应力值。

(2)控制测点变位(或挠度)超过规范允许值。

(3)由于加载,使结构裂缝的长度、缝宽急剧增加,新裂缝大量出现,缝宽超过允许值的裂缝大量增多,对结构使用寿命造成较大的影响。

(4)实测变形分布规律异常。

(5)桥体发出异常响声或发生其他异常现象。

三、试验数据分析

(一)试验资料的修正

1.测值修正

根据各类仪表的标定结果进行测试数据的修正,如考虑机械式仪表校正系数、电测仪表率定系数、灵敏系数、电阻应变观测的导线电阻影响等。当这类因素对测值的影响小于1%时可不予修正。

2.温度影响修正

温度对测试的影响比较复杂,结构构件的各部位不同的温度变化,结构的受力特性,测试仪表或元件的温度变化,电测元件的温度敏感性、自补性等均对测试精度造成一定的影响。逐项分析这些影响很困难。一般可采用综合分析的方法进行温度影响修正,即利用加载试验前进行的温度稳定观测数据,建立温度变化(测点处构件表面温度或空气温度)和测点测值(应变和挠度)变化的线性关系,然后按下式进行温度修正计算:

$$S' = S - \Delta t \cdot K_t \tag{14-12}$$

式中:S——温度修正后的测点加载测值变化;

S'——温度修正前测点加载测值变化;

Δt——相应于 S 观测时间段内的温度变化,℃;

K_t——空载时温度上升1℃时测点测值变化量:

$$K_t = \frac{\Delta S}{\Delta t_1}$$

ΔS——空载时某一时间区段内测点测值变化量;

Δt_1——相应于 ΔS 同一时间区段内温度变化量。

温度变化量的观测对应变宜采用构件表面温度,对挠度宜采用气温。温度修正系数 K_t 应采用多次观测的平均值,当测值变化与温度变化关系不明显时则不能采用。

由于温度影响修正比较困难,一般不进行这项工作,而采取缩短加载时间、选择温度变化较小的时间进行试验等办法尽量减小温度对测试精度的影响。

3.支点沉降影响的修正(图 14-16)

当支点沉降量较大时,应修正其对挠度值的影响,修正量 c 可按下式计算:

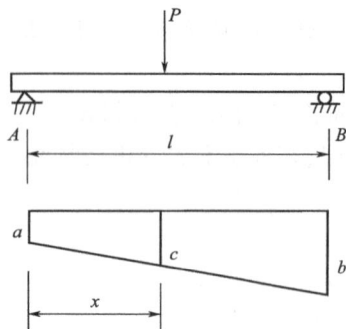

图 14-16　实测挠度的修正量图式

$$c = \frac{l-x}{l}a - \frac{x}{l}b \tag{14-13}$$

式中:c——测点的支点沉降影响修正量;

l——A 支点到 B 支点的距离；

x——挠度测点到 A 支点的距离；

a——A 支点沉降量；

b——B 支点沉降量。

（二）各测点变位（挠度、位移、沉降）与应变的计算

根据量测数据做下列计算：
总变位（或总应变）：

$$S_t = S_1 - S_i$$

弹性变位（或弹性应变）：

$$S_e = S_1 - S_u$$

残余变位（或残余应变）：

$$S_p = S_t - S_e = S_u - S_i$$

式中：S_i——加载前测值；

S_1——加载达到稳定时测值；

S_u——卸载后达到稳定时测值。

下面引入相对残余变位（或应变）的概念描述结构整体或局部进入塑性工作状态的程度。

相对残余变位（或应变）按下式计算：

$$S_p' = \frac{S_p}{S_t} \times 100 \tag{14-14}$$

式中：S_p'——相对残余变位（或应变），%；

S_p、S_t 意义同前。

（三）应力计算

根据测量到的测点应变，当结构处于线弹性工作状态时，可以利用应力应变关系计算测点的应力。

（1）单向应力状态：

$$\sigma = E\varepsilon \tag{14-15}$$

（2）平面应力状态。

①当主应力方向已知时：

$$\sigma_1 = \frac{E}{1-\mu^2}(\varepsilon_1 + \mu\varepsilon_2) \tag{14-16}$$

$$\sigma_2 = \frac{E}{1-\mu^2}(\varepsilon_2 + \mu\varepsilon_1) \tag{14-17}$$

式中：E——构件材料弹性模量；

μ——构件材料泊松比；

ε_1、ε_2——方向相互垂直的主应变；

σ_1、σ_2——方向相互垂直的主应力。

②主应力方向未知时，需用应变花测量其应变计算主应力。应变花的常见形式为直角形

或等边形[(图14-17a)、b)、c)],由3个应变片组成,也可以增加校核片布置为扇形和伞形[图14-17d),e)]。主应力计算此处略。

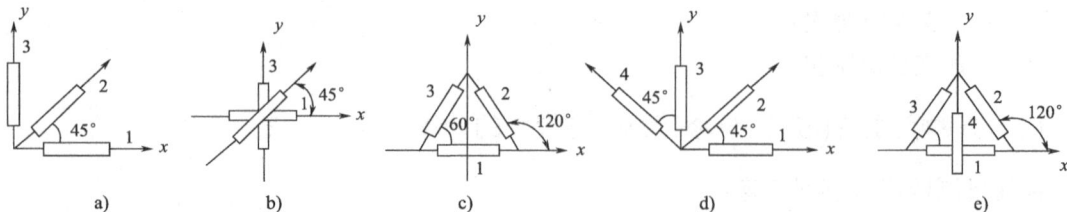

图14-17 常用应变花的形式
a)直角形;b)直角交叉形;c)等边形;d)扇形;e)伞形

(四)试验结果与理论分析的比较

为了评定结构整体受力性能,需对桥梁荷载试验结果与理论分析值比较,以检验新建桥是否达到设计要求的荷载标准或者判断旧桥的承载能力。比较时可以将结构位移、应变等试验值与理论计算值列表进行比较,对结构在最不利荷载工况作用下主要控制测点的位移、应力的实测值与理论分析值,要分别绘出荷载-位移(P-Δ)曲线、荷载-应力(P-σ)曲线,并绘出最不利荷载工况作用下位移沿结构(纵、横向)分布曲线和控制截面应变(沿高度)分布图以及结构裂缝分布图(对裂缝编号注明长度、宽度、初裂荷载以及裂缝发展情况)。为了量化以及描述试验值与理论分析值比较的结果,此处引入结构校验系数:

$$\eta = \frac{S_e}{S_s} \tag{14-18}$$

式中:S_e——试验荷载作用下量测的弹性变位(或应变)值;

S_s——试验荷载作用下的理论计算变位(或应变)值。

S_e与S_s的比较可用实测的横截面平均值与计算值比较,也可考虑荷载横向不均匀分布而选用实测最大值与考虑横向增大系数的计算值进行比较。横向增大系数最好采用实测值,如无实测值也可采用理论计算值。

四、荷载试验成果分析与承载能力评定

经过荷载试验的桥梁,应根据整理的试验资料分析结构的工作状况,进一步评定桥梁承载能力,为新建桥验收作出鉴定结论,或作为旧桥承载力鉴定检算的依据,并纳入桥梁承载能力鉴定报告和桥梁承载能力鉴定表。一般进行下列分析评定工作。

(一)结构工作状况评定

1. 校验系数

结构控制断面实测最大应力(应变)可以成为评价结构强度的主要内容,常用校验系数η来说明。不同结构形式的桥梁,其η值有所不相同。

$$挠度校验系数 = \frac{实测跨中挠度}{理论跨中挠度}$$

$$应力校验系数 = \frac{杆件实测弯曲应力}{杆件理论弯曲应力 \times \left(\text{或}\dfrac{杆件实测轴向力}{杆件理论轴向力}\right)}$$

当 $\eta = 1$ 时,说明理论与实际相符。一般要求 η 值不大于 1。η 值越小,结构的安全储备越大。η 值过大或过小都应该从多方面分析原因。如 η 值过大可能说明组成结构的材料强度较低,结构各部分联结性较差,刚度较低等;η 值过小可能说明材料的实际强度及弹性模量较高,梁桥的混凝土桥面铺装及人行道等与主梁共同受力,拱桥拱上建筑与拱圈共同作用,支座摩阻力对结构受力的有利影响,计算理论或简化的计算式偏于安全等。试验加载物的称量误差、仪表的观测误差等也对 η 值有一定影响。表 14-1 所列为常见 η 值参考表。

桥梁校验系数常值表　　　　　　　　　　　　　　表 14-1

桥梁类型	应变(或应力)校验系数	挠度校验系数	桥梁类型	应变(或应力)校验系数	挠度校验系数
钢筋混凝土板桥	0.30 ~ 0.70	0.40 ~ 0.80	预应力混凝土桥	0.50 ~ 0.90	0.60 ~ 1.00
钢筋混凝土梁桥	0.40 ~ 0.80	0.50 ~ 0.90	圬 工 拱 桥	0.60 ~ 1.00	0.60 ~ 1.00

η 值应取控制截面内力最不利荷载工况时最大挠度测点进行计算。对梁桥可采用跨中最大正弯矩荷载工况的跨中挠度;对拱桥检算拱顶截面时可采用拱顶最大正弯矩荷载工况的跨中挠度;检算拱脚截面时可采用拱脚最大负弯矩荷载工况时 $L/4$ 截面处挠度;检算 $L/4$ 截面时用上者平均值。如已安排 $L/4$ 载面最大正、负弯矩荷载工况,则可采用该程序 $L/4$ 截面挠度。

2. 实测值与理论值的关系曲线

由于理论的变位(或应变)一般按线性关系计算,所以如测点实测弹性变位(或应变)与理论计算值成正比。其关系曲线接近于直线,说明结构处于良好的弹性工作状况。

3. 截面应变分布状况

实测的结构或构件主要控制截面应变沿高度分布图应符合平截面假设。

4. 残余变形

测点在控制荷载工况作用下的相对残余变位(或应变)S_p/S_t 越小,说明结构越接近弹性工作状况。一般要求 S_p/S_t 值不大于 20%,当 S_p/S_t 大于 20% 时,表明桥梁的承载能力不满足要求,应查明原因。如确系桥梁强度不足,应在评定时,酌情降低桥梁承载能力。

(二)混凝土桥梁裂缝及其扩展情况的评定分析

对于新建桥试验荷载作用下的裂缝扩展宽度不应超过《公路钢筋混凝土及预应力混凝土桥涵设计规范》(JTG 3362—2018)的容许值。卸载后其扩展宽度应闭合到设计规范容许值的 1/3。

钢筋混凝土结构裂缝不应超过"桥规"容许值,即:

$$\delta_{max} \leqslant [\,\delta\,] \tag{14-19}$$

试验前后在用桥梁裂缝宽度不应大于表 14-2 规定的允许值。

裂 缝 限 值 表

表 14-2

结构类别	裂 缝 部 位			允许最大缝宽（mm）	其 他 要 求
钢筋混凝土梁	主筋附近竖向裂缝			0.25	
	腹板斜向裂缝			0.30	
	组合梁结合面			0.50	不允许贯通结合面
	横隔板与梁体端部			0.30	
	支座垫石			0.50	
预应力混凝土梁	梁体竖向裂缝			不允许	
	梁体纵向裂缝			0.20	
砖、石、混凝土拱	拱圈横向			0.30	裂缝高小于截面高一半
	拱圈纵向			0.50	裂缝长小于跨长的1/8
	拱波与拱肋结合处			0.20	
墩台	墩台帽			0.30	不允许贯通墩台身截面一半
	墩台身	经常受侵蚀性环境水影响	有筋	0.20	
			无筋	0.30	
		常年有水，但无侵蚀性影响	有筋	0.25	
			无筋	0.35	
		干沟或季节性有水河流		0.40	
	有冻结作用部分			0.20	

注：表中所列除特指外适用于一般条件，对于潮湿和空气中含有较多腐蚀性气体等条件下的缝宽限制应要求严格一些。

通过对桥梁结构工作状况、强度稳定性、刚度和抗裂性各项指标进行综合评定，并结合结构下部评定和动力性能评定，综合给出桥梁承载能力评定结论，并将评定结论写入桥梁承载能力鉴定报告。

五、桥梁静载试验实例 I

某预应力混凝土变截面连续箱梁，下部构造为空心双室等截面钢筋混凝土薄壁桥墩、钢筋混凝土轻型桥台，基础为高桩承台和钻孔灌注桩全桥由主孔和边孔共 14 跨桥组成。主孔桥为 9 跨一联，边孔桥为 5 跨一联。大桥设计荷载标准为公路—I 级。对该桥进行结构检验。

该桥的检验目的：通过对全桥各部位的全面检查，得出桥梁结构在运营状态下的实际状况；检验桥梁结构的承载能力及工作状态；检验竣工初验验收书中提出的各重点部位在荷载作用下的工作性能。

(一) 检验试验方案的设计

检验试验项目：全面考察、检查桥梁结构的现有状况；根据大桥结构形式、特点和现状，检测桥梁 3、4、5、6、7、10 等桥梁中具有代表性的控制断面在荷载作用下的内力情况、应力分布及变形曲线；检验桥梁在不同试验荷载作用下是否有新裂缝出现及已有裂缝的变化情况。

（二）测试方法及仪器

考察、检查桥梁结构现状，采用肉眼观察结构外观，对于太高、太远的部位辅以高倍望远镜；用刻度放大镜和塞尺检测裂缝；用回弹仪检测全桥混凝土强度等方法进行工作。

在静载作用下，采用百分表、精密水准仪、光电挠度仪、倾角仪、水准仪等仪器联合测定梁体的下挠、挠曲、扭转及墩顶位移等变形情况。

在静载作用下，采用应变仪和千分表应变计测定梁体的应变（应力）变化情况。

（三）测点布置

应变布置：边孔桥和主孔桥各取 10 个有代表性的断面进行应变测试，应变测试断面布置见图 14-18。根据各断面的受力特点并为确保测试数据准确、可靠，在应变测点布置时采用了电阻应变片测点和千分表测点两种形式，测点布置见图 14-19（此处仅列出 1 个图）。

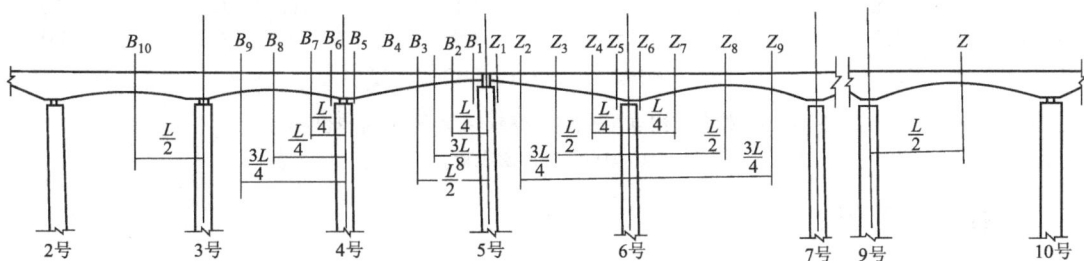

图 14-18　应变测试断面位置图（尺寸单位：cm）

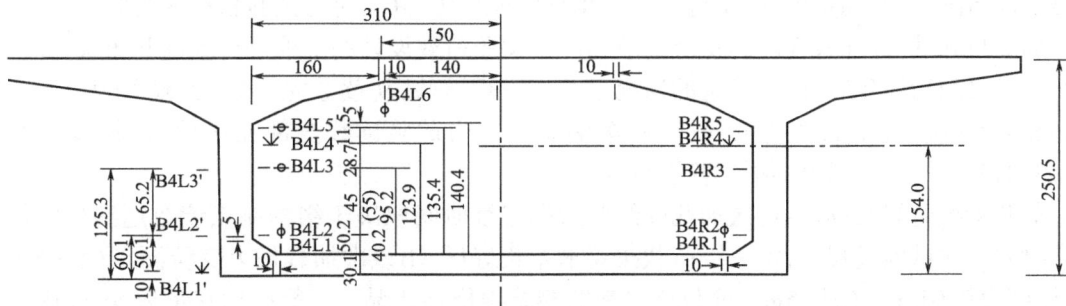

图 14-19　应变测点布置图（尺寸单位：cm）

变形测点：挠度测点分别采用了光电挠度仪测点、精密水准仪测点和百分表测点三种形式，测试断面为 26 个，见图 14-20。箱梁挠曲测点采用水平式倾角仪测点和电子数显式倾角仪测点两种，测点布置见图 14-21。

裂缝变化观测点：根据箱梁已有裂缝的实际情况布置（此处略）。

墩顶位移观察点：分别在墩顶布置横向位移和竖向位移观察点（选 4 号和 6 号墩）。

（四）试验荷载设计

由于是竣工验收荷载试验，辅助对已有病害的检验，主要目的是检验结构承载能力是否符合设计要求，所以采用基本荷载试验。选定加载车为黄河载重车和太脱拉载重车两种车型。

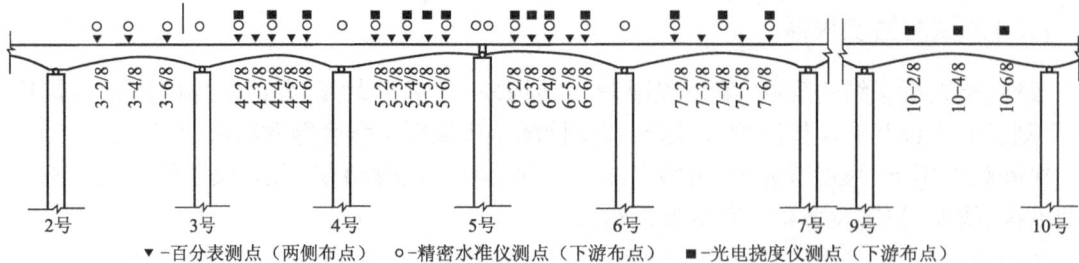

▼-百分表测点(两侧布点)　○-精密水准仪测点(下游布点)　■-光电挠度仪测点(下游布点)

图14-20　百分表、水准仪、挠度仪测定变形的测点布置图(尺寸单位:cm)

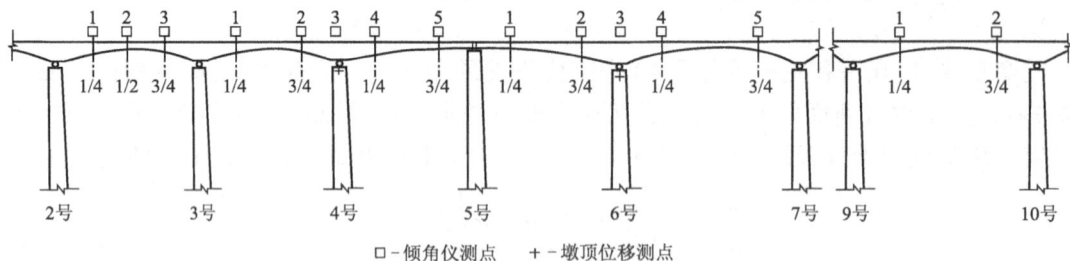

□-倾角仪测点　＋-墩顶位移测点

图14-21　倾角仪测点与墩顶位移测点布置图(尺寸单位:cm)
注:测点均在下游布置。

(五)检测试验阶段

加载过程的观察:由专人随时观察结构各部位可能产生的新裂缝是否出现,观察支座附近混凝土的情况、墩台稳定情况、结构是否产生异常变位等,并及时与试验指挥人员联系。

加载与卸载:各加载程序的每级荷载均严格按照荷载设计的要求进行施加和布置,在中断交通一段时间后,当结构处于稳定的情况下开始进行试验,初读数完毕后,加载车辆以不大于5km/h的速度按次序准确就位,就位后车辆熄火。当试验读数全部完毕后,车辆以不大于5km/h的速度按次序退出结构试验影响区。

荷载持续时间及读数:每次加载或卸载后的持续时间取决于结构测点读数达到稳定标准所需时间。在试验过程中,每一级荷载按要求布置好后,用该次加载最大变位测点(百分表测定,精度为0.01mm)的每5min变位增量来监控结构稳定状况。一般结构在最后5min内变位增量小于前一个5min内变位增量的15%或小于所用量测仪器的最小分辨值,则认为结构变位达到相对稳定。每一加载程序均读取初读数(零载读数)、加载读数(或第一级、第二级加载读数)、第一次卸载读数(全部卸载后立即读数)及结构相对稳定后的最终卸载读数。

静载试验的终止条件:如果荷载未加至预定的荷载,结构控制截面的变位、应力(或应变)和裂缝的扩展及增多提前达到或超过设计标准的允许值,或者在加载过程中,结构发生其他损坏,有可能影响桥梁承载能力或正常使用时,立即停止加载。

(六)测试程序

对于分两级施加试验荷载的加载程序,测试程序见图14-22。对于一次将荷载加至试验荷载的加载程序,其测试程序见图14-23。

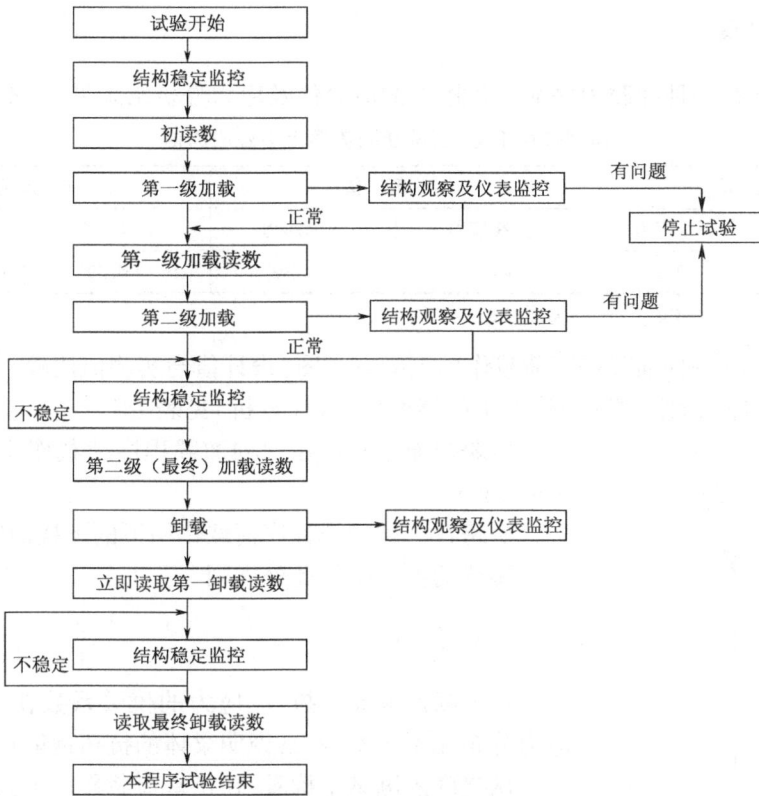

图 14-22　静载试验测试程序框图(一)

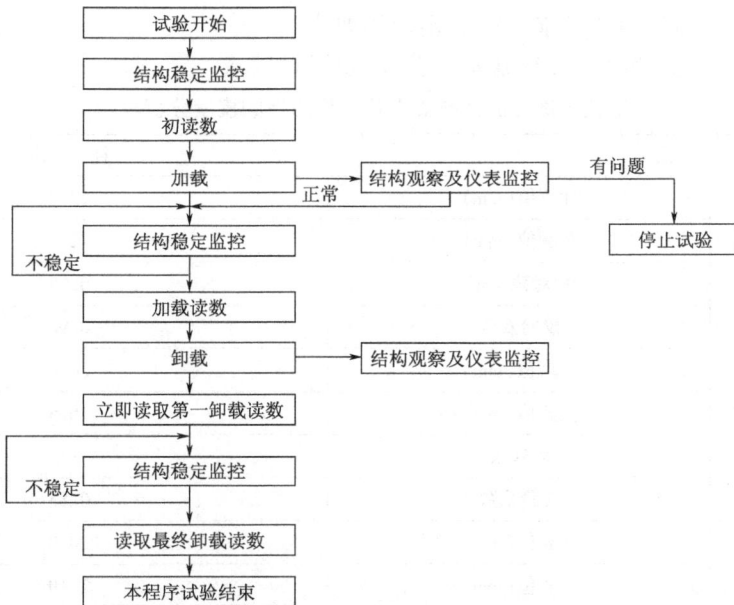

图 14-23　静载试验测试程序框图(二)

(七)检测结果

Z_3测试断面在一种加载程序荷载作用下的应力值及应力分析结果见表14-3。

荷载作用下Z_3测试断面箱梁上下缘应力值　　　　　　　　表14-3

实 测 值		计 算 值		校 验 系 数	
上缘应力	下缘应力	上缘应力	下缘应力	上缘应力	下缘应力
+0.84	-2.16	+1.42	-2.39	+0.59	+0.90

注:单位为MPa,"+"为压应力,"-"为拉应力。

Z_3测试断面在一种加载程序荷载作用下的应力图(设计值与实测值比较)见图14-24。

主孔桥在一种加载程序荷载作用下的挠度值(挠度分析)见表14-4。

桥跨挠曲角测点在一种加载程序荷载作用下的挠曲角值见表14-5。

桥跨在一种加载程序荷载作用下的下挠曲线见图14-25。裂缝的检测结果此处未列。

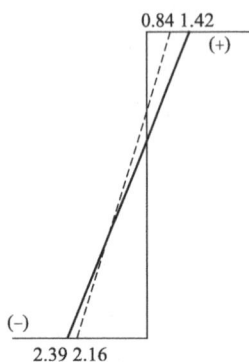

图14-24　主孔桥第三程序加载Z_3断面应力图(单位:MPa)

(八)分析

特征断面混凝土拉、压应力的校验系数在1.0左右,而且应力分布无不正常现象,说明梁体的抗扭性能比较好。

从挠度的测试结构看,在正常荷载作用下梁体挠度的校验系数主要在0.8~1.0范围内,说明梁体的实际抗弯刚度大于设计期望值,而且梁体实测挠度曲线光滑、顺畅,基本与计算挠度曲线吻合,说明梁体的整体性能可以满足使用要求。

实测挠曲角的挠曲趋势与设计基本一致,满足设计要求。

主孔桥部分测试断面在荷载作用下的挠度分析表　　　　　　　表14-4

位 置		挠 度
4-2/8	计算值(mm)	13.0
	实测值(mm)	12.7
	相对残余值	0.08
	校验系数	0.98
4-3/8	计算值(mm)	20.0
	实测值(mm)	16.5
	相对残余值	—
	校验系数	0.83
4-4/8	计算值(mm)	20.0
	实测值(mm)	20.0
	相对残余值	0.05
	校验系数	0.80

续上表

位 置		挠 度
4 – 2/8	计算值(mm)	13.0
	实测值(mm)	12.7
	相对残余值	0.08
	校验系数	0.98
4 – 5/8	计算值(mm)	26.0
	实测值(mm)	21.0
	相对残余值	0.0
	校验系数	0.81
4 – 6/8	计算值(mm)	21.0
	实测值(mm)	19.3
	相对残余值	0.05
	校验系数	0.92

注:" + "为上挠," – "为下挠;相对残余值 = 残余挠度/实测挠度;校验系数 = 实测值/计算值。

荷载作用下主孔桥混凝土箱梁各测试断面挠曲角值　　　　　　　表 14-5

位置	程序	对 称 加 载	
		计算值	实测值
第十跨	1(L/4)	5.19	2.50
	2(3L/4)	− 5.40	− 5.50

注:单位为"′",正值表示顺时针挠曲,负值表示逆时针挠曲。

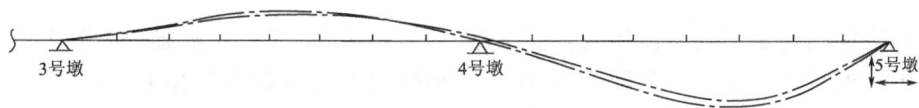

断面	3号墩	4-1/8	4-2/8	4-3/8	4-4/8	4-5/8	4-6/8	4-7/8	4号墩	5-1/8	5-2/8	5-3/8	5-4/8	5-5/8	5-6/8	5-7/8	5号墩
f(mm)	0.0		12.7	16.5	20.0	21.0	19.3		0.0		−30.7	−41.3	−56.2	−64.2	−46.5		0.0
$f_设$(mm)	0.0	6.0	13.0	20.0	25.0	26.0	21.0	12.0	0.0	−15.0	−32.0	−49.0	−62.0	−65.0	−54.0	−31.0	0.0

图 14-25　边孔桥第三程序(对称)挠曲线

(九)结论及建议

由控制截面实测应力值可知,大桥有较好的受力性能,承载能力能够满足规范要求;由挠度和挠曲角实测值与计算值均接近的结果可知,梁体具有一定的抗弯刚度,结构处于正常弹性工作状态。

六、桥梁静载试验实例Ⅱ

见资源 14-3。

第四节 结构动载试验

当车辆荷载以一定速度行驶于桥上,桥梁结构便产生振动,桥面凸凹不平或发动机颤抖等原因会使振动加剧。此外,人群荷载、强风或地震的作用也会引起桥梁产生振动。桥梁的动载试验就是研究桥梁振动的动力特性、整体刚度及行车性能等。

桥梁动载试验主要包括主体结构自振特性试验、行车动力响应试验以及振动法测试索力试验。开展桥梁静载试验时,宜同时进行动载试验。一般情况下测定桥梁结构的自振频率、阻尼比和冲击系数等参数。当单跨跨径超过80m的梁桥和超过60m的拱桥、墩高超过30m的桥梁、斜拉桥、悬索桥以及存在异常振动的桥梁、依靠静载试验不能系统评价结构性能或受某单位委托时还要测定振型。

桥梁动载试验与静载试验相比,不同之处是引起结构产生振动的根源(如车辆、人群、风或地震)和结构的动效应是随时间而变化的,动荷载产生的动效应大于相应的静力效应,有时甚至不大的动力作用也可能使结构遭到严重损坏。

桥梁的振动试验多是在原型结构上进行的非破坏性试验,也有模型地震试验、抗风试验、疲劳试验等。本节只介绍桥梁原型结构动力特性和动载响应的试验与分析。

一、桥梁动载试验测试系统的选配

桥梁结构振动的测试仪器包括测振传感器、信号放大器、光线示波器、磁带记录仪和数字信号处理机。近年来已开发出多种以 A/D 转换和微机结合的数据采集和分析一体化的智能仪器,可以进行实时数据采集分析,并能实现数据储存,有取代磁带记录仪和专用信号处理机的趋势。

(一)测振传感器

振动参数有位移、速度和加速度。测量这些振动参数的传感器有许多种类。由于振动测

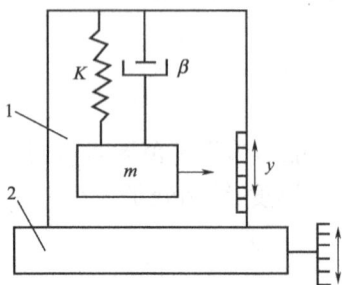

图 14-26 测振传感器力学原理
1-传感器;2-振动体

量难以在振动体附近找到一个静止点作为测量的基准点,所以就需要使用惯性式测振传感器。通常所指的测振传感器为惯性式测振传感器(以下简称测振传感器)。其基本原理是,由惯性质量、阻尼和弹簧组成一个动力系统,这个动力系统固定在振动体上,即传感器外壳固定在振动体上与振动体一起振动。通过测量惯性质量相对于传感器外壳的运动,就可以得到振动体的振动,见图 14-26。

测振传感器除了要通过惯性质量、弹簧和阻尼系统感受振动外,还要将感受到的振动信号通过各种方式转换成电信号。

其转换方式有磁电式、压电式、电阻应变式等。传感器所测的振动量通常是位移、速度和加速度等,按转换方式和所测振动量可以分成许多种类。

(二) 光线示波器

光线示波器是一种常用的模拟式记录器,主要用于振动测量的数据记录,它将电信号转换为光信号,并记录在感光纸和胶片上,得到的是试验变量与时间的关系曲线。

(三) 磁带记录仪

磁带记录仪不但可用于振动测量和静力试验的数据记录,还可将电信号转换成磁信号并记录在磁带上,得到试验变量和时间的变化关系。

(四) 信号处理机

动态信号数据处理,一般在专用信号处理机或利用数据处理软件在通用计算机上进行。一般信号处理机的工作程序:输入信号首先通过低通抗混淆滤波器和前置放大器,然后经过模数转换器,将模拟电量信号转换成数字信号输入计算机,在数据处理硬件和软件支持下进行各种数据处理,最后将结果打印出来。

(五) 测试系统的选配

根据常用的一些测试仪器的性能,一般可构成电磁式测试系统、压电式测试系统和电阻应变式测试系统等。

电磁式测试系统在桥梁的动力测试中应用较为普遍,这类系统通过仪器的组合变换可测位移、速度和加速度。电磁式测试系统的特点是输出信号强、灵敏度高、稳定性好、传感器输出阻抗低、长导线的影响较小,因此抗干扰性能好,电磁式测试系统的组成为:

电磁式传感器→信号放大器→记录装置

压电式测试系统一般用于测量加速度,系统的组成如下:

压电式传感器→电压火电荷放大器→光线示波器或磁带机

由于压电式传感器具有高输出阻抗的特性,要求与输入阻抗很高的放大器相连。因此,放大器输入阻抗的大小将对测试系统的特性产生重大影响。压电式传感器的自振频率较高,因而可测频响较宽,但系统抗干扰性差。长导线阻抗影响较大,易受电磁场干扰。配套的前置放大器有两种基本形式,一种是电压放大器,它的输出电压正比于输入电压,另一种是电荷放大器,它的输出电压正比于压电传感器输出电荷。前者的输出电压受输出电缆长度的影响,低频特性也受其他输入电阻的影响,由这种放大器组配的系统适用于一般频率范围的动力测试。后者不受传输电缆分布电容的影响,低频特性也很少受输入电阻的影响,使用频率可达到零,适用于低频或超低频长距离的动力测试。

电阻应变式测试系统中传感器的种类较多,例如位移计、应变计、加速度计等,需配套使用的放大器是各类动态电阻应变仪,记录装置为常用的光线振子示波器或磁带记录仪等。系统组成为:

电阻式传感器→电阻应变仪→光线示波器或磁带记录仪

这类测试系统的低频响应好,可从零赫兹开始。动态电阻应变仪可作为各类电阻应变式传感器的放大器,但这类测试系统易受温度的影响,抗干扰性能较差,长导线对灵敏度也有影响。电阻应变式测试系统中各部分仪器通用性强,应用方便,因而在桥梁动载试验中的应用很普遍。

在选配上述测试系统时,应注意选择测振仪器的技术指标,使传感器、放大器和记录仪的灵敏度、动态范围、频率响应和幅值范围等技术指标合理配套,以保证测试结果的准确与可靠。

（六）测振仪器的主要技术指标

1.灵敏度

测振传感器或测试系统的灵敏度是指它们的输出信号(电压、电荷或应变等)与输入信号(位移、速度或加速度等)的比值。

2.频率响应

当所测振动的频率变化时,测量系统灵敏度、输出的相位等也随之变化,这个变化规律称为频率响应。一个阻尼值,只有一条频率响应曲线。

3.阻尼比

阻尼比是系统存在阻尼的一种量度,它等于实际阻尼系数与临界阻尼系数的比值。

(1)当阻尼比小于1时,系统呈欠阻尼状态。

(2)当阻尼比等于1时,系统呈临界阻尼状态。

(3)当阻尼比大于1时,系统呈过阻尼状态。

4.动态范围

测振仪器的动态范围(或线性度范围)是指输出信号与输入信号保持线性关系时,输入信号幅值的允许变化范围,即仪器的可测幅值范围。当二者偏离线性关系时称为幅值失真。

5.频率特性范围

测振仪器的频率特性范围是指当仪器灵敏度不变或其变化不超过允许值时频率信号的允许变化范围,即仪器的可测频率范围。当被测信号频率超出使用频率范围时,测试结果会产生很大误差。

6.相位特性

测振仪器的相位特性反映了仪器输出信号的相位差随频率而变化的情况。当测量由各种频率的简谐波合成的复杂周期波时,输出信号对输入信号的相位差应始终为零或与频率呈线性关系,这样信号波形才不会失真,否则产生相位畸变。

进行测振仪器的选择时,一定要符合可测幅值范围、可测频率范围以及相位差不畸变等要求,同时要注意仪器对环境条件的适应能力。

二、桥梁动载试验的激振方法

在进行桥梁动载试验时,首先要设法使桥梁产生一定的振动,然后应用测振仪器加以测试和记录,通过对记录的振动信号分析得到桥梁的动力特性和响应。

桥梁结构动载试验的激振方法有多种,应结合所测桥梁的结构形式和刚度大小选择激振效果好、易于实施的方法。激振方法可分为自振法、共振法和随机激振法。

测定桥梁自振特性的激励方法根据激振源有环境激振法、跑车余振法、跳车激振法、起振机激振法以及其他人工激励方法。根据导致结构振动的不同有自振法、共振法和随机激振法。

(一) 自振法

自振法的特点是使桥梁产生有阻尼的自由衰减振动,记录到的振动图形是桥梁的衰减自由振动曲线,为使桥梁产生自由振动,一般常用突加荷载和突卸荷载两种方法。

1. 突加荷载法

在被测结构上急速地施加一个冲击作用力,由于施加冲击作用的时间短促,因此施加于结构上的作用实际是一个冲击脉冲作用。由振动理论可知,冲击脉冲的动能传递到结构振动系统的时间要小于振动系统的自振周期,并且冲击脉冲一般都包含了从零到无限大的所有频率的能量,只有被测结构的固有频率与之相同或很接近时,冲击脉冲的频率分量才对结构起作用,从而激起结构以其固有频率做自由振动。

对于中小型桥梁结构来说,可用落锤激振器(或枕木)垂直地冲击桥梁,激起桥梁竖直方向的自由振动。如果水平方向冲击桥面缘石,则可激起横向振动。

跳车法就是从三角垫木上利用车轮突然下落对桥梁产生的冲击作用,激起桥梁的竖向振动。但此时所测得的结构固有频率包括了试验车辆这一附加质量的影响。图 14-27 为试验用解放载重汽车后轮在跨径为 25m 预应力混凝土简支梁桥的跨中位置越过 15cm 高三角垫木后,激起桥跨结构的振动波形记录。

采用突加荷载法时,要注意冲击荷载的大小及其作用位置。如果要激起结构的整体振动,则必须在桥

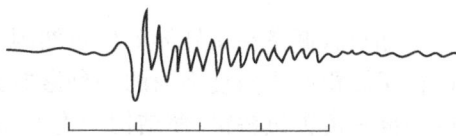

图 14-27 跳车引起的结构振动图形

梁的主要受力构件上施加足够的冲击力,冲击荷载的位置可按所测结构的振型来确定,如为了获得简支梁桥的第一振型,则冲击荷载作用于跨中部位。

冲击法引起的自由振动,一般可记录到第一固有频率的振动图形。如用磁带记录仪录取结构某处的响应,通过频谱分析,则可获得多阶固有频率的参数。

2. 突然卸载法

突然卸载法(位移激振法)是在结构上预先施加一个荷载作用,使结构产生一个初位移,然后突然卸去荷载,利用结构的弹性性质使其产生自由振动。

为卸落荷载,可通过自动脱钩装置或剪绳索等方法,有时也专门设计一种断裂装置,当预施加力达到一定的数值时,在绳索中间的断裂装置便突然断离,从而激发结构的振动。突卸荷载的大小要根据所需最大振幅计算求出。

(二) 共振法(强迫振动法)

共振法是指利用激振器,对结构施加激振力,使结构产生强迫振动,改变激振力的频率而使结构产生共振现象并借助共振现象来确定结构的动力特性。

激振设备有机械式激振器、电磁式激振器和电气液压式振动台。

激振器在结构上的安装位置和激振方向要根据试验的要求和目的而定,具体安装方法应

依据有关说明。如果将两台激振器安放于结构的适当位置上反向激振,则可进行扭转振动试验。

试验时连续改变激振器的频率,当激振力的频率与结构的固有频率相等时,结构出现共振现象,此时,所记录到的频率即为结构的固有频率。

对于较复杂的结构,有时需要知道基频以后的几个频率。此时可以连续改变激振力的频

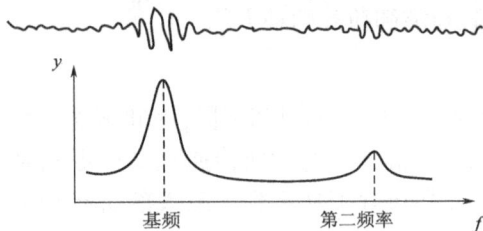

图 14-28 频率扫描时结构的振动图

率,进行"频率扫描",使结构连续出现第一次共振、第二次共振……同时记录结构的振动图形。由此可得到结构的第一频率(基频)、第二频率……在此基础上,再在共振频率附近进行稳定的激振试验,则可准确地测定结构的固有频率与振型。图 14-28 为频率扫描时结构的振动图。

在上述频率扫描试验时,同时记录结构的振幅变化情况,则可做出共振曲线,即频率-振幅关系曲线,从而确定结构的阻尼特性。

对于自振频率较低的大跨度柔性桥梁结构,也可利用人群在桥面上做有规律的运动,使结构发生共振现象。

(三)随机激振

随机激振是利用外界各种自然因素(如地脉动、风、水流等)形成的微小不规则的脉动引起桥梁结构产生振动现象的一种激振方法。在桥梁的动载试验中,常用载重车队以由低到高的不同速度驶过桥梁,使结构产生不同程度的强迫振动。在若干次运行车辆荷载试验中,当某一行驶速度产生的激振力的频率与结构的固有频率相接近时,结构便产生共振现象,此时结构各部位的振动响应达到最大值。在车辆驶离桥跨以后,结构做自由衰减振动,这时可由记录到的波形曲线分析得出结构的动力特性。图 14-29 为车速 21km/h,驶过 25m 预应力混凝土简支梁桥时,跨中挠度的时历曲线。振动波形曲线中 AB 段是车辆离桥后,结构做自由衰减振动的波形记录,从中可分析计算出结构的固有频率和阻尼特征。

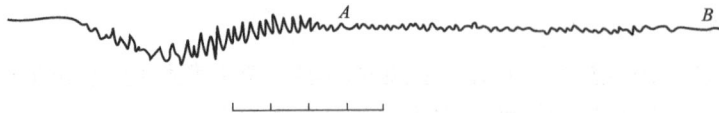

图 14-29 车速为 21km/h 时跨中挠度时历曲线

对于大跨径悬吊结构,如悬索桥、斜拉索桥跨结构、塔墩以及具有分离式拱肋的大跨径下承式或中承式拱桥,可利用结构由于外界各种因素所引起的微小且不规则的振动来确定结构的动力特性。这种微振动通常称为"脉动",它是由附近的车辆、机器等振动或附近地壳的微小破裂和远处的地震传来的脉动所产生。

结构的脉动有一重要特性,就是它能明显地反映出结构的固有频率。由于结构的脉动是因外界不规则的干扰所引起的,因此它具有各种频率成分,而结构的固有频率的谐量是脉动的主要成分,在脉动图上可直接量出。图 14-30 为结构脉动记录曲线,振幅呈现有规律的增减现象,凡振幅大波形光滑之处的频率都相同,而且多次重复出现,此频率即结构的基频。如果在

结构不同部位同时进行检测,记录在同一纸上,读出同一瞬时各测点的振幅值,并注意它们之间的相位关系,则可分析得到某一固有频率的振型。

图 14-30 结构脉动曲线

在桥梁结构的正常运营条件下,经常地作用于结构上的动力荷载是各类车辆荷载,在进行桥梁的动载试验中,首先应考虑采用车辆荷载作为试验荷载,以便确定桥梁在使用荷载作用下的动力特性及响应。对需要考虑风动荷载或地震荷载的桥梁,应结合桥梁的结构形式作进一步的研究。

三、桥梁动载试验数据分析

桥梁结构的动力特性是进行结构动力分析所必需的参数,是结构振动系统的基本特性。例如结构的固有频率、阻尼系数和振型等,它们只与结构本身的固有性质有关(如结构的组成形式、刚度、质量分布和材料的性质等),而与荷载等其他条件无关。

对于比较简单的结构,一般只需结构的一阶频率,对于较复杂的结构动力分析,还应考虑第二、第三甚至更高阶的固有频率及相应的振型。至于系统的阻尼特性只能通过试验的方法确定。

桥梁在实际的动荷载作用下,结构各控制部位的动力响应,如振幅、频率、速度和加速度以及反映结构整体动力作用的冲击系数等,除了可用来分析结构在动荷载作用下的受力状态外,还可验证或修改理论计算值,并作为结构设计的依据。

(一)结构固有频率的测定

按照前面叙述的激振方法,使桥梁产生自由振动,通过测试系统实测记录结构的衰减振动波形如图 14-31 所示。在记录的振动曲线上,可根据时标符号直接计算出结构的固有频率。

$$f_0 = \frac{Ln}{t_1 \cdot S} \tag{14-20}$$

式中:L——两个时标符号间的距离,mm;

n——波数;

S——n 个波长的距离,mm;

t_1——时标的间隔(常用 1s、0.1s、0.01s 三种标定值)。

在计算频率时,为消除冲击荷载的影响,开始的第一、二个波形应舍弃,从第三个波形开始计算分析。

当使用激振器进行共振法试验时,结构产生连续周期性强迫振动,在激振器振动频率与结构的固有频率一致时,结构出现共振现象,振幅达到最大值,经准确测试后,共振波峰处的频率即为结构的固有频率,如图 14-32 所示。

采用偏心式激振器时,由于激振力的大小与激振器转速的平方成正比,激振器转数不同,激振力大小不一样。为便于比较,应将振幅折算成单位激振力作用下的振幅,即振幅除以相应的激振力,或者将振幅换算为在相同激振力作用下的振幅,即 A/ω^2,其中 A 为振幅,ω 为激振器的频率。以 A/ω^2 为纵坐标,ω 为横坐标标出共振曲线,如图 14-32 所示,曲线峰值所对应的频率即结构的固有频率。

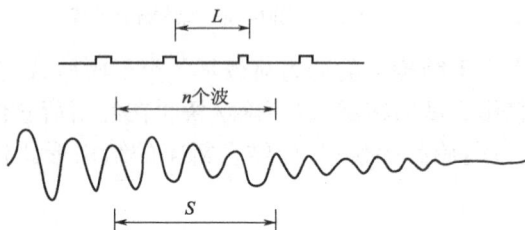

图14-31 由衰减振动曲线求固有频率

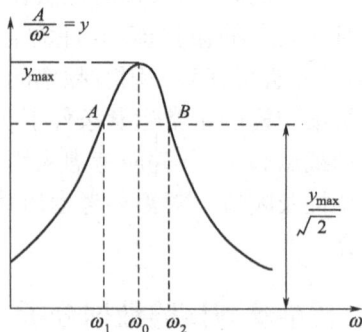

图14-32 共振曲线

(二)结构阻尼的测定

桥梁在振动过程中,受到介质阻尼、材料内部阻尼及支座摩擦阻尼等作用,阻尼特性是振动系统的重要的动态特性之一。

桥梁结构的阻尼特性,一般用对数衰减率 δ 或阻尼比 D 来表示。实测的衰减自由振动曲线如图14-33所示,由振动理论知,对数衰减率为:

$$\delta = \ln\left(\frac{A_i}{A_{i+1}}\right) \tag{14-21}$$

式中: A_i、A_{i+1}——相邻的两个波的同号振幅峰值,可直接从衰减曲线上量取。

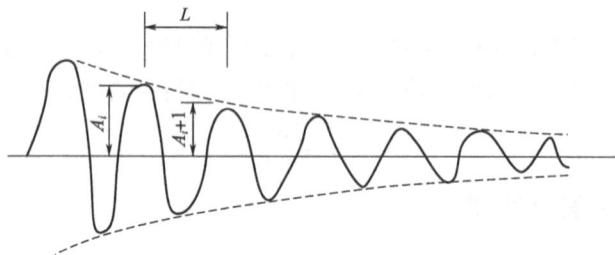

图14-33 由衰减振动曲线求阻尼特性

实践中,常在衰减曲线上量取 m 个波形,求得平均的衰减率:

$$\delta_a = \frac{1}{m}\ln\frac{A_i}{A_{i+m}} \tag{14-22}$$

由振动理论知,对数衰减率 δ 与阻尼比 D 的关系为:

$$\delta = \frac{2\pi D}{\sqrt{1 - D_2}} \tag{14-23}$$

对于一般材料的阻尼比都很小,因此

$$D \approx \frac{\delta}{2\pi} \tag{14-24}$$

图14-34为净跨25m预应力混凝土T形简支梁桥在动载试验时的自由振动和强迫振动波形曲线。

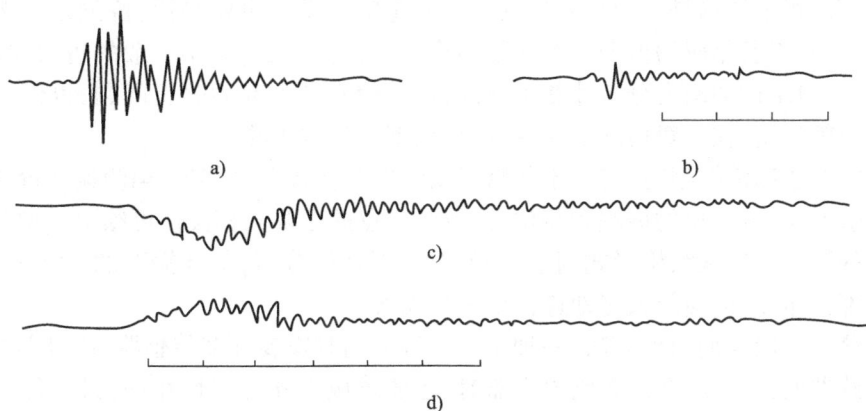

图 14-34　桥梁动载试验实测记录曲线

a)跨中的主梁挠度时历曲线;b)跨中断面预应力钢丝的应力时历曲线;c)挠度曲线;d)钢丝应力曲线

试验时,采用激振方法是用解放牌载重汽车驶越垫木后给桥梁一个冲击作用,使结构产生自由振动。图 14-34a)、b)表示结构作自由衰减振动的波形记录。图 14-34a)的波形是跨中的主梁挠度时历曲线。图 14-34b)的波形是跨中断面预应力钢丝的应力时历曲线。由于挠度和钢丝应力的测点都位于同一控制断面,所以二者的波形相位是一致的。

按照前述的方法,可求出结构的动力特性:固有频率 $f_0 = 4.56$ Hz;对数衰减率 $\delta = 0.087\ 6$;阻尼比 $D = 0.013\ 9$。

应当指出的是,上述分析中,包含有载重汽车这一附加质量的影响。

图 14-34c)、d)为载重汽车以 28km/h 的速度通过桥梁时引起结构产生强迫振动的记录曲线,其中,图 14-34c)为挠度曲线,图 14-34d)为钢丝应力曲线。由图可以看出,当汽车驶离桥跨后,桥跨结构恢复到静力平衡位置时仍在振动,只有在这个时候结构才做自由衰减振动。

在结构做自由衰减振动这一段记录上,仍可按上述方法求出结构的动力特性,但此时没有载重汽车的附加质量的影响。

仍用上述方法求出结构的动力特性:固有频率 $f_0 = 4.63$ Hz;对数衰减率 $\delta = 0.062$;阻尼比 $D = 0.096$。

在实测的共振曲线上也可推算阻尼比,如图 14-32 所示,具体做法是取 $y_{max} / \sqrt{2}$ 值作一水平线,同曲线相交于 A、B 两点,其对应的横坐标为 ω_1 和 ω_2,即

阻尼系数:

$$n = \frac{1}{2}(\omega_1 - \omega_2) \qquad (14\text{-}25)$$

阻尼比:

$$D = \frac{n}{\omega_0} \qquad (14\text{-}26)$$

式中:ω_0——结构的固有频率。

(三)振型的测定

结构的振型是结构振动时相应于各阶固有频率的振动形式,一个振动系统的数目与其自

由度数目相等。桥梁结构是一个具有连续分布质量的体系。也就是说,桥梁是一无限多自由度体系,其固有频率及相应的振型也有无限多个。但如前所述,对于一般的桥梁结构,第一固有频率即基频,对结构的动力分析才是重要的;对于较复杂的动力分析问题,也仅需前面几个固有频率。也就是说,在一般情况下,一些低阶振型才是重要的。

当采用共振法测定振型时,将若干传感器安装在结构各有关部位;当激振装置激发结构共振时,同时记录结构各部位的振幅和相位,比较各测点的振幅及相位便可绘出振型曲线。

传感器的测点布置视结构形式而定,一般要根据理论分析,估计振型的大致形状,然后在变位较大的部位布点,以便能较好地连接出振型曲线。

振型的测定一般采用两种方法:一种是在结构上同时安装许多传感器,这时必须保证预先标定所有传感器的灵敏度,在用多路放大器时,还要求放大器的特性相同;另一种方法只用一个传感器,测试时要不断改变它的位置,以便测出各点的振幅,这种方法需要对传感器多次拆卸和安装,并且还需要有一个不能移动的传感器作为参考点对应比较。

(四)结构动力响应的测定

行车动力响应试验测试内容包括动挠度、动应变、振动加速度或速度、冲击系数等。

动力荷载作用于结构上产生的动挠度,一般较同样的静荷载所产生的相应静挠度要大。最大动挠度与最大静挠度的比值称为活荷载的冲击系数。由于挠度反映了桥跨结构的整体变形,是衡量结构刚度的主要指标,因此活载冲击系数综合反映了荷载对桥梁的动力作用。它与结构的形式、车辆运行速度和桥面的平整度等有关。

试验工况包括:桥面无障碍行车试验,行车速度根据实际情况可取 5 ~ 60km/h;桥面有障碍行车试验(模拟桥面坑洼的障碍物可制成中间高 7cm 的弓形,车速可取 10 ~ 20km/h),障碍物布置在跨中等结构冲击显著部位;刹车制动试验,车速可取 30 ~ 50km/h,刹车部位为跨中等动态效应较大的位置。无障碍行车试验为必做项目,有障碍行车试验和刹车制动试验根据情况选择。

为了测定冲击系数,应使车辆荷载以不同的速度驶过桥梁,并逐次记录跨中挠度的时历曲线,如图 14-35 所示。

按冲击系数的定义有:

$$1 + \mu = \frac{y_{\text{dmax}}}{y_{\text{smax}}} \tag{14-27}$$

式中:y_{dmax}——最大动挠度值;

y_{smax}——最大静挠度值。

图 14-36 为 25m 预应力混凝土梁桥的强迫振动记录。图 14-36a)为跨中挠度时历曲线,图 14-36b)为跨中断面预应力钢丝的应力时历曲线。

(五)结构动力性能评价

(1)将结构的实测自振频率与计算频率进行比较,如实测频率大于计算频率,可以认为结构实际刚度大于理论刚度。

(2)对于鉴定性试验,通过实测自振频率与历史数据对比,根据其变化情况初步判断桥梁的技术状况是否出现劣化。

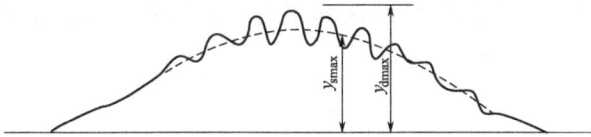

图 14-35　移动荷载作用下结构变形曲线

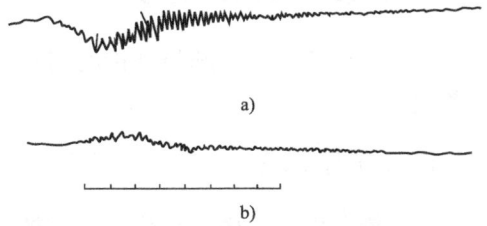

图 14-36　汽车驶过桥时结构振动图形

（3）根据桥梁结构各部件的实测振型和测点阻尼比，可以粗略判断桥梁结构各部件的缺损情况，见表 14-6。

用阻尼比值评定桥梁技术状况的评判标准

表 14-6

桥梁结构类型	阻尼比值范围(%)	状 态 描 述
普通钢筋混凝土桥	<0.5	无明显裂缝
	>1.0~2.0	有裂缝
预应力钢筋混凝土桥	<1.0	无明显裂缝
	>1.0~2.0	有裂缝
钢桥	≤0.1	正常

（4）利用实测冲击系数检算桥梁安全储备，并根据检算实际情况对桥梁进行安全性评价。检算结构如不满足现行设计规范要求，应采取有针对性的限制措施。

（5）当结构的静力性能与动力性能的主要判据相互矛盾时，可以采取 $\beta(\eta、\mu)$ 参数进行结构性能综合评价，判定规则见表 14-7。

综合评价法承载能力评价

表 14-7

静载结构校验系数 η	综合评价 β	结构承载能力评价
$\eta<1$	$\beta<1$	满足承载能力要求
$\eta\geq1$	$\beta\geq1$	承载能力小于设计考虑的安全储备

$$\beta(\eta、\mu)=\frac{\eta(1+\mu_{实测})}{(1+\mu_{规范})} \tag{14-28}$$

式中：$\beta(\eta、\mu)$——静、动力综合评价指标；

　　　　η——静载试验主要测定校验系数均值；

　　　　$\mu_{实测}$——实测冲击系数；

　　　　$\mu_{规范}$——冲击系数规范取值。

$\beta(\eta，\mu)>1$ 说明结构承载能力小于设计所考虑的安全储备。

（6）当动荷载效率系数接近 1 时，结构控制截面的实测最大动挠度和动应力应小于相关规范的允许值。

（7）参照同类桥梁在相近荷载下的实测数据，对强迫振动幅值进行比较分析。

（8）可截取典型工况下主要部位强迫振动响应波形段进行频谱分析，结合车辆自振频率等测试结果，对车桥耦合等强迫振动特性进行分析。

四、荷载试验报告编写

在全部试验资料整理与分析的基础上,提出桥梁结构荷载试验报告。其内容应该包括以下各项。

(一)工程概况

工程概况的主要内容是简要介绍被试验的桥梁结构的形式、服役年限、构造特点、跨径组合、桥跨结构横断面形式、下部结构形式、设计或运营荷载等级、运营车道数等主要技术指标。应包含至少一张结构整体外貌图片,给出包含主要尺寸的立面图、平面图及横断面图。

(二)试验目的及依据

按照验收试验或鉴定试验说明试验目的。

列出试验所依据的规范、规程、标准、设计图纸及其他相关资料。

(三)试验内容

按照静载试验、动载试验分别写明试验内容。

(四)试验仪器设备

列表给出试验所用仪器、设备的名称(型号)、设备编号、主要技术参数等。

(五)静载试验

静载试验报告内容包括结构内力分析结果、测试截面选择、应变及挠度测点布置、试验加载方式、试验工况及加载位置说明、试验过程、试验结果及分析、静载试验小结。

(六)动载试验

动载试验报告内容包括结构动力分析、测试截面的选择及传感器测点布置、试验荷载选择、试验工况、试验结果及分析、动载试验小结。

(七)试验结论

试验结论包含静载试验结论、动载试验结论、试验过程裂缝状况。

(八)技术建议

技术建议应根据荷载试验的结论对结构提出有针对性的养护、维修加固或改扩建处置措施、其他技术建议。

(九)附录

附录应包含必要的测试数据和外观照片;列出工作照片、分级加载、中偏载加载、静动力测试等照片;正文中需要辅助说明的其他相关支持资料。

课后任务与评定

参考答案

教师指定一座梁桥,学生分组完成以下任务:

(1)对待检测桥梁进行现场考察。

(2)编制静载试验的试验方案。

(3)编制动载试验的试验方案。

(4)现场布置一跨一个断面的测点。

(5)写出静载试验过程与测试注意事项。

(6)写出动载试验过程与测试注意事项。

(7)写出试验结果分析与桥梁承载能力的评价方法。

第十五章
CHAPTER FIFTEEN

隧道工程施工质量检测

教学要求

能描述公路隧道检测涉及的材料检测、施工检测、环境监测内容;能描述隧道喷射混凝土、锚杆施工质量检测的内容与方法;能描述防水卷材、土工布的性能检测的内容与方法;能描述隧道施工监控量测的内容及意义;能描述围岩周边位移及拱顶下沉的监控量测方法;能对量测数据进行处理与分析。

随着公路建设的发展,公路隧道的建设也逐渐增多。由于隧道自身的特点及其他方面的原因,公路隧道易出现质量问题,其中最常见的有隧道渗漏、衬砌开裂、限界受侵、通风与照明不良等。为保证公路隧道的质量,公路隧道的检测工作便尤为重要。

公路隧道检测技术涉及面广,分类方法多,除了运营环境的检测方法对各类隧道都通用外,由于施工方法的不同,山岭隧道、水下沉埋隧道和软土盾构隧道在检测内容与方法上差别很大。考虑到我国目前修建的公路隧道绝大多数为山岭隧道,本章着重介绍山岭隧道的检测技术。隧道检测的分类体系如图 15-1 所示。

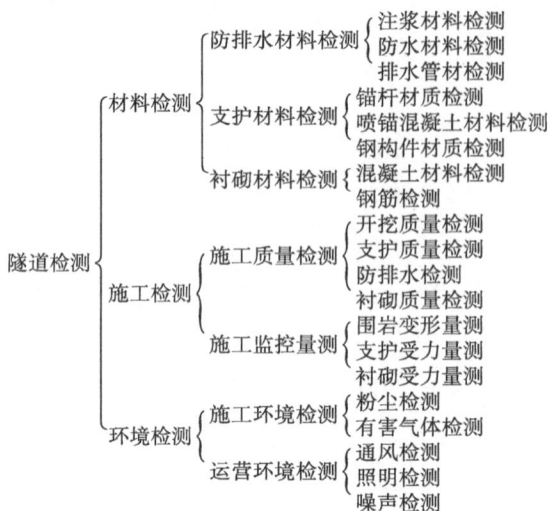

图 15-1　隧道检测分类体系

在隧道工程的常用原材料中,衬砌材料属土建工程的通用材料,其检测方法可参阅《道路建筑材料》;支护材料和防排水材料较具隧道和地下工程特色。支护材料包括锚杆、喷射混凝土和钢构件等;隧道防排水材料包括注浆材料、高分子合成卷材、排水管和防水混凝土等。

隧道施工中工序的质量检测主要内容包括超前支护及预加固、开挖、初期支护、防排水和衬砌混凝土质量检测。

施工量测工作伴随着施工的全过程,是新奥法施工隧道非常重要的一环。量测的基本内容包括隧道围岩变形、支护受力和衬砌受力。

施工环境检测的主要任务是检测施工过程中隧道内的粉尘和有害气体,保证施工安全、洞内工作人员身体健康和提高施工生产效率。这里的有害气体主要指甲烷 CH_4。若 CH_4 达到一定浓度,施工中防治措施不当,则可能引发 CH_4 爆炸,造成人身伤亡或经济损失。

第一节 超前支护与预加固围岩施工质量检测

隧道不良地质地段施工时需要采用地层预支护(超前支护)和预加固等辅助施工方法对围岩进行加固,以确保隧道结构的稳定性和安全。具体方法主要有:地表砂浆锚杆或地表注浆加固;超前锚杆或超前小导管支护;管棚钢架超前支护;超前小导管预注浆;超前围岩深孔预注浆。由于不良地质地段的隧道施工常常有水文地质情况复杂多变、施工场地狭小、环境差等特点,给施工带来很大难度,然而这些辅助施工措施的技术要求高,对施工质量提出了更高的要求。因此,做好辅助施工的施工质量检测工作至关重要。

一、超前锚杆、超前钢管

锚杆、钢管的材质、型号、规格、质量等应符合设计和规范要求。超前锚杆与隧道轴线外插角宜为 5°~10°,长度应大于循环进尺,宜为 3~5m。超前锚杆或超前钢管与钢架支撑配合使用时,应从钢架腹部穿过,尾端与钢架焊接。锚杆或钢管插入孔内的长度不得短于设计长度的95%。锚杆或钢管搭接长度应不小于1m。锚杆或钢管沿开挖轮廓线周边均匀布置,尾端与钢架焊接牢固,锚杆入孔长度符合要求。超前锚杆、超前小导管实测项目的要求见表15-1和表15-2。

超前锚杆实测项目   表15-1

项　次	检测项目	规定值或允许偏差	检测方法和频率
1	长度(mm)	不小于设计值	尺量:逐根检查
2	数量(根)	不小于设计值	目测:逐根清点
3	孔位(mm)	±50	尺量:每5环抽查5根
4	孔深(mm)	±50	尺量:每5环抽查5根
5	孔径(mm)	≥40	尺量:每5环抽查5根

超前小导管实测项目 表 15-2

项 次	检测项目	规定值或允许偏差	检测方法和频率
1	长度(mm)	不小于设计值	尺量:逐根检查
2	数量(根)	不小于设计值	目测:现场逐根清点
3	孔位(mm)	±50	尺量:每5环抽查5根
4	孔深(mm)	大于钢管长度设计值	尺量:每5环抽查5根

二、注浆材料性能检测

注浆是指将注浆材料按一定配合比制成的浆液压入围岩或衬砌与围岩之间的空隙中,经凝结、硬化后起到防水和加固作用的一种施工方法。近年来出现了不少比较理想的注浆材料,可供不同地质条件下选用。常用的浆液材料的具体分类见表 15-3。

注 浆 材 料 分 类 表 15-3

注浆	水泥浆	单液水泥浆、水泥-水玻璃双液浆
材料	化学浆	水玻璃类、脲醛树脂类、铬木素类、丙烯酰胺类、聚氨酯类、其他

浆液材料通常划归两大类,即水泥浆液和化学浆液。按浆液的分散体系划分,以颗粒直径为 0.1mm 为界,大者为悬浊液,如水泥浆液;小者为溶液,如化学浆液。

(一)对注浆材料的要求

(1)浆液的黏度低,渗透力强,流动性好,能进入细小裂隙和粉、细砂层。这样浆液可达到预想范围,确保注浆效果。

(2)可调节并准确控制浆液的凝固时间,以避免浆液流失,达到定时注浆的目的。

(3)浆液凝固时体积不收缩,能牢固黏结砂石;浆液结合率高,强度大。

(4)浆液稳定性好,长期存放不变质,便于保存运输,货源充足,价格低廉。

(5)浆液无毒,无臭,不污染环境,对人体无害,非易燃、易爆之物。

(二)注浆材料的性能检测

注浆材料的主要性质包括黏度、渗透能力、凝胶时间、渗透系数、抗压强度等。

(1)黏度表示浆液流动时,因分子间互相作用,产生的阻碍运动的内摩擦力,其单位为帕斯卡秒(Pa·s),工程上常用厘泊(cP)来计量,$1cP = 10^{-3}Pa·s$。现场常以简易黏度计测定,以"s"作单位。一般的,黏度系指浆液配成的初始黏度。

(2)渗透能力即渗透性,指浆液注入岩层的难易程度。

(3)凝胶时间是指参加反应的全部成分从混合时起,直到凝胶发生,浆液不再流动为止的一段时间。凝胶时间长的浆液用维卡仪测定,一般浆液,通常用手持玻璃棒搅拌浆液,以手感觉不再流动或拉不出丝为止,来测定凝胶时间。

(4)渗透系数是指浆液固化后结石体透水性的高低,或表示结石体抗渗性的强弱。

注浆材料的抗压强度的大小决定了材料的使用范围,大者可用以加固,小者则仅能堵水。

表 15-4 是几种注浆材料的主要性能指标。

注浆材料的主要性能指标 表 15-4

浆液名称	黏度(10^{-3}Pa·s)	可能注入的最小粒径(mm)	凝胶时间	渗透系数(cm/s)	结石体抗压强度(MPa)
纯水泥浆	15~140	1.1	12~24h	10^{-1}~10^{-3}	5.0~25.0
水泥加添加剂	—	—	6~15h	—	—
水泥-水玻璃	—	—	十几秒~十几分钟	10^{-2}~10^{-3}	5.0~20.0
水玻璃类	3~4	0.1	瞬间~几十分钟	10^{-2}	3.0
铬木素类	3~4	0.03	十几秒~几十分钟	10^{-3}~10^{-5}	0.4~2.0
脲醛树脂类	5~6	0.06	十几秒~十几分钟	10^{-3}	2.0~8.0
丙烯酰胺类	1.2	0.01	十几秒~十几分钟	10^{-5}~10^{-6}	0.4~0.6
聚氨酯类	几十~几百厘泊	0.03	十几秒~十几分钟	10^{-4}~10^{-6}	6.0~10.0

下文仅介绍化学浆液黏度测定方法,其他指标的测定方法参考相关规范和技术规程。

1. 说明

本试验方法的工作原理、试样制备、结果表示等部分参照《合成橡胶胶乳表观黏度的测定》(SH/T 1152—2014)的规定。

2. 仪器

(1)NDJ-79 型旋转式黏度计:选择转速为 750r/min,第二单元 2 号转子(因子 F 为 10)。

(2)恒温水:温控精度为 25℃±1℃。

3. 测定步骤

将试样注入测试器,直到它的高度达到锥形面下部边缘;将转筒浸入液体直到完全浸没为止,将测试器放在仪器支柱架上,并将转筒挂于仪器转轴钩上。

启动电动机,转筒从开始晃动直到完全对准中心为止。将测试器在托架上前后左右移动,以加快对准中心,指针稳定后依照仪器操作说明读数并取平均值,记作 C。黏度按式 $\eta = C \cdot F$ 计算即可。

(三)水泥细度检验

水泥细度检验方法可参考《道路建筑材料》相关教材或《公路工程水泥及水泥混凝土试验规程》(JTG E30—2005)。

(四)注浆效果检查

注浆结束后,应及时对注浆效果进行检查,检查方法通常有以下 3 种。

1. 分析法

分析注浆记录,查看每个孔的注浆压力、注浆量是否达到设计要求;注浆过程中漏浆、跑浆是否严重,从而以浆液注入量估算浆液扩散半径,分析是否与设计相符。

2. 检查孔法

用地质钻机按设计孔位和角度钻检查孔,提取岩芯进行鉴定。同时测定检查孔的吸水量(漏水量),单孔时应小于 1L/min·m,全段应小于 20L/min·m。

3.声波监测法

用声波探测仪测量注浆前后岩体声速、振幅及衰减系数等来判断注浆效果。

注浆效果如未达到设计要求时,应补充钻孔再注浆。

第二节 开挖质量检测

开挖是控制隧道施工工期和造价的关键工序。超挖过多,因出渣量和衬砌量增多会提高工程造价,并且由于局部超挖会产生应力集中问题,影响围岩稳定性;而欠挖则直接影响到衬砌厚度,对工程质量和安全产生隐患,处理起来费时、费力、费物。所以必须保证开挖质量,为围岩的稳定和安全支护创造良好条件。

隧道开挖质量的评定包含两项内容:一是检测开挖断面的规整度,二是超欠挖控制。对于规整度,一般采用目测的方法进行评定。对于超欠挖,则需通过对大量实测开挖断面数据的计算分析,才能做出正确的评价。隧道开挖质量的评定其实质就是要准确地测出隧道开挖的实际轮廓线,并将它与设计轮廓线纳入同一坐标体系中比较,从而十分清楚地从数量上获悉超挖和欠挖的大小和部位,及时指导下一步的施工。

一、开挖质量标准

不良地质段开挖前应做好预加固、预支护。当前方地质出现变化迹象或接近围岩分界线时,必须用地质雷达、超前小导坑、超前探孔等方法先探明隧道的工程地质和水文地质情况,方可进行开挖。开挖时应严格控制欠挖。当石质坚硬完整且岩石抗压强度大于30MPa,并确认不影响衬砌结构稳定和强度时,允许岩石个别凸出部分(每$1m^2$内不大于$0.1m^2$)凸入衬砌断面,锚喷支护时凸入不大于30mm,衬砌时不大于50mm。拱脚、墙脚以上1m内严禁欠挖。开挖轮廓要预留支撑沉落量及变形量,并利用量测反馈信息及时调整。隧道爆破开挖时应严格控制爆破振动。洞身开挖在清除浮石后应及时进行初喷支护。

隧道洞身开挖实测项目的要求见表15-5。

洞身开挖实测项目   表 15-5

项 次	检 测 项 目		规定值或允许偏差	检查方法和频率
1△	拱部超挖 (mm)	Ⅰ级围岩(硬岩)	平均100,最大200	全站仪:每20m检查1个断面,每个断面自拱顶起每2m测1点
		Ⅱ、Ⅲ、Ⅳ级围岩 (中硬岩、软岩)	平均150,最大250	
		Ⅳ、Ⅴ级围岩 (破碎岩、土)	平均100,最大150	
2	边墙超挖 (mm)	每侧	+100,-0	
		全宽	+200,-0	
3	仰拱、隧底超挖(mm)		平均100,最大250	水准仪:每20m检查3处

二、超欠挖量测定方法

超欠挖量测定方法主要有直接测量法、直角坐标法、三维近景摄影法、极坐标法(激光断面仪法)等。施工中应根据现场条件采用切实可行的超欠挖量测定方法,也可参照表15-6选取。

超欠挖量测定方法 表15-6

测定方法及采用的测定仪			测定法概要
测量断面的方法	直接测量开挖断面面积的方法	以内模为参照物的直接测量法	以内模为参照物,用直尺直接测量超欠挖量
		使用激光束的方法	利用激光射线在开挖面上定出基点,并由该点实测开挖断面面积
		使用投影机的方法	利用投影机将基点或隧道基本形状投影在开挖面上,然后据此实测开挖断面面积
	非接触观测法	三维近景摄影法	在隧道内设置摄影站,采用三维近景摄影方法获取立体像对,在室内利用立体测图仪进行定向和测绘,得出实际开挖轮廓线
		直角坐标法	利用激光打点仪照准开挖壁面各变化点,用经纬仪测出各点的水平角和竖直角,利用立体几何的原理,计算出各测点距坐标原点的纵横坐标,按比例画出断面图形
		极坐标法(断面仪法)	以某物理方向(如水平方向)为起算方向,按一定间距(角度或距离)依次一一测定仪器旋转中心与实际开挖轮廓线的交点之间的矢径(距离)及该矢径与水平方向的夹角,将这些矢径端点依次相连即可获得实际开挖的轮廓线

激光断面仪法通过洞内的施工控制导线可以获得断面仪的定点定向数据,在计算软件的帮助下,自动完成实际开挖轮廓线与设计开挖轮廓线的空间三维匹配,最后形成输出图形,并可输出各测点与相应设计开挖轮廓之间的超、欠挖值(距离面积)。该方法测试速度快(一个断面如果测40个点,测试时间为5~10min),每个断面测试的点数可以设定,处理数据方便简单,最终的图形成果形象、易懂,而且可以方便地给出必须采取补救的地方。

第三节 初期支护施工质量检测

初期支护是指隧道开挖后,用于控制围岩变形及防止坍塌及时施作的支护。其类型有锚杆支护、喷射混凝土支护、喷射混凝土与钢筋网联合支护、喷射混凝土与锚杆及钢筋网联合支护、喷钢纤维混凝土支护、喷钢纤维混凝土锚杆联合支护以及上述几种类型架设钢架而成的联合支护。本节介绍初期支护施工质量的检测方法。

一、锚杆施工质量检测

(一)锚杆支护的质量检验标准

锚杆材质、类型、质量、规格、数量和性能必须符合设计和规范的要求。锚杆插入孔内的长度不得短于设计长度的95%。砂浆和注浆锚杆的灌浆强度应不小于设计和规范要求,锚杆孔内灌浆密实饱满。锚杆垫板应满足设计要求,垫板应紧贴围岩,如围岩不平时,要用 M10 砂浆填平。锚杆应垂直于开挖轮廓线布设,对沉积岩锚杆应尽量垂直于岩层面。钻孔方向应尽量与围岩和岩层主要结构面垂直,锚杆垫板与岩面紧贴。

锚杆实测项目的要求见表 15-7。

锚 杆 实 测 项 目

表 15-7

项　　次	检查项目	规定值或允许偏差	检查方法和频率
1△	数量(根)	不少于设计值	目测;现场逐根清点
2	抗拔力(kN)	28d 抗拔力平均值≥设计值, 最小抗拔力≥0.9 设计值	拉拔仪:抽查1%,且不少于3根
3	孔位(mm)	±150	尺量:抽查10%
4	孔深(mm)	±50	尺量:抽查10%
5	孔径(mm)	≥锚杆杆体直径+15	尺量:抽查10%

(二)锚杆加工质量检查

1.锚杆材料

(1)抗拉强度。检查时,从原材料中或成品锚杆上截取试样,在拉力试验机上拉伸,测试材料的力学特性,确定其是否满足工程要求。

(2)延展性与弹性。检查时,可采用现场弯折或锤击,观察其塑性变形情况。

2.杆体规格

锚杆杆体的直径必须与设计相符,可用卡尺或直尺测量。此外,应观察杆径是否均匀、一致,若发现锚杆直径明显忽粗忽细,则应弃之不用。

3.加工质量

检查时,首先应测量各部分的尺寸,然后检查焊接件的焊接质量。对于车丝部分,应检查丝纹质量,观察是否有偏心现象。

(三)安装尺寸检查

1.锚杆位置

钻孔前应根据设计要求定出孔位,做出标记。施工时可根据围岩壁面的具体情况,允许孔位偏差 ±15mm。检查时应特别注意对锚杆间距与排距的尺量。

2. 锚杆方向

钻孔方向应尽量与围岩壁面和岩层主要结构面垂直。检查时应特别注意拱顶钻孔的垂直度,目测即可。若过于偏斜,就会减小锚杆的有效锚固深度,威胁施工安全,浪费材料。

3. 钻孔深度

对于水泥砂浆锚杆,允许孔深偏差为 ±50mm;对于树脂锚杆和快硬水泥锚杆,钻孔深度应控制更严。钻孔深度可用带有刻度的塑料管或木棍等插孔量测。

4. 孔径与孔形

对于砂浆锚杆来说,孔径过小会减小锚杆杆体包裹砂浆层的厚度,影响锚杆的锚固力及其耐久性。所以,检查时,对砂浆锚杆应用尺量钻孔直径,孔径大于杆体直径 15mm 时,可认为符合要求。为了便于锚杆安装,钻孔还应圆而直。

(四)锚杆拉拔力测试

锚杆拉拔力是指锚杆能承受的最大拉力,是锚杆质量检验的一项基本内容。

1. 拉拔设备

锚杆拉拔试验的常用设备为中空千斤顶、手动油压泵、油压表、千分表。

2. 测试方法

(1)根据试验目的,在隧道围岩指定部位钻锚杆孔。孔深在正常深度的基础上作调整,使锚杆外露长度大些,以保证千斤顶的安装,或采用正常孔深,将待测锚杆加长。

(2)按正常的安装工艺安装待测锚杆,用砂浆将锚杆口部抹平,以便支放承压垫板。

(3)根据锚杆的种类和试验目的确定拉拔时间。

(4)在锚杆尾部加上垫板,套上中空千斤顶,将锚杆外端与千斤顶内缸固定在一起,并装设位移量测设备与仪器,如图 15-2 所示。

(5)通过手动油压泵加压,从油压表读取油压,根据活塞面积换算锚杆承受的拉拔力。从千分表读取锚杆尾部的位移,绘制锚杆拉力-位移曲线,供分析研究。

3. 注意事项

(1)安装拉拔设备时,应使拉力作用线与锚杆同心,避免偏心受拉。

(2)加载速率为 10kN/min。

(3)无特殊需要,可不做破坏性试验,拉拔到设计拉力即停止加载。

(4)千斤顶应牢固可靠,试验时操作人员要避开锚杆的轴线方向,以保证试验安全。

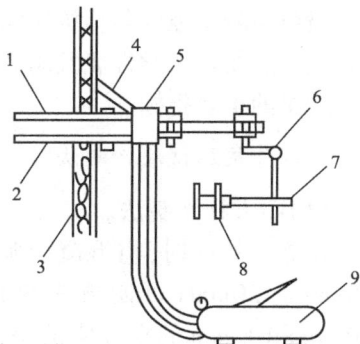

图 15-2　锚杆拉拔力测试
1-锚杆;2-充填砂浆;3-喷射混凝土;4-反力板;5-油压千斤顶;6-千分表;7-固定梁;8-支座;9-油压泵

二、喷射混凝土施工质量检测

(一)喷射混凝土的质量检验标准

喷射混凝土的材料必须满足规范和设计要求。喷射前要检查开挖断面的质量,处理好超欠挖。喷射前岩面必须清洁。喷射混凝土支护应与围岩紧密黏结,结合牢固;喷层厚度应符合要求,不能有空洞;喷层内不允许添加片石和木板等杂物,必要时应进行黏结力测试。喷射混凝土严禁挂模喷射,受喷面必须是原岩面。支护前应做好排水措施,对渗漏水孔洞、缝隙应采取引排、堵水措施,保证喷射混凝土质量。

喷射混凝土实测项目的要求见表15-8。

喷射混凝土实测项目 表 15-8

项 次	检查项目	规定值或允许偏差	检查方法和频率
1△	喷射混凝土强度(MPa)	在合格标准内	按《验评标准》附录 E 检查
2	喷层厚度(mm)	平均厚度≥设计厚度;60%的检查点的厚度≥设计厚度;最小厚度≥0.6设计厚度	凿孔法:每10m检查1断面,每个断面从拱顶中线起每3m测一点; 按附录R检查:沿隧道纵向分别在拱顶、两侧拱腰、两侧边墙连续测试共五条测线,每10m检查1个断面,每个断面测5点
3△	喷层与围岩接触状况	无空洞,无杂物	

(二)喷射混凝土强度检测方法

喷射混凝土强度包括抗压强度、抗剪强度、疲劳强度、黏结强度等。其中,抗压强度是表示喷射混凝土物理力学性能及耐久性的一个综合指标,因此,工程实际中常用它作为检测喷射混凝土质量的重要指标。

1. 制作抗压试块检测法

(1)喷大板切割法。

在施工的同时,将混凝土喷射在 450mm×350mm×120mm(可制成6块)或 450mm×200mm×120mm(可制成3块)的模型内,当混凝土达到一定强度后,加工成 100mm×100mm×100mm 的立方体试块,在标准条件下养护至 28d,用标准试验方法测其极限抗压强度。

(2)凿方切割法。

在具有一定强度的支护上,用凿岩机打密排钻孔,取出长约350mm、宽约150mm 的混凝土块,加工成 100mm×100mm×100mm 的立方体试块,在标准条件下养护至 28d,用标准试验方法测其极限抗压强度。

2. 气压式射钉法

射钉法是用专用射钉枪将检测用射钉压入混凝土中,用卡尺测量射钉射入混凝土的深度,混凝土强度不同,用同一压力同一规格的射钉射入混凝土的深度也不同,所以可在现场测定混凝土的强度。

喷大板切割法虽然制作试块采用与施工同样的材料,但是制作试件的施工条件与实际施工时有所不同。实际施工一般是仰喷,而喷大板切割法一般将模型放在地上,与水平面成80°夹角,接近垂直向下喷射,同时工人在制作试件时,必然要比实际施工时严谨。所以该法测试得出的结果一般要比实际喷射混凝土强度高。凿方切割法取样困难,而且对喷射混凝土破坏严重,而射钉法则简便直接。

当喷射混凝土强度检查不合格时,应查明原因并采取措施,可用加厚喷层或增设锚杆的办法予以补强。

(三)喷射混凝土厚度的检测

喷射混凝土厚度指混凝土喷层至隧道围岩接触界面间的距离。施工中保证喷射混凝土的厚度是保证喷射混凝土质量的前提。所以,厚度也是喷射混凝土质量检验的一个重要指标。

喷层厚度可以用凿孔法、激光断面仪法或雷达检测仪法等方法检查。

凿孔检查时,宜在混凝土喷后8h以内,用短钎将孔凿出,发现厚度不够时可及时补喷加厚。采用凿岩机钻眼,若因喷射混凝土与围岩黏结紧密,颜色接近较难辨认喷层厚度时,可用酚酞试液涂抹孔壁,碱性混凝土即呈现红色。

如果已经用激光断面仪量测过该断面的开挖面轮廓线,则可在喷射混凝土完成后,用激光断面仪测量该断面,然后将两次测量断面比较,得出该断面上各个测点的喷射混凝土厚度。

(四)喷射混凝土与围岩黏结强度试验

1.试块制作

(1)成型试验法:在模型内放置面积为100mm×100mm×50mm且表面粗糙近似实际情况的岩石,用喷射混凝土掩埋。当混凝土达到一定强度后,加工成100mm×100mm×100mm的立方体试块,标准养护28d,用劈裂法进行试验。

(2)直接拉拔法:在围岩表面预先设置带有丝扣和加力板的拉杆,用喷射混凝土将加力板埋入,喷射厚度约为100mm,试件面积约为300mm×300mm(周围多余部分应予以清除),养护28d后进行拉拔试验。

2.强度标准

喷射混凝土与岩石的黏结力,Ⅰ、Ⅱ级围岩不低于0.8MPa,Ⅲ级围岩不低于0.5MPa。

喷射混凝土在施工过程中,部分混凝土由隧道岩壁跌落到底板的现象称为混凝土的回弹。回弹数量与混凝土总数量之比,就是混凝土的回弹率。《公路隧道施工技术细则》(JTG/T F60—2009)规定:拱顶不超过40%,边墙不超过30%,挂钢筋网后,回弹率可放宽5%。回弹物不得重新用作喷射混凝土材料。此外,应采取措施减少喷射混凝土粉尘。

三、地质雷达法探测支护背部空洞

支护(衬砌)背部与围岩之间存在空洞时,会导致围岩松弛,使支护结构产生弯曲应力而损伤支护结构的功能,降低其承载能力,极大地影响了隧道的安全使用。因此,目前对隧道支护(衬砌)背部空洞的探测引起了人们更多的关注。支护(衬砌)的内部和背后状态是隐蔽的,从表面看不出来,为此,人们开发出许多具有实用价值的检测方法,其中最常用的方法是地质雷达法,该方法已广泛应用于检测支护(衬砌)厚度、背部的回填密实度、内部钢架、钢筋等分布情况。

地质雷达探测系统由地质雷达主机、天线、便携式计算机、数据采集软件、数据分析处理软件等组成。雷达天线可沿所测测线连续滑动,所测的每个测点的时间曲线可以汇成时间剖面图像。如图 15-3 所示,一个与测量平面近于平行的反射面,如衬砌的外缘面,在时间剖面上就是与时间基线近于平行的线;衬砌与岩体交界面的起伏(反映了衬砌厚薄变化)表现为有起伏的图像;钢拱架的反射图像可能是一双曲线,在彩色或黑色灰度的图上也可能呈现一个个圆点;突入衬砌中的小块岩石、衬砌背后的空洞、两层衬砌间的空隙则多呈双曲线图像。根据这些图像即可辨别不同的物体。时间剖面图像是探地雷达成果的基本图件,其横坐标为测点位置,纵坐标为雷达波反射走时,可以用黑白波形图像(波形图变面积黑白显示)、黑白灰度显示、彩色色块显示等形式。可用专用分析软件对所测图像进行分析。

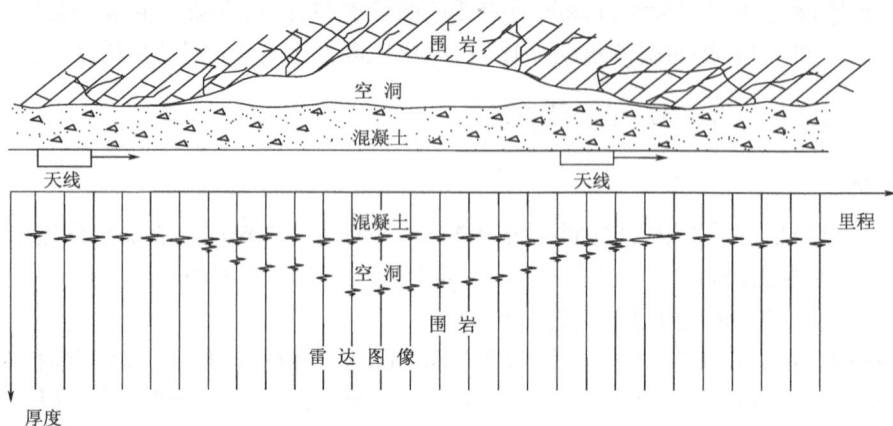

图 15-3　隧道检测原理

(一)现场检测

1. 测线布置

(1)隧道施工过程中质量检测以纵向布线为主、横向布线为辅。纵向布线的位置应在隧道拱顶、左右拱腰、左右边墙和隧底各布 1 条,横向布线可按检测内容和要求布设线距,一般情况线距为 8 ~ 12m,采用点测时每断面不小于 6 个点。检测中若发现不合格地段应加密测线或测点。

(2)隧道竣工验收时质量检测应纵向布线,必要时可横向布线。纵向布线的位置应在隧道拱顶、左右拱腰和左右边墙各布 1 条,横向布线线距为 8 ~ 12m,采用点测时每断面不少于 5

个点。需确定回填空洞规模和范围时,应加密测线或测点。

(3)三车道隧道应在隧道拱顶部位增加 2 条测线。

(4)测线每 5~10m 应有一里程标记。

2. 介质参数标定

(1)检测前应对衬砌混凝土的介电常数或电磁波速做现场标定,且每座隧道应不少于 1 处,每处实测不少于 3 次,取平均值作为该隧道的介电常数或电磁波速。当隧道长度大于 3km、衬砌材料或含水率变化较大时,应适当增加标定点数。

(2)标定方法如下:

①在已知厚度部位或材料与隧道相同的其他预制件上测量。

②在洞口或洞内避车洞处使用双天线直达波法测量。

③钻孔实测。

(3)求取参数时应具备以下条件:

①标定目标体的厚度一般不小于 15cm,且厚度已知。

②标定记录中界面反射信号应清晰、准确。

(4)标定结果应按式(15-1)、式(15-2)计算:

$$\varepsilon_r = \left(\frac{0.3t}{2d}\right)^2 \tag{15-1}$$

$$v = \frac{2d}{t} \times 10^{-9} \tag{15-2}$$

式中:ε_r——相对介电常数;

v——电磁波速,m/s;

t——双程旅行时间,ns;

d——标定目标体厚度或距离,m。

3. 测量时窗

时窗长度由下式确定:

$$\Delta T = \frac{2d\sqrt{\varepsilon_r}}{0.3} \cdot a \tag{15-3}$$

式中:ΔT——时窗长度,ns;

a——时窗调整系数,一般取 1.5~2.0。

4. 扫描样点数

扫描样点数由下式确定:

$$S = 2\Delta T \cdot f \cdot K \times 10^{-3} \tag{15-4}$$

式中:S——扫描样点数;

ΔT——时窗长度,ns;

f——天线中心频率,MHz;

K——系数,一般取 6~10。

5. 纵向布线

纵向布线时应采用连续测量方式,扫描速度不得小于40道(线)/s;特殊地段或条件不允许时可采用点测方式,测量点距不宜大于20cm。

6. 检测工作注意事项

(1)测量前应检查主机、天线以及运行设备,使之均处于正常状态。

(2)测量时应确保天线与衬砌表面密贴(空气耦合天线除外)。

(3)检测天线应移动平衡、速度均匀,移动速度宜为3~5km/h。

(4)记录应包括记录测线号、方向、标记间隔以及天线类型等。

(5)当需要分段测量时,相邻测量段接头重复长度不应小于1m。

(6)应随时记录可能对测量产生电磁影响的物体(如渗水、电缆、铁架等)及其位置。

(7)应准确标记测量位置。

(二)数据处理与解释

(1)原始数据处理前应回放检验,数据记录应完整、信号清晰,里程标记准确。不合格的原始数据不得进行处理与解释。

(2)数据处理与解释软件应使用正式认证的软件或经鉴定合格的软件。

(3)数据处理应符合以下要求:确保位置标记准确、无误;确保信号不失真,有利于提高信噪比。

(4)解释工作应符合以下要求:

①解释应在掌握测区内物性参数和衬砌结构的基础上,按由已知到未知和定性指导定量的原则进行。

②根据现场记录,分析可能存在的干扰体位置与雷达记录中异常的关系,准确区分有效异常与干扰异常。

③应准确读取双程旅行时间的数据。

④解释结果和成果图件应符合衬砌质量检测要求。

(5)衬砌界面应根据反射信号的强弱、频率变化及延伸情况确定。

(6)衬砌厚度 d 可由式(15-5)或式(15-6)确定,也可以在衬砌界面判识后输入正确的介电常数值 ε_r,由计算机自动计算得出衬砌厚度值。

$$d = \frac{0.3t}{2\sqrt{\varepsilon_r}} \tag{15-5}$$

$$d = \frac{1}{2}vt \times 10^{-9} \tag{15-6}$$

(7)衬砌背后回填密实度的主要判定特征如下:

①密实:信号幅度较弱,甚至没有界面反射信号。

②不密实:衬砌界面的强反射信号呈绕射弧形,且不连续,较分散。

③空洞:衬砌界面反射信号强,三振相明显,在其下部仍有强反射界面信号,两组信号时程

差较大。

（8）衬砌内部钢架、钢筋位置分布的主要判定特征如下：

①钢架：分散的月牙形强反射信号。

②钢筋：连续的小双曲线形强反射信号。

当衬砌混凝土中存在钢拱格栅时，将产生连续点状强反射信号，每一点信号代表一榀钢拱格栅。通过实测的钢拱格栅数量并结合水平距离，可以算出钢拱格栅数量及间距，从而判断是否满足设计要求。

第四节 防排水材料及施工质量检测

渗漏水是隧道常见的病害之一。隧道渗漏水的长期作用将极大地降低隧道内各种设施的使用寿命和功能，恶化隧道的运营环境。因此，为了防止隧道渗漏，必须合理选择防水材料，在设计或施工前对所用的防水材料进行性能检测，加强施工过程中的工序检查，同时重视排水系统的综合设计与施工。

一、高分子防水卷材的性能检测

高分子防水卷材与传统的石油沥青油毡相比具有使用寿命长、技术性能好、冷施工、质量轻和污染性低等优点，在隧道防水工程中得到广泛应用。目前，聚氯乙烯（PVC）应用较少，隧道防水采用的高分子防水卷材主要是聚乙烯-醋酸乙烯-沥青共聚物（ECB）、乙烯-醋酸乙烯（EVA）和低密度聚乙烯（LDPE）等。

隧道用高分子防水卷材的性能要求如表15-9所示。

隧道用高分子防水卷材性能要求 表15-9

项 目	技 术 性 能						
	EVA	ECB	LDPE	PVC-II	PE	EPDM	SBS
拉伸强度（MPa），≥	15	10	16	12.0	10	7.5	2.0
断裂伸长率（%），≥	500	450	500	250	400	250	150
不透水性24h（MPa），≥	0.2	0.2	0.2	0.2	0.2	0.3	0.3
低温弯折性（℃），≤	−35	−35	−35	−25	−35	−40	−30
热处理尺寸变化率（%），≤	2.0	2.5	2.0	2.0	2.0	2.0	2.0

高分子防水卷材的检测按相应规范执行。

二、土工布的性能检测

土工布也称土工织物，是透水性的土工合成材料，具有过滤、排水、隔离、加筋、防渗和防护等作用，在隧道工程中作为防水卷材的垫层和排水通道使用。选择和应用土工织物时，有些特性参数是生产厂家提供的，如产品的类型、聚合物的种类、加工工艺及产品规格等，但使用单位应通过抽样试验来核实和确定。

对隧道工程比较重要的工程特性有物理特性、力学特性和水力学特性。隧道用土工织物的物理特性主要检测单位面积质量、厚度和幅宽;力学性能测试一般有宽条拉伸试验,接头/接缝宽条拉伸试验,黏焊点剥离强力试验,梯形撕破强力、CBR顶破强力、刺破强力和落锥穿透试验,拉伸蠕变和拉伸蠕变断裂性能的测定等;水力学特性取决于土工织物的孔隙特征和渗透性,试验主要有垂直渗透性能的测定、有效孔径的测定(干筛法)等。这里介绍单位面积质量、厚度、幅宽以及条带拉伸试验和垂直渗透性能的测定方法。

(一)取样、试样准备及数据处理

本方法适用于土工织物以下各项性能的检测。

1. 取样程序

(1)取卷装样品。取样的卷装数按相关文件规定。所选卷装材料应无破损,卷装原封不动状。

(2)裁取样品。全部试验的试样应在同一样品中裁取。卷装材料的头两层不应取作样品。取样时应尽量避免污渍、折痕、孔洞或其他损伤部分,否则要加放足够数量。

(3)样品的标记。

①样品上应标明下列内容:商标、生产商、供应商;型号;取样日期;表示样品的卷装长度方向的标记。

②当样品两面有显著差异时,在样品上加注标记,标明卷装材料的正面或反面。

③如果暂不制备试样,应将样品保存在洁净、干燥、阴凉避光处,并且避开化学物品侵蚀和机械损伤。样品可以卷起,但不能折叠。

2. 试样准备

(1)用于每次试验的试样,应从样品长度和宽度方向上均匀地裁取,但距样品幅边至少10cm。

(2)试样不应包含影响试验结果的任何缺陷。

(3)对同一项试验,应避免两个以上的试样处在相同的纵向或横向位置上。

(4)试样应沿着卷装长度和宽度方向切割,需要时标出卷装的长度方向。除试验有其他要求外,样品上的标志必须标到试样上。

(5)样品经调湿后,再制成规定尺寸的试样。

(6)在切割结构型土工合成材料时可制定相应的切割方案。

(7)如果制样造成材料破碎,发生损伤,可能影响试验结果,则将所有脱落的碎片和试样放到一起,用于备查。

3. 调湿和状态调节

试样应在温度为20℃±2℃、相对湿度为65%±5%的标准大气条件下调湿24h。如果确认试样不受环境影响,则可省去调湿和状态调节的处理程序,但应在记录中注明试验时的温度和湿度。

4. 试验报告

试验报告应包括以下内容:

（1）试样的制取与准备方法。

（2）试样选择、制取、准备过程中观察到的详细情况，以及做同一试验时在纵向和横向位置上的取样情况。

（3）任何与取样程序规定不符的详情。

（4）制样的日期、所选卷的来源。

（5）样品的名称、规格、供应商、生产商和型号。

5. 试验数据整理与计算

（1）计算算术平均值 $\bar{x}$、标准差 σ、变异系数 C_v。

（2）在资料分析中，可疑数据的舍弃，可按照 K 倍标准差作为舍弃标准，即舍弃在 $\bar{x} \pm K\sigma$ 范围以外的测定值，对不同的试件数量，K 值按表 15-10 选用。

统计量的临界值

表 15-10

试件数量	3	4	5	6	7	8	9	10	11	12	13	14
K	1.15	1.46	1.67	1.82	1.94	2.03	2.11	2.18	2.23	2.28	2.33	2.37

（二）单位面积质量试验

1. 目的及适用范围

本试验方法适用于土工合成材料，测定单位面积的试样在标准大气条件下的质量。

2. 仪器设备及材料

（1）剪刀或切刀。

（2）称量天平（感量为 0.01g）。

（3）钢尺（刻度至毫米，精度为 0.5mm）。

3. 试验步骤

（1）取样：按前述方法取样。

（2）试样调湿和状态调节：按前述方法进行。

（3）试样制备：用切刀或剪刀裁取面积为 10 000mm² 的试样 10 块，剪裁和测量精度为 1mm。

（4）称量：将裁剪好的试样按编号顺序逐一在天平上称量，读数精确到 0.01g。

4. 结果计算

（1）按下式计算每块试样的单位面积质量，保留小数一位。

$$G = \frac{m \times 10^6}{A} \tag{15-7}$$

式中：G——试样单位面积质量，g/m²；

　　m——试样质量，g；

　　A——试样面积，mm²。

（2）计算 10 块试样单位面积质量的平均值 $\bar{G}$，精确到 0.1g/m²；同时计算出标准差和变异系数。

5. 试验报告

试验报告应包括以下内容：

(1)试样名称、规格。

(2)试验结果。

(3)试验用大气条件。

(4)试验日期。

(5)试验中规定应注明的情况。

(6)任何偏离规定程序的详细说明。

(三)厚度试验

厚度指土工织物在承受规定的压力下,正反两面之间的距离。常规厚度是在2kPa压力下测得的试样厚度。

1. 适用范围

本方法规定了在一定压力下测定土工织物和相关产品厚度的试验方法,适用于土工织物及复合土工织物。

2. 仪器设备及材料

(1)基准板:面积应大于2倍的压块面积。

(2)压块:圆形,表面光滑,面积为 $25cm^2$,重为5N、50N、500N不等;其中,常规厚度的压块为5N,对试样施加 $2kPa \pm 0.01kPa$ 的压力。

(3)百分表:最小分度值为0.01mm。

(4)秒表:最小分度值为0.1s。

3. 试验步骤

(1)取样:按前述方法取样。

(2)试样调湿和状态调节:按前述方法进行。

(3)试样制备:裁取有代表性的试样10块,试样尺寸应不小于基准板的面积。

(4)测定2kPa压力下的常规厚度。

①擦净基准板和5N的压块,压块放在基准板上,调整百分表零点。

②提起5N的压块,将试样自然平放在基准板与压块之间,轻轻放下压块,使试样受到的压力为 $2kPa \pm 0.01kPa$,放下测量装置的百分表触头,接触后开始计时,30s时读数,精确至0.01mm。

③重复上述步骤,完成10块试样的测试。

(5)根据需要选用不同的压块,使压力为 $20kPa \pm 0.1kPa$,重复步骤(4),测定 $20kPa \pm 0.1kPa$ 压力下的试样厚度。

(6)根据需要选用不同的压块,使压力为 $200kPa \pm 1kPa$,重复步骤(4),测定 $200kPa \pm 1kPa$ 压力下的试样厚度。

4. 试验结果

(1)计算在同一压力下所测定的10块试样厚度的算术平均值 $\bar{\delta}$,以毫米(mm)为单位,计算到小数点后三位,修约到小数点后两位。

(2)如果需要,同时计算出标准差和变异系数。

5.试验报告

试验报告应包括以下内容:

(1)试样名称、规格。

(2)本次试验所采用的压力、压脚尺寸。

(3)试验结果。

(4)试验用大气条件。

(5)试验日期、试验人员。

(6)试验中规定应说明的情况。

(7)任何偏离规定程序的详细说明。

(四)幅宽测定

幅宽是指整幅样品经调湿,除去张力后,与长度方向垂直的整幅宽度,是土工合成材料规格中重要的指标之一,直接影响到产品的有效使用面积。

1.适用范围

本方法适用于土工织物,其他类型的土工合成材料可参照执行。

2.仪器设备及材料

(1)钢尺:分度值为1mm,长度大于试样的宽度。

(2)测定桌。

3.试验步骤

(1)取样及试样准备:按前述方法进行取样准备。

(2)长度超过5m的样品,测定方法如下:

①消除张力和临时标记:先将样品端头1~2m在测定桌上放平,除去张力,在离端头约1m处作第一对临时标记;然后轻拉样品至中段在测定桌上放平,除去张力,做第二对临时标记;再拉样品到最后的1~2m,在测定桌上放平,除去张力,作第三对临时标记。

②调湿:样品除去张力后,将其充分暴露在标准大气中调湿;调湿时间至少24h,直到连续测量3对临时标记处幅宽的差异小于每个标记处幅宽的0.25%为止。

③测量:将样品的临时标记抹去,放在测定桌上,以大致相等的间距(不超过10m)测量样品的幅宽至少5处,测点距离样品头尾端至少1m,测量精确到1mm。

(3)长度小于5m的样品,其测定方法如下:将样品平放在测定桌上,除去张力,以大致相等的间距标出至少4个标记,但第一个和最后一个标记不应标在距样品两端小于样品长度五分之一处。测量每一标记处的幅宽,测量精确到1mm。

4.试验结果

对上述测定结果计算算术平均值$\bar{\omega}$。计算精确到1mm(如幅宽超过500mm,按表15-11进行修约)。如果需要,同时计算出标准差和变异系数。

修约表　　　　　　　　　　　　　　　　表 15-11

幅宽(mm)	100～500	500～1 000	1 000 以上
精确度(mm)	1	5	10

5.试验报告

试验报告应包括以下内容:

(1)样品名称、规格。

(2)试验日期。

(3)样品幅宽。

(4)样品最大和最小幅宽。

(5)测定的方法。

(6)任何偏离规定程序的详细说明。

(五) 宽条拉伸试验

土工合成材料的拉伸强度和最大负荷下的伸长率是各项工程设计中最基本的技术指标,拉伸性能的好坏,可以通过拉伸试验进行测试。

测定土工织物拉伸性能的试验方法有宽条法和窄条法。由于窄条试样在拉伸的过程中会产生明显的横向收缩(颈缩),使测得的拉伸强度和伸长率不能真实地反映样品的实际情况,而采用宽条试样和较慢的拉伸速率,可以有效地降低横向收缩,使试验结果更加符合实际情况,所以国际标准和国外先进国家的相关标准以及国标土工织物拉伸均采用宽条法。

1.适用范围

本方法规定了用宽条试样测定土工织物及其有关产品拉伸性能的试验方法,适用于大多数土工合成材料,包括土工织物、复合土工织物及土工格栅。本方法包括测定调湿和浸湿两种试样拉伸性能的程序,包括单位宽度的最大负荷和最大负荷下的伸长率以及特定伸长率下的拉伸力的测定。

2.基本概念

(1)名义夹持长度:

①当用伸长计测量时,名义夹持长度是指在试样的受力方向上,标记的两个参考点间的初始距离,一般为 60mm(两边距试样对称中心为 30mm),记为 L_0。

②当用夹具的位移测量时,名义夹持长度是指初始夹具间距,一般为 100mm,记为 L_0。

(2)隔距长度:试验机上下两夹持器之间的距离,当用夹具的位移测量时,隔距长度即名义夹持长度。

(3)预负荷伸长:在相当于最大负荷 1% 的外加负荷下,所测的夹持长度的增加值,以 mm 表示(见后文图 15-4 中的 L'_0)。

(4)实际夹持长度:名义夹持长度加上预负荷伸长(预加张力夹持时)。

(5)最大负荷:试验中所得到的最大拉伸力,以 kN 表示(见后文图 15-4 中的 D 点)。

(6)伸长率:试验中试样实际夹持长度的增加与实际夹持长度的比值,以 % 表示。

(7)最大负荷下伸长率:在最大负荷下试样所显示的伸长率,以%表示。

(8)特定伸长率下的拉伸力:试样被拉伸至某一特定伸长率时每单位宽度的拉伸力。

(9)拉伸强度:试验中试样拉伸直至断裂时每单位宽度的最大拉力,以 kN/m 表示。

3. 仪器设备及材料

(1)拉伸试验机:具有等速拉伸功能,拉伸速率可以设定,并能测读拉伸过程中试样的拉力和伸长量,记录拉力—伸长曲线。

(2)夹具:钳口表面应有足够宽度,至少应与试样的200mm同宽,以保证能够夹持试样的全宽,并采用适当措施避免试样滑移和损伤。

注意:对大多数材料宜使用压缩式夹具,但对那些使用压缩式夹具出现过多钳口断裂或滑移的材料,可采用绞盘式夹具。

(3)伸长计:能够测量试样上两个标记点之间的距离,对试样无任何损伤和滑移,能反映标记点的真实动程。伸长计有力学、光学或电子形式。伸长计的精度应不超过 ±1mm。

(4)蒸馏水和非离子润湿剂:仅用于浸湿试样。

4. 试样制备

(1)取样。按前述方法取样。试样数量为纵向和横向各剪取至少 5 块试样。

(2)试样尺寸。

①无纺类土工织物试样宽为 200mm ±1mm(不包括边缘),并有足够的长度以保证夹具间距为 100mm。为控制滑移,可沿试样的整个宽度与试样长度方向垂直地画两条间隔100mm的标记线(不包含绞盘夹具)。

②对于机织类土工织物,将试样剪切为约 220mm 宽,然后从试样的两边拆去数目大致相等的边线以得到200mm ±1mm 的名义试样宽度,这有助于保持试验中试样的完整性。

注意:当试样的完整性不受影响时,则可直接剪切至最终宽度。

③对于针织、复合土工织物或其他织物,用刀或剪子切取试样可能会影响织物结构,此时允许采用热切,但应在试验报告中说明。

④当需要测定湿态最大负荷和干态最大负荷时,剪取试样长度至少为通常要求的 2 倍。将每个试样编号后对折剪切成两块,一块用于测定干态最大负荷,另一块用于测定湿态最大负荷,这样使得每一对拉伸试验是在含有同样纱线的试样上进行的。

(3)试样调湿和状态调节。

①干态试验所用试样的调湿,按前述方法进行。

②湿态试验所用试样应浸入温度为 20℃ ±2℃ 的蒸馏水中,浸润时间应足以使试样完全润湿或者至少24h。为使试样完全湿润,也可以在水中加入不超过 0.05% 的非离子型润湿剂。

③如果确认试样不受环境影响,虽可不进行调湿和状态调节,但应在报告中注明试验时的温度和湿度。

5. 试验步骤

(1)拉伸试验机的设定。试验前将两夹具间的隔距调至 100mm ±3mm。选择试验机的负荷量程,使断裂强力在满量程负荷的 30% ~90% 范围内。设定试验机的拉伸速度,使试样的拉伸速率为名义夹持长度的(20% ±1%)/min。如使用绞盘夹具,在试验前应使绞盘中心间距保持最小,并且在试验报告中注明使用了绞盘夹具。

(2)夹持试样。将试样在夹具中对中夹持,注意纵向和横向的试样长度应与拉伸力的方向平行。合适的方法是将预先画好的横贯试件宽度的两条标记线尽可能与上下钳口的边缘重合。对于湿态试样,应从水中取出后 3min 内进行试验。

(3)试样预张。对已夹持好的试件进行预张,预张力相当于最大负荷的 1%,记录因预张试样产生的夹持长度的增加值 L'_0。

(4)使用伸长计。在试样上相距 60mm 处分别设定标记点(分别距试样中心 30mm),并安装伸长计,需要注意的是,不能对试样有任何损伤,并确保试验中标记点无滑移。

(5)测定拉伸性能。开动试验机连续加荷直至试样断裂,停机并恢复至初始标距位置。记录最大负荷,精确至满量程的 0.2%,并记录最大负荷下的伸长量 ΔL,精确到小数点后一位。

如试样在距钳口 5mm 范围内断裂,结果应予剔除;纵横向每个方向至少试验 5 块有效试样。如果试样在夹具中滑移,或者多于 1/4 的试样在钳口附近 5mm 范围内断裂,可采取下列措施:

①夹具内加衬垫。

②对夹在钳口内的试样加以涂层。

③改进夹具钳口表面。

无论采用了何种措施,都应在试验报告中注明。

(6)测定特定伸长率下的拉伸力。使用合适的记录测量装置测定在任一特定伸长率下的拉伸力,精确至满量程的 0.2%。

6.结果计算

(1)拉伸强度。按下式计算每个试样的拉伸强度:

$$\alpha_f = F_f C \tag{15-8}$$

式中:α_f——拉伸强度,kN/m;

F_f——最大负荷,kN;

C——由式(15-9)或式(15-10)求出。

对于非织造品、高密织物或其他类似材料:

$$C = \frac{1}{B} \tag{15-9}$$

式中:B——试样的名义宽度,m。

对于稀松机织土工织物:

$$C = \frac{N_m}{N_s} \tag{15-10}$$

式中:N_m——试样 1m 宽度内的拉伸单元数;

N_s——试样内的拉伸单元数。

(2)最大负荷下的伸长率(图 15-4)。

按下式计算每个试样的伸长率:

$$\varepsilon = \frac{\Delta L}{L_0 + L'_0} \times 100 \tag{15-11}$$

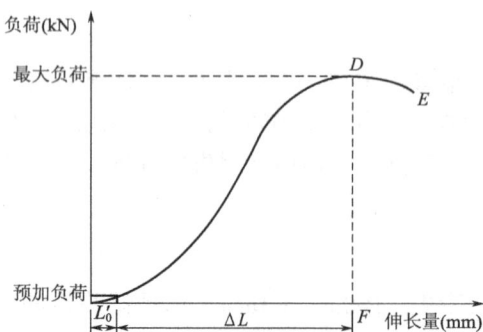

图 15-4 松式夹持试样的负荷-伸长曲线图

式中：ε——伸长率，%；

　　L_0——名义夹持长度（使用夹具时为100mm，使用伸长计时为60mm）；

　　L'_0——预负荷伸长量，mm；

　　ΔL——最大负荷下的伸长量，mm。

（3）特定伸长率下的拉伸力。

计算每个试样在特定伸长率下的拉伸力，按下式计算，用kN/m表示。

例如，伸长率为2%时的拉伸力：

$$F_{2\%} = f_{2\%} \cdot C \tag{15-12}$$

式中：$F_{2\%}$——对应2%伸长率时每延米拉伸力，kN/m；

　　$f_{2\%}$——对应2%伸长率时试样的测定负荷，kN。

C由式（15-9）式（15-10）求出。

（4）平均值和变异系数。

分别对纵向和横向两组试样的拉伸强度、最大负荷下伸长率及特定伸长率下的拉伸力计算平均值和变异系数，拉伸强度和特定伸长率下的拉伸力精确至3位有效数字，最大负荷下伸长率精确至0.1%，变异系数精确至0.1%。每组有效试样为5块。

7. 试验报告

试验报告应包括以下内容：

（1）试样名称、规格。

（2）试样状态，湿样或干样。

（3）每个方向的试样数量。

（4）纵向和横向的拉伸强度。

（5）纵向和横向最大负荷下的伸长率。

（6）如果需要，分别计算出与2%、5%和10%的伸长率相对应的拉伸力。

（7）测定值的标准偏差或变异系数。

（8）试验机的型号。

（9）夹具形式，包括夹具尺寸、钳口表面形式、变形测量系统和初始夹具隔距。

（10）如果需要，给出典型的负荷-伸长曲线。

（11）任何偏离规定程序的详细说明。

（六）垂直渗透性能试验（恒水头法）

土工织物用作反滤材料时，流水的方向垂直于土工织物的平面，此时既要求土工织物能阻止上颗粒随水流失，又要求它具有一定的透水性。垂直渗透性能主要用于反滤设计，以确定土工织物的渗透性能。垂直渗透性能的测定包括两种方法：一种是恒水头法；另一种是降水头法。恒水头法适用于测土工织物在系列恒定水头下的垂直渗透特性；降水头法适用于测土工织物在连续下降水头下的垂直渗透特性。国内所有的标准均采用恒水头法。

1. 适用范围

本方法规定了土工织物及复合土工织物在系列恒定水头下垂直渗透性能的试验，适用于土工织物和复合土工织物。

2. 基本概念

(1)流速指数:试样两侧50mm水头差下的流速,精确到1mm/s。

注意:也可取100mm、150mm水头差下的流速,但应在报告中注明。

(2)垂直渗透系数:在单位水力梯度下垂直于土工织物平面流动的水的流速(mm/s)。

(3)透水率:垂直于土工织物平面流动的水,在水位差等于1时的渗透流速(1/s)。

3. 仪器设备及材料

(1)恒水头渗透仪(图15-5)。

①渗透仪夹持器的最小直径为50mm,能使试样与夹持器周壁密封良好,没有渗漏。

②仪器能设定的最大水头差应不小于70mm,有溢流和水位调节装置,能够在试验期间保持试件两侧水头恒定,有达到250mm恒定水头的能力。

③测量系统的管路应避免直径的变化,以减少水头损失。

④有测量水头高度的装置,精确到0.2mm。

(2)供水系统。

试验用水应采用蒸馏水或经过过滤的清水,试验前必须用抽气法或煮沸法脱气,水中的溶解氧含量不得超过10mg/kg。溶解氧含量的测定在水入口处进行,溶解氧的测定仪器或仪表应符合有关规定。水温控制在18~22℃。

注意:由于温度校正(见后文表15-12)只同层流相关,流动状态应为层流;工作水温宜尽量接近20℃,以减小因温度校正带来的不准确性。

(3)其他用具。

秒表:精确到0.1s;量筒:精确到10mL;温度计:精确到0.2℃。

4. 试样制备

(1)取样:按前述方法取样。

(2)试样数量和尺寸:试样数量不小于5块,其尺寸应与试验仪器相适应。

(3)试样要求:试样应清洁,表面无污物,无可见损坏或折痕,不得折叠,并应放置于平处,上面不得施加任何荷载。

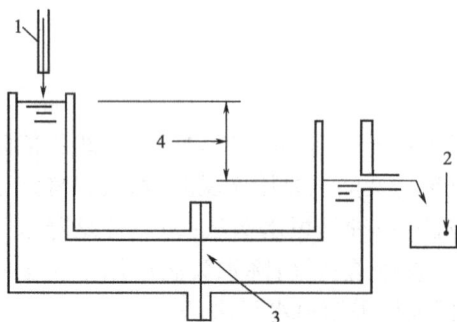

图15-5　水平式恒水头渗透仪示意图
1-进水系统;2-出水收集;3-试样;4-试样冲水头差

5. 试验步骤

(1)将试样置于含湿润剂的水中,至少浸泡12h直至饱和并赶走气泡。湿润剂采用0.1% V/V的烷基苯磺酸钠。

(2)将饱和试样装入渗透仪的夹持器内,安装过程应防止空气进入试样。有条件时宜在水下装样,并使所有的接触点不漏水。

(3)向渗透仪注水,直到试样两侧达到50mm的水头差。关掉供水,如果试样两侧的水头在5min内不能平衡,查找是否有未排除干净的空气,重新排气,并在试验报告中注明。

（4）调整水流，使水头差达到 70mm ± 5mm，记录此值，精确到 1mm。待水头稳定至少 30s 后，在规定的时间周期内，用量杯收集通过仪器的渗透水量，体积精确到 10mL，时间精确到秒。收集渗透水量至少为 1 000mL，时间至少 30s。如果使用流量计，流量计至少应有能测出水头差 70mm 时的流速的能力，实际流速由最小时间间隔 15s 的 3 个连续读数的平均值得出。

（5）分别对最大水头差为 0.8、0.6、0.4 和 0.2 倍的水头差，重复步骤（4），从最高流速开始，到最低流速结束，并记录下相应的渗透水量和时间。如果使用流量计，适用同样的原则。

（6）记录水温，精确到 0.2℃。

（7）对剩下的试样重复（2）~（6）的步骤。

6. 结果计算

（1）流速指数。

① 按下式计算 20℃ 时的流速 v_{20}（mm/s）：

$$v_{20} = \frac{VR_T}{At} \qquad (15\text{-}13)$$

式中：V——渗透水的体积，m^3；

R_T——水温修正系数（见表 15-12）；

A——试样过水面积，m^2；

t——达到水体积 V 的时间，s。

如果使用流速仪，流速 v_T 直接测定，则按下式计算 20℃ 时的流速 v_{20}：

$$v_{20} = v_T R_T \qquad (15\text{-}14)$$

② 计算每块试样不同水头下的流速 v_{20}。使用计算法或图解法，用水头差 h 对流速 v_{20} 通过原点作曲线。在一张图上绘出 5 个式样的水头差 h 对流速 v_{20} 的 5 条曲线。

③ 通过计算法或图解法求出 5 个试样 50mm 水头差的流速值，给出平均值和最大值、最小值。平均值为该样品的流速指数，精确到 1mm/s。

（2）垂直渗透系数。

按下式计算实际水温下的垂直渗透系数 k：

$$k = \frac{v}{i} = \frac{v\delta}{\Delta h} \qquad (15\text{-}15)$$

式中：k——实际水温下的垂直渗透系数，mm/s；

v——垂直土工织物平面水的流动速度，mm/s；

i——土工织物上下两侧的水力梯度；

δ——土工织物试样厚度，mm；

Δh——对土工织物试样施加的水头差，mm。

按下式计算 20℃ 水温下的垂直渗透系数 k_{20}：

$$k_{20} = kR_T \qquad (15\text{-}16)$$

式中：k_{20}——水温 20℃ 时的垂直渗透系数，mm/s；

k——实际水温下的垂直渗透系数，mm/s；

R_T——水温修正系数（表 15-12）。

水温修正系数 表 15-12

温度(℃)	R_T	温度(℃)	R_T
18.0	1.050	20.5	0.988
18.5	1.038	21.0	0.976
19.0	1.025	21.5	0.965
19.5	1.012	22.0	0.935
20.0	1.000		

注:水温修正系数 R_T 即水的动力黏滞系数比 η_t/η_{20}；其中，η_t 为试验水温 $t℃$ 时水的动力黏滞系数，η_{20} 为试验水温 20℃ 时水的动力黏滞系数。

(3)透水率。

按下式计算水温 20℃ 时的透水率 θ_{20}：

$$\theta_{20} = \frac{k_{20}}{\delta} = \frac{v_{20}}{\Delta h} \tag{15-17}$$

式中：θ_{20}——水温 20℃ 时的透水率,1/s；

　　k_{20}——水温 20℃ 时的渗透系数,mm/s；

　　δ——土工织物厚度,mm；

　　v_{20}——温度 20℃ 时,垂直土工织物平面水的流动速度,mm/s；

　　Δh——对土工织物试样施加的水头差,mm。

7.试验报告

试验报告应包括以下内容：

(1)样品名称、规格型号和状态描述。

(2)样品状态的描述。

(3)试验日期。

(4)渗透仪规格型号、主要技术指标。

(5)试样有效过水面积。

(6)测定全部渗透性能时,每个试样的流速对水头损失曲线的集合。

(7)水头差 50mm 时的流速指数(VI_{50}),如需要,给出垂直渗透系数和透水率。

(8)水温范围。

(9)供水方式和溶解氧值。

(10)任何偏离规定程序的详细说明。

三、防水混凝土抗渗试验

(一)防水混凝土抗渗试块制作

1.抗渗试块

圆柱体:直径和高度均为 150mm。

圆台体:上底直径为 175mm,下底直径为 185mm,高为 165mm。

2. 试块制作

每组试块为 6 个,人工插捣成形时,分两层装入混凝土拌合物,每层插捣 25 次,在标准条件下养护;如结合工程需要,则在浇筑地点制作,每单位工程制作不少于两组,其中至少有一组试件与构件应在标准条件下养护,其余试件与构件相同条件下养护,试块养护不少于 28d,不超过 90d。

(二)试验仪器

混凝土抗渗仪是利用密封容器与其连通的管路系统各处的压强相等(水头不计)的原理,以水泵施压,并通过接点压力表和简单的电气控制系统,保持压力在规定的范围内进行试验的装置。

混凝土抗渗仪由机架试模、分离器、水泵、蓄水罐和电气控制等部分组成,见图 15-6。

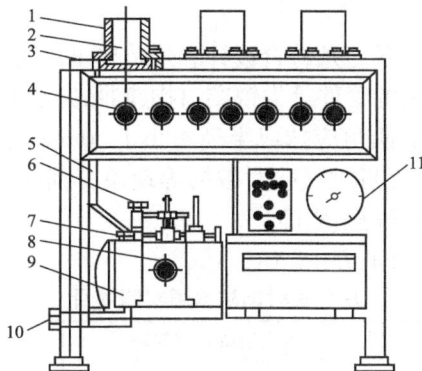

图 15-6 混凝土抗渗仪

1-机架试横部分;2-试模;3-密封胶;4-分离器部分;5-水箱;6-安全阀;7-注水嘴;8-泵体部分;9-储水罐部分;10-放水嘴;11-电气部分

(三)抗渗试验

(1)试验前,试块应保持潮湿状态,表面应干燥(在低于 50℃ 的烘箱中烘 10~30min,在通风处放 5~15min,表面干燥即可)。

(2)将试模预热至 50℃ 左右,涂以石蜡,装入试块,使试块周围与试模内壁之间的缝隙被石蜡填满。

注意:试块的上下表面不要沾上石蜡,若沾上石蜡则应凿除。

(3)装好试块的试模冷却后,即可安装在渗透仪上进行加水试验。抗渗强度若要求大于 0.8MPa,则初始加压为 0.4MPa;抗渗强度若要求小于 0.8MPa,则初始压力为 0.2MPa。试验过程中,若水从试块与试模内壁的缝隙中渗出,说明密封不佳,应重新密封,再进行试验。

(4)试验时,水压从 0.2MPa 开始,每隔 8h 增加 0.1MPa,边加压,边观察,一直加至 6 个试块中有 3 个试块表面发现渗水为止,记下此时的水压力,停止试验。

注意:当加压至设计抗渗强度,经过 8h,第三个试块仍不渗水时,表明混凝土已满足设计要求,可停止试验。

(5)将未渗水的试块剖开,记录渗水高度。

(四)试验结果计算

混凝土的抗渗等级是以每组 6 个试件中 4 个未发现有渗水现象时的最大水压力表示。抗渗等级按下式计算：

$$S = 10H - 1 \tag{15-18}$$

式中：S——混凝土抗渗等级；

H——第三个试块顶面开始有渗水时的水压力，MPa。

混凝土抗渗等级分级为 S_2、S_4、S_6、S_8、S_{10}、S_{12}。若加压至 1.2MPa，经 8h 后第三个试件仍不渗水，则停止试验，试件的抗渗等级以 S_{12} 表示。

四、防排水施工质量检测

(一)防水层的施工检测

防水材料的质量、规格、性能等必须符合设计和规范要求。防水卷材铺设前要对喷射混凝土基面认真检查，不得有钢筋、突出的管件等尖锐突出物，割除尖锐突出物后，割除部位用砂浆抹平顺。隧道断面变化处或转弯处的阴角应抹成半径不小于 50mm 的圆弧。防水层施工时，基面不得有明水。防水层表面应平顺，无折皱、气泡、破损等现象，与洞壁密贴，松弛适度，无紧绷现象。接缝、补眼粘贴密实饱满，不得有气泡、空隙。

复合式衬砌防水层实测项目见表 15-13。

复合式衬砌防水层实测项目 表 15-13

项 次	检 查 项 目		规定值或允许偏差	检查方法和频率
1△	搭接长度(mm)		≥100	尺量：每 5 环搭接抽查 3 处
2△	缝宽(mm)	焊接	焊缝宽≥10	尺量：每 5 环搭接抽查 3 处
		粘接	粘缝宽≥50	
3	固定点间距(m)		满足设计要求	尺量：每 20m 检查 3 处
4	焊缝密实性		满足设计要求	按《验评标准》附录 S 检查；每 20 检查 1 处焊缝

(二)明洞防水层的施工检测

防水卷材的质量、规格必须符合有关规范的要求。防水层施工前，明洞混凝土外部应平整，不得有钢筋头露出。防水卷材应无破损、无折皱。焊接应无脱焊、漏焊、假焊、焊焦、焊穿，粘接应无脱粘、漏粘。

明洞防水层实测项目见表 15-14。

明洞防水层实测项目 表 15-14

项次	检 查 项 目	规定值或允许偏差	检查方法和频率	权值
1	搭接长度(mm)	≥100	尺量：每环检查 3 处	2
2	卷材向隧道延伸长度(mm)	≥500	尺量：每环检查 5 处	2
3	卷材于基底的横向长度(mm)	≥500	尺量：每环检查 5 处	2
4	沥青防水层每层厚度(mm)	2	尺量：每环检查 10 点	3

(三)止水带的施工质量检测

止水带的材质、规格等应满足设计和规范要求。止水带与衬砌端头模板应正交；止水带应无松脱、扭曲；止水带连接缝应无裂口、脱胶。

止水带实测项目见表15-15。

止水带实测项目 表15-15

项　次	检查项目	规定值或允许偏差	检查方法和频率
1	纵向偏离(mm)	±50	尺量：每衬砌台车检查1环，每环测3点
2	偏离衬砌中线(mm)	≤30	尺量：每衬砌台车检查1环，每环测3点
3△	固定点间距(mm)	±50	尺量：每衬砌台车每环止水带检查3点

（四）防水卷材的施工检测方法

目前防水卷材的铺设工艺有两种：一是无钉热合铺设法，二是有钉冷黏铺设法。

1. 无钉热合铺设法

无钉热合铺设法是指先将土工布垫衬用机械方法铺设在喷射混凝土基面上，然后用"热合"方法将EVA或LDPE等卷材粘贴在固定垫衬的圆垫片上，从而使EVA或LDPE卷材无机械损伤。焊接质量直接关系到防水板接缝的施工质量，其检测至关重要。

防水膜间焊缝一般用肉眼检查。当两层经焊接在一起的膜呈透明状、无气泡，即已熔为一体，表明焊接牢固、严密。焊缝若有漏焊、假焊应予补焊；若有烤焦、焊穿处以及外露的固定点，必须用塑料片焊接覆盖。

焊缝的抽样检查可用充气法。检查方法如图15-7所示。气压泵与压力表相接，充气至所需压力，停止充气。保持压力时间不少于1min，说明焊接良好；如压力下降，证明有未焊好之处，用肥皂水涂在焊接缝上，产生气泡的地方为焊接欠佳处。压力表压不降或因材料继续变形压力有所下降，但下降幅度在20%以内，保证2min不漏气，说明焊接良好；反之则有问题。将5号注射针与压力表相接，用打气筒充气，当压力表达到0.25MPa时，保持15min，压力表降至10%以内，说明焊接质量合格。若焊接质量不合格时，应进行检查和修补。

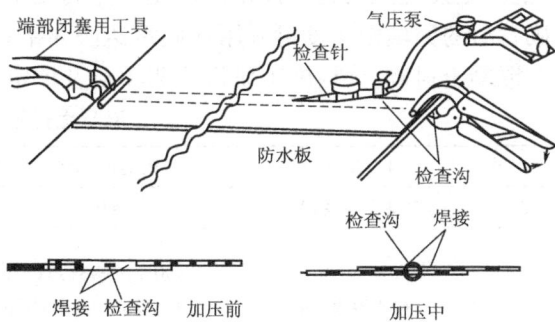

图15-7 双焊缝及检查孔示意

检查数量，焊接1 000延米抽检1处焊缝；为切实保证质量，每天、每台热合机焊接均应取一个试样，注明取样位置操作者及日期。

焊缝拉伸强度不得小于防水板强度的70%，焊缝抗剥离强度不小于70N/cm。

防水层施工必须精心，防水层质量检查必须认真。有破坏之处，必须立即做出明显标记，以便破损修补。修补后一般用真空检查法检验修补质量。补丁的具体要求为：

（1）补丁不得过小，离破坏孔边沿不得小于7cm。

（2）补丁要剪成圆角，不要有尖角（如正方形、长方形、三角形等的形状）。

2. 有钉冷黏铺设法

有钉冷黏铺设法施工质量的检查方法主要是直观检查，具体方法如下：

(1)用手托起塑料板,看其是否与喷射混凝土密贴。在拱顶 1m² 范围内塑料板不得下凹或呈水平状。

(2)看塑料板是否有被划破、扯破、扎破等破损现象。

(3)看接缝处是否胶合紧密,有无漏涂胶现象,搭接宽度必须大于 5cm。

(4)检查射钉补块是否严密,胶结强度能否满足施工要求。

隧道中的砌体排水结构的检查实测项目及基本要求与一般公路工程排水结构的相同。

第五节 衬砌混凝土施工质量检测

新奥法设计的隧道支护结构,采用喷锚作初期支护,模筑混凝土作二次支护的复合式衬砌。修筑在Ⅲ、Ⅳ级围岩、受偏压和具有膨胀压力的隧道,应在二次衬砌施工后及时浇筑仰拱,以形成环形衬砌,确保二次衬砌结构的稳定。

衬砌混凝土质量检测包括衬砌的几何尺寸、衬砌混凝土强度、混凝土的完整性、混凝土裂缝、衬砌背后的回填密度和衬砌内部钢架、钢筋分布等的检测。其中,外观尺寸容易用直尺量测,混凝土强度及其完整性则需用无损探测技术完成,混凝土裂缝可用塞尺等简单方法检测,衬砌背后的回填密实度可采用地质雷达法和钻孔法检测。

混凝土衬砌、仰拱施工质量检测项目及评定见表 15-16 和表 15-17。

混凝土衬砌实测项目   表 15-16

项 次	检 查 项 目	规定值或允许偏差	检 查 方 法 和 频 率
1△	混凝土强度(MPa)	在合格标准内	见第三章
2	衬砌厚度(mm)	90%的检查点的厚度≥设计厚度,且最小厚度≥0.5 设计厚度	尺量:每20m 检查 1 个断面,每个断面测 5 点按《验评标准》附录 R 检查:沿隧道纵向分别在拱顶、两侧拱腰、两侧边墙连续测试共 5 条测线,每20m 检查 1 个断面,每个断面测5点
3	墙面平整度(mm)	施工缝、变形缝处≤20	2m 直尺:每20m 每侧连续检查 5 尺,每尺测最大间隙
		其他部位≤5	
4△	衬砌背部密实状况	无空洞、无杂物	按《验评标准》附录 R 检查:沿隧道纵向分别在拱顶、两侧拱腰、两侧边墙连续测试共 5 条测线

仰 拱 实 测 项 目   表 15-17

项 次	检 查 项 目	规定值或允许偏差	检 查 方 法 和 频 率
1△	混凝土强度(MPa)	在合格标准内	见第三章
2△	厚度(mm)	不小于设计值	尺量:每20m 检查 1 个断面,每个断面测 5 点
3	钢筋保护层厚度(mm)	+10,-5	尺量:每20m 测 5 点
4	底面高程(mm)	±15	水准仪:每20m 测 5 点

第六节 隧道施工监控量测

隧道现场监控量测,包括隧道施工阶段与营运阶段控制量测和监控量测。控制量测主要检查隧道施工阶段和竣工验收后的隧道中线和净空断面的位置与尺寸是否符合设计要求。监控量测是检测隧道施工阶段和营运阶段围岩变化情况及支护结构的工作状况,及时提供围岩和支护结构的稳定程度,预见事故和险情,以便调整和修改支护结构。本节只介绍隧道施工阶段和运营阶段的围岩与支护结构的监控与量测。

施工监控量测的主要任务有:确保施工安全;预测和确认隧道围岩最终稳定时间,以指导施工顺序和做二次衬砌的时间;根据隧道开挖后所获得的量测信息,进行综合分析,检验和修正施工预设计;积累资料,作为其他工程设计与施工的参考资料。

量测要求如下:

(1)快速埋设测点。测点一般是开挖后埋设的,为尽早获得开挖初始阶段的变形动态,测点应紧靠工作面快速埋设,尽早量测。一般设置在开挖工作面 2m 范围内,开挖后 24h 内、下次爆破前测取初读数。

(2)每一次量测数据时间尽可能短。

(3)测试元件应具有良好的防震、防冲击波能力。

(4)测试数据直观、准确、可靠。

(5)测试元件在埋设后能长期有效工作。

(6)测试元件应有足够的精度。

在复合式衬砌和喷锚衬砌隧道施工时,必须进行必测项目的量测,必测项目见表 15-18。同时,应根据设计要求、隧道横断面形状和断面大小、埋深、围岩条件、周边环境条件、支护类型和参数、施工方法等综合选择选测项目,选测项目见表 15-19。

隧道现场监控量测必测项目及量测方法   表 15-18

序号	项目名称	方法及工具	布置	测试精度	量测间隔时间			
					1~15d	16d~1个月	1~3个月	大于3个月
1	洞内、洞外观察	现场观测,地质罗盘等	开挖及初期支护后进行	—	—	—	—	—
2	周边位移	各种类型收敛计	每5~50m一个断面,每断面2~3个对测点	0.1mm	1~2次/d	1次/2d	1~2次/周	1~3次/月
3	拱顶下沉	水准测量的方法,水准尺、钢尺等	每5~50m一个断面	0.1mm	1~2次/d	1次/2d	1~2次/周	1~3次/月
4	地表下沉	水准测量的方法,水准尺、钢钢尺等	洞口段、浅埋段 $h_0 \leq 2B$	0.5mm	开挖面距量测断面前后小于 $2B$ 时,1~2次/d; 开挖面距量测断面前后小于 $5B$ 时,1次/2d; 开挖面距量测断面前后大于 $5B$ 时,1次/3~7d			

注:h_0-隧道埋深;B-隧道开挖宽度。

隧道现场监控量测选测项目及量测方法　　　　　　　表 15-19

序号	项目名称	方法及工具	布　置	测试精度	量测间隔时间			
					1~15d	16d~1个月	1~3个月	大于3个月
1	钢架内力及外力	支柱压力计或其他测力计	每代表性地段1~2个断面,每断面钢支撑内力3~7个测点,或外力1对测力计	0.1MPa	1~2次/d	1次/2d	1~2次/周	1~3次/月
2	围岩体内位移（洞内设点）	洞内钻孔中安设单点、多点杆式或钢丝式位移计	每代表性地段1~2个断面,每断面3~7个钻孔	0.1mm	1~2次/d	1次/2d	1~2次/周	1~3次/月
3	围岩体内位移(地表设点)	地表钻孔中安设各类位移计	每代表性地段一个断面,每断面3~5个钻孔	0.1mm	开挖面距量测断面前后小于2B时,1~2次/d;开挖面距量测断面前后小于5B时,1次/2d;开挖面距量测断面前后大于5B时,1次/3~7d			
4	围岩压力	各种类型岩土压力盒	每代表性地段1~2个断面,每断面3~7个测点	0.01MPa	1~2次/d	1次/2d	1~2次/周	1~3次/月
5	两层支护间压力	压力盒	每代表性地段1~2个断面,每断面3~7个测点	0.01MPa	1~2次/d	1次/2d	1~2次/周	1~3次/月
6	锚杆轴力	钢筋计、锚杆测力计	每代表性地段1~2个断面,每断面3~7锚杆(索),每根锚杆2~4个测点	0.01MPa	1~2次/d	1次/2d	1~2次/周	1~3次/月
7	支护、衬砌内应力	各类混凝土内应变计及表面应力解除法	每代表性地段1~2个断面,每断面3~7个测点	0.01MPa	1~2次/d	1次/2d	1~2次/周	1~3次/月
8	围岩弹性波测试	各种声波仪及配套探头	在有代表性地段设置	—	—			

续上表

序号	项目名称	方法及工具	布　　置	测试精度	量测间隔时间			
					1~15d	16d~1个月	1~3个月	大于3个月
9	爆破震动	测震及配套传感器	临近建(构)筑物	—	随爆破进行			
10	渗水压力、水流量	渗压计、流量计	—	0.01MPa				
11	地表下沉	水准测量的方法,水准尺、铟钢尺等	洞口段、浅埋段 $h_0 > 2B$	0.5mm	开挖面距量测断面前后小于$2B$时,1~2次/d;开挖面距量测断面前后小于$5B$时,1次/2d;开挖面距量测断面前后大于$5B$时,1次/3~7d			

隧道现场监控量测应根据隧道的工程地质、水文地质、地形条件、支护类型和参数及其他有关条件制订监控、量测计划。计划的主要内容应包括:现场量测的主要手段、量测仪表和工具及其选用、量测项目及方法;施测部位和测点布置及测量人员组织;测试方案和实施计划的测定;量测数据处理与应用、量测管理等。

本章只介绍围岩周边位移量测、拱顶下沉量测及地表下沉量测,其他项目的量测可参考相关资料。

一、围岩周边位移量测

隧道开挖后,围岩向坑道方向的位移是围岩动态的显著表现,最能反映出围岩或围岩与支护的稳定性。围岩周边各点趋向隧道中心的变形称为"收敛"。所谓围岩周边收敛位移量测主要是指对隧道内壁面两点间连线方向的位移的量测,此项量测称为"收敛"量测。收敛值为两次量测的距离之差。一般用收敛计或净空变位仪量测其中两点之间的收敛值。

1. 量测断面间距

应保证沿隧道轴线每类围岩至少有一个量测断面。一般情况下,洞口段和埋深小于两倍隧道宽度地段,间隔5~10m设一个量测断面,其余地段可根据地质条件,每隔5~100m设一个断面。

地质条件好且收敛值稳定的隧道,可加大量测断面的间距;围岩较差,收敛值长期不稳定,开挖进度快或采用分部开挖法施工的隧道,可缩小量测断面的间距。

2. 量测频率

量测频率按表15-20取值。从不同测线得到的位移速度不同,量测频率应按速度高的取值。若根据位移速度和与工作面距离两项指标分别选取的频率不同,则从中取高值。

净空位移和拱顶下沉量测频率　　　　表15-20

位移速度(mm/日)	频率	距工作面距离	频率
≥5	2~3次/d	(0~1)B	2次/d
1~5	1次/d	(1~2)B	1次/d
0.5~1	1次/2d	(2~5)B	1次/2~3d
0.2~0.5	1次/3d	>5B	1次/3~7d
<1	1次/3~7d		

注:B-隧道开挖宽度。

3. 周边位移量测线布置

隧道开挖周边相对位移量测线的布设方法和要求,见表15-21和图15-8。

周边位移测线数　　　　　　　　　　　　　　　　表 15-21

开挖方式	一般地段	特殊地段			
		洞口附近	埋深小于2B	有膨胀压力或偏压	选测项目量测位置
全断面开挖	1条水平测线	—	3条或5条	—	3条或6条、7条
短台阶开挖	2条水平测线	4条或6条	4条或6条	4条或6条	4条或5条、7条
全台阶开挖	每台阶1条水平测线	每一台阶3条	每一台阶3条	每一台阶3条	每一台阶3条

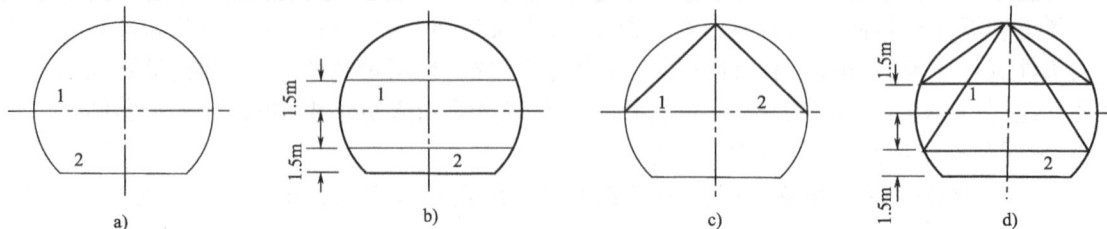

图 15-8　周边位移测线位置

4. 测试原理与方法

目前我国公路隧道施工中常用收敛计量测坑道净空相对位移。常用的收敛计为机械式收敛计,不同的收敛计有不同的使用方法,图15-9是QJ-81型球铰连接弹簧式收敛计。其测试原理与方法如下:仪器安装后,利用弹簧秤、钢丝绳、滑管给钢尺施加固定的水平张力(弹簧秤拉力90N),同时,钢丝绳带动内滑管沿固定方向移动,内滑管上的触头压缩百分表读得初始数值 X_0;间隔时间 t 后,用同样的方法可读得 t 时刻的值 X_t,则 t 时刻的周边收敛值 U_t 为百分表的两次读数差,即

$$U_t = L_0 - L_t + X_{t1} - X_{t0} \tag{15-19}$$

$$X_{t1} = X_t + \varepsilon_t \tag{15-20}$$

$$X_{t0} = X_0 + \varepsilon_{t0} \tag{15-21}$$

$$\varepsilon_t、\varepsilon_{t0} = \alpha(T_0 - T)L \tag{15-22}$$

式中:L_0——初读数时所用尺孔刻度值,mm;

L_t——t 时刻时所用尺孔刻度值,mm;

X_{t1}——t 时刻时经温度修正后的百分表读数值,mm;

X_{t0}——初读数时经温度修正后的百分表读数值,mm;

X_0——初始时刻百分表读数值,mm;

$\varepsilon_t、\varepsilon_{t0}$——分别为 t 时刻与初始读数时对应的温度修正值;

α——钢尺线膨胀系数;

T_0——鉴定钢尺的标准温度,为20℃;

T——每次量测时的平均气温,℃;

L——钢尺长度,mm。

每次量测后,需将原始记录及时整理成正式记录。对每一量测断面内的每一条测线,整理后的量测资料应包括:原始记录表及实际测点布置图;位移随时间以及开挖面距离的变化图;位移速度、位移加速度随时间以及开挖面距离的变化图。同时应包括开挖、喷射混凝土、锚杆施工工序和时间,并将位移警戒线和极限值计算出来。整理的图表应及时进行数据处理并指导施工。

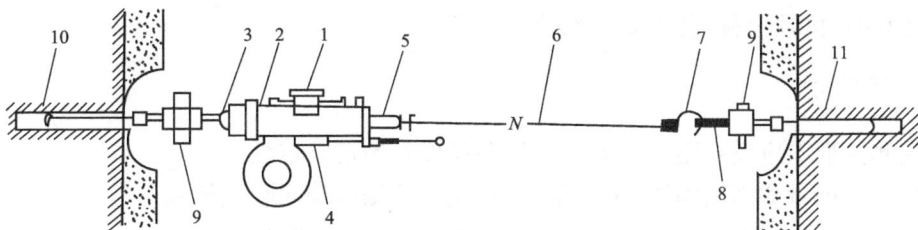

图 15-9 QJ-81 型球铰连接弹簧式收敛计

1-百分表;2-百分表支架;3-球铰;4-弹簧秤;5-滑管;6-钢尺;7-挂钩;8-连接环;9-连接销;10-砂浆;11-预埋件

收敛量测结果的主要用途在于评定隧道的稳定性。

二、拱顶下沉量测

拱顶是坑道周边上的一个特殊点,挠度最大,位移情况(绝大多数下沉,极少数抬高)具有较强的代表性。拱顶内壁的绝对下沉量称为拱顶下沉值,其量测也属位移量测。单位时间内拱顶下沉值称为拱顶下沉速率。拱顶下沉值主要用于确认围岩的稳定性,尤其是事先预报拱顶崩塌。对于埋深较浅、固结程度低的地层、水平成层的场合,该量测比收敛量测更为重要,其量测数据是判断支护效果、指导施工工序、保证施工质量和安全的最基本的资料。

(一)量测方法

对于浅埋隧道,可由地面钻孔,使用挠度计或其他仪表测定拱顶相对地面不动点的位移值。对于深埋隧道,可在拱顶布设固定测点,将钢尺或收敛计挂在拱顶测点上,读钢尺读数,后视点可设在稳定衬砌上,读标尺读数,用精密水准仪进行观测。图 15-10 为拱顶下沉观测示意图,图中给出了 A、B、C 三者之间的几何关系。图中实线为前次观测的情形,虚线为后次观测的情形。

P 为前次观测时钢尺上的前视点,P' 为后次观测时 P 点在垂直方向上移到的位置。

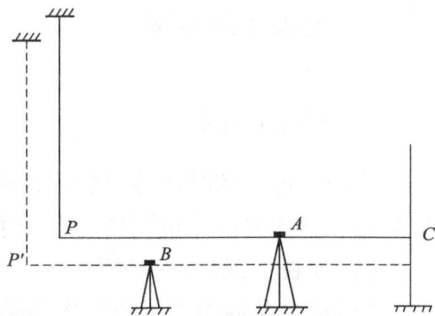

图 15-10 水平仪观测拱顶下沉

第一次读数后视点读数为 A_1,前视读数为 B_1;第二次后视读数为 A_2,前视读数为 B_2。拱顶变位计算方法如下:

(1)差值计算法:钢尺和标尺均正立(读数上小下大)。

后视读数差 $A = A_2 - A_1$;

前视读数差 $B = B_2 - B_1$;

拱顶变位值 $C = B - A$,若 $C > 0$ 时,拱顶上移;若 $C < 0$ 时,拱顶下沉。

(2)水准计算法:通过计算前后两次拱顶测点的高程差来求拱顶的变位值。钢尺读数上小下大,标尺读数下小上大,标尺基准点高程假定为 K_0。

第一次拱顶高程 $Kd_1 = K_0 + A_1 + B_1$;

第二次拱顶高程 $Kd_2 = K_0 + A_2 + B_2$;

拱顶变位值 $C = Kd_2 - Kd_1 = A_2 - A_1 + B_2 - B_1$;

若 $C > 0$ 时,拱顶上移;若 $C < 0$ 时,拱顶下沉。

(二)量测要求

(1)观测基准点应设在距离观测点3倍洞径以外的稳定点处。

(2)拱顶下沉量测断面间距、量测频率、初读数的测取等同收敛量测。

(3)每个断面布置 1~3 个测点,测点设在拱顶中心或其附近。

(4)量测精度为 ±1mm。

(5)量测时间应延续到拱顶下沉稳定后。一般来说,拱顶下沉量的历时变化在开挖后大致呈直线增加,一直到距开挖面约 1~3 倍隧道直径处之后下沉发展变慢、坡率变缓、渐近稳定。如果有底鼓时,可按拱顶下沉法量测。

目前,隧道拱顶下沉量测多采用精密水准仪来量测拱顶下沉,较先进的拱顶下沉量测仪器是激光隧道围岩位移实时监测仪。它克服了传统位移量测方法的弊端,能较好地监测围岩位移的实时变化。本书在此不作阐述。

(三)原始记录和量测资料积累

量测的原始记录与收敛量测相同,用下沉量、下沉速度与时间关系图表示。一般而言,两者随时间变化规律是一样的(崩塌或浅埋除外)。

三、地表下沉量测

(一)量测目的

浅埋隧道开挖时可能会引起地层沉陷而波及地表,因此,对浅埋隧道的施工进行地表下沉量测是十分重要的。量测目的在于了解以下内容:

(1)地表下沉范围、量值。

(2)地表及地中下沉随工作面推进的规律。

(3)地表及地中下沉稳定的时间。

(二)量测仪器及方法

一般用精密水准仪量测,量测精度为 ±1mm。

隧道浅埋段地表下沉量测宜与洞内净空变化和拱顶下沉量测在同一个横断面内。当地表有建筑物时,应在建筑物周围增设地表下沉观测点。横向布置间距范围为 2~5m,布置 7~11 个测点,隧道中线附近密些,远离隧道中线处疏些。其量测点的布置见图15-11,测点构造见图15-12。

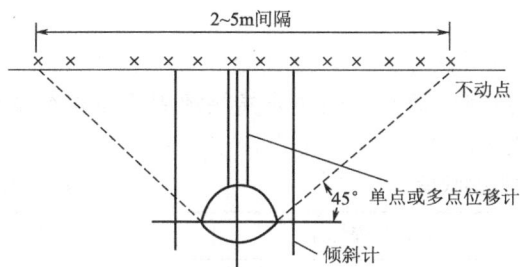

图 15-11　地表下沉点布置

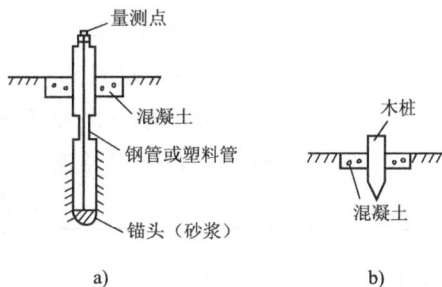

图 15-12　下沉测点构造
a)地中下沉测定点;b)地表下沉测定点

(三)量测频率

地表下沉量测应从开挖工作面前方,隧道埋深与开挖高度之和处开始,直到衬砌结构封闭,下沉基本停止时为止。量测频率与拱顶下沉和周边位移量测频率相同。

(四)原始记录和量测资料积累

原始记录表可参考收敛或拱顶下沉记录表,但注意在整理资料时,应分别做出纵向下沉-时间曲线和横向下沉-时间曲线。

最大下沉量的控制标准根据地面结构的类型和质量要求而定,一般为 1~2cm;在弯变点的地表倾斜应小于结构的要求,一般应小于 1/300。

根据回归分析,如果地表下沉量超过上述标准,应采取措施。

课后任务与评定

参考答案

任务一:绘制本章内容的知识结构框图,内容包括公路隧道检测涉及的材料检测、施工检测、环境监测内容;隧道喷射混凝土、锚杆施工质量检测的内容与方法;防水卷材、土工布的性能检测的内容;隧道施工监控量测的内容,突出围岩周边位移及拱顶下沉的监控量测方法以及量测数据处理与分析的方法。

任务二:某隧道采用新奥法施工,采用光面爆破及湿喷技术,要求对支护体系的稳定性进行监测、分析,掌握围岩和支护的动态信息并及时反馈,以指导施工作业。请参考拱顶下沉数据采集、数据计算与整理、绘图分析的方法,根据周边收敛的数据资料完成相关计算、绘图与分析。

1.监控量测断面与频率

拱顶下沉、周边位移量测测线布置见图 15-13,监控量测频率见表 15-20。同时,监控量测频率将根据工程地质条件、施工情况、隧道变形速率等予以调整。

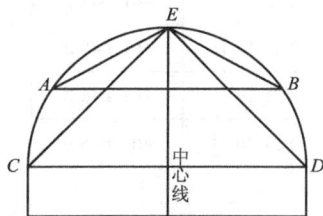

图 15-13　周边位移、拱顶下沉量测测点布置图

2. 拱顶下沉

（1）数据采集。

以某桩号断面为例，按照规定的测量频率采集拱顶 E 点下沉的监测数据。拱顶下沉监测数据见表15-22。

拱顶下沉监测数据 表15-22

观测日期	拱顶测点高程（m）		
	1	2	3
2月28日	461.652 7	461.652 4	461.652 5
3月1日	461.651 0	461.650 6	461.650 8
3月2日	461.649 6	461.649 2	461.649 4
3月3日	461.648 8	461.648 5	461.648 6
3月6日	461.648 0	461.647 6	461.647 8
3月9日	461.647 4	461.647 0	461.647 2
3月12日	461.647 0	461.646 5	461.646 8
3月19日	461.646 4	461.646 2	461.646 2
3月26日	461.646 1	461.645 6	461.645 9

（2）计算、整理数据。

计算下列内容并填入表15-23。

拱顶下沉监测数据计算表 表15-23

观测日期	拱顶测点高程平均值（m）	量测间隔时间（d）	量测累计时间（d）	差值（mm）	当日平均下沉速率（mm/d）	总下沉量（mm）	平均下沉速率（mm/d）
2月28日	461.652 5	0	0	0	0.0	0.0	0.0
3月1日	461.650 8	1	1	1.7	1.7	1.7	1.7
3月2日	461.649 4	1	2	1.4	1.4	3.1	1.55
3月3日	461.648 7	1	3	0.7	0.7	3.8	1.27
3月6日	461.647 8	3	6	0.8	0.27	4.6	0.77
3月9日	461.647 2	3	9	0.6	0.2	5.2	0.58
3月12日	461.646 8	3	12	0.4	0.14	5.6	0.47
3月19日	461.646 3	7	19	0.5	0.07	6.2	0.33
3月26日	461.645 9	7	26	0.3	0.03	6.5	0.25

以3月3日观测数据为例，计算如下。

①拱顶测点高程平均值：

$$\frac{461.648\ 8 + 461.648\ 5 + 461.648\ 6}{3} = 461.648\ 7(\text{m})$$

②拱顶高程的差值(拱顶下沉值):

$$461.649\,4 - 461.648\,7 = 0.7(\text{mm})$$

③当日平均下沉速率:

$$\frac{0.7}{1} = 0.7(\text{mm/d})$$

④总下沉量:

$$0 + 1.7 + 1.4 + 0.7 = 3.8(\text{mm})$$

⑤平均下沉速率:

$$\frac{3.8}{3} = 1.27(\text{mm/d})$$

(3)绘制拱顶下沉量、拱顶下沉速率-时态曲线图,如图 15-14 所示。

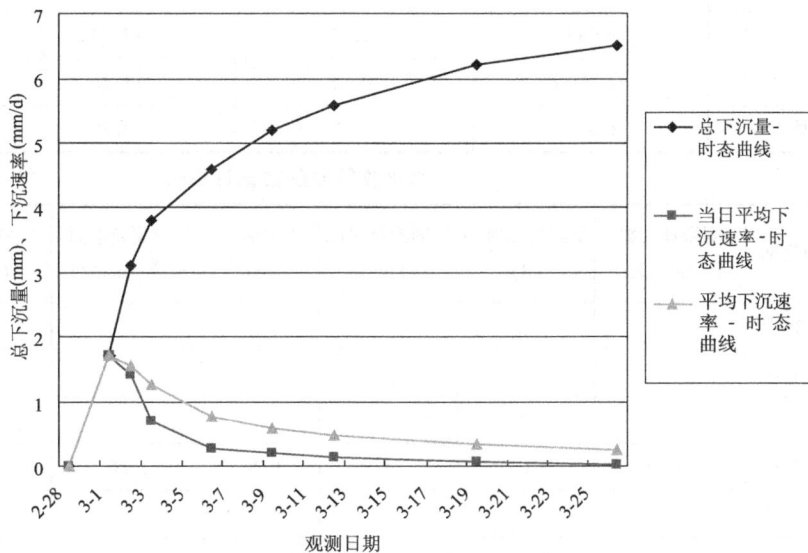

图 15-14　拱顶下沉量、下沉速率-时态图

(4)分析曲线包含的意义,从中获取围岩稳定情况。

由以上拱顶下沉量、下沉速率-时态图可知:量测初期拱顶下沉速率较大,随着时间的推移,下沉速率基本趋于稳定。截至 3 月 12 日拱顶下沉速率已经小于 0.15mm/d,之后又持续 2 周,因此可以判断,该段支护能够满足洞室围岩稳定要求,支护是有效的,并可以进行二次衬砌施工。

3.周边位移

(1)数据采集。以 *CD* 边为例,按照规定的测量频率采集水平收敛的监测数据。水平收敛的监测数据见表 15-24。

（2）计算、整理数据。

计算下列内容并填写表15-25。

水平收敛监测数据　　　　　　　　　　表15-24

观测日期	钢尺孔位读数（mm）	测微计读数（mm）		
		1	2	3
2月28日	6 050	19.27	20.75	20.91
3月1日	6 050	18.24	18.99	19.09
3月2日	6 050	16.68	17.26	17.62
3月3日	6 050	15.37	15.92	16.51
3月6日	6 050	14.35	14.59	14.98
3月9日	6 050	13.10	13.28	13.72
3月12日	6 050	12.12	12.59	12.85
3月19日	6 050	10.85	11.45	11.29
3月26日	6 050	9.63	10.79	9.80

水平收敛监测数据计算表　　　　　　　　　表15-25

观测日期	测微计读数平均值（mm）	量测间隔时间（d）	量测累计时间（d）	差值（mm）	当日平均收敛速率（mm/d）	总收敛值（mm）	平均收敛速率（mm/d）
2月28日							
3月1日							
3月2日							
3月3日	15.93	1	3	1.26	1.26	4.39	1.46
3月6日							
3月9日							
3月12日							
3月19日							
3月26日							

这里以3月3日观测数据为例，计算如下。

①测微计读数平均值：

$$\frac{15.37 + 15.92 + 16.51}{3} = 15.93(\text{mm})$$

②测微计读数的差值（水平收敛值）：

$$17.19 - 15.95 = 1.26(\text{mm})$$

③当日平均收敛速率：

$$\frac{1.26}{1} = 1.26(\text{mm/d})$$

④总收敛值：

$$0 + 1.54 + 1.59 + 1.26 = 4.39(\text{mm})$$

⑤平均收敛速率：

$$\frac{4.39}{3} = 1.46(\text{mm/d})$$

（3）绘制水平收敛值、水平收敛速率-时态曲线图，如图15-15所示。

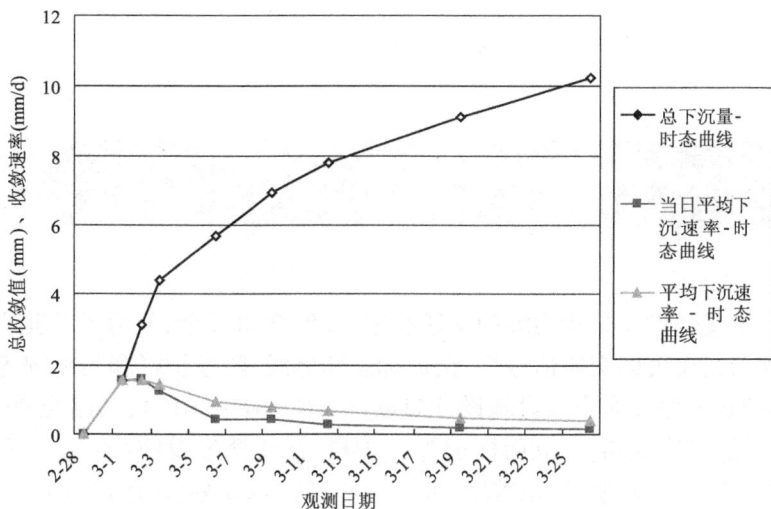

图15-15 水平收敛变形量、变形速率-时态图

注意：二次衬砌的施工应在满足下列要求时进行：

（1）各测试项目的位移速率明显收敛，围岩基本稳定。

（2）已产生的各项位移已达预计总位移量的80%～90%。

（3）周边位移速率小于0.1～0.2mm/d，或拱顶下沉速率小于0.07～0.15mm/d。

位移速率和拱顶下沉速率，从安全考虑，是指7d的平均值，总位移值可由回归分析计算取得（本例题未计算总位移值）。

第十六章
CHAPTER SIXTEEN
交通安全设施工程检测

第一节　基础知识

　　交通安全设施是指为维护交通秩序,确保交通安全,充分发挥道路交通的功能,依照规定在道路沿线设置的交通信号灯、交通标志和标线、防撞护栏和隔离栅等交通硬件设施的总称。

　　按照《公路交通安全设施设计规范》(JTG D81—2017),公路交通安全设施包括交通标志、交通标线(含突起路标、立面标记等)、护栏、视线诱导设施(含轮廓标、合流诱导标、线形诱导标、隧道轮廓带、示警桩、示警墩、道口标柱等)隔离栅、防落网、防眩设施、避险车道和其他交通安全设施(含防风栅、防雪栅、积雪标杆、限高架、减速丘和凸面镜)等。常见的反光膜、路面标线涂料、防腐涂料这三种产品是制造交通安全设施的原材料,不是交通安全设施;通信管道是机电工程的内容,但其施工过程是与土建工程同时进行的,为了便于工程建设管理,通常将其归入交通安全设施。另外,交通信号灯主要用于城市道路交通管理,既是安全设施也是管理设施,在公路工程中通常划归为机电工程。

一、公路交通安全设施的功能作用

　　公路交通安全设施主要起安全防护和服务诱导作用,通过科学、合理地设置交通安全设施,最大限度地保障公路使用者的人身安全和财产安全,为公路使用者提供诱导服务,使其安全、快速、舒适地到达目的地。

二、公路交通安全设施的构造要求

　　在满足安全和使用功能的条件下,应积极推广使用可靠的新技术、新材料、新工艺、新产品。

三、公路交通安全设施的形式选择

根据设施的功能要求,本着安全合理、经济实用、技术先进、因地制宜、确保质量的原则选择公路交通安全设施的形式。

四、公路交通安全设施的设置原则

公路交通安全设施应结合路网与公路条件、交通条件、环境条件进行总体设计。同一条公路采用的交通安全设施设置原则和设计方案宜保持一致。交通安全设施之间、交通安全设施与公路主体工程和其他设施之间应互相协调、配合使用。

五、公路交通安全设施的质量要求

大多数公路交通安全设施及相关原材料都有相应的国家标准或行业标准,其质量应首先满足标准的要求。此外,交通安全设施应用了大量的钢铁材料,为了保证钢材免受环境腐蚀,需要进行防腐处理。

交通安全设施常用的防腐处理工艺有热浸镀锌、热浸镀铝、全聚酯静电喷涂、流化床浸塑等。近几年,双涂层工艺日臻成熟,逐步得到应用,改善了公路沿线设施的景观。

六、公路交通安全设施质量检测的一般流程

公路交通安全设施质量检测分为试验室检测和工程现场检测。其中,试验室检测一般为送样检测,工程现场检测一般为抽样检测。抽样是检测的第一步,抽样应依据《公路交通安全设施质量检验抽样方法》(JT/T 495—2014)规定的要求进行;接下来依次为样品试验状态调节、制样、试样状态调节、检测仪器设备准备、检测、原始数据记录、数据处理、恢复仪器设备安全状态、编制检测报告。

七、施工质量的检验评定

交通安全设施工程验收检测主要包括施工质量的检验评定、交(竣)工验收前的工程质量检测,主要依据《公路工程质量检验评定标准 第一册 土建工程》(JTG F80/1—2017)和《公路工程竣(交)工验收办法实施细则》(交公路发〔2010〕65号)等来实施。

交通安全设施质量检验评定应按分项工程、分部工程、单位工程逐级进行,在施工准备阶段按表16-1划分单位工程、分部工程和分项工程。

单位、分部及分项工程的划分 表16-1

单位工程	分部工程	分项工程
交通安全设施(每20km或每标段)	标志、标线、突起路标、轮廓标(5~10km路段)	标志、标线、突起路标、轮廓标等
	护栏(5~10km路段)	(波形梁、缆索、混凝土)护栏,中央分隔带开口护栏等

续上表

单位工程	分部工程	分项工程
交通安全设施（每20km或每标段）	防眩设施、隔离栅、防落网(5~10km路段)	防眩板、防眩网、隔离栅、防落网等
	里程碑和百米桩(5km路段)	里程碑,百米桩
	避险车道(每处)	避险车道

第二节　交通安全设施施工质量检测

　　交通安全设施工程主要涉及交通标志、交通标线、波形梁钢护栏、混凝土护栏、缆索护栏、突起路标、轮廓标、防眩设施、隔离栅和防落物网、中央分隔带开口护栏、里程碑和百米桩、避险车道等方面的内容。

　　对分项工程的检验是工程施工质量评定的基础。分项工程检验项目包括基本要求、实测项目、外观质量和质量保证资料等。只有当所使用的原材料、半成品、成品及施工控制要点等符合基本要求的规定,无外观质量限制缺陷且质量保证资料真实齐全时,才能对分项工程质量进行检验评定。

一、交通标志

（一）基本要求

　　(1)交通标志的加工、制作应符合现行《道路交通标志和标线》(GB 5768)和《道路交通标志板及支撑件》(GB/T 23827)的规定。

　　(2)交通标志在运输过程中不得损伤标志面及金属构件涂层。

　　(3)交通标志的设置及安装应满足设计要求并符合施工技术规范的规定。

　　(4)交通标志及支撑件应安装牢固,基础混凝土强度应满足设计要求。

（二）外观质量

　　交通标志在安装后标志面及金属构件涂层应无损伤。

（三）实测项目

　　交通标志的实测项目见表16-2。

交通标志实测项目　　　　　　　　表16-2

项次	检查项目	规定值或允许偏差	检查频率
1△	标志面反光膜逆反射系数($cd \cdot lx^{-1} \cdot m^{-2}$)	满足设计要求	每块板每种颜色测3点

续上表

项次	检 查 项 目	规定值或允许偏差	检 查 频 率
2	标志板下缘至路面净空高度(mm)	+ 100,0	每块板测 2 点
3	柱式标志板、悬臂式和门架式标志立柱的内边缘距土路肩边缘线距离(mm)	满足设计要求	每处测 1 点
4	立柱竖直度(mm/m)	3	每根柱测 2 点
5	基础顶面平整度(mm)	4	每个基础测 2 点
6	标志基础尺寸(mm)	+ 100,−50	每个基础长度、宽度各测 2 点

注:带"△"标识的检查项目为关键项目,下同。

(四)检查方法

(1)标志面反光膜逆反射系数。目测检查标志面反光膜类型,可与反光膜厂家提供的反光膜类型说明书核对确认。使用便携式逆反射系数测试仪进行检测时,通常情况下,每种颜色反光膜的逆反射系数,应使用相同颜色、相同类型或结构相近的校准用反光膜对仪器进行校准后测得。

(2)标志板下缘至路面净空高度。标志板下缘至路面净空高度主要针对的是悬臂式和门架式标志,一般使用5m的塔尺、钢卷尺等测量工具测量,也可使用经纬仪、全站仪测量。每块标志测 2 点,所有测量结果的最低值作为净空高度。

(3)柱式标志板、悬臂式和门架式标志立柱的内边缘距土路肩边缘线距离。在柱式标志板内边缘挂一铅锤,用钢卷尺测量垂线与土路肩边缘线的距离。悬臂式和门架式标志立柱的内边缘距土路肩边缘线距离可用钢卷尺测量。

(4)立柱竖直度。标志立柱竖直度,可用垂线和直尺测量。

(5)基础顶面平整度。对角拉线测最大间隙。

(6)标志基础尺寸。标志基础长度、宽度可以使用钢卷尺测量。

二、交通标线

(一)基本要求

(1)交通标线施画前路面应清洁、干燥、无起灰。

(2)交通标线用涂料产品应符合现行《路面标线涂料》(JT/T 280)和《路面标线用玻璃珠》(GB/T 24722)的规定;防滑涂料产品应符合现行《路面防滑涂料》(JT/T 712)的规定。

(3)交通标线的颜色、形状和位置应符合现行《道路交通标志和标线》(GB 5768)的规定并满足设计要求。

(4)反光标线玻璃珠应撒布均匀,施画后标线无起泡、剥落现象。

(二)外观质量要求

交通标线线形不得出现设计要求以外的弯折。

(三)实测项目

交通标线的实测项目见表16-3 。

交通标线实测项目   表 16-3

项次	检 查 项 目			规定值或允许偏差	检 查 频 率
1	标线线段长度 （mm）	6 000		±30	每1km测3处,每处测3个线段
		4 000		±20	
		3 000		±15	
		2 000		±10	
		1 000		±10	
2	标线宽度(mm)			+5,0	每1km测3处,每处测3点
3△	标线厚度 （干膜,mm）	溶剂型		不小于设计值	每1km测3处,每处测6点
		热熔型		+0.50, −0.10	
		水性		不小于设计值	
		双组分		不小于设计值	
		预成型标线带		不小于设计值	
		突起型	突起高度	不小于设计值	
			基线厚度	不小于设计值	
4	标线横向偏位(mm)			±30	每1km测3处,每处测3点
5	标线纵向间距 （mm）	9000		±45	每1km测3处,每处测3个线段
		6000		±30	
		4000		±20	
		3000		±15	
6△	逆反射亮度系数 R_L （mcd · m^{-2} · lx^{-1}）	非雨夜反光标线	Ⅰ级 白色	≥150	每1km测3处,每处测9点
			Ⅰ级 黄色	≥100	
			Ⅱ级 白色	≥250	
			Ⅱ级 黄色	≥125	
			Ⅲ级 白色	≥350	
			Ⅲ级 黄色	≥150	
			Ⅳ级 白色	≥450	
			Ⅳ级 黄色	≥175	
		雨夜反光标线	干燥 白色	≥350	
			干燥 黄色	≥200	
			潮湿 白色	≥175	
			潮湿 黄色	≥100	
			连续降雨 白色	≥75	
			连续降雨 黄色	≥75	
		立面反光标记	干燥 白色	≥400	
			干燥 黄色	≥350	
			潮湿 白色	≥200	
			潮湿 黄色	≥175	
			连续降雨 白色	≥100	
			连续降雨 黄色	≥100	
7	抗滑值(BPN)	抗滑标线		≥45	每1km测3处
		彩色防滑标线		满足设计要求	

注:抗滑标线、彩色防滑标线测量抗滑值。

(1)标线线段长度、标线宽度、标线横向偏位、标线纵向间距。用钢卷尺测量。

(2)标线厚度。使用标线厚度量测仪或卡尺进行量测,也可用标线厚度测量块量测。标线厚度测量块测试方法如下:将标线厚度测量块紧靠在标线侧边,用塞尺测量标线厚度量测块槽口与标线之间的间隙,则标线的厚度 $T = (3 - B)$ mm。测量突起振动标线的突起高度时,按图 16-1 中括号内的数据。测量块的厚度为 15mm,测量块的槽口深度为 9mm,标线突起高度 $H = (9 - B)$ mm。

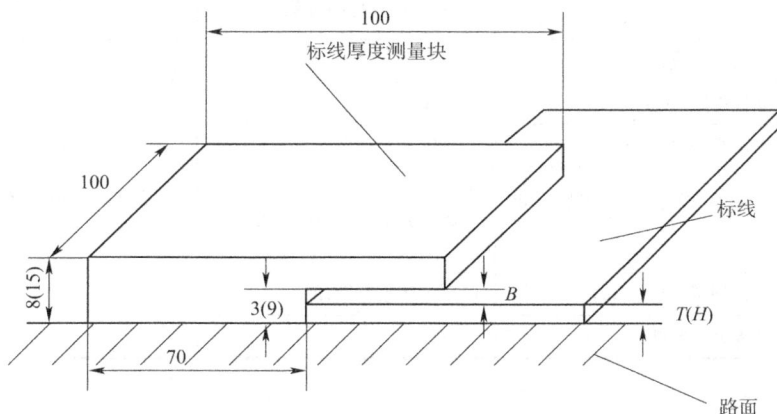

图 16-1　标线厚度测量示意图(尺寸单位:mm)

(3)逆反射亮度系数。用标线逆反射测试仪测量。水平测试时,按行车方向将测试仪放置在抽样检测点的标线上,测取每个点上的逆反射亮度系数。

(4)抗滑值(BPN)。用摆式摩擦系数测试仪按现行《公路路基路面现场测试规程》(JTG 3450)规定的方法进行测量。

三、波形梁钢护栏

(一)基本要求

(1)波形梁钢护栏产品应符合现行《波形梁钢护栏》(GB/T 31439)的规定。
(2)路肩和中央分隔带的土基压实度应不小于设计值。
(3)石方路段和挡土墙上护栏立柱的埋深及基础处理应满足设计要求。
(4)波形梁钢护栏各构件的安装应满足设计要求并符合施工技术规范的规定。
(5)护栏的端头处理及护栏过渡段的处理应满足设计要求。

(二)外观质量

(1)护栏各构件表面应无漏镀、露铁、擦痕。
(2)护栏线形应无凹凸、起伏现象。

(三)实测项目

波形梁钢护栏的实测项目见表 16-4。

波形梁钢护栏实测项目　　　　　　表 16-4

项　次	检查项目	规定值或允许偏差	检查频率
1△	波形梁板基底金属厚度（mm）	符合现行《波形梁钢护栏》（GB/T 31439）标准规定	抽查板块数的5%，且不少于10块
2△	立柱基底金属壁厚（mm）	符合现行《波形梁钢护栏》（GB/T 31439）标准规定	抽查2%，且不少于10根
3△	横梁中心高度（mm）	±20	每1km每侧各测5处
4	立柱中距（mm）	±20	
5	立柱竖直度（mm/m）	±10	
6	立柱外边缘距土路肩边线距离（mm）	≥250 或不小于设计要求	
7	立柱埋置深度（mm）	不小于设计要求	
8	螺栓终拧扭矩	±10%	

（四）检查方法

（1）波形梁板基底金属厚度。用板厚千分尺量取板总厚度，同时用磁性测厚仪测量测点处板两侧涂层厚度，用总厚度减去两侧涂层厚度，得到基底金属厚度。

（2）立柱基底金属壁厚。一般用千分尺和磁性测厚仪测量。立柱未打入时，立柱两端各测量3次，取平均值；立柱打入后，则在立柱未打入端三个不同的方向上测量，并取平均值。

（3）横梁中心高度。用水平尺和钢卷尺测量。当路侧或中央分隔带有路缘石，而路缘石与护栏面又不齐平时，应从路缘石顶面计算横梁中心高度。

（4）立柱中距、立柱外边缘距土路肩边线距离。用直尺或钢卷尺测量。

（5）立柱埋置深度。尺量或埋深测量仪测量立柱打入后定尺长度。

（6）立柱竖直度用垂线、直尺测量。

（7）螺栓终拧扭矩用扭力扳手测量。

四、混凝土护栏

（一）基本要求

（1）混凝土护栏的地基承载力应满足设计要求。

（2）混凝土护栏块件标准段、混凝土护栏起终点的几何尺寸应满足设计要求。

（3）混凝土护栏预制块件在吊装、运输和安装过程中，不得断裂。

（4）各混凝土护栏块件之间、护栏与基础之间的连接应满足设计要求。

（5）混凝土护栏的埋入深度、配筋方式及数量应满足设计要求。

（6）混凝土护栏的端头处理及护栏过渡段的处理应满足设计要求。

（二）外观质量要求

（1）混凝土护栏表面的蜂窝、麻面、裂缝、脱皮等缺陷面积不得超过该面面积的 0.5%，深度不得超过 10mm。

（2）混凝土护栏块件的损边、掉角长度每处不得超过 20mm。

（3）护栏线形应无凹凸、起伏等现象。

（三）实测项目

混凝土护栏的实测项目见表 16-5。

混凝土护栏实测项目   表 16-5

项 次	检 查 项 目		规定值或允许偏差	检 查 频 率
1	护栏断面尺寸(mm)	高度	±10	每 1km 每侧各测 5 处
		顶宽	±5	
		底宽	±5	
2	钢筋骨架尺寸(mm)		满足设计要求	
3	横向偏位(mm)		±20 或满足设计要求	
4	基础厚度(mm)		±10%H	
5△	护栏混凝土强度(MPa)		满足设计要求	按现行《公路工程质量检验评定标准 第一册 土建工程》(JTG F80/1)附录 D 规定频率
6	混凝土护栏块件之间的错位(mm)		≤5	每 1km 每侧各测 5 处

注：H 为基础的设计厚度。

（四）检验方法

（1）护栏断面尺寸、钢筋骨架尺寸、横向偏位、基础厚度可用直尺、钢卷尺测量。

（2）混凝土护栏块件之间的错位用直尺测量。

（3）护栏混凝土强度。按现行《公路工程质量检验评定标准 第一册 土建工程》(JTG F80/1)附录 D 规定的方法进行测量。

五、缆索护栏

（一）基本要求

（1）缆索护栏产品应符合现行《缆索护栏》(JT/T 895)的规定。

（2）端部立柱应安装牢固；基础混凝土强度应满足设计要求。

（3）护栏的端头处理及护栏过渡段的处理应满足设计要求。

（二）外观质量

（1）护栏各构件表面应无漏镀、露铁、擦痕。

(2)护栏线形应无凹凸、起伏等现象。

(三)实测项目

缆索护栏的实测项目见表16-6。

缆索护栏实测项目 表16-6

项次	检 查 项 目	规定值或允许偏差	检 查 频 率
1△	初张力	±5%	逐根检测
2	最下一根缆索的高度(mm)	±20	每1km每侧各测5处
3	立柱中距(mm)	±20	
4	立柱竖直度(mm/m)	±10	
5	立柱埋置深度(mm)	不小于设计要求	
6	混凝土基础尺寸	满足设计要求	每个基础长度、宽度各测2点

(四)检测方法

(1)初张力用张力计测量。

(2)最下一根缆索的高度用直尺测量。

(3)立柱中距、混凝土基础尺寸用钢卷尺测量。

(4)立柱埋置深度。用尺量或埋深测量仪测量立柱打入后定尺长度。埋深测量仪测量按照现行《钢质护栏立柱埋深冲击弹性波检测仪》(GB/T 24967)的要求进行测量,通过测量冲击弹性波在钢质护栏立柱中的传播时间,计算出立柱总长,进而反算立柱埋深。

(5)立柱竖直度用垂线、直尺测量。

六、突起路标

(一)基本要求

(1)突起路标产品应符合现行《突起路标》(GB/T 24725)、《太阳能突起路标》(GB/T 19813)的规定。

(2)突起路标的布设及其颜色应符合现行《道路交通标志和标线 第3部分:道路交通标线》(GB 5768.3)的规定并满足设计要求。

(3)突起路标施工前路面应清洁、干燥,定位准确。

(4)突起路标与路面的黏结应牢固。

(二)外观质量要求

突起路标表面应无污损。

(三)实测项目

突起路标的实测项目见表16-7。

突起路标实测项目 表 16-7

项　次	检 查 项 目	规定值或允许偏差	检 查 频 率
1	安装角度(°)	±5	抽查 10%
2	纵向间距(mm)	±50	
3	横向偏位(mm)	±30	

（四）检查方法

（1）安装角度。突起路标的安装角度应以道路纵向标线为基准,用角尺测量。

（2）纵向间距用钢卷尺测量。

（3）横向偏位用钢卷尺测量。

七、轮廓标

（一）基本要求

（1）轮廓标产品应符合现行《轮廓标》(GB/T 24970)的规定。

（2）柱式轮廓标的基础混凝土强度、基础尺寸应满足设计要求。

（3）轮廓标的布设应满足设计要求,并符合施工技术规范规定。

（4）轮廓标应安装牢固,色度性能和光度性能应满足设计要求。

（二）外观质量要求

轮廓标表面应无污损。

（三）实测项目

轮廓标实测项目见表 16-8。

轮廓标实测项目 表 16-8

项　次	检 查 项 目	规定值或允许偏差	检 查 频 率
1	安装角度(°)	0 ~ 5	抽查 5%
2	反射器中心高度(mm)	±20	
3	柱式轮廓标竖直度	±10	

（四）检查方法

（1）安装角度。

①柱式轮廓标安装角度检验:在道路土路肩内边线,用花杆、十字架确定行进的纵向线（交通流方向）,通过 B 点作交通流的垂直线,用万能角尺测量 α 角,应在规定的范围内,如图 16-2所示。

②护栏上轮廓标安装角度检验:在道路土路肩内边线,用花杆、十字架确定行进的纵向线

（交通流方向），通过 B 点作交通流的垂直线，用万能角尺测量 α 角，应在规定的范围内，如图 16-3 所示。

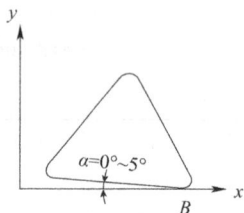

图 16-2　柱式轮廓标安装角度检验示意图　　　　图 16-3　护栏上轮廓标安装角度检验示意图

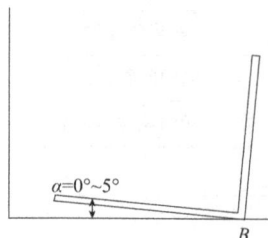

（2）反射器中心高度用水平尺和钢卷尺测量。

（3）柱式轮廓标竖直度用垂线、直尺测量。

八、防眩设施

（一）基本要求

（1）防眩板产品应符合现行《防眩板》（GB/T 24718）的规定，其他防眩设施应满足设计要求，并符合施工技术规范的规定。

（2）防眩设施的几何尺寸及遮光角应满足设计要求。

（3）防眩设施应安装牢固。

（二）实测项目

防眩设施实测项目见表 16-9。

防眩设施实测项目　　　　　　　　　　　　　　　　　表 16-9

项　　次	检　查　项　目	规定值或允许偏差	检查方法和频率
1△	安装高度（mm）	±10	每 1km 测 10 处
2	防眩板设置间距（mm）	±10	
3	竖直度（mm/m）	±5	每 1km 测 5 处
4	防眩网网孔尺寸	满足设计要求	每 1km 测 5 处，每处测 3 孔

（三）检测方法

（1）安装高度、防眩板设置间距用钢卷尺测量。

（2）竖直度用垂线、直尺测量。

（3）防眩网网孔尺寸用直尺测量。

九、隔离栅和防落物网

（一）基本要求

（1）隔离栅产品应符合现行《隔离栅》（GB/T 26941）的规定，绿篱隔离栅和防落物网应满足设计要求。

(2)立柱混凝土基础应满足设计要求。

(3)各构件的安装应满足设计要求,并符合施工技术规范的规定。

(4)防落物网网孔应均匀,结构牢固,围封严实。

(5)隔离栅起终点端头围封应满足设计要求。

(二)外观质量要求

混凝土立柱表面应无裂缝、无蜂窝。

(三)实测项目

隔离栅和防落物网的实测项见表16-10。

表 16-10

隔离栅和防落物网实测项目

项 次	检 查 项 目		规定值或允许偏差	检 查 频 率
1	高度(mm)		±15	每1km测5处
2	刺钢丝的中心垂度(mm)		≤15	
3	立柱中距(mm)	焊接网	±30	
		钢板网	±30	
		刺钢丝网	±60	
		编织网	±60	
4	立柱竖直度(mm/m)		±10	
5	立柱埋置深度		不小于设计要求	抽查2%

(四)检测方法

(1)高度、刺钢丝的中心垂度、立柱中距、立柱埋置深度用钢卷尺测量。

(2)立柱竖直度用垂线、直尺测量。

十、中央分隔带开口护栏

(一)基本要求

(1)中央分隔带开口护栏的防护等级应满足设计要求,安全性能应符合现行《公路护栏安全性能评价标准》(JTG B05-01)的规定。

(2)中央分隔带开口护栏的安装及与中央分隔带护栏过渡段处理应满足设计要求,并符合施工技术规范的规定。

(3)中央分隔带开口护栏在使用时,应易于开启、移动方便。

(二)实测项目

中央分隔带开口护栏的实测项目见表16-11。

中央分隔带开口护栏实测项目　　　　　表 16-11

项　次	检查项目	规定值或允许偏差	检查频率
1	高度(mm)	±20	每处测 5 点
2△	涂层厚度(μm)	满足设计要求	

(三)检查方法

(1)高度用钢卷尺测量。
(2)涂层厚度用涂层测厚仪测量。

十一、里程碑和百米桩

(一)基本要求

(1)里程碑的样式、尺寸、颜色、字体应符合现行《道路交通标志和标线》(GB 5768)的规定。

(2)里程碑和百米桩在运输和安装过程中不得断裂和破损。

(3)里程碑和百米桩应定位准确、安装牢固。

(二)外观质量要求

里程碑和百米桩表面应无裂缝、蜂窝和破损。

(三)实测项目

里程碑和百米桩的实测项目见表 16-12。

里程碑和百米桩实测项目　　　　　表 16-12

项　次	检查项目		规定值或允许偏差	检查频率
1	外形尺寸(mm)	高度	±10	抽查 10%
		宽度	±5	
		厚度	±5	
2	字体及尺寸(mm)		满足设计要求	
3	里程碑竖直度(mm/m)		±10	

(四)检测方法

(1)外形尺寸、字体及尺寸用直尺、钢卷尺测量。
(2)里程碑竖直度用垂线、直尺测量。

十二、避险车道

(一)基本要求

(1)避险车道基床、排水应符合现行《公路工程质量检验评定标准 第一册 土建工程》

（JTG F80/1）的规定。

（2）制动床铺装材料与级配应满足设计要求。

（二）实测项目

避险车道的实测项目见表16-13。

避险车道实测项目 表16-13

项次	检查项目	规定值或允许偏差	检查频率
1	避险车道宽度（m）	满足设计要求	每道测5个断面，引道处设测点
2△	制动床长度（m）	满足设计要求	每道测3处
3	制动床集料厚度（m）	满足设计要求	每道测5处
4	坡度（%）	满足设计要求	每道测3处

（三）检测方法

（1）避险车道宽度、制动床长度、制动床集料厚度。用钢卷尺测量。

（2）坡度用水准仪测量。

第三节 交(竣)工验收前的工程质量检测

一、交(竣)工验收前的工程质量检测

《公路工程竣（交）工验收办法实施细则》（交公路发〔2010〕65号）将质量监督机构按"公路工程质量鉴定办法"[《公路工程竣（交）工验收办法实施细则》的附件1]对工程质量进行检测，并出具检测意见，检测意见中需整改的问题已经处理完毕作为公路工程交工验收工作应具备的条件之一，并在公路工程竣工验收应具备的条件中，纳入了质量监督机构对工程质量检测鉴定合格，并形成工程质量鉴定报告的条款。交（竣）工验收前的工程质量检测是公路工程质量鉴定的要求，包括工程实体检测、外观检查和内业资料审查三部分内容。开展交通安全设施工程检测前，应明确分部工程、单位工程的划分，具体如下：

（1）单位工程。每个合同段范围内的交通安全设施作为一个单位工程；互通式立体交叉的交通安全设施按合同段纳入相应单位工程。

（2）分部工程。每个合同段的标志、标线、防护栏等分别作为一个分部工程。

二、工程实体检测

（一）抽查频率

交通安全设施中防护栏、标线每1km抽查不少于1处；标志抽查不少于总数的10%。

(二)抽查项目

交通安全设施工程质量鉴定抽查项目见表16-14。

交通安全设施工程质量鉴定抽查项目 表 16-14

单位工程	分部工程类别	抽查项目	权值	备注	权值
交通安全设施	标志	立柱竖直度	1	每柱测两个方向	1
		标志板净空	2	取不利点	
		标志板厚度	1	每块测不少于2点	
		标志面反光膜等级及逆射光系数	2	每块测不少于2点	
	标线	反光标线逆反射系数	2	每处测不少于5点	1
		标线厚度	2	每处测不少于5点	
	防护栏	波形梁板基底金属厚度	2	每处不少于5点	2
		波形梁钢护栏立柱壁厚	2	每处不少于5点	
		波形梁钢护栏立柱埋入深度	2	每处不少于1根	
		波形梁钢护栏横梁中心高度	1	每处不少于5点	
		混凝土护栏强度	2	每处不少于2个测区,测区总数不少于10个	
		混凝土护栏断面尺寸	2	每处不少于5点	

(三)抽查要求

(1)抽查项目均应在合同段交工验收前完成检测。

(2)表16-14中未列出的检查项目、竣工验收复测项目,质量监督机构均可根据工程实际情况增加检测、复测项目。

(3)抽查项目的规定值或允许偏差应符合《公路工程质量检验评定标准 第一册 土建工程》(JTG F80/1—2017)规定。

三、外观检查

(一)基本要求

(1)由该项目工程质量鉴定的质量监督机构或其委托的有资质的检测单位负责在交工验收前和竣工验收前对工程外观进行全面检查。

(2)工程外观存在严重缺陷、安全隐患或已降低服务水平的建设项目不予验收,经整修达到设计要求后方可组织验收。

(3)项目交工验收前应对涉及安全运营的重要工程部位进行详细检查。

（二）检查内容及扣分标准

检查内容及扣分标准见表 16-15。

交通安全设施工程质量鉴定外观检查 表 16-15

单位工程	分部工程类别	检查内容及扣分标准	备注
交通安全设施	标志	（1）金属构件镀锌面不得有划痕、擦伤等损伤，不符合要求时，每一构件扣 2 分。 （2）标志板面不得有划痕、较大气泡和颜色不均匀等表面缺陷，不符合要求时，每块板扣 2 分	标志按每块累计扣分的平均值扣分
	标线	（1）标线施工污染路面应及时清理，每处污染面积不超过 10cm²，不符合要求时，每处扣 1 分。 （2）标线线形应流畅，与道路线形相协调，曲线圆滑，不允许出现折线，不符合要求时，每处扣 2 分。 （3）反光标线玻璃珠应撒布均匀，附着牢固，反光均匀，不符合要求时，每处扣 2 分。 （4）标线表面不应出现网状裂缝、断裂裂缝、起泡等现象，不符合要求时，每处扣 1 分	按每 1km 累计扣分的平均值扣分
	防护栏	（1）波形梁线形顺适，色泽一致，不符合要求时，每处扣 1～2 分。 （2）立柱顶部应无明显塌边、变形、开裂等现象，不符合要求时，每处扣 2 分。 （3）混凝土护栏预制块不得有断裂现象，不符合要求时每处扣 1 分；掉边、掉角长度每处不得超过 2cm，否则每块混凝土构件扣 1 分；混凝土表面蜂窝、麻面、裂缝、脱皮等缺陷面积不超过该构件面积的 0.5%，不符合要求时，每超过 0.5% 扣 2 分	按每公里累计扣分的平均值扣分

四、内业资料

（一）内业资料主要审查内容

（1）所用原材料、半成品和成品质量检验结果。
（2）材料配比、拌制加工控制检验和试验数据。
（3）地基处理、隐蔽工程施工记录。
（4）各项质量控制指标的试验记录和质量检验汇总图表。
（5）施工过程中遇到的非正常情况记录及其对工程质量影响分析。
（6）施工过程中如发生质量事故，经处理补救后，达到设计要求的认可证明文件。
（7）中间交工验收资料。
（8）施工过程中各方指出的较大质量问题、交工验收遗留问题及试运营期出现的质量问题处理情况资料。

(二)内业资料要求及扣分标准

(1)质量保证资料及最基本的数据、资料齐全后方可组织鉴定。

(2)资料应真实、可靠,应有施工过程中的原始记录、原始资料(原件),不应有涂改现象,有欠缺时扣2~4分。

(3)资料应齐全、完整,有欠缺时扣1~3分。

(4)资料应系统、客观,反映出检查项目、频率、质量指标满足有关标准、规范要求,有欠缺时扣1~3分。

(5)资料记录应字迹清晰、内容详细、计算准确,整理应分类编排、装订整齐,有欠缺时扣1~2分。

(6)基本数据(原材料、标准试验、工艺试验等)、检验评定数据有严重的不真实或伪造现象的,在合同段扣5分。

五、检验结论

(一)施工质量的工程质量评定

工程质量等级应分为合格与不合格。分项工程、分部工程、单位工程质量评定符合《公路工程质量检验评定标准　第一册　土建工程》(JTG F80/1—2017)附录 K 规定的质量检验评定表。

分项工程质量评定合格应符合的规定包括:检验记录完整;实测项目合格;外观质量满足要求。

分部工程质量评定合格应符合的规定包括:评定资料完整;所含分项工程及实测项目合格;外观质量满足要求。

单位工程质量评定合格应符合的规定包括:评定资料完整;所含分部工程合格:外观质量满足要求。

评定为不合格的分项工程、分部工程,经返工、加固、补强或调测,满足设计要求后,可重新进行检验评定。

所含单位工程合格,该合同段评定为合格;所含合同段合格,该建设项目评定为合格。

(二)交(竣)工验收前的工程质量检测鉴定方法及工程质量等级鉴定

(1)工程质量检测鉴定方法

分部工程质量鉴定方法:按抽查项目的合格率加权平均乘100作为分部工程实测得分;外观检查发现的缺陷,在分部工程实测得分的基础上采用扣分制,扣分累计不得超过15分。

单位工程、合同段、建设项目工程质量鉴定方法:根据分部工程得分采用加权平均值计算单位工程得分,再逐级加权计算合同段工程质量得分。内业资料审查发现的问题,在合同段工程质量得分的基础上采用扣分制,扣分累计不得超过5分;合同段工程质量得分减去内业资料扣分为该合同段工程质量鉴定得分。采用加权平均值计算建设项目工程质量鉴定得分。

（2）工程质量等级鉴定

总体要求：工程质量经施工自检和监理评定均合格，并经项目法人确认，不满足要求的工程质量鉴定不予通过。

工程质量等级划分：工程质量等级应按分部工程、单位工程、合同段、建设项目逐级进行评定，分部工程质量等级分为合格、不合格两个等级；单位工程、合同段、建设项目工程质量等级分为优良、合格、不合格三个等级。

分部工程得分大于或等于 75 分，则分部工程质量为合格，否则为不合格。

单位工程所含各分部工程均合格，且单位工程得分大于或等于 90 分，质量等级为优良；所含各分部工程均合格且得分大于或等于 75 分、小于 90 分，质量等级为合格；否则为不合格。

合同段（建设项目）所含单位工程（合同段）均合格，且工程质量鉴定得分大于或等于 90 分，工程质量鉴定等级为优良；所含单位工程均合格，且得分大于或等于 75 分、小于 90 分，工程质量鉴定等级为合格；否则为不合格。

不合格分部工程经整修、加固、补强或返工后可重新进行鉴定，直至合格。

课后任务与评定

参考答案

任务一：绘制本章知识结构图，其内容应包括：标志、标线、突起路标、轮廓标；护栏；防眩板、防眩网；隔离栅；防落网；里程碑；百米桩；避险车道等实测项目。

任务二：在实训基地学生分组检测标线、标志及防护栏等设施，完成表16-16～表16-18。任务要求如下：

（1）对各个交通安全设施进行外观描述。

（2）对实测项目进行检测，根据结果判定是否符合要求。

（3）依据检查内容及扣分标准，对工程质量进行鉴定。

交通安全设施(标志)检测记录表

表 16-16

编号：

项目名称及编号：

仪器设备名称及型号：

序号：

试验环境：

检测/判定依据：

项次	检查项目	实测值
1	标志板儿间尺寸(mm)	
2	标志底板厚度(mm)	
3	标志板下缘至路面面净空高度(mm)	
4	标志板板面逆反射系数(cd·lx⁻¹·m⁻²)	标志板反光膜级别及颜色：　　观测角：　　入射角： 实测值： 标志板反光膜级别及颜色：　　观测角：　　入射角： 实测值：
5	立柱竖直度(mm/m)	

试验：　　　　　　复核：　　　　　　日期：

表 16-17

交通安全设施（标线）检测记录表

编号：

项目名称及编号：

仪器设备名称及型号：

序号：

试验环境：

检测/判定依据：

项次	检 查 项 目		实 测 值
1	标线线段长度（mm）		
2	标线宽度（mm）		
3	标线纵向间距（mm）		
4	标线涂层厚度（mm）	溶剂涂料（ ）	
		热熔型涂料（ ）	
		水性涂料（ ）	
		双组分涂料（ ）	
5	反光标线逆反射系数（cd·1x^{-1}·m^{-2}）	白色标线（ ）	
		黄色标线（ ）	

试验：＿＿＿＿＿＿＿＿＿ 复核：＿＿＿＿＿＿＿＿＿ 日期：＿＿＿＿＿＿

表16-18

交通安全设施(波形梁护栏)检测记录表

编号:

项目名称及编号:

仪器设备名称及型号:

序号:

试验环境:

检测/判定依据:

项次	检 查 项 目	实 测 值
1	立柱外边缘距路肩边线距离(mm)	
2	立柱中距(mm)	
3	立柱竖直度(mm/m)	
4	护栏顺直度(mm/m)	
5	横梁中心高度(mm)	
6	护栏板厚度(mm)	
7	立柱壁厚度(mm)	
8	立柱埋入深度(mm)	

试验:_____   复核:_____   日期:_____

附录
APPENDIX

正态分布概率系数表 $\left(\int_{K_q}^{\infty} \frac{1}{\sqrt{2\pi}} e^{-\frac{x^2}{2}} dx = \beta\right)$　　　　附表 1

K_q	0.00	0.01	0.02	0.03	0.04	0.05	0.06	0.07	0.08	0.09
0.0	0.500 0	0.496 0	0.492 0	0.488 0	0.484 0	0.480 1	0.476 1	0.472 1	0.468 1	0.464 1
0.1	0.460 2	0.456 2	0.452 2	0.448 3	0.444 3	0.440 4	0.436 4	0.432 5	0.428 6	0.424 7
0.2	0.420 7	0.416 8	0.412 9	0.409 0	0.405 2	0.401 3	0.397 4	0.393 6	0.389 7	0.385 9
0.3	0.382 1	0.378 3	0.374 5	0.370 7	0.366 9	0.363 2	0.359 4	0.355 7	0.352 0	0.348 3
0.4	0.344 6	0.340 9	0.337 2	0.333 6	0.330 0	0.326 4	0.322 8	0.319 2	0.315 6	0.312 1
0.5	0.308 5	0.305 0	0.301 5	0.298 1	0.294 6	0.291 2	0.287 7	0.284 3	0.281 0	0.277 6
0.6	0.274 3	0.270 9	0.267 6	0.264 3	0.261 1	0.257 8	0.254 6	0.251 4	0.248 3	0.245 1
0.7	0.242 0	0.238 9	0.235 8	0.232 7	0.229 6	0.226 6	0.223 6	0.220 6	0.217 7	0.214 8
0.8	0.211 9	0.209 0	0.206 1	0.203 3	0.200 5	0.197 7	0.194 9	0.192 2	0.189 4	0.186 7
0.9	0.184 1	0.181 4	0.178 8	0.176 2	0.173 6	0.171 1	0.168 5	0.166 0	0.163 5	0.161 1
1.0	0.158 7	0.156 2	0.153 9	0.151 5	0.149 2	0.146 9	0.144 6	0.142 3	0.140 1	0.137 9
1.1	0.135 7	0.133 5	0.131 4	0.129 2	0.127 1	0.125 1	0.123 0	0.121 0	0.119 0	0.117 0
1.2	0.115 1	0.113 1	0.111 2	0.109 3	0.107 5	0.105 6	0.103 8	0.102 0	0.100 3	0.098 5
1.3	0.096 8	0.095 1	0.093 4	0.091 8	0.090 1	0.088 5	0.086 9	0.085 3	0.083 8	0.082 3
1.4	0.080 8	0.079 3	0.077 8	0.076 4	0.074 9	0.073 5	0.072 1	0.070 8	0.069 4	0.068 1
1.5	0.066 8	0.065 5	0.064 3	0.063 0	0.061 8	0.060 6	0.059 4	0.058 2	0.057 1	0.055 9
1.6	0.054 8	0.053 7	0.052 6	0.051 6	0.050 5	0.049 5	0.048 5	0.047 5	0.046 5	0.045 5
1.7	0.044 6	0.043 6	0.042 7	0.041 8	0.040 9	0.040 1	0.039 2	0.038 4	0.037 5	0.036 7
1.8	0.035 9	0.035 1	0.034 4	0.033 6	0.032 9	0.032 2	0.031 4	0.030 7	0.030 1	0.029 4
1.9	0.028 7	0.028 1	0.027 4	0.026 8	0.026 2	0.025 6	0.025 0	0.024 4	0.023 9	0.023 3
2.0	0.022 8	0.022 2	0.021 7	0.021 2	0.020 7	0.020 2	0.019 7	0.019 2	0.018 8	0.018 3
2.1	0.017 9	0.017 4	0.017 0	0.016 6	0.016 2	0.015 8	0.015 4	0.015 0	0.014 6	0.014 3
2.2	0.013 9	0.013 6	0.013 2	0.012 9	0.012 5	0.012 2	0.011 9	0.011 6	0.011 3	0.011 0
2.3	0.010 7	0.010 4	0.010 2	0.009 90	0.009 64	0.009 39	0.009 14	0.008 89	0.008 66	0.008 42
2.4	0.008 20	0.007 98	0.007 76	0.007 55	0.007 34	0.007 14	0.006 95	0.006 76	0.006 57	0.006 39

续上表

K_q	0.00	0.01	0.02	0.03	0.04	0.05	0.06	0.07	0.08	0.09
2.5	0.006 21	0.006 04	0.005 87	0.005 70	0.005 54	0.005 39	0.005 23	0.005 08	0.004 94	0.004 80
2.6	0.004 66	0.004 53	0.004 40	0.004 27	0.004 15	0.004 02	0.003 91	0.003 79	0.003 68	0.003 57
2.7	0.003 47	0.003 36	0.003 26	0.003 17	0.003 07	0.002 98	0.002 89	0.002 80	0.002 72	0.002 64
2.8	0.002 56	0.002 48	0.002 40	0.002 33	0.002 26	0.002 19	0.002 12	0.002 05	0.001 99	0.001 93
2.9	0.001 87	0.001 81	0.001 75	0.001 69	0.001 64	0.001 59	0.001 54	0.001 49	0.001 44	0.001 39

K_q	0.0	0.1	0.2	0.3	0.4	0.5	0.6	0.7	0.8	0.9
3	0.001 35	0.0^3968	0.0^3687	0.0^3483	0.0^3337	0.0^3233	0.0^3159	0.0^3108	0.0^3723	0.0^3481
4	0.0^4317	0.0^4207	0.0^4133	0.0^5854	0.0^5541	0.0^5340	0.0^5211	0.0^5130	0.0^6793	0.0^6479
5	0.0^6287	0.0^6170	0.0^7996	0.0^7579	0.0^7333	0.0^7190	0.0^7107	0.0^8599	0.0^8332	0.0^8182
6	0.0^9987	0.0^9530	0.0^9282	0.0^9149	$0.0^{10}777$	$0.0^{10}402$	$0.0^{10}206$	$0.0^{10}104$	$0.0^{11}523$	$0.0^{11}260$

注:1. 表中数字为 β 值。

2. 0.0^3968 即为 0.000 968。

附录二 t 分布概率系数表

t 分布概率系数表　　　　　　　　　　　　附表2

n	双边置信水平			单边置信水平		
	99%	95%	90%	99%	95%	90%
	$t_{0.995}/\sqrt{n}$	$t_{0.975}/\sqrt{n}$	$t_{0.95}/\sqrt{n}$	$t_{0.99}/\sqrt{n}$	$t_{0.95}/\sqrt{n}$	$t_{0.90}/\sqrt{n}$
2	45.012	8.985	4.465	22.501	4.465	2.176
3	5.730	2.484	1.686	4.201	1.686	1.089
4	2.921	1.591	1.177	2.270	1.177	0.819
5	2.059	1.242	0.953	1.676	0.953	0.686
6	1.646	1.049	0.823	1.374	0.823	0.603
7	1.401	0.925	0.734	1.188	0.734	0.544
8	1.237	0.836	0.670	1.060	0.670	0.500
9	1.118	0.769	0.620	0.966	0.620	0.466
10	1.028	0.715	0.580	0.892	0.580	0.437
11	0.955	0.672	0.546	0.833	0.546	0.414
12	0.897	0.635	0.518	0.785	0.518	0.393
13	0.847	0.604	0.494	0.744	0.494	0.376
14	0.805	0.577	0.473	0.708	0.473	0.361
15	0.769	0.554	0.455	0.678	0.455	0.347
16	0.737	0.533	0.438	0.651	0.438	0.335
17	0.708	0.514	0.423	0.626	0.423	0.324
18	0.683	0.497	0.410	0.605	0.410	0.314
19	0.660	0.482	0.398	0.586	0.398	0.305
20	0.640	0.468	0.387	0.568	0.387	0.297

续上表

n	双边置信水平			单边置信水平		
	99%	95%	90%	99%	95%	90%
	$t_{0.995}/\sqrt{n}$	$t_{0.975}/\sqrt{n}$	$t_{0.95}/\sqrt{n}$	$t_{0.99}/\sqrt{n}$	$t_{0.95}/\sqrt{n}$	$t_{0.90}/\sqrt{n}$
21	0.621	0.455	0.376	0.552	0.376	0.289
22	0.604	0.443	0.367	0.537	0.367	0.282
23	0.588	0.432	0.358	0.523	0.358	0.275
24	0.573	0.422	0.350	0.510	0.350	0.269
25	0.559	0.413	0.342	0.498	0.342	0.264
26	0.547	0.404	0.335	0.487	0.335	0.258
27	0.535	0.396	0.328	0.477	0.328	0.253
28	0.524	0.388	0.322	0.467	0.322	0.248
29	0.513	0.380	0.316	0.458	0.316	0.244
30	0.503	0.373	0.310	0.449	0.310	0.239
40	0.428	0.320	0.266	0.383	0.266	0.206
50	0.380	0.284	0.237	0.340	0.237	0.184
60	0.344	0.258	0.216	0.308	0.216	0.167
70	0.318	0.238	0.199	0.285	0.199	0.155
80	0.297	0.223	0.186	0.266	0.186	0.145
90	0.278	0.209	0.175	0.249	0.175	0.136
100	0.263	0.198	0.166	0.236	0.166	0.129

附录三　相关系数检验表

相关系数检验表（γ_β）　　　　附表 3

$n-2$	显著性水平 β		$n-2$	显著性水平 β		$n-2$	显著性水平 β	
	0.01	0.05		0.01	0.05		0.01	0.05
1	1.00	0.997	15	0.606	0.482	29	0.456	0.355
2	0.990	0.950	16	0.590	0.468	30	0.449	0.349
3	0.959	0.878	17	0.575	0.456	35	0.418	0.325
4	0.917	0.811	18	0.561	0.444	40	0.393	0.304
5	0.874	0.754	19	0.549	0.433	45	0.372	0.288
6	0.834	0.707	20	0.537	0.423	50	0.354	0.273
7	0.798	0.666	21	0.526	0.413	60	0.325	0.250
8	0.765	0.632	22	0.515	0.404	70	0.302	0.232
9	0.735	0.602	23	0.505	0.396	80	0.283	0.217
10	0.708	0.576	24	0.496	0.388	90	0.267	0.205
11	0.684	0.553	25	0.487	0.381	100	0.254	0.195
12	0.661	0.532	26	0.478	0.374	200	0.181	0.138
13	0.641	0.514	27	0.470	0.367	300	0.148	0.113
14	0.623	0.497	28	0.463	0.361	400	0.128	0.098

1＋X 证书考核项目对应文中知识点

公路工程检测技术对应路桥工程检测 1＋X 证书考核项目			
序号	章节		1＋X 考核项目
1	第三章	第三节　结构混凝土及水泥路面强度检测	混凝土强度检测
2	第八章	第二节　路基路面回弹模量检测	土质填方回弹模量检测
3	第十一章	第一节　施工过程检测	基桩完整性检测
		第二节　混凝土钻孔灌注桩完整性检测	
4	第十二章	第一节　混凝土与钢筋混凝土施工阶段质量检测	混凝土强度、模量、厚度检测
		第二节　结构混凝土中钢筋的检测	钢筋分布、保护层厚度及锈蚀性检测
		第三节　结构混凝土裂缝的检测	混凝土缺陷、强度、模量、厚度检测,钢筋分布、保护层厚度及锈蚀性检测
		第四节　结构混凝土内部不密实区及空洞的检测	
		第五节　预应力混凝土结构构件检测	
5	第十五章	第三节　初期支护施工质量检测	锚杆长度及灌浆密实度检测
		第五节　衬砌混凝土施工质量检测	混凝土缺陷、强度、模量、厚度检测,钢筋分布、保护层厚度及锈蚀性检测
		第六节　隧道施工监控量测	隧道 IOT 在线监测
6	第十六章	第二节　交通安全设施施工质量检测	立柱长度及埋深检测

教学参考意见

1. 本课程与相关课程的联系分工

数理统计在《工程数学》中讲授,本课程主要介绍其原理在公路工程中的应用。土壤、砂石材料、石灰、水泥、水泥混凝土混合料、沥青及沥青混合料等材料的技术性质及指标的检测分别在《土质与土力学》《道路建筑材料》中讲授,本课程不再重述。

2. 与本课程有关的课程

与本课程有关的课程主要有《土质与土力学》《道路建筑材料》《工程数学》《电工学》《基础工程》等,在教学中要注意相互配合。

3. 授课方式

采用多媒体配合教学。

4. 实训安排

该课程的 4 周实训,可安排在学生综合实习中完成。

5. 学习目标

在学完本课程之后,学生应能够:

(1)独立填写检测报告。

(2)利用数理统计的基本知识进行试验检测数据的处理。

(3)利用检测仪器独立完成公路工程的常规质量检测及质量评定。

6. 技能训练

在本课程学习过程中,学生应完成表 1 所列技能训练。

技 能 训 练 项 目　　　　　　　　　　　　　　　　表1

序　号	技 能 项 目	训 练 时 数
1	无机结合料稳定材料灰剂量的测定	2
2	回弹法测定结构混凝土强度	2
3	灌砂法测定压实度	2
4	钻芯法和环刀法测定压实度	2
5	3m 直尺测定平整度	2
6	手工铺砂法测定路面构造深度	1
7	电动铺砂法测定路面构造深度	1
8	摆式仪测定路面摩擦系数	2
9	贝克曼梁测定路面回弹弯沉	2
10	落锤式弯沉仪测定路面动态弯沉	2
11	沥青路面渗水系数的测定	2
12	动力触探试验测定地基承载力	2
13	泥浆性能指标检测	2
14	电磁感应法测定钢筋位置、间距、混凝土保护层厚度	2
15	半电池电位法测定钢筋锈蚀性状	2

序　号	技 能 项 目	训 练 时 数
16	低应变反射波法测定基桩完整性	2
17	声波透射法测定基桩完整性	2
18	电阻应变片的粘贴工艺	2
合计		34

7. 课时分配

学时数可根据专业不同酌情调整。表2以6节/周,每学期授课共16周为例。

课 时 分 配　　　　　　　　　　　　　　　表2

序　号	课　题	教 学 时 数		
		小计	讲课	试验
1	试验检测数据的处理	4	4	
2	公路工程质量检验评定	4	4	
3	常用混合料强度检测	10	6	4
4	路基路面几何尺寸及路面厚度检测	4	4	
5	路基路面压实度检测	8	4	4
6	路面平整度检测	4	2	2
7	路面抗滑性能检测	6	2	4
8	路基路面强度指标检测	8	4	4
9	路面外观与路面渗水系数的检测	4	2	2
10	桥涵地基检测	6	4	2
11	钻(挖)孔灌注桩检测	12	6	6
12	桥涵混凝土与预应力混凝土结构检测	10	6	4
13	桥梁支座和伸缩装置检测	4	4	
14	桥梁荷载试验	6	4	2
15	隧道工程施工质量检测	4	4	
16	交通安全设施施工质量检测	2	2	
合计		96	62	34

8. 学习效果评价参考

学生自评表见表3,学习小组评价表见表4,教师评价表见表5。

学 生 自 评 表　　　　　　　　　　　　　表3

姓名:_____　　班级:_____　　组号:_____　　学号:_____

主要学习记录(预习、笔记、作业等)				
考核项目	好 (80~100分)	中 (40~70分)	差 (0~30分)	备注
(1)提前获取相关信息的程度				
(2)对基本概念、基本知识的理解程度				

续上表

主要学习记录(预习、笔记、作业等)				
考核项目	好 (80~100分)	中 (40~70分)	差 (0~30分)	备注
(3)对施工检测项目的掌握程度				
(4)对施工检测方法与检测要点的掌握程度				
(5)查阅相关规范、规程的能力				
(6)对检测环节中出现问题的分析能力				
(7)对检测结果的数据处理能力				
(8)完成学习任务的质量				
(9)听取学习小组中他人的意见的程度				
(10)自己的团队协作精神和沟通表达能力				
小计				
合计				
自我评价(成功之处、不足之处、需要改进之处)				

学习小组评价表　　　　　　表4

考核项目	好 (80~100分)	中 (40~70分)	差 (0~30分)	备注
(1)提前获取相关信息的程度				
(2)对基本概念、基本知识的理解程度				
(3)对施工检测项目的掌握程度				
(4)对施工检测方法与检测要点的掌握程度				
(5)查阅相关规范、规程的能力				
(6)对检测环节中出现问题的分析能力				
(7)对检测结果的数据处理能力				
(8)完成学习任务的质量				
(9)听取学习小组中他人的意见的程度				
(10)自己的团队协作精神和沟通表达能力				
小计				
合计				
总体评价(成功之处、不足之处、需要改进之处)				
组内成员签名:				

教 师 评 价 表 表5

考 核 项 目	好 (80~100分)	中 (40~70分)	差 (0~30分)	备　注
(1)提前获取相关信息的程度				
(2)对基本概念、基本知识的理解程度				
(3)对施工检测项目的掌握程度				
(4)对施工检测方法与检测要点的掌握程度				
(5)查阅相关规范、规程的能力				
(6)对检测环节中出现问题的分析能力				
(7)对检测结果的数据处理能力				
(8)完成学习任务的质量				
(9)平时学习表现				
(10)钻研问题的程度				
小计				
合计				
总体评价(成功之处、不足之处、需要改进之处)				
教师签名:				

注:对于学生平时学习表现,每旷课1次扣1分,迟到、早退1次各扣0.5分;课堂纪律表现不好者,视情节扣0.5~1分;不按时交作业扣1分,不交作业不得分。

参 考 文 献

[1] 梁晋文,何贡.误差理论与数据处理[M].北京:中国计量出版社,1988.

[2] 中华人民共和国交通运输部.公路工程质量检验评定标准　第一册　土建工程:JTG F80/1—2017[S].北京:人民交通出版社,2018.

[3] 中华人民共和国交通运输部.公路路基路面现场测试规程:JTG 3450—2019:[S].北京:人民交通出版社股份有限公司,2019.

[4] 中华人民共和国交通运输部.公路工程技术标准:JTG B01—2014[S].北京:人民交通出版社股份有限公司,2015.

[5] 中华人民共和国行业标准.公路工程无机结合料稳定材料试验规程:JTG E51—2009[S].北京:人民交通出版社,2009.

[6] 中华人民共和国行业标准.公路工程沥青及沥青混合料试验规程:JTG E20—2011[S].北京:人民交通出版社,2011.

[7] 中华人民共和国行业标准.公路工程水泥及水泥混凝土试验规程:JTG 3420—2020[S].北京:人民交通出版社股份有限公司,2020.

[8] 盛安连.路基路面检测技术[M].北京:人民交通出版社,1996.

[9] 赵汉寿.路面结构检测与测试技术[M].北京:人民交通出版社,1983.

[10] 应国兰,过大江.工程检测基础[M].上海:同济大学出版社,1986.

[11] 国家建筑工程质量监督检测中心.混凝土无损检测技术[M].北京:中国建材工业出版社,1996.

[12] 朱之基.混凝土灌注桩质量无损检测技术[M].北京:人民交通出版社,1993.

[13] 周若愚.公路工程现场测试技术[M].北京:人民交通出版社,2001.

[14] 徐培华,陈忠达.路基路面试验检测技术[M].北京:人民交通出版社,2000.

[15] 徐日昶,王博仪,赵家奎.桥梁检测[M].北京:人民交通出版社,1992.

[16] 沙庆林.公路压实与压实标准[M].北京:人民交通出版社,2000.

[17] 胡大林.桥涵工程试验检测技术[M].北京:人民交通出版社,2001.

[18] 中华人民共和国国家标准.建筑地基基础设计规范:GB 50007—2011[S].北京:中国建筑工业出版社,2011.

[19] 中华人民共和国行业标准.公路桥涵地基与基础设计规范:JTG 3363—2019[S].北京:人民交通出版社股份有限公司,2019.

[20] 中华人民共和国行业标准.公路土工试验规程:JTG 3430—2020[S].北京:人民交通出版社股份有限公司,2020.

[21] 习应祥,卓知学,杨煜惠.道路工程与材料质量与检测[M].长沙:湖南地图出版社,1989.

[22] 吴慧敏.结构混凝土现场检测技术[M].长沙:湖南大学出版社,1988.

[23] 中华人民共和国行业标准.公路路面基层施工技术细则:JTG/T F20—2015[S].北京:人

民交通出版社股份有限公司,2015.

[24] 中华人民共和国行业标准.公路水泥混凝土路面施工技术规范:JTG/T F30—2014[S].北京:人民交通出版社,2014.

[25] 中华人民共和国行业标准.公路水泥混凝土路面养护技术规范:JTJ 073.1—2001[S].北京:人民交通出版社,2001.

[26] 中华人民共和国行业标准.公路桥梁板式橡胶支座:JT/T 4—2019[S].北京:人民交通出版社,2019.

[27] 范智杰,何少平,等.隧道施工与检测技术[M].北京:人民交通出版社,2006.

[28] 陈建勋,马建秦.隧道工程试验检测技术[M].北京:人民交通出版社,2005.

[29] 中华人民共和国行业标准.公路工程土工合成材料试验规程:JTG E50—2006[S].北京:人民交通出版社,2006.

[30] 中华人民共和国行业标准.公路隧道施工技术规范:JTG 3660—2020[S].北京:人民交通出版社股份有限公司,2020.

[31] 中华人民共和国行业标准.建筑基桩检测技术规范:JGJ 106—2014[S].北京:中国建筑工业出版社,2014.

[32] 中华人民共和国行业标准.公路工程基桩检测技术规程:JTG/T 3512—2020[S].北京:人民交通出版社股份有限公司,2020.

[33] 中华人民共和国行业标准.铁路工程地质原位测试规程:TB 10018—2018[S].北京:中国铁道出版社,2018.

[34] 中华人民共和国行业标准.公路桥梁伸缩装置:JT/T 327—2016[S].北京:人民交通出版社股份有限公司,2016.

[35] 中国交通企业管理协会技术文件.模数式伸缩装置通用技术条件:JTQX-2011-12-2[S].北京:人民交通出版社,2011.

[36] 吴佳晔.土木工程检测与测试[M].北京:北京高等教育出版社,2015.

[37] 吕小彬,吴佳晔.冲击弹性波理论与应用[M].北京:中国水利水电出版社,2016.

[38] 中国工程建设标准化协会标准.超声法检测混凝土缺陷技术规程:CECS 21:2000[S].北京:中国建筑工业出版社,2000.

[39] 中华人民共和国交通行业标准.冲击回波法检测混凝土缺陷技术规程:JGJ/T 411—2017[S].北京:中国建筑工业出版社,2017.

[40] 中华人民共和国行业标准.混凝土中钢筋检测技术规程:JGJ/T 152—2019[S].北京:中国建筑工业出版社,2019.

[41] 中华人民共和国行业标准.公路交通安全设施设计规范:JTG D81—2017[S].北京:人民交通出版社,2017.

[42] 中华人民共和国行业标准.公路交通安全设施质量检验抽样方法:JT/T 495—2014[S].北京:人民交通出版社,2014.

[43] 中华人民共和国行业标准.公路工程竣(交)工验收办法实施细则:交公路发[2010]65号[S].北京:人民交通出版社,2010.

[44] 中华人民共和国国家标准.道路交通标志和标线:GB 5768[S].北京:中国标准出版

社,2009.

[45] 中华人民共和国国家标准.道路交通标志板及支撑件:GB/T 23827—2009[S].北京:人民交通出版社,2009.

[46] 中华人民共和国行业标准.路面标线涂料:JT/T 280—2004[S].北京:人民交通出版社,2004.

[47] 中华人民共和国国家标准.路面标线用玻璃珠:GB/T 24722—2009[S].北京:中国标准出版社,2009.

[48] 中华人民共和国行业标准.钢质活节式灯桩通用技术条件:JT/T 712—2008[S].北京:人民交通出版社,2008.

[49] 中华人民共和国国家标准.防眩板:GB/T 24718—2009[S].北京:中国标准出版社,2009.

[50] 中华人民共和国国家标准.波形梁钢护栏:GB/T 31439—2015[S].北京:中国标准出版社,2015.

[51] 中华人民共和国国家标准.突起路标:GB/T 24725—2009[S].北京:中国标准出版社,2009.

[52] 中华人民共和国国家标准.太阳能突起路标:GB/T 19813—2005[S].北京:中国标准出版社,2005.

[53] 中华人民共和国国家标准.轮廓标:GB/T 24970—2010[S].北京:中国标准出版社,2010.

[54] 中华人民共和国国家标准.隔离栅:GB/T 26941—2011[S].北京:中国标准出版社,2011.

[55] 中华人民共和国交通运输部.公路护栏安全性能评价标准:JTG B05-01—2013[S].北京:人民交通出版社,2013.